译者序

美国公共行政学会长期以来出版及资助了公共预算与财政领域的大量优秀成果。由艾琳·S. 鲁宾教授主编的《公共预算——政策、程序与政治》一书共收录了其中35篇经典文献，充分展现了美国公共预算领域的实践与理论问题。作为美国著名的公共行政学家和公共预算专家，艾琳·S. 鲁宾教授对公共预算问题具有深刻的见解，其精选的文献为我们勾勒出一幅关于美国公共预算环境演化、预算思想创新、预算实践变革、预算争议讨论的生动画面。

本书共分为七个部分，各部分内容前后呼应，彼此关联。第一部分介绍了公共预算的含义与特征、起源与目的、功能演变及改革历程。读者可以从中了解到公共预算与其他类型预算之间的差异、早期预算改革的基本理念与主要行动等有关公共预算的概念性与背景性知识。

第二部分展现了行政预算改革的主要内容与成效争议、行政部门与立法部门的预算权力角逐、行使否决权与创新直接民主参与等活动对于预算权力与过程的影响。读者可以从中了解美国公共预算制度的设计与运行是如何推动公共预算改革等实践对公共预算产生深远影响的。

第三部分描绘了众多预算参与者的角色、动机与决策活动。除了经常被提及的行政部门与立法部门的预算办公室、行政职能机构、预算官员等参与者以外，这部分还特地选择了有关法院、高级行政官员、预算分析师等较少被提及的预算行动者的相关经典文献，并且分析了渐进主义假设下的预算长期稳定性与现实中政治和理念转变对公共预算的短期冲击两者之间的结构性问题。读者可以从中了解到不同预算参与者的功能与角色定位讨论、预算行动策略的传统假设与实证研究发现之间的矛盾等极具启发性的研究视角及研究结论。

第四部分论述了预算立法改革活动对于预算程序的塑造、预算模式改革活动对于预算决策者的影响、直接民主对于预算活动的冲击及其后果。读者可以从中了解到预算过程中的内在制衡机制、预算过程对于预算结果的影响、联邦、州及地方政府公共预算面临的压力等有关预算过程的制度变革、深层次矛盾以及一系列悬而未决的疑虑。

第五部分分析了降低预算灵活性的诸多约束，其来源主要包括上级政府对下级政府的强制要求或补助条款、权利支出扩张挤出其他领域的支出、各种形式的税收与支出限制、特定的司法判决对预算支出的要求。读者可以从中了解到联邦制下各级政府的运作模式与权力对抗、公民意志对公共预算收支总量及结构的直接与间接限制、法院介入公共预算的潜在路径与经典案例分析等公共预算运行中对优先事项与自由裁量的诸多束缚。

第六部分介绍了州与地方政府在面临收入约束与民众期望矛盾时所采取的私营化与服务外包等改革措施。读者可以从中了解到这两种不同措施之间的差别、改革成败的经验教训以及由改革带来的问责问题等一系列对于我国当下简政放权、推行 PPP 模式等改革活动具有启发性的研究视角与研究结论。

第七部分探讨了预算平衡的规范、预算概念的定义、预算实

审计名著译丛
（第一辑）

王家新　晏维龙 主编

公共预算

——政策、程序与政治

PUBLIC BUDGETING:
Policy, Process, and Politics

[美] 艾琳·S.鲁宾　主编
Edited by Irene S. Rubin
孟金卓　吴春梅　译

Routledge
Taylor & Francis Group

中国财经出版传媒集团
经济科学出版社
Economic Science Press

图字 01 – 2017 – 2442

图书在版编目（CIP）数据

公共预算：政策、程序与政治/（美）艾琳·S. 鲁宾主编；孟金卓，吴春梅译. --北京：经济科学出版社，2021.1

（审计名著译丛. 第一辑）

书名原文：Public Budgeting：Policy，Process，and Politics

ISBN 978 – 7 – 5218 – 2355 – 4

Ⅰ. ①公… Ⅱ. ①艾…②孟…③吴… Ⅲ. ①国家预算 – 研究 Ⅳ. ①F810. 3

中国版本图书馆 CIP 数据核字（2021）第 032225 号

责任编辑：刘 博 张立莉
责任校对：王苗苗
责任印制：范 艳 张佳裕

公 共 预 算

——政策、程序与政治

Public Budgeting：Policy，Process，and Politics

［美］艾琳·S. 鲁宾 主编

Edited by Irene S. Rubin

孟金卓 吴春梅 译

经济科学出版社出版、发行 新华书店经销

社址：北京市海淀区阜成路甲 28 号 邮编：100142

总编部电话：010 – 88191217 发行部电话：010 – 88191522

网址：www. esp. com. cn

电子邮箱：esp@ esp. com. cn

天猫网店：经济科学出版社旗舰店

网址：http：//jjkxcbs. tmall. com

北京季蜂印刷有限公司印装

710 × 1000 16 开 44. 25 印张 800000 字

2022 年 10 月第 1 版 2022 年 10 月第 1 次印刷

ISBN 978 – 7 – 5218 – 2355 – 4 定价：98. 00 元

践失败及困境背后的道德与理念问题。读者可以从中了解到法定要求预算平衡背后的一般共识、联邦预算概念的内涵及其对预算内容的要求、特定预算实践与机构运行中存在的价值取向等问题，足以引发我们对于公共预算存在价值、机制设计、管理取向、问责落实等问题的反思。

纵观全书我们可以发现，艾琳·S. 鲁宾教授不仅通过选辑经典文献为读者介绍了公共财政领域的重要研究成果，更重要的是展现了相关主题下的观点分歧与辩论立场。这使得读者可以了解到作者们在研究问题时的思考过程，也有利于根据读者自己的立场对同样的研究问题构建自己的研究观点，进而触发对于公共预算理念、制度、实践等诸多领域的比较分析与思考。因此，本书特别适合财政、政治、公共管理等相关专业的研究生与高年级本科生，有助于学习了解美国公共财政理论与现实问题，比较分析中美两国在公共财政诸多领域的异同之处，对于我国未来预算改革的理论探索也具有积极的启发作用。

翻译经典文献对于译者来说是一项望而生畏的工作，这些经典文献中涉及的专业知识、时代背景乃至作者的写作习惯都是译者面临的挑战。在翻译过程中，译者尽量贴近作者的原意，但因为语言因素导致的表述差异仍然不可避免。为了便于读者阅读，也为了避免歧义的出现，译者同时保留了原文中涉及的主要人员、机构、制度、文献的英文名字与名称。囿于译者的能力，译文中必然还会存在纰漏之处，敬请读者谅解，也欢迎提出宝贵意见。

最后，感谢本书翻译与出版过程中各位编辑、同事及家人给予的帮助！

孟金卓

2019 年 1 月于南京

目录

第三部分 主要预算参与者与决策者的职能

3.1 行政预算办公室的职能

3.2 法院何时以及如何进行干预

3.3 官僚主义

3.4 渐进主义

第四部分　预算程序

第五部分 预算约束

5.1 联邦制

5.2 权　　利

5.3 税收与支出限制

5.4 法院判决和宪法权利

第六部分 私营化与承包制

前言

这本书不是预算经典的选辑，那种书通常是对预算学者们在其研究领域内的零散文献的重新印制，它也不是对公共预算思想文化史的编辑尝试。相反地，它收录了在美国公共行政学会附属刊物上发表的关注公共预算领域重要理论与实践问题的相关文献。 ix

问题的选择和文献的筛选基于若干编辑的设想。

公共预算领域具有动态性。不仅仅是文献随着理论发展及证据积累而变化，我们观察和分析的现象也在变化。这些文献试图抓取那些动态性、观点间碰撞、以证据修正理论、理论形成探究的意味。为了保证这一领域可以包容不同观点的假设，本书的诸多部分中在同一个事项上呈现了不同的观点。

公共预算与私营部门及个人预算不同，值得开展独立研究并形成自己的理论。私营部门组织的预算与外界隔绝，可以按照其意愿经常性地重新编制预算，它们的预算也无须持续一年甚至更长的时间，也可以按照其意愿修正其规划。个人无须面对精密的预算规则以及包含了收入水平、支出内容或者说需要在何种水平上提供何种服务之类的多重限制。个人也不必考虑别人的支出，也无须在支出前与其他人形成谈判协议。

不同国家的公共预算也是不尽相同的。美国的公共预算是嵌入其历史和机构的，也只有在这种情况下才能被正确理解。一个社会的开放程度取决于预算程序的透明度和受托责任、政府对公共优先事项的响应能力以及参与预算程序的公民数量。

预算程序和文本有所不同。例如，它取决于总统是否具有单项条款否决权、制定项目绩效标准中的公民利益集团的角色以及预算陈述内容遵循与标准化的定义。它取决于公民是否具有发起预算和税收规则，以否决政府公共管理人员脱离界限的选择。它同时也取决于立法委员会的委员们能否在投票前及时收到预算草案进行阅读并思考。预算形成的程序不仅影响了诸多活动者的参与程度，也使一些结果更容易实现，并或多或少地培育预算报告的透明度。

预算不仅遵循法律和规则，而且遵循规范。规范是指被广泛认可的原则或准则。那些规范可能很难看到，因为它们被认为是理所当然的，但在违反规范时可能会变得可见。最重要的一个预算规范是平衡。政府预算实践中的
x 一个主要规范是财政保守主义，政府对待公共资金应该比个人对待自己的资金更小心。有一些具体的规范可以提供国家的预算信息，其目的是维护公众的信任。这些规范包括按照既定目的使用专项收入，执行公布后的预算而不是在公众缺位的情况下进行实质性的改动，并确保财务交易的透明化。后者涉及保留书面痕迹以便其他人可以追踪财务交易，并使用一致编制基础以便开展不同时期的比较。

本书的范围

本书主要收录了在过去25年发表在美国公共行政学会及其分支机构出版的期刊文献。文献中出现的大多数主题出现在美国公共行政学会附属的刊物上。本书关注美国公共行政学会附属刊物上的文献不是主要问题，将文献限制在过去25年中则需要更多的解释。限制时间范围有几个原因。在过去25年中公共预算领域发生了很多变化，并形成了丰富的研究成果，其中只有很少经过了筛选或组织。主要的思想发展、预算背景的变化以及预算编制过程的变化尚未得到整理。

在过去25年中，该领域已经从渐进主义（认为每年预算编制没有太多变化，政策决定与预算过程无关，机构的要求推动预算过程）转向整合自上而下和自下而上决策过程以及经济与政策分析的更复杂的决策观点。同时，联邦和州的预算已经从官僚机构的年度编制转变为跨越多年并且为符合

条件的公众提供货币利益的权利计划。同样在这个时期，我们也见证了国家层面的巨额赤字的增长与逐步减少及其重现、政府间关系的重大转变，预算格式的变化、立法预算人员的增长和发展以及行政和立法部门之间更加平等的关系。《公共预算和财政》杂志自1981年开始涉及这些重大问题。

时间限制在过去25年中的另一个原因，是最近的文献经常概括已往的历史和辩论，随着时间的推移，早期的文献无法预见到后来发生的事件。这些最近的文献经常提供对早期文献的参考，希望追根溯源的读者可以借助这本书作为起点。

本书的结构

这本书首先介绍了公共预算是什么、它的起源与目的，进而关注预算程序和结果之间的关系及其对预算编制的约束，运作的法律背景、诸如外包之类的应对措施。它总结了民主制预算的基础伦理和规范。一些文献指出这些规范并不总是能被观察到，隐含地提出了为什么有时候规范被忽略的问题。因此，这本书以问题而非答案的形式作为结尾，这契合道德主题并鼓励对本书展现的内容开展自由的研究与辩论。

这些内容具有递进意味，每个部分展示并解释了后来的部分。第二部分民主制预算介绍了预算参与者各自的角色，解释公民如何践行直接民主来限制税收以及法庭如何干预预算以维护公民的权利。第三部分的解释关注于对预算施加的限制。这些限制非常广泛和僵化，使得预算拨款和服务提供变得 xi
更加困难，引诱公职人员逃避平衡、透明度和问责制的规范以满足方案和政治要求。为此，第五部分为规则和道德部分提供了一个背景。

为了说明各部分之间的一组连接，第七部分描述的奥兰治县金融危机是第四部分中加利福尼亚州第13号提案税收限制的直接后果。税收限制是第二部分中引入并在第三部分中进一步描述的直接民主的一个例子。由于加利福尼亚州奥兰治县政府为了克服第13号提案的影响，希望在税收之外取得其他收入来源，他们对投资利息回报率过高的问题没有提出任何疑问。因此，财政保守主义的规范受到侵害。风险投资崩溃，造成数百万美元的损失。因此，读者可以阅览从民主结构和过程（公民倡议）到过度的预算限制（第 13 号提案），直至为了努力摆脱这些制约因素而导致违反预算规范和道德（奥兰治县的预算崩溃）。

而且，读者同样可以从不同预算行为者的角色描述开始，继续阅览至渐进主义理论，先假定部门和机构从下到上推动预算，然后开展对渐进主义的批评。后来的部分讨论了授权，它们推动了支出和旨在保持平衡的连续预算过程，这给部门或机构请求在国家层面推动预算留下了狭小的空间。最后的部分讨论了平衡规范，让读者了解重新平衡预算的巨大压力，以及部门在预算中的作用为何以及如何被削减。细心的读者会在文献之间和章节内容之间找到许多其他关联。

第一部分　什么是公共预算？起源与目的

第一章描述了公共预算是什么以及它与个人和家庭预算之间的差异，第 3
二章描述了美国公共预算的起源。接下来的论述关注预算编制的目的，以及它是如何实现这些目标的。本部分的几章共同介绍了整本书中回应的几个主题。首先，政府预算与私营部门预算之间存在差异是必然的，也是适当的；其次，预算改革浪潮的目的在于针对当前的问题调整公共预算，比如部门超支、调动资源以解决医疗保健等社会问题、或为了降低税收及政府规模而减少支出。预算变化是因为预算面临的问题出现了变化。

大多数人从他们所知的身边事来看待公共预算，不是企业预算就是家庭预算。约瑟夫·怀特（Joseph White）的文章认为这两种比较都是有缺陷的。怀特认为，基于个人行为模型的经济理论错过了他们的关注点，因为他们对实际的预算结构不够重视，这带来了许多的限制。在美国，像扩张性企业一样来预想“最大化官僚主义的预算”是不合理的，预算是政府委员会和分支机构在受限于收入上限和支出上限的情况下展开竞争的一个过程。预算意味着要求和需求的表达，并将这些要求和需求进行优先排序以便将预算总额控制在一定水平上。

第二章《谁首创了美国的公共预算?》追溯现代政府预算的起源到 20 世纪初。本章认为，发展预算的不是企业而是政府，政府为了从社会服务中取得收入而制定了一种强加于企业的模式。这段历史被商业界资助的改革者所掩盖，并试图通过宣传商业的优势让大众接受。本章强调了企业和政府不同的观点，对政府的问责水平要高得多。利用预算和会计数据实现公众问责是早期预算改革者的主要思想。

第三章介绍了预算及其关键功能随着时间的推移而改变，这取决于目前哪些问题占主导地位。阿伦·希克（Allen Schick）认为，预算在支出控制、管理改进、规划上有不同的着重点，但同时也在执行这三项职能。他描述了一系列改革，从针对支出控制的明细支出预算，到促进生产力和管理改进的项目预算，以及计划项目预算体系（PPBS）倡导的复杂综合规划和管理文件，计划项目预算系统。每个改革都解决了时代的主要问题。

第一章

形成公共预算的“常识”*

约瑟夫·怀特（Joseph White）

从政府的角度来看，预算是无处不在、富有争议且几乎总是不令其满意 5
的。因为它影响了如此多的决定，引发了如此多的辩论，预算引来了不同视角的广泛研究，从福利经济学到公共选择、公共行政、政治学和政治人类学等方面。

联邦预算的不平衡问题在过去二十年来的党派战争中特别富有争议（Drew，1996；Gilmour，1990；Haas，1990；Hager & Pianin，1997；Makin & Ornstein，1994；Maraniss & Weisskopf，1996；Penner & Abramson，1988；Schick，1990；Steuerle，1991；White & Wildavsky，1991；Woodward，1994）。作为解释工作的参与者，我深切地感受到公众的辩论和态度似乎并不是从学术领域提出的见解，而是取决于从不同的角度来看待问题。

看待预算平衡的态度差异最为明显。虽然有平衡联邦预算的宏观经济论据，但经济学的原理并不能为解释预算平衡同比如占国内生产总值0.5%的赤字之间的差异是非常显著的提供依据。然而，“平衡”本身具有很大的政治意义。詹姆斯·萨维奇（James D. Savage，1988）描述了美国政治中平衡预算思想的根源。他关于平衡思想所具有的政治价值和利益的论证，可以解释谁会选择操纵申诉，但是不能完全解释平衡预算思想对那些不关心政治的

* From Public Administration Review，Vol. 58，No. 2（March/April 1998），101 – 108. Copyright© 1998 by American Society for Public Administration. Reprinted with Permission.

公民的吸引力。

相反地，预算平衡和其他价值倾向于以简单的原则为基础，例如，“我必须平衡我的预算，所以政府也应该这样做”。这是一个常识：多数人基于日常经验在思考政府预算问题（因此，也是常见的、合乎情理的）。

不幸的是，应用常识来理解联邦预算几乎不可避免地导致失望。政府的预算活动并不像公民认为个人、家庭或商业公司做的那样，或应该做的那样。

6 具有讽刺意味的是，只有一部分误解是因为政府的治理方法不同，其余的则是因为政府预算中运用的标准并不是日常生活中遵循的。

本章将通过预算与个人或家庭的财务规划进行仔细比较，重点介绍预算尤其是联邦预算的几个要点。本章的因果解释和规范性结论都是基于分析结果。我的目标是表明联邦预算并不像通常看起来那样与众不同，为学术和公民话语中的一些共同论点提供新的视角，并提供了一个可能运用于预算及其他公共管理领域的进一步讨论的案例。

第一部分比较了个人（或任何只有一个相关决策者的单位）与代表性政府的预算。[1] 第一个主题涉及个人的利益如何汇总到集体决策中。那些认为激进的少数派以牺牲那些不关心政治的群体为代价推动过度支出的常见观点基本上是错误的。但是，另一个认为集体偏好天然不一致（正好与个人选择相反）的非常规观点恰好为难以达成削减预算共识提供了一个基本的解释。第二个主题关注基于个人经验的标准是否适用于政府或者可以说服个人支持政府行动。我会说明为什么那些要求现代人为了“子孙后代”削减赤字而做出牺牲的观点无法说服理性的个人为此付出。而且，应该显而易见但通常被忽略的是，削减赤字几乎不可避免地是不平等的，而不是政治主张所要求的“平等的牺牲”。

第二部分通过比较家庭和政府的预算来强调预算的人际关系方面。这一比较表明，对预算的常见批评取决于群体性质的具体假设，而不是明显的理性和公平标准。例如，预算平衡本身作为一种责任形式的优点，必须与向群体履行承诺的美德相平衡。

政府与个人预算

“别人的钱”

让我们从政治与个人决策之间的普遍对比开始。在私人生活中，考虑支出的人也要承担费用。在政府中，那些以某种方式开支的人承担的成本很低。因此，由于要求花费“别人的钱”，政府被认为花费太多。得克萨斯州农工大学的一名前经济学教授说道：

我们在上一届议会投票的支出议案的平均费用约为 5 000 万美元。平均受益人在 500 美元到 700 美元之间。一共有 1 亿纳税人，纳税人平均支付了 50 美分。你不需要过多的经济学知识就可以理解那些得到 700 美元的人愿意做的远比那些付出 50 美分的人多得多。所以每次你对每一个议题投票时，所有想要这个计划的人都看着你的右肩，没有人看着你的左肩（格拉姆，1982）。

没有什么可以更加通俗易懂了。这个批评与其他主人公一起以其他形式在重演。因此，威廉·尼斯坎南（William Niskanen，1971）强调了那些获得利益（机构预算）而不必担心成本的“最大化官僚主义预算”的激励。理性选择政治理论家，诚如肯·谢普瑟和巴里·温加斯特（Ken Shepsle & 7
Barry Weingast，1984）或艾默生·尼欧和彼得·奥德舒克（Emerson Niou & Peter Ordeshook，1985）所言，关注的是立法方面的事项。

这样的类比到此为止是正确的，即所观测到的参与者在竞争政府预算方面具有不同于个人自己花钱时的激励。但这一类比并不能解释联邦支出的增长，因为它忽视了实际的决策过程和其他约束的存在。

因此，参议员格拉姆描述的授权法案实际上并不花钱。各项计划在每笔平均 400 亿美元的拨款法案中相互竞争，而不是 5 000 万美元。各拨款委员会在委员会之外努力将其法案纳入总额之中（正式的或不正式的）。一旦总统的预算草案提出预算总额，1974 年后它来自国会预算案决议，1990 年后它来自多年期上限或年度总额，就通过各种预算峰会协议进行谈判。但从 20 世纪 20 年代之后的预算过程已经在控制总支出的原则下进行组织（怀特，1995）。

更强大的立法者可能通过利用其权力获得不成比例的联邦项目来获得选举优势。但这样的权力形态是共享的，而不是加总的。那些由参议员格拉姆、谢普瑟与温加斯特以及其他分析师提出的方案将是分配性的酌情支出计划。正如查尔斯·舒尔茨（Charles L. Schultze，1984）、约翰·埃尔伍德（John Ellwood，1984）等所表明的那样，长期以来，这些方案在经济中所占的份额一直在减少，较之诸如社会保障和医疗保障这些得到多数选民的大力支持的主要权利计划的预算增长，这些方案相比之下在不断弱化。

尼斯坎南（Niskanen）对官僚影响的描述夸大了或误解了官僚的利益和权力。他的假设在安德鲁·布莱斯和斯蒂芬·迪安（Andre Blais & Stephane Dion，1991）的研究中得到了仔细评估，研究结果表明尼斯坎南的许多基本假设是高度可疑的。尼斯坎南从未指出哪些官员应该是理论中的代理人。一项依赖于官僚信息优势的理论应当强调高级公务员。然而，其中许多假设没有通过检验，部分原因在于他们在庞大预算中的经济利益在公务员制度中是不明确的，而公务员制度并没有自动将较大的预算调整为较高的薪金水平。公共部门工会可能会推动更高的支出，但这与高级公务员和“官僚”权力本身无关，只有在成员能够形成足够大的利益集团以拥有强大权力的情况下才应该是重要的（例如城市中的教师和警察，而不是在联邦预算中的食品和药物管理局雇员）。在形成联邦预算总额的斗争中，其他类别的官僚相对于其他竞争者的直接力量似乎不是很大。所有其他事情都是一致的，机构中的公务员肯定希望得到并寻求更高的预算。但各种政治人物都想要得到他们没有的东西。尼斯卡宁在描绘官僚利益与权力中的错误最终成了陈词滥调。

在其他常见的应用中，“别人的钱”的论证只是从类比中寻求解释，没有充分关注政府本身的运作。许多其他因素，如替代来源的约束，抵消了参议员格拉姆和许多其他人强调的逻辑。

个人和政府决策之间最常见的比较并不能解释支出总额或不平衡，仅仅只是表明这一比较还不够好，并不是说它没有用。我们可以考虑一个替代说法。

汇总个人偏好形成集体偏好

民意调查结果显示的普通公众以及新闻报道中的语调和内容显示的精英人物一直在原则上支持平衡预算。支持任何具体方法来平衡预算的多数联盟 8
一直比较少见。经过 17 年的预算平衡战争，国会和总统在 1997 年颁布立法，承诺在 2002 年之前实现平衡的联邦预算，距离上次预算平衡的 1969 年已是 33 年之后。这主要是因为良好的经济信息允许相较以往（特别是 1990 年和 1993 年的努力）更小幅度地减少一揽子赤字。

抹平过往的无知是支持预算平衡的一个原因，却并没有伴随着支持实现这一目标的实际手段。许多选民认为，联邦政府将其预算过多地用于那些诸如福利和国外援助等不受欢迎的计划上。个人应该了解更多关于自己的预算（平均而言）。那么被认为更了解情况的精英们呢？他们只是被公众的无知所约束了吗？

正如肯尼斯·阿罗（Kenneth Arrow，1951）很久以前所言，稳定的个人偏好可以归结于不一致的社会偏好。在预算的案例中，如果每个公民都能想到他或她将削减的支出来平衡预算，而且关于削减偏好的分布是足够广泛的，那么每个人可以知道他们想要平衡预算，但是大多数人反对任何一项具体措施。

想象一下，10 个人每个人出资 9 000 美元给一个拥有 10 万美元的开支的社区，这就形成了 1 万美元的赤字。开支分为 10 项活动，每项为 1 万美元。每个人支持 9 项活动，反对一项不同的活动。每个人对于如何平衡预算（削减他或她不喜欢的计划）有一致的立场，但 90% 的人将反对削减任何具体的计划。没有人会看到需要增加税收，因为每个人的支出偏好都匹配现有的收入。大家会反对每个计划均削减 1 000 美元，因为每个计划都在错误的地方减少了 9 000 美元而仅在正确的地方减少 1 000 美元。每个人都想要平衡的预算，都知道这是可能的，但平衡预算却不会出现。

联邦预算中的数字是不同的，但基本原则是一样的。知情的民主党人会真诚地支持平衡预算，如果它是通过削减国防和提高税收来实现的话。保守的共和党人将裁减许多民主党选区的方案。农村立法者将削减城市计划，反之亦然。投资银行家和华盛顿邮报的编辑将削减（富裕的？）老年人的权利。因此，在近二十年来平衡预算的努力中，几乎每个人都看到无所作为是不必要的，但大多数人都反对任何特定的计划。这有助于解释平衡预算的困难，以及预算辩论中最奇特的一个方面——与许多其他方面不同，实现这一目标的妥协已被广泛认为是非法的。由于大家都知道“可以”，所以无所作为似乎是不必要的。

制定总体预算约束防范了激进的少数群体剥削多数群体。它没有提供一个联合多数群体来削减现有计划的方法。因此，对于个人和共同决策之间的差异的“常识”理解比基于阿罗（Arrow，1951）的见解的说法更不具有指导意义。

个人和政府的预算平衡和储蓄

预算平衡的实践困难只是一个问题，对它的需求则是另一个问题。“我必须平衡我的预算所以政府也要平衡它的预算”这个常识中的错误是很清楚的。在日常生活中，穷人可能不得不平衡他们的预算，因为他们不能得到贷款，但是我们中的其他人经常借钱。当我们的债务负担占我们收入的较小
9 份额时，我们经常借贷更多，比如买更大的房子或更好的汽车。也就是说，我们应该仔细看看这个类比。鉴于借款是常见的，为什么个人声称他们必须平衡预算？

一个答案可能是个人（或公司）只要增加资产就可以借款。因此房屋贷款不同于一些政府支出。这种解释被用于调整政府的资本预算。它不像资本预算倡导者所想要的那样有说服力，因为政府从其投资中获取的经济利益份额比任何私人投资者要少得多（政府只收到经济的税收份额）。但它肯定不支持平衡预算的规范。

商业公司基本上都具有债务负担，但并不是说债务本身是坏的。鉴于稳定的利率，个人和企业可能会在一年中出现赤字，即增加债务，只要增加的比例与收入增长相同，则无须支付较大的收入份额作为利息。那么为什么个人必须平衡？一个可能的答案是，他们必须平衡一生，即使他们在一个给定的年份不平衡。人们不像商业公司，预计终将会死亡。如果你总有一天要去世，你就不能永远支付利息。

一个愤世嫉俗的人会说，如果你要去世，你不必担心以后不能得到报酬

的人。平衡的一个更好的理由是个人会期望退休。退休事宜之所以重要是因为大多数人预计退休后他们的收入将会大幅下降。债务支出将突然变成收入的一大部分，甚至是难以支付的。他们需要在退休之前减少或消除他们的债务。

然而，联邦政府既不会退休也不会死亡。[2] 鉴于目前的债务水平，联邦政府可能会将国内生产总值的赤字维持在低于国内生产总值的2%以内，其他事情并未比平衡更糟糕，不会增加债务成本在经济中所占的份额。作为一个组织，其财务状况将稳定或改善。

在联邦政府的某些活动和个人退休之间有一个很弱的类比，而支持平衡预算的竞选者们强力地向公民发出提醒来注意这一情况。将来，越来越多的美国人将退休，所以退休金和医疗保健支出的成本将更为沉重。从长期来看，这与整个国家的退休和靠投资生活是不可同日而语的。[3] 然而，这为谨慎关注债务负担提供了一个很好的理由。

然而，当人们对未来债务的谨慎转变成联邦政府必须平衡其预算才能拯救美国未来的传统智慧之时，政治主张走得太远了。许多杰出的经济学家认为，支付未来社会保险费用的最佳方法是通过增加国家储蓄创造更大的经济体，这一点可以由政府通过操纵政府储蓄来创造。这个论点被转化为“拯救美国未来”或美国“变老之前成长”的简略要求（Reischauer，1997；Rauch，1997；Seidman，1990；Peterson，1996）。那么逻辑就是政府可以像个人为了未来而预算及储蓄。我们必须平衡预算，或者“为了我们的后代”创造盈余。无处不在的类比在经济学和政治学上都失败了。增加政府储蓄是有好处的，但并不是在类比显示的层面上。

政府不能像个人为自己而储蓄和投资那样为国家储蓄的原因有三方面。第一，政府储蓄的增加（赤字较低）会减少私人储蓄，一些面临福利减免或税收增加的受害者将减少其个人储蓄以维持其受到威胁的消费（CBO，1997，63）。因此，政府储蓄的增加不会导致国民储蓄的同等增长。在个人储蓄上则没有这样的转换问题。第二，随着储蓄的增加，投资增加，资本存量的增加意味着更多的贬值。在某些时候，较高的储蓄只能取代较高的贬值水平，生产力没有进一步的增长（CBO，1993，74－75）。当任何商业公司 10
投资于实物资本时，也会发生同样的影响，但个人投资于市场产品时并不会发生。第三，由于政府储蓄增加而导致的国内储蓄增加中的大部分储蓄不会导致新增的投资。这将取代外商投资品的所有权。这种替代是好的，因为这意味着美国人赚取外国人的利润而不是外国人赚取美国人的利润，但是这并没有新增投资那样来得容易，因为它不会提高生产率，因此不会增加国内生产总值（CBO，1993，75）。

由于这些原因，国会预算办公室 1993 年预计，“私人投资可能会因为政府减少贷款而下降 30%”（CBO，1993，76）。政府的“储蓄”并不像个人储蓄等于个人投资那样的等同于国家投资。

为削减赤字或创造盈余而奔走呼告的许多经济学家承认一部分或所有的因素，但他们引用了一个共同的经验法则：国民储蓄每增加生产总值的 1%，将在几十年内永久性增加同等比例的经济体量。因此，这些经济学家甚至提出通过预算盈余来提高储蓄（Aaron & Bosworth，1997；Schultze，1997）。然而，成本和收益的问题可能会让预算平衡者徘徊不前。在未来 20 年使经济体扩张 1% 的前景，可能无法证明取消海军、联邦医疗补助支持或类似的大量联邦活动是正当的。如果削减赤字是一种投资，那么这种回报可能会因为太低而遭致批评。类比应该一直遵循下去。

此外，为什么人们会为了帮助他们的子孙而同意牺牲自己的消费来削减赤字，却不是仅仅为他们自己存更多的钱呢？一个女人可以节省更多的钱并把钱交给她的子孙，还可以让政府通过征税或减少支出以期望她的子孙真的能从中获益。根据什么理论才能让人们期望选民能够让政府拿走他们的钱和希望，而不是增加自己的投资并保持（相对的）信心？

没有哪一个利己的理论会提出这样的结论。因此，“储蓄”论意味着人们应该关心集体而不是自己和家人。这一点很少被明确说明，因为这不太可行，特别是因为即使如此，赤字削减的优点也将取决于哪些公共物品作出牺牲。

如果汇总偏好的逻辑表明，对更高储蓄的利益诉求可能失败，那么赤字如何减少呢？之所以如此是因为集体决策和个人决策之间最基本的区别。一个人不能剥削自己，但国家中的一部分群体可以侵占另一部分群体的利益。多数群体可能侵占少数群体。如果多数群体主要从少数群体身上获得“储蓄”，那么有限的回报及其不确定性对获胜者来说就不太重要，因为他们一开始就没有放弃那么多的消费。

赤字削减中的不平等牺牲

任何对赤字削减计划的分配分析都是有争议的。支出被拿来与那些本身就有争议的基准进行比较。例如，如果医疗保险支出低于预期，那就是“削减”了吗？许多计划的支出范围很难界定。例如，城市公共交通援助的支出是更多地针对使用该制度的低工资工人还是工会组织下具有更高工资的公交车司机？在许多情况下，削减开支旨在混淆范围。这一点在20世纪90年代最重要的预算削减创新案例——长期限制自由裁量权中尤为明显。

不过，我怀疑任何分析师都会认为，自1981年以来的每个赤字减免计 11
划都符合长远上平等的“分享痛苦”的标准。在《1981年综合预算调解法》中，大约有一半的储蓄来自穷人或低薪穷人，失业人员和城市的计划。当然，许多其他选民也因减免税收或国防费用增加而受益匪浅。[4] 在《1982年税收平等和财政责任法》中，大约一半的赤字削减来自营业税、医疗保险、奶农和退休公务人员。即使对许多共和党人来说削减业务似乎是合理的，因为它们只是废除了前一年立法颁布获取的部分巨额利益（White & Wildavsky，1991，pp. 249 - 258；Congressional Quarterly，1985，P. 30；National Journal，1982）。《1984年赤字削减法》的税收规定则是一个非常显著的晦涩收入。它的优先级类似于1982年的行为，尽管规模更小（Congressional Quarterly Almanac，1985）。

由理查德·达门（Richard Darman）（管理与预算办公室主任）与民主党国会领导层在1990年达成的原始协议是一个例外，它被证明是相当平衡的，因此在众议院被两党的大多数人否决了（White & Wildavsky，1991）。在通过的版本中，主要目标是军事、高收入群体和医疗机构——却几乎没有同等的牺牲。因此，收入条款降低了最低1/5的税收，同时向最高收入群体提高了税率。[5] 如果我们将1994年和1995财政年度的自由裁量方案中的未明确储蓄均匀分配到国防与国内支出之间，则占五年总额的70%以上。[6] 随着国会和总统，（单方面）由一党控制，《1993年综合调解法》显然有利于民主党的优先事项。尽管预算支出的节省预计对军方的针对性更低，但医疗保障储蓄更倾向于提供者，税收是其中较大的一部分，约有 2/3 的收入增加是针对富裕的美国人。[7]

1995 年的共和党人再次检验并证明了这个规则。虽然他们明显赞成共和党人对民主党的优先事项，但是 B 部分保费的明显增加以及该法案针对老人与残疾人大面积削减医疗保险和医疗补助金的潜在影响使得克林顿总统很容易赢得多数民众支持他的否决权。

1997 年的预算赤字削减协议回归到针对少数群体的逻辑。医疗保险主要削减目标提供者（至少在协议强调的五年期内）。酌情支出削减是模糊的，总统声称最受欢迎的优先事项将得到保护。许多选民甚至可以预期减税。

如果目标是削减赤字，那么牺牲的不平等不是问题而是解决方案。这是否等同于“不公平”是一个价值问题：如果公众的支付是“应得的”，那么就可以说结果是公平的。不平等是我们应该从个人和集体决策之间的差异所期望的：对个人而言是决定优先顺序，对政府而言则是赢家通吃。

在缺乏大规模的集体精神的情况下，或者也许非常完善的团结合作共识建设过程中，代议制政府削减赤字的能力取决于多数群体愿意和能够从少数群体获得的程度。在詹姆斯·麦迪逊（James Madison）和其他创始人构建的政治制度中，抑制麦迪逊所谓的多数人暴政是有困难的，但也是有可能的。然而，麦迪逊体系的一个方面使得赤字减少更有可能——频繁的选举。经常选举意味着执政联盟可以经常改变。那么新的多数群体可以侵占不同的少数群体。如果不同的团体在不同的时间支付，则总预算削减与税收增长可
12 能比任何单一计划更为庞大和平等。很容易想象，1993 年和 1997 年计划中的条款被分别通过，而不是作为一个单一的法案得到通过。如果政治联盟频繁变化，政府可能会遭受更多的痛苦。

政府作为家庭，而不是个人

我们已经考虑过适用于个人的储蓄和债务的逻辑是否也适用于政府。政府的集体性质有另一个层面：公众之间的联系。公众之间的联系是政府预算

编制的一个重要方面，因为预算是一套指引公众在政策下共同生活的条款。它声明了谁贡献什么，谁获取什么。

政府预算中的保证与承诺

个人通过预算以避免因为他们早期消费了（回想起来）不大想要的东西而在后期不能消费他们想要的东西。然而，个人也可以在面临意想不到的约束时改变他们的消费偏好。我可能打算购买一辆新车，当发现我的钱比想象中少时，我觉得我还不至于为了它去借钱。

想象一下，如果在大三学习中获得全A的成绩，高中生的父母承诺给她买一辆车。当她得到全A时，她的母亲却没有获得预期的收入提高。父母承诺给女儿一个好处，她达到了这个标准，父母拒绝承诺会向她发送一个关于她能够在多大程度上依赖家庭的坏消息，这些事实都为借款而不是违背承诺提供了强有力的论据。

政府也作出承诺，这些承诺的道德力量与预算平衡规范相冲突。这种论点在反对改变接近退休年龄的工人的退休计划规则时尤为常见，但它们可以在许多其他情况下做出。政府预算不是强制个人责任的计划，而是确定公众共同生活的一系列承诺的集合——谁贡献和谁获得。因此，打破预算承诺涉及更多困难的步骤——失败者可能反击——并且有更多可质疑的选择——又出现失败者。这种对公众关系的关切解释了“共同牺牲”的原因，这很不幸地与自谋联盟建设的现实相冲突。

权力结构和权力利益

除绝对独裁以外的任何政府中，许多参与人对政策意见不一，并为权力而斗争。在联邦进程中，就国会而言，预算的最基本目的就是对行政机构进行立法管制。可以说，这也是基于“宪法”的最基本的目的：它的构建者将立法控制财权视为代议制政府的基础（Savage，1988）。这种权力对联邦预算的结构和内容的影响是深远的。然而，在这里我们仅考虑如何理解这些权力问题。它们是莫名其妙地不合法的还是奇怪的？

不，在任何家庭中都存在类似的权力。每当人们必须共同行动时，都会出现一个关于贡献与获取的公平问题。冲突不仅涉及个别案例，而且涉及案例对参与者之间关系的影响。在任何一个集团中，不仅仅是联邦政府，地位和权力的问题是由资源分配构成的。

13 对于权力利益的合理化有助于解释为什么平衡预算策略并不算好。我们可以称之为“将问题逐步分解”的方法。例如，《格拉姆—鲁德曼—霍林斯法案》将平衡预算的任务分为五个连续步骤（每次 360 亿美元）而不是一次性的 1 800 亿美元的飞跃（White and Wildavsky，1991）。在经济上，这种做法是有道理的，因为一个更加渐进的过渡减少了对经济的冲击。在政治上，这却根本没有用。那些在第一轮削减的过程中没有付出太多努力而过关的团体会因此而认识到其从属关系，并在下一轮中奋起反抗。没有哪一个团体相信其他团体会在下一轮中遭受压力，因为它已经为此付出过代价了。所以在第一年反对赤字削减仍然是困难重重的。权力和地位利害关系的普遍性意味着规范和程序并不会带来效率，例如渐进主义和公平份额，但是可以通过减少冲突使得集体更为有效。

代表与分肥

说政府预算中的行为类似于人们在更熟悉的生活中行事的方式，并不意味着在改革中摒弃努力。然而，这可能会降低人们的预期。

我们最后一次应用的类比可能会引发对预算中罪恶及美德定义的一些质疑。在一个家庭中，我们认为一些成员比其他成员贡献得更多。事实上，他们在按照自己的方式做出贡献。我们也期望不同的家庭成员享受不同的福利：一个孩子在艺术学校，另一个孩子去参军；约翰上溜冰课，杰基上网球课；爸爸去打保龄球，妈妈去玩其他的球类运动。因此，家庭预算充满了针对少数群体的特殊利益支出。在逻辑上来说，只要收入令人满意并且分配符合一定的公平标准，各部分支出之间没有直接关联。那么为什么联邦预算没有以同样的方式考虑呢？

为什么分肥（Pork Barrel）和投票交易被广泛认为是非法的？如果少数人聚在一起商定福利，那为什么会被认为是牺牲了整体呢？与不同的家庭成员开展不同的活动有什么差异呢？

在政治权利方面，答案可能是许多美国人将政府视为异己势力，并将帮助他人视为个人选择而非集团选择。对他们来说，政府与家庭相去甚远，并未代表着感情和义务的共同体。他们可能会接受诸如提供国家安全等经典公共产品的政府行动，但是利益越窄，腐败和非法的政府行动就会越来越明显。那么，反对赤字和分肥既是对社会共同体性质（缺失）的争论，也是对财政政策立场的争论。

许多左翼人士可能会将政府视为在一个公民应该关心和照顾的共同体中的决策过程。但他们可以相信共同体的某一些人得到了太多。自由派则视军方为最受宠爱的孩子。当《格拉姆—鲁德曼法案》通过时，时任多数党党鞭的汤姆·福利（Tom Foley）说这个法案“带走了总统官方家庭中他挚爱的独子，将其置于黑暗的地下室，并将其耳朵寄给了他!”

对大多数政治组织来说，以家庭作为标准可能太高。毕竟，在家庭中我们可能会期望强者（父母）为弱者（孩子）牺牲，就像只有最偏激的左翼分子会支持的方式一样。[8] 也有人会认为，政府的决策过程更加开放使其容易被自利的“孩子”俘获，因为没有一个强大的（父系？母系？）中央权威来保证追求整体的好处。然而，这种争论仍然指引人们对共同体本质的关注。共同体及其组成部分的利益本身并不矛盾；服务于不同的个人想法可能 14
就是一个团体的目的之一。所以对特殊利益支出的批判可能会掩盖对共同体以及如何组织共同体的判断。

结论

这篇文章使用了个人和家庭的类比来阐明联邦预算的运作方式。结论包括分析为什么诸如储蓄和化整为零的策略会失败，强调关于分肥政治修辞背后的关于共同体的假设。我特别强调个人和集体决策之间的差异。

我并不认为将政治活动与个人或家庭的活动进行比较是最好的分析方式。我建议人们有意识或无意识地一直这么做，公共行政学专业的学生可以通过开展日常辩论以及更仔细地思考其工作与日常辩论之间的类比，来寻找他们的分析思路与解释性措辞。政治学和公共行政学之间往往缺乏互相尊重，因为公众（和“专家”）不明白为什么政治会偏离理念，特别是当这些理念不是基于起初的治理现实之时。我希望已经展现出了研究预算常识的价值。也许其他人也可以在政府的其他方面做出同样的事情。

致谢

作者要感谢吉姆·费富纳（Jim Pfiffner），艾琳·鲁宾（Irene Rubin）和匿名审稿人为改进这份手稿作出的贡献以及布鲁金斯学会和20世纪基金会对相关工作的支持。这些个人、机构或其工作人员都无须对作者的错误负责。

注释

1. 原则上，在一个真正的父权制家庭或绝对专制政体下，预算更像个人的行为。实际上即便是在父权制家庭或专制政体下，我认为与个人决策相比，存在着关注他人偏好以及向决策者施加更多约束的可感知的承诺。

2. 或者说，如果政府将要消失的话，联邦赤字可能就不是我们应该担心的。

3. 例如，针对老年人的费用较高的方案可能伴随着较低费用（如教育）的方案。在某些地区提高支出的人数效应可能会在其他地区减少支出。此外，与老龄化社会中的工人的经济负担和利益比纯粹的预算观点更为复杂，见卡特勒等人（Cutler et al.，1990）。

4. 这个数字是包括1982年财政年度削减失业补偿预算管理、贸易调整援助、食品券、补充安保收入、医疗补助、住房计划、营养援助、对受抚养儿童家庭的援助、低收入人群能源援助、小学教育援助、综合就业培训法案计划和各种当地服务集团补助的合计数，加上削减的城市公共交通管理部门、社区发展积极补助金计划和城市发展行动补助金计划的一半资金（详见1982年埃尔伍德报告中的表1.13），并将总额与总预算授权结余进行比较。由于净结余还包括国防和其他偏好账户，这个数字会更高。

5. 由1990年10月26日众议院筹款委员会记录的主要内容计算得到。

6. 数字来自霍格兰（Hoagland，1990）。霍格兰当时是参议院预算委员
15 会的少数党的领导。在1990年美国众议院中也能找到这样的人，但这个故

事是一样的。主要的区别是如何将劳动所得税抵免额进行分类。

7. 参见1993年国会季刊年鉴第133页的汇总表及第124~139页的明细。我在此增加了两项未包括在汇总表中的增税，分别是会费抵扣的减少以及合格退休计划赔偿金的减少。

8. 匿名评论者值得信赖。

参考文献

Aaron, Henry J., and Barry P. Bosworth (1997). "Preparing for the Baby Boomers' Retirement." In Robert D. Reischauer, ed., *Setting National Priorities: Budget Choices for the Next Century.* Washington D. C.: The Brookings Institution, 263 - 301.

Arrow, Kenneth J. (1951). *Social Choice and Individual Values.* New York: John Wiley.

Blais, Andre, and Stephane Dion, eds. (1991). The *Budget - Maximizing Bureaucrat: Appraisals and Evidence.* Pittsburgh: University of Pittsburgh Press.

Congressional Quarterly Almanac (1983). Vol. XXXVⅢ, 1982.

—— (1985). Vol. XL, 1984.

—— (1994). Vol. XLX, 1993.

Cutler, David M., James M. Poterba, Louise M. Sheiner, and Lawrence H. Summers, 1990. "An Aging Society: Opportunity or Challenge?" *Brookings Papers on Economic Activity.* 1: 1 - 73.

Drew. Elizabeth (1996). *Showdown: The Struggle Between the Gingrich Congress and the Clinton White House.* New York: Simon & Schuster.

Ellwood, John W. (1982). "The Size and Distribution of Budget Reductions." In John W. Ellwood, ed., *Reductions in U. S. Domestic Spending.* New Brunswick, NJ: Transaction Books, 33 - 70.

—— (1984). "Comment." In Gregory B. Mills and John L. Palmer, eds., *Federal Budget Policy in the* 1980*s.* Washington D. C.: The Urban Institute, 368 - 378.

Gilmour, John B. (1990). *Reconcilable Differences?: Congress the Budget*

Process, *and the Deficit.* Berkeley: University of California Press.

Gramm, Phil (1982). *The Role of Government in a Free Society.* Dallas: The Fischer Institute.

Haas, Lawrence J. (1990). *Running on Empty*: *Bush Congress*, *and the Politics of a Bankrupt Government.*

New York: Business One Irwin.

Hager, George, and Eric Pianin (1997). *Mirage*: *Why Neither Democrats Nor Republicans Can Balance the Budget*, *End the Deficit*, *and Satisfy the Public.* New York: Times Books.

Hoagland, G. William (1990). "The Omnibus Budget Reconciliation Act of 1990 and U. S. Budget Outlook." Paper presented at the American Enterprise Institute – Japan Economic Foundation Working Group Meeting. Kyoto, Japan, November 19 – 20.

Makin, John H., and Norman J. Ornstein (1994). *Debt and Taxes*: *How America Got Into Its Budget Mess and What to Do About It.* Washington D. C.: American Enterprise Institute.

Maraniss, David, and Michael Weisskopf (1996). *Tell Newt to Shut Up*! New York: Simon & Schuster. *National Journal* (1982). "Congress' Deficit Cuts: Sizable, But So Are the Remaining Deficits." 21 August 1982, 1451, 1477 – 1478.

Niou, Emerson S., Peter C. Ordeshook (1985). "Universalism in Congress." *American Journal of Political Science.* 29 May, 246 – 258.

Niskanen, William A (1971). *Bureaucracy and Representative Government.* Chicago: Aldine Atherton.

Penner, Rudolph G., and Alan J. Abramson (1988). *Broken Purse Strings*: *Congressional Budgeting*, 1974 – 1988. Washington D. C.: The Urban Institute.

Peterson, Peter G. (1996). *Will America Grow Up Before It Grows Old*? *How the Coming Social Security Crisis Threatens You*, *Your Family*, *and Your Country.* New York: Random House.

Rauch, Jonathan (1997). “Ducking the Challenge.” *National Journal* 8 February, 260 –266.

Reischauer, Robert D., ed. (1997). *Setting National Priorities: Budget Choices for the Next Century.* Washington D. C.: The Brookings Institution.

Savage, James D. (1988). *Balanced Budgets and American Politics.* Ithaca, NY: Cornell University Press.

Schick, Allen (1990). *The Capacity to Budget.* Washington D. C.: The Urban Institute.

Schultze, Charles L. (1984). “Comment.” In Gregory B. Mills and John L. Palmer, eds., *Federal Budget Policy in the I* 980*s.* Washington D. C.: The Urban Institute, 379 –384.

—— (1997). “Is Faster Growth the Cure for Budget Deficits?” In Robert D. Reischauer, ed., *SettingNational Priorities: Budget Choices for the Next* 16
Century. Washington D. C.: The Brookings Institution, 35 –74.

Seidman, Laurence S. (1990). *Saving for America's Future: Parables and Policies.* Armonk, NY: M. E. Sharpe, Inc.,

Shepsle, Kenneth A., and Barry R. Weingast (1984). “Legislative Politics and Budget Outcomes.” In Gregory B. Mills and John L. Palmer, eds., *Federal Budget Policy in the* 1980*s.* Washington D. C.: The Urban Institute, 343 –367.

Steuerle, C. Eugene (1991). *The Tax Decade: How Taxes Came to Dominate the Public Agenda.* Washington D. C.: The Urban Institute.

U. S. Congressional Budget Office (1993). *The Economic and Budget Outlook, Fiscal Years* 1994 –1998. Washington D. C.: Government Printing Office.

—— (1997). *The Economic and Budget Outlook: Fiscal Years* 1998 – 2007. Washington D. C.: Government Printing Office.

U. S. House Committee on the Budget. Fiscal Year 1991 Budget Agreement Summary Materials. Report prepared by the majority staff.

White, Joseph (1995). “Appropriations.” In Donald C. Bacon, Roger H. Davidson, and Morton Keller, eds. *The Encyclopedia of the U. S. Congress*,

Vol 1. New York: Simon & Schuster, 69 – 73.

White, Joseph, and Aaron Wildavsky (1991). *The Deficit and the Public Interest: The Search for Responsible Budgeting in the* 1980*s*. Berkeley and New York: University of California Press and The Russell Sage Foundation.

Woodward, Bob (1994). *The Agenda: Inside the Clinton White House.* New York: Simon & Schuster.

第二章
谁首创了美国的公共预算？*

艾琳·S. 鲁宾（Irene S. Rubin）

经常有人认为，商业界是20世纪初美国改善公共财政实践（包括预算）的起源和典范。它不是文献中昙花一现的观点，而是长期存在的。早期的改革者经常把他们的提案归因于商人。纽约市政研究局领导人之一的亨利·布鲁（Henry Bruere）将部分预算创新归功于铁路金融家哈里曼（E. H. Harriman）；美国行政预算最重要的创始人和发起人之一弗雷德里克·克里夫兰（Frederick Cleveland）声称，他想引入公共部门的会计方法已经在私营公司的管理中得到运用（Cleveland，1980）。 17

受到商人支持的城市管理者经常倡导和采用商业技术，进一步强化了企业实践优于公共部门的印象。例如，一项针对俄亥俄州代顿市在通过城市管理系统前后情况的描述包括：

> 财务部门修订了传统的城市采购和会计实务以符合私人商业惯例。集中采购为所有采购制定了规范。在1914年以前，会计制度只是支付现金收入和支出，没有城市维护和建设工作的费用记录。没有办法确保收到城市维护支出的人实际上在做城市维护工作。所有城市维护工人以现金支付报酬，没有明确的城市维护工资单，也

---

* From Public Administration Review, Vol. 53, No. 5 (September/October 1993), 438 – 444.

> 不存在资产记录。后来创建了一个中央账户办公室，采用了权责发生制，这就能够监测拨款、应收账款和应付账款（Sealander，1988，pp. 119 – 120）。

这些描述强烈表明，商业实践的改善早于公共财政实践的改善，并构成了政府的典范。

18 商人们经常向政府施压，要求在政府中应用业务效率（Shuman，1992，P. 31）。预算局的第一任局长查尔斯·G. 道斯（Charles G. Dawes）是1921年试图在政府中推行商业实践的商人之一。这一努力的部分成果是将商业会计制度，尤其是资产负债表引入政府。道斯主张将权责发生制预算作为整个联邦政府以及政府和企业之间制定报告制度的一种方式。企业使用资产负债表和权责发生制的资产与负债，政府也应该这样做。道斯强调他的观点：

> 在当前43个部门和独立政府机构的分散管理现象下形成的每个（个人的抑或行政部门的）习俗和惯例……妨碍我们认识到那些在成功企业组织中得到运用的原理在政府部门活动中的运用。在我看来，我们从一开始进行斗争并成功地在很大程度上消除了它们（Dawes，1923，P. 229）。

这里的明确假设是商业方法的优越性。诸如零基础预算等更多的创新是为商业活动发明的，然后向公共部门兜售。类似的起源可归功于管理目标，一些政府已经将其纳入预算表格或预算过程。

那些认为企业财务实践较早并且为政府提供典范的论点在今天愈发重要，因为企业的优越性被再次吹捧，并被用作外包和减少政府服务范围的原因。如果审查结果表明政府财政改善的来源不是企业，而是政府官员和大学教授呢？

事实上相较于商业领域，政府官员和学者确实在美国引入公共预算和会计方面发挥了更大的作用。商人急于改革，但改革的提议通常是由政府、大学和社会服务机构的改革者提出的。商业技术作为一种模式的作用已经被夸大了。美国早期公共预算的历史表明，公众对公共部门试验、评估和改革的能力应该更有信心。早期的预算历史同时也表明公众应当保持怀疑态度并要求长期以来商业管理优越性的断言提供证据。

政府官员和大学教授引入公共预算和财政管理改革方面发挥更大作用的证据有三。

首先，20 世纪初私营部门的财务管理质量通常比较糟糕。此外，许多被兜售的企业会计改进实际上是政府官员针对铁路公司与公共设施而努力的创新结果。这些改进帮助政府官员采用新技术。

其次，预算领域的多数改革议程的推进源自那些不断试验并分享创新的实践者以及总结全球公共部门经验并帮助制定改革提议的学者们。许多改革者在政府部门及大学之间不断切换身份。

最后，许多政府官员的预算改革提议领先于多数的市政研究局的成果。研究局的职能包括调研管理实践并提出改革建议，它实际上被商人控制了。研究局的专业人员为了得到资助，通常屈从于商业理念与偏好。商业在进步 19
时代得到了广泛的尊重，而研究局在不失去其存在理由及资助来源的前提下很难改变那种认为商业部门优于政府部门的主流观点。预算改革努力的历史主要就是这些研究人员在撰写。他们将偏见融入历史叙述之中，这些偏见的观点在后来却被当作是自然的。[1]

商业管理不善

会计改进通常在预算过程的改进之前。改革者认为，除非提供给管理者的财务信息的质量在改革后的得到改善，否则改进管理就不可能发生。此外，更好的财务报告提供了更多的公众问责的可能性。更好的会计与更好的预算有关，许多从事会计工作的改革者在会计改进后提出了预算改进建议。

在公共预算开始之前，企业会计的质量普遍被认为是低下的，即使在被认为是现代企业管理先驱的铁路公司里也是如此。铁路公司的不良记录受到公众的特别关注，因为铁路公司通常规模很大，向公众和政府大量借钱，并经常由政府补贴。当它们衰退的时候，它们对公共财政造成了沉重的打击。铁路公司对商业也很重要，其设定费率的能力威胁到大部分人，并引发了早期对其进行规制的行动。这些规制工作面临着糟糕的和高度不同的簿记问题，难以识别费率应该如何设定以及公司是否盈亏。

弗雷德里克·克利夫兰长期致力于钻研铁路公司财务。他认为铁路公司的会计状况很差，在某些情况下是存在腐败的。他认为独立审计师是铁路公司投资者的必要保护者，可以促使公司信息公开（Cleveland，1905）。在1912年出版的《铁路财政》（与弗雷德·鲍威尔合著）中，他总结了直到20世纪初铁路管理的一些不良做法。例如，他指出一些不道德的铁路经理夸大了净利润，方法是未按照足额资金购买股本，以及将一些本应计入运营成本的采购费用计入资本。他报告说，这种做法在1906年被《赫本法案》终结，州际商业委员会（ICC）在该法案中颁布了铁路公司的统一会计原则。铁路公司需要设置所有设备的正式折旧账户（pp. 91 – 92）。克利夫兰和鲍威尔也指出，铁路公司一般没有提供翔实的报告（P. 213）：

> ……在大多数铁路财务报表中，没有尝试将资本资源与现金资源区分开来，即使在公司实际获得的资本和资金来源说明中也没有考虑到真相……在很多情况下，股东在阅读已公布的资产负债表后一样不知情，好像没有提及一样。股息已被宣布超出资本；公司资产被浪费了；在没有任何关于账户或报告的建议之下，铁路公司已经被它们的官员搞到濒临破产。在这样做的同时，股东和债权人也被操控认为铁路公司是财务状况良好的公司。公司资产是为受托人的利益而管理的；公布的报表已被用于操纵股市以及通过股票交易
> 20 增加私人财富；一个又一个运输企业的企图已经颠覆了那些具有个人利益并知晓情况的公司官员的个人利益。即使是董事们也不了解这些事实的真实情况，公司官员多年来一直以公开蔑视公法和商业道德行事，甚至不被引起怀疑（pp. 120 – 121）。

铁路公司被认为是最大最复杂的一类私营公司。不过，克利夫兰对铁路公司财务的描述并没有让它们听起来好像能给政府提供榜样。相反，根据克利夫兰的描述，联邦规制有助于消除一些最恶劣的铁路公司的违规行为。

改善铁路公司会计和报告工作的主要刺激因素之一是在1887年建立了联邦州际商业委员会。该机构代表了当时新进步时代行动主义政府作为企业

潜在平衡物的形象。新机构处于规制铁路公司费率的境地，但却发现无法判断公司的利润，并开始与铁路协商开发出更好的会计工具。政府官员在设计这种经过改进的会计制度并将其强加给企业后，对自己的业务也进行了类似的改进。

当时会计领域的主要改革者之一是亨利·卡特·亚当斯（Henry Carter Adams）。作为一名学术专家，他从1887年至1911年担任联邦州际商业委员会的首席统计学家（Rosenberry，1948）。他的第一份报告是有关铁路统计的。他与国家监管机构就统一性的需求进行了辩论，并通过征求铁路公司人员收集标准化信息的建议来帮助劝服他们（Rosenberry，1948，P. 37）。在1906年，亚当斯推动国会通过一项修改规制商业行为的修正案，该修正案要求铁路公司按照委员会制定的规定编制统一的报告，如果铁路公司没有遵守规定就要面临严重处罚。在制定了有利的立法以后，亚当斯发现他不能招聘到受过训练的工作人员，所以他于1910年在密歇根大学开设了自己的铁路管理课程。亚当斯设立的会计系统随后被应用到其他公共设施及领域（Rosenberry，1948，P. 39）。联邦州际商业委员会被认为促进了公司会计的现代化，因为它强调债务和股票作为总资产的索赔，并强调收入的衡量（Dusenbury，1985，P. 5）。

一旦联邦州际商业委员会建立会计制度并将其强加于私营部门组织，联邦政府就有压力采取类似的措施。弗雷德里克·克利夫兰，作为一名会计师、教授、纽约市政研究局局长以及塔夫脱经济与效率委员会主任，在1912年指出如果政府可以对企业实行重大的会计变更，那么最好也对自身施加类似的变革。他呼吁进行一项教育运动，使得“妨碍在政府里实施类似对人寿保险、银行和铁路公司要求的重组和改革要求”的任何人都有危险。他进一步辩称：

> 政府每年花费150万美元来规制铁路公司的商业方法以符合公众利益；花费大约20万美元来监督国家银行业务；通过私营企业局花费超过20万美元来管理州际公司，还通过司法部以非常高的成本进行起诉。政府每年在怎么处理10亿美元的收入，如何开展自己的业务，在执行事关家庭和每个公民切身利益的活动中的浪费

> 和低效率因素是什么，对于一般人来说比铁路公司采用的账户方式要重要得多（Goodnow，c. 1912，quoting from Cleveland，P. 15）。

21 另一位重要的预算改革家威洛比（W. F. Willoughby）是前政府官员，早先是劳工部的统计人员，后来是波多黎各的财政和预算改革家。他也是塔夫脱效率和经济委员会的成员，并在委员会解散后担任政府研究学会的负责人，该研究所后来加入布鲁金斯学会。该研究所的早期任务是游说采取联邦预算改革。像克利夫兰一样，威洛比指出如果联邦政府打算规制商业程序的话，那么最好也把自己的事务处理好。

> 政府应当强调其控制下的企业应具备与经批准的现代会计原则相对应的会计和报告制度，而政府却不能对自身的财政事务提供同等有效的管理体系，这是极度不一致的。因此，对公共管理先进模式的需求不可避免地主要集中在改善财政管理方法的需求上，为了确保这一点，可以根据具体要求采用预算制度作为这种先进系统的核心特征（Willoughby，1918，pp. 4 –5）。

克利夫兰和威洛比都提及联邦政府在向私营部门组织引入高标准会计和报告方面扮演的角色。这些改革者主张的并不是这些私营部门会计制度的细节，而在于财务管理的改善。如果政府可以强化企业的财务管理，那么也可以把自己的事务处理好。

作为改革提案来源的政府实施和监督

财政管理实践改革的灵感来源之一是对私人行业的联邦规制，另一个来源是城市的创新。这些创新包括公职人员设计的会计和预算改革。1901 年至 1903 年的芝加哥市会计制度的主要改革突出了具有改革思维的管理层相互交流观点并建议私营部门会计师为公共部门组织制定先进财务管理系统的过程。

1903 年，弗雷德里克·克利夫兰以统一市政账户委员会秘书的身份向全国城市联盟提交了一份关于芝加哥市改革的报告。商人俱乐部的一些人要求进行会计研究，该研究支持对会计制度进行重大改革。商人们想要改善公共管理，但是改革计划中没有建议芝加哥市应该使用商业会计方法。恰恰相反，在哈金斯与赛尔斯会计师事务所与全国城市联盟统一市政账户委员会协商后，他们为芝加哥市设计了一种会计制度。在适用情况下，会计师不得不处理与商业会计无关的条例、地方惯例和法规。芝加哥市采用的会计表格与全国城市联盟所建议的不一致，但与之兼容。

克里夫兰在报告中描述了全国城市联盟统一市政账户委员的思路来源。委员会的时间表来自会员的会计经验，从马萨诸塞州布鲁克林市等小地方延伸到其他城市，直到 1902 年俄亥俄州确定了该州内的所有会计改革。委员 22
会的推荐会计模式来自各个城市公职人员发明、共享、修改和实施新技术的经验（Cleveland，1980，originally published，1903，P. 232）。

全国城市联盟同经济普查局的罗格朗·鲍尔斯（LeGrand Powers）协商后，试图规范所有城市的会计分类，正在调整会计制度的城市也试图符合这些标准化账户。罗格朗·鲍尔斯鼓励会计师们设计城市的会计制度，并适当考虑到行政问题和城市官员的法定职责。他认为，会计师们不应该在城市实行商业会计（Powers，1906）。当明尼阿波利斯市于 1904 年实现会计现代化时，它建立了专门针对其复杂章程的会计制度，并经地方议会批准，采用了经济普查局鲍尔斯制定的标准会计分类。明尼阿波利斯市采用的系统并不是来自商业领域，而是像芝加哥市一样是为其量身定制的（Wilmot，1906）。

全国城市联盟是全国许多城市改革运动日益成熟的结果。当联盟制定并推荐了一个示范性城市章程时，其规定已在全国各个城市尝试过（Glaab and Brown，1983，P. 198）。学者们观察和总结不同城市的经历，并向当地官员介绍外国做法。威洛比指出全国城市联盟早在 1899 年就提出了行政预算。

> 在市政改革局成立之前，市政改革者们就赞同“选择好人还不够”这一基本理念。因此，全国城市联盟在 1899 年的示范市政当局草案中规定：“市长有义务不断向本地议会提出有利于城市福祉的建议和每年的某一天向议会提交城市当前费用的年度预算，议

> 会可以减少或省略任何项目，但议会不应增加任何项目和总额的预算（Willoughby，1918，pp. 6 –7）。

到19世纪末，许多市议会被剥夺了在经由市长、执行人员或其他具体指定机构提交的预算之外拨付资金的权利。城市首先采取预算改革，为州和联邦政府的后续改革设定了一个模式。

研究局的畸变

预算改革最初由政府官员和学术改革者设计，并由他们和其他人传播。后来，市政研究局的工作人员进行了额外的改革，其中最早也是最著名的就是纽约市政研究局。无论改革是由他们自己或政府官员提出的，研究局的工作人员为了兜售改革，都经常声称他们是以卓越的商业惯例为基础的。

作为改革进程参与者和观察员的路德·古里克（Luther Gulick）也对研究机构提出的改革的商业起源提出了异议：

> 研究局制定的预算方式也不用于商业。为了取得公众的支持，
> 23 市政研究人员有时候会投合那些有助于兜售其观点的流行语义。鉴
> 于商业模式广受欢迎，研究人员经常将“商业管理原则”作为典
> 范。事实上，后来出现的商学院往往从纽约市政研究局得到灵感
> （Dahlberg，1966，P. 172）。

然而，这不仅仅是商业理念受欢迎的事情，商业领袖还资助了大多数研究局并影响了研究局的工作。鉴于研究局对商业资助的依赖和企业参与者要求研究局支持其理念的意愿，不论研究人员是否知道预算改革的起源，他们对卓越经营的偏向是可以理解的。

纽约市政研究局的亨利·布鲁埃（Henry Bruere）举了一个该局成立初期的例子，描绘了商业性质对研究局制定议程方面的影响及其对于那些认为“财政管理创新源自商业部门”的观点的途径。他介绍了该研究局的一些富有的支持者，其中包括铁路大亨哈里曼（E. H. Harriman）。他提到哈里曼特

别感兴趣的是向政府推广他在联合太平洋和其他铁路领域强烈倡导和培养的理念，“即为管理建立牢固的会计基础。他强调掌握每吨英里货运成本的重要性并在铁路管理方面采取成本核算的理念在当时传播的非常广泛。所以我们考虑了这个想法”（Bruere，1949，P. 36）。这一年是1906年，正如亨利·卡特·亚当斯（Henry Carter Adams）成功地让国会强制铁路公司采用州际商业委员会的会计准则一样。

布鲁埃的描述听起来与克利夫兰几年后提出的关于铁路公司财务的说法相矛盾。哈里曼确实在他的铁路管理工作中使用了每吨英里平均成本的数据（Mitchell，1907），他的铁路公司在改进和设备方面的投资程度的确是独一无二的。然而，他之所以出名主要是因为其作为一名购买其他公司股权并通过收购更多铁路公司试图控制尽可能多的运输流量的金融家。为了做到这一点，他在股票中掺水，将支出在运营与资本之间来回切换。1906年，他因这一做法被州际商业委员会调查，虽然他没有被判定犯有不法行为，但他的财务操作也广为人知了（Kennan，1969）。一位分析师描述了联合太平洋的财务报告是当下最好的，但也指出了一些弱点。例如，联合太平洋年度报告中报告的每辆汽车每年的平均成本未得到计算结果的验证，新的重型发动机的支出被计入了维护成本而不是资本（Mitchell，1907，P. 244）。在这方面，哈里曼的会计方法几乎没有为政府提供一个典范。

此外，铁路成本会计长期以来一直被提倡，但尚未得到广泛采用，除了州际商业委员会规定的每吨英里成本的粗略估量以外。铁路时代的编辑詹姆斯·林恩（James Lyne）在1961年写道，该行业经营了一个世纪，却对具体运作的成本知之甚少（Poole，1961，P. viii）。南太平洋铁路公司的前雇员欧内斯特·波尔（Ernest Poole）认为，由于铁路公司的垄断地位，他们可以收取尽可能多的费用并仍然可以获利。如果所有的铁路公司的费率乘以每个费率的运输量得到的收入比成本更多，那么铁路公司就是成功的；如果不是，现在就是试图提高费率的时候了（Poole，1961，P. 1）。这种做法导致边际成本核算的发展相当复杂，铁路公司必须知道运送额外的木材的成本、在西部运送成品和在东部运送原材料的实际额外成本。这种定价结构的结果似乎对托运人来说非常不公平，比如短途货运的费率比长途货运更高，
对具有替代品的产品收取低价，对于没有替代品的产品收取高价。政府规制 24

终止了这种做法，降低了铁路公司产生这种会计数据的能力（Dusenbury，1985）。因为边际定价显然是不公平的，它并没有为政府设定一个模式。

纽约局另一位领导人威廉·艾伦（William Allen）在加入纽约局时，从他之前从事的福利机构——改善穷人条件协会（AICP）中带来了预算理念。AICP 总代表弗兰克·塔克（Frank Tucker）在 1897 年建立了一个预算编制模式，艾伦对此非常熟悉。塔克的系统包括通过一套总分类账处理往来款项，并创建预算明细显示每个部门如何使用其预算份额（Allen，1908，P. 156）。收入全部存入单一基金与普通基金，再酌情转出到其他专门基金并记录在案。所有部门请求都必须通过财务部门进行相互比较，必要时为了达成平衡而进行削减（Allen，1908，P. 159）。在塔克的制度落实到位之后，AICP 采用并扩展了会计制度来评估和修正访问穷人和分配福利的新程序（Allen，1908，pp. 160 - 161）。艾伦更关心测量结果，而不是单位成本，他将会计制度视为一种评估程序和计划效率及有效性的方法。

纽约市政研究局和其他研究机构对公共预算的贡献已经成为美国公共预算标准历史的一部分，但是改善穷人条件协会的弗兰克·塔克、经济普查局的罗格朗·鲍尔斯、州际商业委员会的亨利·卡特·亚当斯的角色已经被轻视或忽视，其结果是夸大了企业在提供政府榜样中的作用。

市政研究局不是公众资助的，虽然在一些城市它们得到了城市政府的支持，他们是由少数富有的商人资助的（Gill，1944，pp. 134 - 146）。为了获得资金，研究局往往不得不将其使命从更加先进的议程转为具有反政府意味的税收限制。原来的使命是公共资金更好地使用，而不是减小政府的规模，但呼吁减税是获得资助的更有成效的方式，并吸纳了一帮基本上具有反政府意味的人（Gill，1944）。

研究局的顾客鼓励他们审查政府的不当行为，而不是大企业的不当行为。当纽约市政研究局的威廉·艾伦挑战了洛克菲勒（Rockefellers）时，先是批评他们的教育基金犯了错误并且运营失败，后来批评洛克菲勒的一项城市土地交易。洛克菲勒让艾伦失去了其他富有的支持者的支持，后来他就被解雇了。他们也严格限制了该局在纽约市可能进行研究的范围，尽管艾伦提出抗议，但研究局的管理层接受了限制（Allen，1950，P. 244）。

在这种情况下，研究机构的工作人员罔顾精确度而一味地强调企业效率奇迹，这并不让人奇怪。正如德怀特·沃尔多（Dwight Waldo）所言：

> 当然，必须认识到在某种程度上，对企业的明显赞同、使用企业类比和经济论据，必须归功于战略或策略考虑。
>
> 行政研究直接或间接依赖于商业资助，一般来说行政改革计划在未经商业委员会认可时难以通过（Waldo，1948，P. 44）。

研究机构的商业导向对早期预算历史的解释有很大的影响，因为经常是 25
研究局的工作人员讲述美国如何采用公共预算的情况。后来的学者倾向于从关键事件中追溯思想史的演变，这进一步加深了他们的解读。1921 年的预算改革先于塔夫脱委员会的工作。塔夫脱委员会由弗雷德里克·克里夫兰领导，之前曾领导纽约市政研究局。因此，纽约局在 1907 年向纽约市引进预算的工作有时被视为行政预算的起源（尽管它并不是行政预算）。1921 年法案与全国城市联盟之间没有直接的联系，[2] 与 1899 年全国城市联盟的模范章程也是如此，该章程主张行政预算并且是根据政府官员的经验形成的，这一点已经被淡化或者忽略。

结论

公共管理从业人员、学术研究人员和顾问经常启动预算和会计改革，或者借鉴其他政府部门并进行修改。有时候他们向企业介绍并要求推行这些改革。改革派聚集在专业协会中，以便分享创新并研究政府的优势。尽管商界领袖呼吁进行改革并经常资助其研究与应用，商业界在为政府提供实例方面起了很少的作用。商业资助的研究机构在如何叙述预算改革故事方面具有不成比例的作用，这个故事过于强调企业作为良好管理模式的重要性。

这些结论有几方面的影响。第一，政府官员与学者的合作是顺利且实用的，这种程度的合作并不总是在我们这个时代发生。回顾一个我们能协作完成的例子是有益的。第二，在失去公众对政府的信心的时候，重要的是要记住源自政府官员和公共行政研究人员的创造性的重大改革。第三，了解商业管理优越性神话如何被宣扬并得到广泛接受也很重要。第四，更丰富和更平衡的历史叙述可能有助于恢复公众对公共服务系统的信心，以及多年来饱受媒体、公众和民选官员批评的公共服务系统对其自身的信心。

注释

这篇文章的早期版本是在美国政治学会会议上提出的，这次会议是于1992年9月3日在伊利诺伊州芝加哥市召开的。

1. 研究局的研究人员吹嘘其中立态度，而他们记录了他们帮助实施的改革。切斯特·莱特（Chester Rightor）、唐·佐沃斯（Don Sowers）和沃尔特·马茨切克（Walter Matscheck）这几位代顿市政研究局的前雇员于1919年写了一本书，评估了研究局参与推荐的代顿市政府的城市经理模式。在序言中，他们指出："对现状的分析可以揭开事实，即代顿市政研究局的前工作人员也许是写这样一本书的合适人选，因为可以假定无私的确定性……对政府事务做出不偏不倚的科学研究是政府研究机构和专业人员的职能"（p. ix）。

2. 然而，塔夫脱经济与效率委员会和全国城市联盟的模范章程之间仅有间接的联系。弗兰克·古多诺（Frank Goodnow）加入了这两个机构，在去华盛顿参加塔夫脱委员会的时候，可能就携带了城市联盟的建议。然而，古德诺支持从立法机构剥离预算权力的证据是微不足道的。他似乎主张由行政部门提出预算草案，但也主张立法机关在审查及批准或不批准预算草案以便反映公众的意愿的真实责任（Goodnow，1900，pp. 74 –88）。

参考文献

26 Allen，William H.，1908. *Efficient Democracy* New York：Dodd，Mead.

——. 1950. *Reminiscences.* Microfiches，Oral History Collection，Housed at Columbia University.

Bruere，Henry，1949. *Reminiscences.* Microfiches，Oral History Collection，Housed at Columbia University.

Cleveland，Frederick，1980，originally published by Longmans Green，1909. "Chicago's Accounting Reform." Paper Presented the Ninth Annual Conference of the National Municipal League，Detroit，Michigan，April 23，

1903. In *Chapters on Municipal Administration and Accounting*, 219 –243. New York: Arno Reprint.

Cleveland, Frederick A., 1905. "Advantages of an Independent Railway Audit to the Investor." *Journal of Accountancy*, vol. 1, pp. 386 –395.

Cleveland, Frederick A., and Fred Wilbur Powell. 1912. Railroad Finance. New York: D. Appleton and Company.

Dahlberg, Jane S., 1966. *The New York Bureau of Municipal Research: Pioneer in Government Administration.* New York: New York University.

Dawes, Charles G., 1923. *The First Year of the Budget of the United States.* New York: Harper and Brothers Publishers.

Dusenbury, Richard., 1985. "The Effect of ICC Regulation on the Accounting Practices of Railroads Since 1887." Working Paper 62, The Academy of Accounting Historians. offset.

Gill, Norman. 1944. *Municipal Research Bureaus: A Study of the Nation's Leading Citizen Supported Agencies.* Washington D. C.: American Council on Public Affairs.

Glaab, Charles N. and Theodore A. Brown, 1983. *A History of Urban America*, 3rd Ed., New York: MacMillan.

Goodnow, Frank J., 1900. "The Place of the Council and of the Mayor in the Organization of Municipal Government – The Necessity of Distinguishing Legislation from Administration." In the National Municipal League, *A Municipal Program*, New York: MacMillan, pp. 74 –88.

Goodnow, Frank J. C., 1912. "What the President's Promise of a Budget Means." Typed Speech or Press Release, in the Manuscript Collection, Eisenhower Library, Johns Hopkins University.

Kennan, George, 1969, originally published 1922. *E. H. Harriman: A Biography.* Freeport, NY: Books for Libraries Press.

Mitchell, Thomas Warner, 1907. "An Evaluation of the Annual Reports of the Union Pacific." *Journal of Accountancy*, vol. 3 (January) pp. 238 –248.

Poole, Ernest C., 1962. *Costs – A Tool for Railway Management.* New

York: Simmons – Boardman.

Powers, Le Grand, 1906. "Letter to the Editors" *Journal of Accountancy*, vol. 2 (June), 160.

Rightor, Chester E., Don Sowers, and Walter Matschek, 1919. *City Manager in Dayton. Four Years of Commission Manager Government*, 1914 – 1917; *and Comparisons with Four Preceding Years under the Mayor Council Plan*, 1910 – 1913. New York: MacMillan.

Rosenberry, Marvin, 1948. "Henry Carter Adams." In Earl D. and Vander Velde Lewis G. Babst, eds., *Michigan and the Cleveland Era: Sketches of University of Michigan Staff Members and Alumni Who Served the Cleveland Administrations* 1885 – 1889 *and* 1893 – 1897. Ann Arbor, MI: University of Michigan Press.

Sealander, Judith, 1988. *Grand Plans: Business Progressivism and Social Change in Ohio's Miami Valley*, 1890 – 1929. Lexington, Ky.: University of Kentucky Press, pp. 119 – 120.

Shuman, Howard E., 1992. *Politics and the Budget: The Struggle Between the President and Congress*, 3d ed. Englewood Cliffs, NJ: Prentice Hall.

Waldo, Dwight, 1948. *The Administrative State: A Study of the Political Theory of American Public Administration.* New York: Ronald Press.

Willoughby, William F., 1918. The Movement for Budgetary Reform in the States. Brookings reprint series. New York: D. Appleton and Co.

Wilmot, H. W., 1906. "Municipal Accounting Reform." *Journal of Accountancy* Vol. 2 (May), pp. 97 – 108.

第三章
通往 PPB 之路：预算改革的各个阶段*

阿伦·希克 (Allen Schick)

在早期 PPB 的新人以及加入这一潮流的同行中，人们的心里认为它是“政府管理史上的革命性发展”。人们兴奋地谈论过去和将来的差异、对目标和替代方案的明确和“硬性”评价将产生的好处、多年期预算预测和计划的优点、分析员的技能和角色与审查员的工作之间的巨大差异、因为预算过程的更改而可能导致的政府结果调整。 27

但是，这不是唯一的版本。越接近预算生活的神经中枢——在预算局 (Bureau of the Budget) 和部门与机构预算办公室的各部门——越可能会听到“PPB 没有什么新的东西；这与我们迄今一直在做的几乎没有区别。”一些老资格的人将 PPB 理解为 20 世纪 50 年代初绩效预算尝试的复兴。另一些人则贬低 PPB 之前在人员或物质上花费多少的决定是在没有真正考虑这些投入的目的的情况下做出的。他们指出以前的变化是与 PPB 一致的，尽管没有 PPB 独特的技术和术语。类似的情况包括“政府预算明细比较表” (green sheets) 在中央预算过程中的作用减弱，拨款组织重塑和活动分类发展，工作测定、生产率分析和其他产出测定的改良，对计划与重大问题进行“春季预览” (spring preview) 的运用。

在传统预算人员的不确定抗议与先锋派的不确定期望之间，有第三个版

* From Public Administration Review, Vol. 26, No. 6 (November/December 1966). 243 - 258.

本。PPB 系统的发展预示着预算的核心功能发生了根本性的变化，但它已经扎根到了半个世纪的传统和演变之中。未来的预算系统将是过去和当下发展的产物，也就是说，它将包括在改革早期阶段所采用的预算功能，以及 PPB 强调的计划功能。PPB 是第一个旨在容纳多种预算功能的预算系统。

28 ## 预算功能

预算一直被设想为一个系统地将资金支出用于实现计划目标的过程。在这样的重要意义上，每个预算系统中都有一点 PPB 的意味。即使在 50 年多前的预算改革初期，也有令人信服的声明，即需要有一个预算系统来规划政府的目标和活动并提供可靠的数据说明如何利用公共资金完成这项工作。例如，纽约市政研究局（New York Bureau of Municipal Research）在 1907 年发表了一份“计划备忘录”，其中载有纽约市卫生部门大约 125 页的功能性账户和数据。[1]

然而，在 20 世纪头几十年中引进的国家、州或地方预算系统中没有明确反映这种导向，也没有明确反映在今天存在的预算系统中。显而易见的事实是，计划并不是预算系统必须提供的唯一功能。管理正在进行的活动和控制支出在过去是比计划功能更为优先考虑的两项功能。罗伯特·安东尼（Robert Anthony）确定了三个不同的行政过程：战略计划、管理控制和运营控制。

战略计划是关于组织目标及其变化，用于实现这些目标的资源以及管理这些资源的获取、使用和处置的政策的决策过程。

管理控制是管理人员为确保实现组织目标从而有效果和高效率地获得和使用资源的过程。

运营控制是确保特定任务得到有效果和高效率执行的过程。[2]

每个预算系统（即使是基本的）都包括计划、管理和控制过程。在操作上，这些过程往往是不可分割的，但出于分析目的它们在这里被区分。在预算体系中，计划涉及确定目标、评估替代活动过程以及选择项目的授权。计划与预算编制密切相关，但在预算编制阶段忽视管理和控制因素是错误的，在预算年度的其他阶段忽视计划的可能性同样也是错误的。显然，PPB

的一个主要目标是将编制预算的年度惯例转变为有意识地评估和制定未来的目标和政策。管理包括将批准的目标计划成具体的项目和活动，设计组织单位来执行批准的项目，以及对这些单位的配置人员和获得必要的资源。管理过程贯穿于整个预算周期，理想的情况是，它是既定目标与所开展的活动之间的联系。控制是指将执行官员与上级制定的政策和计划结合起来的过程。控制在执行和审计阶段是主要的，尽管预算估计和拨款的形式通常是由控制考量决定的。多重控制与报告程序与预算执行密不可分——职位控制、调任限制、申请程序和旅行规章相关的各种控制和报告程序，以及为了提及更突出的部分——确保遵守由中央权威制定的政策的目的。

在预算系统的操作过程中，很少将计划、管理和控制给予同等关注。作为一个实际问题，计划、管理和控制倾向于在预算编制过程中互相竞争，因 29
为在不同的参与者之间没有整齐的功能分工。由于时间有限，中央权威必须对它们所做的事情所选择。虽然这种稀缺性使控制责任下放到运营水平，但由于缺乏可靠和值得信赖的内部控制系统，使中央权威以牺牲计划功能为代价承担起控制功能。此外，这些过程往往需要不同的技能并产生不同的方式来处理预算任务，所以一种观点往往会支配其他观点。因此，在预算办公室的人员配置方面，随着预算从控制转向管理角色转变，出现了从会计转向管理者的变化。PPB 最初的经验表明下一个过渡可能是从管理者转向经济学家，因为预算将承担更多的计划功能。

最重要的可能是计划、控制和管理过程对信息需求的差异。信息需求在时间跨度、整合级别、与组织和操作单位的关联以及输入输出焦点方面各不相同。显然，解决方案是设计一个满足预算的多种需求的系统。然而，历史上有一种强烈的倾向来融汇信息结构并依靠单一的分类方案来为所有预算目的服务。在很大程度上，信息系统的结构是为了达到控制的目的。因此，PPB 所设想的多重用途预算系统的类型被回避了。

对预算系统的审查应表明在中央一级是否更重视计划、管理或控制。计划的导向集中在最广泛的问题上：政府的长远目标和政策为何以及如何关联到特定的支出选择？在评价各机构的请求时应采用哪些标准？哪些项目应启动或终止，哪些项目应扩展或缩减？管理导向处理次要问题：什么是组织完成规定任务的最佳方式？在多项人员配置方案中哪一项可实现中央和外地办事处之间最有效率的关系？在拟议的各项补助和项目中哪些应予批准？控制导向涉及的关注范围相对较窄：在立法机关和行政长官建立的支出上限约束下各机构如何运转？应采用哪些报告程序来执行适当的支出？对机构的人员和设备支出应施加什么限制？

应该清楚的是，每个预算系统都包含计划、管理和控制功能。控制方向指的是与计划和管理功能的从属关系，而不是缺席。在导向问题上，我们是在处理相对的重点，而不是纯粹的一分为二。恰当的问题是在中央一级的这些重要功能之间的平衡。从中央角度看，在预算系统的设计和运行中，每项功能各有多少权重呢？

预算改革的各个阶段

上文概述的框架显示了对预算改革研究的有用方法。每一次改革都改变了计划—管理—控制的平衡，有时是无意的，但通常是有意的。因此，识别改革的三个连续阶段是可能的。在第一阶段，大约在 1920 年至 1935 年，主要重点是发展适当的支出控制制度。虽然计划和管理方面的考虑没有完全缺席（实际上在促成 1921 年《预算和会计法》的辩论中占据了突出的作用），但它们被首要优先事项——一个可靠的支出账户系统——推向了边缘。第二
30 个阶段在罗斯福新政（New Deal）时期到来并在十多年后的绩效预算运动中达到了它的顶峰。在这一时期，管理导向最为突出，在拨款组织改革、管理改进和工作计量方案的制定、预算编制对机构工作与活动的关注等方面留下了印记。第三阶段，其出现必须等到 PPB 制度化以后，可以追溯到将计划和预算联系到福利经济学分析标准的早期努力，但其最近的发展是一个现代信息和决策技术的产物，就像那些在国防部率先被采用的一样。

PPB 被认为是将计划功能置于首位的，然而它力争制定一个多用途预算系统以对控制和管理领域给予充分和必要的关注。即使在孕育阶段，PPB 也设想发展交叉对应关系（crosswalk）网格，以便将数据从计划转换为管理和控制框架，然后再次返回。PPB 将三项基本功能视为预算系统的兼容和互补要素，虽然不是中央预算编制的同等方面。在理想的模式下，PPB 将集中计划功能，并将主要的管理和控制职责委派给监督和执行部门。

在预算的现代起源中，改进计划、管理和控制的努力在行政预算理念大受欢迎的背景下联合起来。在第一代改革者的目标和词汇中，预算意味着行政预算。两者是不可分割的。这与克利夫兰（Cleveland）的名言“要成为预算，它必须由负责任的行政人员准备和提交……”并无异议。[3] 无论是从计划、管理或控制的角度来看，行政人员都被认为是编制和执行预算的最佳人选。正如克利夫兰在 1915 年提出的那样，只有行政人员“可以从整个机构的角度来思考”，因此，他“是唯一能够为领导负责的人”。[4]

行政预算理念也在行政一体化运动中扎根，并与诸如以下的改革结成联盟：机构功能整合、消除独立理事会和委员会、短期投票以及加强行政长官的任免权力。行政长官经常被比作一个公司的总经理，预算局是他的总参谋部。

最后，行政预算旨在通过限制行政人员在这一角色中的自由裁量权来强化诚实和效率。它与诸如集中采购和竞争性投标、公务员改革、统一会计程序和支出审计等创新相联系。

控制导向

在行政预算的推动下，各种目标趋同。然而，将预算观念转变为实际运作方法出现了根本性的分歧。必须在支出账户设计和预算办公室导向上作出艰难的抉择。在这两个方面，控制导向是主要的。

在不同程度的明细中，第一次改革浪潮中建立的支出分类是以支出用途为基础的，需要详细列出行政单位运行所需的无数项目——人员、燃料、房租、办公用品和其他投入。基于这些“逐项详细记录”而建立了编制和审查估计数和资金支付所用的技术惯例。然而，行政预算运动的领导人设想了一个注重待完成工作的功能分类系统。他们把支出对象视为提供信息目的的辅助数据。他们对功能账户偏好来自他们将预算视作计划工具的设想，他们 31
对于目标的蔑视来自政治与行政的当代分裂。[5] 塔夫脱委员会（Taft Commission）大力反对支出用途拨款，并建议将支出按工作类别、组织单位、支出性质和筹资方法分类。在其示范预算中，委员会包含了若干功能分类。[6]

在市政研究局为纽约市建立预算制度时，不同的预算观念之间出现了历史性的冲突。

在发展适当的技术方面，研究局很快面临着功能和目标预算之间的冲突。不同于几乎所有其他预算系统都以对象分类的控制基础为起点，研究局只是对项目方法进行反复试错试验之后就转向控制（及对象的明细化）。

在面对迫切需要对行政进行有效控制时，研究局不得不断定这一需求比计划功能重点的需求更为关键。“预算改革，”查尔斯·比尔德（Charles Beard）曾经写道，“承载着它所诞生的时代的印记。”[7] 在人事和采购控制不可靠的时代，首先要考虑的是如何防止行政失当行为。

> 在负责制定预算程序的人看来，最重要的服务是建立中央控制，以便通过民选官员落实和履行责任……因此，被广泛接受的观点是，在中央控制得到有效建立以及详细审查部门合同、采购以及部门工作的基础得到满足之前，必须暂时搁置行政问题和调整细节。[8]

功能账户旨在促进合理的项目决策，而不是避免官员失职。“按照‘功能’进行的分类不提供任何保护，它只对服务的使用进行限制。”[9] 目标的详细明细被认为是可取的，不仅“因为它提供了所有已提供的控制机制的应用，而且它也能够达到相比当下更高程度的完美效果。”[10]

随着目标账户的引入，纽约市有三个层面的支出分类：（1）按组织单位划分；（2）按照功能划分；（3）按对象划分。从某种意义上说，市政研究局正在努力建立一个预算系统以便同时为预算的多重目的服务。对研究局来说，在预算中列入更多样和更详细的数据是一个良好的趋势，所有目的都将得到满足，公众将更全面地了解政府支出。因此，研究局“从一开始就要求对成本进行尽可能多的不同方式的分类，就像有故事可讲一样。”[11] 但研究局并没有预料多项分类计划会带来哪些实际困难。在 1913 年的拨款法案中，

> 有 3 992 个不同的拨款项目……每一项都构成一项明确的拨款，此外还有一些人员的职位和薪金进一步分项列表，这些人员数

倍地增加了这一数字，每一项都是对行政自由裁量权的限制。[12]

这一困境使得研究局面临着目标明细化与功能分类之间的直接选择。作为解决办法，研究局建议保留对目标账户和预算总额的“非功能化”，换言 32
之，它优先重视它们所表现出来的对象和控制导向。一旦确定完毕，对象控制就迅速成为行政不当行为不可或缺的威慑力量。改善多个分类的不利影响是以不同的方式完成的，这将加强计划和管理过程。研究局提出了预算与拨款目的之间以及适用的各种分类类型之间的根本区别。

> 一项拨款行为有一个目的，即限制可能带来的债务数额以及支付个人服务、物资等费用的凭证数额。因此，拨款项目的唯一重要分类是取决于那些给出提存账户和购买物品类别的人。[13]

总之，拨款将用作对支出的法定控制。在其“下一步”的提案中，研究局建议拨款保留“完全相同的明细登记，只要职位和报酬的说明书得到关注和保护。”[14]

另外，预算被视为计划和宣传的工具。它们应该包括“工作计划的所有细节和工作成本的规格。”[15]除了常规目标和组织分类外，预算还将报告“按照功能分类和发生的总成本，用于确定与提供服务及需要提供服务相关的策略问题并为结果评估打下基础。”[16]研究局还建议了一项新的工具——工作计划，它将提供“每个组织单位内每个功能、活动或过程的详细进度表或分析。这种分析将给出总成本和单位成本，无论标准如何建立。”[17]

这确实是一个高瞻远瞩的预算概念！将会有三份文件用于预算的三项基本功能。虽然研究局没有使用上文所建议的分析框架，但似乎拨款是为了控制目的、预算是为了计划目的，工作计划是为了管理目的。这三份文件中的每一项都将有其专门的信息方案，但联合起来将形成与 PPB 差异不大的多重用途预算系统，尽管没有使用交叉对应关系或系统分析的语言。

然而，这个计划失败了，因为最终研究局留下了与控制导向挂钩的目标账户。研究局对预算和拨款的区分并不清楚，工作—计划的想法被纽约市拒绝了，理由是缺乏足够的会计备份。研究局未能认识到，预算与拨款之间的概念区分在信息需求的压力下趋于崩溃。如果立法机构按照目标拨款，预算很可能会按照目标分类。相反，如果没有功能账户，将这些数据纳入预算的前景将会变得渺茫。几乎总是如此，预算反映了拨款行为，目标在每个对象中都是最重要的。PPB 是否能够打破这种互锁的信息模式还有待观察。

到了 20 世纪 20 年代初期，计划和管理的基本功能被那些在全国推行预算改革的人忽视了。第一代预算工作人员集中于完善和传播广泛证明的支出
33 目标方法上，预算编写者几乎完全专注于形式，并对实际和推荐程序进行了实际描述。尽管在巴克（Buck）的“已证明”实践目录中保留了关于使用预算进行计划和管理的想法，[18]但他们没有足够的优先权来挑战传统。

从一开始，联邦预算被置于控制支出目标的立足点上，在阅读查尔斯·G. 道斯（Charles G. Dawes）的《美国预算第一年》（The First Year of the Budget of The United States）时可以看到其全部特征。正如道斯所言：

> 预算局只关心政府的低级和日常事务。与内阁官员不同的是，除了经济和效率之外，它不涉及任何政策问题。[19]

这种区分与目标分类完全吻合，为政府日常业务提供了坚实的会计基础，但没有关于公共支出政策含义的信息。此外，在第一个十年里，预算局极少的职员（不超过 40 人）不得不协调一系列广为宣传的经济活动，这些活动将审查员的工作形成审查逐项估计以削减审查员的工作。尽管《预算和会计法案》第 209 条授权预算局研究并建议改进联邦机构的组织和行政实务，但预算局绝大多数时间都集中在控制业务上。

管理导向

虽然没有任何一项行动代表从控制导向到管理导向的转变，但这一演变的转折点可能与新政对政府责任的拓宽视角有关。

20 世纪 20 年代和 30 年代，偶尔的声音促使人们重新回到早期改革者倡导的预算概念。在 1924 年的一篇值得注意的文章中，伦特 D. 厄普森

（Lent D. Upson）强烈地辩称，“预算程序已经在其发展过程的半路上停止”，并且他提出了预算形式的六条修改建议，其净效应是将重点从会计控制转移到功能会计。[20]十年后，威利·基尔帕特里克（Wylie Kilpatrick）采取了类似的立场，他坚持认为“支出的基本依据是功能性的，即政府提供服务的支付情况的会计记录。”[21]

同时，正在逐步进行改革，为将预算重新定位为管理任务做好准备。许多引发目标控制的行政弊端受到法律、规则以及公共服务普遍升级的遏制。可靠的会计系统得以采用并引入了人事和采购改革措施，从而将预算从看门狗的角色中解放了出来。政府活动和支出的迅速增长使得中央官员更难追踪预算中的无数对象。随着扩张，逐项列出目标的零星碎片变得越来越不重要，而所执行活动的总量变得更加重要。随着扩张，对行政机构无序扩张采取集中管理的需求也越来越高。

活动和支出的攀升也预示着预算体系的作用发生了根本性变化。只要政府被认为是“必要的罪恶”，并且对公共支出的社会价值认识不足，预算的主要功能就是控制支出。由于产出被认为是有限的和固定的价值，因此使用预算来集中控制投入是有意义的。然而，随着公共机构的工作和成就被认为 34
是有益的，预算的任务被重新定义为有效地安排财政和组织资源以实现利益。这种新态势集中关注管理大型项目和组织的问题，以及利用预算在分散的行政结构下扩张行政霸权的可能性。

所有这些因素都融合在新政年代。联邦支出从 1932 年的 42 亿美元迅速增加到 1940 年的 100 亿美元。凯恩斯主义经济学（其全部预算含义现在才出现在 PPB 中）强调了公共支出与经济状况之间的关系。总统行政管理委员会（President's Committee on Administrative Management，1937）严厉批评了预算局常规化、控制思想的做法，并敦促将预算用于协调总统领导下的联邦活动。随着 1939 年从财政部转移到新成立的总统行政办公室（Executive Office of the President），预算局正在成为联邦政府的领导管理机构。预算局的工作人员增加了 10 倍；它发展了它仍然拥有的行政管理和统计协调职能；并为预算执行设置了分配程序。预算局越来越多地从公共行政部门而非会计部门抽调人员，在哈罗德·D. 史密斯（Harold D. Smith）领导期间（1939～1946），预算局大力支持管理导向。[22]第 8248 号行政命令展示了总统

对管理理念的认可。它指导预算局

> 向总统通报政府机构在拟议的工作、实际启动的工作和完成的工作方面的活动进展情况，以及政府几个机构之间的相关工作时间安排，以及最终可能需要协调的政府行政部门的几个机构的工作计划，并使国会拨付的款项可能以最经济的方式花费以防止重复工作。

随着预算过程的管理功能更多地用于行政绩效的评估和改进以及科学管理运动与公共行政的历史联系，管理成本核算在政府运作中的相关应用更加明确。政府机构试图制定绩效标准，若干机构中引入了基本的工作测量技术被引入一些机构，包括林业局、人口普查局和垦务局。[23]各专业协会制定了评估系统以评估管理绩效以及公共服务需求。这些粗糙和不科学的方法是更先进和客观技术的先驱。在这些努力的巅峰时期，克拉伦斯·里德利（Clarence Ridley）和赫伯特·西蒙（Herbert Simon）发表了“度量市政活动：建议的管理评估标准调查”，其中他们确定了五种测量方法——（1）需求，（2）结果，（3）成本，（4）努力，（5）绩效——并调查了衡量需求和结果的障碍。后三类他们合并为行政效率的度量。这项研究在成本效益和系统分析取得突破之前提供了一个优秀的技术状态清单。

在第二次世界大战结束时，除了联邦预算的一个方面——支出分类以外，管理方向都是根深蒂固的。除了个别案例（如田纳西河流管理局的活动账户和农业部的项目结构）外，传统的目标账户被保留，尽管控制职能重要性已经下降。1949年，胡佛委员会（Hoover Commission）要求预算分
35 类的改动与管理方向一致。它建议“通过采用基于功能、活动和项目的预算来改变联邦政府的整个预算概念。”[24]为了创造新颖性，委员会采用了一个新的标签——绩效预算——来表示长期广为人知的功能或活动预算。由于其工作组又采用了另一个术语——项目预算——于是就有了两个新术语来表述该时期的预算创新。在写作者中没有统一的用法，有些偏向“项目预算”标签，有些则更倾向于“绩效预算”，描述的都是相同的事物。最近由于“项目预算”（也是大卫·诺维克编辑的兰德出版物的标题）与PPB运动之

间的联系，混淆程度有所增加。

虽然各种因素和期望影响了胡佛委员会，并且委员会的建议已经以多种方式进行了解释，包括一些与 PPB 概念非常接近的概念，但为了清晰起见，并按照控制—管理—计划框架，通常理解和应用的绩效预算必须与新兴的 PPB 理念区分开来。在后文用于提及胡佛州委员会开始实行的改革时采用“绩效预算”一词，“项目预算”一词则与 PPB 一起使用。

绩效预算是管理导向的；其主要目标是帮助管理人员通过以下方式评估运营单位的工作效率：（1）按照功能性条件来制定预算类别；（2）提供工作成本度量以促进规定活动的有效执行。一般来说，它的方法是特殊的，即将工作成本数据减少到离散的，可测量的单位。项目预算（PPB）是以计划为导向的，其主要目标是通过提供以下方法使政策制定合理化：（1）实现提议的公共目标的替代方案的成本和收益数据，以及（2）输出测量数据以促进有效实现所选择的目标。作为一种政策手段，项目预算不同于效率的简单工程模型，此类工程模型的目标是固定的，投入和产出的数量被调整为最佳关系。在 PPB 中，目标本身是可变的，分析可能会导致新的目标声明。为了使预算制定者能够评估替代支出方案的成本和收益，项目预算侧重于支出总额，只有在分析总体（系统）或竞争性提案之间的边际取舍时，细节才会起作用。因此，在这种宏观分析方法中，重点在于综合性以及将数据分组成各种类别以便在各种可供选择的支出组合之间进行比较。

绩效预算的精神和大部分技术源于成本会计和科学管理，项目预算已经从经济学和系统分析中吸取了其核心思想。在绩效预算文献中，预算编制被描述为“管理工具”，而预算文本则被称为“工作方案”。在 PPB 中，预算编制是在竞争性要求之间的分配过程，预算文本是政策声明。从时间上看，绩效预算的蓬勃发展与项目预算的第一个明确概念之间存在好几年的时间差。在第一次胡佛报告之后，特别是在 20 世纪 50 年代早期，有关绩效预算的行政优势的文章出现泛滥。直到 20 世纪 50 年代中期，许多经济学家（包括史密斯、诺维克和麦基恩）开始敦促改革联邦预算体系，才出现了对项目预算的浓厚兴趣。经济学家的想法与胡佛委员会有所不同。

根据管理的视角，委员会认为“预算编制中最重要的是要完成的工作或服务，以及这项工作或服务的成本”。[25]莫舍（Mosher）紧紧跟随这样的观

点并写道“绩效预算的中心思想是预算过程应当集中于计划和功能——即
36 取得成就、完成工作”。[26]但从计划的角度来看，最重要的事情肯定不是要完成的工作或服务，而是公共资金投资要实现的目标或宗旨。在绩效预算中，工作和活动实际上被视为目的，而在项目预算工作中，工作和服务被视为中间环节，即资源转化为产出的过程。因此，在1954年的兰德报告中，诺维克将一个方案定义为“用以达到特定的目标的步骤或相互依存的活动的总和。因此，计划是最终目标，并根据其执行所需的所有要素进行制定或预算编制”。[27]诺维克继续补充道：“这不是政府预算现在使用该术语的意义。”

因为绩效评估和计划评估是不同的预算功能，所以它们需要不同的分类方法作为目标和组织之间的中间媒介。这些活动涉及独立运营单位的职能和工作，因此他们的分类通常符合组织路线。这是对需要采购和利用生产货物和服务所需资源的管理者而言最有用的分类类型。活动分类汇集在一个单一的标题下，管理者运行其单位所需的所有支出数据。然而，对计划的评估需要一个面向政府使命和目标的最终产品分类。这种类型的分类对于管理者来说可能并不是很有用，但对于必须决定如何在相互竞争的要求中分配稀缺资金的预算制定者来说，这是非常有价值的。通过比较海岸警卫队现有活动一览表和公告66－3最后一页上提出的计划结构，可以收集到最终产品和活动分类之间的一些区别。在绩效预算的支持下开发的活动结构面向海岸警卫队的运营职责：船舶运营、航空运营、维修和供应设施等。拟议的计划结构与海岸警卫队寻求的大型目标有关：搜救、航标、执法等。

假设绩效技术预先假定项目预算或者没有计划分类时不可能收集绩效数据都是错误的。尽管如此，该观点认为项目预算是“正统（传统）特征和目标预算与绩效预算之间的过渡性预算类型”。[28]卡默勒（Kammerer）和夏德安（Shadoan）强调类似的联系。前者写道：“绩效预算带领项目预算更进一步——到达单位成本。”[29]夏德安“将绩效预算设想为项目预算概念的扩展，单位工作计量的要素已添加到该概念中。”[30]这些作者忽略了绩效预算和项目预算的不同功能。设计和应用绩效技术而不必将它们关联到或运用于大型项目集合是有可能的。成本会计师或工作测量专家可以测量执行重复性任务所需的成本或工作量，而无须探究工作目的或其与组织使命的关系。工作测量——“在所执行的工作量与所用人力之间建立公平关系的一种方法”[31]——与更高层面上决定政府政策的过程只有遥远的间接关系。项目分类与通过分配公共资源与制定和实施政策密切相关。一般来说，绩效预算与工作过程有关（应该使用哪些方法），而项目预算则关注工作目的（应该授权哪些活动）。

也许描述这种差异的最可靠的方法是展示在绩效预算下尝试和完成的内容。

首先，绩效预算导致了活动分类的引入，其管理导向已经被讨论过。

其次，项目和绩效的叙述性描述被添加到预算文件中。这些表述为预算 37
读者提供了要求资金的组织单位有待完成工作的总体情况。但与目前在 PPB 下开发的分析性文件不同，叙述具有描述性和正当性的功能，它们没有提供评估支出的成本效用的客观基础。的确，几乎没有任何证据表明叙述被用于决策，相反，它们似乎最适合给不知情的局外人看看里面发生的事情。

再其次，绩效预算产生了大量的工作成本测量探索。使用最多却最没有用的是行政人员为了证明他们对额外资金的要求而收集的详细的工作量统计数据。在更高水平的复杂程度上，出现了将科学管理和成本会计技术应用于工作量和生产力标准制定的尝试。在这些努力中，预算局长期以来一直参与其中，从 1950 年发布三部工作量测量手册开始，发展到 1964 年发表的生产率测量研究达到巅峰。所有这些应用在细节上都对负有操作或监督责任的管理人员有用处，但对于必须确定组织宗旨和目标的高级官员来说缺乏有用性。如果知道洗涤一磅洗衣费用为 0.07 美元，或者普通邮政员工每小时处理 289 件邮件，它真的能帮助高级官员吗？这些是绩效测量的主要成果，并且它们在组织的管理中具有重要的地位。它们对于完成工作发挥有限功能的运营官员具有很大的价值，但是它们会给绘制未来的行动方针的决策者造成沉重的负担。

最后，管理层的观点导致 PPB 的原则，即支出账户应该显示总体系统成本，出现显著偏离。1949 年的《国家安全法案》（可能是胡佛报告的第一个具体结果）指导了国防预算中资本和运营成本的分离。纽约州在结核病医院的绩效预算试验将支出细分到成本中心（一个源于管理成本会计的概念），在每个中心内细分为固定成本和可变成本。在大多数人力和工作测量中，劳动力已与其他投入相分离。最重要的是，在许多州和地方（并且隐含在联邦预算中），存续项目的成本已经与新项目或扩大项目的成本分开。这种分离方式对于从基数增加和减少预算的管理者是有用的，但这违反了项目预算的假设，即在资金竞争中所有的请求必须相互对立。同样，从管理者的角度来看，前面提到的分离形式是有意义的，但是会削弱规划人员比较支出替代方案的能力。

计划导向

以上所述揭示了导致计划导向出现的一些问题。三项重要进展影响了从管理到计划导向的演变。

1. 经济分析——宏观的和微观的——在财政和预算政策的形成中占有越来越大的份额。

2. 新的信息和决策技术的发展，扩大了目标分析对决策的适用性。

3. 计划和预算程序逐渐趋于一致。

38 凯恩斯主义经济学以宏观分析为重点，强调政府行为对私营部门的影响，起源于大萧条时期的就业不足。凯恩斯主义者提醒人们注意通过财政政策实现充分就业的机会，并对中央预算职能进行了重大重述。从利用财政政策来实现经济目标，到利用预算过程来实现财政目标，仅有几步之遥。然而，在新经济的出现和胜利之间，出现了整整一代人的失误，这主要是由于根深蒂固的平衡预算意识形态造成的。但是，预算的经济潜力的全面实现在静态税收政策收入以及法定支出政策方面受到阻碍。

如果联邦政府最近的税收政策证明新经济已经成熟，它也证明了公职人员长期以来没有将税收权力作为经济变量的制约因素。在此之前，在正常时期，税收结构被理解为给定的，而财政分析的任务是预测未来的税收收益，以确定可用于支出的数额。新方法将税收视为可变因素，根据国家政策和经济条件定期更改。税率的变化不能根据需要多少开支来决定（因为它们几乎在所有国家和地区都是如此），而是由变化的税收结构对经济的预期影响来决定。

PPB 的出现紧随明确运用税收政策引导经济之后，这并非巧合。在宏观经济学中，税收和支出是彼此镜像的；减税和支出增加具有可比性的影响。

因此，税收政策对经济考虑的影响不可避免地导致对支出的类似处理。但是，将预算作为财政工具的使用存在（并仍然存在）一些障碍。一方面，预算过程向经济导向的转变很可能因 1946 年《充分就业法案》（Full Employment Act）而放慢，根据该法案设立了经济顾问委员会（Council of Economic Advisers）并将预算局的财政分析职能移交给理事会。CEA 和 BOB 之间以及财政政策和预算编制之间的制度分离并没有通过合作关系来弥补。经济分析对支出政策只有轻微的影响。它提供了一些指引（例如，在经济衰退期间应该增加支出）和一些想法（如公共性工作项目的一个框架），但它并没有纳入正常的预算渠道。编制预算业务首先是应对机构支出压力，而不是对经济条件作出反应。

此外，支出（如税收）实际上被视为既定的，由支出单位不受限制的要求来决定。在没有中央政策指示的情况下，各机构可以在没有中央当局的限制并且没有一套可操作的规划指导方针的情况下发布要求。到预算局开始行动时，面临的首要任务是使估计数与预计的资源保持一致。换句话说，预算局具有削减预算的功能，将机构支出要求降低到可接受的水平。总统的角色也受到类似的限制。他是联邦预算的守门人。他通过决定哪些机构提出的各种扩展计划应包括在预算中来指导支出增长的步伐。但作为守门人，总统很少能够回头看看以前通过大门的物品，他的注意力集中在那些与已建立的基础相背离的项目上。在它们有限的角色中，预算局和总统都没有能够将财政和政策目标注入预算编制的最前沿。

将预算从一项为进行中的项目筹集资金的行政程序，转为一个用于确定公共目标和政府参与经济的范围和方向的决策过程，并不容易。在向计划重 39
点转型时，重要的一步是 1963 年联合经济委员会（Joint Economic Committee）有关作为经济文件的联邦预算的听证会。这些听证会和 JEC 的相关报告探讨了预算编制中的潜在政策机会。另一个发展是 20 世纪 60 年代早期引入的多年支出预测所展现的扩大的时间范围。通过揭示现有的税收结构会产生累积更大的未承诺资金增量（估计到 1970 年达到 500 亿美元）——这可以用于多种替代用途，从而取得了一些突破。多少资金应通过减税以及支出增加以“回归”到私营部门？在扩大的联邦补助金制度下，应该给各州和各地多少资金？多少资金应该用于城市重建、改善教育或消除种族不平等。

传统的预算系统缺乏分析工具来处理这些问题，尽管决策最终会以这种或那种方式进行。时间范围从单一年份扩大到多年期框架增强了计划和分析对未来支出决策产生影响的机会。从一年的角度来看，几乎所有的选择都被以前的承诺取消，分析只对自生的收入增加所提供的增量有效，或者在将资金从一种用途转换为另一种用途时是可行的。然而，随着时间跨度的延长，开放了更多的选择，经济分析可以在决定采取哪种行动方式时起到重要作用。

在预算改革中出现了显著的宏观经济趋势。在微观经济方面，PPB 可追溯到福利经济学家尝试建立按边际效用原则预测的金融学。它希望这样一种科学将为确定公共资金在竞争性用途之间的最佳分配提供客观标准。通过评估替代方案的边际成本和收益（庇古关于穷人救济与战列舰的经典例子），可以确定哪种支出组合能够提供最大效用。寻求福利功能为 1940 年的一篇关于“缺乏预算理论”的文章提供了概念基础，在文中凯（V O. Key）指出缺乏一种理论来决定是否“将 x 美元分配给活动 A 而不是活动 B。”[32]就其对预算实践的直接贡献而言，福利经济学一直是失败的。不可能把政治生活的冲突和复杂性提炼成福利标准或齐次分配公式。但是抛开它的规范和正式含义，它的原则已经被亚瑟·史密斯（Arthur Smithies）等经济学家用于预算编制。史密斯制定了一个预算规则，“支出提案应该根据它们打算实现的目标来考虑，一般来说，最终的支出决定不应该在所有的预算要求都考虑之前作出。”[33]PPB 将此规则应用于预算实践。通过构建支出以便将替代要素并入项目类别并分析各种替代方案的成本和收益，PPB 为在预算中使用边际分析打开了大门。

实际上，这种大门在某种程度上是由于新的决策和信息技术的发展而开启的，这是影响计划导向演变的第二个因素。如果没有可用的成本效益和系统分析提供的决策信息能力，那么 PPB 今天将成为预算装置的一部分是值得怀疑的。新技术可以应付 PPB 强加的巨大信息和分析负担。作为计算的辅助手段，它们提供了分析替代方案的方法，从而扩大了预算编制的决策范围。

运作研究是这些技术中最古老的技术，它们来源于复杂的第二次世界大
40 战的环境，需要人力、物力和装备的最佳协调来实现防御目标。运作研究最适用于资质最高的重复性操作。另一项技术，成本效益分析，在 20 世纪 50

年代进行了大规模的调整，以适应大规模的水资源投资，并随后应用于许多其他政府功能。系统分析是这些技术中最综合的。它涉及巧妙地分析实现中相互关联的一组目标的主要因素。美国国防部对武器系统的选择、军事基地的位置以及海上空运要求的确定都采用了系统分析。虽然 20 世纪 50 年代兰德公司的成员一再敦促这些技术全面延伸到政府，但国防部的经验为当前的发展奠定了基础。毫无疑问，由于国防部的“成功故事”，PPB 的到来已经推进了几年或更长时间。

预算职能转变的第三个影响因素是缩小计划和预算之间的差距。在体制和运作上，计划和预算都沿着不同的轨道前进。由于被认为是社会主义式经济管理，国家政府一直不愿意接受任何形式的中央计划。最接近中央计划机构的是 1939 ~ 1943 年的国家资源规划委员会（National Resources Planning Board）。目前，国家安全委员会（National Security Council）和经济顾问委员会在国防和财政领域负有规划责任。就预算局而言，它已经避开了有利于控制和管理的计划功能。在许多州和地方，计划和预算由单独的组织单位处理：在州一级，由于债务融资的限制鼓励了资本和运营预算的分离；在城市一级，因为计划人员的专业自主权和土地使用的关注使他们与预算人员不同。

在所有政府中，拨款周期，而不是对未来目标的预期，往往决定了预算的速度和立场。在重复性的一年期预算之内，所有的财政决策都会被锁定，包括那些具有多年影响的决策。因此，如果完全是这样做的话，计划“独立于预算并且与预算很少相关”。[34]此外，预算和计划也引入了不同的观点：一是保守和负面的，二是创新和扩张主义的。正如莫舍所指出的那样，“预算和计划如果不是相反的，那么就是相当的。在极端的形式下，其中一个意味着节省，另一个意味着开支。”

尽管如此，计划和预算已有了一些和解。其中一个因素是硬件和资本投资的开发和采购需要很长的时间。几年前启动的多年期预测是对这个问题的部分回应。另一个因素是参与相关职能的政府机构的多样性。这引起了各种专门的协调手段，但它也指出需要有永久的机制来整合分散的活动。还有一个因素是联邦活动和支出的急剧增长以及需要一个合理的分配系统。计划人员的操作规范包含三个与这些预算需求相关的原则：（1）计划以未来为导向；它将现在的决定与达到理想的未来状态联系起来；（2）理想情况下，计划包含实现未来目标所涉及的所有资源。它力求全面。总体规划是在其范围内引入所有相关因素的规划；（3）规划以目标—手段为导向。资源的分配严格取决于要完成的目标。所有这些都是说，计划是一个节约的过程，尽管计划人员比经济学家更关注未来。计划人员发现传统预算体系有缺陷不足为奇，[36]PPB 强调计划功能的重大改革也不足为奇。

41 在概述了正在向计划导向过渡的几个趋势之后，我仍然要提到几个限制条件。首先，目前联邦预算中的计划重点并不占主导地位。虽然 PPB 声称计划至关重要，但 PPB 本身还不是预算机制的真正运营部分。我们现在正处于预算编制新时代的黎明，全盛时期还有很长的路要走。其次，在此过渡之前，并没有重新调整预算局的方向。不同于之前从控制到管理的改变，当时预算技术的改变是随着预算局角色的修订而改变的，从管理到计划的转变正在采取不同的过程——先是引进技术，再就是重新表述预算局的使命。这样的次序是否会阻碍改革努力是一个无法预测的问题，但应该指出的是，在目前的情况下，预算局不能像 20 世纪 30 年代后期与 20 世纪 40 年代初期那样通过引入全新的工作人员来转变为新的使命。

它有什么不同？

作者的出发点是指出预算中的新旧之分。本章以分析的方式对预算进行解释，并从历史的角度对预算的三个阶段进行了考察，这三个阶段分别对应预算的三个基本功能。在这个分析中，作出了一次尝试以找出现行预算与新兴预算之间以及管理导向和计划导向之间的区别。

然而，从运营意义上说，计划导向下的中央预算过程与管理导向下的中央预算过程有什么不同？这种变化仅仅意味着一种新的决策方式，还是意味着不同的决策？这些并不是容易回答的问题，特别是因为未来的预算系统将是所有三种功能的组合。PPB 的例子取决于以下假设：信息分类和使用的形式支配预算制定者的行为，相反，形式上的改变会产生期望的行为改变。取消行为遵循形式的假设，PPB 的运动就被弱化为对技术的微小操纵——为了形式的缘故而形成，而不会对预算事务的执行产生重大影响。

然而，这个角色和信息之间的假定的联系是 PPB 研究的一个相对未知的方面。等式的行为方面已被忽略。PPB 意味着每个参与者都会扮演一种预算人（Budgetary Man）的角色，这是经典的经济人（Economic Man）和西蒙（Simon）的行政人（Administrative Man）的对应物。[37]无论在预算过程中的岗位或角色，预算人都被认为是坚定不移地致力于效率原则，在每种情况下，他都选择了优化公共资源分配的替代方案。

PPB 可能会过度机械地看待形式对行为产生的影响，并低估预算制定的战略和意愿方面。在政治领域，数据被用来影响预算和拨款中的“谁得到了什么”。如果信息影响行为，反过来也是如此。事实上，数据比角色更易处理，参与者更可能寻找和使用适合其偏好的数据，而不是根据形式变化自动改变其行为。

所有这些都限制了，而不是否定了预算形式的影响。PPB 的倡导者可能意识到了上述局限性，已经在预算中引入了专业致力于新技术所需的分析和规范的人员、具有经济学和系统分析背景的人员，而不是具备一般行政管理训练的人员。

PPB 渴望创造一个不同的选择环境。传统上，预算编制已经确定了其使
命，即确定现有的基础和拟议的偏离——“这就是我们现在的位置；我们 42
从何而来?”PPB 根据预算目标和宗旨确定了自己的使命——“我们想要去哪里？我们要做什么?”传统情境下的选择环境是渐进的，在 PPB 中它是具有目的性的。据推测，这些不同的过程将导致不同的预算结果。

接受基数并仅检查增量的预算过程将产生一种决定，从现实到未来的转变中只有一些很小的变化。政府活动的曲线将是连续的，没有多少曲折或中断。以目标开始的预算编制过程将要求现有基础与新提案进行平等竞争。这些决定将比增量条件下的决定更为激进。这并不意味着每年的预算都将缺乏与过去的连续性。必须考虑沉没成本，而激进改变的收益将不得不超过终止先前承诺的成本。此外，PPB 的延长时间跨度将意味着投资决策将会持续多年，每年都是计划的一部分。最重要的是，沉没成本的政治表现——既得利益——会使得决策远离巨变。因此，政治体系的保守主义倾向于最小化传统方法和 PPB 方法之间的决策差异。然而，分析数据的可用性将导致制定预算的经济和政治力量的平衡发生变化。

选择的目的性和增量条件导致将另外一个区别。在以既有基础为前提的预算编制中，预算决策的流程是自下而上的并且是累加的。在传统上，为了预计要求估计数，预算编制的第一步是每个部门提出自己的要求，准备并提交一套估计数。这个要求达到了能够汇总其估计数的最低水平。最低水平的估计数形成下一级的构成要素，它们被进行汇总、审查并向上传输直至达到最高级别并且总数构成了整个部门的预算。由于预算与基数有关，因此自下而上的方法是合理的，每个构成要素估计现在的成本加上它想要的增量成本。(那么构成要素就是决策元素，而不是像通常所假设的那样只是信息元素。)

PPB 反转了信息和决策流程。在发布估计数要求之前，必须制定最高政策，而这一政策限制了下一级的估计数编制。对于每一个较低的级别，相关的政策指令都是在编制估计数之前由上级颁发的。因此，决定目标和计划的关键决策过程具有自上而下和发散的流程。

如果政策的制定要先于成本估计，那么预算责任的分配就必须有所变化。预算局的主要精力现在用于预算编制，在 PPB 下这些精力将集中在我们可能称之为预备的预算制定阶段，该阶段处理政策并且出现在预算编制之前。标志着计划导向出现的步骤之一是几年前开创的春季预览（Spring Preview)，其目的是提前审阅部门计划。

如果预算编制要以计划职能为导向，那么部门内部和部门之间可能会出现政策制定的集中化。国防部的经验提供了一些先例，预测比以前更大的预算权力将归属于部门主管，但是没有确切的依据来预测众多部门追求的目标的相关性可能导致的集中化程度。中央预算政策可能由预算局承担，事实上这是许多机构的期望。另外，预算局目前几乎没有表示它愿意或准备承担这种综合作用。

结论

预算导向之间的各种差异列于此表之中（表 3.1）。所有这些差异都可以归结为声明：预算的精神将从辩护转向分析。迄今为止，预算决策将受到明确的目标声明以及对替代方案的成本收益的正式权衡的影响。

表 3.1　　预算导向间的一些基本差异 43

特征	控制	管理	计划
个人技能	会计	行政	经济
信息焦点	目标	活动	目的
关键预算阶段	执行	编制	预备
测量宽度	离散的	离散的/活动的	综合的
预算机构角色	受托人	效率	政策
决策流程	向上累加	向上累加	向下发散
选择类型	增量的	增量的	目的性的
控制责任	中央的	运营的	运营的
管理责任	分散的	中央的	监督的
计划责任	分散的	分散的	中央的
预算—拨款分类	相同	相同	不同
拨款—组织联系	直接	直接	交叉

注释

作者感谢预算局的亨利·S. 罗恩（Henry S. Rowen）和保罗·费尔曼（Paul Feldman），以及许多在夏季对“通往 PPB 之路”予以指导的联邦官员。

1. New York Bureau of Municipal Research, *Making a Municipal Budget* (New York: 1907), pp. 9 – 10.

2. Robert N. Anthony, *Planning and Control Systems: A Framework for Analysis* (Boston: 1965), pp. 16 – 18.

3. Frederick A. Cleveland, "Evolution of the Budget Idea in the United States," *Annals of the American Academy of Political and Social Science*, urn (1915), 16.

4. Ibid., P. 17.

5. Frank J. Goodnow, "The Limit of Budgetary Control" *Proceedings of the American Political Science Association* (Baltimore: 1913), P. 72; also William F. Willoughby, "Allotment of Funds by Executive Officials, An Essential Feature of Any Correct Budgetary System," ibid., pp. 78 – 87.

6. U. S. , President's Commission on Economy and Efficiency, *The Need for a National Budget* (Washington: 1912), pp. 210 –213.

7. Charles A. Beard, "Prefatory Note," ibid. , P. vii.

8. New York Bureau of Municipal Research, "Some Results and Limitations of Central Financial Control in New York City," *Municipal Research*, LXXXI (1917), 10.

9. "Next Steps…," op. cit. , P. 39.

10. "Next Steps…," op. cit. , P. 67.

11. "Some Results and Limitations…," op. cit. , P. 9.

44 12. "Next Steps…," op. cit. , P. 35.

13. Ibid. P. 7.

14. "Next Steps…," P. 39.

15. "Some Results and Limitations…," op. cit. , P. 7.

16. Ibid. , P. 9.

17. "Next Steps…;" op cit. , P. 30.

18. 参见 A. E. Buck, *Public Budgeting* (New York: 1929), pp. 181 –188.

19. Charles G. Dawes, *The First Year of the Budget of the United States* (New York: 1923), preface, P. ⅱ.

20. Lent D. Upson, "Half – time Budget Methods," *The Annals of the American Academy of Political and Social Science*, CXIII (1924), 72.

21. Wylie Kilpatrick, "Classification and Measurement of Public Expenditure," *The Annals of the American Academy of Political and Social Science*, CXXXⅢ (1936), 20.

22. 参见 Harold D. Smith, *The Management of Your Government* (New York: 1945).

23. Public Administration Service, *The Work Unit in Federal Administration* (Chicago: 1937).

24. U. S. Commission on Organization of the Executive Branch of the Government, *Budgeting and Accounting* (Washington: 1949), 8.

25. Ibid.

26. Frederick C. Mosher, *Program Budgeting: Theory and Practice* (Chicago: 1954), P. 79.

27. David Novick, *Which Program Do We Mean in "Program Budgeting?"* (Santa Monica: 1954), P. 17.

28. Lennox L. Moak and Kathryn W. Killian, *A Manual of Techniques for the Preparation, Consideration, Adoption, and Administration of Operating Budgets* (Chicago: 1963), P. 11.

29. Gladys M. Kammerer, *Program Budgeting: An Aid to Understanding* (Gainesville: 1959), P. 6.

30. Arlene Theuer Shadoan, *Preparation, Review, and Execution of the State Operating Budget* (Lexington: 1963), P. 13.

31. U. S. Bureau of the Budget, *A Work Measurement System* (Washington: 1950), P. 2.

32. V. 0. Key, "The Lack of a Budgetary Theory," *The American Political Science Review*, XXXIV (1940), 1138.

33. Arthur Smithies, *The Budgetary Process in the United States* (New York: 1955), P. 16.

34. Mosher, op. cit., pp. 47 – 48.

35. Ibid., P. 48.

36. 参见 Epward C. Banfield, "Congress and the Budget: A Planner's Criticism," *The American Political Science Review*, XLⅢ (1949), 1217 – 1227.

37. Herbert A. Simon, *Administrative Behavior* (New York: 1957).

第二部分　民主制预算：制度设计

民主制预算与非民主制预算有何不同？宪法如何界定公共预算？具有美 45
国民主特征的行政与立法机构之间的分离及平衡如何影响或构建预算？

前两章概述了美国的行政预算改革，它在国家、州、市各个层面赋予总统、州长及市长制定预算提案的主要权力。州和地方的行政预算改革早于国家层面的改革。城市在 19 世纪末已开始使用行政预算。这一想法于 1910 年前后开始在联邦层面得到支持，并在 1921 年的《预算和会计法》中得到了落实。多年来，有证据表明行政预算模式并没有履行其所承诺的一切。改革虽然得到广泛执行，但仍然存在争议——对行政人员赋予的预算权力太多了还是太少了呢？

在前两章中，诺米·凯登（Naomi Caiden）概述了美国在联邦一级的行政预算历史，伯纳德·皮兹瓦达（Bernard Pitsvada）大胆质疑行政预算改革是否有效，以及回归到更加以立法为中心的预算过程是否更好。皮兹瓦达的论点引起了其他预算学者的辩驳，其观点也收录在此。

特别是在州级层面，提出预算的行政权力得到了强化，因为行政权力可以否决拨款中的特定项目，这是美国总统所憧憬的权力，并在被认定违反宪法前短暂地拥有过。否决权在国家层面一直是有争议的，因为有一种假设认为行政长官总是比立法机构更负责任，会否决立法者希望资助的分肥项目（与这个理论相反，近年来在伊利诺伊州，州长提高了立法机关在分肥项目上开支的能力，即使伊利诺伊州面临严重的收入不足，也拒绝立法委员会的心仪项目退出预算）。格伦·阿布尼（Glenn Abney）和托马斯·劳斯（Thomas Lauth）记录了各州的使用和滥用否决权情况，以及行政与立法部门之间逐渐重新平衡权力的过程。

在这部分的最后一章中，克里希纳·图马拉（Ktishna Tummala）、玛丽莲·维塞尔（Marilyn Wessel）描述了所谓的直接民主及其对预算的影响。在直接民主中，公民通过民选活动处理相关事项并自主制定政策决策，而不是通过正常的从立法到执行的过程。这些努力发生在公民厌倦了普通代议政府的结果时，特别是在一些政治家看到在领导这样一个民众运动中可以获益之时。一方面，这些直接行动可能是对政府行为的重要纠正，但另一方面往往过分简化复杂的决策，对政府施加过于苛刻和僵化的规则。许多研究预算中的直接民主的人都对其抱有批评态度，但不应该质疑其重要性。在后续部分将要讨论到的加利福尼亚州的13号提案的财产税收限制，就是直接民主的一个例子。

第四章

悖论、歧义和谜团：行政预算与美国宪法的奇异案例*

诺米·凯登（Naomi Caiden）

行政预算成了什么？借鉴欧洲的经验，这是20世纪初广受美国各级政府欢迎的建议，是进步改革议程的重点。在1921年联邦层面通过后，它有50年以上作为国家经济和财政政策制定的主导机制。但是在20世纪80年代中期，联邦预算过程被广泛认为处于危机状态，行政预算的意义和重要性还有讨论的余地。

如今的困惑往往可以追溯到过去的误会和不切实际的期望。行政预算在美国宪法背景下的地位从未明确，而且通过和制定的制度与初步建议不同。按照行政中立原则的理解，预算改革者所支持的原始概念意味着行政预算垄断，与现代实践和权力分离不同。在这个意义上，行政预算是一个悖论。1921年《预算和会计法》通过在拨款中保留立法倡议来修改这一概念，强调行政预算是增加行政责任和加强立法预算控制的一种手段。后来政策制定能力的理由被添加到行政效率之中。在这个意义上，行政预算是权力分立的组成部分，反映了对行政权力的地位和限制的宪法模糊性，尽管这些都因行政领导层的赞同而被掩盖。

恕我直言，最初的以及后来的含义都不准确。以行政中立为理由的行政

---

* From Public Administration Review Vol. 47, No. 1 (January/February 1987), 84 - 92.

预算垄断主张似乎不合时宜，但对原有理念的行政特权的期望依然存在。责任作为修改后的行政预算的基础也似乎已经消除了：行政预算现在只是一个复杂的博弈中的筹码，在此博弈中立法机关经常主动采取行动，而行政机关处于被动的境地。结果与意图正好相反。有序进程被分解或绕过；预算数字可以有各种解释；预算结果似乎已经无法由任何一个政府部门控制了。行政预算仍然在形式上存在，但其作为制度的意义已经成为一个谜团。

48 行政预算中的悖论

宪法中没有关于行政预算的任何说法。在对殖民地经验的可理解的反应中，国会被赋予了增加收入和制定拨款的权力［第一条，第7（1）款；第8（1）款；第9（7）款］。但是，宪法中关于行政权力含义的模糊性［第一条第1（1）款］延伸到了财政管理问题。宪法规定“所有公共财政收支的定期报表和账户应时常公布”［第一条第9（7）款］，但正如弗雷德里克·莫舍（Frederick Mosher）指出“宪法对于应该由谁来提出财政计划和提案，谁来管理财政，谁来登记账目，谁来审计交易等问题保持沉默”。[1]

模糊并不令人吃惊，因为当时并不存在我们今日所言的公共预算，而且也没有出现一个负责任的宪政模式。《联邦党人文集》没有关注这个问题。麦迪逊（Madison）对各派的厌恶扩大到任何一个立法会议多数党派，并排除了一个依靠立法机关的行政机关。[2] 他的权力共享和重叠主张并没提到预算控制。相反，汉密尔顿（Hamilton）认为，大多数政府被限制于执行细节活动，特别是在行政部门层面，其中包括“依照立法机关的一般性拨款拟订的公共资金筹集、申请和发放的计划”。[3]

然而，建立财政部的初步立法没有提到总统，而是要求参议院对财政部部长的任命进行确认，并且赋予财政部部长直接向国会提交估算的责任。用莫舍的话说，“就算有预算，那也是国会预算”。[4]

一百年后，伍德罗·威尔逊（Woodrow Wilson）批评了财政管理，认为它在发展中没有形成从权力平衡到国会至高地位的正确认识，导致了宪法文本和实践的脱节。国会已经越来越多地进入管理的细节，直到各部门长官成为仅对国会的强大委员会负责的行政人员，“委员会是部长，而名存实亡的部长只是机要秘书”。[5] 对国会的指控很多。它没有直接接触财政与把握细节；众多委员会各行其是；财政政策不稳定并偏离了智慧和思考；主要关心的是保护制造业利益的商业政策，而不是常规的财政管理。总统是行政首脑，但没有控制权。

威尔逊（Wilson）认为，“政府条件的巨大变化”和收入上的制约，必然要求一种截然不同的财政管理模式，核心是“由一些训练有素且技术娴熟的人负责并承担非常严格的责任”。[6] 国会需要知道“被熟练的行政人员在简报中进行转换和扩展的概算，……全面地了解他们到底在说什么”。[7] 收入和支出应该被视为“单一、统一和自洽的系统中的可初始调整的各部分。”若要被如此对待，仅当它们接受单一机构的管理，所有的财政安排都是基于一些训练有素且统一原则的官员所准备的计划，他们可以轻而易举地达成一致，而且彼此之间完美的契合。[8]

在威尔逊的时代或之后，这些言辞中有多少属于准确描绘或讽刺是不清楚的。阿伦·威尔达夫斯基（Aaron Wildavsky）指出，可以确定的是 19 世纪的拨款似乎或多或少是稳定的，尽管缺乏中央预算，但却有一种非常强大 49
的非正式能力以协调支出和收入。[9] 国会通过其委员会确实控制了预算并坚实地影响着经济。[10] 其拨款决定以“概算书”（各部门综合估计）和其他行政建议为指导。[11]

但是到 20 世纪初，行政预算的争论逐渐成为政府改革议事议程的一部分。关于自然资源保护、铁路管制、银行和货币法律的修订以及关税改革的问题似乎要求国家的解决方案，据信目前组织下的联邦政府没有做好准备。[12] 在改革者释放的改革计划中，政府权力的行使是一个关键要素。[13] 因此，政府必须在资源利用最优化以实现社会利益的意义上创造效率。行政人员应该是专业、科学、中立、受过训练的专业人员。这是一个单独的功能，与政治截然不同。

改革者借鉴了他们在市政府改革成功的经验，那里的行政部门被假定主要负责城市事务。他们也受到新兴企业的影响，这些企业的规模和复杂程度越来越高并引发了一场管理革命。管理现代化对行政管理提出要求，使得权力线路在科层制下顺利地从核心权力机构流出。

最后，改革者们看到了中央集权预算无处不在的外国政府的做法。雷内·斯图姆（Rene Stourm）的权威专著《财政预算》在预算功能上赞扬了行政垄断。倾慕的美国改革者比较了由统一的行政力量主导议会的英国内阁制度以及以信息流由各行政部门直达国会内部强势委员会为表征的针对分散权利的指挥式管理模式。改革先导者弗雷德里克·克利夫兰（Frederick Cleveland）认为，现代社会需要执行主导政府，这在美国意味着政府应该由一个民选的有效的总统领导。

威廉·威洛比（William Willoughby）在《国家预算问题》中明确阐述了行政预算的构想：威洛比认为预算对于公共事务的高效和经济管理至关重要，他认为总统应该对政府负责。预算应该由行政部门单独制定，只有行政部门才能安排支出，因为“只有当责任明确在一个单位时，问责制才能得到执行和有效保障”。[17]行政部门在预算问题上优先于立法部门，因为“行政部门处于确定政府的详细行政需要及明智地制定年度工作计划的地位”。[18]

因此，行政长官必须被确认为行政部门首脑，而行政部门应该是在统一的等级制度下构建的。部门领导不应该向立法机构提出财政建议。鉴于同期理论认为行政长官担负着审查和减少各支出部门提交的概算的负面角色，他的角色现在应该是肯定的：“负责任的行政长官提出积极的建设性工作计划”。[19]

威洛比认为，“立法机构即使不是完全被排除在直接决定拨款的范围之外，也应该在很大程度上被排除在外”。[20]理想的立法机构的作用只应该是讨论和批评预算，对行政机构进行强有力的道德检查。但是考虑到完全排斥立法机关是不切实际的，威洛比希望限制立法机关对“只有在任何意义上都被认为应当由立法机构决断的重要拨款问题”的决定，在拨款与转移支付总额下允许较大的行政自由裁量权。[21]

50 这与宪法，尤其是分权，有何关系？在那些认为行政权力是来自国会的高度受限的赋权的人们和那些相信国家创始人寻求有效管理的人之间，在行政责任的立法分配问题以及总统是否应该被视为行政长官这个问题已经有很多争论。一般来说，改革者是敌视分权的。[22]克里夫兰竟然声称宪法有误，并且必须让步于现代的紧急状态。威洛比没有那么极端，他认为管理的权力明确地分配给了国会，但现代管理要求把它交给总统。但是没有必要改变宪法，因为改革者提出了“单纯的行政改革，即效率原则和良性秩序价值原则”。[24]宪法问题通过狭隘的非政治性的行政解决方案被有效地绕开。

从宪法的角度来看，行政预算的悖论在于将实质性的预算权力执政权垄断与分权并置。在英国的制度中，对政策和行政的行政主导因为内阁对下议院负有集体责任而被认为是正当的：政府没有得到足够的票数来通过预算这样的明确的政治纲领，可能会被迫解散。在美国，行政和立法的分离妨碍了对行政机构的广泛权力审查：行政机关可以在没有立法机构信任的情况下继续执政，即使它的预算没有通过。因此，行政预算的提案可能被视为以行政权力中立为名攫取权力。但是这个悖论已经被避免了，尽管它仍然是一种可能性，因为行政预算并没有以纯粹的形式被采用。

行政预算的歧义

国会在 1921 年《预算和会计法案》中最终颁布的行政预算是改革派游说的胜利。他们的胜利可能归因于人们普遍认可与行政和预算缺陷有关的管理美德以及对总统和国会之间似是而非的分工的理解。此外，该法案中执行预算的形式与原有模式略有不同。随着时间的推移，行政预算与扩大后的总统权力逐步适应，它的歧义暂时被掩盖了。

预算法的前身是 1912 年的“总统的经济和效率委员会报告”。[26]虽然当时被国会否决，但它为第一次世界大战之后的立法行动提供了前提和论据。报告强调关注管理和技术水平的效率运动。自 19 世纪 80 年代以来，联邦政府的运作一直是人们关注的焦点，20 世纪早期持续的赤字已经引发了对于财政管理的重视。报告的主旨是管理专长和领导能力将加强国会的预算控制。没有其他机制能够产生有效的管理，即要求政府在资源有限的情况下选择优先事项、平衡支出与收入并整合预算。向国会提供的信息远远不符合“正常声明和收支账目”的宪法要求。财政部部长编制和提交的拨款、收入和支出估算数据不足以支持政策问题讨论，分类不一致，缺少互相验证。

为了改变这一局面，报告提出了国会与总统之间的分工设想，前者保留最终的拨款权力，总统担任总经理的角色，向国会提议并执行国会的决议，51
与传统的政策管理两分法一致。关键的变化在于预算的行政。到目前为止，报告解释说：“预算主要是国会的事情，而不是总统的事情……概算书作为我们最接近预算的方法，多少算是经过良好消化后的信息集合，这些信息是议员向国会提交的帮助各个委员会发起或决定在未来的预算周期内行政部门应当执行的政策”。委员会建议通过建立这样一个预算来彻底扭转这一过程：“由行政部门准备提案并提交给立法机构。”行政部门提交“一份报告以向国会说明其管理工作及对未来的建议。”[28]预算将是“对行政管理的立法控制工具。”拨款法案也将使行政部门或其代理人能够对政府的负债和支出进行管理控制。[29]

总之，预算是政府责任的工具。年度计划将由行政部门编制并提交给立法机构。行政部门将负责提交提案，国会将负责考虑每一项提案并采取立法。[30]为确保效率和经济性，至关重要的是要确定“部门与机构间交易方式”的行政责任。[31]因此，应该对拨款、会计和报告进行集中控制。支出概算将提交给总统，他作为行政首脑将其转变为一个明确的行政计划。[32]

委员会提出的行政预算不是分权制中的一个悖论，而是“这些宪法原则可以完整保持的有效手段……”[33]立法机关的功能是考虑政策问题，并通过接受专家的建议、根据事实进行效率和经济审查以及由行政部门对其提案负责等途径获益。行政部门可以通过“将必要事实和意见汇集成为他们作为负责任的职员愿意积极作为的明确提案的能力”而获益。公众会因为在委员会中“得到他们的官方代理人的信任”而获益，“说明任务及预算的实际用途和目的”。[34]

所有这些论点都留下了很多模棱两可的空间。例如，委员会对总统是否需要花费国会拨付的未被列入行政预算的款项，或者拨款实际上是否是强制性的，或是否允许他自行决定是否应该花费等问题进行了深入调查。这里存在着对总统作为行政长官的立场的怀疑。报告曾一度将他称为“立法机构的一部分”，后来又称为首相，但更频繁地被视为“广大人民的代表”[35]“代表全体人民的一位政府官员”，[36]这一概念已不仅仅是行政首脑了，还有一个可能的公民投票寓意。

但是除了这些复杂性外，报告还讨论了比较的预算实务，这是一份非凡的文件，为 1921 年通过的行政预算修正法案铺平了道路。与此同时，在众议院和参议院都设立了一个单一的拨款委员会。在首席行政长官的控制下设立了预算局，负责协调预算。各部门必须通过总统的预算向国会提交估算数。还设立了审计总署来执行审计职能。但国会保留了总统按自己意愿行事的权力，尽管改革者宁愿停止其提出开支建议的权力。[37] 52

预算和会计法案在总统和国会之间划分权力，而不决定谁应该获胜。它也使行政部门中的总统权力问题得以解决。用路易斯·费舍尔（Louis Fisher）的话说，“公共行政”观点认为总统完全负责一个等级制度。[38]根据这种模式，国会只能同意和授予，而行政机构则负责规划支出。但是，该法案的制定者似乎持反对意见：国会设立了相关部门，它们是其代理人。根据休·赫克劳（Hugh Heclo）的说法，“总统协调行政部门活动的能力得到了建立和支持，因为它们满足了国会的需求，特别是在新设立的拨款程序方面”。[39]该法案承认财政和管理之间的关系，并赋予行政和立法两方一定的管辖权。

尽管该法案有其模糊的一面，但早年在实践中几乎没有问题。政府对经济的普遍重视意味着总统预算职能本质上是负面的。预算局的最初协调权力（最初是在国会的倡议下制定的）旨在削减现有支出并避免新的承诺。[40]但是这一过程不适应实质性政策制定，[41]并且当总统在新政期间发挥积极作用的时候，也采取了一些行动来使总统权力在预算中制度化和合法化。

布朗罗委员会是富兰克林·罗斯福第二任期间成立的，是诸多管理行政预算的官方委员会中的第一个。它将预算的准备和执行视为基本的行政任务，并将预算视为行政部门管理的主要工具。预算制度的目的是在财务方面提供规划、信息和控制，并与长期和总体经济政策协调一致地建立一个综合财务计划。立法机构应控制一般政策，而行政机构应负责管理的细节。对预算的执行控制应该制度化于预算局职能之中，预算局就像是总参谋部一样，是“总统在大型行政系统的中央财政管理中的右翼”。[42]这个主题在两届胡佛委员会、预算局的内部自学报告、约翰逊政府期间关于政府组织的两份未发表的报告以及1969年的行政组织咨询委员会中被反复提及。预算局获得了重要的立法和许可职能。凯恩斯主义控制经济的逻辑、外交事务中的“永久性紧急状态”以及总统职责在引领社会计划中的作用似乎将预算过程作为行政政策制定的主要工具。[43]决策的理由因此增加了行政效率。行政预算反映了中立能力与行政领导在价值上的联盟。[44]

行政预算的谜团

行政预算在20世纪初被吸纳进美国的宪政秩序，有部分原因是它很好地强调了总统的领导和权力，还有部分原因是行政和立法部门之间达成的基本协议避免了1921年预算法案未解答问题的扩展。但是理查德·尼克松总统把总统与政府同国会之间的关系问题带到了公众关注的前沿，并且尖锐地揭示了行政预算的含糊不清。

53 尼克松表面上秉持行政预算的“公共管理”观念。他试图重组行政部门并将其作为总统管理的领域。[45]他还试图通过行政策略实现他的政策议程。预算成为国会和总统之间的一个关键战场，作为行政预算基础的共识也被打破了。除了他发起预算的权力之外，总统在支出方面确实拥有广泛的行政管理权力，包括应急基金一次性付款、重新计划、账户间转账、债务时机和截留。[46]只要这些措施被有节制地使用，至少是在国会的默许下，而不是执行独立的政策，它们在行政部门中被视为必要的酌情决定权。但随着共和党总统与民主党议会之间的问题出现两极分化，调解的政治受到干扰。国会和总统都要求控制开支，国会要求相关部门在向预算管理局提交请求的同时还要直接向其提交请求，[47]尼克松则采取了不可接受的资金截留政策。总统的权力声明，绕过正常的预算程序以实现其目标，突显了1921年妥协的脆弱性。用艾伦·希克（Allen Schick）的话来说，作为单方面行动的截留“并没有为解决两个部门之间的预算僵局提供明确的程序。”[48]相反地，它“招致僵持和持久的冲突”，这只能通过总统被迫辞职、国会对未来截留的监管，以及为国会提供可能与总统权力相媲美的机构能力的国会预算程序的建立来解决。[49]

这里并没有固有的理由用来解释为何国会预算程序的强化会威胁到1921年法案设立的行政预算。1974年法案为国会提供了对大量预算总额进行表决的机会——总预算授权、总支出、赤字盈余和功能分配——并将其作为详细拨款决策的框架。因此，制度改革在议会设立了预算委员会，并制定了一个“时间表”将预算程序置于国会第一次和第二次同步决议案中间，前者提出目标，后者确认最高限额。为了使拨款总额与首选的第二次决议的拨款总额保持一致，调解进程将使国会能够指示授权和拨款委员会达到规定的支出目标。该法案设立了一个国会预算办公室来提供分析能力，并击败引发改革的具体特殊问题，国会采取行动监管截留情况。

总统预算保留了其提案的职能，国会可能对提案采取行动，在前六年问题并不大。双方的重点主要集中在起初的经济刺激和减少失业以及后来的支出抑制上。第一次和第二次决议案中的预算授权和支出数字与总统预算的数字不一致，但并不是一贯的样式，尽管国会通常设定较低的防务目标和较高的人力资源目标。[50]鉴于国会支出目标远高于福特总统的要求，卡特政府和国会预算的支出水平几乎难以区分。[51]

但是已经有迹象表明，作为指导和控制力量的行政预算不再符合预期。即使在20世纪60年代，预算程序也扮演着一种约束：随着秩序和规律开始从政治议程中消失，总统“不得不经常调整支出和收入目标，以适应最后时刻的政策决策和不断变化的经济条件。”肯尼迪和约翰逊都制定了独立于预算程序的立法计划，立法议程和预算编制也被分离了。随着总统到任时期 54
的到来，他们对预算的兴趣逐渐减弱，并且其例行程序开始变得糟糕，“限制他们的行动能力并阻碍他们实现目标。”[52]

到20世纪70年代后期，行政或立法机构的预算控制已经成为一个严重的问题。按指数调整的优先权利、债务利息和其他多年期承诺使得联邦开支在本质上是僵化的，并且在短期内难以改变。由于如此大量的支出取决于主要经济指标水平——失业率、通胀率、经济增长率，利率——预算结果在经济波动情况下也很难预测。随着预算紧缩的加剧，出现了越来越多的“溢出”领域，隐藏的支出超出了正常预算的范围，包括非预算机构的支出、贷款和贷款担保以及各种特许权的税式支出。1980年当一位总统以改变趋势的明确承诺当选时，预算似乎是由事件导致的，而不是由预算来塑造它们。

所谓的里根革命可能被认为是行政预算的一个尝试案例，因为新总统的议程是使用联邦预算作为主要工具来执行一项包括减税、扭转国内和国防支出的优先事项以及联邦支出水平普遍下降的计划。这场革命的成败还在争论中，但这一尝试再次给行政预算带来困难。[53]

这一切都是从古典的角度开始的：一份详细的文件阐明了一项总统计

划。诚然，预算代表了一个政治计划，而不是最初概念的行政理由，但这种行政预算的使用早已合法化了。而且有可能证明额外权力的使用、在国会第一次预算决议中使用整合的调解为正当的。[54]这个国会程序（最初在卡特时期使用）使得令人头痛的立法权力问题得以在预算框架内处理并将预算削减作为一个整体提交再进行表决。政府当时使用它来实现空前的联邦国内支出削减，当然也得到了国会的同意。但从这一点来看，行政预算开始瓦解。

第一个问题无疑是在分权的老问题上。国会不得不考虑这一问题，而共和党总统再次地面对民主党众议院。虽然政府能够获得足够的政治支持以通过调解法案，但程序的使用方式被许多人视为行政权力超越传统行政角色界限的表现。包括立法修正案在内的超过一百多页的授权和拨款内容的修改，通过国会匆忙推动，实质上没有任何辩论。虽然调解在随后的几年继续进行，但作为制定预算的主要手段已不再被接受。

由于数据的质量问题，行政预算也失去了作为责任文件的可信度。20世纪后期的国家预算随着它们对于具体措施将如何影响短期和长期收入和支出方面的假设及预期而起起落落。如果这些假设是错误的，在1981年无疑就是如此，或者更糟的是被用于政治目的，正如管理和预算办公室（OMB）主任当时所承认的那样，预算将具有虚构的质量，那些轻信了一次数据的人，以后将不大会那么做了。[55]

一旦损害发生，而且结构性赤字超出简单政治修复的情况开始出现，行
55 政预算的含糊不清就完全显露出来了。在概念中固有的两个潜在危险——两个机构之间的僵局和行政不负责任——开始塑造预算过程，随着程序崩溃和信任受到侵蚀，这一过程变得越来越难以预测。在这几页中叙述斗争的复杂性是不可能的，但看起来行政预算似乎不再履行其预期的作用。

第一，预算编制已经具有连续性，因为在单一预算周期内解决所有争议几乎是不可能的。持续的决议往往会取代拨款。预算举措全年都在进行，用于描述周期性预算过程的规律性已经丧失。

第二，尽管预算仍然重要，但是在预算之外还发生了许多重大进展。最显著的事项发生在社保筹资领域的改革以及当下即将发生的税收改革，两者都独立于预算过程而发生。债务上限的周期性增加成为获取政治优势的常规领域。行政部门也拥有了应对资金延期的常规措施。[56]

第三，目前的复杂情况是，预算数字真正意味着什么并不明确。[57]赤字预测所依赖的统计数字和收入估计特别模糊，对经济误判和政治操纵很敏感。对储蓄的估计，特别是对未来多年的预测，都是令人困惑和误导的。还有一些机构使用的非常复杂的支出形式，对于常人来说实际上都是难以理解的。

第四，多年来总统的预算已经被宣称为“见光死”，国会早已整合形成其预算辩论的出发点。行政预算远非预算过程中的发起者和推动力量，而仅仅是暂时的“开场白”。在重申对均衡预算的坚定信念的同时，总统的预算一直提出更高的赤字。在提交预算后，总统只是对国会提案作出反应，提出拒绝撤回的立场，并积极介入在政治问题上对他重要的谈判中。

第五，在普遍的沮丧感中以及行政部门的支持下，国会通过了格雷姆—鲁德曼—霍林斯法案，该法案试图将预算决定置于立法机构和行政部门之外。如果预算无法就减少每年赤字达到特定目标达成一致，那么所有计划中的拨款都将自动扣押而不是按照法案豁免。[58]对这些规定的计算和实施将不在立法机构和行政部门中完成，而是由审计总署完成。关于参与者选择通过或接受该立法的确切原因的猜测、其技术合宪性、其最终结果都不在本文讨论的范围内。但这是一个对行政预算命运的悲观评论。

结论

人类事务迅速变化的最显著特征之一是语言的发展。不仅是为了描述新现象而创造新的术语，而且现有的术语也可能在意义上发生变化。对于某些人来说，这种与确切形式的偏离代表了语言的恶化、难以接受的不精确以及明显错误地使用词汇。其他人则接受将语言的扩展和修改视为积极的发展以及灵活适应和提高概念能力的证据。

政治制度也面临类似的考验。有一种观点认为，制度、过程和程序塑造政治并确定政治结果。制度是相关的，其定义、设计和完整性至关重要。从另一个角度看，制度反映政治，在任何时候都能发展并响应政治参与者的要 56
求。它们本身没有什么效力，只是政治斗争的一个起点。特别是，美国宪法保留了公开的政治结果，但并未通过规定僵化的制度关系来影响它们。

行政预算的谜团在于两种观点之间的争论。根据第一种观点，该议会的实质意图为判断标准提供了依据。这里有大量的标准。如果预算被视为完全行政特权，因为它是纯粹的管理类别，那么从来就没有联邦行政预算，因为这个概念从未被接受。另外，将行政预算视为仅由行政部门在国会支配下提出的一项提案，也会引发误解，因为总统拥有提出预算估计、否决拨款并执行预算的专属权力。行政预算没有被视为一个独立的文件，而是一直与国会和行政部门有关系。它的效用既在管理方面得到证明，也在政策管理二分法的侵蚀下得到证明，在政策中也是如此。作为一套制度，它具有打破可能出现的僵局的潜质（立法机构拒绝总统计划，但总统继续其任期）和行政不负责任的特点（行政部门阻挠国会使用一切可以利用的手段）。这两种情况都会导致制度崩溃，因为行政预算的最低条件——预算责任——不再满足预期。

从第二个角度来看，行政预算的概念看起来完全不同。除了形式之外，行政预算的意义并不大，它是行政部门基于其资源向国会提出建议而编制的文件。它延续了美国政府体制的含糊不清，行政立法关系故意流于形式。行政预算的概念可以追溯到宪法，它的出现本质上是进化出来的，在实践中没有突然中断的情况下（抛开改革的措辞）。自那以后，它得到了发展，因为它被认为是有用的。如果出现任何故障，那就是一个政治崩溃，需要通过政治手段加以修补。当参与者认为它能够达到其目的时，行政预算仍然可以使用。

这两个观点都是有效的。制度是重要的：它们构成政治游戏的规则和惯例。它们确实在发展，而且它们的目的和效果随着时间而改变。行政预算是一个难以捉摸的概念，也缺乏彻底的宪政改革，它很可能仍将如此。但是应该注意的是，当词汇落后于它们试图描述的现实、意义被混淆或扭曲，并且唤起了不再满足的期望之时，语言的目的就会被击败，形式和实质出现分歧，而判断也将被蒙蔽。

注释

感谢锡拉丘兹大学的杰西·伯克黑德（Jesse Burkhead），国会研究服务署的路易斯·费舍尔（Louis Fisher），夏威夷大学的弗雷德·里格斯（Fred

Riggs)，马里兰大学的艾伦·希克（Allen Schick）和加州大学伯克利分校的阿伦·威尔达夫斯基（Aaron Wildavsky）提出的批评和建议。但是，文责自负。

1. Frederick C. Mosher, *A Tale of Two Agencies: A Comparative Analysis of the General Accounting Office and the Office of Management and Budget* (Baton Rouge: Louisiana State University Press, 1984), P. 14.

2. *The Federalist Papers* (New York: Mentor New American Library, 1961), P. 308.

3. *Ibid.*, pp. 435 –436.

4. Mosher, *op*, *cit.*, P. 16.

5. Woodrow Wilson, *Congressional Government: A Study in American Politics* (New York: Houghton Mifflin, 1925), P. 180.

6. *Ibid.*, P. 135. 57

7. *Ibid.*, P. 148.

8. *Ibid.*, P. 181.

9. Carolyn Webber and Aaron Wildavsky, *A History of Taxation and Expenditure in the Western World* (New York: Simon and Schuster, 1986), P. 369.

10. *Ibid.*, P. 405.

11. Personal letter from Allen Schick.

12. H. Landon Warner, ed., *Reforming American Life in the Progressive Era* (New York: Pitman, 1971), P. 10.

13. *Ibid.*, P. 4.

14. Peri E. Arnold, *Making the Managerial Presidency: Comprehensive Reorganization Planning* 1905 – 1980 (Princeton: Princeton University Press, 1986), P. 20.

15. Rene Stourm, *The Budget* (New York: Appleton, 1917).

16. Arnold, *op. cit.*, P. 15.

17. William F. Willoughby, *The Problem of a National Budget* (New York: Appleton, 1918), P. 29.

18. *Ibid.*, P. 30.

19. *Ibid.*, P. 32.

20. *Ibid.*, P. 39.

21. *Ibid.*, pp. 145 – 146.

22. Dwight Waldo, *The Administrative State* (New York: Ronald Press, 1948), P. 105.

23. Webber and Wildavsky, *op. cit.*, P. 403.

24. *Idem.*; Arnold, *op. cit.*, P. 403.

25. *Ibid.*, P. 14.

26. Report of the President's Commission on Economy and Efficiency (Taft Commission), *The Need for. a National Budget* (Washington; United States House of Representatives, Document No. 854, June 27, 1912).

27. *Ibid.*, P. 27.

28. *Ibid.*, P. 10.

29. *Ibid.*, P. 11.

30. *Ibid.*, P. 141.

31. *Ibid.*, P. 143.

32. *Ibid.*, P. 145.

33. *Ibid.*, P. 136.

34. *Ibid.*, P. 139.

35. *Ibid.*, P. 141.

36. *Ibid.*, P. 145.

37. Willoughby, *op. cit.*, pp. 145 – 146.

38. Louis Fisher, "Congress and the President in the Administrative Process: The Uneasy Alliance," in Hugh Heclo and Lester M. Salamon, eds., *The Illusion of Presidential Government* (Boulder: Westview Press, 1981), pp. 23 – 24.

39. Hugh Heclo, "Introduction: The Presidential Illusion," in Heclo and Salamon, *op. cit.*, P. 6; Richard Neustadt, "Presidency and Legislation: the Growth of Central Clearance;" *American Political Science Review*, Vol. 48

(September 1954), P. 643.

40. Neustadt, 1954, *op. cit.*, pp. 644 –646.

41. *Ibid.*, P. 647.

42. "Report of the President's Committee on Administrative Management," *Public Budgeting and Finance*, Vol. 1 (Spring 1981), P. 85.

43. 关于总统的权力和威望的增长有很多文献。一个很好的总结来自 William Andrews, "The Presidency, Congress and Constitutional Theory," in Aaron Wildavsky, ed., *Perspectives on the Presidency* (Boston: Little Brown, 1975), pp. 24 –25.

44. 参见 Herbert Kaufman, "Emerging Conflicts in the Doctrines of Public Administration," *American Political Science Review*, vol. 50 (December 1956), pp. 1057 – 1073. 也可参见 Herbert Kaufman, "End of An Alliance: Public Administration in the 1980s," 约翰·高斯的讲稿于 1986 年 8 月 29 日在华盛顿特区举行的美国政治学协会年会上发表，其中他认为中立能力与行政领导之间的根本不一致正在显现。

45. 参见 Richard Nathan, *The Administrative Presidency* (New York: John Wiley, 1983).

46. Louis Fisher *Presidential Spending Power* (Princeton: Princeton Uni- 58
versity Press, 1975).

47. Allen Schick, *Congress and Money* (Washington: Urban Institute, 1980), P. 22.

48. *Ibid.*, P. 48.

49. See *ibid.*; for a brief account see Naomi Caiden, "The Politics of Subtraction" in Allen Schick, ed., *Congress and the Making of Economic Policy* (Washington: American Enterprise Institute, 1984), pp. 100 –130.

50. Louis Fisher, "Ten Years of the Budget Act: Still Searching for Controls," *Public Budgeting and Finance*, Vol. 5 (Autumn 1985), pp. 4 –6. See also Allen Schick, ed., *Crisis in the Budget Process: Exercising Political Choice* (Washington: American Enterprise Institute, 1986), pp. 20 –21.

51. Dennis L. Ippolito, "Reform, Congress and the President," in W.

Thomas Wander, F. Ted Hebert, and Gary W. Copeland, eds., *Congressional Budgeting; Politics, Process and Power* (Baltimore: Johns Hopkins, 1984), pp. 134–135.

52. Allen Schick, "The Problem of Presidential Budgeting," in Heclo and Salamon, *op. cit.*, pp. 92–93.

53. 接下来的内容大部分都是基于 Joseph White, "What Budgeting Cannot Do: Lessons of Reagan's and Other Years:" 该论文于 1986 年 8 月 28 日至 31 日在华盛顿特区召开的美国政治学协会年会上发表。

54. 参见 Allen Schick, *Reconciliation and the Congressional Budget Process* (Washington: American Enterprise Institute, 1981).

55. 参见 David Stockman, *The Triumph of Politics* (New York: Harper and Row, 1986).

56. *Washington Post* (March 3 1986); P. A 10; *Los Angeles Times* (March 12 1986), Part 1, P. 11.

57. 参见 Mark S. Kamlet, David C. Mowery, and Tsai–Tsu Su, "Who Do You Trust: An Analysis of Executive and Congressional Economic Forecasts"; John Ellwood, "Budget Authority vs. Outlays as Measures of Budget Policy." 这些论文于 1986 年 8 月 28 日至 31 日在华盛顿特区召开的美国政治学协会年会上发表。

58. 参见 Charles W. Washington "The President's Budget for Fiscal Year 1987," *Public Budgeting and Finance*, Vol. 6 (Summer 1986), pp. 3–26.

第五章
行政预算：一个过时的想法*

伯纳德·T. 皮兹瓦达（Bernard T. Pitsvada）

近年来，来自各个政治领域的对国会最普遍的批评一直被认为是“控制支出”的失败。总统与国会在国家优先事项上的争执也定期地面临指责。但是，行政部门很少就政府的哪个部门真正为“人民”介入辩论，即应该合理确定优先事项。相反，冲突事件集中在国会如何开展业务。批评主要关注过程而不是结果。 59

例如，1987财政年度提交给国会的总统预算信息表明：“国会预算过程陷入沉寂，去年它一次又一次地崩溃。预算决议和拨款法案在几个月后才通过……”[1] 为了纠正这个似乎是总统和国会之间分歧核心的问题，里根总统提出了几项程序上的改革——平衡预算宪法修正案，单项条款否决权和总统签署（批准）国会预算决议。因此修复“过程”解决了“问题”。

1988财政年度预算信息延续了辩论。当下的预算程序未能为审议联邦预算提供有纪律和负责任的机制。预算程序烦琐、复杂且令人费解。它们允许并鼓励一个过程，即“导致我们逃避对美国人民的义务……”里根总结了他的反对意见后总结道：“这些词汇本身就是模糊不清的，它背后的过程是混乱的。这一过程必须精简，并要求更多的责任。”[2]

---

* From Public Budgeting and Finance, Vol. 8, No. 1 (Spring 1988), 85 – 94, and Replies by Naomi Caiden, 95 – 99, Louis Fisher, 100 – 103, and Lance LeLoup, 104 – 107.

“国会预算过程”这个受到如此多批评的概念是1974年《预算和截留控制法案》提出的一系列程序和行动，1974年法案经1985年修正为《平衡预算和紧急赤字控制法案》（又称葛兰姆—拉德曼—霍林斯法案）。目前，这些法律规定国会按照预定的时间表通过一项预算决议，该决议为包括收入保障、交通运输、农业和国防等19个广泛功能类别的联邦支出设定目标和约束限制。这个过程并没有取代之前的程序，而是简单地与之叠加。国会仍
60 然必须通过授权立法和13项拨款法案来完成预算决议（除非国会像1986年那样采取总额拨款）。

目前的预算过程非常复杂和烦琐。批评者指出，预算已经变得如此费事以至于国会议程上没有其他时间了。抛开所有这些努力，国会在财政年度开始之前只能一次通过所有的拨款法案，因为1974年的法案已经实施——并且该法案将财政年度的起点从7月1日推迟到10月1日。延迟拨款并因此继续通过决议已成为常态而非例外。

还有人指责说，国会预算过程加剧了国会与行政部门之间以及国会内部的冲突。因为法案的实施，对预算总规模及其导致赤字的投票和辩论在政治上比之前预算各部分逐项通过更加困难。

因此，“预算问题”是由于国会预算过程的直接结果而带来的复杂性和冲突。通常提供的解决方案是修改国会预算法。但冲突伴随着法案而来，更可能是因为难以适应西方许多工业化国家普遍存在的资源限制，而不是具体的程序。复杂性同样可能源于政治环境、对两极分化的反应以及拒绝妥协。总的来说，目前的预算困难可能在该过程的其他部分中。

联邦行政预算

这样想可能有些古怪，也许有问题的不是国会预算程序，而是对正统公共行政理论的歌颂——即1921年的预算和会计法案是预算过程问题的核心。1921年法令规定在每年国会召开15天后向国会提交行政预算。不管国会何时召开，葛兰姆—拉德曼—霍林斯法案不顾国会惯例将此提交日期转移到1月3日以后的第一个星期一。行政预算是一份文件，由行政长官向立法机构提交的涵盖行政部门所有组成部分的收入和支出的估算数据。该提案需要

拨款法案，表明行政人员的计划和优先事项，并作为执行和问责制的行政管理工具。总统作为联邦层面的行政长官，在管理和预算办公室和众多联邦机构的协助下，以统一的规定格式向国会提交预算请求。

尽管当代公共行政人员将行政预算视为通过强化总统权力和责任来改善经济、效率和问责的一种手段，但国会原先希望使用新的预算文件和准备过程来减少支出并使政府在其业务中更为务实。在 1921 年法案通过之前的辩论充满了诸如斯旺森议员（D.，Va）的观点：

> 我相信它会协调政府的各个部门，使它们更加经济有效，节省大量的重复工作和大量的浪费和开支。

以及艾奇议员（R.，N. J.）的观点：

> ……如果我们确实采纳了政府管理的预算计划，那么它将对美
> 国所有人民的当前心态产生美妙的道德影响，通过这一行动，他们
> 认识到他们的国会正在准备改革他们国家的政府，他们的政府，成 61
> 为类似于商业组织的实体，从而实现节约。[4]

对这种乐观态度提出质疑的少数声音迅速平息，该议案被制定为法律，并赋予总统以综合文件进行预算编制的主要责任，理由是“他是行政部门中唯一一个将政府视作整体而不是一个特定部分的人。他是唯一由人民选举产生的行政官员，因此可以对其行为承担政治责任。”[5]

在时隔 65 年后阅读提议 1921 年法律的特别委员会的报告时，需要注意的是：（1）在那个有限政府时代，国会将个别内阁和政府官员非国会自身视为总统在组织预算时的反对者；（2）国会相信，行政预算编制的权力不会以牺牲立法权为代价来强化行政权力。[6] 时间已经证明了这两次国会失算的程度，总统和国会关于预算内容的问题并不总是存在，行政权力在预算问题上的增长主要是以牺牲国会为代价的。

将提交一份整个行政系统的全面预算计划的责任分配给总统，由国会对预算计划展开辩论然后立法通过，结果是授予总统建立决策基准的权力，其

他决策都将由此作出。假设总统编制的行政预算将成为国会对预算审查基础的适当出发点，这已经被证实为自1921年以来大部分时期的可行前提。[7] 情况一直如此，因为预算在很大程度上是“可控制的”，总统和议会经历激战、冷战、有限的战争、衰退以及繁荣而在年度预算规模和总体方向上看法一致。细节上的分歧也通过一系列渐进式变革得到解决，就像威尔达夫斯基（Wildavsky）和费诺（Fenno）在其先驱作品中所描述的那样。[8] “增量主义”是当时的普遍规律。但是，在两个时期内总统与国会之间在预算优先权之间的差异成了主要问题，并导致公开斗争。

在20世纪70年代初期至70年代中期，共和党总统尼克松在民主党控制的国会两院中都没有足够票数将他的优先事项强加在预算上，他采取了截留资金的做法，即以“反通胀”或“控制支出”为由，拒绝使用拨款。这些企图集中在尼克松总统所反对的计划上的事实并没有被他的批评者忽视。在诉诸个别国会议员逐项通过法案以推进截留资金的使用之后，国会作为一个整体采取了更加长久的解决方案，它通过了1974年《预算和截留控制法案》，明确了总统可以拖延或拒绝拨款的条件。尼克松先生此后不久就离开了总统职位，为这场预算斗争画上了句号。在这种情况下，修改程序对化解冲突起到了积极作用。

这两个部门之间的第二次重大预算斗争开始于1981年，以罗纳德·里根当选总统为起点。除了在第一年成功采取调解手段外，尽管参议院在1981～1986年期间受到总统所在党派的控制，但预算僵局已成为博弈的名词。在当时预算对抗的基础上，国会一直认为总统提交的预算是不切实际和不可接受的文件。当时的行话是预算“到达国会山时已经死了”，甚至是“到达之前已经死了”。这意味着预算文件只是桌面上的第一个提案，必须
62 进行严肃谈判和重大妥协。总统一方首先拒绝谈判妥协，并坚持认为提交的行政预算真正反映了“他的”立场。达成妥协后，又是长时间的拖延和痛苦的谈判。1921年法律的起草者以强化行政首脑和行政问责的名义取得了成功。但是，有一个问题可能会浮现，即究竟谁真正为这个根据当前政治现实被认为是不现实却又被呼吁形成法案的预算“负责任”呢？这是1921年法律的制定者所考虑的吗？我对此表示怀疑。

为什么它不起作用

对其效用存在明显不同看法的一个主要原因是，今天的行政预算与半个世纪前的文件是完全不同的。自 1921 年以来，预算的构成发生了巨大变化。当下预算的大部分内容都被以前的决定锁定了。债务偿还和权利水平的提高不会受到拨款过程中的短期变化的影响（1986 财政年度大约 60% 的支出属于这一类别）。它们在短期内确实是“无法控制的”，因此不容易每年都有变化。此外，预算计划与经济的整体表现相互交织。这就需要为制定预算估算数据而设置有关经济增长、通货膨胀、失业和利率的假设前提。然而，经济的各项成果并不受政府控制，这对政府支出有直接影响。结果就是，实际支出往往与预算中提出的支出大不相同，从而降低了预算提交的效用和可信度。无论是否达成协议，今天的行政预算相较以往提供了较少的自由裁量权和较少的行政机构控制机会。国防仅仅是唯一具有预算裁量权的主要领域。

看上去似乎恰当的是，预算文件是通过一个更能反映当下政治和经济现实的过程编制的。即使它没有体现当下的每一个政治问题，也将有助于预算的制定。这往往会导致该过程因为过载而发生故障。摆脱目前僵局的一个可能性是在编制和提交预算之前拟定反映立法—行政共识的预算。这样的预算与我们现在的行政预算有很大的差别。行政预算概念在公共行政领域被广泛接受，以致对预算提交的传统工具提出质疑似乎是不可能的。它在这个国家的各级政府中都有使用，包括大多数大城市和几乎所有州——但也有例外。

纵观我们的历史，我们都将这几个州视为创新和改革的合理测试场所。各州尝试了新的管理手段，而且他们的工作成果可以让其他州或联邦政府采用。从这个意义上说，这几个州一直被视为测试关于治理新思想的实验场所，或者最近的一个来源将它们标记为“……社会政策的实验站……”[9] 关于程序变更和实质性政策措施，情况确实如此。作为一个例子，在 1921 年联邦政府采纳行政预算这一构想之前，行政预算概念本身在州和地方一级成功实施。由于各种原因，近年来我们忽视了这一创新来源。也许值得研究一下各州如何准备预算，以确定是否有某种在这一层面有效的东西，而这些东西也适用于联邦层面。因为一个过程或程序被认为在某一级政府"有效"并不意味着它必然适用于另一个级别或另一个环境。尽管如此，尽管在规模、观点和历史上存在差异，但忽略各州正在做的事情一定程度上代表了我们无法承受的知识分子傲慢。

63 州一级预算与联邦预算的主要差别已经在相关研究中进行探讨。这些差别通常包括资本预算、两年期预算、单项条款否决权、平衡收支预算、法律强制预算平衡或增长限制、不同的预算年度和对行政预算立法变动的限制。在这些程序中，两年期预算似乎是最可能在联邦政府一级采用的变化。事实上，国防部在1988~1989财政年度中就提交了两年期预算。除此之外，有两个州在预算准备方面似乎有着截然不同的做法——实际上偏离了行政预算的传统观念。[10]

另类州的模型

这两个最偏离行政预算概念的州是南卡罗来纳州和密西西比州——这两个州都有相对"弱"的州长（结构性而非个人化）。在20世纪40年代，凯（V O. Key）引用州政客的话将南卡罗来纳州政府称为"立法政府"。[11]这些州的预算实践表明，采用相当巧妙的方法可以在初始阶段缓解预算冲突。

南卡罗来纳州有一个由行政和立法部门的个人组成的州预算和控制委员会（BCB）。委员会由州长担任主席和其他四名成员组成，他们也是当选的官员。他们是州财政部部长，总审计长，参议院财政委员会主席和众议院筹款委员会主席。委员会也有独立的员工。

预算和控制委员会的工作人员协助制定州的收入估算，从而为预算设定参数。由于南卡罗来纳州法律排除了赤字支出，因此这些估算值成为预算编制的关键部分。预算和控制委员会的工作人员还提供包括货币上限在内的机构预算准备指导。各机构编制预算申请并提交给预算和控制委员会，在预算和控制委员会审议并作出决定后，预算和控制委员会的工作人员将预算退还给各机构，以准备明细支出预算。该明细支出预算被纳入一般拨款法案，由立法机关审查并通过。在这一系列事件之后，预算由立法机构（首先是众议院，然后是参议院）进行审查，由州长制定并签署为法律。州长确实有一个“项目否决权”，使他能够在拨款上达到一定程度的最终灵活性。

南卡罗来纳州最高法院在 1977 年维护了预算和控制委员会的合法性。[12] 由于预算和控制委员会包括立法部门的两名关键成员，立法机构可能会批准预算。此外，预算和控制委员会直接参与预算编制的最早阶段，进一步提高了以南卡罗来纳州为典型的州计划管理立法参与度。

密西西比州有另一个独特的系统。在密西西比州有一个联合立法预算委员会，其成员包括州参议院议长、副州长、参议院拨款委员会主席、副州长指定的一名参议院议员、众议院筹款委员会主席、众议院拨款委员会主席、众议院议长及其议长指定的两名议员。由该委员会管理的是立法预算办公室（LBO），该办公室每年负责编制平衡预算。立法预算办公室要求所有州政府机构以其要求的格式和详细程度提交预算申请。立法预算办公室可以减少或消除任何项目请求。该办公室有权举行听证会以确定有效的机构要求。这种 64
提议听证会的通知将发给州长的预算官员，他们可能会出面关注州长的利益。自 1984 年以来，州长负有向立法预算办公室提交平衡预算的法律责任。州长提出的任何可能导致预算不平衡的建议必须包括建议的收入来源。

显然，对南卡罗来纳州和密西西比州的可行之法不一定能在其他地方行得通。毕竟，48 个州都在使用一种更接近行政预算的制度。总体而言，南卡罗来纳州或密西西比州的预算编制方法都不太可能在联邦一级得到采用。在这里详细说明仅仅是为了展现在其他地方使用和运作富有创造力的方法。这个故事的寓意在于，政府不会因为行政长官与立法机构分担预算准备责任而崩溃。

虽然这两个州的细节和具体情况不同，但编制州预算的基本思想是相同的。它们试图克服分权的内在问题。实际上，它们代表了立法机构和行政机构试图提高绩效时的预算权力融合。政治学改革的文献充满了如何克服似乎是由于权力分立而产生的政策僵局的想法。通常的首选解决方案将使我们的联邦制更接近议会政府。但是，这种改变需要修改宪法。基于这个原因，这些建议很少被认真对待。

在讨论州政府时，最近《各州纪要》这本书评论说：“相当大的行政立法压力仍然存在于预算过程以及确定每个系统在制定和实施预算中应发挥的作用之中。”[13]联邦一级也是如此，这不利于我们管理自己的能力。格拉姆—拉德曼法案只能在这种情况下理解。根据 20 世纪 80 年代预算崩溃中的主要角色之一大卫·斯托克曼的观点，格拉姆—拉德曼法案是国会在无法采用更合理的方法与总统沟通以后，用来向总统发送有关预算不平衡（支出与收入）信息的小伎俩。[14]采用小伎俩的预算来开展业务是有问题的。它当然不能最好地代表权力分立。

提案：联邦联合预算委员会

值得考虑的是参考一些南卡罗来纳州及密西西比州联合立法行政委员会的概念，以决定联邦年度预算提交草案中应包含哪些内容。例如，我提议设立一个以总统、财政部部长、众议院议长、参议院议长和总审计长为代表组成的委员会作为起点。OMB 和国会预算办公室可以充当诚实的代理人，发展共同的经济假设、进行必要的计算并提出拨款概算以支持联合预算委员会的预算建议。该委员会或任何类似组成团体的基本目标是，制定一个预算提案并可用作公认的且国会可对此进行补充调整的基准。为了便于达成一致意见，委员会必须通过一些限制性的基本规则，规定新的计划举措或计划终止在多大程度上可以包含在提交的年度预算中。费舍尔恰如其分地指出，“对于哪一份预算才算是预算存在长期困惑：总统预算、第一次预算决议、第二次预算决议、第二次预算决议的修订或者一连串重新估价、更新和修订后的基准。”[15]根据商定的基准对现有政策进行微调，可能使所有预算周期都可以在法定时间表和财政年度限制范围内按年实际调整。

65 国会作为一个由 535 人组成的实体，不能凭空制定预算。它需要一个可行的起点来进行审查，预算决议和行政预算近年来都不是一个明确的起点。增量主义作为决策工具既有其批评者也有其倡导者。尽管如此，基本经济假设和计划越是能达成一致，增量调整越是容易实现。事实上，由于如此多的预算“不受控”并与价格水平调整有关，目前我们已经对此有所变化。[16]为什么没认识到这一点并加以改进呢？根据联合预算委员会的做法，关于预算中是否包含某些内容的辩论将在预算提交之前进行。这应该有助于消除“空想计划”的建议，例如从预算呈文中消除能源和教育部门。这种变化的立法有必要进行单独考虑并按照自己的时间表进行审议，而不是打乱预算时间表。

我们是否有能源部是一个政策问题，而不是预算问题，尽管它肯定有预算方面的影响。当我们试图将政治议程上所有有争议的问题置于预算之上时，我们超出了预算制度负载，并增加错过最后期限和持续决议的可能性。总之，各计划的主要改动由行政部门提交并接受审查，应当视为立法程序的正常面貌。预算呈文中应当不包括这些建议的影响。预算呈文应在联合立法行政委员会同意下的某个参数（例如 ±5% 或 ±10%）范围内限制对所有正在进行的计划进行增量调整。对于诸如债务偿还、失业救济、社会保障支付等计划，由 OMB 和 CBO 的联合预测决定预算金额。如果委员会能够就具体计划的较大改变达成一致意见，那么除非特殊情况否则就没有什么可以妨碍它。

作为这一程序的剩余收益，联合立法行政预算应该消除国会通过任何预算决议来确定“国会预算”参数的必要性。提交后的预算可以直接转到授权/拨款流程。单单这一行为就应该释放许多立法时间，而这些时间目前转移到了与总统就预算优先事项进行争辩。此外，预算可能比现在需要提交给国会的时间晚两三个月。由于更接近预算财政年度的开始日期，因此延后提交日期应该能提高预算预测的准确性。

如果立法和行政部门由同一个政党控制，这种做法如果依法执行肯定不会造成任何额外的困难。当两个部门达成一致时，类似的做法已经非正式地发生。如果两个部门就像自 1981 年以来一样一直没有达成一致，那么可以提出这样一个问题：“这一方式会不会比我们现在所做的更糟糕?”需要做些事情来恢复预算过程的友好和稳定，因为在 20 世纪的其余时间类似的预算问题可能会持续下去。公众的信心需要恢复。关闭政府 8 小时在这个方向上收效甚微。政治斗争是健康民主制度的一部分，但政治姿态不应使运作中的政府停滞不前。

可能会有人提出这样一个问题，即这样一个联合立法行政委员会是否会违反基于宪法的分权制。答案很可能不是，尽管预测最高法院的裁决是一项高风险的业务，特别是当法院倾向于将分权视为查达（Chadha）裁决中所述的机械过程时。作为一个国家，我们从 1787 ~ 1921 年开展了一项非正式

66 制度，它根据内阁和局级官员与国会委员会主席之间不成文的协议和理解制定了所谓的“估计书”。虽然很少人会主张回归这种自由活动，但是没有纪律的做法仍然是压倒一切的原则——行政部门的成员和立法部门的成员可以共同努力确定预算政策的方向。

结论

不必担心行政部门比立法部门目的性更高或者更关注法律执行，反之亦然。正如费舍尔所说的那样：“纪录是不可避免的：在新政时期甚至是 1921 年预算和会计法案之前很长时间，国会认为财政问责和控制不能单靠授予总统及其助手这些权力来保障。”[17]一些作者认为，近来将行政预算的“完整性和责任”降低的趋势令人相当不安。[18]然而，同样令人不安的是持续的预算僵局预示着该国可能面临长期经济灾难。最近关于预算过程改革的国会听证会继续集中讨论诸如多年预算，巩固授权和拨款职能，更好的经济假设和预测以及修改后的单项条款否决权等提案。[19]问题仍然是这样类型的小幅度调整就是否已足够了。

整个事件的底线，是行政预算不再提供其支持者在 1921 年假定的优势。事实上，它提供了支持者从未想到的几个缺点。总统和议会对预算计划和优先事项所体现的国家需求常常有不同的看法。这两种观点都是合法的，必须通过政治过程来解决，政治权力不仅仅是行政效率问题。新的程序和过程是必要的，只需修改 1921 年的预算和会计法就可以实现联合立法行政委员会预算来取代行政预算。行政预算并不是由沃伦 · G. 哈丁（Warren G. Harding）在一座圣山上发现刻在石头上的。现在是重新思考这个概念并认真考虑诸如本文提供的替代方案的时候了。

注释

我要感谢南卡罗来纳州预算和控制委员会前执行长官威廉 · T. 普特南（William T. Putnam）先生，他让我熟悉了该机构的运作方式并阅读了本手稿的早期版本。本文仅表达本人的观点和主张，并不反映我的雇主的立场。

1. *Budget of the United States*, *Fiscal Year* 1987, P. M－9.

2. *Budget of the United States*, *Fiscal Year* 1988, pp. M－12, M－13.

3. *U. S. Congressional Record*, 66th Congress, 2d Sess. , (1920), Vol. 59, Part 6, 6280.

4. Ibid, 6350.

5. U. S. Congress, House of Representatives, Select Committee of the Budget, *National Budget System* (Washington: Government Printing Office, 1921) P. 5, 67th Congress, 1st Sess. , Report No. 14, 5.

6. Ibid, 4－7.

7. 一篇高度洞察的文章来自 Naomi Caiden, "Paradox, Ambiguity, and Enigma: The Strange Case of the Executive Budget and the United States Constitution," *Public Administration Review*, 47 (Jan. /Feb. 1987): pp. 84－92, 追溯这个角色中行政预算的演变以及它不再实现其最初目的的原因。

8. Aaron Wildavsky, *The Politics of the Budgetary Process* (Boston: Little, Brown and Company, 1964), and Richard Fenno, *The Power of the Purse* (Boston: Little, Brown and Company, 1966).

9. Robert B. Albretton and Ellen M. Dran, "Balanced Budgets and State Surpluses: The Politics of Budgeting in Illinois," *Public Administration Review*, 47 (Mar. I Apr. 1987): 143. 67

10. *The Book of the States* 1986－87 *edition*, (Lexington, Kentucky: The Council of State Governments, 1986), pp. 220－221. 处理州级预算实践的图表表明，有三个州在除了州长之外的其他部门岗位还有预算管理权限。密西西比州，南卡罗来纳州和得克萨斯州就是这三个州（第 220－221 页）。但是，在得克萨斯州，负责编制预算文件的机构是州长办公室的管理和预算主任。在另外两个州，预算制定授权并预算编制在州长办公室之外（第 223－224 页）。

11. V. O. Key, Jr. , *Southern Politics* (New York: Vintage Books, 1949), 150.

12. Luther F. Carter and David S. Mann, eds. *Government in the Palmetto State* (Columbia, S. C. , University of South Carolina Bureau of Governmental

Research and Service, 1983). 142 –146.

13. *The Book of the States*, 29.

14. David A. Stockman, *The Triumph of Politics* (New York: Avon Books, 1987), 457.

15. Louis Fisher, "Ten Years of the Budget Act: Still Searching for Controls," *Public Budgeting & Finance*, 5 (Autumn, 1985): 26.

16. Bernard T. Pitsvada and Frank D. Draper, "Malting Sense of the Federal Budget the Old Fashioned Way—Incrementally," *Public Administration Review*, 44, (Sep. /Oct. 1984): 401 –406.

17. Louis Fisher, "The Administrative World of *Chadha* and *Bowsher*," *Public Administration Review*, 47 (May/June 1987): 215.

18. Louis Fisher, *Constitutional Conflicts between Congress and the President*: (Princeton: Princeton University Press, 1985). 7.

19. U. S. , Congress, House of Representatives, Committee on Government Operations, Subcommittee on legislation and National Security, *Reform of the Federal Budget process*, (Washington: Government Printing Office, 1987) 100th Congress, 1st Sess.

评 论

诺米·凯登 (Naomi Caiden)

行政预算是过时的想法吗? 如果是这样, 有什么可以取代它? 伯纳德·皮兹瓦达提出了诊断和建议。建议的有效性取决于他对问题诊断的准确性以及建议的补救程度。简言之, 他的论证即是如此。

问题在于美国政府的预算过程。它既复杂又耗时。它冲突四起, 目前正处于僵局之中, 可能会持续到下个世纪。这是无法控制的。为了解释这种情况, 皮兹瓦达转而提出行政预算的诸多假设即便曾经有效的话, 现在也已经失效了。1921 年的预算和会计法案假定了立法与行政和谐一致, 行政部门在业务方面实现效率和经济的能力, 以及行政预算作为明确预算责任的主要手段。相反，在分权的背景下，预算过程很容易因行政与立法之间的冲突而崩溃。由于预算构成的变化，预算结果更多地取决于经济假设，而不是行政人才的功效（更不用说垄断了）。而现行制度实际上鼓励逃避而非落实预算责任。因此，皮兹瓦达建议将行政和立法机构联合起来，提前确定预算框架，从而稳定关键的经济假设和预算参数，并减少施加于预算的政治重负。

改革建议几乎不可避免地引发反对意见。总会有人说它无法完成，它天真而简单，或者会带来可怕的后果。首先，机构和流程从一个环境到另一个 68
环境的通用性充满了困难。诸如密西西比州和南卡罗来纳州之间的预算环境，及其与联邦政府的预算环境之间都存在重要差异。要实现成功转变，需要相似的初始条件和新生构造，该建议很可能是异想天开的。各州之间存在一些差异的事实或许还增添了它们运作模式的边缘性。然而，格兰姆—鲁德曼法案证明了这样的事情发生的可能性更小了，所以不应该因为其起源而谴责这些想法！

更有说服力的反对意见在于分权。狭隘的宪法问题（由法院决定）不如职能和权力问题重要。例如，有人断言国会和总统职位的性质不同。前者实现了一个主要的代表性职能：它是一个权力分散的机构。对于后者而言，行政将权力集中在一个等级组织中。有些人认为，这种区别意味着只有行政机关才适合预算制定，立法机关不应该在过程或目的方面模仿它。根据定义，预算是“行政”预算。

更令人烦恼的是权力问题。分权原则的实质是政府的一个分支检查另一个分支，防止权力垄断。由于国会和总统分享了许多职能，因此分权的一个含义是政府的对抗制度。1921 年法案既模糊又强调了这一特征。它假设存在中立的非政治的行政预算角色，从而模糊了潜在的跨领域冲突。后来的发展将预算提升为一项关键的决策工具，强化了总统与国会之间发生冲突的可能性，如果它们之间存在严重政策差异的话。尽管有行政预算，宪法却将财权赋予国会。

无论作为一项政府制度的分权存在什么缺陷，似乎没有一般性的授权来取代议会——内阁制度，其中行政机构由立法机构产生，并对立法机构负责。预算改革的讨论必须考虑到现有的行政和立法自治。皮兹瓦达提议在总统或国会范围以外做出关键预算决策，将会改变它们之间的权力平衡。特别是，国会似乎会在预算中失去相当大的权力，因为它需要遵从一个立法行政联合委员会，其成员资格不一定代表其观点或结构。众议院或参议院的观点，不容易由各自的一位代表人来代表，更不用说党派利益。反之也可以说总统可能会失去权力，因为他可能会在委员会中被国会议员在以 3∶2 的票数击败。在任何情况下，建立一个机构来支配双方的政策，会削弱对抗制衡制度，并且很可能违背宪法意图。

成功的解决方案需要精确诊断。即使（并且这将是一个很大的“即使”）可以克服宪法和权力平衡的反对意见，仍然存在一个问题，即美国预算问题是否可以通过改革程序来解决。目前的预算困境——棘手的赤字、长期的僵局、未尽的业务和无关的预算——在于过程或政治因素吗？在提出流程解决方案时，皮兹瓦达最初认为程序是错误的，其改革将解决问题。流程构造行为、建立决策规则，并至少在某种程度上影响着结果。它们提供了机会也施加了限制。

69 过程或政治

但皮兹瓦达本人表示怀疑问题是否真的在于过程。美国的预算困境与许多其他西方工业化国家的预算困境相似，其原因在于经济增长放缓，预算缺乏内在灵活性和政治分歧。真正的问题——谁支付和谁获得、公共与私人产品和服务、经济走势——不能通过简单的过程改革来解决。这些问题不仅涉及政治偏好、深刻的价值观以及为了获取政治优势而进行的纯粹的政治博弈，也涉及难以理解其动态的经济和社会现实。

皮兹瓦达对预算中的政治问题的解决方案基本上是消除它。他呼吁“（一项）预算可以颁布，因为它没有体现当下的每一个政治问题，也不会因为政治重负而崩溃。”提醒你一些事情？是的，这是艾伦·希克（Allen Schick）在《国会和金钱》（*Congress and Money*）开头以图形方式描述的很久以前的有限冲突过程。“尽管存在开放和长期冲突的可能，”他告诉我们，“联邦预算每年都在制定……限制冲突的因素包括每年制定一次预算的方法、专注于增量而不是总预算、避免明确确定预算优先事项、容忍次优或更坏的结果。预算通常是和平谈判的，因为延长分歧的代价对主要参与者来说高得令人无法接受……预算制定者们深知和解的必要性。”[1]

但是希克分析的“谨慎争议”的局限性早已消失。辩论包括决策的长期影响和整个预算的形式。削减预算需要讨论基数和（或）增量。预算优先事项摆在桌面上，延长分歧的机会成本低于无法达成协议的政治成本。无论好坏，预算过程曾经是一个稳定的受限事件，由那些甚至不必提及基本问题的相互协议所规定。它现在是一个开放的进程，是达成那些以前根本不会出现在国家政治议程中的政治目标的主要焦点。我们能将魔鬼放回瓶中并将预算非政治化吗？在目前的政治环境下，是否有可能就基本问题达成足够的协议，以便再次让预算决策退至边缘？

过程可以通过立法实现共识和责任吗？皮兹瓦达在1921年法案制定者的错误假设中找到了“预算过程问题”的本质，即行政部门根据定义在制定行政预算时负责任地行事。行政预算可以成为国会通过拨款法案的有效出发点。因此，预算问题似乎在于将行政预算的消失作为可接受的出发点，以及整个进程在一方（即行政部门）采取顽固立场时陷入僵局的明显趋势。

在分权下存在出现僵局的可能性，其中一个政府部门被故意置于检查另一个政府。这也是至少到目前为止一个无法达成结果的政策中立的预算过程的一个特征。国会和总统基本上没有根据他们的政治议程制定他们喜欢的任何预算政策的过程限制。（格兰姆—鲁德曼法案在对行政和立法行动设定明确的实质性限制方面有些偏离了这一传统）责任、可行性和可接受性一直是政治的功能，而不是过程的功能。因此，大规模结构性赤字的出现和持续性的无能为力可能与行政立法僵局和行政不负责任有关，但它们也与更深层 70
次的政治趋势有关，包括部分选民通常似乎偏好于借款而非课税。

面对现实

除了行政立法冲突问题之外，还有预算的现实世界。赤字本身凸显了联邦预算的不灵活性以及影响其方向的困难。预算的主要部分由四个重要项目组成：社会保障和其他养老金、与健康相关的支出、国防和国债利息。关注的支出本质可以由以下现象描绘，尽管预算过程冗长复杂，真正的决策似乎是在最后期限之后就相对较少却不可调和的问题进行谈判来进行的。除非能达成影响这些主要类别的协议，否则从支出方面来看，很少能够达成赤字或控制财政政策。如果没有意愿或能力大幅削减这些项目，就必须找到收入来为它们提供资金。过往政策带来的危机现在需要解决分配和分配的基本问题：应享权利、补贴、贷款和贷款担保、用于国防的国家财富份额、债务的当前和未来成本以及可接受且稳定的收入来源。一段时期内的巨额赤字、翻番的国债以及越来越复杂的过程已经形成了一项实质性重建公共财政的议程。正如希克所建议的那样，年度预算可能不是最适合这类任务的工具。

与此同时，近年来的预算记录不佳。预算构成的变化有助于提高预算的灵敏度。相比经济表现，预算结果较少取决于计划的数额。几年来，实际赤字大幅超过计划赤字。[2] 预算假设的准确性已变得至关重要，但即使是有关经济增长失业、通货膨胀或利率的相对较小的误差，也可能对收入和支出产生巨大影响。如果预算的预测能力如此之差以至于无关紧要，那么预算辩论的声音和愤怒就毫无意义。

到目前为止引起很少争论的第三个问题是未平衡余额的大小。从过去的拨款累积起来到现在已超过 1 万亿美元，大约相当于一年的预算。如果信托基金担保和保险计划、长期住房计划和某些国库储备金被扣除，还有近 4 000 亿美元的民事余额及约 2 000 亿美元的国防余额。这些余额，特别是国防余额，在 20 世纪 80 年代急剧增加，并给当下和将来的预算控制带来了重大问题。[3]

因此，问题可能不在于是否仍有行政预算，而在于是否真的有预算，至少在我们所知的条件下。预算可以是在给定的时间范围内解决冲突的一套规则。但正式的规则是脆弱的：它们依赖于遵守的愿意、对可接受的限制的相互理解，以及对政治修辞、操纵和姿态之外的现实世界的鉴别。如果没有这些特性，预算过程就会崩溃。预算规则有用，如果没有维护这些规则的意愿，这些规则就不会强制执行。也许这就是为什么近年来程序改革增加了预算过程的复杂性，而没有增加其力量。

参考文献

1. Allen Schick，Congress and Money：Budgeting，Spending and Taxing（Washington D. C.：Urban Institute，1980），19.

2. Lance LeLoup, Barbara Luck Graham and Stacey Barwick, "Deficit 71
Politics and Constitutional Government: The Impact of Gramm – Rudman – Hollings," *Public Budgeting & Finance* 7 (Spring1987): 85.

3. See United States General Accounting Office, "Budget Issues: Governmentwide Analysis of the Growth in Unexpended Balances," Briefing Report to the Chairman, Task Force on the Budget Process, Committee on the Budget, U. S. House of Representatives, GAO/AFMD—86—24BR (Washington. D. C.: GAO. Jan. 1986).

评　　论

路易斯·费雪（Louis Fisher）

在一个以高科技、计算机化和复杂程序为主导的预算时代，伯纳德·皮兹瓦达专注于基本原则。他没有详述国会预算过程无穷无尽的复杂性，而是将我们带回到1921年预算和会计法案的目标。他提醒我们，该法案的目的是确定总统对提交机构估计数的责任。通过这种权力集中，希望预算编制可以变得更加经济、高效和负责。从导致这一具有里程碑意义的立法的一份国会报告中，他确定了将权力下放给总统的原因："他是行政部门中唯一对整个政府感兴趣而不是对一个特定部分感兴趣的官员。他是唯一由人民选举产生的行政官员因而能对其行为负政治责任。"

除了皮兹瓦达先生识别的两个时期之外，1921年法案的原则在让取得双方最佳实践方面是有效的。总统将负责提交统一预算并对总量负责：支出、收入、赤字或盈余。国会通常会保持这些总量，但可以完全自由地改变总统的优先事项，将资金从某一领域转移到另一领域。双方都在按照制度设计行事。正如皮兹瓦达所指出的那样："假设总统编制的行政预算将成为国会审查预算的适当的出发点，这一假设在1921年以来的大部分时间里都是可行的前提。"

两个例外是尼克松政府期间的截留斗争和里根时期的预算僵局。近年来，国会的特点是将里根的预算视为"不切实际且无法通过的"。为什么总统的预算不再是“适当的出发点?”为什么我们不能确定总统的责任?如果总统拒绝提交负责任的预算，那么国会基于其机构的能力就能够添补这一空缺吗?皮兹瓦达将这种状况与1921年法案的意图进行了比较：“可能会出现一个问题，即在那些被要求制定预算的人认为不切实际的当前政治现实下，谁真正对预算‘负责’?这是1921年法案制定者的想法吗?我对此表示怀疑。”我同意。

20世纪80年代的预算过程

皮兹瓦达说，20世纪20年代和80年代的预算之间的差异中有一部分可由预算的构成来解释的。由于债务利息和权利支出，目前的预算更“无法控制”。与以前年度相比，行政预算“如今提供给行政系统的自由裁量权和控制机会更少了。现在，仅有国防是具有预算自由裁量权的主要领域。”

72 这一点很好，但它没有充分解释20世纪20年代和80年代之间的差异。里根总统在1981年做出了我们在预算编制方面所做过的最激进的转变之一：国防开支大幅增加、国内项目适度减少、税收大幅削减以及赤字惊人增长。我认为相较其取代的“分离，碎片化和撕裂”的过程，自1974年以来的国会预算程序允许发生更大的变动。在适当的情况下，正如我们在1981年所经历的，国家预算可以进行彻底的改变。

考虑一下1981年所做的事情。里根在1980年的选举中在44个州获胜，在538张选举人票中赢得了489票。他的优势使共和党人能够在28年内第一次控制参议院，并在众议院获得33个席位。共和党人在参议院承诺严格的党派忠诚度，并通过将共和党人与保守的民主党人联合起来在众议院形成多数议员支持里根的局面，里根为彻底改革预算做好了准备。里根专注于预算优先事项的战术决策、加上他的沟通技巧以及自3月30日暗杀总统企图后的迅速恢复，他在预算决议、减税与和解法案方面取得了惊人的胜利。

这些都是相当大的成果，但里根的胜利取决于其他。根据以前的国会预算制度，他不得不向诸如授权、拨款、税收之类的所有竞争性的委员会制度妥协，政府的计划不可能幸存下来。CBO负责人鲁道夫·彭纳（Rudolph Penner）在1985年问道：“如果没有该过程，1981年的戏剧性行动是否可行？这个问题是没有人能够肯定地回答的。但是，我相信运用以往混乱的制定预算的方式很难实现这些结果。”彭纳的结论认为，里根要想通过1974年以前就存在的分权委员会结构来制定预算将会面临更大的困难。艾伦·希克也持有同样的观点，并指出国会在迫使总统通过一个支离破碎的立法程序寻求妥协时，它处于有利地位。

1974年以前，国会预算编制的增量特性是对激进变革的制约。相比之下，1974年预算法案的集中方式在里根的手中发挥作用。如果政府能够控制预算决议，正如它所做的那样，它可以规定税收和支出的基本政策。在他的著作《政治的胜利》（*The Triumph of Politics*）中，大卫·斯托克曼（David Stockman）解释了政府如何利用集中的国会预算程序。国会的宪法特权实际上不得不暂时废止。实施里根政府的经济计划意味着橡皮图章式的批准，仅此而已。这个所谓的世界上最大审议机构将不得不被削弱成为白宫的一个部长级机构。

1981年的结果表明行政预算的概念达到了顶峰，这是一种幻想。正如皮兹瓦达所正确指出的那样，多年来行政预算一直在下降，特别是让总统提交他将负责的预算的概念，行政部门的专家们仔细地梳理和审查预算。1981年的过程嘲弄了后一个目标。斯托克曼在他的书中承认，政府对其供应方理论一无所知：“一项激进和突然变革的计划需要深刻理解——上而我们却没有。”

责任的缺失

更糟糕的是，总统对他提交的预算负责的想法几乎完全消失了。自1981年以来的记录，是里根提交了一份预算，但很快就疏远了它，几乎是在它到达国会山之前。在任何真正意义上，没有哪一位总统能够承受持续多年的预计约2 000亿美元赤字的预算，而这正是里根所做的。我知道没有哪 73
届政府在总统层面完全没有责任和问责。

这怎么发生的？我认为部分答案在于1974年通过的国会预算程序。国会在重申财权时无意中破坏了总统的责任。国会承担的责任超出了它所能释放的。在1983年的辩论中，众议院多数党领袖吉姆·赖特（Jim Wright）对那些声称一项针对未决拨款法案的修正案“超出预算”的人们进行了出色的反驳。他否认该法案超出了预算："这项修正案中提出的金额完全在预算数字范围内。我们同意日已讨论的数额不超过国会预算决议，这当然是预算。现在它们可能超过了总统在去年 1 月的预算请求中索要的金额。这当然不是预算。是国会制定预算，而不是总统。"

从 1921 年到 1974 年，"这高于预算还是低于预算?"的问题是有意义的，只有一个预算：总统预算。1974 年的预算改革产生了许多预算：总统预算，第一次预算决议、第二次预算决议修订后的第二次预算决议（在下个春季通过），以及一系列看似无穷无尽的其他预算，以便与随时改变的基准、重估和更新相一致。短语"高于预算"和"低于预算"已失去意义。

由此产生的混乱给民主政府带来了巨大的代价。投票人无法再明确责任。议员们声称修正案"完全符合预算数字"，但忽略了提及的是哪个预算。议员可以在预算决议中投票同意慷慨的上限，然后向其选民宣布他们"保持在预算范围内"，白宫也可以玩这种游戏。1985 年，里根总统表示，他"将接受拨款法案，即使超出总统预算，它也在国会自己的预算决议规定的范围内。"

1974 年的预算改革者认为，要求国会对单一预算决议进行投票，而不是大量的拨款、授权和税单，将迫使议员更负责任地行事。他们必须对总数而不是分项进行投票。分散的国会预算程序受到谴责，转而支持集中、系统和连贯的立法行动。改革者欣赏"协调"和"统一预算过程"这样的话。如果总统有一个集中的过程，国会也要有一个。

当一个部门试图模仿另一部门时，存在很大的危险。总统是得到中央预算办公室（central budget office）强化的行政部门的负责人，国会没有负责人，也没有相类似中央预算办公室的能力。国会本质上是分散的，没有多少程序性创新可以改变这种基本特征。1974 年预算法案的总体效果是破坏了以对总量负责为目标的总统预算，里根实质上对国会说："这是包含 2 000 亿美元债务的预算，你看着办吧。"国会接受挑战，但缺乏实现它的机构能力。在两个部门的领导人坐下来谈话之前，我们已经到了股票市场一天下跌 500 点的地步。

皮兹瓦达让我们思考基本原理，现在不是增加额外程序以及诸如从资本预算单项否决权限到两年期预算编制等技术的时候。我们所拥有的过程在其基本要素方面存在缺陷，投票人不能让任何一个部门负责。总统指向国会，但一个内在的权力分散的立法部门不能像总统一样负责任，1921 年法案的缔造者知道这一点。我们需要恢复利用双方优势的预算流程，作为由中央预算局（central budget bureau）协助的唯一行政长官，总统在理想的位置负责 74
总量。国会在制度上有能力保持总统的总量，但先改变他的优先事项。

目前的制度在体制上存在缺陷。通过向国会寻求全面行动，我们不知不觉地削弱了总统所必需的团结和领导力；通过创建一个包含许多预算的制度，我们打开了逃避现实、混乱和不负责任的大门。如何在预算过程中重建明确的机构责任和能力是未来十年的核心问题？一个好的起点是重新审视 1974 年的国会预算流程，做出必要的改变以恢复总统对总量的责任。通过预算决议的目的是什么？在耗费时间和制造混乱方面，他们的成本是多少？在得出 1974 年试验失败之前，我们还要通过多少项类似格兰姆—鲁德曼法案的法案？

评　论

兰斯·T. 勒鲁普（Lance T. Leloup）

经过 20 世纪 80 代的预算动荡，联邦预算过程的许多方面都受到了攻击。然而，行政预算自身已经成为近 70 年来的圣牛（sacred cow，意指神圣不可侵犯之事物）。如果有什么不同的话，对预算混乱的批评者主张加强总统及其行政预算。由于对近年来预算僵局感到失望，伯纳德·皮兹瓦达准备把那只圣牛送到屠宰场。然而，他对这些问题的具体补救措施存在不足，因为它们没有正面 80 年代预算僵局的根本原因，但他提供了一项重要的服务，因为他的挑衅性建议提供了一个机会，可以审查预算僵局的基础，考虑重大的预算发展，并思考改善美国预算过程的有意义的方法。

像许多其他观察家一样，皮兹瓦达已经厌倦了过去十年的预算僵局。在新的财政年度的凌晨时段，无休止的持续决议以及像上了膛的枪一样被用作强制推进政治议程的债务上限，都是让他对最近的预算斗争产生挫败感。然而，与大多数评论家不同，皮兹瓦达并没有指责国会和其不稳定的预算程序。他非常不同寻常地指责行政预算过程，并且甚至暗示行政预算在当下是不合时宜的。然而，在诊断预算困境的原因时，皮兹瓦达的分析与那些将责任完全归咎于国会的人一样存在根本性的缺陷。程序混乱和不稳定是一种症状，而不是原因。预算僵局的根源有三个：（1）过去20年间预算发生的转变；（2）使行政和立法部门两极分化的深刻的意识形态分歧；（3）美国政治体制的基本结构

预算的转变迫使人们在如何制定预算方面进行了痛苦且又不彻底的革命：从微观层面的预算过程到宏观层面的关注占据主导地位的过程。这些新的预算要求面临着具有200年历史的分离但分享权力的宪政结构，这种结构往往以治理问题和僵局为特征。基本矛盾产生于有关政府的作用和范围、适当的税收水平、相对的国防和国内支出优先事项等方面的意识形态分歧。虽
75 然双方的程序性问题可能加剧了冲突，但它们并没有创造它。因此，彻底改革国会预算过程或者废除行政预算概念都不会消除冲突或产生皮兹瓦达所设想的理性共识构建模式。

预算的结构性转变使得渐进主义变得无关紧要

皮兹瓦达承认联邦预算中的一些变化，例如无法控制的支出增长，但很大程度上忽略了其影响的重要性。他在分析预算时坚持过时的且理论上没有生命力的渐进主义概念。在本文和1984年《公共行政评论》（*Public Administration Review*）上的文章中，他毫无疑问地证明了，对于一些人来说所有预算按照定义都是“渐进”的，因为它们每年变化不大。有意义的改革之道取决于认识和理解过去20年间预算发生的深刻变化。

宏观预算（关于支出、收入和赤字总量以及相对预算份额的高层决策，通常自上而下制定）在行政和立法部门中越来越普遍。微观预算（关于机构、计划和项目的中间层决策，通常自下而上制定）仍然是预算过程中至关重要的，即便不是那么引人注目的组成部分。除了少数顽固的渐进主义者之外，政治科学理论家现在普遍认识到宏观层面决策在解释政治和预算结果方面的至关重要性。重要的发展——包括权利支出、税式支出和预算外活动的扩张，预测和估计的日渐重要性以及预算总额对经济表现的日益脆弱

性——都在文献中有详细记载。

在 1974 年之前，总统是宏观预算的唯一预算参与者，尽管行政预算过程还主要是自下而上的。根据 1974 年《预算和截留控制法案》，国会趋近于宏观预算。在里根政府的早期阶段，预算负责人大卫·斯托克曼（David Stockman）强调了自上而下的宏观预算。许多人认为行政部门自上而下的宏观预算失败了，它在国内计划中随意削减，给五角大楼一张空白支票，并产生了创纪录的赤字。然而，最近的历史应该清楚地表明，这个预算的美好新世界的解决方案不是放弃行政预算。恰恰相反，很明显立法和行政部门的宏观预算能力都需要加强。在这背景下，人们可以对皮兹瓦达的具体建议得出什么结论？

时机和不确定性阻碍了早期协议的达成

皮兹瓦达指出，在近年来里根总统的预算“见光死”（dead on arrival）。这是事实，但也许 20 世纪 80 年代的行政预算过程模型应该是 1981 年那样，而不是随后几年的僵局。因为，一旦产生了赤字并且双方都划了界线，就会陷入僵局。在美国取消行政预算并以立法行政委员会取而代之的提案是否会改变当时或现在的情况？肯定不会。

其中一个原因是数字的不确定性增加导致的时间变化。由于预算估算和预测的不确定性增加，而且随着预算变得更容易受到经济变化的影响，关键预算总量的决策已经越来越迟。格兰姆—鲁德曼法案尽管推进了国会预算时间表的正式截止日期，但是将延迟的合理性制度化了。在 8 月得出最终数字之前国会做出艰难的选择是没有意义的。当认识到导致预算陷入僵局的优先 76
事项存在持续性冲突，国会和白宫谈判代表们怎么能在这么早的阶段就达成有意义的共识？

关于税收、支出削减和赤字的分歧如此普遍，以至于只有即将发生的预算危机和政府关闭的威胁才会促成妥协。股市崩盘最终让总统回到赤字谈判桌前。即使在那时，谈判代表们也花了五周时间（也就是格拉姆—鲁德曼削减生效的前几个小时）来达成“一揽子”计划的大纲。想起来似乎很荒谬，谈判代表们之前解决这些差异需要多达一年时间，更别说几个月了。

州与国家预算的不可比性

美国各州往往是政策创新和实验的源泉，并在后来影响国家政策。目前的福利改革提案是最近的一个例子。但就预算而言，皮兹瓦达的建议也因为州和国家层面的预算编制存在根本差异而不成立。自 1921 年以来，这种差异有所增加。在 20 世纪 30 年代，联邦预算作为财政政策工具的使用造成了州和国家预算之间的永久鸿沟。虽然零基预算最初是在州一级引入的，但它对任何一级政府的影响似乎都相对较小。今天，随着对宏观预算和总量管理的更大需求，密西西比州和南卡罗来纳州的经验与国家预算的关联程度甚至低于二十年前的水平。

与皮兹瓦达所谓的“正统的公共行政理论”相关的部分联邦预算现在只是联邦支出的一小部分。大多数人认为政府机构及其计划——非国防可自由支配支出——占支出的 20% 以下。支出的其余部分包括利息、权利和国防支出，所有这些都以根本不同的方式处理。优先事项可以而且确实在各州发生冲突。但教育、高速公路、医疗卫生支出——类似于非国防可自由支配支出——与今天的大多数联邦支出大不相同。

巨额联邦赤字的存在使得州和国家层面的预算几乎没有可比性。尽管具有平衡预算要求的大多数州通过债券发行和其他形式的借款来举债安排支出，但赤字问题的范围使得两个层面的决策大相径庭。联邦预算人员试图管理收入和支出总量，以减少结构性赤字。这比估计收入并在州级拨款中进行微观调整的问题更难，并因此而更具争议性。

探寻有意义的改革

皮兹瓦达诚实地尝试为近年来困扰许多人的问题提出解决方案。我对预算僵局表示关注，它威胁到国会和总统的信誉以及世界经济的健康。然而，作为社会科学家，我们必须深刻认识到原因和结果，以便我们能够区分有意义的改革和天真的灵丹妙药。

皮兹瓦达总结指出，“行政预算不再提供其支持者在 1921 年所假设的优势。”这确实是事实，因为正如我们所看到的那样，预算及预算过程的性质已发生变化。沃伦·哈丁（Warren Harding）在今天的话不会承认预算。1921 年行政预算的动机，例如财政问责和诚信，现在基本上不是重点。利息支付、国防、权利和赤字使得这些担忧似乎已经过时，并将其与最近的不 77
合时宜的事物（如 PPB 和 ZBB）联系起来。但这并不意味着应该放弃行政预算。由于预算编制已成为一个宏观层面的过程，因此行政预算过程现在比以往任何时候都更加重要。它需要调整，而不是废弃。

我们不能简单地召集一个联合立法行政委员会，并希望摆脱基本的冲突和制度僵局。如果要找到解决方案，他们必须首先直指预算僵局的根本。加强宏观预算编制者——预算委员会、国会政党领导人、OMB 和总统——很重要，但只能是答案的一部分。答案不是单项否决权、平衡预算修正案或其他以牺牲国会为代价来加强总统职位的建议。行政预算过程的改革应侧重于制定自上而下的预算制度，因此可以比 1981 ~ 1982 年斯托克曼采用的严厉且无差别的过程更具选择性地应用。国会改革应继续加强预算过程。尽管有批评，格兰姆—鲁德曼法案及其 1987 年修订版本，加强了国会的宏观预算编制者，削弱了拨款委员会。

预算僵局的短期解决方案可能是政治性的，即选举同一党派的总统和国会。不同党派控制国会和总统职位是对财政失责的公开邀请。预算赤字几乎无一例外地在政府分裂的情况下超过国民生产总值（GNP）的 3%。长期解决方案可能更具结构性，即对宪法、国会、总统职位、政党和选举进行更激进的改革。除此之外，面对分裂的政府和冲突的党派优先事项，可能还是需要金融恐慌或经济危机来打破预算僵局。

第六章
州级拨款行政主导的结束*

格伦·阿布尼（Glenn Abney）
托马斯·P. 劳斯（Thomas P Lauth）

78 到20世纪中叶，州长主导了州级预算过程（Anton，1966；Howard，1973；Sharkansky，1968；Rosenthal，1981）。从1916年马里兰州的一项宪法修正案开始（Willoughby，1918），各州行政预算的出台使州长有能力指导和控制国家财政事务（Schick，1971）。到20世纪50年代和60年代的几十年，大多数州都采用了行政预算，给予州长在拨款过程中的决定性优势。州长成为州级政治制度的动力因素，而立法机构效率低下且狭隘（Moe，1988）。19世纪拨款程序的立法优势显然已经结束。我们的观点是随着20世纪的结束，州级拨款过程中的州长支配地位也会如此。本章考察了这种衰退的其原因及后果。

从20世纪70年代开始，州级立法机构随着它们变得更加专业而经历了复兴（Moe，1988）。在1982年对州级立法和行政预算官员的调查中，阿布尼和劳斯（1987）发现，拨款过程中的州长支配地位并不像预期的那么明显。在这项研究中，52位接受调查的官员报告称州长的影响力更大，而38位则认为立法机构更具影响力。有14个州的立法和行政官员都认为州长更有影响力，而有9个州的立法和行政官员都表示立法

* From Public Administration Review, Vol. 58, No. 5 (September/October 1998), pp. 388 - 394.

机构更有影响力。在注意到立法机构出人意料的影响时，他们引用了罗森塔尔（1981）的观察，即立法机构对预算程序的准备工作比早些年好得多。

根据1994年对国家行政和立法官员进行调查的结果，我们发现这种趋势一直持续下去，而且州长的支配地位似乎已经结束。总而言之，1994年，我们收到了100位首席行政和立法预算官员中的99位的答复；只有马萨诸塞州的首席行政官员拒绝参与。在我们的99位受访者中，有36位表示州长在拨款过程中更具影响力，32位表示立法机构更有影响力，31位表示它们大致相同。令人惊讶的是行政官员不太可能认为州长比立法调查者更有影响力（见表6.1）。关于州长影响观点的相似性支持了我们的结论，即州长在20世纪中叶明文确立的拨款过程中的支配地位已经结束。

表6.1　　预算官员对州长相对影响力的认识 79

相对影响力	行政官员	立法官员	官员总计
	N=49	N=50	N=99
州长更有影响	19	17	36
影响相同	15	16	31
立法机构更有影响	15	17	32

注：受访者被问到以下问题：比较州长与立法机构，谁的影响力更大？A. 州长影响力更大；B. 双方影响力相近；C. 立法机构影响力更大。

如表6.2所示，结合来自每个州的两位受访者的看法进一步证明了这种均势。当我们对来自同一州的两位官员的意见进行平均时，22个州的两位官员要么向州长倾斜，要么两位官员都说州长的影响力更大。20个州的官员要么向立法机构倾斜，要么两位官员都说立法机构影响力更大。在两位官员同意相对排名的21个州中，10个州的受访者表示州长占统治地位，在9个州中，两位受访者都认为立法机构占主导。

表 6.2　　各州对州长相对影响力的认识

各州两位受访者的认识				
全部支持州长	倾向于州长	分立立法机构	倾向于立法机构	全部支持立法机构
HI	AR	IA	CT	AL
IN	CA	MI	ID	AK
KY	DE	MN	ME	AZ
LA	GA	NH	NT	CO
MD	IL	ND	NE	FL
NJ	KS	OH	NM	MA
PA	MO	WA	NC	MS
TN	NV	WV	OR	OK
VT	NY		SC	TX
WI	RI		UT	
	SD			
	VA		WY	

注：来自每个州的两位受访者的看法是平权的。马萨诸塞州只有一名受访者。如果一名受访者认为两者的影响是平等的，另一名受访者则认为州长或立法机构更具影响力，则这个州被认定为倾向于州长或立法机构。

这些相对影响力的变化并未被忽视。在《州长和立法机构》中，罗森塔尔（1990）描述了两个系统之间竞争的变化，具体如下：

> 80 冲突的制度基础的新内容是现在立法机构的独立性和自信心以及州长所采取的防御姿态。立法机构正在突破两个系统之间的无形边界，州长正在竭尽全力制定宪法路线并排斥这种入侵。全国州长协会指出，其成员一直对立法机关入侵行政活动表示强烈关注。

衰退的理由

我们认为，州级拨款过程中州长支配地位的终结至少与四个因素有关。所有这些因素都与行政预算给州长带来的好处减少有关。第一，立法改革导致州长失去了控制拨款议程的能力——这是行政预算给予他们的优势。第二，项目否决权通常没有给予州长保护行政预算免受立法侵犯的能力。第三，州政府分支机构之间更大的党派分化崛起，加剧了对州长领导层的立法抵制。第四，各州一般不会通过改革保证行政预算的重要性和独立性。

我们缺乏纵向数据来记录州长影响力的衰退，或者将衰退与上述因素联系起来。我们可以证明，州长相对影响力与上述因素有关。此外，我们知道这些因素在这段时期内或者已经发生了变化，或者没有以保护州长优势的方式发展。

观点1：州长失去了控制拨款的能力。

从1916年开始，行政预算改革席卷全美国。到了20世纪50年代，大多数州都制定了行政预算。这种汇集和提出行政预算的权力使得州长相对于立法机构具有明显的优势，特别是在信息和确定立法议程的能力方面。行政预算在保持州长影响力方面的重要性仍在继续。当我们的受访者被要求指出影响州长影响力的因素时，99名预算官员中有84人提到行政预算是一个重要因素，一半的人认为这是最重要的因素。

行政预算给了州长一个信息优势。然而，在过去的40年中，立法部门的能力增强抵消了这一优势（Balutis和Butler，1975；Rosenthal，1990，140）。1955年只有11个立法机关拥有预算人员（Council of State Governments，1956）。今天，所有的州议会都有预算人员。这一改变削弱了州长对信息的统治。

州长担任首席行政长官，在许多时候担任首席预算官，可能会使立法机构在信息方面处于劣势。然而，50个州中有29个立法预算官员表示，立法机构对州长的信息拥有独立性；99名受访者中有47名提出了这种独立性。具体而言，受访者同意以下述方式表述立法机构拨款过程的特征：“立法机构在预算信息方面基本上与州长无关。”

这种立法能力削弱了州长的信息优势，可能是州长影响力衰退的一个因素。我们的数据表明，那些提出立法独立性的受访者更有可能认为立法机构更具影响力。

在47名引用了立法信息的受访者中，19名（41%）表示立法机关比较 81

有影响力，而相比之下没有报告这种独立性的52位受访者中有13位（25%）持相同观点。当给出影响拨款过程中州长影响力的因素列表时，只有30%的受访者认为州长在信息方面的优势是一个因素。在受访者认为这种优势是一个因素的情况下，63%的受访者表示州长的影响力更高，而其他受访者中只有25%持相同观点。信息优势很重要，但是现在州长拥有的优势要比20世纪中叶更少。

观点2：保护行政预算免受立法控制的项目否决权失败加剧了州长在拨款过程中的困难。

项目否决权的当代支持者认为该项目有能力削减财政赤字，并减少支出。然而，这项改革的创造者打算用它来加强行政部门在与立法机构打交道中的预算角色（Wells，1928）。美国联邦制宪法的制定者希望建立议会制度的各个方面，但仍保持分权。特别是，他们希望通过赋予总统权力提出行政预算并用项目否决权捍卫预算，从而提高行政部门在拨款过程中的作用。制定者们认为，普通行政否决权已成为拨款法案中无用的工具，因为这样的立法包含了一些难以使用一般否决权的项目。允许总统删除特定项目将保证总统在拨款过程中的作用。

尽管联邦政府没有持续足够长的时间来检验项目否决权在提升行政机构对拨款过程影响的有效性，但各州的经验提出了有关宪法制定者基本假设的质疑。在许多州，该项否决权并未保护行政预算，尽管许多州政府行政人员经常赞扬其有效性。当我们问我们的受访者项目否决权是否是提升州长在拨款过程中影响力的一个重要工具时，99位受访者中有58位同意这一点。此外，州长调查也支持这些观察结果（Moore 1992；Abney and Lauth，1994）。然而，项目否决对州长影响力的意义似乎很小。在表示否决权是影响拨款过程中州长影响力的重要因素的58名预算官员中，只有19人认为州长的影响力更大，而有13人表示立法机构更具影响力。当我们比较来自具有否决权的42个州的受访者与来自不具有否决权的各州受访者时，前者并不像预计那样认为州长的影响力更大。在具有否决权各州的83名受访者中，28名（34%）将州长列为拨款过程中更有影响力的人，而来自其他州的14名受访者中也有6名（43%）持相同观点。项目否决权的存在与对州长影响力的观点之间没有正相关关系。

项目否决权的局限性很明显。立法机构通过在支出法案中使用一次性总额拨款而不是详细分项，往往使项目否决权失效。在83个来自具有项目否决权的各州受访者中，只有31位提出在拨款法案中采用详细分项。在具有否决权的大多数州，州长无法减少拨款，他们必须否决整个项目。如果该项目包括了州长关心事项的资金，否决权的价值就会减少。

在解释项目否决权的含义时，法院对其进行了限制（Brffaault，1993）。尽管一些州长努力使用项目否决权来减少拨款，但只有12个州的项目否决 82
权得到法院批准。当我们问行政预算机构的受访者，州长是否需要削减拨款项目的能力时，在有项目否决权的41个的州的受访者中有32个积极响应。考虑到总额拨款的存在和削减权力的缺失，项目否决并不能纠正改革者设想的普通行政否决的失败。

来自州长拥有削减能力的州的受访者显然更有可能认为州长比立法机构更具影响力。来自州长拥有削减能力的23位受访者中的14位（61%）认为州长的影响力更大，相比之下来自拥有其他否决权的州的60位受访者中仅有14位（23%）持有相同观点。可以说，在12个没有削减权力的州里，我们的结果反映出立法机构比州长有更大的影响力。

限制项目否决权有效性的第二个因素是在拨款法案中详述资金使用的设定条件。在许多拥有否决权的州中，州长可能不会在维持货币性项目的情况下单独否决详述条件。在这些州，法院认为并非针对拨款项目而是针对详述条件的否决权是一种值得肯定的合法行为，而不是消极的否决行为。也就是说，在删除这种详述条件的过程中，州长正在改变立法的内容而不是抵制立法。

在州长可能删除详述条件、附带条件或实质性立法的州中，州长影响效益。对于那些拥有否决权但缺乏削弱力的各州受访者来说，删除任何详述条件的州长权力与其对州长影响力的看法是正相关的；在州长缺乏详述条件删减权力的州中，15%的受访者认为州长的影响力更大（N=34），而35%的州长具有删减权力的各州受访者称其更有影响力。

有权删除详述条件可能无法解决州长的问题。我们询问了我们的受访者，立法机构如何传达其支出意向。虽然拨款法案中加入详述条件是最常用的方法，但47%的受访者引用委员会或会议报告，42%的受访者引用立法领导人和工作人员的个人沟通。这两种方法都是“否决证明”。

总而言之，项目否决权可能会对州长的相对影响力产生重大影响，但不会像通常预期的方式那样。项目否决权在很大程度上未能保护州长的行政预算。但是，在减少和删除权力存在的情况下，该项否决权与州长的影响力正相关。

观点3：州政府中的党派争斗加剧削弱了拨款过程中的州长影响力。

在过去的40年中，各州的党派斗争有所增加。在1953年，在46个州中有38个州的州长和立法机构两院被同一个政党控制。到了1993年，此类州的数量已经下降到49个州中的19个，不包括内布拉斯加州。1953年，立法机构由不同党派控制的州只有3个。到1993年，分党控制的州数量增加到18个。罗森塔尔（1990）解释了原因：

> 这一［增长］部分是由于州立法机构以候选人为中心的竞选运动以及分期票投票的发生率增加。这也归功于共和党在南方的增长及其在南部州的州长竞选中的胜利，以及民主党人在北方的佛蒙特州和印第安纳州等原来的共和党州取得的进步。

83 **表6.3　基于党派斗争的州长影响力**

相对影响力	党派分离		
	同一政党控制立法与行政机构	分别控制立法两院	不同政党分别控制两个系统
州长更有影响	17	12	5
影响相同	10	10	8
立法机构更有影响	10	5	15

注：该表不包括表示无党派立法机构的受访者，或者表示在过去两年内党派安排发生变化的受访者。卡方概率小于0.05。

罗森塔尔（Rosenthal，1990）也指出，州长比立法机构更容易受到党派分歧的影响。具体而言，他说：“立法机构让反对党的行政长官日子更难过，而不是反过来。”对于行政预算而言，这似乎尤为如此，因为党派分歧可能会导致对其进行更多的攻击。所在州的州长来自某政党，且议会两院来自另一政党的受访者中，有48%表示“立法机构大幅度改变了支出超过基本预算的行政预算建议”（N = 25）。在立法机构分党控制的州中，43%的受访者报告了这些类型的变化（N = 21）。另一方面，来自一党控制的各州受访者中只有27%表示行政预算出现这种变化（N = 34）。

党派分歧与拨款过程中州长影响力下降有关。如表6.3所示，一党控制的州的州长影响力大于一党控制立法两院和另一党控制州长的州。然而，立法机构分裂的州与一党控制的州相比，州长的影响力并不是特别强。立法机构的党争日益加剧可能会削弱州长的领导地位，导致议会两院都由反对州长的政党控制。

观点4：自从采用行政预算以来，各州一般都没有采取改革来提高州长的影响力；如果采取，改革加强了州长的影响力。

州长在捍卫行政预算时有两个基本问题：第一个问题是阻止立法机构扩大收入估计，从而带来赤字风险；第二个问题是捍卫向个别计划或项目提出的建议。在这两个领域，立法机构都做出了改变。47%的受访者表示，立法拨款通常高于州长提出的拨款，而10%的受访者表示通常较低。33%的受访者表示，立法机关通常会对行政预算采取“重大变化”。

一项旨在让州长有能力限制立法机构支出能力的改革是授予州长设定收入估计的主要权力。收入估计在25个州是州长的主要权力，在5个州是立法机构的主要权力，在19个州是共识机制以及在1个州是独立来源（Council of State Governments，1994）。如表6.4所示，来自主要责任在于州长的州的53位受访者中，有25位（47%）表示州长更具影响力。在来自收入预算的主要责任属于立法机关的州的10位受访者中，只有1位表示州长更有影响力。对州长来说最重要的是设定收入估计的专有权力。

在其中一个州，马里兰州，立法机构不能在行政预算范围内增加州长的建议。这种权力大大限制了立法机构改变州长预算的能力。虽然立法机关在预算案通过后可以通过单独的法案来增加特定的项目，但这些单项法案受到州长否决权的影响。来自马里兰州的立法和行政受访者都指出，这一改革是解释拨款过程中州长影响力的重要因素。两位受访者还认为州长比立法机构更有影响力，这项改革并不新鲜，它仍然局限于一个州。

84 **表 6.4** **基于定义收入估计的州长影响力**

相对影响力	收入估计		
	州长设定	州长与议会共识	立法机构设定
州长更有影响	25	10	1
影响相同	14	12	5
立法机构更有影响	14	14	4

注：分类依据基于州政府委员会的数据（1994 年）。来自得克萨斯州的调查对象不包括在内，因为独立来源设定收入估计。

设置收入估计的州长有权限制立法机构增加行政预算项目的能力。另一项改革，截留，允许州长在签署该法案后立即否定立法机构的改动。任何超出行政预算建议的增幅都可能成为州长截留的主要候选，尼克松总统的这种截留使国会禁止在未经其批准的情况下截留，截留的合法性和使用情况各不相同。99 位受访者中有 26 位表示，在他们的州这符合法律或者已经通过法律授权州长。截留权通常局限于财政年度中收入不足的情况。

总的来说，我们的 99 位受访者中有 51 位表示，州长实际上利用截留处理收入不足问题。从州长影响力的角度来看，截留权力的一个更重要的形式是允许州长出于政策原因使用它。只有 4 位受访者表示，州长利用截留推动政策议程。其中 3 位受访者表示州长比立法机构更有影响力，另一位受访者表示这两个系统的影响力相等。夏威夷州的法律和条例赋予州长在使用截留方面相当大的灵活性。显然，这种权力在该州显示出州长的影响力。

除了上述引用的因素以外还有其他因素肯定也会影响州长的影响力。然而，这篇文章的重点不在于解释州长在拨款过程中的影响力，而在于确定那些可能会导致州长支配地位下降的州政府改革和变化。

衰退的后果 85

如果我们认为州长的影响力已经衰退，我们可以期望在州长与立法互动方面以及政策方向上取得什么结果？在拨款过程中需要强有力行政的支持者的一个基本假设是立法机构倾向于挥霍浪费。我们的受访者倾向于证实这一假设。47% 的受访者表示立法预算高于行政预算。仅有 10% 的受访者认为立法预算更低。基于这一发现以及上述假设，可以认为州级拨款的开支比 20 世纪初以来的任何时候都要大意。

然而，认为立法机构将各州带入一个浪费和腐败的新时代是不正确的。在州长支配拨款过程的州中，更有可能会出现参与支出政策的立法机构。在认为立法机构更有影响力的受访者中，32 位中有 18 位（56%）表示立法机构“非常关心政府效率”。相比之下，在认为州长更有影响力的 36 位受访者中，只有 11 位（31%）表示立法机构担心效率问题。在州长主导下的州，立法机构也更有可能通过超过行政预算的预算。认为州长更有影响力的受访者中，有 58% 表示立法拨款高于州长的建议。认为立法机构更有影响力的受访者中，有 38% 作出了这样的特性描述。正如所料，立法机构的受访者比行政官员更不愿意将立法机构视为挥霍浪费的。然而，受访者中的行政官员反映了立法机构阻止浪费行为的倾向。

州长影响力衰退的影响可能随着衰退的原因而变化。如果衰退是由党派考虑造成的，那么州长的预算可能会受到较少的尊重。来自分党控制各州的受访者指出的州长预算的变化幅度略大于一党控制的各州受访者。

如果衰退是由于立法机构变得更加知情，那么结果可能是立法机构承担更多的财政责任。我们的数据表明，报告州长信息优势的受访者相比其他受访者更不太可能说立法机构担心政府效率问题。在 30 位声称州长在信息上具有优势的受访者中，有 10 位报告说“立法机构非常关心政府的效率”，与其他 69 位受访者中的 37 位（54%）的报告类似。此外，报告州长信息优势的受访者更可能报告立法机关通常增加州长的预算建议。

立法影响力的增加也可能改变了州长与立法的相互作用。立法影响力使得州长处于防御状态。声称立法机构更有影响力的受访者中，有 47% 的受访者表示立法机构对行政建议做出重大改变（N＝32）；在认为州长的影响力更大的 36 位受访者中，只有 22% 的受访者作出了这样的特性描述。

在由立法机构主导的州，州长必须依靠个人技能来捍卫他们的预算，因为他们缺乏正式的权力或党派盟友的支持。认为立法机构具有影响力的 32 名受访者中，有 23 名（72%）表示州长的个人技能对拨款过程中州长影响力很重要；而认为州长有影响力的 36 名受访者中，只有 14 名（39%）表示州长的个人技能是重要的。当其他一切都失败时，个人技能是最需要的。
86 如果我们认为州长正在失去对拨款过程的主导权的认知是正确的，那么州长就需要更多地亲自参与立法审议。

结论

尽管拨款过程中州长支配地位下降会造成负面影响，但立法影响力的增加也会带来好处。过去，结束立法腐败需要行政改革；今天，根据受访者对立法机构对效率的关注，最负责任的立法机构似乎是拨款过程中具有最大影响力的立法机构。通常，立法影响力导致责任而不是腐败。有影响力的立法机构在信息方面往往是最独立的，而且它们也是最有可能将强调效率作为资源分配的一个因素。

州长与立法机构之间相对平等的现状可能不会持续。对立法者的限制可能会削弱立法专业知识，并可能在拨款过程中转移影响力。另外，增加州级立法机构的专业化和/或党派偏见可能会进一步破坏州长的影响力。

追求平等并不意味着改革者应放弃寻求机制以使首席行政长官能够准备和捍卫预算。例如，如果州长拥有否决权的特殊形式，允许他们减少和删除拨款项目，那么他们有一个有效的手段来捍卫他们的预算，而不会破坏立法机构在对行政预算进行变更中的作用。

尽管我们在这篇文章中强调了相对影响力，但我们并不认为行政立法影响力是零和博弈。虽然立法机构可能会从更多的信息中获得影响力，但立法机构专业化的发展可能有助于州长实现州级财政方面的平衡和效率等预算目标。事实上，州级拨款过程中的理性决策很可能就在两个系统都很强大的情况下发生（Abney and Lauth，1987）。

注释

1. 具有否决权的州的数量通常为43个。我们排除了马里兰州，但我们没有将它列入没有否决权的州。马里兰州法律允许对预算议案后通过的补充议案使用否决权。实际上，州长不需要项目否决权，因为立法机关不能提出超出州长在预算中建议的项目。州长可以对属于单一主体的补充议案使用常规否决权。

2. 详细分项化增加了州长使用项目否决权的机会，但它减少了管理者的自由裁量权。毫不奇怪，详细分项的立法运用与立法机构的相对影响力呈正相关。例如，在报告详细分项的受访者中，有50%表示立法机关更有影响力，其他受访者中只有34%持有相似的观点。

3. 详见 *State ex rel Sego v. Kirkpatrick* 86 N. M. 359 (1974); *Welden v. Ray* 229 N. W. 2d 706 (Iowa 1975); and *Henry v. Edwards* 346 So. 2d 153 (LA 1977).

参考文献

Abney, Glenn, and Thomas P. Lauth (1987). "Perceptions of the Impact of Governors and Legislatures in the Appropriations Process." *Western Political Quarterly* 40: 335 – 342.

—— (1985). *The Politics of State and City Administration.* Albany: State University of New York Press.

—— (1993). "Determinants of State Agency Success." *Public Budgeting* 87
and Financial Management 5: 37 – 65.

—— (1994). "Governors and the Item Veto." Paper delivered at the annual meeting of the Southern Political Science Association.

Anton, Thomas J. (1966). *The Politics of State Expenditures in Illinois.* Urbana: University of Illinois Press.

Balutis, Alan, and Daron K. Butler (1975). *The Political Purse – Strings.* New York: Sage.

Briffault, Richard C. (1993). "The Item Veto in the States." *Temple Law*

Review 66: 1171 - 1206.

Council of State Governments (1956). *Book of the States*, 1956 - 57. Chicago: Council of State Governments.

—— (1994). *Book of the States*, 1994 - 1995. Lexington, KY: Council of State Governments.

Howard, S. Kenneth (1973). *Changing State Budgeting*. Lexington, KY: Council of State Governments.

Moe, Ronald C. (1988). "Prospects for the Item Veto at the Federal Level: Lessons from the States." Washington D. C.: National Academy of Public Administration.

Moore, Stephen (1992). "How Governors Think Congress Should Reform the Budget: Results of a Survey of U. S. Governors and Former Governors." *Policy Analysis*. Washington D. C.: Cato Institute.

Rosenthal, Alan. (1981). *Legislative Life*. New York: Harper and Row.

—— (1990). *Governors and Legislatures*. Washington D. C.: Congressional Quarterly.

Schick, Allen (1971). *Budget lnnovation in the States*. Washington D. C.: Brookings Institution.

Sharkansky, Ira (1968). "Agency Requests, Gubernatorial Support and Budget Success in State Legislatures," *American Political Science Review* 62: 1220 - 1231.

Wells, Roger (1928). "The Line Item Veto and State Budget Reform." *American Political Science Review* 18: 782 - 791.

Willoughby, Will Franklin (1918). *The Movement of Budgetary Reform in the States*. New York: D. Appleton.

第七章
投票表决预算：蒙大拿州的创举*

克里希纳·K. 图马拉（Krishna K. Tummala）
玛丽莲·F. 维塞尔（Marilyn F. Wessel）

公民参与决策过程和政府对人们需求的回应构成了民主伦理的核心。[1] 88
三项制度安排使民主制更加民主：倡议、复决投票和撤销。本章专门介绍蒙大拿州的倡议进程。虽然公民参与本身可能是一种目的，但在此将其视为实现具体目标的一种手段。[2] 我们采用四个标准来研究三种不同的倡议以确定该过程的效力。

背景

直接民主是强烈扎根于民粹主义的前沿传统的重要组成部分。19 世纪末，人们对反应迟钝且经常腐败的州和地方政府的不满，导致他们寻求更加直接的参与形式，以补充和/或绕过民选代表。[3] 事实上在进步时代，公民参与这一倡议一直是美国改革议程中的重要议题。1898 年，南达科他州成为第一个通过投票实行直接立法制度的州。[4]1906 年 11 月，在劳工和进步领导人的支持下，蒙大拿州的民粹主义者成功地通过了法律修正案使得公民可以参与立法过程。[5] 迄今为止，有 24 个州为其公民提供了类似的机会。[6]

---

* From Public Budgeting and Finance, Vol. 3, No. 1 (Spring 1983), 89 - 102. Copyright© 1983 by Public Financial Publications, Inc. Reprinted with Permission.

1972 年，当蒙大拿州通过一部新的州宪法时，它选择了一个让公民团体更容易在选举投票中提出问题而开启了倡议进程的文本。具体来说，新宪法将签名要求从 8% 的合格选民降到了 5%。此外，新《宪法》第三条将签字分配要求从 2/5 的县改为立法区的 1/3。新宪法还允许公民使用倡议进行宪法修订。修正案可以通过获得州立法区 2/5 的合格选民中 10% 的签名进行投票。[7]

89 尽管在制宪会议期间有开放倡议进程的趋势，但第三条第四节清楚地指出，“除了拨款和地方或特别法律以外，人们可以主动就所有事项制定法律。”[8] 有人认为，拨款过程应交给民选代表。该决定暗示财政问题太复杂，不适合交给公民立法者。[9]

除了拨款限制以外，蒙大拿州的选民在新宪法中找到了利用新发现参与直接民主的机会。在 1972 年《宪法》批准之前的几年中，有 64 项倡议和公民投票，每次大选平均有近两个议题。在 1972 ~ 1980 年期间，有 25 个议题提交给人民，平均每次选举约 6 次。[10]毫无疑问，简化的宪法程序有助于增加使用量，但也可能有更普遍的原因。那些认为自己因 20 世纪 70 年代政府不断扩张而不堪重负的公民，经常探求重建对州和地方结构控制的方法。[11]这种探求的自然结果表现在公共利益团体的兴起，这些团体于 60 年代末到 70 年代初在蒙大拿州与自由主义政治运动短暂结合并频繁使用该举措。建立煤炭采掘税收信托基金以及在实质上禁止核电站选址的投票议题就是两个例子。

但到了 20 世纪 70 年代中期，蒙大拿州的选票已经开始为那些更担忧财政资源而不是自然资源的公民团体提供了一个补救途径。这种担忧表现在一系列涉及州级财政政策的投票议题上，包括旨在改变拨款过程的后门方法。本章讨论的三个议题说明了这一点。

（1）1976 年州立《宅基地税收减免法》要求立法机关拨款为在该州的每个自住房屋的首批 5 000 美元评估价格缴纳税款。换句话说，这项议题为蒙大拿州公民提供了房产税减免。民众被要求投票赞成或反对“减少业主对自住住宅物业的房产税负债”。该议题可以进行投票并获得了选民批准。

（2）同年还进行了一项限制州级支出的宪法倡议。拟议修正案指出，1983 年 7 月 1 日以前开始的任何两年期拨款不得超过 3. 75 亿美元，并补充了立法机构按照 15% 的幅度逐年淘汰联邦基金使得 1984 年 7 月 1 日以后不再接收联邦资金。[12]这一项倡议没有被采纳。

（3）1980 年，一个小组采用了倡议程序为蒙大拿所得税纳税人建立税收指数系统。该倡议建议每年调整纳税等级、免税额、标准扣除额和最低申报要求以防止税收增加。这项简单易行且容易得到选民赞同的倡议要求人们投票赞成或反对调整所得税结构，以防止仅因通货膨胀而增加税收。[13]

这标志着公民参与州级财政决策领域的程度有所提高，这一领域通常专供公共管理人员和当选官员使用。正如彼得·梅（Peter May）和阿诺德·梅尔兹纳（Arnold Meltsner）所指出的那样，这种大规模的公民干预州政府财政的做法，在整个过程中很受欢迎，它要求公职人员做出不仅仅是一如既往的回应。[14]在大多数情况下，蒙大拿州的公共管理者一直保持沉默，而该州的代议机构认为侵犯其职能而一直反对。在 1981 年的立法会议期间，出
台了几项法案来改变对倡议的要求，从而使这一过程变得不易获得。其中，90
最具争议性的是要求将所需签名的数量加倍，以便限定投票的议题。但是，公众对倡议的热情如此之大，以至于迄今为止企图实施重大限制的尝试尚未取得成功。倡议已成定局。

考虑到这一过程的普及，公共管理者害怕被定性为反民主，一直不愿意讨论使用这一举措产生的某些功能障碍，特别是在财政政策领域。尽管如此，功能障碍确实有。为了调查这些问题，本章研究了与上述倡议有关的下列问题：

- 尽管宪法明确提出了相反的告诫，但是否通过投票作出后门拨款决策了吗？
- 关于这些议题的相对中立的信息选民是否容易获得，以便他们能够作出有效的判断？
- 由于形成收入估计的结构性需求是在选民对财政议题投票进行之前几个月完成的，这个过程是否会导致预算制定的不确定性？
- 倡议过程是否会被那些通过议题预见个人竞选胜利的候选人所政治化？

宪法功能障碍

尽管蒙大拿州宪法为保留代议政府的拨款过程而设置了限制，但公民现

在正在财政决策中扮演积极分子的角色。1972 年制宪会议副主席的州参议员多萝西·埃克（Dorothy Eck）承认最近的投票议题具有后门拨款的影响。也就是说，他们已经使得代议机构别无选择，只能以倡议中的具体方式开支。[15]1976 年通过的《宅基税减免法案》，她的观点尤其正确。

名为“一项为自住家庭提供房产税减免的法案”的倡议（倡议 72 号），该提案的支持者很容易地收集了必要的 16 000 个签名以符合投票的资格。但是，由于宪法禁止公民拨款，他们不能约束立法机构批准减免房产税。不言自明，倡议支持者必须找到一种方法来确保拨款。因此，该倡议指出，“在资金由立法机构提供的情况下”，房产税减免即将得以实现。一项强有力的媒体宣传活动告诉人们，应该拨出州级盈余来弥补减免，而每位受助者预计收到 100 美元左右。

实际上，立法机构别无选择，只能拨付资金用于减免税收，特别是在倡议以 20.4 万票对 8.3 万票的压倒性优势获得通过后。[17]1979 年立法会议中唯一真正的问题是多少钱用于减免。经过一系列妥协之后，立法机构同意从该州 5 000 万美元的盈余中拨出 3 000 万美元用于减免税收。这代表了每个家庭退税约 65 美元。[18]在后来的几年里，各种各样的回报计划被尝试了，但立法机构迫于倡议 72 号的成功而继续拨付资金用于减免税收直到 1980 年。

在新的年代开始时，财政改革的势头已从房产税减免转为所得税减免，而另一项主要的财政倡议是制定税收指数（倡议 86 号）。这要求所得税按照消费者价格指数确定的年通货膨胀率进行指数化。指数化在美国是一个相对较新的概念，在引入蒙大拿州时已经有 5 个州采用指数法了。一项指数化
91 法案确实在 1979 年立法会议即将结束的时候通过了，但州长因为收入不确定性而否决了该法案。否决权激励了税收指数化的支持者。他们自称是蒙大拿州减税运动，获得了必要的 16 000 个签名以确保指数化倡议变成 1980 年的投票表决。税收指数化以 2∶1 的比例得到了通过。与房产税减免一样，在 1981 年的立法会期间有过几次企图修改倡议 86 号而降低财政影响的尝试。税务部副部长约翰·克拉克（John Clark）作证说，CPI 夸大了通货膨胀率。他说，指数化基于国民生产总值价格平减指数会更好。税务委员会和立法机构都没有同意。[19]

指数化在几个重要方面与宅基税减免计划有所不同。它不仅是一个更为

复杂的立法，而且对不同纳税人也有不同的影响，取决于他们的税率和通货膨胀率。在减免房产税的情况下，这一倡议实现了从总收入中向纳税人返还约 3 000 万美元。在指数化下，其效果是调整税表以便不征收大约 3 500 万美元的税收。[20]尽管方法不同，但是对拨款的净影响是一样的。这项倡议的成功使用，从传统上立法机构的拨款控制中去除了大量的收入。

虽然支出上限（宪法倡议 7 号）没有通过，但它的意图也是从拨款控制中取消大量的资金。这是因为规定了 3.75 亿美元的开支上限，并要求联邦资金逐步退出。

尽管三项财政政策倡议对这州级拨款过程施加了限制，但立法机构仍保留改变任何被认为不明智的倡议的权力。事实上，这些倡议都经过精心设计，以避免公然侵犯特权。然而，很少有证据表明民选官员将对财政倡议进行实质性改动，尤其是那些获得明确选民赞同的人。很少有政客勇于接受指控他们反对民意的指责，无论他们担心长期财政影响。

当十多年前宪法公约的代表们投票支持拨款限制时，他们的目的是保护立法过程并排除利益集团为一个范围有限的项目或计划拨款的途径。在干预的年份发生的是所有特殊利益集团中最大的一个—纳税人—已经开始通过投票从年度总收入为自己拨付大量的资金。这种行为代表了选民对立法机关财政决策的失望，这是毋庸置疑的。它也可能颠覆宪政意图，将权力的平衡从理性的一方转向相对非理性的一方，这也是一种明显的可能性。

衡量合理性的一个标准就是决策者可能需要评估完整客观的信息，以便在财政替代方案中进行选择。现在公民比以往任何时候都更加深入参与到这一过程中，缺乏整体假设的这类信息导致了倡议过程中的第二个功能障碍。

公众信息鸿沟

这里选择的三个问题旨在为长期财政政策做出重要决定。1976 年，刚刚超过 30 万人的蒙大拿州公民对房产税减免进行了投票。2/3 的人赞成这项措施，然而在同一次选举中，2/3 的投票反对支出上限。大约 33 万人投票赞成税收指数化倡议问题，并且又有 2/3 以上的公众投了赞成票。

由于在两次大选之后没有立即进行访谈或跟踪调查，因此没有客观数据

92 表明选民认为他们通过投票选举蒙大拿州的新财政政策而获得了什么。但是，可以从分析1976年和1980年选举时那些贪婪的选民所能获得的信息中得出一些结论。简而言之，这样的分析表明，尽管要求选民作出与他们选举的立法者所面临的同样复杂的任何决定，但他们获得的信息要比任何立法者在类似情况下都要少得多。而可获得的少量信息主要限于反对者发出的政治言论。当然，不是在任何一个选举年都会出现这种情况，但当这些言论构成了一系列令人困惑和不尽相同的数字预测时，这就变得尤其困难了。

有多种渠道向选民提供信息，例如付费广告、新闻报道、社论以及州务卿在两次选举中分发的选民资料小册子。对来自于此的数据进行调查后可将其分为四类：(1）依赖于投票事项反对者或支持者的引述和/或报告的信息；(2）提到与政府服务、纳税人或预算过程有长期成本/收益关系的信息；(3）包含区分与反对者的分析或结论的信息；(4）花钱打的政治广告。

内容分析集中在《大瀑布论坛报》（一份日报）提供的新闻报道以及州务卿在每次选举之前必须发布的选民资料小册子。“论坛报”之所以被选中，是因为它维持着自己的州办事处，而且它通常被认为是整个蒙大拿州最好的新闻来源之一。但是，蒙大拿州的大多数报纸也都是采用相同的通讯社，因此其大部分报道具有同质性。将选民信息小册子纳入在内是因为它们是几乎可以肯定进入每个登记选民家中的信息，在此没有尝试分析广播媒体。在任何情况下，通讯社都可以向大多数广播电台提供与报纸上显示信息相同的信息，尽管可能是以不同形式提供的。因此，这种分析假定“论坛报”的读者收到了与该州任何一组选民相同或更多关于倡议的信息。

在1976年选举前的几个月里，该报只发布了8个关于房产税减免倡议的报道。其中6篇报道集中在支持者的语录上。6篇报道中部分提到了财政影响，通常从本州5 000万美元结余资金中减免。该报刊登了支持者支付的两则广告，他们用来倡议的口号是：“为自己减免100美元财产税就像打开关一样简单。”[22]

这些报道通常放在恰当版面上很好的放置，也就是说，没有一则放在本州政治新闻的读者会找不到的地方。一则题为“财产税补偿：减免还是洗牌?”的报道被确定为投票问题分析系列的一部分。然而，这份报道只不过是引用了支持者/反对者的立场，因为它们出现在选民信息小册子中。[23]该报自己的社论称，“该行为确实激发了更多的政治言论，而不是努力构建一个本州需要的切实且公平的税收计划。”[24]

那些希望了解该问题长期影响、将盈余转化为短期税收减免的可取性、计划管理方面的困难或者税收减免与一些其他本州需求之间的权衡取舍的公民，都没有得到解答。这个问题实际上被简化为每个选民选择支持或反对100 美元的税收减免。正如当时的立法财政分析师（LFA）约翰·莱法弗（John Lefaver）所评论的那样：“很明显，如果你问人们他们是否想要减免财产税，那么你就知道支票得掏出来了。”[25]

根据法律的要求，于 10 月下旬寄给每位登记选民的选民资料小册子对所有选票问题均表示中立立场。每一方都有一个可控制的空间，并且文本上是没有人可以声称标题或位置的优势。但是这些信息是由支持者和反对者在 93
准备的。总之，小册子中的材料与媒体已经发布和报道的新闻稿没有显著差异。人们仍然无法评估摆在他们面前的数字。

媒体上关于支出上限倡议的信息很少，只有四篇报道。其中两篇引用了反对者的言论，另外两篇有一些独立的评论。对此也没有广告，选民信息小册子里只提供了反对者提供的数据，并声明支持者没有提交任何书面声明。

在 1980 年的税收指数化活动中，争议和报道就更为严重了。与承诺拨付结余资金抵扣税款减免的宅基税减免不同，指数化倡议提议暂不征收税款。

选举前的几个月有 24 篇税务指数报道。大多数——共 20 篇——报道全部引用支持者或反对者。实际上，在 20 篇报道中大多数随着政治斗争的蔓延而致力于控诉或反控到底谁在讲真话。24 篇报道中仅有 8 篇提到了任何预计的财政影响，通常指州级财政将减少的收入或纳税人预期可能节省的金额。对收入损失的估计是最混乱的，每年从 1 300 万美元到 9 000 万美元不等。在同样支持或反对这项措施的团体之间，估计数甚至也不一样。内容分析还显示，收入影响的报告因使用不同的数字基础而变得模糊不清。例如，在某篇报道中，州级收入损失定在 2 400 万美元上，而在另一篇报道中，它又以预算的百分比（0. 36%）定义。[26]

在这 24 篇报道中，只有 4 篇进行示了独立分析。其中 3 篇发表在社论评论中。1 篇专线报道使用了政府间关系咨询委员会（Advisory Commission on Intergovernmental Relations）提出的有关该主题的报告中的指数信息（虽然它并不特别针对蒙大拿州，但 ACIR 很大程度上赞成指数化[27]）。

与房产税减免的报道一样，指数化的报道得到了很好的版面位置，报纸的目的明显在于寻求一种平衡。然而，关于那些形成税收节约或收入损失的各种预测、新政策的长期影响或税收节约与其他州级优先事项之间权衡的假设的信息却空缺了。它们也没有讨论指数化对房产税减免的影响。指数化会降低可用收入，从而会抵消选民们四年前获得的房产税减免吗？还是选民认为他们可能两者兼得？这些问题从未提及。

鉴于媒体对税收指数化和房产税减免的分析或无党派信息的缺乏，很容易指责在这样一个农业州缺乏新闻深度并让议题就此打住。但问题还不止这些。《哥伦比亚新闻评论》最近的一篇分析报告对美国各地的经济状况进行了报道，并指出在大多数情况下关于财政问题的报道就像是征集意见，或者正如作者所说的“她言他语新闻。”[28]从蒙大拿州的角度来看，问题集中于普遍缺乏来自州政府或私人部门的有关财政问题的信息。在这方面，坚持不懈的新闻记者并不比坚持不懈的选民好多少。

诸如指数化、房产税减免、支出上限之类的复杂财政政策问题的独立信息过去是而且现在也是很难找到的。正如税务局副局长克拉克指出的那样，政策分析，特别是在财政方面的分析，是受到假设引导的，专家们由此开始工作。在 1980 年的竞选活动中，共和党人经常因为认为税收指数化只会使
94 收入预测减少 1 300 万美元而受到批评，而作为民主党政府一部分的克拉克所在的部门同样因为暗示收入可能会减少高达 9 000 万美元而受到批评。回想起来，克拉克坚持认为，任何一方得出数学错误或故意在假数字上做文章在传统意义上都是错误的。

“如果你是一个真正的信徒”，克拉克说：“那么你就会受到一系列假设的制约。”[29]政客们对政策分析的影响是在这些假设的参数之内的。那些希望看到财政政策议题成功的人从一套“最好的情况”假设开始分析，而另一方则从“最坏的情况”开始。这些假设迅速成为产生各种预测和估计的复杂计算的基础。媒体无法形成自己的一套核查计算，将通过采用“她言他语”新闻选择权衡。对他们来说，选民必须抓住机会。

有时候州政府可能会提供分析选票问题所需的中立立场，但随着财政倡议变得越来越政治化，州政府工作人员常常发现自己因为其党派身份处于问题的一端或另一端。作为本项研究资源的三位财政专家一致认为，任何人都难以找到一个中立的信息库来开展财政倡议分析。“只有少数地方的认知没有被个人偏见遮蔽”，克拉克说：“我认为通过我们的研究部门（税务局），除非我们被告知要给予稍微不中立一点的东西，否则我们会尽可能提供中立的数据。一个说‘我不在乎数据怎么得出来的’的客观观察者那里只有少数可取之处。”[30]

该州的预算和计划规划办公室（Office of Budget and Program Planning，OBPP）主任大卫·刘易斯（David Lewis）认为中立性很难实现，他认为财政影响估计的广泛变动会作为政治活动的一部分而延续下去。“它们（影响数据）都是基于你想要的答案，这些答案都不是真的错了。”刘易斯说。不过，他确实注意到如果更为具体陈述那些支撑分析的假设，公众将会在未来得到更好的服务。[31]

刘易斯的前任乔治·博思尔曼（George Bousilman）不那么乐观。他不相信有关财政问题的中立数据存在，它们过去也没有。“可能像妇女选民联盟（League of Women Voters）那样的组织已经向公众提供了一些尚未公开的信息，但我不认为她们有能力提供所有［财政影响］的信息，所以我认为答案是否定的。”[32]

那么寻找财政政策提议的价值中立数据可能是徒劳的。也许这不是正确的调查路线。询问人们是否有可能使用这些数据，或者如果他们确实使用这些数据是否会采取不同的行动，可能会更加合适。刘易斯与其他财政专家一起表达了严重的怀疑：

> 不，我认为只有非常非常小的比例的人会阅读它或者关注它。他们会通过广告牌、那些画面上的小伙子们说“投票选举 13 号提议，我们会减少你们的房产税”的 15 秒电视广告来获取它。就是如此。无论如何展现，分析都不会成为普罗大众能够处理的事情。[33]

在最近的立法会议期间，州立法委员会委员们通过了参议院法案 72

号，确实在公众认知倡议对财政的重要性上迈出了一小步。它要求在请愿活动开始之前对所有倡议附加财政说明，但它还特别规定说明不得超过 50
95 个单词——约等于 30 秒电视广告的长度。虽然一些财政影响可以忽略不计的倡议能用一两句话来解释，但很难想象未来所有提案的影响可能会被减少到 50 个单词。[34]

除了媒体报道参议院法案 72 号的要求之外，其他关于财政倡议的信息来源可能只有立法财政分析师、税务局以及预算和项目规划办公室编写的报告。大多数情况下，这些报告的编制是为了满足立法和行政信息要求，并且一般不向公众提供，也没有太多相关的新闻报道。

因此，选民们对摆在面前的重要财政倡议缺乏了解。在投票时，不安的州议会财政专家正等待结果，希望重大财政倡议的成败不会严重危害两年期预算。预算编制问题以及对收入产生重大影响的倡议的影响造成了直接民主进程中的第三种功能障碍。

预算功能障碍

预算过程中的主要问题之一是时间选择。财政规划人员在每个偶数年的 1 月份开始预算工作，比州立法机关两年一次的会议早了整整 12 个月。预算和项目规划办公室通过一系列可能需要几个月的计划和审查会议启动该流程。其目的是要考量新的计划要求和替代方案。与此同时，税务局官员将开始收集执行两年期收入预测所需的数据。这是一个缓慢而艰辛的过程，旨在尽可能多地提升文本的合理性。

尽管预算的支出方面非常重要，但收入预测可能是准备阶段最具争议性的部分。当然，在收入估算程序中有一些不确定因素，但专家们尽力缓解这些问题。例如，财政规划人员直到 9 月份首次收到煤炭和石油采掘税的时候，才能完成他们的收入预测。其水平是蒙大拿州收入预测的一个重要变量。不幸的是，规划人员要等到 11 月份的选举之后才能将投票产生的收入影响包括在内。在做出那些决定的时候，预算必须非常接近完成了。因此，财政管理者经常发现自己处于押注竞选结果的境地。换句话说，他们根据他们对哪些倡议将取得成功以及他们的总体财政影响的最佳猜测来制定预算。

如果规划人员正确地抓住了这些影响，更重要的是，如果他们对选情进行了良好的预测，预算将不会受到选举结果的严重影响。如果他们失败了，超过一年的工作将因为最后一刻的全盘削减以迎合选民要求而功亏一篑。毋庸置疑，计算机技术使根据对收入与支出的调整要求而重新编制预算成为可能，但在 11 月的第一周后没有时间在经历重大的收入预测削减后执行选择性的审查和调整过程。[35]

该州预算和项目规划办公室前任负责人博思尔曼（Bousilman）回忆说，他的部门准备了几个场景以试图涵盖所有突发事件。“在 1978 年，有几项倡议的投票有着主要的影响，我们必须根据倡议 A、B、C 或三者的某种组合是否通过来制订一些可变计划。”其策略是针对每一项假设进行良好的猜测。[36]

房产税减免倡议就是一个很好的例子。由于倡议 72 号要求州政府花钱偿还各县的财产税减免，所以这些费用的估计必须在应急基础上纳入预算。96
该倡议是有争议的，其影响难以衡量。立法财政分析师莱法弗（LaFaver）不喜欢这个问题的表述，他描述了这样一种困境：“技术人员很清楚，这一倡议存在很多机制性而非哲学性的问题，你无法理解它并指出后续工作如何进行。”[37]

在估计收入影响方面决策者面临若干不确定性。尽管活动推动者们曾经谈论过为每个业主提供 100 美元的税收减免，但没有人真正知道立法机构最终会授权什么。此外，该计划的成本预测基于 1970 年的人口普查数据，还有必要估计有多少业主将提出减免申请。在最终的预算文件已经为立法机构准备就绪的时候，州长和立法财政分析师仍然对房产税减免的成本存在争执。

在同一预算年度，规划人员还必须估计关于开支上限的预算倡议的费用。潜在影响的程度令专家感到困惑。此项确立 3.75 亿美元的支出上限和逐步淘汰联邦资金的提议获得投票资格，但与此同时蒙大拿州还是联邦资金的净流入州，并且该州还在两年期预算中拨款了约 11 亿美元。[38]它对预算的影响将是如此灾难性的，以至于规划人员甚至懒得估计影响，相反的，他们只是押注它不会通过，莱法弗把这个立法倡议视为疯狂的。“你超脱于对技术要点和计算的关注……我不知道财政工作人员真的能干什么。”[39]只有时任预算和项目规划办公室分析师的大卫·刘易斯认为支出上限可能会通过，但他承认他不知道他的部门将如何调整预算以反映该倡议的成功。最后，这项措施确实失败了，主要原因是由于临近选举时间并且没有坚定的党派支持来加速进程而被其支持者放弃了。尽管如此，财政规划人员还是让签署倡议请愿的3万名蒙大拿公民以及投票支持该计划的86 000名公民感到不安。

4年后，财政专家们伴随着另一项可能对收入预测产生重大影响的倡议开始了预算年度。这项税收指数化倡议似乎得到了足够多的签名者的认可，大多数专家认为其通过是一个安全的赌注。立法财政分析师、预算和项目规划办公室和税务局对收入影响进行了估计。这三种估计各不相同，这主要是因为潜在假设的缘故。不仅因为这项倡议的政治性高，而且其影响取决于通货膨胀率、估计税收收入和经济活动预测。尽管影响估计存在差异，但大多数州财政专家认为这一倡议会通过，他们认为预算收入将减少约3 500万美元。

尽管在观点上存在一些分歧，但该州的财政规划人员对使用该倡议制定财政政策感到越来越不安。尽管预算在吸纳收入影响方面被证明具有非常强的适应性，但没有一位专家愿意把预算规划过程中一个重要的因素建立在对选民进行事后批评的基础上。莱法弗对此忧虑作出了最佳表述：

> 进行投票的倡议越多，我们越有机会通过一些完全乱套的法案……也许我们现在应该相信人们，但我对此并不感到完全放心。[40]

博思尔曼也对此表示赞同。

97 我认为倡议在这个州被滥用了。我不认为诸如所得税指数化这样属于技术性问题的决定，属于由20万人——如果这是正确的数字——来决定的领域。我认为它们属于立法机关，我认为它们应当在选民代表的手中。[41]

他甚至对房产税减免也表达了同样的担忧，克拉克发出了类似的声音。

> 我认为我听起来像一个真正的中世纪主义者。立法机关在这些财政问题方面已经够糟糕了，他们对于发生的事情缺乏足够的理解。当你拿着税法中的只言片语获取一些签名，对它进行投票并进行一个很好的宣传活动最终得到通过时，我想，我对这种事情真的没有什么好感。[42]

只有刘易斯似乎表面看来愿意接受财政倡议。但即使他也认为选民会选择自己的利益，而不顾可能出现的问题。

> 如果你信仰民主，你必须相信它（倡议）是一个适当的过程。我认为人们对政府工作的方式感到非常不满，以至于他们并不相信立法机构，当然不是国会，反映了他们想要的东西。他们想要更低的税收。他们希望更小的政府，并且如果他们必须通过倡议来实现，那么它就是必须要做的事情。人们投票减少税收，就是这样。[43]

刘易斯的观点源于民粹主义者的观点，即人们应当能够利用政治过程绕过当选代表，而不管预算功能障碍如何。然而近年来，这一倡议过程也成为政治竞选战略的重要组成部分。然而没有具体的数字表述蒙大拿州获胜候选人与其支持的倡议之间的关联，这种投票方式的变相使用可能会导致第四种功能障碍。

作为政治工具的倡议

倡议程序的目的是让具有共同关切的公民团体将这个问题提交给民选机构以外的人民。该路线仍在使用中，但是公民团体在过去十年一直有政治候选人加入，他们组织自己的倡议活动，并使其成为其政治战略的重要组成部分。候选人对一项倡议的支持不仅提供了额外的知名度，而且还提供了实现的光环。一个成功获得投票倡议的人被视为成功者。

蒙大拿州的前任州长托马斯·贾奇（Thomas Judge）在1976年竞选活动中证明了这一点。在立法机关否决房产税减免问题后，贾奇组建了他的蒙大拿州房产税减免团体。利用已有的竞选组织以及民主党的帮助，他获得了投票决议所需的签名。州长还在他的竞选广告和演讲中有效地使用了这项倡议。

威廉·C. 巴勒（William C. Barlet）在1978年批判了利用倡议制定财政政策，同时也批评州长将倡议过程政治化。他认为，1976年的竞选使行政与立法机关之间的权力平衡有利于前者。

98 通过倡议程序，州长实际上可以首先通过向选民兜售提议来绕过立法机构。立法机构迫于政治压力必须遵循倡议所体现的选民意愿，这是一种令人信服的力量。

巴勒担心未来的州长可能会效仿并且继续发起倡议活动作为他们选举计划的一部分。[44]

事实证明，州长没有利用倡议来获得有利的权力平衡的垄断能力。4年后，在州长否决税收指数化法案后，蒙大拿州立法机构的一位成员肯尼思·诺德维特（Kenneth Nordvedt）强有力地证明，他可以有效地利用倡议，不仅避免否决权，还能帮助自己和许多其他共和党人的连任竞选。

但是，与任何政治策略一样，该计划可能会失败，候选人可能会受制于一项无法赢得民众支持的倡议。1976年的支出上限立法倡议可能已经证明是任何支持它的候选人的脖子上的重担。另外，受欢迎的候选人的强有力的政治推动可能意味着这个问题的成败。

那些认为一个好的倡议对获胜很重要的候选人发现，虽然一项倡议活动确实需要大量工作，但大部分努力都与政治策略相吻合，即使签名请愿书的要求也没有多少威慑力。没有足够志愿者来收集签名的候选人已经了解到，他们可以根据获得的签名数量向工作人员而非组织支付报酬。这种支出非常合理。

那么候选人及其战略家面临的挑战是提出一项吸引选民的倡议。不言而喻，一项承诺以某种形式给予选民退款或直接节省的举措预计将具有最初步的吸引力。在这一点上，这项倡议不再是源于大众关注的表达，而是来自关注什么可以进行兜售的竞选战略会议。这并不一定是坏事，但它确实将这个过程与其起源区别开来。这有点像购物者不知道自己需要什么物品，直到一个精准的广告活动提供适当的信息。

然而，潜在的功能障碍并不是由于倡议的政治化，而是源于竞选战略家和市场研究人员的公民团体动机的随意转换。莱法弗表示，当他指出倡议与雄心勃勃的候选人结合可能是未来的“一揽子”计划时，许多公务人员对此表示担心。“我的意思是这是一个政治生活的事实，”莱法弗说，“除非你有一个吸引人的倡议，否则你不会参加竞选。我敢打赌我们今后会目睹到。”[45]

结论

虽然倡议是民主进程的重要组成部分，但本文的分析确实引发了一阵猜疑。在这个过程中的功能障碍，更不用说违反宪法规定的倡议不应用于拨款目的的法律限制的问题，为停顿和思考提供了机会。不计后果地为倡议辩护可能听起来像是伤感的，但同样愚蠢的是他们不赞成精英阶层——民选代表和官僚作出明智而合理的决定。

在 1978 年关于房产税减免倡议问题的分析中，明显沮丧的巴勒得出结论，至少在财政政策领域不应使用倡议。他写道：

> 尽管倡议过程一直被认为是民主的堡垒，但当下州政府运作的 99
> 复杂性已经引起了人们对倡议作为州级财政决策手段是否合适的合理怀疑。这些问题不仅涉及州长在州级机构内部提高影响力的机会，更重要的是这是一个直接公民参与影响州级财政运作的具体政策选择的问题。“宅基税减免法案”的事件表明，在当下州政府预算过程的复杂性中，倡议过程是一头需要休息的神圣母牛［原文如此］。[46]

尽管这些担忧是合理的，并且不少人可能会赞同这一观点。巴勒的解决方案根本就不是解决方案。从政治角度来看，蒙大拿州或其他任何州的公民都不可能放弃直接民主的权利，认为他们应该这样做是反民主的。因此，真正的重点应该放在如何将理性纳入倡议并有效地使用它们。

可以通过引入一些程序性变化来处理行政功能障碍。如前所述，财政倡议引发预算时间问题，因为11月份的投票没有留下足够的时间来调整预算决定以反映倡议中的选民意志。这可以通过简单地延迟倡议的生效日期至两年期预算的第二年来解决。另一个解决方案是将那些对预算具有实质性影响的投票放到6月份，而不是11月份。这样，至少能获得一段前置期。

信息传播过程本身是可以改进的，在这里公共管理人员扮演着重要的角色。他们可以对信息需求做出更加积极的反应，因为他们是关于某项倡议的大致财政影响的关键信息的知情者。例如，预算和项目规划办公室的负责人需要根据法律为每个倡议请愿书准备一个50字的财政说明。人们会认为这样一份报告必然是经过认真研究和提炼而成的。可以强制要求这样一份较长的报告也应当提供给公众。注意到存在这种关于主动请愿的简要说明的报告，可能会引导感兴趣的签署者和选民至预算和项目规划办公室。这些信息是否真的会被寻求和使用是两个层面的问题，不应该阻止信息的提供。

在过去十几年中，蒙大拿州已经建立了预算和项目规划办公室和立法财政分析师办公室，分别向行政和立法机构提供独立和客观的数据。1981年，立法机关为这两个机构的两年度人事和业务开支拨款超过200万美元。建议增加一些州政府的资金来确保更好的选民投票可能并非不合理。毫无疑问，任何这样的尝试都需要仔细研究信息设计、传播和受众激励等复杂的大众传播问题。幸运的是，蒙大拿州在这方面确实有一些经验。1972年，该州与高校系统和一些私人组织合作，分发信息并鼓励对新宪法进行辩论。

从那时起，该州就设立了公民检察长（Citizens' Advocate）——像是某种公共监察专员——来帮助处理信息流程。蒙大拿州还有一个教育电信系统（METS），提供一个中央和全州30个学习点之间的交互式音频功能。图书馆网络和各种服务和教育机构可以成为获取倡议数据的另一种手段。在任何针对选民的信息流中担任守门员的媒体人员也需要更多关于投票事项财政影
100 响的中性数据，以便完成重要的报告工作。其中一些信息可能由公共管理人员提供，但媒体人员也应该承担查找这些数据的一部分责任。

可能还有其他的方法去处理并改进这个过程。但是，所有这些努力都应该在承认倡议过程的现实的背景下进行，以区别于忽视倡议或试图削弱其在有效民主体制中的重要性的战略。

注释

1. Emmette S. Redford 写道："公共政策的最终考验必须是政治考验，也就是受政策影响的人民的意愿，其次，这必须体现在符合民主道德参与原则的过程中。"参见其 *Democracy in the Administrative State*（New York：Oxford University Press，1969），P. 32. 但是，还有一些人，例如伍德罗·威尔逊，他表示直接民主的工具类似于旧时定居者留在门后的枪支。他们在那里以防万一，但它们使用的威胁比任何事情都有助于使政府保持回应。参见 James Grady，"Popular Control：Initiative，Recall and Referendum，" *Montana Constitutional Convention Studies*，No. 11，（1972），P. 5.

2. 对于这样的区分和测量中的问题参见 Judy B. Rosener，"Citizen Participation：Can We Measure Its Effectiveness?" *Public Administration Review*，Vol. 38，No. 5（September/October 1979），pp. 547 – 563.

3. Jerry Mc Caffery and John Bowman，"Participatory Democracy and the Effects of Proposition 13，" *Public Administration Review*，Vol. 38，No. 6（November/December 1978），pp. 530 – 538.

4. Grady，op cit. ，P. 5.

5. Michael Malone and Richard Roeder，*Montana：A History of Two Centuries*（Seattle：University of Washington Press，1976），pp. 196 – 197.

6. 目前具有倡议的州包括：阿拉斯加州、亚利桑那州、阿肯色州、加利福尼亚州、科罗拉多州、特拉华州、佛罗里达州、爱达荷州。伊利诺伊州、缅因州、马萨诸塞州、密歇根州、密苏里州、蒙大拿州、内布拉斯加州、内华达州、北达科他州、俄亥俄州、俄克拉荷马州、俄勒冈州、南达科他州、犹他州、华盛顿州和怀俄明州。参见 *The Book of States*（Lexington，Ky：Council of State Governments，1980 – 81），P. 26.

7. *Proposed* 1972 *Constitution of the State of Montana*，Constitutional Convention，March 22，1972，P. 28.

8. Ibid.（emphasis supplied）. 还有其他九个州限制在拨款过程中使用倡议。它们是：阿拉斯加州、缅因州、马萨诸塞州、马里兰州、密苏里州、内华达州、俄亥俄州、华盛顿州、怀俄明州。参见 The *Hearings Before the*

Subcommittee on the Constitution of the Committee on the Judiciary, U. S. Senate, 95th Congress, 1st Sess. , SJF 67 (Washington D. C. : U. S. Government Printing Office, 1978), pp. 286 –352.

9. 实际上，对于1972年宪法会议偶尔发表的一些文章引用了来自政治学家查尔斯·阿德里安的警告，他认为选民不应该被要求统治，而只是选择谁来统治。正如倡议过程所要求的那样，将一定程度的理性归因于不太可能在场的选民，特别是在处理高度复杂的问题时。参见 Grady, op. cit. , P. 7.

10. Jim Waltermeyer, "Initiatives and Referendum Issues Since the Adoption of the Constitutional Amendment Article V, Section 1," mimeo, from the Montana Secretary of State, 1981.

11. David C. Korten, "The Management of Social Transformation," *Public Administration Review*, Vol 41, No. 6 (November/December 1981), P. 610.

12. Frank Murray, "Voter Information for Proposed Constitutional Amendments, Referendums, Initiatives," State of Montana, November 2, 1976, pp. 20 –25 and pp. 5 –9.

13. Ibid. , pp. 17 –23.

14. Peter May and Arnold Meltsner, "Limited Actions, Distressing Consequences: A Selected View of the California Experience," *Public Administration Review*, Vol. 41, Special Issue (January 1981), pp. 172 –174.

15. 在1981年12月与蒙大拿州参议员 Dorothy Eck 的访谈。

16. William C. Barlet, "The Homestead Property Tax Relief Act," *Montana Public Affairs Report*, July 1978, pp. 1 –5.

17. Waltermeyer, op. cit.

18. Barlet, op. cit.

101 19. Interview with John Clark, October 23, 1981.

20. 在1981年10月23日与蒙大拿州预算和项目规划办公室负责人 David Lewis 的访谈。

21. Waltermeyer, op. cit.

22. "Voting Yourself $100 in Property Tax Relief Is As Easy as Flipping a Switch," *Great Falls Tribune*, October 25, 1976, P. 5.

23. “Property Tax Relief: Reduction or Shuffle,” *Great Falls Tribune*, October 9, 1976, P. 7.

24. “Property Tax Initiative,” *Great Falls Tribune*, October 29, 1976, P. 6.

25. 1981 年 4 月与蒙大拿州社会和康复服务局局长 John LaFaver 的访谈。

26. “Montanans Too Heavily Taxed, Says Williams,” *Great Falls Tribune*, October 12, 1980, P. 8 – A, and “Erred About 1 – 86,” *Great Falls Tribune*, July 30, 1980, P. 5.

27. “The Inflation Tax” (Washington D. C.: Advisory Council on Intergovernmental Relations, M117, January 1980), passim.

28. Chris Welles, “Scooped by Stockman,” *Columbia Journalism Review*, Vol. XX, No. 5 (January/February 1982), pp. 21 – 23.

29. Interview with Clark, op. cit.

30. Ibid.

31. Interview with Lewis, op. cit.

32. Interview with Bousilman, October 23, 1981.

33. Interview with Lewis, op. cit.

34. Montana 47th Legislature, February 1980.

35. Interviews with Bousilman and Lewis, op. cit.

36. Interview with Bousilman, op. cit.

37. Interview with Lafaver, op. cit.

38. Murray, op. cit.

39. Interview with Lafaver, op. cit.

40. Ibid.

41. Interview with Bousilman, op. cit.

42. Interview with Clark, op. cit.

43. Interview with Lewis, op. cit.

44. Barlet, op. cit., P. 7.

45. Interview with Lafaver, op. cit.

46. Barlet, op. cit., P. 7.

第三部分　主要预算参与者与决策者的职能

在行政方面，行政长官通常将重要的预算权力授权给其中央预算办公 103
室，以便各机构与预算办公室之间进行预算谈判；在立法方面，各委员会可能会处理预算和税收问题；在国家和州的层面，这些委员会通常有自己的工作人员，可能会有一个立法预算办公室来为他们提供咨询；在地方一级，虽然议会中可能有财政委员会来监督预算，但很少有专门负责预算的工作人员。第三部分特别关注预算办公室、其工作人员和行政分支机构，但也包括一个偶尔出现的预算行动者——法院。处理预算的立法委员会已经进行了广泛的研究，结果在教科书中展现，而不是在最近的期刊文章中报道，所以在这里省略，但不乏其重要性。

在行政预算下，行政长官通常将大部分编制预算的工作授权给行政部门中的预算办公室。该办公室为各部门和机构编制预算申请提供指导、编制各种文件到期日期、评估提案、向各机构下达关于其请求的决定，然后将已批准的请求汇编成行政预算提案。预算办公室帮助各机构将行政长官的主要政策建议转化为预算请求。它有时会征求政策中的开支建议或变动，有时则会阻碍或拒绝这些建议。预算办公室可能会不时起到其他作用。预算编制中的一个关键问题是行政预算办公室的作用应该是什么？各机构的要求是否应由预算办公室仔细筛选和削减？预算办公室是否应设置各机构的预算总额限制但允许它们将最需要的内容放入这些要求中？或者这些机构是否应当能够定期地绕过预算办公室进行最终运行？如果预算办公室严格执行行政首长的政策指令，并将预算数字指定给只有少数请求的机构，则预算编制被称为“自上而下”模式；如果各机构可以根据要求设置自己的最高限额，并将自己的政策偏好纳入其预算提案中，由立法部门进行审查，预算编制则更加符合“自下而上”模式。预算办公室的实际作用在不同时期和不同任期内在这两个极端之间移动。

弗雷德里克·莫舍（Frederick Mosher）和马克斯·O. 斯蒂芬森（Max O. Stephenson）在描述了里根政府早期的总统行政办公室（Executive Office of the President）里管理和预算办公室（Office of Management and Budget）的作用。对总统的预算办公室而言，这是一个改变的时期，其角色更多地转向“自上而下”的预算，更多地强调政策而较少审查各机构提出的提案。科特·塞谬尔（Kurt Thurmaier）和詹姆斯·戈斯林（James Gosling）在州一级讨论了相同的问题。他们考察了州级预算机构针对政策问题和分析的程度，而不是更多地例行收集和审查预算请求，审查各时期的变化。

杰弗里·斯特劳斯曼（Jeffrey Straussman）关注不同的公共参与者——法院——及其在预算中发挥作用的情况。施特劳斯曼在文章中指出，法院可以通过保护公民权利影响政府单位的支出，并且可以将某些税收规则裁定为非法，从而降低政府对预算问题的裁量权，机构官员可以战略性地利用法院以实现其偏好的支出水平。

赫伯特·佩尔西尔（Herbert Persil）的文章和朱莉·多兰（Julie Dolan）的实证研究描述了机构预算主管和机构官僚的作用。佩尔西尔认为，尽管20 世纪 80、90 年代的预算发生了变化，但机构预算主管仍然很重要，即使他们已经从扮演更加广泛的政策角色转向了帮助找出权衡和商议预算法律错综复杂之处以便在削减期间帮助保护计划。多兰探讨了机构官僚的作用，并没有发现他们总是试图最大化他们的预算的证据。

以下各章涉及“渐进主义”模式，这个理论主宰了几十年来大部分预算文献。渐进主义意味着机构按照它们的要求推动预算过程，它们总是要求更多。渐进主义认为，预算是“自下而上”的。可能因为细节而不知所措的立法者，只会审查当前要求与前几年预算的不同之处，也就是说他们只看相较往年的增量或增幅。在它的完整版本中，渐进主义理论认为，由于希望降低冲突水平，并且由于机构各自代表的利益保持相对稳定，每机构将大致按照已有份额获得任何新的资金。在这个模型中只有少量或者几乎没有权衡和优先级。这个理论最终被修正，承认当执政党或意识形态出现重大转变时，优先事项突然发生巨大变化。一些计划获得的钱比它们以往获得的要多得多，其他的则被终止或减少资金，其结果是长期稳定，偶尔会出现重大政策变化。自上而下的政策制定只是偶尔发挥作用。

查尔斯·科（Charles Coe）和黛博拉·维塞尔（Deborah Weisel）描述了警务部门获得预算的策略，这符合机构驱动预算的渐进主义模式。他们谈论什么样的策略适用于警方。艾琳·鲁宾（Irene Rubin）概述了阿伦·威尔达夫斯基（Aaron Wildavsky）倡导的渐进主义的一些逻辑问题。凯瑟琳·G. 威洛比（Katherine G. Willoughby）和玛丽·A. 芬恩（Mary A. Finn）概述了行政和立法预算办公室工作人员使用的各种决策策略。他们认为，对预算请求的渐进式审查只是用于分析预算请求的几种策略之一，并且仅在少数情况下使用。更重要的是政策问题和经济或效率方面的考虑。作者在谈到他们在这个问题上的早期研究时得出结论："这些发现支持了现代观念，即渐进主义是对公共预算行为的不充分解释。"

3.1 行政预算办公室的职能

第八章
变革场景中的管理和预算办公室*

弗雷德里克·C. 莫舍（Frederick C. Mosher）
马克斯·O. 斯蒂芬森（Max O. Stephenson, JR.）

作者按

对里根总统的管理和预算办公室作出明确的观点和评估为时尚早。下面 105
的讨论部分是基于当前和最近的文章以及一些专著和书籍进行的，其中许多以脚注形式引用。此外，我们还依赖于与 OMB 在任人员和校友以及一些外部观察家的大量访谈。逐一罗列帮助我们的人们是不切实际的，但我们感谢所有人。这篇文章的实质内容是在 1982 年 7 月中旬完成的。

介绍

根据几乎所有的评估标准，里根总统作为一套相对一致及明确的政治和

---

* From Public Budgeting and Finance, Vol. 2, No. 4 (Winter 1982), 23 - 41.

社会信仰标准的持有者和提供者于 1981 年 1 月抵达华盛顿。更确切地说，里根以普遍承认的保守派政府理论的首席代言人身份入主白宫。这位前加利福尼亚州州长将他成功的总统竞选以及他的政治生涯基于以下一系列政治和社会原则：

（1）彻底重估并重组中央政府在联邦制中的角色，削减其规模、权力以及与私人部门、州和地方政府的相对影响力。

（2）对联邦社会和经济政策采取自由放任方式。

（3）平衡预算。

（4）基于等同或超越苏联军事力量的激进主义国家利益为本的外交和国防政策。

106 （5）任何情况下联邦政府层面的美国公共政策更忠实反映国家“传统道德价值”的信条。[1]

在 1980 年总统竞选期间，他赞同第六条原则：供给学派经济学——通过减税来鼓励私人部门投资。

里根政府通过具体的政策建议积极追求这些广泛的目标，其主要工具是联邦预算。像他大多数前任一样，新任总统立即对即将到来的 1982 财政年度预算进行了修改，其中包括对 1985 年的承诺。他所提出的修改显然植根于他的总体治理理念。例如，为了与他所表达的信念“我们需要提醒所有人，联邦政府没有创造各州，各州创造了联邦政府”一致，新总统提出每年联邦国内支出的大幅削减，并将对州和地方政府专项补助按照功能领域整合成相对较少类别的整体性补助。[2] 他后来附加了一个有争议的提案，即在各州和联邦政府之间交换拨款项目。总统全面减少中央政府支出的努力也预示着许多职能和计划转移到各州。

里根的理论契合并煽动了人们对联邦政府、州政府和地方政府提供的税收和服务分类的普遍不满情绪。加利福尼亚州的 13 号提案倡议和其他州的类似努力、对联邦补贴援助制度的普遍不满以及在社会的一些部门普遍存在的感觉——如果私营部门蓬勃发展，放松管制是必要的——所有这些共同为总统目标提供公众支持。

显然，总统执行其计划的主要工具是管理和预算办公室（OMB）。本文将回答两个相互关联的问题：里根计划如何影响 OMB 及其运行的？而且，未来的努力可能会对 OMB 产生怎样的影响？这些问题表明了四种不同回答的可能性，而且它们的不同变异已经开始出现。第一，OMB 和预算流程将永远不会相同。第二，这届政府代表了并且可能会继续代表许多年前开始的长期而一致的演化进程中的一个步骤。第三，可供选择的答案是，虽然存在一些变化，但它们是短暂的；在现任总统任期结束之前或之后不久，事物将回归“正常”（各种定义下的）。最后有一种观点认为，尽管大张旗鼓，机构和过程并没有真正改变；在动荡的表象下，制度上的潮流继续以与以往同样的方向及相同的力量前行。

所有这些回答可能都是正确的。人们的感知取决于洞察力的距离（或深度）及其关注机构和过程的哪些方面。观察者还必须记住目标是变化的，并且他或她所基于的平台也是变化的。无论里根先生是否担任总统，它们都是变化的。虽然大部分所看到的东西都在变化，但实际上可能有一些基本力量是不变的——任何变化都可能是方向上或速度上的基本变化。因此，为了评估里根总统对 OMB 及其相关预算过程的影响，必须对 1981 年之前发生的事情至少进行粗略的讨论以确定 OMB 当时的方向。

OMB 的背景

当罗纳德·里根上任总统时，这个现在被称为 OMB 的组织已经快 60 年 107
了。与审计总署（General Accounting Office）一样，它是因 1921 年预算与会计法案（Budget and Accounting Act）而成立的，它本身是经济改革浪潮的产物，该浪潮已经形成多年但是在第一次世界大战之后在华盛顿爆发。它原来的名称是预算局（Bureau of the Budget，BoB），在当时是准确的表述。预算被认为是缩减支出、税收及债务的不可或缺的手段。经济性成为目标以及该部门领导和工作人员的基本精神，并且在开始的 18 年中一直如此。从 1938 年和 1939 年开始，其职责和员工大大扩展，以开展组织和管理、计划、政策制定和谈判、财政政策、统计协调和其他活动。这些变化背后的理念是，该局应该成为总统的综合人员机构。它在很多方面的确都做到了，直到今天还有人认为第二次世界大战及其前后几年是该局历史上最光荣的时期。然而在接下来的几年中，其中一些活动终止或者转移了，增加了一些新的活动，工作的相对重心有所变动，战争期间成立的外地办事处被解除。在所有这一切的尽头，尽管有起有伏，但是当里根上任时，该机构并没有比20世纪40年代更大，尽管联邦政府的范围和财政领域迅速扩张。

在1981年，预算过程仍然是OMB的核心引擎和规则，其原始主题——经济性——从未被忽视。OMB一如既往地继续发布指导方针，接受和审查机构的估计数，更改或向总统建议变更，并监督预算执行情况。预算活动消耗OMB职员约65%的工作时间。里根政府赋予的其他职能包括：

• 研究、协调和建议关于组织和管理问题，特别是机构间或政府间性质的问题（经过30年的重心波动后，这些活动在卡特任期内得到了相当的激励和扩展，但只取得了一般的成功）。

• 审查和协调行政部门立法建议，对正在审议的立法问题、已颁布的法律、行政命令和公告提供证据和评论（其中一些活动基本上始于1921年，并一直进行）。

• 审查和商议提交的联邦法规和监管变革（这项活动在尼克松总统的领导下开展，并随着之后每一届政府扩展）。

• 审查和协调机构提出的表格和其他各类文件，以尽量减少对公众的书面工作要求（这项活动始于1942年，并一直进行）。

• 领导和协调整个政府的统计领域标准（自20世纪30年代以来大部分时间进行的活动）。

• 领导管理实践的协调、标准化和改进，特别是在金融领域（自20世纪30年代末以来时冷时热的活动）。

• 提升与指引采购政策、法规、程序和改革（1974联邦采购政策法案规定，这一职能由OMB内部的半自治办公室执行；本文不讨论这项功能）。

108 在像我们这样庞大而多样的政府中，这些活动的潜在范围和规模实际上是无限的。它们的表现甚至是有可能的，部分由于业务部门和机构及其下级分支和区域办事处的配套预算和管理人员的发展所致。令人怀疑的是，参与预算和上述其他活动的联邦工作人员中仅有超过1%的很小一部分是由OMB雇用的。由OMB提供组织顶峰的联邦预算和管理工作的金字塔的确是非常广泛的。随之而来的工作的质量和压力迫使OMB有选择性地依靠别人来积极制定规划、计划和变动及其后续工作。与发起者和主办者相比，OMB在特征上更像是审核者、检查者、批评者和反击者。有一个例外：在头几个月里，该机构作为经济的布道者领导政府，在从 1939 年到 1950 年的第二次世界大战期间，它是主要民间组织和计划的规划和改革的主要领导者。在 20 世纪 60 年代，它为约翰逊总统的伟大社会（Great Society）做出了贡献，并且在 60 年代后期重塑政府间关系方面发挥了主要作用。它在卡特总统并未完全成功地重组行政部门中发挥了大部分的领导工作。BoB 或 OMB 还呼吁鼓励和监控预算改革的各种浪潮——绩效预算、计划项目预算系统（PPBS）、目标管理（MBO）、零基预算（ZBB）。但这些举措和模式都来自外部。[3]

第二次世界大战以来，OMB 作为总统的主要工作人员机构的作用和影响力经过一系列的发展而被修改：在总统办公厅设立经济顾问委员会和其他专业单位；在总统行政办公室（Executive Office of the President）中建立经济顾问委员会（Council of Economic Advisers）及其他专家组织；创立人事管理局（Office of Personnel Management）及其在管理领域的进取精神；最重要的是非职业总统职员的发展，特别是国内委员会（Domestic Council）及其后续者，它们在政策和计划的实质性问题上发挥了领导作用。此外，随着国会在 20 世纪 70 年代的复苏，OMB 在整个预算领域的重要地位必须与国会预算委员会和预算办公室分享，以及在预算和政策分析上与诸如审计总署及国会研究服务局（Congressional Research Service）分享。

也许作为上述许多发展的副产品，BoB 与 OMB 越来越受到短期非职业人员的支配。这种通常被称为政治化的现象在过去的 15 年中一直在增长。预算局首任负责人查尔斯·道斯（Charles G. Dawes）的第 1 号通告所载的第一个“原则”是“它必须是公正的、非个人的、非政治性的”。[4] 事实上，BoB 与 OMB 在其前 50 年的大部分时间里以其政治中立性而出名。几乎没有任何一个员工，甚至其负责人，是通常意义上的政治家，而且负责人及其直接助理通常会随着新政府而改变，而绝大多数其他官员和员工，甚至包括许多副职领导人，来自职业公务员队伍。少数非职业人员在 20 世纪 50 年代和 60 年代获得批准，通常是在工作人员职位上。但是在 70 年代早期，为了监督估计（当时及现在称为计划）部门的预算工作，成立了一批非职业副职领导人职位。从那时起，负责人和专业职业人员之间就有一个或多个非职业人员。极少数非职业人员是传统意义上的惠助人员，大多数人都受过教育并且有一些与他们工作有关的经验。基本原理是确保对总统及其政策和计划的
109 响应能力和忠诚度。在国会会期之后，OMB 的政治角色变得更加明显，由许多成员关注总统及其预算负责人在财政问题上的傲慢自大而触发，法律要求负责人及其副手的任命必须得到参议院的确认。OMB 实际上成为总统在实质性问题上的政策部门。70 年代的 OMB 大多数负责人和副职都是总统所在党派的合格管理人员，但不是党派领导人。除了担任八个月负责人的伯特·兰斯（Bert Lance）之外，没有人是其政党的领导人或发言人。

斯托克曼、OMB 及预算过程

人们必须关注总统上任第一年和第二年之间的差异及其与预算周期的关系，从而引发对预算的看法。总统任期当然是从一月到下一年的一月，财政或预算年度则是从十月到下一年的十月。适用于总统就职后的 10 月开始的财政年度的预算实际上是由离任总统准备的。但是，新总统在上任第一年主张修改成几乎相当于新的预算，这已经成为惯例。这种变化是正常的。大约在同一时间——即就职几周后，新政府开始进行第二年的预算工作，该预算将在下年度 1 月份提交给国会。因此，第一个财政年度的大部分国会工作和第二个财政年度预算的行政部门工作都是在第一个总统年度进行的，而第二个财政年度预算的国会工作是在第二个总统年度进行的。

总统年度之间的一些差异是内置的和可预期的。新总统通常在开始时会享受蜜月期，他受到大众的认可并且行政和国会官员都愿意跟随他的领导。就里根总统而言，他的个人风格、演讲能力以及媒体上特别是电视上的吸引力都提高了这种优势。他进一步因为暗杀者的不幸尝试以及他回应并恢复的信心、勇气和欢呼变得更加瞩目。在里根执政的第一年里，他得到了大量的拥护。人们对新任政府的第二年预期则不那么乐观：大多数新总统来到华盛顿时，他们的能力和工作人员在进行政治活动方面的能力远胜于在管理国家上的能力。他们带着竞选的承诺上任，但几乎不知道如何将这些承诺转化为行动。

里根政府通过两个因素缓解了这一问题。首先是其坚定的意识形态理解

或者说它想要做什么：由总统的直接追随者和随后行政当局其他高级官员共享的观点。其次是总统早期选择和依赖几个关键职位的人，他们都同意他的目标，并且知道华盛顿的国会和官僚政治的细节。对这篇文章和里根政府而言，其中最重要的是大卫·斯托克曼（David Stockman），里根的 OMB 负责人及其第一批指定人员之一，他从教育、经验和详尽研究中了解国会的预算过程和程序。[5]

在新一届政府的第二年，国会处理预算通常是非常不同的。承诺和期望尚未完全实现。新鲜感和魅力已经消失，实际治理问题比比皆是，批评者的声音变得更清晰与自信。里根政府经历了自己的这种“第二年衰退”，其结果是根据历史模式，政府第一年和第二年的预算过程彼此非常不同，而且在 110
较低程度上与他们的前任不同。第一个财政年度（1982 年）国内预算的变化是剧烈的，可能是人们记忆最深刻的。但是，第二年的国会迄今一直在朝着“正常”方向发展，甚至在某些方面超越了第一年。以下分析应该在这种双重背景下考虑。

行政部门

里根政府的第一年，OMB 在政策制定和政治活动中显著且突然地以首席执行官的姿态出现，这一姿态仅次于总统。由于许多因素的共同作用，这或许是可能发生甚至是不可避免的。一个因素是总统将经济复苏作为首要政府议程的决心及其认为这一目标可以在很大程度上通过减税和大幅减少非国防支出来实现的信念。为此目的的主要机制当然包括在预算中，而唯一具备必要的视野、能力和知识的机构就是 OMB。第二个因素是新任负责人斯托克曼本人。从来没有预算负责人像斯托克曼 1981 年夏天那样承担接受作证和商议授权法案的细节。总统和他的直接助手进行了说服，并施加了不少政治压力，但随后的国会结果主要是斯托克曼和 OMB 的其他政治和职业工作人员努力的结果。尽管发生了很多变化，国会最后的决定与总统的提案基本一致。

在许多方面，里根—斯托克曼项目所要求的削减预算的方向自然而然地被 OMB 的职业审查员所接受，他们长期以来一直将自己的角色定义为抵御大型机构和部门支出要求的屏障。里根最初呼吁大幅削减开支的呼声必须落在许多愿意接受的耳朵上。另外，有些人认为这些决定是由高层政治官员决定的，没有多少专业人士参与决策过程。他们的信息、数据和分析被用来为已经做出的决策提供支持，而他们没有有效参与这些决策。受影响的行政机构提供的投入很少，部分原因是在2月初提交预算修订之前没有足够的时间考虑机构的反应。此外，不管是否经过设计，在1982年和1983年财政年度里根修订财政政策的时候，大多数受影响的部门和机构还没有配备通常作为机构首脑与其专业公务员领导之间沟通—决策联系的中层政治获任人员。这些获任人员，特别是助理秘书和局长职位的人员，通常可能会被期望征求他们各自职业工作人员对拟议预算变化可能产生的结果的看法。由于这个过程显然不能系统地发生，因此斯托克曼的OMB预算提案由各个部门的负责人进行审查，他们的政治观点反映了总统的观点，并且他们对其管理下的计划细节并不熟悉。

在这些条件下，难怪在他就职后3周内，里根总统能够宣布反映卡特提案削减约410亿美元的1982财政年度的预算修订。预算选择最牢固地根植于联邦政府应该做什么和不应该做什么的总统个人理念。其指引是坚定和严格的，而考虑其他行动方案的时间是非常有限的。OMB内部可能比平时更多关心政治可接受性，而不是计划后果。

实际上，政府1982年和1983年的预算削减以及减税和修订都是政府的
111 国内政策。它们涉及：诸多计划的严厉削减（食品券、许多领域的研究和开发、大量的教育补助金、各种健康和福利计划等）、消除或逐步淘汰许多其他计划（公众服务雇佣、法律服务、社区服务等），以及减少一些向州政府的整体性补助以降低财政支持。此外，斯托克曼被称之为总统的“新联邦主义”提案的首席发言人，其中某些联邦补助计划的全部责任将转移给各州，中央政府将承担对其他方面的全部责任。

与60年前道斯的言论相悖，OMB负责人突然成为总统在国内事务计划中的首席政治战略家和公共倡导者，这是该机构历史上没有先例的角色。[7]然而，对经济和预算削减的压倒性关注使OMB重新成为制度焦点，让人联想到其过往在哈丁、柯立芝和胡佛政府期间所发挥的作用。

斯托克曼在总统的国防开支和减税计划这两个方面的优势不如国内开支方面。减税被视为整个预算计划的一个必要组成部分，OMB参与了其发展

和争论。但后来，由于即将到来的赤字给整个计划蒙上了黑暗的阴影，斯托克曼提高收入的努力显然是无效的。同样，他被迫违背其意愿而仔细审查并减少了国防开支。里根坚持他的最初的博弈计划，直到国会的共和党领导人明确表示他们不会接受这些主张。

在程序方面，OMB 在 1981 春季的预算循环中悄然放弃了对零基预算（ZBB）的要求。然而，卡特政府倡议的某些要素，例如计划优先使用权，似乎得以保留。

立法部门

1981 年里根经济计划的两大要素是经济恢复税（Economic Recovery Tax）和《综合调解法案》（Omnibus Reconciliation Acts）。这两项提案基本上都得到了国会的通过。它们都被认为是杰出的政治成就和总统的胜利。OMB 及其负责人参与了确保这两项措施通过的努力，但最深入的参与是制定、谈判、甚至起草授权削减开支的立法。事实上，1981 年斯托克曼和他的同事们在 OMB 的活动在美国历史上没有先例。

为此目的而采取的策略取决于 1974 年《国会预算和截留控制法案》中的第一个共同决议与调解条款的运用。[8] 预算法案呼吁国会通过共同决议确定两项支出"上限"。首先是在每个预算年度的 5 月 15 日之前启动，并在授权委员会开始其立法工作时成为"目标"。第二个具有约束力的决议是在 9 月 15 日通过，仅仅是财政年度开始前两周。这对于有效使用该过程来说太迟了。

根据授权进行的调解被设想为一个过程，要求各委员会将其拟议的支出水平与第二项决议中规定的上限一致。其拟议支出超过该数额的委员会被"指示"削减或者"调解"其总和与法定水平一致。然后由预算委员会将必要的修改汇编成一个单一的措施，以供审议。

这一战略本身直接增长了之前试图在国会内使用调解程序的尝试，并且是斯托克曼和共和党领导层的共同产物。两年前，参议院预算委员会第一次 112
寻求在审议 1980 年财政年度第二次预算决议时通过调解进程获得立法节省。然而，这一努力在会议上受到当时的众议院预算委员会主席罗伯特·乔亚莫（Robert Giaimo）的强烈质疑，他以休会期即将来临且国会不能承受将自身置于“复杂且有争议和可能有麻烦的”程序进行实验为理由反对调解。[9] 国会授权委员会实现1980财政年度两个预算委员会所要求的节省（实际上是他们在某些情况下公开无视特定委员会的请求）的失败，使它们的成员相信调解想要成功就必须发生在国会预算程序的开端。这个信念和卡特政府希望削减1981年财政预算的愿望趋于一致，并于1980年3月进行了激烈的8天讨价还价，在此期间，政府和预算委员会同意使用该法案鲜为人知的“弹性”一词并授权预算委员会要求“任何被认为适用于执行本法案目的的其他程序”，以证明调解程序适用于第一个共同决议。[10]受到调解指令影响的一些授权委员会应当减少支出，不仅仅是减少法案正式规定的权利，还要减少酌情开支的授权。参议院预算委员会特别警惕伸延国会预算程序的范围，终止了这一行动，争辩说所有授权都适合调解。然而，内务委员会在1980年拒绝接受这一观点。斯托克曼和共和党领导层将这一参议院委员会的理解作为先例，并将其大范围地扩展到里根建议的削减，包括：全面取消现行法律和计划的规定，采用年度支出限额以及颁布对补助资金立法管理的实质性变革。由此产生的调解法案影响了250多个国内计划，多达576页，从卡特1982年的联邦开支计划中削减了超过350亿美元，并提及其修改或取代的大量法律。

斯托克曼不仅强烈支持这一战略，而且OMB负责人还亲自承担了领导责任，引导总统的和解提案在国会获得通过。斯托克曼和他的非职业同事在有关里根提案的无数委员会和附属委员会以及通过调解法案的许多委员会和附属委员会会议和谈判会议上做了无所不在的数字证明。此外，许多职业预算审查员与国会工作人员密切合作，协商并起草了庞大的综合调解法案。

具有讽刺意味的是，一项鲜为人知的旨在增强国会权力的法律条款反而被用来扩大行政长官的职权。斯托克曼特别地将自己强大的才能和庞大的分析能力以及在OMB员工中所体现出来的丰富知识应用于实现总统政治目标的这种荒谬方法。

里根获得立法胜利的特别激烈的讨价还价和极其紧凑的时间框架在很大程度上将决策过程中的利益集团代表排除在外，同时大大增加了OMB各级工作人员与国会及其成员及委员会工作人员之间的沟通和联系。第一个结果表明，一些对国内政策制定具有长期重要性的所谓问题网络暂时崩溃。

OMB 和国会的联系水平提高表明 OMB 在政治问题和冲突方面的倡导作用加深。倡导姿态本身可能表明了 OMB 传统上对关注展现技术上最准确的分析可能的下降。至少，OMB 表明了一种新的以结果为导向的立场，因为斯托克曼完全沉浸于自己和他的机构为总统实现立法胜利的任务之中。

1981 年的经验还展现了其他的观察结果。调解增加了国会预算结果的 113
不确定性，因为已经“确定”的授权和拨款水平发生了显著、迅速的变化并且没有多少研究和谈判的机会。[11]这还预示着 OMB 机构在行政预算谈判和决策中的相对重要性下降。这一过程的快速性也导致国会不那么一致地关注通过议会和委员会调解而制定的许多决定。

在里根执政第一年的大部分时间里，无论是行政部门还是国会方面，斯托克曼和他的 OMB 是“街区里最大的男孩们”，盖过了白宫内部以及大多数行政部门的国内政策机制。但随着第二年开始，这个优势逐渐消退。其他与经济问题竞争的议题在争取民众和总统的注意力——国防、外交、社会事务。事实上，里根总统在 1982 年 1 月发布了 1983 财政年度预算提案，引发了国会的普遍质疑，主要是对其潜在经济假设的怀疑，对其预计赤字的担忧以及普遍认为其所含开支在前一年削减的基础上进一步大幅削减。斯托克曼在广泛阅读的《大西洋月刊》上发表的一篇破坏性评论以及经济体迟迟不出现总统反复承诺的复苏迹象加剧了这类质疑。[12]在 1982 年初，国会就明确表示，除非作出重大修改，里根的预算提案不会被两院考虑，更不用说会被接受了。实际上，国会抛开了 1983 年财政年度的总统预算提案。两党的预算领导人都制定了自己的支出提案，参议院财政委员会起草了一项旨在从根本上增加税收的法案。总统被迫放弃了自己的建议转而赞同共和党国会的选择。OMB 继续向有关的国会委员会提供数据和分析，但代表总统的首席谈判代表是白宫幕僚长詹姆士·贝克（James A. Baker），而不是大卫·斯托克曼。

非预算活动

多年来，OMB 惯例一般将大多数与预算过程没有直接关系的职能称为“管理方面”。这带来了双重不良影响，扩大了 OMB 内部预算与管理职能之间的差异，集合了与其所定义的管理职能不甚相关的大量活动，例如，它们包括形式控制、监管、统计协调，等等。里根政府对这些活动的处理方式有一定的一致性。特别的行动已经被应用于减少或消除那些被认为对公众来说繁重的联邦活动，或者更具体地说，就是对私人企业、州和地方政府施加的法规和其他要求。管理已经意味着消除“欺诈、浪费和滥用”（术语已大致同义），从而降低联邦成本，并且将计划和支出转移到各州。就联邦政府而言，所有这些活动本质上都是消极的，它们完全符合里根预算在国内事务中的推进重点。

管理

自1939年预算局成为总统行政办公室的一部分以来，其管理职责的定
114 义、性质和范围一直在不断变化，有时也会引起激烈的争论。最早的努力与总统级别的一般组织和程序问题有关：重组；协助困局中的新的、旧的、濒临消亡的机构；处理政府范围内的重组和程序；协助外部研究委员会（胡佛委员会、海因曼委员会、阿什理事会等），并在政府范围内领导管理提升。20世纪40年代以后，此类活动的重点逐渐下降。在60年代后期，一项激增的新活动指向了政府间关系和各机构实务活动的协调。卡特总统根据自己的竞选承诺，在很大程度上将管理定义为重组，并建立了负责重组与管理事务的OMB执行副主任的新职位。一度有超过100名的OMB专业人员被分配到重组联邦政府的任务中。

相比之下，里根总统并没有强调重组，除了试图废除卡特建立的两个新的内阁部门（教育和能源部门）。与他自己承诺通过消除“欺诈、浪费与滥用”来大量节省开支的竞选承诺一致，OMB的管理人员一直致力于政务差旅、现金管理、债务追缴等事务方面的标准化、节约和执行通用程序。总统在上任之初就设立了由OMB副手主持的总统廉政与效率委员会（President's Council on Integrity and Efficiency），主要由各部门和机构的检察长组成，还包括副总检察长、FBI助理主任和人事管理办公室主任。该委员会主要由OMB的管理团队组成，通过将犯罪分子绳之以法以及改进预防性程序和控制致力于查找欺诈和浪费。其他的工作人员通过“一揽子”拨款和其他手段、联邦活动和政府间关系控制等手段向各州下放权力。这些措施包括对十

多年前形成的机制进行重大修整或取消，以便在联邦机构以及州和地方政府之间更好地协调规划和执行（特别是在预算通告 A－95 中）。一个小组持续其改善财政管理工作，考虑到 1982 年废除了旧的组织和人事管理部门，剩下的职能转移到了规划部门。OMB 的管理和组织活动的现状引起了许多预算局老前辈以及试图复兴其曾经被赋予责任的其他人员的深度失望。[13]

在某些方面，里根政府最积极的管理改进努力是在 1982 年春季成立的联邦政府成本控制私营部门调查（Private Sector Survey on Cost Control in the Federal Government）。它包括大型私人组织的众多首席执行官组成的大约 35 个不同的工作组，负责调查和提出改进联邦管理体系的建议。它们由各公司提供资金和人员配置，并预计将在 1982 年秋季提交报告。OMB 的管理办公室正代表联邦政府与该团队联络。

监管控制

如前所述，罗纳德·里根成为首席长官后认为联邦监管职能变得太大了。在这方面，他正在追求他的三位前任在奥瓦尔办公室中所拥抱的目标。在尼克松时期，必须寻找 OMB 的首要机构参与监管事宜。然而，每一位总 115
统都不平衡地扩大了规则审查的范围，并扩大了这一进程中 OMB 的职能。最初的努力源于尼克松政府对授予新环境保护局（Environmental Protection Agency）的规则管辖权的关注。EPA 被要求向其他受影响的机构提供对其提议规则发表评论、审核并回复这些评论的机会，然后将整个交流记录提交至 OMB 以供审核。福特总统和卡特总统都以尼克松总统的这一倡议为基础，扩大了 OMB 对其他行政机构的审查管辖权，并非正式地审查某些独立委员会，要求审查主要规则并强制提出主要规则的成本效益分析。

卡特总统积极倡导通过《1980 年削减文书工作法案》（Paperwork Reduction Act of 1980），其中一项规定要求在 OMB 内设立信息和监管事务办公室（Office of Information and Regulatory Affairs），有权“审查任何含有收集信息需求的提议规则”。[14]就是基于这个 OMB 办公室和规则审查职能，里根总统开展了一项扩大监管审查工作。

1981 年 2 月 17 日的第 12291 号行政命令中规定了规则审查计划的范围，距离里根就任后不到一个月，也是在正式成立 OMB 信息和监管事务办公室之前一个多月。该命令特别定义了“主要规则”，要求对此类规则进行监管影响分析，并详细说明每种分析所包含的信息。该命令还创建了由副总统担任主席且由信息和监管事务办公室员工组成的总统监管救济工作组（President's Task Force on Regulatory Relief），除非其潜在收益超过其可能的成本，并由 OMB 按照职责审查和评论机构拟议规则的初步或最终监管影响分析，否则禁止发布拟议法规。此命令不允许 OMB 改写提议的机构规则，但它确实允许在发布前建议进行更改、添加或删减。该命令还考虑到，如果有必要，OMB 与机构间严重的分歧可以向总统的工作组提出上诉，并最终上诉至总统。[15]

与以前的努力一样，尽管更为大胆一点，但里根法令跨越了在 OMB 内建立真正的集中式总统规则审查程序与现行法定规则及《行政程序法案》（Administrative Procedure Act）要求的机构首脑对所有规则制定决策可行使行政上诉和司法审查的最终权力之间的界限。虽然要确定里根倡议所达成的妥协的最终效果还为时过早，但其实际的管理结果可能是给予 OMB 在发布那些机构首脑认为不足以上诉至总统或其工作组的拟议规则时的实质上的最终决定权。

在这种情况下，很难确定 OMB 对拟议规则的否定答复是否有效地颠覆了《行政程序法案》和其他立法的意图，即通过使负责任的决策者在行政压力下取消或修改规则。数据表明，大部分被 OMB 拒绝的拟议规则此后在其提出机构许可下废除。例如，在 1981 年 2 月 17 日至 4 月 30 日期间，在退还给机构的 52 项拟议规则中，只有 17 项被修改并重新提交。其余的则消亡了。[16]因为 OMB 的审查人员相信，这些未公布的规则可能是具有巨大潜在成本且对社会的潜在利益微乎其微的效率低下的监管举措，因此理应被早早送入坟墓。但批评人士质疑，OMB 分析师能否有效推翻知识渊博且负责任的机构管理者的最佳判断。

规则审查工作显然是争议的一个丰富来源，因为它引发的一些问题的答
116 案最终可能需要根据“宪法”规定的行政权力的性质和范围来解释。然而，OMB 作为一个机构，这种进入新责任领域的影响更为具体。首先，这个过程已经明确赋予了 OMB 新的权力和权限。然而，同样清楚的是，这一权力在很大程度上是负面的。所有行政机构现在必须在理解 OMB 将审查并可能

阻碍其举措的情况下制定规则。OMB 作为一种特殊类型的体制性结果出现，因为它进行了审查，认识到其权威的相对不安全性以及中央审查角色与机构法定责任之间的紧张关系——有时是明确的，有时是隐含的。其次，目前 OMB 的监管职责和作出审查决定的标准很大程度上是政治意识形态的产物，这种政治意识形态非常强调减少联邦在社会中的角色。有人可能会猜测，如果国家行政部门积极致力于减少联邦监管活动在未来几年的介入，那么这种机构职能会发生什么。

专业性和政治性

前面的章节中提到自 20 世纪 60 年代后期以来，OMB 已经零星地朝着更多政治响应的方向发展，不太重视非党派中立性和专业能力。有人可能预计里根总统任期将加速这一趋势。毕竟，新政府大力推动政府的哲学和政策转向，并多次大声批评职业官僚是民主党政治家的同谋，造成所谓的国家悲惨状态。

但对于通常被称为 OMB“政治化”的内容而言，最近的记录好坏参半。政治职位的数量没有增加，事实上，在卡特总统领导下设立的两个新的执行副主任（分别负责预算、重组及管理方面）的新办公室没有被重新补充。斯托克曼任命人员在教育和相关经验方面的资格至少是等同于他的前任人员，主要不同之处在于有几位曾在国会与其共事。一些公务员已经自愿离开了——或者是在管理层的鼓励下——就像以往的过渡一样，如果其他地方的就业机会更具可能性和吸引力，那么很可能会有更多的人离开。[18]斯托克曼已经公开赞扬职业工作人员为支持里根计划所做的奉献和工作。除了他们对总统政策的个人政治态度之外，工作人员本身也受到若干体制因素的影响。首先，在行政和立法两方看来 OMB 在里根预算中的卓越表现为 OMB 的专业人士增添了地位和威望，他们在华盛顿的官僚圈子里总是一个值得骄傲的团体。其次，在 OMB 人员中存在长期（如果不是总是如此）的倾向，即机构预算是被夸大的，某些计划应该被严重削减甚至被清除。如前所述，里根政府支持 OMB 审查人员想要做的许多事情。

但是，反对这些诱因的是某些 OMB 专业人员对于由非职业人士“在高处”做出的没有复杂分析和建议的决策的争论。有些人表示，自上而下的决策方式正在否定创造性的专业工作。其他人强调，目前对整个预算过程的结果的关注，而不仅仅是预算分析和决策的专业质量，使 OMB 的工作更加有效。

然而，斯托克曼管理下 OMB 的特征中可能最大程度上威胁到它的表现
117 和中立性声誉的，正是斯托克曼本人的姿态和做法。如前所述，他已被政府证明为其内政事务的前沿领导人。他的名字和照片几乎不断地出现在报纸的头版。他在几乎所有的国会委员会和许多附属委员会之前作证，作为里根国内计划的外在象征，为该届政府“承担了压力”。他曾经并且仍然是政策和政治领导人。在里根政府中，预算成为头号政治问题，斯托克曼是其头号主角。撇开其机构及其工作人员为之着色所带来的政治优势，他还能运作到何种程度，这是一个悬而未决的问题。少数知识渊博的人士，无论是在 OMB 之内还是 OMB 之外，都被问到他们是否认为该机构的政治中立声誉和可信度可以在斯托克曼任上幸存下来。一些人回答说他们认为这可能，但如果还有两三个像他一样的继任者的话，即有更多的人进入政治中心，那就不会了(所有人都怀疑还有更多的人有着斯托克曼的品质)。

如果考虑到机构中那些部分或主要角色是政治角色的专业人员的姿态的话，则会提出另一组问题。如果他或她竭尽全力并说服该机构的意图，或者如果他或她悄悄退出斗争甚至是在意见不一致时辞职，那是否更专业呢？职业化是否代表着社会目标的认可或者在其字面意思上对“真相”的预测？或者这是否意味着与受雇的组织一起工作？毫无疑问，这类问题自 1921 年以来一直困扰着 BoB 和 OMB 的预算审查人员。但是，这些问题从未像联邦计划遭受严厉批评的最近两年里这样严重。也就是说，高层职业雇员能否或者是否应该提供最大程度的支持或反对那些对其机构职位有深刻认知的、个人的、政治上或意识形态上的利害关系的措施？是否帮助残疾人？是否保护清洁的空气？是否发展 B1 轰炸机？是否禁止使用危险药物？是否维持当前的食物券？一位坚信凯恩斯主义者的 OMB 经济学家能否或者应该付出他或她的所有能力支持供给学派的建议？还有一个问题：如果爱德华·肯尼迪(Edward Kennedy)当选总统，那么现在为里根计划热情工作的 OMB 预算审查人员是否能够以同样的热情将这些精力用于基本上相反的计划？

对这些问题的回答有时候会被忽略或者限制，但总体上是出乎意料的肯定。其基本原理主要依赖于宪政民主理论：总统由人民正式选举产生，向人民负责决定和执行政策，我们有责任尽全力帮助他以最有效的方式去做他被选择做的事情。我们不应该让我们的个人信仰和政治偏好干扰了为总统服务，而且我们可能是错的。

其中，一位受访者赞成将 OMB 的顶级员工称为“真正的专业人员”。但他并没有像大多数学者那样使用“专业人士”这个词：作为一个某种自主程度上以“采用科学（或其他系统知识）的抽象概念，并将它们应用于人类的具体和实际事务中”进行思考与行动的人。[19]然而，这是某种专业性，以法律专业为缩影：倡导。从这个意义上说，公务员在为一个因为党派原因而完全政治化的机构工作时可以是完全专业和中立的。这可能是 100 年前公务员改革者在思考透彻时必须要考虑的。这也是 60 年前预算改革者必须考虑的——条件是任何具有政治意愿的思考者都会赞成政府的最佳经济性。

里根政府 OMB 的影响 118

上面提到的专业性和政治性问题当然不是什么新鲜事，它们最早可以追溯到反对战利品制度的小冲突以及 50 年前中央预算机构的问题。事实上，对里根和斯托克曼的许多变化也可以这样说。在实质性上，他们的许多举措，至少在其总体方面，已经在加速和扩大已有的趋势。卡特总统增加了拨给国防的联邦资源的数量和比例，里根使卡特提出的增幅大约翻了一番。卡特提出削减国内计划，里根大大增加了它们。两人都避开了最大的权利计划中的重大变化，最显著的是社会保障。在 20 世纪 70 年代后期，联邦补助金达到高峰并开始下降，里根加速了下降。他还提出了联邦制度中决策制定和资金责任的根本性改变。但实际上，这些改革已经在十多年前的收入分成及州与地方政府参与地区性拨款管理中开始了。

早期趋势最大的突破是 1981 年大规模减税，卡特曾考虑过减税，但最后决定反对减税。对联邦监管的关注至少已经持续了 15 年，尼克松总统采取了应对所谓负担的第一个正式步骤。自那时以来，每一届政府都加强了中央限制，里根可能比他的前任们更有力地支持它们。但这不是一个新想法——不仅仅是在文书工作的中央控制方面。管理活动的减少持续了十几年，除了20世纪70年代后期在联邦重组上的短暂努力以外。对于政府中欺诈和管理不善的担忧几年前就已经开始，最近表现在卡特政府期间在大多数主要联邦机构设立了检察长。

因此，从表面上看，除了重点和努力之外，这些OMB业务并没有什么新鲜事。然而，在表面之下，有许多自由裁量和选择的目标：应当削减计划的接受者、各种减税的受益者、应该从监管中解放出来的行业或商业活动。大多数政治学家会同意这些问题是本质上和完全上政治性的，应由政治上负责任的官员决定。OMB已经证明了自己是使这些决定有效的智慧且灵活的机制。因此，它仍然是我们政治体系中几乎无价的齿轮。此外，它在以不同的视角与观点为政府提供有效服务方面表现出不同寻常的能力。

里根政府执政的前几个月，OMB对政府系统的影响以及该机构本身的性质是否发生了真正和持久的变化？这里预测它是有的，尽管不完全是因为里根和斯托克曼。ZBB被放弃了，而且可能不会再复兴了。目前还没有从历史辩护过程上完整评估ZBB方法和差异的价值，但其必要的文书工作并没有吸引这些机构。更为永久性的，也许更重要的是，几乎在里根就职时就立刻开始的OMB预算决策的集中化。这主要是由于政治形势和行政领导人的力量所致，但也部分是国会预算过程的产物。如果国会要具有相对统一的预算观点，那么政府也必须如此。各部门和机构不能各行其是。它们必须遵守政府的指示，唯一配备执行这一职责的机构是OMB。1971年的调解法案并不是里根的发明，它的首次运用与卡特政府上一个完整预算周期有关。但调解从来没有被用于如此庞大的规模，并可能成为联邦预算过程中的一个固定
119 程序。如果是这样，它可能会加剧集中效应。在OMB内部也有集中化的影响，职业分析师和审查人员在OMB决策过程中的参与程度稍低。这可能是朝着政治官员更具支配地位的长远方向迈出的一步。

1981年1月以来，OMB的态势和表现中最显著的变化是其主管人员的个人影响：他的知识、能力和推动力，他在行政部门和总统对他的高度信任方面表现出的积极态度。经过长时间的驱动，斯托克曼一人或者一系列的斯托克曼式人物可能会在办公室中带来真正的变化，但如果没有这一点，

OMB 仍然是一个有弹性的、适应性强的、灵活的机构，它可以随着冲击而前行并为整个联邦政府提供稳定和连续的力量。

注释

1. 我们感谢 A. James Reichley 在 Joseph A. Pechman（ed.），*Setting National Priorities*：*The* 1982 *Budget*（Washington D. C.：The Brookings Institution，1981）中的“A Change in Direction”部分对于里根计划与哲学的观点分析。

2. Ronald Reagan，“Inaugural Address，” *Congressional Quarterly* 1981 *Almanac*（Washington D. C.：Congressional Quarterly，Inc.，1982），12 – E. Boston College Professor Samuel Beer in a recent article entitled “The Idea of a Nation” in *The New Republic*，187，3（July 19 and 26，1982），pp. 23 –29.

3. 这个提案可能在 ZBB 的案例中有争议，但很明显该模型是格鲁吉亚州的，因为该州已经实施了一项私营部门行动，并通过总统和他从格鲁吉亚州带来的预算负责人到达了华盛顿。在其他大多数情况下，起源和模型都在国防部，有时来自私营部门。

4. In Dawes' book，*The First Year of the Budget of the United States*，（New York：Harper and Brothers，1923），pp. 8 –9.

5. 斯托克曼对联邦预算内容的兴趣至少可以追溯到 1975 年，当时他撰写了关于那些过程的概述，这些过程的前提非常类似于他曾经担任 OMB 负责人的过程。参见 David A. Stockman，“The Social Park Barrel，” *The Public Interest*，39（November 1975），pp. 3 –30. 同样重要的是，斯托克曼只是美国历史上第二位拥有国会经验和第一位近 40 年经验的预算负责人——上一位是富兰克林·罗斯福的第一位预算总监刘易斯·道格拉斯，他从 1933 年 3 月起至 1934 年 8 月担任该职务。

6. 预算审查部门最近努力安装 CBMSU 或计算机化预算管理系统单元反映了对预算决定支出结果的日益关注。该单元负责计算机化追踪可能影响最终预算支出的国会和行政行动。

7. 许多预算负责人在行政部门中具有很高的影响力，有些负责人在国会具有重要地位。但就公众而言，大多数人都悄悄地工作并且低调。有些人如果长期担任的话，可能已经成为政治领导人和发言人：伯特·兰斯、罗伊·阿什、乔治·舒尔茨甚至道斯本人。但没有人像斯托克曼那样“立即”出现。

8. Specifically, Sections 301 (b) (2) and 310 of that Public Law 93 - 344 of July 12, 1974.

9. Allen Schick 对此报告于其 *Reconciliation and the Congressional Budget Process* (Washington D. C.: American Enterprise Institute, 1981), P. 6.

10. “弹性”说法的想法源于希克。Ibid., P. 10; the relevant section of the Act is 301 (b) (2).

11. Ibid., pp. 30 - 32.

12. 参见 William Greider, “The Education of David Stockman,” *The Atlantic Monthly* 248, 6 (December 1981), pp. 27 - 54. 令包括这些作者在内的一些人感到惊讶的是斯托克曼可以在由他以及总统管理层中的高管所表现出的对里根经济和预算计划的不信任和错报的陈述与指控中存活下来。华盛顿的一些人向我们解释说，没有其他人有知识和才能取代他的位置。然而，斯托克曼本人在文章中承认“我们当中没有人真正根据所有这些数据理解发生的情况”（第 38 页）。

13. 例如，由国家公共行政学院主持的一个蓝带委员会在为 1980 年总统选举获胜者编写的报告（20 世纪 80 年代的总统）中强调了加强 OMB 管
120 理活动的重要性。几乎完全由 OMB 和预算局的校友组成的同一个学院的后一个小组在 1981 年的报告中更加强调：“加强 OMB 在改进联邦政府管理方面的作用”。

14. 参见 Section 3504 (b) (1) of *The Paperwork Reduction Act of* 1980, Public Law 96 - 511 of December 11, 1980.

15. U. S., President, Executive Order 12291, *Federal Register*, 46 (February 17, 1981), P. 13193.

16. 这些信息来自众议院监督和调查小组委员会根据传票获得的数据，并在 Michael Wine 对里根监管工作的出色概述在进行了报道“Reagan's Reforms Are Full of Sound and Fury, But What Do They Signify?” *National Journal* (January 16, 1982), pp. 92 - 98 at P. 93.

17. Ibid. , P. 93.

18. 我们无法获得可比较的数据，但与我们交谈的人的印象是，自愿离职没有显著变化。

19. 引自 Don K. Price, *The Scientific Estate* (Cambridge, Mass. : Harvard University Press, 1965), P. 122.

第九章
中西部州的预算办公室角色转变：戈斯林回顾*

科特·塞谬尔（Kurt Thurmaier）
詹姆斯·J. 戈斯林（James J. Gosling）

121 盖伊·彼得斯（Guy Peters）指出，20 世纪 80 年代和 90 年代的治理包含两个难题。[1] 首先，政府一直在努力为其政策承诺提供资金。考虑到每个十年初期的经济衰退，这一点尤其困难。其次，政府一直在努力解决政府作为社会问题解决机制的合法性的根本问题。候选人越来越多地运用平台来削减政府支出和税收，宁愿让私人市场在塑造社会中发挥更大的作用。更多的人意识到政府面临的政策问题越来越被视为棘手问题，这些问题越来越相关并且越来越复杂。政策选择似乎没有为政府行动提供“简单”途径。问题太复杂了。

预算决策是政府在解决这些问题时所做出选择中不可或缺的组成部分。因此，预算决策者是制定和实施公共政策的行政决策者的一个子集。不幸的是，缺乏有关政策制定方面的预算决策的实证研究。本章通过利用近十年前收集的数据比较中西部三个州中央预算办公室的决策数据，为实证研究做出贡献。比较的焦点是中央预算分析师（central budget analyst，CBA）在这些州制定公共政策方面发挥的作用。首先我们分析预算办公室对政策制定的总

体导向，这为 CBA 的角色提供背景。然后，我们分析了 CBA 对其指定机构的作用。1985 年和 1994 年研究比较的结果提出了几个与预算理论和实践相关的问题。

预算办公室演变的阶段

在 1966 年的那篇文章中，希克指出，20 世纪预算的历史是决策改革。他描述了预算办公室的演变，从随着行政预算过程的出现而强调支出控制（20 世纪 20～50 年代），到强调管理机构和绩效预算（20 世纪 50 年代），122
再到以计划导向的计划项目预算（PPB）系统启动（20 世纪 60 年代）。他指出，所有三个导向都在预算中起作用，但是强调一个或另一个则随着时间的推移而改变："在导向的问题上，我们处理的是相对的重点，而不是纯粹的二分法。恰当的问题是这些重要职能在中央层面的平衡"[2]。

希克认为，控制导向处理了一个小范围的担忧，主要是诸多使执行人员将立法机构和行政长官设定的支出上限作为预算政策（如职位控制和直接转移支付）的活动。管理导向处理诸如完成特定任务的组织安排及人员选择等问题。计划导向着重于广泛的问题，包括如何关联长期目标和政策与特定的支出选择，哪些计划应当启动、终止、扩展或缩减。虽然希克关注联邦层面的变化，但他指出，各州在很大程度上遵循了国家层面的变化。

希克使用项目预算，特别是 PPB，作为一个计划导向预算的例子。他认为，"作为一种政策手段，项目预算不同于简单的效率工程模型"，而是一种宏观分析方法，其中"重点在于全面性和将数据分组成各种类别以便在各种可供选择的支出组合之间进行比较"[3]。预算因此成为政策声明，预算活动成为在相互竞争的主张之间的分配过程。然而在后来的工作中，希克认为 PPB 未能实现整合政策分析和预算的承诺。[4] 虽然政策分析将长期计划引入预算程序，但在联邦层面实施的 PPB 体系中，政策分析并未扮演重要角色。希克认为，造成这种失败的原因之一是，PPB 权衡所固有的预算冲突本身与预算渐进主义的规避冲突规范相冲突，直到冲突在预算中更易于被接受时，PPB 决策制定"没有太多的机会影响预算结果"[5]。

1981～1983 年经济衰退期间许多州开始削减预算，扰乱了预算渐进主义及其规避冲突的规范。控制支出再次成为中央预算办公室的主导方向。在长期预算压力下，冲突无法避免，各州被迫做出预算与政策之间的权衡。[6]

然而，这种一概而论掩盖了各州如何面对这些预算挑战的重大差异。戈斯林在20世纪80年代中期进行的一项研究比较了艾奥瓦州、明尼苏达州和威斯康星州三个邻近州的州政府预算办公室的政策贡献。[7]戈斯林的研究发现，威斯康星州的预算办公室在州级预算中已经形成强大的政策分析导向。比较研究发现，这三个州呈现出了连续性，从艾奥瓦州预算办公室的少量政策决策到威斯康星州预算办公室的强有力政策决策，而明尼苏达州预算办公室正从艾奥瓦州的会计和控制导向威斯康星州模式转变。戈斯林的工作提出了希克的“预算阶段”框架可以扩展到包括预算办公室演变的政策导向阶段的可能性。

在对其所在纽约州的预算审查工作人员的评论中，预算负责人保罗·阿普尔比（Paul Appleby）指出，预算办公室在政府运作方面有着独特的观点，预算办公室制定了“相当多的政策”，预算分析师已经从预算的政治压力中略微摆脱出来，虽然他们“正处于一个剑拔弩张的政治潮流之中”。[8]

从业者阿普尔比的言论展示了凯（V. O. Key）十年前提出的开创性预
123 算问题：人们给某一计划X美元，却只给另一个计划Y美元的基础是什么?[9]阿普尔比指出，价值总是在预算决策中发挥作用，而预算过程中的力量决定了谁的价值将会得到以及在多大程度上得到财政支持。决策的基础是分析师提出的“预算观点”。阿普尔比指出，分析师不会失去价值，无论是个人层面还是专业层面。他的评论强调了他从预算办公室的“奇特”角度分析预算问题的预算工作人员的重要性。

根据戈斯林对威斯康星模式的描述，当CBA被鼓励进行各种各样的政策分析活动时，预算办公室可以说是具有政策导向，而这些活动通常（但不总是）包括定量分析。戈斯林指出，关于政策影响力的关键问题是预算分析师在多大程度上行使“歧视性政策选择”。[10]更具体地说，这涉及“鼓励他们的程度和实际审查政策选择以回应机构的要求，以及是否在机构未提出任何要求的情况下提出政策建议”[11]。根据其机构配置情况的不同，预算分析师定义政策问题，评估备选方案并建议选项（包括资金水平）。了解州预算办公室对政策分析的总体方向为理解CBA在制定预算决策时的“预算观点”提供了重要的背景。

方法

戈斯林在1985年早期和1994年的研究都对大多数分析师和主管以及这三个州的所有3位预算负责人提出了质疑。[12]自1985年以来，艾奥瓦州已经对其预算办公室进行了重大调整，在分析师和预算负责人之间已经取消了主管。1985年的研究样本为44个，而1994年的研究样本为49个：1985年的研究采用结构化访谈，1994年的研究采用松散结构的访谈协议。[13]

变化中的州级预算办公室导向

1985年，威斯康星州预算办公室展示了政策分析导向，艾奥瓦州预算办公室展示了一个控制导向，明尼苏达州预算办公室正在开始从控制导向转变为政策导向。1994年，这些单位的分析师被问到他们是否将其单位的总体导向定性为“控制导向，管理导向，规划导向，［或］政策导向?”表9.1列出了他们的答复。答复的总数超过了分析师的数量，因为每个州的多个调查对象提出不止一个导向。

表9.1　　1994年各州预算办公室导向 124

州	控制	管理	规划	政策	州N
威斯康星州	13	2	2	18	19
艾奥瓦州	2	0	3	17	11
明尼苏达州	1	2	3	16	19
总计	16	4	8	45	49

注：州N意指1994年调查对象的人数。每个问题的数量或回复各不相同。例如，对于这个问题威斯康星州只记录了18个回复。

样本中约92%的调查对象（49人中有45人）将其预算办公室定性为政策分析导向。政策导向是所有三个州的模式回应。分析师很少提到管理方向，他们确实将其理解为机构间协调的宏观管理层面，而不是机构的微观管理层面。他们通常将微观管理活动归类为向最小的机构提供技术援助，通常由机构自己提出要求。有15%的员工注意到计划导向，主要来自预算负责人和团队领导，他们认为这种观点对于他们在预算办公室层面以及他们对整个州的财政管理规划的责任来说是相当独特的。

"政策"回复的数量几乎是"控制"回复数量的3倍。令人惊讶的是，唯一具有显著"控制"回复比例的州是威斯康星州，其中2/3的工作人员也将控制作为预算办公室的重要角色。正如戈斯林在1985年发现的那样，他们通常将控制作为次要导向来讨论，从属于政策分析。除了威斯康星州的回复以外，只有3位分析师将控制视为预算办公室的导向。艾奥瓦州和明尼苏达州的几乎每一位分析师都报告说他们的办公室正在从控制转向其他方面（通常是政策分析）。这不是威斯康星州工作人员的常见限定性陈述，它在政策导向上提出了有关控制性质的问题，这是我们在本文后面开始更详细比较1985年和1994年每个州时所要调查的问题。

然而，在我们深入分析每个州之前，我们暂停描述1994年访谈中确定的一系列预算分析师角色。分析师的传统特征是守门员，那些说"不"的人。他们是财政部门的监督人员（watchdog），确保各部门"走上正轨"。但是，如表9.2所示，只有少数分析师将其角色描述为对抗性的。[14]

125 **表9.2** **1994年各州预算分析师角色**

州	威斯康星州	艾奥瓦州	明尼苏达州	总计
提倡者	11	9	6	26
对抗者	2	3	4	9
传导者	1	1	5	7
促进者	5	5	1	11
政策分析师	6	1	5	12
其他	5	1	7	13
州N	19	11	19	49

表9.2报告了1994年对这个开放式问题的回复："你如何描述在预算过

程中你所在机构的角色？你会说你是一个反对者、对抗者、倡导者，还是其他？”表9.2中的回复类别囊括了更频繁的回复类型。分析师的模式回复表征了他们作为机构需求倡导者的角色（26人）。只有18%的样本将他们的角色描述为对抗者，他们中的许多人报告说只有在过程中的某个阶段才会这样做。

其中一个重要的发现是分析师角色不是相互排斥的，一些分析师报告了随着预算过程中的阶段或不同部门而变化的多种角色。例如，一位艾奥瓦的分析师回应道：

> 我想说的是，我的角色是检查请求的合理性，做很多调查工作来确定哪些新的请求在如此紧张的经济时期是真的值得资助的……例如，需要关注的最有价值的东西之一就是工资，以及他们是如何开支这些工资预算的……然后我们会问一些困难的问题。如果你真的需要这些位置，那它们为什么不被安置？
>
> 采访者：你是否将这种角色描述为与部门对抗？
>
> 在某种程度上可能是的。我们必须提出这些难题。另外，一旦我们与部门进行沟通，听取了他们对某个特定计划或某种特定的支出模式的意见，并且如果我们确信这是恰当的方式，那么我们就像我刚才所说的那样是这个部门的倡导者，直到州长说是或否。

明尼苏达州的一位分析师也有类似的故事：

> ［这］取决于实际情况。总的来说，我认为这是一个连续的过程，机构拥有太多的权力而不提供信息。例如有一套几年前开发的计算机系统。他们最终没有向一些应该知道的人提供信息而发生严重的赤字。在那种情况下，我会成为一名对抗者。这种权力支配有点太过分了。另外，有时候民众会陷入汹涌的狂暴之中，在不理解最终获得服务的人们的反响时批评计划或行政预算。在这些情况下，我必须回到另一个不同但更常见的角色——机构的捍卫者。

明尼苏达州在一些方面与一般样本不同。明尼苏达州工作人员的模式回复是“其他”，其中3个回复来自不想说对抗者并选择“批评者”的员工。如果这些被当作对抗者回复，那么对抗者将成为明尼苏达州办公室的模式回复。

表9.1和表9.2中的预算办公室导向和预算分析师角色分析为更加复杂地分析每个州的两个维度之间的相互作用提供了背景。我们也对改变预算办公室导向对分析师角色的影响（如果有的话）感兴趣。下一部分提供了每个州的预算办公室的更完整视阈。

威斯康星州预算办公室：仍然常规政策

十年前，戈斯林在威斯康星州预算办公室发现了分析师的常规政策角色。政策过程要求分析师及早确定政策问题，以便在为下一个预算编制阶段准备问题时优先考虑和研究问题。办公室内的政策发展对非内阁机构尤其重要，例如教育和自然资源部门。这些独立机构为立法考虑制定了自己的政策优先事项。这意味着州长转向州预算办公室，在这些领域制定自己的政策举措。

1994年的访谈表明，威斯康星州预算在这一方面变化不大。所有对导向问题作出回复的18位员工都表示，政策是威斯康星州预算办公室的主要导向。一位高级分析师指出，

> 在政策制定方面，我不知道它真的发生了很大的变化。我们继续被要求，有时独立于机构，以制定州长的政策举措。我们必须对这些机构提出的倡议作出反应。不可避免地，我们被要求准备替代
> 126 方案。我们在很多情况下被要求以更少的钱提供相同数量的服务，或者以相同数量的钱提供更多的服务。所以这真的没有改变。

在所有情况下，威斯康星州机构预算制定都需要分析师和州长政策人员之间的持续对话和密切合作。对于现任预算部门负责人而言，这两个群体有着“非常亲密和友好”的关系。

> 我对预算办公室的分析师和州长政策人员说的一件事情是："你们应该建立一个很好的关系。"从我的角度来看，我们的分析师应该不断与州长的政策分析师沟通，他们预期同行之间应当不断反馈。如果州长的政策分析师要与立法委员会委员们谈话，他们在开始之前必须了解实质性背景，做出政治承诺。在我开始之前需要打电话询问预算分析师，知悉事实情况以及如何与之打交道，因此我可以做出回应，并且不会承诺会出问题的事项。

在这方面，威斯康星州的预算层级非常扁平，预算负责人鼓励直接沟通，特别是避免中介角色。在他看来，"我不认为在逻辑上所有事项都可以通过我，瓶颈将会非常巨大，他们必须直接对话……当事情发展时，必须让分析师去分析对话，否则我们就跟不上事情了"。他继续说：

> 这是他们了解州长政治的方式，也是州长的分析师深入了解政策影响的方式。州长的政策分析师和预算分析师必须有两个有所不同的观点，但如果他们想做好工作，他们都必须了解他人的观点。这两种观点不是相互排斥的。有一点确实是非常重要的，预算分析师根据良好的公共政策制定建议，并考虑到州长对问题的看法。

威斯康星州的预算办公室分析师认为，与州长的关系应当密切，无论是谁在任。当被问及"你为谁工作?"而不是"谁是你的老板?"时，预算负责人下属 14 位工作人员中有 9 位（64%）表示是州长，还有 3 位（21%）表示是管理局局长（他在威斯康星州也被称为第二位州长）。分析师对州长的观点能很好地理解，因为他们信任他，也出席他召开的会议。他们还阅读报纸及其他资料，并随时了解他的公开声明。这是威斯康星州预算编制中的一项强有力的传统，可能有助于解释威斯康星州政府预算办公室的强大政策作用。州长们知道这个强有力的政策角色在过去做了什么以及它可以为他们做些什么。一位高级职员指出：

> 无论你是否同意他在本州实施的政策，我认为你必须对他行使

> 权力以期有所成就真正给予（州长）很大的信任。你可以总是不
> 同意自己被领导的方向，但他是真的可以使用这些工具，无论否决
> 权或人事安排或财政预算办公室都是为州长服务的……我们在以前
> 127 的州长手下被要求去做很多事情。我认为我们在汤普森手下可能被
> 要求做更独立于机构之外的事情，其中部分原因至少是因为还有一
> 些从上届政府延任的官员在运行某些委员会以及他们的任期超过
> ［前］州长厄尔的任期。

荒谬的是，服务“州长”也有助于保持他们无党派的工作，他们的“中立能力”声望继续得到尊重。基于对州长视角的敏感性是一种重视部门请求“碰壁”的专业文化，即便能预期到面临州长办公室的反对。威斯康星州的每一位预算分析师都表示，它是这项工作的重要组成部分，大多数人都可以引用最近的实践例子。即使整个请求没有被最终接受，通常在下一个预算周期的这个阶段中被设定为接受，并且如果资金充裕并且政策方面没有被州长完全拒绝，那么经常有一部分请求会被纳入州长的当前预算中。

威斯康星州分析师的角色回复反映了1985年访谈中角色认知的微妙转变。然后，分析师将自己更多地视为机构批评者，类似于1994年的政策分析师回应，但远不是机构请求的倡导者。对这种转变的一种解释可能是州长及其政府的差异。1994年的分析师看到自己服务于一个受欢迎并锁定连任两届的州长。州长和他的内阁之间关系融洽，州预算办公室意识到这一点，并且成为其中的一部分。分析师仍然对机构预算持批评态度，但他们也愿意提倡代理机构的需求。这与1985年分析师服务的一届州长比较，他再次陷入连任窘境，无法巩固州长办公室与内阁机构之间的关系。因此，分析师对机构更加批评，试图执行州长的优先事项和政策。我们可以假设，州长团队在一起的时间越长，预算办公室工作人员就越愿意提倡团队合作者的需求。这个假设应该在未来的研究中探索。

1994年关于预算办公室导向问题的最令人惊讶的结果是68%的工作人员表示，控制权也是威斯康星州办公室的一个重要关注点。对此回应的进一步讨论揭示了一致的感觉，即州长有一套明确的目标和优先事项，这要求威斯康星州的国家预算办公室严格控制低优先级计划的支出（特别是职位），

以便任何自由支配的资金可以分配给州长的优先事项。从这个意义上说，威斯康星州的控制导向主要被视为政策控制角色，而不是财政控制角色。一位高级主管指出：

> 我认为在这个行政当局中存在一定的需求，一定程度上希望对总体情况进行一些控制，确保各机构达成共识并执行行政长官的政策。也许比其他政府部门多一点。不过，我想我们也想摆脱对机构的微观管理。有时候我们可能不完全符合这个想法，但是……我认为我们的一些指示反映出希望更多地委托给这些机构。这个刚刚出台的冻结政策，基本上是由各机构决定它们需要填补和取消哪些职位，而不是让所有事情都进入预算办公室。所以这可能是我们试图给予机构一些管理灵活性的例子。
>
> 无论谁是州长你都需要财政控制，因为无论谁是州长，预算过程都会带来一些纪律和限制。你只有这么多钱。你可以提议增税，但这通常是一个禁忌。所以跟你拥有的钱相比总是有更多的需求和请求，所以这会自动给予预算办公室一些许可权，让它们开始考虑设置优先事项，确定哪些更重要，而哪些方面应该削减。但我认为，用州长的话来说，存在实实在在的努力可以改变一些事情……因此，我认为州长汤普森只是觉得他得整合本州的资源，并把它带领向某个方向。要做到这一点，就需要一定的政策控制和财政控制。

新的分析师不容易把强有力的政策导向与可见的控制部件结合起来。最新的分析师中的一位对预算办公室的导向表示了不确定性：

> 我想我将不得不在这里多待一些日子。但是根据他们询问我的面试问题的类型，我认为它试图在监督和控制机构如何花费它们的资源之间找到平衡，如果你愿意的话。而另一方面的平衡是政策，这在哲学上是“这就是我们要去的地方”。我感觉到他们正试图在这里取得一些平衡。

平衡政策和控制的可能需要再次反映出 1985 年至 1994 年间政治环境的变化。1994 年保守的共和党州长试图实行预算和政策控制，同时面临民主党占多数的立法机关的自由派领导，而 1985 年的民主党州长与民主党占多数的立法机关合作，更加强调完成任务而不是施加控制。

如表 9. 3 所示，确定导向对威斯康星州预算办公室工作人员的角色认知没有显著影响。主要比较在控制和政策导向之间，以及提倡者和对抗者角色之间。可以预计，那些看到办公室控制导向的人可能认为他们的角色是他们被指定为机构的反对者，而那些看到政策导向的人可能会认为他们是“良好公共政策”的机构计划的提倡者角色。考虑到对威斯康星州导向的两极化回复数量很高，两种导向之间的角色认知差异不大。

128 **表 9. 3　　威斯康星州角色与导向回复矩阵**

角色回复	控制	管理	规划	政策	角色回复总计	T1 员工（见表 9. 2）
提倡者		1	2	11	23	11
对抗者		1	0	2	5	2
传导者		0	0	1	2	1
促进者		0	1	4	8	5
政策分析师		0	0	6	8	6
其他		0	1	5	10	5
列总计	2	2	4	29	56	
T1 列 n（见表 9. 2）	1	2	2	18		

只有 2 位工作人员将他们的角色描述为机构的反对者，而另外 22 位则认为其角色是一些机构的倡导者。事实上，这两位分析师看到了多种角色，这取决于周期中的时点或其他因素，并且有时也将自己视为机构倡导者。其中 6 位工作人员将分析师角色视为政策分析师，其中 2 位预算分析师也确定了一个控制导向。另外 1/3 的人的观点是传导者（1 位）或促进者（5 位）的角色，除了其中 1 位之外，所有人都认为是控制和政策导向。

威斯康星州分析师看到预算办公室及其角色的多个维度。超过一半的工作人员确定了提倡者角色，无论他们对办公室导向如何看待。最后，没有明确的角色模式来区分将威斯康星州预算办公室视作控制导向或政策导向的人。

明尼苏达州预算办公室：仍然在过渡期

1985 年在明尼苏达州制定的政策议程主要由州长特设政策委员会保存，由 3 个行政人员办公室的高级官员组成，包括州规划办公室、财务部门和州长办公室。州预算办公室的建议由委员会进行筛选，州长亲自考虑的只有相对较少的那些具有重大政策或财务意义的项目。尽管明尼苏达州的分析师被鼓励“将选择的政治含义纳入其分析中”，并且“协助州长及其工作人员参与审查”，但他们对于“立法机构的工作”感到灰心。一旦州长的预算转移到立法领域，预算政策就掌握在预算负责人和其他高级官员手中，因为审议关注“公共政策元素选择较少，政治调解与联盟建设较多”。[15]

1985 年，明尼苏达州预算办公室也处于从会计和管理导向向更重视政策的重大变革的早期阶段。在变革中发挥作用的决定是从威斯康星州预算办公室团队领导人中招募和聘用新的预算负责人。新任负责人内利·约翰逊（Nellie Johnson）用几种方法将明尼苏达州的预算办公室活动转向威斯康星州的预算办公室模式。分析师的头衔从控制者变为行政预算官（EBO），象征着从控制转向政策角色的基本变革。分析师们还获得了进行政策问题研究并为州长政策小组提供替代方案的新任务。

在 1985 年的访谈中，这一变化得到了分析师们的不同评价。明尼苏达州预算办公室有着长期任职的传统，分析师的平均工作时间为 8.7 年。高级分析师担忧预算办公室已经过于偏向政策角色而忽视了财务管理（控制）角色。他们还抱怨预算办公室的过度政治化，由于它与州长党派政治的密切关系，危害了他们的“中立能力”。[16]而且，老牌控制者担心他们没有接受过政策分析的培训，他们“不确定政策分析和日常财务管理之间的适当平衡”。[17]新的预算负责人似乎努力加强分析师的政策角色，他们招募新的分析师“期望他们会反映一种新的政策导向”。因此，聘用会计师的过往做法因青睐社会科学背景而减少。

表9.1中明尼苏达州分析师的回复表明，从1994年开始，这一转变取得了成功，因为16位分析师中只有1位非主管人员表示该办公室将控制作为主要方向。事实上，81%的分析师表示该办公室主要以政策为导向。然而，这些数字背后隐藏着一个更复杂的故事，表明明尼苏达州预算办公室仍处于转型期。

在1994年，明尼苏达州办公室的新分析师发现难以描述预算办公室的导向，并指出工作人员中似乎有两个阵营。新分析师指出那些早期曾在预算办公室担任控制者的高级职员拥有更强的控制倾向，而初级分析师则以管理和政策分析师的角色为特征，在与机构打交道时采用更灵活的方法。初级分析师也对这项工作很感兴趣，因为它提供了一个影响政策制定的机会。高级职员似乎对政策制定并不感兴趣，并对政策制定在办公室内的频率持怀疑态度。新的工作人员从机构人员那里听到过去预算控制者与机构财政人员之间强烈敌对关系的故事，加强了“双重阵营”的观点。

高级分析师也承认初级和高级阵营的不同观点，有时抱怨说新员工不理解控制活动的重要性及其帮助了解预算细节的价值。然而，尽管他们强调控制活动的重要性，但他们也承认，当下的导向重点当然是政策分析，无论好坏。他们指出内利·约翰逊时期是改变导向的关键。他们指出，聘用另一位威斯康星州预算办公室团队领导人担任预算负责人以取代约翰逊时，她被晋升为财务部助理专员，从而加强了采用威斯康星州模式的尝试。鉴于访谈讨论中“双重阵营”观点几乎一致，以下回应的分析令人惊讶。

如表9.4所示，明尼苏达州只有1位受访者认为州预算办公室具有控制导向，而16位则认为具有政策导向。与威斯康星州回复占大多数相比，明尼苏达州只有1/3的回复将分析师角色描述为机构的倡导者。只有2个回复描述的角色是对抗性的，而这些角色都属于政策或规划导向。[18]另外1/3描述的角色是政策分析师，其中包括描述办公室控制导向的受访者。将近一半的角色回应属于“其他”类别，包括顾问、催化剂和“友善评论家”等角色。后面的描述与预算负责人一致，他希望分析师避免成为机构的倡导者和反对者，但希望他们对机构请求和计划提供专业批评性分析。

表 9.4　　明尼苏达州角色与导向回复矩阵　130

角色回复	控制	管理	规划	政策	角色回复总计	T1 员工（见表 9.2）
提倡者		0	0	5	6	6
对抗者		0	0	1	2	4
传导者		0	1	3	4	5
促进者		0	0	0	0	1
政策分析师		1	0	5	7	5
其他		0	1	6	9	7
列总计	2	1	2	20	28	
T1 列 n（见表 9.2）	1	1	2	16		

乍一看，明尼苏达州办公室似乎存在角色和定位观点的矛盾。大多数工作人员表示存在分歧的观点，但在对我们 1994 年的问题作出回复时并不明显。对矛盾情况的一种解释是，预算负责人试图使办公室的人员配置模式发挥不同分析师的优势。其结果是，具有高度政策内容的机构（如福利和教育）主要由初级分析师组成，而具有较低政策内容的机构和预算业务则由 131
高级分析师主导。这种模式在威斯康星州办公室并不明显，也与艾奥瓦州的情况相反，在艾奥瓦州高级职员负责高度政策机构，初级职员负责较低政策的任务，我们将看到，这反映出艾奥瓦州从控制到政策导向的重大转变。

总体来说，明尼苏达州预算办公室仍处于向分析师角色和办公室导向的统一观点过渡的时期。与威斯康星州的情况不同，威斯康星州的预算办公室在实践中掩盖了一个相当有凝聚力的观点，而在明尼苏达州则相反，在实践中，预算实际上似乎更加多样化，因为该办公室应该会越来越多地采用政策导向而不是控制导向。

艾奥瓦州预算办公室：有所创新

根据“歧视性政策选择”的机会，1985 年的一项研究发现，艾奥瓦州预算办公室的工作人员在预算过程中具有相对较小的（如果有的话）政策作用。作为艾奥瓦州审计长办公室的一部分，工作人员负责“管理国家财务状况”。夏季是他们活动较少的时期，因为要等待在9月份收到部门预算申请。在困难的财政环境下使用基于目标的预算过程，只要预算未超过目标，部门主管在确定预算请求时就有一定的灵活性。

然而在1994年，办公室有着截然不同的面貌和程序，反映出明显的变化掩盖了明尼苏达州预算办公室的重新定位。艾奥瓦州分析师现在不仅仅对请求作出反应，而且将他们的夏季时间花在与部门的预算工作人员和高层领导密切合作以制定分析师在9月份正式提交时将审查的预算请求。一些人忙于为有关心理健康或职业培训的部门间工作制定政策，这些政策将反映在下一轮预算请求中。毋庸置疑，已经发生了一些重大变化。

首先，预算办公室现在是管理事务部（Department of Management）的一部分，其中包括州预算办公室，州规划办公室和州地方预算审查办公室。[19]该部门是1986年艾奥瓦州政府重组的一部分，当时将60多家机构和委员会合并为20多家。艾奥瓦州预算员工在1994年的平均任期为8年。许多目前的分析师作为重组的一部分被纳入预算办公室。值得注意的是，他们与明尼苏达州的工作人员相比在州预算办公室的导向以及职员在其机构方面的适当角色上的一致认知高了多少，这些人员已经过渡了很长时间。

艾奥瓦州的每一位分析师都表示，办公室已经从控制导向转向政策导向，尤其是自1991年以来。这一转变大部分归功于新任的管理事务部的负责人和预算负责人。两人过去都是州预算分析师。办公室转型的关键是遵循重新设计和全面质量管理的规定。该部门有一个“愿景声明”，其两条原则出现在预算工作人员的对话中。

> 艾奥瓦州管理事务部愿景声明
>
> 本部门是日益促进式而非控制式的——也就是努力帮助事件达成，而不是防止事情发生。
>
> 132 在其监督职责中，该部门建立了对结果的问责制，而不是对规范和手段审查。各部门和地方政府都被赋予了尽可能多的灵活性来取得预期的结果。我们的专长是成果衡量。

该部门愿景的核心是共同努力将预算分析师的角色从机构对抗者转变为促进者、顾问、甚至是“真正”机构需求的倡导者。经过几轮削减基本预算后，这意味着部门负责人在如何实现所需削减或希望重新分配其基本预算方面具有很大的灵活性。虽然艾奥瓦州仍然使用季度拨款，但很少进行调整或拒绝，预算办公室也不再在机构预算范围内实行直接转移控制。

根据管理事务部负责人的说法，“我认为这符合我们不断变化的角色，我们一直在寻找‘这里增加了哪些价值’？增加价值不是通过今年与去年的对比，增加的价值在于能够评估不同的替代方案如何满足以及实现不同的结果”。负责人希望分析师关注关键问题。“我们已经说过，你作为预算分析师的角色是对所有这些信息进行分类，并提出需要做出的关键决策。识别这些信息，将它们放在一张纸上，然后带上图表和任何需要的相关信息在那里支持决策。但是让我们把重点放在这些关键决策上，我不想听到其余的内容，州长不想听到其余的内容。”

预算工作人员一致同意这一新观点，其中一位高级职员指出：

> 当我第一次开始工作时，是在审计长办公室并且是非常控制式的……但我们试图参与更多的政策活动。我们希望尽可能地采用促进式……我们试图与各部门进行更多的合作。我们仍然必须提出困难的问题，因为我们有预算责任。我们更多地参与部门级别的预算准备。我们不会等到预算出现在我们的办公桌上，然后再通过它。我们在各部门准备预算时与之合作，我们尝试并给予他们我们认为最能得到州长的支持、最受立法机构欢迎的建议。

表 9.5 显示，所有 11 位爱荷华员工认为艾奥瓦州预算办公室具有政策导向。此外，11 位员工中有 9 位确定了分析师的倡导者角色，是这 3 个州在这方面回应率最高的。只有 3 位员工关注到了分析师的对抗者角色，这些角色包括控制、规划和政策导向。第二高的角色回复是促进者角色，这几乎是全体员工回复的一半（5 位）。高度重视倡导者和促进者角色反映了过去十年预算办公室及其角色视角的彻底改变。从审计长办公室转到管理事务部后，员工们反映了他们在艾奥瓦州预算中与相关机构关系的角色的高度一致

观点。以下描述是典型的：

> 在他们预算的实际制定阶段，我们实际上正在与［机构］合作，我们向他们提供我们对收入预测的看法、信息，以及从先前立法循环获得的我们对于州长优先权可能倾斜的感受。基本上当他们把预算请求放在一起时，我们是他们的倡导者。不要让他们完全疯狂，并把包括厨房水槽在内的所有东西都放在预算中。无论如何，我试图做的是让他们保持在我认为行政部门将要关注的过程中。不要太过分，但肯定不要说不要把东西放进去。如果你真的觉得这很重要，那就去做吧，但是我会根据我现在拥有的信息告诉你我会怎么想的。
>
> 一旦该预算正式提交给我们，我们的角色就会改变。他们开始做出预算决定，然后我们是行政部门的信息来源和发言人。这个过程归结为州长实际向立法机构提交的内容。这使我们处于一个相当独特的位置。至少我认为它确实适用于我自己的情况，因为我与各部门合作制定预算，并且在大多数情况下感到很自在，他们提交了有效的合法预算。然后，从我的角度来看，我必须替他们向州长办公室辩护。一旦州长最终做出了决定并将他的预算提交给立法机构，然后我们再次转变角色，然后我们到那里向立法机关解释和支持州长的预算。它改变了大约3次。

分析师们似乎正在努力与各机构建立更好的工作关系，试图在此基础上建立信任。一位分析师列举了一个例子，说明他的机构取得了多大进展：

> 大约一个月前，我参加了［一个部门］整整一天的协商会议……我花了一整天时间，与部门管理人员、部门负责人、副部长和其他两个关键人物一起。这是非常有益的。我感觉很好，因为他们让我身处其中并感谢我的到来，他们指出我在提出问题时对他们有帮助。有时候在协商中，那些部门将会主要关注他们想要得到的以及他们想要做的。正如有人告诉我的，温和地提醒现实检查是有帮助

的，提醒他们不是世界上唯一的部门，不是他们想要的一切都必须是行政部门或立法部门的优先事项，而且还有资金的限制，还有温和地提醒你“你最高级别的优先事项是什么”？

表 9.5　　艾奥瓦州角色与导向回复矩阵 133

角色回复	控制	管理	规划	政策	角色回复总计	T1 员工（见表 9.2）
提倡者	2	0	3	9	14	9
对抗者	1	0	1	3	5	3
传导者	1	0	0	1	2	1
促进者	0	0	3	5	8	5
政策分析师	0	0	1	1	2	1
其他	0	0	0	1	1	1
列总计	4	0	8	20	32	
T1 列 n（见表 9.2）	2	0	3	11		

如前所述，希克的预算框架阶段提出了预算办公室发展的演进路径、平行于政府需求的变化范围和变化的技术。艾奥瓦州预算办公室是一个州的例子，它跳过了希克框架下的管理和规划阶段，并跳向了政策导向。员工们在他们的新角色视角上具有明显的凝聚力，避免了明尼苏达州办公室的分裂主义。

讨论

这 3 个中西部州预算办公室已经不再呈现从控制到政策导向的广泛布局。在短短的 3 ~5 年时间里，艾奥瓦州办公室已经跟随了威斯康星州的强有力政策导向，绕过了管理或规划阶段。相比之下，明尼苏达州的办公室仍处于始于 10 年前向政策导向的转变之中。从她的角度来看，明尼苏达州预算负责人认为，该办公室肯定强调政策导向，尽管控制仍然是预算办公室的一个重要职能。虽然我们对回复的分析支持她的观点，但工作人员内部存在着强烈的暗示，认为某些事情不符合一致的“预算观点”。

对于艾奥瓦州和明尼苏达州预算办公室转型的不同经历，有两种合理的解释。首先，文献表明教育背景可能是将办公室从控制重新定位为政策重点的重要因素。戈斯林在 1985 年的访谈中发现，3 个预算办公室的不同导向也反映在被聘用为预算分析师的雇员背景中。他指出，在艾奥瓦州雇用会计背景的重点与在威斯康星州雇用 MPA 和社会科学背景的重点形成鲜明对比。在明尼苏达州，工作人员传统上也来自 MBA 和会计背景，他指出明尼苏达州预算负责人在 1985 年将工作人员重新定位为政策分析方向的努力被证明是困难的，因为工作人员抵制他们参与“政治”的预算，更喜欢预算的财务会计工作。

1994 年对分析师教育背景的分析为这一假设提供了一些支持。一个极端是威斯康星州，95% 的员工拥有社会科学文学学士学位，但没有任何商科学位（表 9.6）。另一端是艾奥瓦州，45% 拥有商科、会计或金融学学士学位，只有 36% 拥有社会科学学士学位。明尼苏达州处于中间，只有 32% 持有商科相关的本科学位，47% 持有社会科学学位。

134 **表 9.6　　1994 年预算人员本科学位**

学士学位	艾奥瓦州（人）	明尼苏达州（人）	威斯康星州（人）	总计（人）	艾奥瓦州（%）	明尼苏达州（%）	威斯康星州（%）	总计（%）
无	1	0	0	1	9	0	0	2
社会科学	4	9	18	31	36	47	95	63
人文学科	0	2	0	2	0	11	0	4
物理/自然科学	1	2	1	4	9	11	5	8
商科	4	6	0	10	36	32	0	20
会计/金融	1	0	0	1	9	0	0	2
总计	11	19	19	49	100	100	100	100

根据每个预算办公室分析师的任职情况对其教育背景分类，可以得出一些有趣的发现。首先，艾奥瓦州和明尼苏达州在过去的 5.5 年中都只雇用了 1 位拥有商科本科学位的分析师；艾奥瓦州 75% 的和明尼苏达州 90% 的在

此期间雇用的员工都是非商业学位。明尼苏达州在此期间雇用的9位非商科员工占明尼苏达州1994年员工总数的47%，而在艾奥瓦州雇用的最后3位非商科员工仅占员工总数的27%。艾奥瓦州和明尼苏达州的情况也不同，明尼苏达州在预算办公室拥有十年以上工龄的员工中有26%拥有商业学位，而艾奥瓦州的员工中只有18%。

因此，对于艾奥瓦州和明尼苏达州经历差异的一种解释可能是明尼苏达州办公室中具有商科背景的高级职员的份额较大，与一大群非商科背景的初级职员并列。艾奥瓦州的办公室没有明尼苏达州的广泛教育背景。另外，由于艾奥瓦州办公室的商科背景更多，我们可能预计向政策导向过渡将更加困难。从分析师的研究生学位分析可以揭示出为什么情况并非如此。

如表9.7所示，威斯康星州的办公室延续其强调员工中MPA学位的传统。只有21%的员工不持有研究生学位，并且没有任何商科学位（MBA）。略微超过一半的艾奥瓦州预算工作人员拥有研究生学位，而且没有一个是商科学位。明尼苏达州展现了另一种情况：它是唯一一个分析师拥有商科研究生学位的办公室，占明尼苏达州预算员工的21%。根据预算办公室任职时间进行研究生学位分析进一步阐明了办公室的差异。在过去的5.5年中，在艾奥瓦州雇用的4人中，75%拥有研究生学位，并且每个人都拥有MPA学位。相比之下，明尼苏达州预算办公室在同一时期雇用了10人，90%拥有研究生学位，20%拥有MBA学位。

表9.7　　1994年预算人员研究生学位 135

学士学位	艾奥瓦州（人）	明尼苏达州（人）	威斯康星州（人）	总计（人）	艾奥瓦州（%）	明尼苏达州（%）	威斯康星州（%）	总计（%）
无	5	6	4	15	45	32	21	31
社会科学	1	0	2	3	9	0	11	6
MPA/MPPA	5	8	11	24	45	42	58	49
商科	0	4	0	4	0	21	0	8
其他	0	1	2	3	0	5	11	6
总计	11	19	19	49	100	100	100	100

因此，预算分析师的整体观点似乎可能受其教育背景的影响。威斯康星州的工作人员一致地缺乏商科教育背景，并且以 MPA 学位为主。艾奥瓦州的工作人员正在增加拥有 MPA 学位的员工比例，而且没有一个拥有商科研究生学位。另外，明尼苏达州的核心工作人员拥有商科研究生学位，并且继续聘请具有这种背景的人。在 1994 年接受访谈的预算负责人中没有一人会因为他或她有商科学位背景而排除预算工作人员，但艾奥瓦州和威斯康星州的负责人强调分析师理解政府和公共政策的好处。他们最近的招聘证明了他们的观点。

与明尼苏达州办公室相比，对于威斯康星州和艾奥瓦州办公室观点的一致性有一个更有趣的解释，工作人员认识到与州长存在一些联系的程度。1994 年的研究以几种方式来衡量这一点：分析师亲自向州长做预算决策简报、他们预期州长和预算负责人（通常被认为是代表州长发言，或者至少守护州长的利益）的反应程度，以及他们认为他们为州长工作，而不是为他们的直接主管或预算负责人工作的程度。

各州之间的简报活动形成了鲜明的对比。在威斯康星州，几乎所有的员工（分析师和团队领导）经常向州长作简报。明尼苏达州展现了几乎相反的情况，13 位工作人员中只有 2 位向州长做过简报，即使是明尼苏达州的团队领导也很少向州长作简报。

136 在这些例子中间的是艾奥瓦州，只有 1 位新的分析师从未亲自向州长作简报，但参加了有关预算的通报，并且还参加了与州长和机构负责人的定期（每月一次）“更新”会议。在预算周期的最后阶段，艾奥瓦州的惯例是预算负责人和管理局负责人向州长提交预算办公室建议，分析师出席简报会回答详细问题。某些分析师，特别是高级职员，亲自向州长作简报。

正如我们在对威斯康星州预算办公室的分析中指出的那样，向州长汇报是确保分析师知道威斯康星州州长观点的关键因素。向州长作简报是预算办公室摸清门道的一部分。它是了解州长的参数是什么、部长的参数是什么，以及如何在这些经过深思熟虑的参数范围内开发选项。预算负责人认为它们是有价值的培训计划：

> 当然，当我们有一位新的分析师并且团队正在向州长汇报时，

> 我会对新的分析师说，“其他团队成员在通报情况时你也留在房间里。这会让你有机会观察这个过程，这就是你找到感觉的途径。当你的特定部分的简报完成后，你不需要跳起来跑出房间。坐在那里听听其余分析师的简报对你有好处。”

威斯康星州的工作人员非常清楚他们的党派政治中立性以及他们与州长党派政策工作人员的区别。然而，他们重视与州长在各种简报会上频繁的互动，因为这让他们了解了州长的优先事项和政策。与此同时，他们与州长的关系足够舒适，可以提出他们“知道”他可能不同意的论点。这是他们的工作，并且被鼓励对其指定的机构和问题进行独立和客观的分析。

艾奥瓦州向州长作简报的经验要弱得多。来自一位分析师的以下描述是典型的：

> ［州长的］目标一直保持不变，几乎与我在这个州的时间一样长。现在我对于什么符合州长的优先事项有了较好的把握。但我们并不总是很好地选择它们。格雷琴［管理事务部负责人］和珍妮特［预算负责人］都很好地掌握了州长优先考虑的内容。在第一轮中，分析师将会尝试提出他们认为最适合州长计划的事项。然后，我们将坐下来与珍妮特一起审阅这些预算，她可能会剥离一些，也可能会增添一些。然后我们会和格雷琴见面。在格雷琴之后，我们都坐下来和州长会面并说这就是管理部门关注的地方。你想要在哪里作出变动？这就是我们来这里的原因，你是否想要看到一些变化？
>
> 我们参加会议回答他可能有的任何细节问题。大多数情况下，格雷琴或珍妮特向州长解释问题。有时候我们会根据我们推荐的计划进行演示，以便州长对该计划的内容有更好的背景认知。但州长了解信息的程度很高，事先知道很多事情，所以他能够提出很多很好的问题。

虽然他们参加了预算简报会和每月进展会议，但他们更像观察者而非参与者。他们在会议上的投入远远小于威斯康星州的同行。他们准备好回答问题，有时会进行陈述，但这是例外而非常规。尽管如此，这种频繁的接触使
137 他们能够倾听州长的意见和担忧，并观察他的内部圈子的政治。这给了他们与其指定机构谈判的基础和背景，正如一位分析师解释的那样：

> 当我看到一项预算请求时，我会看看他们要求的事情以及它与州长的政策是什么关系，他正在为整个计划寻找什么，或者我知道他支持或者不支持什么……在预算过程的开始阶段，还没有一个正式的“这是州长将认可的”事项。但是在你来到这里一段时间之后，如果你已经与这个部门打交道了一段时间，那么你会有一种直觉。
>
> 这需要一段时间。我不知道。我想说这需要两到三年的时间才能真正让你做出这些决定。现在它对我来说是第二种天性了。很久以来那些花费我更多时间的部门，它就是这种样子。我知道问题是什么，我知道过去发生了什么问题，我知道州长在这些问题上的姿态。

明尼苏达州的分析师很难发现州长在问题上的立场，部分原因是缺乏与现任州长的亲密接触。正如一位向前任州长做过简报的高级分析师指出的那样，“这是我们角色的一个特征，它真的在起起落落。我们曾经与［前任州长］珀皮奇坐在这大厦的地下室里，一小步一小步地、一寸寸地在员工中穿行。在现任州长的两年里……当他初来乍到时，我们当然直接向他就许多问题作了简报，但在过去两年里，我发誓我不记得与他会面。现在我们与他就［一个问题］类型的事情［而非预算建议］与他会面。”

根据分析师与州长的联系来衡量，明尼苏达州员工的关系是最遥远。只有6%的明尼苏达分析师同意他们为州长工作（与他们的老板、他们的直接主管截然不同）。当被直接问道“既然你汇总州长的预算，你为什么不说你为州长工作?”时，下面的回复代表了他们的观点：

> 我不认为自己是为州长工作的。这是州长的预算，［但是］除

了紧急情况外——只有资金不足时，我并不清楚地知道州长在补充预算过程中的预算偏好。除了政府专员外，我几乎没有与州长的工作人员进行任何互动，所以我想我是为专员工作的。(受访者 1)

确实如此，但大部分偏好都会通过其他人进行筛选，无论是专员还是助理专员、立法 LRD。但那真的是我收到这些消息的来源。他们是那些带回来实际政治或政策事物的人。(受访者 2)

在正常的预算周期中，我们把它称为行政预算团队，通常包括预算负责人、专员、州长办公室的几个人和其他各种各样的人。他们应该向州长提出建议。并不总是清楚谁在为他们说话。(受访者 3)

对于一些分析师来说，与州长的距离也不错：

不，我不为州长工作。他在议会大厦有他自己的工作人员。不，我不为州长工作。我认为我们听说了他的优先事项，当然我们所有人都在阅读报纸。我的意思是，通过阅读报纸我了解了州长在干什么。我认为其中的一部分是我们在会议和事件上听到的，但这与机构一样。我们不应该是机构的倡导者，我不认为自己是那样的。同样的，我并不认为自己是州长的倡导者。我认为这与我们的角色背道而驰，因为如果我们这样做了，那么实际上他或者专员或预算负责人都不会得到他们所需要的分析。但是我们为行政部门工作。

艾奥瓦州和威斯康星州的工作人员更乐意认同州长及其政策和优先事项。大约艾奥瓦州 55% 和威斯康星州 60% 的分析师（以及威斯康星州 75% 的团队领导）回应称他们“为”州长工作。通过对 3 个州的数据进行进一步分析，可以发现简报在培养政策分析视角方面的效用，简报的频率与“与州长的隶属关系”呈正相关（r = 0. 349，prob. </ = 0. 023）。简报的频率也与预算办公室的控制导向回复呈负相关（r = − 0. 567，prob. </ = 0. 0001）。

表 9. 8 列出了最后一项证据，表明与州长的密切关系影响预算分析师的

观点（也许还有决策）。虽然威斯康星州工作人员估计 1994 年平均 84% 的建议得到了预算负责人的肯定，但艾奥瓦州和明尼苏达州的平均值却较低（分别为 75% 和 78%）。对 1994 年至 1985 年的肯定比例进行比较是有问题的，因为 3 个办公室的所有工作人员都有较大的人员流动，财政和政治环境也发生了变化。然而，值得注意的是，威斯康星州的平均水平有所提高（80% 的工作人员报告率在 90% 至 99% 之间），明尼苏达州的比例大致相同，而艾奥瓦州的比例肯定有所下降。虽然艾奥瓦州和明尼苏达州办公室的比例变化可能是由于近年来高级职员流动相关的新气象造成的，但 3 位预算负责人都没有将肯定比例归因于工作任期，可能除了第一个预算周期以外。相反，他们认为员工们要么擅长归集建议，要么不擅长。

138 **表 9.8　　1985 年及 1994 年分析师建议肯定比例**

	艾奥瓦州		明尼苏达州		威斯康星州		总计	
肯定比例（%）	85	94	85	94	85	94	85	94
50 ~ 69	1		2	1	0	1	3	2
70 ~ 79	1	2	1	2	0	3	2	7
80 ~ 89	4	1	3	2	2	5	9	8
90 ~ 99	1	4	5	6	8	8	14	18
100	0	0	1	0	0	0	1	0
合计	7	7	12	11	10	17	29	35
平均	75		78		84		83	

另外，在他们看来，良好建议的一部分是全面的分析，包括已知的政治复杂性（如利益集团反对），与州长的政策和优先事项的一致性或者例外情
139 况的良好论证。正如我们上面所讨论的，学习分析多方面的预算问题需要工作经验。正如威斯康星州负责人指出的那样，出席预算简报会是“找到感觉”的好办法。

结论

本项研究的结果表明，希克的 1966 年框架中应该增加另一个阶段，以

解释一些州预算办公室向政策导向的演变，这与他的计划导向截然不同。近几年预算编制和政策制定之间的联系比在 PPB 下更明显。随着政策问题变得越来越复杂，看起来更多的州长正在转向中央预算工作人员来分析财政上良好的政策选择，同时与州长的优先事项一致。州长与 CBA 之间的个人互动似乎增强了这种关系的有效性。

本章中报告的结果提出了一些问题，即州长自己影响预算办公室的导向和角色的程度，以及这种影响在多大程度上来自部长或预算负责人，他们掌握了他或她认为最适合服务州长的职位。一个相关的问题是，如何成功地通过预算负责人过滤州长的观点。进一步的调查还可以帮助说明预算分析师和州长之间的个人关系，包括通过与州长的定期简报创建个人亲和力的程度，以及它如何影响分析师的建议。

注释

1. B. Guy Peters, "Introducing the Topic," *Governance in a Changing Environment*, B. Guy Peters and Donajd J Savoie, eds. (Monreal: McGill – Queen's University Press, 1995). 5 –9.

2. Allen Schick, "The Road to PPB The Stage of Budget Reform," *Public Administration Review*, 26 (4) (Dec 1966): 244 –245.

3. Schick, *op cit.*, pp. 250 –251.

4. Allen Schick, "A Death in the Bureaucracy. The Demise of Federal PPB," *Public Administration Review* (March/April, 1973): 150.

5. Ibid, P. 155.

6. 这并不是说 20 世纪 70 年代政策驱动的冲突在许多州的州长制定的学校援助均等化计划、州级资助的财产税减免和其他倡议中不存在。渐进主义并不统一。另外，在此期间预算收入的普遍稳定增长为这些倡议提供了必要的资金，因为这些倡议涉及新的计划而不是预算中的权衡。

7. James J. Gosling, "Toe State Budget Office and Policy Making," *Public Budgeting and Finance*, 7 (Spring 1987): 51 –65.

8. Paul Appleby, "The Role of the Budget Division," *Public Administration Review*, 17 (Summer 1957): 157.

9. V. O. Key, “The Lack of a Budgetary Theory,” *American Political Science Review*, 34 (December 1940): 1137－1140.

10. Ibid, P. 54.

11. Ibid.

12. 1994 年的访谈包括 100% 的艾奥瓦州预算员工 (11/11), 89% 的明尼苏达州员工 (16/18) 和 81% 的威斯康星州预算员工 (21/26)。这个覆盖度与戈斯林 1985 年的访谈相媲美, 详细内容可以在他的文章第 53 页的表 1 中找到。自 1985 年访谈以来, 所有这 3 个办公室的人员都减少了 (艾奥瓦州两个, 明尼苏达州两个, 威斯康星三个)。

13. 可根据申请要求作者提供访谈大纲。

14. 对抗者、对手或类似的角色识别在表格中报告为对抗者。同样, 提倡者类别包括诸如“领导者”之类的回应。

15. Gosling, “The State Budget Office,” pp. 57－58.

140 16. Ibid, P. 58.

17. Ibid, P. 62.

18. 其中两名工作人员缺少导向变量的值, 因此被排除在此分析之外。

19. 这是艾奥瓦州—地方关系的一个独特特征, 它涉及对每个地方政府预算的州级审查。

20. Robert D Lee, “Educational characteristics of budget office personnel and state budgetary processes,” *Public Budgeting and Finance* 11 (Fall 1991) 69－79; and Thurmaier, “The Multiple Facets of Budget Analysis: Focusing on Budget Execution in Local Governments,” *State and Local Government Review*, 27 (2) (Spring 1995) 102－117.

3.2 法院何时以及如何进行干预

第十章
法院与公共财权：预算描述错过了什么？[*]

杰弗里·D. 斯特劳斯曼（Heffrey D. Straussman）

法官是否做出预算决定？这个问题曾经看起来很荒谬。预算过程中法院 141
没有正式的宪法作用，预算编制的各种描述中也找不到司法部门的位置。然而，有人会争辩说争议已经呈现在法院面前，而法院的判决对预算行动的形式提出了要求。考虑两个容易识别的情景：

联邦法院在监狱改革领域非常活跃，特别是在监狱过度拥挤问题上。阿肯色州是第一个将其惩教系统判定为违反《第八修正案》的州，禁止从1969年以霍尔特诉萨沃尔案（Holt v. Sarver）开始的残酷和非常的惩罚。从那时起，35个州经历了与它们的监狱系统类似的诉讼。研究表明，州级惩教支出受到法院判决的影响，在法院判决后的几年内资本支出倾向于增加，而在一项法院命令后，惩教支出占州级预算总额的百分比提高。[1]

这种形式的法院介入——通常被称之为“机构改革诉讼”——也涉及

---

* From Public Administration Review, Vol. 56, No. 4 (July/August 1986), 345 - 351.

对州级精神病院和智障人士设施中发现情况的挑战。1972 年，纽约州智障儿童协会（New York Association of Retarded Children）、美国公民自由联盟（American Civil Liberties Union）以及在被称为威洛布鲁克（Willowbrook）的州设施中的收容人员的父母对纽约州提起了诉讼。诉讼指控该设施的条件违反了宪法权利。该诉讼导致了一项和解协议，其中包括一项让患者“收容出院”的政策，提高工作人员与救济对象的比率，并改善对新的收容出院人群的服务。预算影响在接下来的十年里是广泛的。[2]

法官是否知道他们在做什么，在预算意义上那是什么？库珀（Cooper）对布拉德利诉美利肯案（Bradley v. Milliken，1971）和美国诉俄亥俄州帕尔马市案（United States v. City of Parma，Ohio，1980）的案例研究指出，法官并非无视他们的补救法令在预算方面的影响。他指出，两个案例中的法官都敦促各自政府寻求联邦资金，以减轻其决定带来的财政影响。[3] 同样，
142 弗兰克·约翰逊（Frank Johnson）法官认为，亚拉巴马州精神病院因为怀亚特（Wyatt）决定带来的变化将允许该州有资格获得医疗保险和医疗补助资金——从而减轻其法令的预算影响。[4] 一般来说，法官会拒绝被告机构的申诉，即财政紧急情况不允许采取补救措施纠正宪法违规行为。因此，如果预算反映政策偏好，那么确定法官如何影响预算决定就显得很重要。司法界会如何挑战目前关于公共预算性质的假设呢？

走进法院：对渐进主义的挑战？

尽管预算文献在实践中避免提及诉讼和法院，但过程如何运作的传统观念提供预测司法—行政交互作用的“经验法则”。考虑一种经常被观察到的代理预算行为模式，即机构采取预算扩张的策略。

一些参与者将预算编制称为一系列分类决策，这些决策是在有限的时间框架内进行的，并有一些基本的限制因素。这些因素包括：参与者总数、正式的“规则”和财政约束。总的来说，这些限制简化了其他复杂的过程，并提供了一定程度的稳定性预算。一些参与者作出决策；预算周期随时间不变。策略往往围绕着扩大预算的努力，因为扩张等同于职位的声望和额外利益。虽然其他策略（如预算稳定的愿望）有时可能与预算最大化的目标竞

争，但一些研究表明，追求积极策略的机构负责人总体而言取得了成功。[5]

管理人员可以如何使用实际的或甚至更好的法院的潜在干预措施来实现预算扩张呢？考虑一下从威尔达夫斯基（Wildavsky）的"危机技术"中得出的一个可能性。正如威尔达夫斯基所指出的那样："一些机构官员因为能够修饰或利用危机而在预算界享有盛名。通过公布情况、有效地对其进行戏剧化并可能要求紧急拨款，机构可以将自己调整到一个负责大型新项目的位置。"[6] 预算过程中的诉讼和随后的司法干预的威胁是需要危机处理技术的一种情况。

机构负责人可能会声称以前的资金不足。因此，服务水平低于被认为"可接受"的水平——因此提供了诉讼的可能性。注意管理人员不需要承认失败。相反，他或她只是争辩说，服务是有效提供的，但是资金不足。如果服务水平没有提高（或服务没有得到改善），管理人员指出该机构最有可能被起诉。如果该机构的拨款增加，危机可以得到缓解（即诉讼的可能性可能降低）。

认识到危机可能是真实的或者是被制造出来的很重要。该机构负责人可能真心相信，鉴于目前的资金，诉讼的可能性很高。另外，机构负责人可能会夸大情况。无论哪种情况，假定立法机关没有完整的信息，因此将管理人员对诉讼可能性的估计理解为是相当准确的。现在考虑诉讼可能如何影响预算策略：

当管理人员面对立法提案人时，所有相关人员的初步期望是新的预算水平将比去年的拨款增加一个公平份额，这是从渐进主义理论出发的。把它称之为预算水平 F1。成功诉讼的威胁意味着更高的法院强制预算。把它称之为预算水 F3。这两个水平之间是管理人员可能希望通过使用危机技术获得 143
的预算水平。这可能被认为是"威胁"水平 F2。这三个水平显然有如下关系：F1 ＜F2 ＜F3。

管理人员策略的一个重要组成部分是确定成功诉讼的可能性。如果诉讼的威胁在 F1 以上生效，那么机构负责人很可能会将机构绩效与预算水平联系起来。这种关系不一定是线性的，对于可能成为诉讼目标的所有机构来说也不一定是相同的。尽管如此，有必要声称不同的预算水平会产生不同的绩效水平。通过这种方式，立法机构可以通过其控制财权来影响该机构的绩效。然后，立法机构可以通过改变该机构的资金水平来影响诉讼的可能性。

管理人员的策略是明确的——找出诉讼存在的威胁，然后试图说服立法机构通过识别 F1 资金水平的概率和 F2 水平产生的预期减少量来“购买”可能性的降低。然后管理人员要求 F2 水平。

当然，立法机关不会自动让步，并让机构负责人获得更高的（F2）预算。毕竟，立法机构和机构负责人一样，也有影响拨款水平的目标。其中有三点特别重要：（a）立法机构想要控制总体支出水平，因此不能经常性地批准所有以“危机”为基础的资金请求，（b）立法机关可能希望保留其对预算制定的权力（而不是让它落到法院手中），（c）立法机构的政策目标可能会也可能不会与法院达成一致。这三点在特定的时间上不一定相互一致，它们对立法机关根据机构负责人对诉讼前景的主张作出反应的单独或共同影响可能是不确定的。

基本上，立法机构想知道是否要提供 F2 预算，如果是，F2 水平应该多大。显然，立法机关可以选择拒绝管理人员的威胁。立法机关可能会这样做是因为立法者只是认为管理人员是错误的，他们认为没有严重的诉讼可能性。如果发生这种情况，显然 F2 的大小问题是无关紧要的。如果立法机关认为诉讼的威胁是可信的，它不需要接受机构负责人提供的估计数字。由于分析的问题是减少不同于 F2 水平的诉讼可能性所需支付的数额，因此仍然存在对 F2 的规模进行谈判的空间。

当司法干预机构行动的威胁出现时，预算策略和谈判是否真的以这种方式展开呢？戴夫（Diver）在讨论机构改革诉讼时观察到，“诉讼让管理人员获得前所未有的杠杆作用以获得额外资源，司法判决削弱了他在寻求资金时遇到的阻力。”[7] 当然，逻辑来自危机技术。另外，对管理人员扩大预算的“自然”倾向的更普遍的期望肯定会导致他们对上述策略性诉讼的使用。然而，可以理解的是，很少有管理人员真的会承认他们实际上已经采取了这样针对诉讼的预算立场——并且只有少量的证据甚至暗示所概述的情景是可信的。[8]

从预算行为的角度来看，在这个修正后的标准模型中渐进主义非常完整。法院可能会影响策略行为，但这一过程基本上没有改变。这是因为预算编制仍然主要是通过加法形成的——在各机构的预算基础上小额增长而不用考虑总额。虽然这种对预算过程的描述总是受到一些批评，但公平地说，在过去预算通常被描述为一系列不连贯的“自下而上”决策，很少明确注意财政限制。在所有机构似乎都是赢家的积极总和预算氛围中，司法干预仅仅 144
促进了一些参与者的策略游戏。

当增量不再保证时，游戏被改变了。即使没有法院的干预，财政稀缺也会改变游戏规则。特别地，渐进主义的主要特征——区分的预算角色、谈判策略、对上一年度预算基数的边际调整以及稳定性——都会因财务状况恶化而受到影响。随着财政环境的恶化，保持预算过程渐进特征的能力受到削弱。例如，边际调整不再得到保证；谈判策略的价值（或重要性）变得越来越小，因为谈判余地较少；或许最重要的是，预算过程变得难以预测。[9] 即便是对过去五年联邦预算过程的随意一瞥，也能提供这些观察结果的几个例子。

法院可能会加剧这种情况。毕竟，法官不是财政管理人员。与州长不同的是，司法部门在没有平衡预算的约束下运行。事实上，法官们已经表示，被告机构不能以缺乏资金作为不补救违宪行为的理由。法院在恶化的财政环境中参与制定政策可能意义深远。毕竟，如果公平份额调整不再得到保证，法院强制的支出将法官放在预算的罗宾汉职位上。当法院通过要求对原告进行禁令救济来决定预算获胜者时，必然会有预算失败者（由于财政紧缩所施加的预算约束）。所有面对法官愤怒的机构都会是预算赢家吗？下一部分指出了可能决定该机构战略地位的 3 个因素：财政环境、诉讼的可能性（或自初始诉讼以来所流逝的时间）以及机构与司法裁决政策意图的一致性。使用这三个因素，描述了导致不同于渐进主义行为下的预期模式的预算环境的条件。

司法预算环境：备选的策略预期

上一部分详细说明了在具有一定诉讼可能性的环境中的预算渐进主义修正模型。预算概貌包含了一些限制性假设。第一，存在一些诉讼的可能性。第二，管理人员愿意使用这种可能性来试图获取比通过危机技术预期更大的预算。第三，扩张预算的预期价值高于被立法机关或预算办公室发现诈骗的成本或机构无法接受的司法强制政策变更的成本。这种情况是一个特殊的司法预算环境，具有以下特点：

- 在该机构使用威胁策略之前，司法活动已经出现或被预期到；
- 机构实际上将威胁作为预算提案的一部分；
- 机构对于诉讼可能的政策结果是积极的或者至少是中立的（假设机构如果辩护就会输掉诉讼）。

这种司法预算环境的描述与戴夫对“以诉讼讨价还价的博弈”的描述相似。[10]作为讨价还价博弈的诉讼形象是有用的，因为它表明在某些（限制性）条件下，预算过程如何可以用作与正当程序权利有关的实质性政策变化的工具。第一个环境的决定条件是该机构将诉讼威胁用作预算策略的意愿。

145 考虑第二种环境。在这方面，诉讼已经发展到法院对被告机构作出判决。如果该机构同意法院宣布的政策，该政策很可能会被执行，因为法院的目标——合规性——与该机构的目标——预算扩张——似乎是兼容的。通常情况下，法官会促成双方之间的谈判，往往会导致一项同意法令，法官授权执行原告要求的一些变更。

在第二种情况下，时间范围是法院裁决后的 1 ~ 3 年。该机构要求提高预算水平以执行法院的决定。该机构被期望要么就法院决定的政策方向达成一致，要么至少保持中立。此外，该机构预计获得超过公平份额的预算净增长，以便遵守法院命令不会将预算资源从该机构管理的其他计划中分离出来。

20 世纪 70 年代后期在罗德岛的监狱条件说明了第二种环境。在 1977 年 8 月，地方法院法官认定该州最大安全设施的条件违反了《第八修正案》。经过一些初步的抵制后，该州开始执行法院的裁决。该州遵从法律的解释是州长与法院判决的政策含义达成的普遍协议。此外，执法援助管理局（Law Enforcement Assistance Administration，LEAA）的联邦资金也削弱了立法抵制，这些资金将用于支付部分增加的合规预算成本。

第三种情况在逻辑上与第二种情况相符。在很多情况下，在 3 年或更长时间之后，法庭裁决的执行尚未达到法院满意的程度。诸如霍尔特诉萨沃尔案之类众所周知的机构改革诉讼案例描述了这种情况。该机构作为被告卷入了长达数年的长期诉讼。有时，当法院寻求强制执行的方法时，司法介入的程度会在诉讼时期加剧。如果裁决最初公布的年份是“t”，假设该机构仍然接受法院行为的政策影响，司法介入会对该机构 t+3 年（或更年多）的预算性质产生什么影响？仅从预算策略的角度来看，该机构不太可能处于有利位置。第一，该机构显然不能再将司法制裁的威胁当作制定预算的策略。第二，时间的推移为立法机关和预算办公室提供了评估违规后果的机会。第三，与诉讼没有直接关系的因素可能会影响实施。这些可能包括争端的政府间维度和州一级可用的预算选择。简而言之，合规性和预算扩张现在变得更成问题了。

许多体制改革案例可能会落入第三种环境。通过以下 M. 凯·哈里斯（M. Kay Harris）和小达德利·P. 施佩尔（Dudley P. Spiller，Jr.）关于在阿肯色州实施霍尔特诉萨沃尔案（1969）判决问题的观察具有启发意义：“霍尔特要求的大规模变更需要支出超过被告当时控制金额的资金。虽然被告的惩教管理人员没有明确要求筹集或支出额外的收入，但实际情况是遵守规定需要增加和支出额外的收入……在实施过程开始时，管理人员曾欢迎诉讼作为进行必要改革的工具，但其无法说服立法机构适当提供所需资金。”[11]司法预算环境可能为管理人员和立法者提供选项和限制性选项。例如，在亚拉巴马州，约翰逊法官在怀亚特案中推动该州处于预算机会的位置，因为精神卫生设施的改善将使该州有资格获得联邦资助。但是，当合规需要大幅增加机构的运营预算时（相反而不是通过资本支出扩张），阻力可能会很强。

第四种情况是可能的诉讼对该机构造成威胁。与第一种环境不同，该机 146
构不同意法院在被告输掉诉讼的情况下将作出的政策。现在，管理人员的自利原则——被定义为预算最大化——并非不证自明的。尽管预算扩张的前景依然存在，但该机构的非预算担忧，特别是司法对行政的“侵占”可能会超过预算最大化目标。早些时候关于加利福尼亚州对司法裁决的行政反应的研究发现，一些监狱官员对他们认为是对其行政责任的司法干涉感到不满。[12]虽然这并没有完全消除第一种环境中概述的危机技术的可行性，但这意味着与不成功使用策略相关的成本可能会更高。因此，高风险管理人员可能仍然表现得环境好像类似第一种情况，而风险规避型的管理人员可能选择支持反对法院参与其管理机构的行为，即使可以通过司法介入取得一些收益。

俄亥俄州的监狱案例，查普曼诉罗德斯案（Chapman v. Rhodes，1977）描绘了第四种环境。罗德斯时期俄亥俄州的矫正与康复机构负责人反对联邦法院在监狱改革案件中采取的政策方向。该负责人认为，法官并不是正处于与预算办公室或立法机构斗争困境中的惩教管理人员的盟友。相反，负责人一般难以增加运营预算，同时制定资本预算建设计划。他认为，司法介入只会恶化他与立法机构的谈判。从他的角度来看，罗德斯案没有提供预算财富。[13]

第五种情况可能在诉讼发生后的 1 ~3 年内出现。与第二种环境不同，在这种情况下，被告机构认定法院授权的政策令人反感。请注意，非预算的考量可能会超出简单的预算最大化目标。该机构的一些可能的回应是什么？第一，拖延可能与政策异议的严重程度和司法介入程度有关。第二，抵制程度可能受到该机构可用的备选方案选择的影响。第三，该机构的回应可能会受到可能带来的预算后果类型的影响。例如，如果对设施的司法强制改进可以由政府间拨款提供资金，抵制可能会低于需要通过重新分配机构运营预算资金的情况。或许最能反映这些一般情况的案例是那些涉及学校废除种族隔离的案例，其中拖延成为对司法裁决的常规政治反应。波士顿学校种族隔离传奇中的两位内部人士以下列方式总结了他们对废除种族隔离的财政影响的看法："这是回避、无能、混乱、然后是冲突，导致一些城市的废除种族隔离的代价昂贵。"[14]无须达到同样苛刻的判决就能领会到对法院政策方向的反感和对财政环境的预期不利影响共同形成了这种环境中的拖延和抵制。

第六种环境与上一种情况在逻辑上是一致的。这是诉讼发生 3 年或 3 年以上的情况。像前面的环境下一样，机构反对法院的政策方向。预计该机构的阻力会很大。同样，立法部门和/或行政部门往往抵制实施，除非法院接管政治职能的威胁被认为是高度可信的。[15]总的来说，政策转变越大，资源重新配置越大，抵制力量越强。在这种环境下，司法实施成功的可能性很低。

地方监狱过度拥挤的情况往往反映了这种环境。政府间关系咨询委员会（Advisory Commission on Intergovernmental Relations）对监狱进行的研究包括
147 了这样的观察："在争夺地方预算地位的比赛中，监狱长久以来都是功能失

败者。”[16]诉讼使预算问题复杂化。虽然一些监狱设施不足的地方政府通过启动资本预算项目作出了反应，但立法机构不愿意将额外资金用于现有结构，尽管建设正在规划中或进行中。法官们对现有设施条件并未视而不见，仅仅因为预计未来会有改善。在这种环境下，法院与纽约市和纽约州之间关于城市设施违宪情况之间的冲突就说明，机构和/或立法抵制可能会被拖延。

当增量通过司法介入被抵扣时

对预算过程的司法干预不一定会改变预算惯例。如果不能证明由于司法介入税收和支出决策而导致预算方法明显改变，至少可以认为，法院有时在预算过程中成为不可忽视的力量。由于法院的参与需要诉讼，而且由于诉讼必须由寻求禁令救济的原告发起，因此司法介入预算难以预测。这种可预测性的损失有什么后果？

从预算过程中主要参与者的角度来看，法院的意外参与会影响到参与者计算其策略行为可能的结果的能力——以及其他人根据其行为对回应的期望。由于司法行为不是随机的，在这个层面上我们可以说法院参与预算过程会增加复杂性和不确定性，从而使计算更加困难。这是否使渐进主义过时了呢？不一定。复杂性和不确定性的增加使计算更加困难；但是，这不可能影响整个过程。相反，只有对那些受诉讼影响的机构而言，预算才会变得更加难以预测。

那么预算过程是否可以是部分渐进主义的呢？这取决于从哪个角度来看。当然，不受诉讼影响的机构可以使用标准模型，但预算严格的条件除外。但这只涉及预算周期中的立法阶段的预算编制。一个事实问题可能存在。如果财政状况恶化，法院强制要求改进一个或多个机构，那么可以认为渐进主义方法在预算周期的审查和拨款阶段不会受到影响？或者可以推断由上而下的影响会改变渐进主义方法吗？如果是这样，结果如何？

答案取决于增量的聚合大小。当然，这是对概念的一种不同的使用方式，更常见的是分析上的空洞。这涉及政府预算每年的实际增长。希克（Schick）提出了对不同水平的财政稀缺性的简易分类。[17]为了使用他的术语，在“长期”稀缺（或更糟）的情况下，预算管理人员倾向于试图抑制机构支出需求，因为请求必然会超过可用的资源。在这种财政紧缩的情况下，希克认为渐进主义方法和过程不可能占上风。在稀缺或削减环境下的艰难选择因司法强制支出而变得更加艰难。逻辑很简单，在这种情况下，法院抵扣了为数不多的预算增量。积极的和规范的后果随之而来。

积极的后果涉及由于外部条件（如财政环境）影响预算过程而改变的
148 体制规则。对财政紧缩环境下的预算过程的研究表明，策略、谈判和调节的基本模式受到财政限制的制约。[18]然而，这里概述的司法干预的影响并不仅仅是财政压力主题的变化。可预见带来财政紧缩的司法管辖符合威尔达夫斯基关于“穷人和某些人”的描述。[19]在预算范围内，贫困是不言自明的。确定性是指策略和计算。这个过程大致是渐进式的。对这一过程的司法干预可以改变这些情况。

首先考虑增长动机。可以想象，机构负责人可以抵制预算扩张吗？预算增长模式不容易纳入这种不正常的可能性。但是，当资源稀缺时，即使预算增长，管理人员可能也不希望对他们不同意的扩大的计划、设施或活动负责。如果这种扩张是根据管理人员所憎恶的司法政策来预测的，那么管理人员怎么可能在实际上避免扩大预算？这取决于被告机构可用的实施选项。例如，在一些州，通过将囚犯从州级惩教机构转移到县级监狱来实施缓解监狱过度拥挤的禁令救济。虽然这显然是一种临时方法，但它已被用作减少过度拥挤的一种方式。这两种选择都不符合法院可能被用作行政杠杆来追求预算目标的模式。

从预算的角度来看，法院的问题是它们不会消失。这意味着产生不完整实施反应的短期缓和措施不太可能满足法院的要求。鉴于地方法院法官弗兰克·约翰逊监督下的阿拉巴马州监狱和精神病院的体制改革历史，法官似乎拥有强大的后劲。当机构欢迎法院时，解释预算行为并不困难，“危机技术”相对简单。但司法强制要求的支出需要解释，而这种解释并不容易来自推动预算以及如何控制预算的基本模式。

从政治角度来看，法官可能会抵扣预算增量。如果政府在严峻的财政环境中发现机构受到司法干预的好处，结果并不是微不足道的。例如，自1975年金融危机以来，纽约市的预算环境已大大改善，尽管如此，支出控制依然受到重视。然而，由于关于监狱过度拥挤的司法裁决，惩教部门发现自己处于相对优势地位（与其他城市机构相比）。这不能归功于该机构管理人员的预算技能，相反，法院实际上抵扣了部分为数不多的预算增量。对于无家可归者和特殊教育领域的司法介入，倡导团体促成诉讼也可以得到同样的结论。从概念的角度来看，财政环境与司法干预之间的相互作用破坏了传统的稳定性，而这种传统的稳定性一度增强了对公共预算过程的理解。

重回 V. O. 凯的基本预算问题

这不好吗？这取决于对预算的预期是什么。本项分析支持 V. O. 凯关于在相互竞争的目的之间分配预算资源的基础的经典问题。[20]当然，凯根据非市场分配的一条或一组原则提出了问题。这些原则及其存在程度可以在微观经济学运用于公共预算的过程找到。但有人可能会认为，例如，帕累托原则有助于分析政府预算。这就是为什么预算研究人员继续探求凯所质疑的对活动 x 与活动 y 进行分配的基础的一个原因。

经济学家可能会对这一建议表示不满，但政治学家没有做出更糟糕的决定，也许他们在回答这个问题上做得更好一些。渐进主义预算理论的多元化根源在过去很好地解释了事后现象，搞清楚为什么有预算赢家和预算输家。149
只要这个概念被接受，即在预算限制下的竞争性目的推动选择，无论从微观经济学的优势还是多元化的角度来看，分析问题都已经确立。主要区别在于微观经济学的规范基础更容易被发现，政治学家总是对揭示其基于价值的假设感到有点拘谨，部分原因是在分配决策中没有任何东西可以与竞争对手相提并论。[21]但是这可能会被推得太过分。毕竟，对于预算改革的普遍失败提出了很多理由，这些改革试图使这一过程更加“合理”——一个使政治脱离预算的代名词。一种解释是，以效率为基础作出分配决定的目标有时与互惠规范相冲突。

财政紧缩不会自动改变分配决策的规范维度。然而，大多数预算观察人士会承认，零和结果比正数总和的“预算幻觉”更令人不快（预算幻觉这个词在此使用，因为即使实际增长，它们在增长红利的相对份额方面也会有所下降）。但即使是对 1986 财政年度的联邦预算政治的随意一瞥也凸显了多元化预算政治的雏形——尽管它们受到自上而下的财政管理决策的制约。

这其中，即便有也很少有看起来适合受法庭行为影响的预算情况。法官不必担心分配决策的分析或规范基础。权利保护似乎经常脱离财政限制和其他组织限制。正当程序保护模式的倡导者可能会提出强有力的论点，认为财政约束是无关紧要的。然而从逻辑上讲，如果法院强制要求在预算约束下提供资金，那么这个决定会强制预算再分配。与预算过程中发生的再分配不同，比如说在拨款过程中提出要求的机构可以试图发挥它们的影响力，法院决定的附带后果对预算不利的影响没有明显的转折点。

因此，法院在预算过程中的干预要求将凯的问题置于政治辩论的高地。也许寻找预算理论一直是错误的。毕竟，积极的预算编制方法实际上是从个人和集体行为的命题中推导出来的，这些命题被认为是公共预算范围之外的一般化概念。如果没有西蒙（Simon）和林德布伦（Lindblom），那么可以设想预算理论吗?[22]当形成法院影响分配决策的错觉时，同样会引发宪法和代议民主的基本问题——决策反映宪法基本原则和/或选举偏好的程度以及它们之间差异的程度。

注释

作者感谢杰西·伯克海德（Jesse Burkhead）、菲利普·库珀（Phillip Cooper）、艾琳·鲁宾（Irene Rubin）、阿伦·威尔达夫斯基（Aaron Wildavsky）和匿名审稿人对之前几份稿件的评论。资金支持来自雪城大学法律学院跨学科法律研究中心。

1. Linda Harriman and Jeffrey D. Straussman, "Do Judges Determine Budget Decisions? Federal Court Decisions in Prison Reform and State Spending for Corrections;" *Public Administration Review*, Vol. 43 (July/August 1983), pp. 343 –351.

2. Robert Martiniano, "The Willowbrook Consent Decree: A Case Study of the Judicial Impact on Budgeting" (Rockefeller College of Public Affairs and Policy, New York Case Studies in Public Management, September 1984).

3. Phillip Cooper, "Between the Legal Rock and the Political Hard Place: Interactions of Federal District Court Judges and State and Local Officials" (presented at the Annual Meeting of the American Political Science Association,

Chicago, September 1 – 4, 1983).

4. Phillip Cooper, "Pressure Point: A Comparative Case Analysis of Federal District Court Equitable Decrees" (Presented at the Annual Meeting of the Western Political Science Association, Sacramento, April 12 – 14, 1984), P. 33. 150

5. See, for example, Lance T. LeLoup and William B. Moreland, "Agency Strategies and Executive Review: The Hidden Politics of Budgeting," *Public Administration Review*, Vol. 38 (May/June 1978), pp. 232 – 239.

6. Aaron Wildavsky, *The Politics of the Budgetary Process*, fourth edition (Boston: Little, Brown and Company, 1984), P. 119.

7. Colin Diver, "The Judge as Political Broker: Superintending Structural Change in Public Institutions," *Virginia Law Review*, Vol. 65 (February 1979), P. 85.

8. See, for example, Allen L. Ault, "Resource Utilization in Corrections," *Corrections Today*, Vol. 42 (July/August 1980), P. 13.

9. For an extended argument see, Barry Bozeman and Jeffrey D. Straussman, "Shrinking Budgets and the Shrinkage of Budget Theory," *Public Administration Review*, Vol. 42 (November/December 1982), pp. 509 – 515.

10. Diver, *op. cit.*, pp. 64 – 88.

11. M. Kay Harris and Dudley P. Spiller, Jr., *After Decision: Implementation of Judicial Decrees in Correctional Settings* (Washington: American Bar Association, November 1976), P. 13.

12. Note, "Judicial Intervention in Corrections: The California Experience – An Empirical Study," *UC/A . Law Review*, Vol. 20 (February 1973), pp. 452 – 580.

13. Phillip Cooper, *Hard Judicial Choices: Federal District Judges and State and Local Officials* (New York: Oxford University Press, forthcoming).

14. Robert A. Dentler and Marvin B. Scott, *Schools on Trial* (Cambridge: Abt Books, 1981), P. 216.

15. William A. Fletcher, "The Discretionary Constitution: Institutional

Remedies and Judicial Legitimacy," *Yale Law Journal*, Vol. 91 (March 1982), pp. 635 –697.

16. Advisory Commission on Intergovernmental Relations, *Jails: Intergovernmental Dimensions of a Local Problem* (Washington: ACIR, 1984).

17. Allen Schick, "Budgetary Adaptations to Resource Scarcity," in Charles H. Levine and Irene Rubin (eds.), *Fiscal Stress and Public Policy* (Beverly Hills: SAGE, 1980), pp. 113 – 134. Also, Allen Schick, "Macro – Budgetary Adaptations to Fiscal Stress in Industrialized Democracies," *Public Administration Review*, Vol. 46 (March/April 1986), pages pending.

18. Naomi Caiden and Aaron Wildavsky, *Planning and Budgeting in Poor Countries* (New York: Wiley 1975); see also, Jane Massey and Jeffrey D. Straussman, "Budget Control Is Alive and Well: Case Study of a County Government," *Public Budgeting & Finance*, Vol. 1 (Winter 1981), pp. 3 –11.

19. Aaron Wildavsky, *Budgeting* (Boston: Little, Brown and Company, 1975), pp. 114 –116.

20. V. O. Key, "The Lack of a Budgetary Theory," *American Political Science Review*, Vol. 34 (December 1940), pp. 1137 –1144.

21. See Richard R. Nelson, *The Moon and the Ghetto* (New York: Norton, 1977), pp. 41 –47.

22. Herbert A. Simon, *Administrative Behavior*, 3d. ed. (New York: The Free Press, 1976); Charles E. Lindblom, "The Science of 'Muddling Through,'" *Public Administration Review*, Vol. 19 (Spring 1959) pp. 79 –88.

3.3 官僚主义

第十一章
联邦机构预算官员：谁需要他们？*

赫伯特·G. 佩尔西尔（Herbert G. Persil）

他们在做什么？ 151

关于国会最近的立法和变化如何影响机构预算官员、预算办公室和内部机构程序的工作的文字很少。毫无疑问，多年的从业者已经意识到他们今天必须处理的预算问题与过去不同，但他们的看法尚未被记录。

首先，关于这些从业者尤其是机构预算官员的工作，比如他们所从事工作的性质和责任，只有较少的研究记录，所以这些变化的影响没有引起太多关注。对联邦机构的预算编制的描述通常没有详细说明机构预算官员的作用。也许，以下观点被简单地接受而没有详细说明，即官员在某种程度上为以下预算过程功能负责：启动和推动预算的制定和编制、获得或准备预算请

* From Public Budgeting and Finance, Vol. 18, No. 4 (Winter 1998), 114 - 122. Copyright© 1998 by Public Financial Publications, Inc. Reprinted with Permission.

求的充分理由、在行政和立法预算过程期间担任资源官员，以及管理已制定的预算。关于中央预算官员在联邦机构中的典型作用和职责的官方完整描述似乎并不存在，但毫无疑问，在每个机构内部都有基于传统和实践的有关该官员行为的理解。[1]

旧时的预算官员绝迹了吗?

一位从业者根据其机构预算官员的概念感叹预算过程的变化已经削弱了预算官员的地位和影响力。阿尔伯特·克利曼（Albert Kliman）在 1997 年春季的《公共预算与财政》杂志上发表文章称，旧时联邦机构预算官员已成为一种“恐龙”，一种已灭绝的物种。他将这一灭绝归因于 1974 年《国
152 会预算和截留控制法案》之后的事件以及过去 20 年来高级行政职位日益政治化，而不是偶然的灾难。这些“灾难性”事件剥夺了古代野兽的自然栖息地，并且差不多消灭了它们。今日的变化物种包括这些成员，他们不再被视为财务管理的主人，而被视为官僚封建制度中的“农奴”，可能是被监督的。这些曾经引以为傲的生物已经失去了作为制定政策的主要贡献者的角色，而现在却被归为因人设职和技术功能。

克利曼承认，这种描述是夸大的，但这是他认为预算过程的变化实际上已经减少了联邦机构预算官员的作用。并不是每个人都会同意他的悲观评估，事实上，将过去的预算官员视为只适合连接起来并在史密森学会展出的古代骨骼集合可能为时过早。事实上，许多迹象表明，今天的预算官员仍然是活着的、疲惫不堪的，而且是一种适应在当前环境条件下生存的活跃物种。同样，研究他的主张及其相关性也许是有用的。

克利曼看到的旧时预算官员的本质是什么？他认为，这个人的特殊责任不仅仅在于制定和分配预算理由和向管理层官员汇报。预算官员是政府任命官员的亲密参与者，他们制定战略以实现规划目标、制定逻辑、在技术上为其辩护并在国会商议的过程中为他们提供可信度。预算官员还监督预算的执行情况，以确保计划的执行符合法律和机构负责人的意愿。他或她喜欢这个职位，因为机构负责人是这位官员的真正主管，而不管预算办公室在组织结构中的位置。只要预算官员得到机构负责人的全力支持，他或她就有能力可

信地向机构主管和计划管理人员传达政策和预算指令。

预算官员也是国会拨款（和授权）委员会工作人员在如何实施战略上的顾问，不管这些战略是否符合机构负责人的战略。提供这种“技术建议”有助于维护机构预算工作人员的声誉，同时帮助委员会避免可能在后来导致他们和机构出现问题的技术故障。拨款委员会的工作人员倾向于将预算办公室视为其特殊的专有资源，有时帮助保护预算官员免于在官僚机构内被剥夺权力。

预算官员是一位强大的职业官员，他的影响力影响了主要计划政策和机构计划执行。[2] 保留职位的职业地位需要能够微妙地平衡野心家的中立超脱而为决策者提供充分的支持和建议。这种岌岌可危的立场造成的一个后果是，政治委任官员经常付出努力控制预算办公室，特别是在政权更迭后。克里曼将这些尝试称为“权力争夺”。例如，预算官员在该组织的名义主管（如管理事务助理秘书）努力主张权力并干预官员与机构领导和主管的联系。旧时预算官员通常可以依靠机构负责人来加强他或她的权力，并与其他部门官员直接相关。

可能会出现这种情况，也许是因为观点存在根本性差异，即机构负责人希望替换不想被调动的预算官员。拨款委员会在了解威胁时可能会试图保护此人，并坚持认为他或她应该不受干涉。克里曼可以补充说，当委员会的指令被忽视时，委员会的报复可能是迅速而严厉的，并且在一些例子中的确发生了，其形式包括削减拨款、减少工作人员、对机构负责人的权力和津贴进 153
行法定限制。

这种旧时预算官员模式是否是所有联邦机构中的典型代表不得而知。考虑到联邦机构在其计划和资金、规模和组织方面的复杂性存在很多差异，这是不太可能的。更可能的是，大多数预算官员分享了他描述的一些属性，但很少人拥有所有这些属性。

克利曼认为，预算过程变化的最严重后果是，他们削弱了预算官员的政治作用，因此他不再是该机构的政治和政策角色。他举了一个例子，即插入一个额外的组织层，其中预算官员被直接置于一个诸如“预算副助理秘书”之类的政治委任官员的监督之下，然后他可能被认为是“官方的”预算官员。[3] 预算官员主要侧重于技术问题，缺乏影响政策过程的地位，在交给机构负责人之前无法阻止过滤或改变计划的建议和鉴定。

正如他所言，影响联邦预算的立法变化使其变得更加复杂，并增加了大量的工作量。似乎雪上加霜的是，根据副总统的国家绩效评估的建议，如今还在努力缩小政府预算办公室的规模。

预算改革与预算官员的工作

尽管克利曼认为可以提出一个观点来支持相反的情况，即预算过程的当下要求已经增强而不是减弱了预算负责人和预算官员的重要作用。在今天的技术要求和预算时间表内，预算官员的技能可能比以往任何时候都更重要，可以帮助决策者做出决定。这延伸到预算官员继续与国会拨款委员会、预算委员会和国会预算办公室进行沟通，因为所有人都在寻求协助和协议以应用复杂的新规则。简要回顾一些法定改革对预算官员的影响将说明这一点。

1974 年的《国会预算和截留控制法案》在这里被视为预算过程变化的出发点，现在已经足够可以理解没有考虑到预算官员。立法的目的是扩大国会对预算的总体审议能力，在整个预算中应用优先事项而不是单独的无关拨款行为。通过设立众议院和参议院预算委员会以及国会预算办公室（CBO）为此提供协助，国会在此也增加了机构预算办公室的“客户”数量，因为新的实体自然要求机构预算办公室提供数据、信息、解释，有时还要求介绍机构计划和预算。由于拨款和授权委员会转而要求国会预算办公室对预算授权和支出进行分析，为了计算委员会提案的预算影响并验证机构估计数，CBO 工作人员经常会与机构预算官员会面以验证数据并讨论所用假设的有效性。

目前，由于预算授权和支出的预算限额严格，一些计划的估计数所依据的假设不再仅仅是“技术性”的。估计数直接影响到政策选择，计划水平和拨款，因此这些讨论可能涉及机构政治人物和预算官员。为了适应上限，
154 可能需要考虑基本的计划变更，其影响应由机构和 CBO 达成一致。很难说出一个令人信服的论点，即预算办公室的“负担”和政治人物参与批判性讨论说明预算官员的作用减弱。

1990 年的《预算执行法案》（Budget Enforcement Act）及其修正案对机

构的决策和预算过程产生了深远的影响。它将总统和国会之间达成的协议编撰成法典，以实现未来几年的预算削减，希望能够实现均衡的预算。该法案规定了预算授权的法定最高限额以及未来五年“自由裁量”计划的支出，并在随后的预算中予以延伸，以便任何计划的增加必须在其他地方予以抵消以使之维持在最高限额内。它还创建了一类“强制性”支出，其中包括预算授权和支出不需要拨款委员会采取行动而是由于永久授权立法而继续执行的计划。在这种情况下，根据“PAYGO”规则，由新立法导致的预算授权和支出的增加必须由其他立法的减少来抵消。

该法案有几个后果极大地影响了预算官员的工作。首先，必须对预算支出进行比以前更严格的审查，因为支出率一旦确定，无论是在年度预算中还是在拨款委员会中都不能改变，除非有特定的规则。在更加乐观的假设条件下，仅仅简单地改变预计支出率，支出就不能再变为更有利的水平。其次，在最高限额下的选项过度复杂化，某些计划的支出不会发生在获得预算授权当年，而是会发生在后面的年份。例如，重大建设活动或住房补贴计划的预算授权可以在预算年度上限内制定，以便可以在当年完成合同承诺（义务）。但是，支出会发生在未来，可能会在好几年中，在这样的计划里，无法在支出上限下进行控制，因为国库资金是按照实际的建筑工程过程或补贴支付来支出的。预算官员必须在快速支出和缓慢支出之间做出选择，不管其他可能正在考虑之中的优先事项。在住房和城市发展部等机构中，任何一年中有超过90%的支出都来自前几年的义务，这个问题非常严重。

第三个结果是管理和预算办公室（OMB）为每个机构提供了酌情预算授权和支出的上限或“最高限额”用于指导编制年度预算。这些随着上限总额逐年下降的最高限额是僵化且没有多少谈判余地的，结果就是各机构的决策方式发生了重大变化。前几年，即使是“紧张”的机构，机构内的处室至少可以提出增加预算的方案，希望能够与OMB进行有利的谈判。预算过程本身的结构使其有机会讨论提出增加预算的优先事项。在目前的环境下，除非可以在预算授权和支出中列出抵消额，否则不会讨论任何增加，几乎没有处室主管希望自愿参加。为了做出艰难的选择，一些机构负责人通过不再向处室主管要求通常的估计数来暂停其通常的预算过程。这有助于处室主管避免因建议削减利益集团口头支持的计划而产生的政治问题。一些机构负责人通过自上而下的过程达成预算决定，机构管理人员参与程度最低的情况下准备替代的预算提案。

如上所述，该法案的后果要求预算官员和工作人员见多识广、灵活而机智，需要预算官员的出席来解释支出率的影响、替代计划和预算授权提案对
155 支出的影响以及可能减少支出的潜在节省来源。为了做到这些，预算官员必须不仅仅是一名称职的技术人员，还必须能够将这项技能扩展到能够清楚展示计划影响的材料。预算官员以这种方式参与是人们所期望的，而不是将过程层层剥离至纯技术状态的典型人员特征。

《1990 年联邦信贷改革法案》（Federal Credit Reform Act of 1990）进一步说明了立法改革如何增加预算办公室的工作。信贷改革试图通过预算和拨款行为来控制联邦直接贷款和贷款担保（包括保险）计划。拨款法案先前仅限制了信贷计划的数量和行政费用，现在还包括出于覆盖联邦政府潜在损失成本目的的拨款（预算授权）。这意味着一些贷款确实失败了，必须使用一些贷款保证金，并且可能因为财政损失而不得不支付保险索赔。计划的潜在成本现在可以看到了，并且必须通过拨款提供，而不是隐藏起来。

有直接贷款或贷款担保计划的机构发现，年度预算的准备在信贷改革之前已经足够复杂。信贷改革创造了积累额外数据的必要性，有些数据尚未提供，并创造了新的会计记录，以便能够跟踪为预算输入的新的损失计算，并为拨款制定后的资金控制提供基础。编制最初的信贷改革预算是噩梦般的，因为计划工作人员、预算工作人员和会计人员都在斟酌新概念和术语，并努力将这些要求应用于其具体计划。预算官员负责保证机构管理人员了解变化的重要性以及他们如何影响计划控制和预算展示的方式。

1994 年国会选举

另一个影响整个政府预算官员的非法定性质的事件是 1994 年选举后国会领导层的变化。拨款委员会与其他委员会一样，被分配了新的主席，新的主席也被分配给了每个附属委员会。委员会的工作人员也被取代，执政党新主席任命了新人。这结束了委员会工作人员多年的相对稳定，并且破坏了机构预算官员和工作人员之间的长期职业关系。新的工作人员中的一些人对拨

款工作没有经验，自然而然的像他们的前任们一样寻求机构预算官员作为他们与各机构之间的日常联系。关于提供机构计划的信息和理由等事项的新的理解和程序性假设必须制定。在这方面，预算官员继续履行与委员会工作人员合作的传统角色。

仍然需要预算官员

这些简短的描述显示了国会通过的一些预算改革以及国会本身的改变如何给预算官员增加了更多的工作和责任。它们还表明预算官员对机构负责人的重要性日益增加，因为对规则的技术性修改影响了必须为预算做出的计划选择。它们似乎不是争论预算官员地位有所下降的基础。除了政府任命的官员在预算决策中的参与程度可以如此描述之外，他们并不认为这会增加预算过程的政治化。实际上，考虑到改革如何影响政策选择，政治委任官员参与 156
拨款委员会、CBO 和 OMB 工作人员的讨论常常是必不可少的。即使预算官员在这样的讨论中发言较少，也不会减少该人的地位或相关性。

今天任何关于机构预算官员的讨论都应该认识到，在所有细节上的共同描述不太可能涉及其在政策过程中的角色。一个原因在于机构负责人行使不同的管理风格。可能有一位机构负责人想要参与预算的细节并且有一位预算专家在手边，而另一位机构负责人可能更愿意避开细节，依靠中间人，并且较少与预算官员打交道。一位机构负责人可能对过去的经验非常感兴趣，并呼吁预算官员解释以前的计划和政策是如何成功或失败的。另一位机构负责人可能不希望关注过去，特别是如果它曾被反对党派控制，并且继续推行新的计划和干净的名单。一位机构负责人可以享受由高级行政人员和高级职员参加的大型会议，以讨论合议设置中的政策。另一个人可能更喜欢只与两三个人会面，只有最少的讨论并当场作出决定。显然，预算官员受到机构负责人偏好的影响，这可能会因任期的变动而改变。

预算官员的有效性也可能取决于个性以及与中间人工作并赢得其信心的能力。通常情况下，预算官员大多数时间里通过中间人开展工作，如员工主管、行政助理、特别助理或其他与机构负责人密切相关的个人。中间人将指导预算制定过程中的决策过程，并管理机构负责人为提出决策问题而优先选择的格式。预算官员对政策的接受程度和对政策的影响可能更多取决于他或她与中介人的关系，而不取决于与该机构负责人的联系。毋庸置疑，预算官员在确保将重要事项提交给机构负责人或中间人方面的自信是一项附带条件。

考虑到影响部分预算官员的许多因素可能在机构的政策制定中发挥作用，很难说它们的地位升高了还是降低了。是否有一个标准，比如旧时预算官员模式，可以在各机构之间应用，以确定预算官员是否得到适当的利用？如果有标准的话，它不能与机构负责人确定他或她是否满意机构内的预算流程使用的标准不同。如上所述，这种满意度的达成最终取决于机构负责人的管理风格和偏好。在那种情况下，悼念旧时预算官员的过往毫无意义，除了满足回归更简单日子的怀旧渴望。在今天有效的是，根据机构负责人的需要完成工作，以适合他或她的方式使用工作人员。

本项讨论依赖于作者自己的观察和经验，而不是基于经验的研究。这样的研究是否能够为预算员制定标准尚不得而知，但笔者认为不太可能。预算理论的缺乏以及找到预算理论的前景令人怀疑，使得形成预算官员通用模型的可能性变得渺茫，即使有些人认为恐龙化石表明过去确实存在过恐龙。

注释

1. 以下适用于地方政府的描述可能符合联邦机构预算官员的普遍看法：

157 预算部门在市或县的整体运作中占据最重要的位置……预算部门负责人通常成为行政长官的主要助手之一……他或她通常被配置在行政长官办公室以确保直接沟通。由于在编制预算过程中获得的丰富知识，预算部门负责人可能比任何其他地方官员（包括管理层或市长）更了解管理工作。预算部门负责人通常拥有超越纯粹财政问题的专业知识，他或她经常为涉及行政组织和管理规划的研究和提案做出贡献。预算获得议会批准后，预算部分负责人及其工作人员协助行政长官管理预算。

来自 Leonard I. Ruchelman, "The Finance Function in Local Government," in J. Richard Aronson, (ed.) *Managerment Policies in Local Government finance*, 4th ed. Washington D. C.: International City/County Management Association, 1996, P. 27.

2. 克利曼可能已经将旧的住房和家庭财务局的预算官员以及新的住房与城市发展部的第一预算官员约翰·M. 弗兰茨（John M. Frantz）视为榜样。在1969年1月退休之前，弗兰茨显然受到了部门高层管理人员和拨款委员会的信任和尊重。克里曼这位作家有幸成为弗兰茨工作团队的一员。

3. 在他的文章中，他还考虑在预算审查员和管理和预算办公室负责人之间加入一个政治层级，即计划助理主任，作为预算过程政治化的一部分。

第十二章
预算最小化官僚？来自高级行政官员的经验证据[*]

朱莉·多兰（Julie Dolan）

158 在一个典型的民主国家，我们假设民众对政府官员的行动和产出施加一些控制，确保它们符合公众的偏好。自美国成立以来，公众对政府支出的控制一直是公众关注的焦点（Stabile，1998）。在他们的殖民地经历和“没有代表权的征税”的呐喊声中，制宪者赋予国会征税和支出的权力，该部门被预期将与人民密切配合并由其控制（Oleszek，1996；Rossiter，1961）。在这样做的时候，人们期望政府官员会听取公众对税收和支出的要求，或者会面临选举的影响。[1] 然而，政府第四部门的发展造成了一个矛盾：未经选举的官员现在有权力影响政府预算决策（LeLoup，1977；Wildavsky，1964）。

对官僚行为的关注源于公共管理者在美国治理中扮演着越来越重要的角色。如果他们在没有亲自参与的情况下中立地执行其政治长官的决策，那么他们的态度和价值观就会被边缘化，因为我们不会期望它们影响决策演算。然而，人们普遍认为官僚，特别是那些担任行政职位的官员确实参与政策制定（Aberbach，Putnam and Rockman，1981；Meier，1993；Rourke，1984）。由于这些人所担任的职位是未经选举产生的，受《公务员人事规定》的保障，公众如何确定他们的决定符合公共利益？参与治理的实质性官僚主义能

* From Public Administration Review, Vol. 62, No. 1 (January/February 2002), 42 – 50. Copyright © 2002 by American Society for Public Administration. Reprinted with Permission.

够与民主理想相协调吗？

本章侧重于预算偏好，涉及联邦公务员队伍的顶级人员如何代表美国公民的要求和偏好。笔者以联邦政府高级行政人员（SES）为研究对象，那些受雇于联邦政府最高职位序列中的工作人员，实证评估了代表性官僚制和预算最大化理论的竞争主张。因为SES成员是职业公务员，他们密切参与政策制定，所以关注他们的态度如何反映公众情绪提供了关于政府第四部门最高级别代表性的重要信息。

官僚政治和联邦支出优先事项 159

官僚政治文献中的竞争理论使我们对公共管理者能否被期待可预见公众对预算事项的要求得出不同的期待。一方面，一些学者声称，由于联邦官僚机构本身就是一个具有代表性的机构，它将在预算问题和其他问题上作出广泛的代表性决定（Kranz，1976；Krislov and Rosenbloom，1981；Long，1952；Nachmias and Rosenbloom，1973）。因此，由于公共管理者来自他们所服务的民众，他们的价值观和态度可能与大众相似，以确保他们做出对民主负责的决策。在这方面，一些作品表明，一个具有人口代表性的官僚体制产生了对公民有响应的政策。虽然很少有研究专注于政府支出，但学者们研究了诸如农民住宅管理局贷款（Farmers Home Administration loan）、推动平等就业机会（Equal Employment Opportunity）权利要求的决定以及各种教育奖励和制裁等政府产出，得到令人信服的证据表明各级公共管理者关注不同社会团体的偏好并提供了与其期望一致的政府产出（Hindera，1993；Hindera and Young，1998；Meier，1984；Meierand Stewart，1992；Meier、Stewart and England，1991；Selden，1997；Stewart、England and Meier，1988）。

然而，现有的研究很少关注预算行为，官僚是否关注公众对政府支出的偏好。一个明显的例外是刘易斯（1990）的工作，它侧重于预算偏好。利用1982年到1988年的综合社会调查（General Social Survey）数据，他比较了联邦、州和地方公共管理者的支出态度与普通公众的态度，发现两组之间的差异非常小。因此，他得出结论："政府雇员不比普通公民更愿意支持更大的政府预算"（第222页），因此与公众对政府支出的需求相对一致。因此，可以信任精英管理者准确地代表公众对政府支出的需求。

与此相反，其他学者推论管理者试图通过夸大政府支出需求来维护自身利益，从而为自己争取更好的工作条件和待遇（Buchanan，1977；Downs，1967；Niskanen，1971，1975，1991）。在其著作《官僚作风与代议政府》（1971）中，威廉·尼斯坎南（William Niskanen）声称官僚主要是自利的个体，试图通过更大的预算或更大的自由裁量预算来最大化自己的效用，正如他后来认为的那样（Niskanen，1975）。因此，他们不能合理代表公众对政府支出的要求。安东尼·唐斯（Anthony Downs，1967）也有类似的理由，即官僚主要是由自身利益驱动的，他质疑官僚机构是一个具有广泛代表性的机构。提到官僚官员的行为时，他认为“他们寻求代表性目标的压力比他们自身目标或他们所在机构目标的压力要弱得多”（第233页）。[2]

许多研究都经验性地证实了官僚直接或间接地尝试最大化自己的预算。[3]利用1982年至1986年的国家选举研究（National Election Studies，NES）数据，加伦德、帕克赫斯特和首德（Garand，Parkhurst，and Seoud，1991a，1991b）发现证据表明政府员工比私营部门的同行更倾向于支持与扩大公共部门相一致的政策。他们比较政府雇员和私营部门公民的联邦支出优先事项和政治行为，发现政府雇员通常与更高的政府支出和更多的左倾倾向相关。布莱斯、布莱克和迪安（Blais，Blake and Dion，1991）同样使用NES数据比较了公共和私人部门的投票行为和投票选择，并且发现公共部门雇员更支
160 持左派政治候选人。他们甚至提出存在公私部门差异，类似于性别差异，公共部门雇员对民主党候选人的投票频率高于私营部门雇员。根据作者的说法，这种选举支持是希望民主党和左派候选人更有可能要求增加公共支出，从而改善公共部门雇员的工作条件。布莱克（Blake，1991）在对英国、荷兰和美国的公共和私营部门雇员的意识形态定位和政策态度进行了研究后得出结论：“公共部门和私营部门雇员之间存在显著差异，前者更加左翼，更支持政府支出和国有化政策，更多反对减税”（第236页）。阿伯巴奇、帕特南和罗克曼（Aberbach，Putnam，and Rockman，1981）也证实了与公众相比，联邦行政人员更偏向于左倾。强有力的态度和行为证据表明，公共管理者与政府支出的公共偏好不一致，与中间选民相比偏好更多支出。

以前的研究得出这种相互矛盾结论的一个原因是，他们审查了在不同职

位和政府领域上工作的公职人员。除加伦德、帕克赫斯特和首德（1991b）以外，这些研究都依赖地方、州和联邦雇员的组合，但调查问题仅仅询问了联邦支出优先事项，这使人们质疑使用州和地方政府员工表达的态度预测他们针对他们自己政府的行为的有效性。虽然各级政府的雇员都在各种问题上比公众更偏好相对更多的支出，但州和地方政府雇员比联邦雇员更偏离公众（Garand, Parkhurst and Seoud, 1991b）。换句话说，首先，州和地方政府雇员比联邦政府中实际工作的个人更喜欢相对更大的联邦支出。自利可能在此发挥作用，州和地方政府工作人员认为增加联邦支出的成本相对较低，他们期望在不增加州或地方税的情况下获得利益。其次，尼斯坎南的理论是考虑高级官僚而形成的，但大多数研究将所有公共管理者放在一起，而不考虑他们在组织层级内的位置。[4] 这种方法的一个显而易见的问题是，我们不能确信处于较低职位的人永远能够影响其组织的预算事项。最后，以前的研究没有试图将官僚的专业领域与他们对政府支出的具体政策或计划领域的偏好联系起来。因此，不管一名社会工作者对政府环保支出的偏好，还是教师对国防开支的态度是否都是未来行为评估的适当措施，这一点尚未可知。认识到这一局限性，加伦德、帕克赫斯特和首德（1991a）认为，未来的研究应该试图将问题领域与具体的支出问题联系起来。因此，本研究试图通过仅仅关注 SES 成员并考虑其实质性问题领域的专业知识来估计其支出偏好和行为，从而加入并改进现有的工作。

期望和假设

如果预算最大化理论是正确的，那么公共管理者相比公众应该在可能影响或受其管辖的问题上偏向于更高的支出。但是，试图为自己的组织争取更大的预算可能不会影响其在其部门管辖范围之外的支出问题的偏好。也许政府就业与政府支出的更高偏好相关。如果整个联邦政府的预算被视为零和博弈，即一个机构的损失是另一个机构的利得，那么管理人员应该在自己的政 161
策和计划中支持相对较大的支出，同时对其他政府计划的支出支持较少。但如果管理者代表公众的政策态度，他们不会比普通公民更喜欢更大的支出。这些相互矛盾的理论导致三个可检验的假设：

预算最大化假设：与公众相比，公共管理者偏好在可能属于其组织管辖的领域内增加支出。

零和博弈假说：与公众相比，公共管理者偏好在不属于其组织管辖范围的领域减少支出。

代议制官僚假设：与公众相比，公共管理者偏好类似的政府支出水平。

这些假设使我能够评估在考虑到自我利益可能产生的影响的同时，高级行政人员代表公众支出优先事项的程度。如果 SES 广泛代表美国公众，我预期这些高级行政人员能够表现出与公众态度类似的态度。另外，如果政府就业增加了提供政府服务的偏好，我们应该发现 SES 成员不具有代表性，并倾向于更大的公共部门支出。

数据和方法

通过比较他们对各种政策问题的联邦支出偏好来实证评估公众观点与高级行政人员态度之间的联系。数据来自三项调查：1996 年美国国家选举研究（NES），1996 年综合社会调查（GSS）和 1996 年高级行政人员调查（SOSE）。NES 和 GSS 每隔一年执行一次，被广泛视为评估美国公众对各种问题的公众观点的有效和可靠工具。1996 年 NES 调查是基于对 1714 个人的访谈，1996 年 GSS 调查包括 2 904 个调查对象，其中约一半被问及相关的联邦支出问题。我为这项研究特别开发了 SOSE，并针对 NES 复制了一些联邦开支问题，以便在两个样本之间进行比较。[5] 它于 1996 年 11 月至 1997 年 1 月期间邮寄给了作为随机样本的 1 000 名 SES 员工，回复率为 57%（n = 570）。该调查询问了 SES 成员对影响力、工作职责以及支出态度和其他问题的看法。[6]

高级行政人员调查复制了 NES 调查中的一些问题，为 SES 管理人员和公众之间的态度进行有意义的比较提供了极好的工具。这些问题被逐字转录，因为措辞上的细微差异可能会在结果上产生明显的差异。[7] 复制的问题要求受访者表明他们是否希望看到支出在各种政府计划中增加、减少或保持不变（准确的措辞见附录 12A）。[8] 所有显著性检验都是基于比较那些同意在每个项目上增加支出的人的百分比而进行的卡方统计。

本文其余部分的组织如下：首先，我将 SES 成员的政府支出优先事项与公众态度进行比较，以评估两组之间的整体态度一致性。其次，我更仔细地研究官僚对可能由其所在政府部门管辖的开支问题的态度。因为我没有对任何一个部门的人员进行抽样调查，只有国防部和卫生部包含足够数量的高级行政人员来实际估计他们对其管辖范围内的项目的偏好（国防部 n = 119，卫生与公众服务部 n = 44）

研究发现

总的来说，有一些证据表明公众和高级行政人员之间存在态度上的一致性，为代议制官僚假设提供了暂时的支持。表 12. 1 表明，高层管理人员和广大公众同意增加支出的百分比表明，这两组在政府支出的优先事项上大体相似。公立学校、犯罪和环境是每个群体高度重视的政策领域，而食品券、福利和国防支出的优先级则相对较低。

更详细的调查表明，公共管理者比公众更加节俭，不愿意支持增加政府支出，这为零和博弈假设提供了初步支持（见表 12. 1）。与预算最大化官僚的假设描述相反（Niskanen，1971），这些联邦官僚在几乎所有广义支出类别中实际上都比公众偏好支出更少。两组之间最大的区别在于他们对社会保障支出的支持。虽然几乎一半的公众（47%）偏好更多的社会保障资金，但 SES 成员的比例不到 10%。此外，超过 20% 的公众可能会支持在打击犯罪、艾滋病研究、医疗保健、无家可归现象和大学生财务资助等方面增加资金。[9] 高级行政人员更喜欢在两个问题上增加支出：环境保护和国外援助。[10]

表 12. 1　　高级行政人员与公众联邦支出优先事项 162

联邦支出议题	支持增加支出（百分比）		
	高级管理人员[1]	公众[2]	差异（百分比）
公立学校	53. 4	67. 6	−14. 2***
环境保护	45. 4	41. 1	4. 3*
打击犯罪	44. 0	69. 3	−25. 3***
儿童保育	34. 0	51. 9	−17. 9***

续表

联邦支出议题	支持增加支出（百分比）		
	高级管理人员[1]	公众[2]	差异（百分比）
艾滋病研究	33.7	56.1	-22.4 **
医疗保健 *	31.6	64.1	-32.5 ***
无家可归现象	31.5	57.2	-25.7 ***
大学生财务资助	30.9	54.5	-23.6 ***
国外援助[3]	22.5	5.4	17.1 ***
黑人扶助计划 *	13.4	27.4	-14.0 ***
大城市援助	11.4	26.4	-15.0 ***
社会保障	7.3	47.2	-39.9 ***
国防 *	6.9	17.5	-10.5 ***
福利计划	6.3	10.8	-4.5 ***
食品券 *	5.8	10.2	-4.4 ***

注：SES 成员与公众之间差异的卡方统计量在 *** 表示 $p<0.001$；** 表示 $p<0.01$；* 表示 $p<0.05$ 上显著。

[1] 来源：高级行政人员调查，n = 570。

[2] 1996 年 NES，n = 1714，或 1996 年 GSS，n = 1179 - 1372，取决于问题（GSS 项目上标星号）。

[3] 从 1994 年到 1996 年，NES 稍微改变了一个问题的措辞。在这两年中，所有问题以以下问题开头："如果你在今年制定联邦预算时有发言权，那么你希望下列哪些项目的支出增加，并且你希望哪些支出减少？"在国外援助的问题中，措辞从 1994 年的"对苏联国家的援助"变成了 1996 年的"国外援助"。1994 年，7.1% 的 NES 受访者同意"对苏联国家的援助"应该增加。

虽然这些调查结果表明高级行政人员不会为了个人利益而夸大政府预算，但他们对可能在其管辖范围内的支出问题的态度更符合这些目的。毕竟，如果自利迫使官僚寻求更大的预算，我们可以预期他们赞成增加他们所在机构的计划上的支出会高于一切。比较卫生与公众服务部（HHS）的官员与公众为预算最大化假设提供的支持很少。这些高级行政人员在其公共管理部门的四个政策领域中的三个（医疗保健、儿童保育和艾滋病研究，见表 12.2）上相较公众偏好更低的支出。[11] 此外，该部门的高级行政人员将公立学校作为更值得增加资金的领域。如果他们表现为自我服务的预算最大化者，我们预计他们对自身政策和联邦政府其他领域的偏好之间会出现更大的差异。唯一与预算最大化预期相一致的结果可以在福利支出中找到，其中喜欢增加支出的高级管理人员多了大约9%。但同样地，这些行政管理人员也倾向于将更多的资金用于食品券，这是农业部管理的一个计划。因此，他们似乎更关心支持帮助贫困者的计划，而不是为了谋取个人利益而增加自己的预算。HHS的高级行政人员显然比整体高级行政人员更自由，但与普通民众相比，他们为自己的计划增加资金的热情不高。

表12.2　　**卫生与公众服务部与公众联邦支出优先事项差异** 163

联邦支出议题	支持增加支出（百分比）		
	卫生与公众服务部（n=44）	公众[1]	差异（百分比）
公立学校	65.9	67.8	-1.9
医疗保健*	52.5	64.1	-11.6**
环境保护	48.8	41.2	7.6
儿童保育	47.5	52.3	-4.8*
大学生财务资助	41.0	54.7	-13.7*
打击犯罪	40.5	69.2	-28.7***
无家可归现象	37.5	57.5	-20.0***
艾滋病研究	33.3	56.4	-23.1**
黑人扶助计划*	24.3	27.4	-3.1*
食品券	20.0	10.3	9.7***
福利计划	19.5	10.9	8.6*
大城市援助*	15.0	26.4	-11.4*
社会保障	11.9	47.3	-35.4***
国外援助	11.9	5.4	6.5***
国防*	0	17.5	-15.5***

注：SES成员与公众之间差异的卡方统计量在***表示 $p<0.001$；**表示 $p<0.01$；*表示 $p<0.05$ 上显著。

[1] 1996年NES，n=1714，或1996年GSS，n=1179-1372，取决于问题（GSS项目上标星号）。

[2] 原著漏标内容，根据表12.1 Federal-spendingissue补译为：联邦议题。——编者注

同样地，国防部的调查结果也不支持预算最大化假设，因为国防部行政

人员没有比公众更提倡增加国防开支，他们将其他 9 个计划列为比国防更值得增加资金（表 12.3）。类似 SES 成员的更多样本，国防部的高级行政人员在几乎所有联邦政府计划上相较公众偏好更小的支出，仅提倡在一个事项上增加支出——国外援助。这样的证据可以被解释为与零和博弈假设一致，除了大多数外援项目是在国务院而不是国防部的主持下进行的。此外，国防部行政人员赞成的资金相对公众更少。我们不能简单地得出国防部行政人员以其他政府计划为代价来夸大自己预算的结论，相反地，他们似乎在几乎所有计划上支持较少的政府支出。

164 **表 12.3　　国防部与公众联邦支出优先事项差异**

联邦支出议题	支持增加支出（百分比）		
	国防部（n = 119）	公众[1]	差异（百分比）
打击犯罪	57.1	69.2	−12.1 ***
公立学校	42.9	67.8	−24.9 ***
环境保护	31.9	41.2	−9.3 ***
艾滋病研究	31.1	56.4	−25.3 ***
无家可归现象	25.2	57.5	−32.3 ***
国外援助	25.2	7.1	19.8 ***
儿童保育	24.4	52.3	−27.9 ***
医疗保健 *	23.5	64.1	−40.6 ***
大学生财务资助	20.8	54.7	−33.9 ***
国防 *	15.1	17.5	−2.4 ***
黑人扶助计划 *	7.7	27.4	−19.7 ***
大城市援助 *	4.3	26.4	−22.1 ***
社会保障	3.4	47.3	−43.9 ***
食品券	1.0	10.3	−9.3 ***
福利计划	1.0	10.9	−10.9 ***

注：SES 成员与公众之间差异的卡方统计量在 *** 表示 $p<0.001$；** 表示 $p<0.01$；* 表示 $p<0.05$ 上显著。

[1]1996 年 NES，n = 1714，或 1996 年 GSS，n = 1179 − 1372，取决于问题（GSS 项目上标星号）。

[2]原著漏标内容，根据表 12.1 Federal-spendingissue 补译为：联邦议题。——编者注

这些发现质疑了官僚一致偏好更大预算的假设。相反地，他们更可能主张减少政府支出。即使在他们可能从增加支出中获益最多的问题上，SES 成员也很少有可能比公众更多地支持增加支出。

什么可以解释官僚中这些预算最小化的倾向呢？高级行政人员的节俭可能是许多因素的共同作用。第一，高级行政人员心中的实际财政压力可能会更大。当尼斯坎南在 1971 年著书时，年度赤字每年很少超过 50 亿美元，且 165
不是公众关心的问题。到 1996 年，美国政府连续 27 年经营赤字，自 1982 年以来赤字超过 1 000 亿美元（OMB，2000，第 20 页）。在自由裁量支出减少和公众对预算赤字规模的关注日益增加的时代——以 1992 年总统选举中该问题受到的关注为证——SES 成员的观点可能仅仅反映了他们工作时严峻的财政状况。[12]也许公职人员已经习惯于少花钱多做事，他们的回答只是反映了这一现实。如果是这样，当行政人员面临螺旋式赤字时，尼斯坎南的预算最大化理论可能具有较低的预测效度。

第二，与第一种可能性相关，实际参与制定预算决策很可能使公务员比公众对当前联邦支出水平和政治现实有更多的了解。公众对实际国外援助的虚夸印象在这里具有指导意义。民意调查显示，公众相信国外援助在联邦预算中的份额比实际支出的要多得多（Morin，1996），而这种错误信息可能会延续到他们对其他公共计划支出的估计。因此，高级行政人员的态度可能会受到更真实的实际支出水平评估的影响。

第三，高级官僚可能更关心的是特定计划支出，而不是总体支出水平，我无法在这里评估这种可能性。虽然个别官员可能会同意在其部门内削减整体开支，但他们可能仍希望为部门内的特定计划注入更多资金。如果没有在计划层面撰写调查问题，就不可能确定这一动态是否起作用。

第四，行政人员可能不完全忠实于他们的回复，担心那些对官僚或官僚机构不感兴趣的多疑公众的反响。考虑到政界人士经常反对官僚当选（Michaels，1997），高级行政人员可能担心他们所做或所说的任何事情，即使是填写一份保密调查，都会回来困扰他们。我保证所有受访者绝对保密以鼓励诚实，57% 的回复率让我相信回复者不会因为分享他们的观点而受到特别的威胁。此外，只有一小部分调查涉及联邦支出问题，因此大多数高级管理人员认为这些问题是调查的焦点值得怀疑。这些因素的结合给予我故意篡改被保持在最低限度的希望。

结论

本章将公共部门高级行政人员的公共支出需求与公众进行比较，以确定公众是否可以信任高级官僚作出反映他们对政府服务需求的决策。与之前公共管理者预算最大化行为的评估尝试相比，本研究以多种方式改善了早期的尝试。首先，高级行政人员是比低级行政人员更合适的分析单位，因为他们拥有自由裁量职位并密切参与联邦预算事宜。其次，通过专注于可能与这些政府官员相关的项目，即联邦支出优先事项，更有可能针对他们的工作经验做出相应的回应。此外，通过关注部门支出问题来解决自身计划领域的潜在自利问题，可以确保研究结果的有效性。

总之，这些发现不支持任何最初指定的假设。联邦雇员确实对高级行政
166 人员的联邦支出优先事项产生一定影响，但与通常假设的方向相反。与对自利官僚行为的假设相反，高级行政人员不太可能比普通公众更赞成增加绝大多数政府计划的支出。此外，几乎没有证据表明管理人员以零和的方式行事，即在自己的计划中增加支出，同时减少竞争计划的资金。在国防部和卫生与公共服务部门，高级公务员在自己的项目上比公众提倡的支出更少，他们将其他项目列为更值得投入资金的。代议制官僚假设也未被支持。虽然高级行政人员和公众普遍倾向于增加或减少相同类型计划的开支，但高级行政人员显然相较公众偏爱更少的支出。为了与代议制官僚理论保持一致，联邦官僚机构实际上需要夸大自己的偏好，才能真正代表公众对联邦支出的需求。

然而，高级行政人员的态度可能接近公众对联邦开支的真正需求，而不仅仅是这里所反映的。民意调查报告称，绝大多数美国人认为政府是浪费和低效的，而一半以上的人认为联邦税收过高（Morin and Balz，1996）。然而，当被问及他们对各种计划的支出偏好时，他们几乎没有表现出审慎支出。相反，大多数人主张增加近一半的项目支出。因此，国家调查可能会提供有关真实公共支出偏好的一些误导性信息，但它们仍然是我们对公众态度的最佳可用估计。

总而言之，这里报告的联邦行政人员的预算最小化倾向表明，自利并不

像以前所认为的那样是一个强有力的激励因素，并且建议我们应该修改我们关于自利官僚夸大政府预算以谋取利益的理论。

致谢

作者要感谢大卫·H. 罗森布鲁姆（David H. Rosenbloom）、肯尼斯·J. 迈耶（Kenneth J. Meier）、格里高利·B. 刘易斯（Gregory B. Lewis）、理查德·E. 华特曼（Richard E. Waterman）、凯瑟琳·C. 纳夫（Katherine C. Naff）和安尼路德·V. S. 鲁希尔（Anirudh V. S. Ruhil）对本文早期版本的有益评论。

注释

1. 我们可以推断，选举后果更可能针对众议院议员，因为直到1913年参议员都是由州立法机构选出的。

2. 其他学者认为，官僚们试图增加自己的预算以履行其机构和部门的政策授权，不一定是为了个人利益（Fenno，1966；Le Loup，1977；Simon，1957；Wildavsky，1964）。我有兴趣评估官僚是否比公众更喜欢更大的支出，而不是指出这些态度背后的具体动机。

3. 事实上，布莱斯和迪安（1991）编辑了一部论文集合，专门用于实证评估尼斯坎南的最大化预算断言。

4. 刘易斯（1990）和布莱克（1991）试图根据广泛的职业类别将受访者分开。但是，这样做并不能保证他们只隔离了那些有预算自由裁量权的人。

5. 为了保证调查中每个问题的措辞，我查阅了1994年版的NES，因为1996年的版本尚未公开。1996年的NES没有复制1994年版本的所有问题，所以我用1996年GSS的数据补充了我的分析。然而，联邦支出优先事项的措辞在GSS上略有不同。问题不在于询问受访者是否愿意看到支出增加、减少或保持不变，而是询问受访者是否认为我们花费得太多、太少或者花费的金额是否合适。当然，这些问题都涉及同样的问题，使它们成为合适的替代物。对于NES的回复，我报告了那些同意增加支出的人的百分比，而对于GSS，我报告了那些回答我们花费太少的人的百分比。两次调查中的政 167

策问题也略有不同。NES 问了国防支出，可比较的 GSS 短语是“国防”。对于以下项目，问题措辞略有不同，因此应当谨慎解释高级管理人员与公众之间的比较：国防，黑人扶助计划，大城市的援助和医疗保健。有关确切的问题措辞，请参见附录 A。

6. 由此产生的高级管理人员样本代表整个 SES。有关详细信息，请参阅 Dolan（2000）。

7. NES 开始随机化 1996 年询问联邦机构问题的顺序，以尽量减少任何问题顺序的影响。由于事先不知道这一点，我没有试图在 SOSE 上随机分配问题顺序。然而，1996 年的随机化似乎没有出现任何严重的方法问题。当比较 1994 年 NES 受访者（非随机问题顺序）和 1996 年受访者（随机问题顺序）如何将有关支出议题列为问题时，他们的两个列表几乎完全相同（见附录 B）。两组都表示，处理犯罪是最值得增加的支出，而国外援助最不值得增加资金。在这两个问题之间，其余项目的顺序是相同的，只有两个例外。无家可归现象和公立学校在 1994 年排名第二和第三，而 1996 年的顺序则相反。艾滋病研究在 1996 年的排名远远高于 1994 年（1996 年第四，1994 年第七）。很难确定这种差异是否反映了 1996 年对艾滋病研究资金的更多公众支持，或者它是否是 1996 年首次使用随机化过程的作用。尽管如此，两年间相对较少的差异表明问题顺序影响很小。

8. 1996 年 ANES 的一个问题与早期版本略有不同。1994 年的调查询问受访者对国外援助支出的喜好，询问“对苏联国家的国外援助”，而 1996 年的版本询问“国外援助”，完全忽略了有关苏联的条款。由于 SOSE 在 1996 年 ANES 结果传播之前被纳入研究，因此使用了 1994 年的措辞。因此，1994 年和 1996 年都报告了高级管理人员与公众之间的比较。

9. 1978 年由公务员改革法案（CSRA）创立的高级行政人员服务部门主要由职业经理人组成，尽管政治任命人员可能在担任总职位的 10% 和任何一个机构中职位的 25%（Huddleston and Boyer，1996，104）。因为职业公务员是代表性官僚制和预算最大化理论的预期对象，所以我从样本中剔除了政治任命者，并重新考虑了结果。这样做并没有改变原来的结果。

10. SOSE 样本中高级管理人员的平均年龄为 51.7 岁，标准差为 6.5 年，而 1996 年 ANES 样本中平均年龄为 45.5 岁，标准差为 16.9 岁。此外，高级管理人员的受教育程度高于公众，80%的人拥有至少一个研究生学位，而NES样本中只有10%的普通公众拥有。注意到这些差异，我根据年龄、教育以及是否在SES内雇用人员来对政府支出进行回归以控制这些变量的影响。年龄和教育程度与几乎所有支出项目的支出增加偏好呈负相关，因此年龄较大，受教育程度较高的受访者对支出增加明显较为不支持。对于除国外援助之外的所有问题都是如此，其中年龄和教育与支出增加偏好呈正相关（但没有统计学意义）。即使控制了年龄和教育水平，联邦高级管理人员对艾滋病研究、犯罪、财务资助、无家可归现象和社会保障等方面的资助依然不足。与以前一样，高级管理人员们继续倡导为环境和国外援助提供相对更多的资金。福利支出和食品券的唯一变化是，高级管理人员们现在赞成略微增加开支。考虑到原始差异的微小程度，这并不特别令人惊讶。因此，控制年龄和受教育程度几乎不会改变最初的发现。

11. HHS的SES成员也更喜欢大幅减少社会保障支出，这个问题在该部门的管辖范围之内，直到1995年社会保障局成为独立机构。

12. 在调查实施后的几年中，美国政府每年都有盈余。但是，调查是在1996年进行的，当时仍存在赤字。

参考文献

Aberbach, Joel D., Robert D. Putnam, and Bert A. Rockman. 1981. *Bureaucrats and Politicians in Western Democracies.* Cambridge, MA: Harvard University Press.

Blais, Andre, and Stephane Dion, eds. 1991. *The Budget – Maximizing Bureaucrat. Appraisals and Evidence.* Pittsburgh, PA: University of Pittsburgh Press.

Blais, Andre, Donald E. Blake, and Stephane Dion. 1991. The Voting Behavior of Bureaucrats. In *The Budget – Maximizing Bureaucrat: Appraisals and* 168
Evidence, edited by Andre Blais and Stephane Dion, 205 – 230. Pittsburgh, PA: University of Pittsburgh Press.

Blake, Donald E. 1991. Policy Attitudes and Political Ideology in the Public Sector. In *The Budget – Maximizing Bureaucrat: Appraisals and Evidence*, edited by Andre Blais and Stephane Dion, 231 –256. Pittsburgh, PA: University of Pittsburgh Press.

Buchanan, James. 1977. Why Does Government Grow? In *Budgets and Bureaucrats: The Sources of Government Growth*, edited by Thomas A. Borcherding, 3 –18. Durham, NC: Duke University Press.

Dolan, Julie. 2000. The Senior Executive Service: Gender, Attitudes and Representative Bureaucracy. *Journal of Public Administration Research and Theory*, 10 (3): 513 –529.

Downs, Anthony. 1967. *Inside Bureaucracy*. Boston, MA: Little, Brown.

Fenno, Richard F., Jr. 1966. *The Power of the Purse: Appropriations Politics in Congress*. Boston, MA: Little, Brown.

Garand, James C, Catherine T. Parkhurst, and Rusanne Jourdan Seoud. 1991a. Bureaucrats, Policy Attitudes, and Political Behavior: Extension of the Bureau Voting Model of Government Growth. *Journal of Public Administration Research and Theory*, 1 (2): 177 –212.

——1991b. Testing the Bureau Voting Model: A Research Note on Federal and State – Local Employees. *Journal of Public Administration Research and Theory*, 1 (2): 229 –333.

Gawthrop, Louis C. 1969. *Bureaucratic Behavior in the Executive Branch*. New York: Free Press.

Hindera, John J. 1993. Representative Bureaucracy: Imprimis Evidence of Active Representation in the EEOC District Offices. *Social Science Quarterly*, 74 (1): 95 –108.

Hindera, John J., and Cheryl Young. 1998. Representative Bureaucracy: The Theoretical Implications of Statistical Interaction. *Political Research Quarterly*, 51 (3): 655 –671.

Huddleston, Mark W., and William W. Boyer. 1996. *The Higher Civil Service in the United States: Quest for Reform*. Pittsburgh, PA: University of Pittsburgh Press. Kranz, Harry. 1976. *The Participatory Bureaucracy: Women and Minorities in a More Representative Public Service*. Lexington, MA:

D. C. Heath.

Krislov, Samuel, and David H. Rosenbloom. 19*SI*. *Representative Bureaucracy and the American Political System*. New York: Praeger.

LeLoup, Lance T. 1977. *Budgetary Politics: Dollars, Deficits, Decisions*. Brunswick, OH: Kings Court Communications.

Lewis, Gregory B. 1990. In Search of Machiavellian Milquetoasts: Comparing Attitudes of Bureaucrats and Ordinary People. *Public Administration Review*, 50 (2): 220 – 227.

Long, Norton E. 1952. Bureaucracy and Constitutionalism. *American Political Science Review*, 46 (3): 808 – 818.

Meier, Kenneth J. 1975. Representative Bureaucracy: An Empirical Analysis. *American Political Science Review*, 69 (2): 526 – 542.

——1984. Teachers, Students, and Discrimination: The Policy Impact of Black Representation. *Journal of Politics*, 46 (1): 252 – 263.

——1993. *Politics and the Bureaucracy: Policy Making in the Fourth Branch of Government*. Pacific Grove, CA: Brooks/Cole Publishing.

Meier, Kenneth J., and Lloyd G. Nigro. 1976. Representative Bureaucracy and Policy Preferences: A Study in the Attitudes of Federal Executives. *Public Administration Review*, 36 (4): 458 – 469.

Meier, Kenneth J., and Joseph Stewart, Jr. 1992. The Impact of Representative Bureaucracies: Educational Systems and Public Policies. *American Review of Public Administration*, 22 (2): 157 – 171.

Meier, Kenneth J., Joseph Stewart, Jr., and Robert E. England. 1991. The Politics of Bureaucratic Discretion: Educational Access as an Urban Service. *American Journal of Political Science*, 35 (1): 155 – 177.

Michaels, Judith E. 1997. *The President's Call: Executive Leadership from FDR to George Bush*. Pittsburgh, PA: University of Pittsburgh Press.

Morin, Richard. 1996. Who's in Control? Many Don't Know or Care; Knowledge Gap Affects Attitudes and Participation. *Washington Post*, January 29, A6.

Morin, Richard, and Dan Balz. 1996. Americans Losing Trust in Each Other and Institutions: Suspicion of Strangers Breeds Widespread Cynicism. *Washington Post*, January 28, Al.

Nachmias, David, and David H. Rosenbloom. 1973. Measuring Bureaucratic Representation and Integration. *Public Administration Review*, 33 (6): 590 -
169 597. Niskanen, William A. 1971. *Bureaucracy and Representative Government.* Chicago: Aldine Atherton.

——1975. Bureaucrats and Politicians. *Journal of Law and Economics*, 18 (3): 617 -644.

——1991. A Reflection on *Bureaucracy and Representative Government.* In *The Budget - Maximizing Bureaucrat: Appraisals and Evidence*, edited by Andre Blais and Stephane Dion, 13 -31. Pittsburgh, PA: University of Pittsburgh Press.

Oleszek, Walter J. 1996. *Congressional Procedures and the Policy Process.* 4th ed. Washington D. C. : Congressional Quarterly Inc.

Rosenstone, Steven J. , Donald R. Kinder, Warren E. Miller. 1999. American National Election Study, 1996: Pre - and Post - Election Survey [Computer file]. 4th release. Ann Arbor, MI: University of Michigan, Center for Political Studies.

Rossiter, Clinton. 1961. *The Federalist Papers.* New York: Penguin Books.

Rourke, Francis. 1984. *Bureaucracy, Politics, and Public Policy.* 3rd ed. Boston, MA: Little, Brown.

Seiden, Sally Coleman. 1997. *The Promise of Representative Bureaucracy.* Armonk, NY: M. E. Sharpe.

Simon, Herbert A. 1957. *Administrative Behavior.* 2nd ed. New York: Macmillan.

Stabile, Donald R. 1998. *The Origins of American Puhlic Einance: Debates Over Money, Debt and Taxes in the Constitutional Era*, 1779 - 1836. Westport, CT: Greenwood Press.

Stewart, Joseph Jr. , Robert E. England, and Kenneth J. Meier. 1988.

Black Representation in Urban School Districts: From School Board to Office to Classroom. *Western Political Quarterly*, 41: 2S7 –305.

U. S. Office of Management and Budget (OMB). 2000. *Historical Tables. Budget of the United States Government*, *Fiscal Year* 2001. Washington D. C.: Office of Management and Budget.

Wildavsky, Aaron. 1964. *The Politics of the Budgetary Process*. Boston, MA: Little, Brown.

附录

Appendix A Wording of Federal – Spending Survey Questions

Wording on National Election Studies and Survey of Senior Executives (1996):

If you had a say in making up the federal budget this year, for which of the following programs would you like to see spending increased and for which would you like to see spending decreased?

1. Improving and protecting the environment
2. Foreign aid to countries of the former Soviet Union (1994); Foreign aid (1996)
3. AIDS research
4. Social Security
5. Welfare programs
6. Food stamps
7. Public schools
8. Solving the problem of the homeless
9. Child care
10. Dealing with crime
11. Financial aid for college students
12. Health care (not asked on 1996 NES)
13. Aid to big cities (not asked on 1996 NES)
14. Programs that assist blacks (not asked on 1996 NES)
15. Defense (not asked on 1996 NES)

Respondents were allowed the following choices:

a. Decrease spending
b. Increase spending
c. Keep spending about the same

Wording on General Social Survey (1996):

We are faced with many problems in this country-none of which can be solved easily or inexpensively. I'm going to name some of these problems. and for each one I'd like you to tell me whether you think we're spending too much money on it, too little money, or about the right amount. Are we spending too much, too little, or about the right amount on…

1. Health
2. Assistance to big cities
3. Assistance to blacks
4. National defense

Respondents were allowed the following choices:

a. Too little
b. About the right amount
c. Too much

Appendix B Goverment – Spending Preferences omong the General Public, 1994 and 1996

1994	1996
1. Dealing with crime	1. Dealing with crime
2. Homelessness	2. Publie schools
3. Public schools	3. Homelessnoss
4. Financial aid for college students	4. AIDS research
5. Child care	5. Financial aid for college shudents
6. Social Securily	6. Child care
7. AlDS research	7. Social Security
8. Protecting onvironment	8. Protecting environment
9. Welfare programs	9. Welfare programs
10. Food siomps	10. Food slamps
11. Foreign aid to countries of the former Soviet Union	11. Foreign aid

Note: Issues are ordered form top to bottom according to each group's level of spending preferences. Thus, those at the top of the list have the highest percentages of respondents agreeing to increase spending, and those at the bottom have the fewest respondents agreeing to increase funds.

3.4 渐进主义

第十三章
警务预算：获胜策略*

查尔斯·K. 科（Charles K. Coe）
黛博拉·拉姆·维塞尔（Deborah Lamm Weisel）

警务部门是市政预算领域的重要参与者。根据最新的数据，美国警务部门花费了 209 亿美元（美国商务部，1991/1992）。在争夺有限资源的过程中，警务部门可以在经济困难时期打出一张王牌：犯罪。可以说，没有其他城市问题像犯罪一样受到感情控制。最近一连串的校园枪击事件表明，没有哪个社区能够免受暴力犯罪的破坏性影响。因此，保护公共安全引起了公众的共鸣。尽管全国范围内的犯罪率急剧下降，但大多数警务部门继续增加联邦、州和地方政府资金，但并非所有警务部门都同样成功。事实上，尽管许多警务预算正以惊人的速度增长，但有少数正在削减中。 171

这项研究的重点是警务部门的预算策略。从威尔达夫斯基（Wildavsky，1964）对联邦预算的开创性研究开始，研究人员已经探讨了机构在预算过

* From Public Administration Review, 61 (6) (November/December 2001), 718 – 727.

程中使用的策略。本研究通过提出三个问题继续进行研究：首先，解释警务部门能够显著增加预算的成功因素是什么？其次，警务部门成功使用什么策略，以及使用这些策略的注意事项是什么？最后，哪些成功的战略可以唯一适用于警务部门，哪些又适用于其他地方政府部门？

方法

方法既有定量的，也有定性的。1998 年，一项调查被寄给服务总人数超过 5 万人的地方警务部门（n = 490）。研究的重点是大型警务部门，其中 5 万服务人数是一个合乎逻辑的突破点。调查的回复率是 61%。

1999 年 4 月，与五个警务机构的专业人员一起举行了一个为期一天的焦点小组。四个标准被用于选择参与者：他们的部门（1）在研究期间，1997 和 1998 财政年度大幅增加了预算；（2）代表不同形式的地方政府，包括议会经理制、郡县长制和强势市长制；（3）在地理上是多样的；和（4）在人口方面是多样的。参与者在附录 A. 13 中进行了介绍。

焦点小组提出的问题基于调查问卷显示的主要主题。这些问题可以在附录 B. 13 中找到。小组里有一名训练有素的引导员和两名观察员。会议由录音带录制、转录并提供给受访者以检查准确性。

解释预算成功

各机构通过两种途径解释它们的预算成功情况：它们是否与行政长官和预算员工保持着和谐的工作关系，以及它们是否扩大了前一年的基本预算，或者在财政紧缩的时候是否抵御削减。邓库姆和金尼（Duncombe and Kinney，1987：27）发现，州级机构负责人认为保持良好关系比增加拨款更重要。尽管如此，获得预算资金是预算成功的重要晴雨表。表 13. 1 显示了受访机构在 1996 ~ 1997 财政年度和 1997 ~ 1998 财政年度的预算变化情况。91% 的机构报告 1996 ~ 1997 财政年度预算增加，88% 的机构报告 1997 ~ 1998 财政年度预算增加。然而，并非所有警务预算都有所增加。在两年期间，41 个州的预算下降了。

172

表 13.1 警务运营预算

1997～1998 财政年度运营预算变化		
	机构数量	百分比
减少	24	11.6
无变化	1	0.5
0.001%～2.99%	29	14.0
3%～4.99%	45	21.7
5%～7.99%	41	19.8
8%～9.99%	32	15.5
10%或更多	35	16.9
总计	207	100.0
1996～1997 财政年度运营预算变化		
	机构数量	百分比
减少	17	8.3
无变化	2	1.0
0.001%～2.99%	30	14.7
3%～4.99%	35	17.2
5%～7.99%	52	25.5
8%～9.99%	22	10.8
10%或更多	46	22.5
总计	204	100.0

注：1. 有两个因素说明了回复的辖区数量（299）与此处报告的辖区数量之间的差异：并非所有管辖区都对该问题作出了回答，而且16%没有单独的资产改良预算。相反地，它们将资产改良支出编入了运营预算。以上。

警务部门有多成功呢？一般来说，它们表现得非常好。在两年期间，警务部门的平均预算增长率为6.4%，明显高于同期消费者物价指数（CPI）2.8%的增长率。

许多警务部门都取得了成功，而其中一些非常成功。例如，29个警务机构报告了大额的收入，两年期间平均增长达到20%或更多（见表13.2）。

173 **表 13.2　1996～1998 年警务预算增长 20%或更多的管辖区域**

管辖区域	州	宣誓官员人数	增长百分比
温哥华市	华盛顿州	132	60.08
奥马哈市	内布拉斯加州	702	58.66
奇克托瓦加市	内华达州	129	44.84
西瓦利城	犹他州	158	42.10
乔治王子县	马里兰州	1310	36.70
钱德勒市	亚利桑那州	220	35.11
雷丁市	宾夕法尼亚州	205	34.34
莫非斯堡市	田纳西州	144	32.14
拉戈	佛罗里达州	131	30.25
布里克镇	新泽西州	111	28.91
迪凯特市	爱达荷州	159	27.20
里奥兰珠市	新墨西哥州	104	26.99
斯科茨代尔	亚利桑那州	293	26.06
新奥尔良市	路易斯安那州	1700	25.81
皮亚诺市	得克萨斯州	279	25.07
科勒尔斯普林斯市	佛罗里达州	176	24.84
拉斯维加斯市	内华达州	1627	24.79
夏洛特－梅克伦堡市	北卡罗来纳州	1386	24.66
沃尔瑟姆市	马萨诸塞州	141	24.39
康科德市	加利福尼亚州	158	23.91
丹顿市	得克萨斯州	112	23.22
梅萨市	亚利桑那州	652	22.99
内伯威尔市	伊利诺伊州	164	22.97
基林市	得克萨斯州	144	22.37
拉雷多市	得克萨斯州	263	22.26
费耶特维尔	北卡罗来纳州	298	21.39
奥兰治县	加利福尼亚州	145	20.20
多森市	阿拉巴马州	155	20.03

在将29个预算收入较高的部门与一般部门进行统计比较时，未发现警长、机构规模、政治结构、犯罪率或服务要求方面的显著差异。关于犯罪率和服务要求的调查结果与Hudzik等（1981）的调查结果不同，该报告认为机构预算增长与包括服务要求、犯罪率、交通事故、响应时间和特殊事件在内的生产规范高度相关。

在人口增长方面，非常成功的部门与其他部门显著不同。中产阶级人口进入城市现有地区或新进地区时，往往会出现人口增长。中产阶级人口通常不会经历高犯罪率，因此可能无法预期相应的员工人数增加。另外，中产阶级的公民是见多识广的消费者并可能要求服务，包括警务。而且，配比规则有时会决定警员的人数应该增加多少，随着人口的增加，一些警务部门自动获得更多的工作人员。

显然，更多人员配置的观点是有说服力的。25%的部门报告从1992年到1997年人员大幅增加（10%或更多）。其中52%的部门在1997～1998财政年度的预算收入增长高出20%或更多。

警务机构的目标也可能会影响它们的预算上的成功。这项调查要求受访者指出本机构行政长官的三项政策目标。结果报告在表13.3中。非常成功的机构不太可能报告将社区警务作为主要政策目标，可能是因为它们已经有了社区警务计划。另外，非常成功的部门通常希望增加机构人员配置并促使部门的现代化。

表13.3　　警务目标与预算结果 174

警务目标	预算大幅增长部门（n=29），百分比	预算一般增长部门（n=204），百分比
提高社区一般响应	52	60
社区警务	55	74
现代化	45	22
人员增长	45	23
提升技术	35	40
专业化	27	38
提升自动化	17	24
提升少数族群响应能力	3	9

成功的预算策略

威尔达夫斯基（1964）首先讨论了联邦机构为辩护和增加预算请求所采用的策略。此后，相当多的研究集中在各级政府的预算战略和策略上。除迈尔斯（Meyers，1994）对联邦预算机构战略有利预算结构的审查以外，研究主要着眼于政府范围的战略，对特定机构的战略缺乏重视。下文讨论警务部门采用的成功战略，即：

- 明智地使用犯罪和工作量数据。
- 利用耸人听闻的犯罪事件，最好是在所属社区外发生的事件。
- 有效地传递信息。
- 小心地调动利益集团。
- 战略规划。
- 参与联邦补助程序，但要小心联邦政府的礼物。
- 与行政长官和当选官员密切合作。
- 涉及所有部门级别。

这些策略来自调查结果和焦点小组参与者的观察结果。应该注意不要根据焦点小组参与者的意见得出任何广泛的结论。他们的评论仅仅是暗示性和趣味性的，但既不是解释性的，也没有明确的规定性。

175 明智地使用犯罪和工作量数据

行政长官和专业警务人员在衡量和评估警务业绩方面得到了相当多的指导。例如，在其关于警务的“绿皮书”中，国际市/县管理协会（International City/County Management Association，ICMA）解释并建议了巡逻服务、调查、交通服务、药物管制和预防犯罪的测量（Geller，1991）。哈特里等（Hatry et al.，1992：71－91）提出了犯罪控制服务有效性的测量方法，安蒙斯（Ammons，1996：184－204）提出了警务部门的绩效基准。最后，刑事司法研究人员讨论了如何衡量社区警务、毒品执法和整体警务效能（Hoover，1996）。

绩效指标如何与预算结果相关联？答案要求区分犯罪率和其他工作量指标。泰伦斯·谢里丹警长（马里兰州巴尔的摩）指出，在1997年该部门的485000个服务电话中只有19%是与犯罪有关的问题。同样，杰里·布洛切尔警长（佛罗里达州拉哥）估计，他的部门电话中有20%~25%是与犯罪有关的。更常见的情况是，来电要求的服务是秩序维护问题。焦点小组的与会者一致认为，来电要求的服务是比犯罪率更准确的人员需求指标。道格拉斯·巴托什警长（亚利桑那州斯科茨代尔）将官员的时间分为服务要求（47%），行政责任（20%）和社区治安（33%），并使用这些统计数据而不是犯罪率来证明人员配备要求的合理性。

不过，焦点小组的参与者认识到，犯罪率可以成为提出预算请求的强有力理由。布洛切尔警长指出，犯罪率含有一种情感因素，可以用来吓唬决策者。即使犯罪率正在下降，图像上的暴力犯罪也可能加剧公民和政治家的恐惧。1996年北卡罗来纳州夏洛特血腥罪案的报道，促使地方议会向该部门提供100多名官员。该负责人不得不回应："我们还用不着他们，等一会儿。"

承诺降低犯罪率可能会适得其反。唐·凯里警长（内布拉斯加州奥马哈）指出，犯罪数量被少报了。他的市长希望承诺降低犯罪率。凯里警长警告市长，由于警务部门成功地改进了警务工作，公众将对该部门的能力感到更加自信并报告更多的犯罪行为，最初将会增加犯罪率。最终，犯罪率会平稳下降，但最初并不会。

格林、拜纳姆和科德纳（Greene，Bynum，and Cordner，1986：537）在犯罪日益增加的时期写道，犯罪率和工作量增加都显著增加了职位。然而，本项研究并没有反映这一发现，也许是因为在研究期间犯罪率正在下降。表13.4显示，只有31%的预算大幅增长的机构具有犯罪增长。令人惊讶的是，42%的成功机构对应的犯罪率有所下降。

然而，这些数据并不意味着犯罪率是完全不重要的预算因素。表13.4显示，31%的成功部门的犯罪率有所上升，而所有部门只有19%。

焦点小组的参与者一致认为，针对特别"热门"地区的特定类型犯罪的警方努力可能会使决策者在减少犯罪方面花费更多。例如，谢里丹警长积累的犯罪数据显示，所有暴力犯罪中有1/3是青少年犯下的。在向县长和地方议会提交数据后，拨付了额外款项用于聘请学校资源官员和建设娱乐中心。结果，青少年犯罪显著下降。同样，该部门指出大量罪案发生在该县的 7 个商业走廊的。预算得以增加以便强化与商界合作、重新安排警员步行和自行车巡逻以及增加人员配备等目标。随后，逮捕率明显上升，犯罪率下降。

176 **表 13.4　犯罪事件与预算结果**

犯罪相关事件	预算大幅增长部门（n = 29），百分比	预算一般增长部门（n = 204），百分比
重大犯罪事件	65	62
帮派团伙事件	65	60
枪击事件	27	19
犯罪事件增长	31	19
犯罪事件减少	42	33

同样，布洛切尔警长瞄准减少车辆事故的资源。在他的社区中，他发现多年来只发生过 15 次杀人事件，而发生了 77 次车祸死亡。他获得了资源以改善非常危险的交叉路口的环境，与公众紧密合作以提高安全意识并安装了安全控制设备。结果，事故和死亡人数急剧下降。

有时候一张图片可以说出千言万语。谢里丹警长有两架过时的活塞式双座直升机，且燃油容量有限。该部门需要喷气涡轮机，配备热成像装置的贝尔喷射游骑兵直升机，可以追踪步行和乘车逃离的人员。谢里丹警长向地方议会展示了该设备完成何种任务的录像带。对危险、高速追踪的需求常常被忽略。如果需要追踪，该部门有一个视觉记录来评估所采取的程序。录像带让地方议会成员深信不疑。

利用耸人听闻的犯罪事件，最好是在所属社区外发生的事件

可悲的是，耸人听闻的犯罪事件太常见了，它们摧毁了国家的心理。谁没被诸如罗德尼·金事件、O. J. 辛普森案、校园枪击事件和日间交易者大

屠杀等事件震惊到呢？一些引人注目的暴力犯罪可能没有得到国家的重视，但仍然使某个州或地方的司法管辖区内的公众感到不安。这种轰动性事件对警务拨款有何影响？对这个问题的研究是有限的，其结果是喜忧参半的。一项调查表明，重大事件不是预算成功的重要因素（Greene，Bynum and Cordner，1986：537）。然而，在后续访谈中，同一项研究发现，诸如杀害警察等重大事件造成“大量资源涌入问题区域，不管经济条件、公众意识形态或政治考虑如何”（Hudzik et al.，1981：198）。

这次调查的受访者表示，耸人听闻的犯罪事件可能导致预算增加。表13.4 显示 65% 的成功部门发生重大犯罪事件。然而，这样的事件并不会自动导致资金增加，因为所有部门中有 62% 也有重大犯罪事件发生。同样，
65% 的成功部门有大量的帮派活动，这通常是公开的，但 60% 的典型部门 177
也是如此。

焦点小组的参与者更多地了解了耸人听闻的事件可能如何影响资金决策，观察到三种耸人听闻的事件可能会产生影响：国家事件、本地化到特定州或地区的犯罪以及本辖区内的事件。1990 年代的国家事件的例子包括罗德尼·金殴打事件、O. J. 辛普森谋杀案、纽约市路易马警察暴力案以及立托顿高中枪击事件。以 O. J. 辛普森案为例，由于洛杉矶警察局犯错，许多警务部门为了犯罪现场分析和技术调查设备而获得更多资金。同样，国家司法研究所（National Institute of Justice）得到 2000 万美元用于改进实验室并开发培训材料。

布洛切尔警长引用了两个本地化事件的例子。在圣彼得堡发生骚乱之后，他的以及其他的佛罗里达州部门获得了更多资金用于头盔、防暴盾和防暴训练。同样地，在佛罗里达州南部的安德鲁飓风的破坏性影响之后，他的部门获得了更多资金用于备灾。

在这两种情况下，警务部门都收到了所需的资金，但没有直接体验事件的负面影响。这是最好的情况。然而，在特定的警察管辖区内必然会发生轰动事件，因此公众对该警务部门的看法通常会受到影响。例如，洛杉矶警察局无法阻止 O. J. 辛普森犯罪现场和罗德尼·金殴打事件将该部门置于负面的看法之下。

同样地，杰克·博格副警长（北卡罗来纳州夏洛特—梅克伦堡）指出，

在一个城市发生的轰动事件可能是一把“双刃剑”。夏洛特－梅克伦堡有 10 起未能破案的女性连环杀人案。凶杀案实际办案组人员严重不足。由于谋杀案，该单位的预算增加了 150%。凶手后来被抓获，但该部门的声誉因为没有快速破案而受到伤害。

有效地传递你的信息

与媒体进行有效合作可以形成公众对部门的良好形象，并提高警察的表现，这可能会导致行政长官和地方议会积极看待预算请求。为了与媒体建立良好的工作关系，警方管理人员应该了解新闻和电视的不同需求。电视记者希望有人对着摄像机说话。因此，官员应接受与记者交谈并“灵活生动地”处理潜在破坏性和尴尬问题的培训。例如，奥马哈警务部门训练其官员以合理的字节进行思考和谈话，并且说话不超过 7 秒钟。

一般来说，电视记者不会追踪当天的新闻。不过，平面媒体记者拥有充裕的时间，可以更深入地了解新闻。平面媒体记者往往来自新闻学校，对警务人员的不信任感很深，与这些记者建立信任关系可能需要一些时间。发言人不应该、不必要阻碍记者，他们应该明确哪些问题是可以接受的、哪些是超出界限的以及为什么。

媒体可以通过宣传通缉嫌犯和支持新的警务措施，有效协助正在进行的调查。例如，凯里警长去奥马哈时，他希望在建立对执法的信心方面取得非常明显的成功。除其他问题外，他专注于交通安全。他会见了媒体代表，不仅是记者还包括采编主任，为他们购买了午餐并解释新的举措。然
178 后，他将他们带到州际立交桥，解释激光技术如何检测超速者。媒体播放了这个故事，使用视频来展示激光技术如何工作以及该部门如何改变驾驶行为。平均时速减少了 11 英里，第一个月发出了 25 000 张超速罚单，事故下降了 79%。

巴托什警长指出，有效形象建设应该不仅限于媒体。斯科茨代尔拥有城市有线电视节目、季刊和网站。犯罪信息每月在网站上公布，让公民知道他们附近发生了什么罪行。谢里丹警长表示，公众对其机构的网站充满热情。巴尔的摩县还有一个电话号码，公民可以通过该电话号码获得他们所在地区

的犯罪数据。如果某个街区发生特定的犯罪问题，电话系统会自动呼叫该区域中所列号码的家庭，以提醒他们注意这一动向。

小心地调动利益集团

政府机构通常会动员利益集团为其预算请求提供支持。威尔达夫斯基和凯登（Wildavsky and Caiden，1997：57 - 58）指出，联邦机构通过寻找客户，然后服务、扩展并获得其反馈，来影响政策制定者。各机构形成“铁三角”或“问题网络”。铁三角是立法委员会及其监督机构与其联盟利益集团之间的固定关系。另外，问题网络是包括公民、专家和特定问题相关机构在内的利益集团之间的松散的动态变化关系（Heclo，1979：102）。一项研究发现，警务部门倾向于形成问题网络，而不是铁三角形。胡兹克等（Hudzik et al.，1981）发现，执法机构与特定成员建立关系以获得资金，但这种关系非常短暂，为了支持某一机构而在某一年度出现，然后在下一年度消失。

警务部门一直都有自己的支持者，包括社区团体，民间组织和关心犯罪的商业团体。此外，社区警务的广泛采用大大拓展了警务部门与社区的联系。持续的永久关系的例子包括：

- 在公立学校派驻学校的资源官员为学校服务，与教育行政人员、教师、学生和家长建立持续的联系。
- 定期与固定的社区组织会面。
- 定期与市民团体，商业团体和受害者组织会面。

除了这些永久的关系之外，警察还与社区团体形成临时问题网络，以解决通常由公民自己确定的特定问题。一旦问题解决，联盟就会解散。

表 13.5 显示了预算过程中积极参与的利益集团的类型。最活跃的团体类型是社区组织，其次是商业团体、公民团体、少数族群、税收问责团体、当地企业、教育团体和受害者组织。

焦点小组的参与者强调与公民团体保持密切联系的重要性。与社区保持开放和信任的沟通是社区治安的基本原则，但这样做的安排有所不同。例如，夏洛特—梅克伦堡有定期与警察局会面的区议会。巴尔的摩每年向全县

105 个警察社区关系委员会提供 20 万美元。斯科茨代尔每年都会与一个审查和支持其预算的公民预算咨询小组协助，运营“公民学会”，与经常联络的观察队长保持经常联系，并在市议会成员参加的公民之家中举行会议。最后，拉哥通过与公民团体会面来制定年度目标和任务。

179 **表 13.5** **警务利益集团类型**

利益集团类型	预算过程中的活动百分比（n = 299）
社区组织	68
商业团体（例如商会）	42
公民团体	34
少数民族群体或倡议者	28
税收问责团体	20
当地企业	16
受害者组织	16
教育团体	15
其他团体	20

由于警务部门如此明显，而且由于犯罪情绪高涨，警务部门得到了相当多的公众支持，这可能在预算过程中体现出来。例如，警务部门已经通过向公众公开案件（Greene，Bynum，and Cordner；1986）有效地阻止了资金削减。同样地，警务部门可以调动利益集团对更多资金的支持。

焦点小组的参与者观察到社区警务与社区团体的联系更为密切。不过，布洛切尔警长指出，与公民进行如此广泛的接触在政治上是一个微妙的问题。地方议会成员非常重视他们的职责，作为公众的渠道和倡导者。他们对警察与公民团体的广泛联系特别敏感。实际上，警务部门每周 7 天，每天 24 小时都与公众接触。因此，布洛切尔警长警惕不要滥用利益集团。例如，该部门有 140 名志愿者热心为警务资金游说。布洛切尔警长必须遏制他们的热情。同样地，为了调和地方议会成员的敏感性，夏洛特－梅克伦堡警察局向代表地区议会的地方议会成员发送警察社区会议报告。

利益集团可以选择内部或外部的游说策略（Wilcox，1998）。内部策略可以说服地方议会成员，而外部策略则动员公众对政策制定者施加压力。表13.6 显示利益集团在内部和外部都有工作。外部策略包括在预算听证会期间作证或谈论警务事宜，就警方问题提交支持或反对信函，并在预算或议会会议上产生大量投票。最常见的内部策略是直接游说议员或市长。

表 13.6　　利益集团策略类型与比例 180

策略	方法	方法使用比例（n=299）
外部策略	• 在公开预算听证会作证或谈论	62
	• 提交信函支持或反对预算增长	60
	• 预算或议会会会议上产生大量投票	19
内部策略	• 直接游说议员或市长	33

战略规划

战略规划探讨政策选择，强调了现有决策的未来影响（Bryson，1995，5）。战略规划是对远景目标和任务的陈述。战略规划应该在预算周期之前进行（Halachmi and Boydston，1991）。一个长期的战略规划使地方议会成员能够制定更好的一年期运营预算决策。布赖森（Bryson，1995：152）认为，大多数预算都是在没有战略思想的情况下形成的。

本项调查并没有询问在预算年度中何时进行战略规划，但 55% 的受访者表示他们有书面的战略规划。战略规划通常需要三年到七年的时间。61% 的警务部门有一个五年战略规划：

- 一年到两年　　14%
- 三年到四年　　18%
- 五年　　61%
- 超过五年　　7%

50% 的战略规划向公众传播，而另一半则仅供内部使用。人们只能推测为什么一些战略规划没有得到传播。有时缺乏透明度是由于担心错误传播造成的。鲁宾（Rubin，1998）发现一些市长不希望公布绩效目标，因为他们担心他们的政治对手会不公正地纠缠于未达成的目标。

警务部门的战略规划通常是城市总体战略规划过程的一部分。斯科茨代尔、拉哥及夏洛特—梅克伦堡遵循全市范围的战略规划流程。战略规划每年更新一次，其结果推动预算过程。地方议会主要资助战略规划期间确定的举措。在夏洛特—梅克伦堡，战略目标跨越组织边界。例如，警务部门与建设检查部门和社区发展部门都有联合目标。在上一个预算年度，警务部门为这些部门成功地争取了增加资源来解决犯罪问题。机构间合作在夏洛特—梅克伦堡的许多社区是很有用的，因为其他机构经常憎恨警务部门占有了预算中的很大份额。支持其他机构会减少这种紧张情绪，从而导致对犯罪根源更平稳、更协调的打击。

参与联邦补助程序，但要小心联邦政府的“礼物”

运营预算只能说明预算案例的一部分。84% 的受访者（251 个警务部门）有单独的资产改良计划，其中包含资本支出预算。

警务部门购买了各种资本项目。最常见的通信技术类型包括 800 MHZ 无线电、调度系统、移动数据终端和警用车辆的笔记本电脑。资本预算还包括建筑支出（75% 的受访者），车辆（59%）和财产（48%）。这些承诺的成本从 2 万美元到 1 亿 7600 万美元不等。较昂贵的物品通常由债券提供资金，较便宜的物品通常由拨款、普通基金或资产没收基金提供的。

警务部门可以获得各种外部资金来源，包括州和联邦补助金，基金会和商业团体。表 13.7 显示了收到这些资金的警务部门的数量、收到的数额和授予组织。社区警务服务办公室（Office of Community Policing Services）是最大的资金来源。在 299 名受访者中有 200 人报告接受了这些资金（在纽约市从 2 622 美元到 99 317 610 美元不等）。同样，大量城市（155）从司法援助局（Bureau of Justice Assistance）获得资金。美国住房和城市发展部（U. S. Department of Housing and Urban Development）贡献了 85 641 000 美元。许多部门（139）还从国家药物管制政策办公室（Office of National Drug Control Policy）、缉毒局（Drug Enforcement Administration）、犯罪受害者法案（Victims of Crime Act），酒精烟草和枪支局（Bureau of Alcohol, Tobacco, and Fire Arms，等来源获得酌情补助联邦）来源。此外，130 个警务机构报告了从投资收入和捐款等不同来源获得的其他金额，从 5 美元到 6 400 多万美元不等。

表 13.7　　警务部门资金来源 181

资金来源	收到资金的单位数量（n = 299）	最低	最高
司法援助局	155	$1 231	$28 277 320
社区警务服务办公室	200	$2 622	$99 317 610
美国住房和城市发展部	88	$3 366	$62 682 000
国家公路交通安全管理局	67	$1 049	$6 680 701
基金会	24	$500	$242 760
企业	30	$414	$7 641 214
酌情补助金	139	$6 161	$21 620 099
其他来源	130	$5	$64 892 873

虽然这是一个不太常见的资金来源，但各部门可以利用非政府资金。24 个机构报告了私人基金会的赠款，金额从 500 美元（威廉王子县）到 242 760 美元（奥马哈）。30 家机构从当地企业或公司获得赠款，金额从 414 美元（亚基马）到 7 641 214 美元（纽约市）。此外，警务部门还收到企业提供的非现金和实物援助。例如，夏洛特在购物中心运营 4 个免租分局，在斯科茨代尔有企业捐赠土地以建立警察局。

一些警务部门在赠款领域表现优于其他警务部门。通过汇总所有外部来源（司法援助局、酌情补助金、美国住房和城市发展部、社区警务服务办公室、国家公路交通安全管理局、基金会和企业）的资金，得到了每个区域的人均资助额。警务部门的人均受助金额介于 1 美元至 32 美元之间，其中 42 个机构报告的人均受助金额为 10 美元或更多。

获得外部资金可能与员工中有全职的补助探寻人员相关。28% 的受访者至少有一个补助探寻人员，但人均受助金额为 10 美元或以上的机构中有 182
38% 至少有一个或多个补助探寻人员。51% 的受访者在机构中有不同的人探寻补助。人均受助金额为 10 美元或以上的机构中有 12% 有一个团队（如研究和规划）从事补助工作或聘请了一名顾问来获得赠款。

精密的技术受到高度重视，然而焦点小组参与者指出，用补助款购买设备应当谨慎。有些设备显然是一种力量倍增器，释放了警察的时间。这种设备通过降低成本来提高效率。力量倍增器的一个例子是听写系统。官员可以在不到 10 分钟内完成在笔记本电脑上需要 30 分钟以上的工作。快速打字的文职人员可以录入录像带，这些人员的报酬远低于警察。

但是，其他设备会增加运营成本，因为设备需要持续的支持。例如，汽车中的笔记本电脑和移动数据终端可以让人员快速查看车牌。效果性提高，但效率性降低（成本增加），因为此类设备需要支持人员。布洛切尔警长对这种区别非常敏感，在有机会使用捐赠资金以每台 5 000 美元购买笔记本电脑时，他决定以 700 美元的单位成本购买个人数字助理，从而避免雇用更多的支持人员。

然而，并不是所有的警察局长和地方议会都对这种区别很敏感。有时，警长们并不完全知道额外的价格标签。可以理解的是，供应商并不总是完全满足全部成本。在其他时候，地方议会根本不希望听到警长的劝告。随着联邦政府补助引发的欲望，它们会咬一口联邦政府的苹果，不考虑设备需要维修、升级和软件支持。

另一个需要注意的是，有时高科技系统由于各种原因不能按照承诺进行工作。第一，供应商并不总是坦诚相信其他地区的失败系统。第二，一些系统非常新，以至于很少或没有记录来评估它们。第三，简单地打电话给其他部门获取有关系统的信息通常不起作用。夏洛特学会了看清系统如何在其他区域真正运转的必要性。第四，采购法规通常规定购买价格最低的系统，即使它不是最有效的系统。作为一种补救措施，地方政府应确保其采购法规足够灵活，以购买最适合（通常不是最便宜）的高科技设备。

地方政府可以为了运营和资本目的而咬联邦政府的苹果。自 1994 年以来，来自社区警务办公室的 86 亿美元资金已经支付了 10 万个警务部门的职位。[1] 获得资金的部门承诺在资助后三年以自己的收入提供资金。各部门现在不得不自食其果了。

与行政长官和当选官员密切合作

焦点小组参与者强调了与行政长官和当选地方议会成员建立和维持密切

工作关系的重要性。行政长官对治安有着不同的兴趣。对那些认为犯罪是首要问题的人来说，建立融洽关系很容易。例如，巴尔的摩县的行政长官是一位非常支持警方行动的前任检察官。有时行政长官具有特殊的联系。奥马哈市长，曾任 10 年期的国会议员、共和党州长协会主席，现任全国城市联盟公共安全委员会主席，能够保证获得警务部门的大量资金。奥马哈人均政府补助中排名全国第十二，并且是人均基金会补助的第一名。

汇报安排可能表明警察局长与行政长官的关系。例如，斯科茨代尔的警 183
察局长是直接向城市经理报告的唯一的运营部门负责人，其他运营部门负责人向助理城市经理报告。

焦点小组的参与者强调了满足当选地方议会成员需求的重要性。与地方议会成员的关系取决于政府的形式、地方议会成员大选或地区选举以及党派的数量。例如，奥马哈是一个强势市长制的城市，所有议会成员都是按地区选举产生的。此外，市长拥有否决权，并且与议会多数党相反。由于政治局势紧张，凯里警长与每位地方议会成员建立了密切的工作关系。他对每位地方议会成员的特殊需求和优先事项特别敏感。他通过互联网向地方议会发送月度报告，并每月与地方议会公共安全委员会会面。

从市政府或县政府经理的角度来看，在议会经理制城市的警察局长可能与民选官员的直接接触较少，但他们也必须对他们的愿望保持敏感——透明度至关重要。巴托什警长指出，如果地方议会成员没有充分了解警务事宜，他们将从诸如媒体或心怀不满的员工之类的其他渠道获得信息——通常是错误信息。

快速准确地回应地方议会成员的关切是至关重要的。政府应该迅速将关切问题交给包括警方在内的所有部门。谢里丹警长指出，他的部门尽快回复地方议会成员以迅速回应了这种关切。

涉及所有部门级别

警务部门的性质有点矛盾。一方面，它们是准军事组织，具有独特的指挥链和非常详细的规章制度。例如，要获得执法机构认证委员会（Commission of Accreditation for Law Enforcement Agencies）的认证，各机构必须遵守

400 多项标准。另外，研究结果表明，警察每天行使高度的个人自由裁量权。此外，社区警务要求警察创造性地与公民合作解决独特的问题。

如果警察局长主要采用独裁的自上而下管理模式，他们将参与预算过程的机会限制在组织顶层的相对较少的管理人员。但是，如果他们赞成授权管理模式，那么他们就涉及所有级别的预算。参与鼓励问责，促进更多认同，并促进对组织目标的承诺。夏洛特发现，当官员对预算没有任何投入时，那些具有好办法的人只会看着预算支出项目，假设它不会改变，甚至不会分享他们的创意。由于官员知道预算中包含什么，他们觉得有权力提出修改意见。

结论

在人口高增长的社区警务部门往往会有相应的预算增加。警务部门采用不同的策略获得预算批准。一些策略可能被所有地方政府机构使用，而另一些则是警务部门独有的。警务部门经历的工作量数据、利益集团、战略规划、媒体关系、组织结构以及与经理和地方议会的工作关系类型与具有不同任务的其他机构不同。因此，进一步的研究应该考虑其他政府机构使用的具体策略。

184 每个地方政府部门都可能有特殊的策略。人员编制规范、专业标准、真实和想象的授权、基准、认证和调查都有助于机构证明预算合理（Ammons，1996）。正如警方战略有细微差别一样，这些和其他方面也是如此。研究人员可能会将重点放在具有显著预算影响的机构所采用的策略上，如消防服务、道路维护和建设、健康和福利、固体废物收集和处置以及公园和娱乐。

致谢

本章基于“全国警察局长在预算过程中的经验评估”的研究数据，由 # 97 – LB – VX – KOOB、科技办公室（Office of Science and Technology）、国家司法研究所、司法项目办公室（Office of Justice Programs）、美国司法部警察行政研究论坛（Police Executive Research Forum）资助。文中表达的观点是作者的观点，并不一定代表美国司法部的官方立场或政策。

注释

1. 这是克林顿政府声称的数字，一些评论家认为其有些夸大。

参考文献

Ammons, David N. 1996. *Municipal Benchmarks.* Thousand Oaks, CA: Sage Publications.

Bryson, John M. 1995. *Strategic Planning and Sustaining Organizational Achievement.* 2nd ed. San Francisco, CA: Jossey – Bass.

Duncombe, Sydney, and Richard Kenney. 1987. Agency Budget Success: How It Is Defined by Budget Officials in Five States. *Public Budgeting and Finance*, 7 (1): 24 –37.

Geller, William A. , ed. 1991. *Local Government Police Management.* 3rd ed. Washington D. C. : Intemational City/County Management Association.

Greene, Jack R. , Tim S. Bynum, and Gary W. Cordner. 1986. Planning and the Play of Power: Resource Acquisition among Criminal *Justice Agencies. Journal of CriminalJustice*, 14 (4): 529 –544.

Halachmi, Arie, and Robert Boydston. 1991. Strategic Management with Annual and Multi – Year Operating Budgets. *Public Budgeting and Financial Management*, 3 (2): 293 –316.

Hatry, Harry P. , Louis H. Blair, Donald M. Fisk, John M. Greiner, John R. Hall, Jr. , and Phillip S. Schaeman. 1992. *How Effective Are Your Community Services*! Washington D. C. : Urban Institute.

Hoover, Larry T, ed. 1996. *Quantifying Quality in Policing.* Washington D. C. : Police Executive Research Forum.

Heclo, Hugh. 1979. Issue Networks and the Executive Establishment. In *The New Political System*, edited by Anthony King, 87 – 124. Washington D. C. : American Enterprise Institute.

Hudzik, John K. , Tim S. Bynum, Jack R. Greene, Gary W. Cordner,

Kenneth F. Christian, and Steven M. Edwards. 1981. The Environment of Manpower Decision Making. In *CriminalJustice Manpower Planning: An Overview*, edited by John K. Hudzik, 180 – 208. Washington D. C. : U. S. Law Enforcement Assistance Administration.

Meyers, Roy T. 1994. *Strategic Budgeting*. Ann Arbor, MI: University of Michigan Press.

Rubin, Irene S. 1998. *Class, Tax and Power: Municipal Budgeting in the U. S.* Chatham, NJ: Chatham House.

U. S. Department of Commerce, Bureau of the Census. 1991/1992. *Expenditures of Municipal Governments by Function and Character and Object*, Vol. 4, No. 4. Washington D. C. : U. S. Govemment Printing Office.

Wilcox, Clyde. 1998. The Dynamics of Lobbying the Hill. In *The Interest Group Connection*, edited by Paul S. Hermson, Ronald G. Shaiko, and Clyde Wilcox, 89 –99, Chatham, NJ: Chatham House.

Wildavsky, Aaron. 1964. *The Politics ofthe Budgetary Process*. Boston, MA: Little, Brown.

Wildavsky, Aaron, and Naomi Caiden. 1997. *The New Politics of the Budgetary Process*. 3rd ed. New York: Longman.

185

附录 13A 小组座谈参与者

参与者	辖区	人口	员额	政府体制
杰里·布洛切尔警长	佛罗里达州拉哥市	68 038	219	议会经理制
杰克·博格副警长	北卡罗来纳州夏洛特－梅克伦堡市	612 095	1 808	议会经理制
泰伦斯·谢里丹警长	马里兰州巴尔的摩县	485 000	1 990	县长制
道格拉斯·巴托什警长	亚利桑那州斯科茨代尔市	190 500	464	议会经理制
唐·凯里警长	内布拉斯加州奥马哈市	358 209	880	强市长制

附录 13B　小组座谈问题

类别	问题
战略优先事项	目前的预算是否说明了您在警务和公共安全方面的战略优先事项？为什么是或为什么不是？ 如果预算反映了您的战略优先事项，有哪些例子呢？ 如果预算没有反映您的战略优先事项，有没有其他途径来实现它？ 您的预算形式（单项预算、项目预算、零基预算或组合预算）如何帮助或限制您在预算中反映战略优先事项？ 您在预算编制过程中通过利用地方资金实现战略优先事项的例子有哪些？
预算战略	您最近预算成功的原因是什么？例如，国家或地方犯罪趋势，重大犯罪事件，人口增长，财政状况等。 地方政治在这个过程中扮演了什么角色？例如选举、媒体、宣传团体或其他。 个性和声誉在这个过程中起着什么样的作用呢？ 您是如何“售卖”战略优先事项来获得资金的？ 规划在多大程度上成为确保资金的一个因素？
技术性	有哪些技术性优先事项的例子是您通过地方预算程序所追求的？ 地方资助是资助技术创新的唯一途径还是第一途径？ 哪些因素使您难以为战略优先事项或技术创新获得资金？您用什么策略来克服或解决这些因素呢？
社区团体	在制定预算和战略优先事项时，公众扮演了什么角色？ 哪些主要的社区团体在这个过程中一直很活跃？ 您曾经公开过您的案例吗？如果有，怎么做的呢？
媒体	您曾经向媒体提出您的案例以获得战略目标的资金支持吗？如果有，怎么做的呢？

第十四章
阿伦·威尔达夫斯基与渐进主义的消亡*

艾琳·S. 鲁宾（Irene S. Rubin）**

186 阿伦·威尔达夫斯基（Aaron Wildavsky）的渐进主义预算理论几十年来一直是美国预算的主流。他认为部门负责人推动预算过程，立法机构只是审查明确基数的增量，冲突是可控的，变化是有限的。从他的角度来看，政府预算是一年一度的重复过程，是通过预算活动相互了解的个人之间讨价还价的结果。

威尔达夫斯基的预算决策模型无法解释权利计划，随着时间的推移，计划占预算的比例越来越大。渐进主义也不能处理或解释绕过部门和处室的自上而下预算。它不能处理削减，因为它让基础的定义变得可疑。它与利益集团没有多大关系，它将预算环境视为外生变量，而不是真正预算过程的一部分。最重要的是，渐进主义是基于人性的理论。因此有人认为，渐进主义必须在任何时候、任何地方、任何条件下都保持不变，它不允许变化。

主流仍然忠于威尔达夫斯基，但许多预算学者在20世纪70年代开始脱离正统观点。渐渐地，威尔达夫斯基本人放弃了他的著名理论。这里评论的

---

* From Public Administration Review, Vol. 49, No. 1 (January/February 1989), 78 – 81.

** 艾琳·S. 鲁宾是北伊利诺伊大学公共管理系副教授。她是《在赤字中运行》（*Running in the Red*）和《缩小联邦政府》（*Shrinking the Federal Government*）的作者，也是《预算理论新动向》（*New Directions in Budget Theory*）的编辑。她最近在《公共预算与财政》（*Public Budgeting and Finance*）与《公共行政评论》（PAR）上发表了市政预算方面的文章。

两本书《预算：预算过程的比较理论》（*Budgeting：A Comparative Theory of Budgetary Processes*）和《预算过程中的新政治学》（*The New Politics of the Budgetary Process*）记录了这种思想的演变。

威尔达夫斯基在1984年暗示了渐进主义的过时。在旧的《预算过程中的政治学》最后一版中，他认为渐进主义预算所需的条件已经消失。他没有另外改动这本书，但警告说它没有描述当前的预算。有些读者可能会对这 187 种渐进主义的权威消亡感到遗憾，其他人可能已经欢迎其拖延已久的消亡。但是，这两种观点的读者一定会对威尔达夫斯基在认识到它不再具有描述性之后就不情愿重新概念化此书感到沮丧。

威尔达夫斯基教授只是逐渐放弃渐进主义。1986年，他发表了他修订后的《预算：预算过程的比较理论》。这本书将大量的渐进主义理论与更深入的、解析的、当代的理论混为一谈。《预算过程中的新政治学》将渐进主义降格为单一章节。在即将与约瑟夫·怀特（Joseph White）出版的《预算之战》中，渐进主义完全消失。随着渐进主义的消失，这些书变得更加复杂、更有趣，而且内部矛盾更少。

《预算过程中的新政治学》是两本书中在此评论较好的一本。它的范围较窄，因此在许多层面上更令人满意。此外，《预算过程中的新政治学》比旧的《预算过程中的政治学》更加丰富和复杂。它允许更多的预算参与者、更灵活的参与者角色以及预算流程和格式的变化。威尔达夫斯基在《预算过程中的新政治学》中承认，预算资源有多种类型，大多数联邦预算都是在拨款委员会之外进行的，这些权利与传统的涉及竞争项目之间选择的预算编制本质相冲突。尽管他之前的著作强调了自下而上的预算编制，但在《预算过程中的新政治学》中他描述了自上而下、自下而上和介于两者之间的预算过程。

威尔达夫斯基试图解释第七章和第八章中的权利的重要性可能是该书最有创意和最重要的贡献。他认为，权利锁定了某些人的福利，并且现在有一种尽可能将福利提高到权利层面的驱动。开放式支出可以灵活地适应不断变化的条件，但它们为预算平衡带来内在障碍。

在第八章中，威尔达夫斯基描述了三组不同的权利计划的历史，即快速增长、稳定和下降。他使用医疗保险和医疗补助作为快速增长计划的例子，将黑肺病和终末期肾脏疾病作为稳定的例子，将《社会保障法和税收分享权利》作为减少或终止的例子。根据这些例子，他认为权利要求可能具有不同的优势，并且即使不在年度拨款过程中也可以被扭转。然而，威尔达夫斯基指出，最大、最昂贵的计划有最强烈的要求，因此对支出产生了不稳定的影响。

除了权利之外，威尔达夫斯基还在《预算过程中的新政治学》中全力对付军事支出。他描述了国防预算的正式体系，然后声称现实并非如此。他指出了国防预算中的一些问题，例如军队部门之间的竞争推高了新装备的价格并减少了协调，船舶和武器合同的成本超支以及一般的浪费。他的许多结论都不令人满意。关于分支机构之间的竞争，他说："通过中央控制获得的是否比通过一致性损失的更多还有待观察"（第 356 页）。在讨论军队是否追求昂贵而超出理性的武器时，他总结说："辨别智慧所在的位置并不容易"（第 357 页）。在成本超支方面，威尔达夫斯基写道，"难以捉摸但至关重要的品质所需的良好判断是很难找到的"（第 361 页）。关于浪费，"实现一个有价值的目标的代价是资助一些不值得的物品"（第 363 页）。很明显，书中最好的分析是在权利部分。

虽然威尔达夫斯基一直不愿就如何处理军事问题发表坚定意见，但他在其他领域表达自己的意见时充满了热情。例如，威尔达夫斯基指出，高就业
188 不是合法的公共部门目标，公共部门不应该以牺牲私营部门为代价来增长，这种平衡应该与支出限制（而不是收入增加）相联系，并且宪法修正案限制支出是一个了不起的主意。

书中有对于特定主题的良好讨论，各个年龄段的学生可能会得到启发性，例如关于军事重组计划和总统的单项否决权的潜在缺陷。威尔达夫斯基提出了国防和国内支出之间预算权衡的关键问题，以及"黑色"或秘密资金这个有趣的问题。预算的权衡并不是一成不变的，因为政策及其支持者会变化，而"公平份额"的概念与结果无关。官僚体制之外的人们可以为政策而争吵，因此也可以为了预算而争吵。

然而，尽管《预算过程中的新政治学》有其优势，但它可能不应取代旧的《预算过程中的政治学》作为本科教科书，特别是在大一、大二年级时。预算比以前更复杂，看起来不像以往那样具有模式。威尔达夫斯基应该

被表以祝贺，没有试图减少本质上复杂的东西而变成误导性的简单化。但复杂性的增加可能会使《预算过程中的新政治学》在较低层级本科生教学上的吸引力不如旧的《预算过程中的政治学》。

总之，这本书是有用的、令人深思的。它值得阅读、思考和争论。《预算过程中的新政治学》不太可能成为一种新的正统观念，所以它正式迎来了预算理论的一个新的学术发酵时期。

《预算：预算过程的比较理论》是威尔达夫斯基的过渡性书籍，包含渐进和非渐进思想的元素。本书的基本前提不是渐进主义，它认为预算在时间和空间上是不同的，解释这种变化是预算理论的一个关键任务。威尔达夫斯基在本书中承认，容忍冲突是一种文化变量，冲突可以在预算中以各种方式表达或引导。根据资源水平、不确定性水平和当地文化的不同，预算过程是可变的这一论点已经做得很好。威尔达夫斯基也提出了关于历史很重要的一个具有说服力的例子，因为不断变化的经济和政治环境对预算很重要。

一些章节重述了早期的思路。与诺米·凯登（Naomi Caiden）合写的第5章关于贫穷国家的预算编制的研究是成功的，因为这项工作似乎仍然适用。[1] 它强调财富和不确定性对预算的影响，这两个主题对预算理论依然重要。与迈克尔·登普斯特（Michael Dempster）合写的第3章描述定量预算模型的演变，结果只是部分令人满意。在后面的模型中，分析的时间框架已经展开，并且考虑到环境因素的变化。这些都是改进的定量预算模型。事实上，模型必须涵盖很长的时间才有意义，以及预算环境对结果中起主要作用，这与早期渐进理论相反。威尔达夫斯基结束了讨论，好像这些研究没有表明与他理论上的出发点不同。

整本书的另一个问题在于章节标题是误导性的。例如，第八章的标题是“从定性模型到定量模型”，但它只涉及渐进主义启发的定量模型。近年来，非渐进主义量化文献一直在蓬勃发展，其中一些在理论上处于停滞状态，尤其是关于权衡的文献，但这些文献甚至没有脚注标出。[2]

在第十章关于预算改革的部分，威尔达夫斯基重申了他以前的观点：预算格式不应该改革。[3] 他认为，单项预算是一项艰苦的常年预算编制工作，也是最具适应性的预算编制形式，其他形式的预算编制工作已经尝试并失败了。他认为，具有规范性、平衡性和全面性的传统预算制度普遍存在。这种

立场不仅在实际上是可疑的，因为许多政府单位已经采用各种混合形式的预
189 算，但在本章的其他地方，威尔达夫斯基指出年度周期性、平衡性和全面性已经崩溃。面对这种明显的矛盾，威尔达夫斯基提出了“两者在应用于不同领域时都是如此”（第 329 页）。他区分了预算在立法机构中投票的形式（假定是单项的和增量的）和思考预算编制的不同方式（假定更多以计划为导向）。尚不清楚他是否认为格式对思维没有影响（如果是这样，他事实上是不正确的），或者他是否有其他的想法，但他显然纠结在矛盾之中，因为他坚持认为改革对预算不利。

有时，威尔达夫斯基提出了另外的假设来解释相同的现象，但并未试图调和它们或解释它们如何结合在一起。在本书的一部分中，他根据他的传统理论认为，渐进主义总是存在，因为它是功能性的（第 328 页）。在其他地方，他从更新的角度认为，渐进主义不是一个常数，而是一个依赖于资源水平的变量（第 16 页）。然而，他也认为渐进主义反映了当地文化，他将其定义为等级制、宗派主义或市场导向，而且有些文化可能不支持渐进主义（第 24 页）。或许有办法将这些见解的一部分或全部放在一起：这件事只需要更多的思考。威尔达夫斯基停止了他的思想上的综合，这就在各章节间制造了起伏不定的感觉。

《预算：预算过程的比较理论》既令人兴奋又偶尔令人沮丧。当威尔达夫斯基制定关于财富、确定性、文化对预算的影响、公共和私营部门相对增长以及政治学面貌的新工具和复杂假设时，这种想法是引人深思的。这些假设是本书的学术核心。这本书令人沮丧之处在于它无法提供许多关键点的证据。

例如在第九章中，威尔达夫斯基假设，当经济增长超过税收时，结果是“公平份额”的渐进主义预算（第 302 页）。这一论点非常吸引人。威尔达夫斯基收集了他写作涉及的每个国家的预算编制证据。然而，他用这个假设结束了他的论点，并且从未将它与他的证据进行比较。人们可以轻易得出相反的结论：政治上可接受的大额增量收入的可获得性将鼓励渐进主义预算，计划和新项目以及一些现有项目的增长速度快于其他计划和项目。产生渐进主义的增量规模以及渐进主义下新税收的政治可接受性给读者留下了相当大的不确定性。

在最近的一本书中，泰伦斯·麦克唐纳（Terrence McDonald）认为故意创造的收入稀缺导致了渐进主义。[4] 现在有一种政治上强加的选择是保持税收和支出的减少，并将富人与税收隔离开来。其结果是一种渐进主义的决策模式，将城市与需求隔离开来。如果联盟形成并解决严重的市政问题，这种模式可能会消失。这与威尔达夫斯基对类似数据的解释完全不同。麦克唐纳的论点并不取决于政权类型（威尔达夫斯基的等级制、宗派主义或资本主义类型），也不取决于实际的财富水平。它取决于当前对期望支出水平的选择，它表明渐进主义可能反映并服务于特定社会或职业群体的利益，如果涉及的群体失去权力或市政危机需要建立新的联盟，渐进主义就会消失。在极端的版本中，渐进主义是富人的阴谋，他们将应税财富界限的定义强加于众人之上。人们不禁要问威尔达夫斯基如何回应这种对渐进主义与政治关系的解释。

本书中发现了一些文体上的问题，包括松散的定义、没有得到支持的全球概括（他认为英国人的社交分裂最少，第 303 页）、夸大的叙述（零基预算的实施相当于推翻政治体制，第 339 页）和偶尔的愚蠢（“也许日本人比 190
外人更了解自己”，第 308 页）。这些问题并不严重，但它们令人分心。

更为严重的是，威尔达夫斯基有时会提出使他感到困惑的问题，但不太可能令其他学者感到困惑。例如，他想知道为什么自工业革命以来对政府的依赖已经增长了，当时他很清楚大多数工人的状况总体上已经改善（第 364 页）。他似乎对工业化带来的变化知之甚少，工业化可能会使劳动力更依赖政府。他从来没有提到劳动力的去技能化或失业率的增长，也没有提到在长期萧条时期应对大规模失业的连续性民间尝试和失败。[5]

总的来说，这本书有一些优点和缺点，正如人们对过渡性书籍所期待的那样。当它以非渐进主义的方式进行理论化时，它尤其有用，它可以用于预算或政治课程，学生可以用他的假设，设计研究来检验它们或讨论他的论点。

威尔达夫斯基逐渐承认渐进主义不再有用或具有描述性，这为预算理论中的新方向开辟了道路。预算理论已经不再将预算过程描述为一组固定的角色和统一的重复过程的集合，并且已经开始探索跨越空间的各种预算过程及其随着时间的演变。从描述共同点到解释变化，重点已经改变。一度轻视环境的预算理论现在关注其角色了。

最近的预算理论已经把它的范围从专注于拨款的范围扩大到包括收入政治活动、决策过程的组织，预算平衡和再平衡的尝试以及通过后的预算执行。最近的研究改变了对预算的看法，从资金分配转变到各种资源的分配，包括贷款、补贴、保险和补助。它集中于方案执行的各种方式，包括直接提供服务、合同、权利和公共企业。每个资源和每个方案执行系统都具有不同的政治和预算特征。理想情况下，未来的预算理论将适应并综合所有这些复杂性和多样性，并且将详细说明不同概念所需的条件。根据他最近的著作，威尔达夫斯基正在对在预算领域什么是重要的作出假设，就像其他作者所做的那样。他的未来工作有望对新兴预算理论作出重大贡献。

注释

1. Naomi Caiden and Aaron Wildavsky, *Planning and Budgeting in Poor Countries* (New York: Wiley, 1974).

2. See, for example, Frederick Pryor, *Public Expenditures in Communist and Capitalist Nations* (Homewood, IL: Irwin, 1968); Bruce Russett, "Who Pays for Defense," *American Political Science Review*, Vol. 63 (June 1969), pp. 412 – 426; Bruce Russett, "Defense Expenditures and National Well – Being," *American Political Science Review*, Vol. 76 (December 1982), pp. 767 – 777; Jerry Hollenburst and Gary Ault, "An Alternative Answer to Who Pays for Defense," *American Political Science Review*, Vol. 65 (September 1971), pp. 760 – 763; David Caputo, "New Perspectives on the Public Policy Implications of Defense and Welfare Expenditures in Four Modern Democracies: 1950 – 1970," *Policy Science*, Vol. 6 (December 1975), pp. 423 – 426; Harold Wilensky, *The Welfare State and Equality: Structural and Ideological Roots of Public Expenditures* (Berkeley: University of California Press, 1974); Kathleen Peroff and Margaret Podolak – Warren, "Does Spending on Defense Cut Spending on Health," *British Journal of Political Science*, Vol. 9 (January 1979), pp. 21 – 39; William Domke, Richard Eichenberg, and Catherine Kelleher, "The Illusion of Choice: Defense and Welfare in Advanced

Industrial Democracies, 1948 - 1978," *American Political Science Review*, Vol. 77 (September 1971), pp. 760 -763; K. Dabelko and J. M. McCormick, "Opportunity Costs of Defense: Some Cross National Evidence," *Journal of Peace Research*, Vol. 14 (June 1977), pp. 145 - 154; Barry Ames and Ed Goff, "Education and Defense Expenditures in Latin American: 1948 -1968," in *Comparative Public Policy*, Craig Liske, William Loehr, and John Mcca- 191
mant, eds., (Beverly Hills: Sage Publications, 1975).

3. Arnold Meltsner and Aaron Wildavsky, "Leave City Budgeting Alone," in *Financing the Metropolis: Public Policy in Urban Economics*, John P. Crecine, eds, *Urban Affairs Annual Review #4* (Beverly Hills: Sage Publications, 1970), pp. 311 -358.

4. Terrence McDonald, "San Francisco: Socioeconomic Change, Political Culture, and Fiscal Politics, 1970 - 1906," *The Politics of Urban Fiscal Policy*, Terrence McDonald and Sally K. Ward, eds., (Beverly Hills: Sage Publications, 1984).

5. Alexander Keyssar, *Out of Work: The First Century of Unemployment in Massachusetts* (Cambridge: Cambridge University Press, 1986).

第十五章

立法预算分析师的决策策略：经济学家还是政治家？*

凯瑟琳·G. 威洛比（Katherine G. Willoughby）
玛丽·A. 芬恩（Mary A. Finn）

192 目前对公共预算的理解认识到过程和结果的迷惑性和复杂性（例如参见 Rubin，1993；Kiel and Elliot，1992）。过程涉及预算开发和众多参与者之间的互动，通常具有竞争性的价值、经验和忠诚。结果反映了在拨款支持下的政策执行。由于各级政府持续的财政压力、机构碎片化和公民对政府负责任地处理预算和政策事务的能力持怀疑态度（考虑到 1996 年国家一级的预算僵局），对预算这两个方面的兴趣依然很高。

在这种环境下，如果过程至少被公众认为是客观和公平的，那么预算结果肯定不那么令人怀疑。因此，剖析预算过程并进一步明确个人和群体决策行为的研究成果变得非常重要。按照这样的观点，本项研究经验性地考察了立法预算分析师为州立法者审查机构支出计划的常见日常工作任务中的决策行为。本项研究的目的是关注预算决策和作为现代州立法机构重要人员的财务分析师、审查这些分析师的预算策略并对其进行分类、从人口统计角度描述分析师的决策导向，以及将这些分析师的决策导向与其行政同行的决策导向进行比较。

---

* From I - Part，Vol. 6，No. 4 （1996），523 - 546. Copyright© 1996 by Public Management Research Association. Reprinted with Permission.

这项工作复制了威洛比（Willoughby，1993a，1993b）关于行政预算分析师及其预算策略的内容。她的研究使用决策任务模拟和社会判断分析来调查来自南部 10 个州的 131 个中央预算局分析师的支出策略。她的发现支持这样一个前提，即公共预算人员的支出决定不依赖于单一的理性。也就是说，本研究中的大多数分析师在审查机构支出计划时主要利用两三种线索的组合。

威洛比的研究结果表明，最大数量的分析师（63%）在他们的决策导向上可以被归类为混合价值，他们在考察到机构支出请求时将政治和经济因素视为同等重要。第二大类分析师（27%）被称为政治分析师，他们提出
预算建议时将主要权重归因于一个或多个政治因素（主要是州长导向）。最 193
小的一组分析师被分别标记为渐进主义者（6%）和理性主义者（4%），这些人分别依靠机构获益或绩效指标来分析机构预算请求。这些发现支持现代观念，认为渐进主义是对公共预算行为的不充分解释。

威洛比根据其他因素区分了四组分析师。她的研究结果表明，分析师的支出策略最受到州政府财政环境和分析师年龄的影响。也就是说，经济因素（机构工作量和运营效率）在较不稳定的财政环境中工作的年轻分析师的预算决策中占有更大的分量。

在同样的实验下，立法预算分析师将如何行事？以下假设将被测试：

H1：大多数立法预算分析师的决策策略将反映行政分析师中常见的混合价值支出导向。但是，由于他们与行政分析师不同，预计立法预算分析师的机构隶属关系将在其提出支出建议时相对于其他线索占据立法议程的主要权重（与州长议程相对）。

H2：考虑到这些分析师拥有不止一位上司（与一位州长相反），预计平均而言，他们将比他们的行政同行更多地衡量经济或客观线索。这假定行政预算人员从一位州长那里获得的政策方向比立法预算工作人员从众多立法成员那里获得的更为集中，每个立法成员都有其特殊的和/或选举的利益。

H3：鉴于 1992 年访问过的所有州政府预算的财政限制，预计最少的分析师将被列为渐进主义者，或者以确定未来支出时将现有基础作为唯一或最重要的权重因素为特征。

H4：假设更多经验丰富的分析师（那些在职时间较长的人）对预算中

的政治性更为了解，预计他们在向立法者提出支出建议时会比新手分析师更重视政治因素。

文献综述

立法财政预算分析师的重要作用

对州级立法程序和工作人员的研究是有限的。根据奥本海默（Oppenheimer，1983，570、577）的观点，“与国会如何制定政策和预算的广泛文献相比，对州立法机关和政策产出的研究工作是相形见绌的……有些研究确实非常好，但文献中的差距很大”。那些确实考虑州级政府立法程序和工作人员的研究通常是效率和/或组织的案例分析，或者是对支出或通过的法案数量进行汇总分析以作为政策产出的替代指标（BeVier，1979；Frost，1961；Milstein and Jennings，1973；Rosenthal and Forth，1978；Steiner and Gove，1960；Worman，1975）。

立法者加强对行政人员政策控制的努力已经在他们进一步的专业研究中得到验证（Balutis and Butler，1975；Heaphey and Balutis，1975；Jones，1992；Oppenheimer，1983；Rosenthal，1981，1990；Skok，1980；Welch and Peters，1977）。更长的会期、更高薪金的选举和任命职位、与立法者个人、委
194 员会及整个议会联合的更多工作人员、委员会结构的变动、改善的设施和技术能力都对现代立法环境有所贡献。穆尼（Mooney，1995，48）指出，改良的专业化程度提高了立法能力，“在决策过程中发挥其作用，并且具有与其他行动者相似的专业知识、认真态度和努力。”

尽管如此，在一个促进职业立法者的环境中，“大约30%的立法委议员是新的”（Gurwitt，1993，29）。部分原因是更差的收入环境、更大的分权和随后的政策冲突，以及公众对立法特征的贬低。这种环境只授权那些有潜力长期服务和影响许多不同立法者的立法工作人员。由于预算继续推动州级政治，立法财政工作人员的影响力因其信息提供者的角色而提高。穆尼（Mooney，1991，445）强调，“那些能够成功地向决策者提供信息的人在立法过程中会比没有能力的人更能体现他们的利益”。戈斯林（Gosling，

1985）认为立法机关与行政机关之间的许多权力取决于对州长建议预算的主动解释，这通常是立法分析师最初为立法者提供的解释。

立法预算分析师的决策行为

本项研究扩展了越来越多地使用实证研究方法来解读立法和预算行为的文献。这种类型的研究的例子包括穆尼对来自三个州的立法者信息来源的分析。在那项研究中，他发现立法者根据自己的任务对信息来源进行不同的权衡。“那些决定选票的立法者使用更多的内幕信息，那些正要说服同事的立法者使用更多的中间范围的信息，那些起草法案的立法者比参与其他子过程的人更多地使用外部信息”（Mooney，1991，451）。

同样，斯坦福（Stanford，1992）在评估州一级机构预算要求时考虑了立法者最具影响力的因素。她的研究结果证实了目前研究工作中假定的预算行为的两个方面。首先，斯坦福成功地区分了立法者的决策导向，根据诸如控制、管理、计划或资金等标签。这些结果支持公共预算人员的专业活动产生可以有效建模的日常行为的观点。其次，她发现被定义为重要决策因素的8个变量中有7个“在预算审查的审议阶段对立法者的决策演算产生了重大影响”（第24页）。她的观点与渐进主义的消亡有关，是对现代公共预算的充分解释。

就像威洛比的工作一样，塞缪尔（Thurmaier，1995）对从业者和公共行政研究生的支出决定的分析是将实验设计应用于分析师预算研究的另一个例子。在这项研究中，受试者被安置在试验组和对照组中。每个类别的个人都会得到各种假设的预算信息，从中他们必须确定建议的支出限额。塞缪尔（1992）和威洛比（1993a）的实验设计有所不同，但他们得出了相同的结论。例如，他们都发现，预算人员在决定支出时会利用有限的几个因素。此外，即使经济因素在分析师的决策过程中发挥重要作用，预算人员也倾向于更加重视政治线索而非经济线索。双方都发现个人和/或环境因素影响预算人员对不同预算线索的解释和加权。

值得注意的最后一项研究是布雷特施奈德、杰弗里·斯特劳斯曼和马林斯（Bretschneider，Straussman and Mullins，1988）的工作，其中公共行政和工商管理研究生获得了关于虚拟城市的收入预测信息以及其他的财政、政治和人口数据，并被要求决定下一次预算的最大支出限额。作者发现预算角色和个人特征影响受试者的决策导向。也许这个实验最薄弱的一面是所有受试者都是学生，而不是公共部门的“真正的参与者”。

本项研究的基础是认识到立法预算分析师的角色和活动是特定的和常规的。据悉，这种活动是在一个非常复杂和多变的环境中进行的，鲁宾（Rubin，1993）在她的实时预算模型中进行了解释。然而，尽管她的工作涉及在非常不稳定环境下进行的宏观预算决策制定，但本项研究分析了在预算周期的特定时间点进行的微观预算决策制定。巴伯（Barber，1966）在他的包括地方财政委员会成员的实验中描述了这种决定的独立性质，他指出预算人员仔细考虑支出时几乎完全关注自己的社区和独特的预算状况。本项研究分析了从事审查机构预算请求以便在通过拨款法案或其他法案之前向立法者提出支出建议的分析师的设置情况。

图 15.1 描绘了典型的立法分析师参与审查机构预算请求和为立法者制定支出建议或选项的常规活动的决策情景。

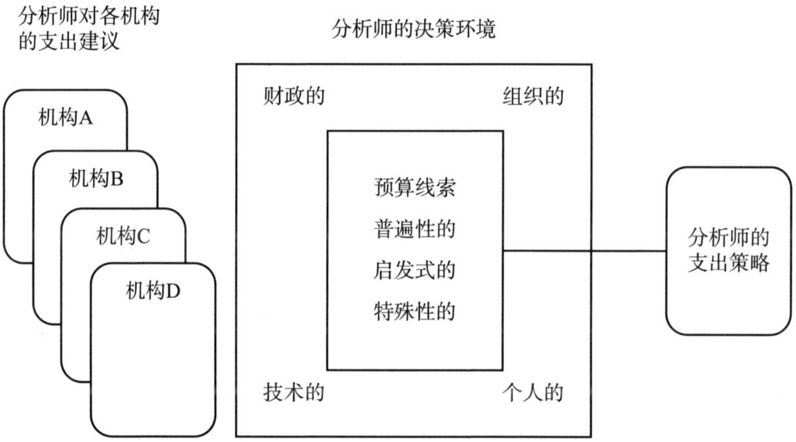

195 **图 15.1　立法预算分析师决策模型**

根据这一模型，分析师可能会在制定州长建议预算（与行政预算员工同时）的早期直接从机构接收到机构预算请求，或者可能会在议会会期开始之前间接地从州长建议预算中接收到机构预算请求。分析师的决策环境以财务、制度和个人因素为特征。财政环境绝大部分由讨论中的特定预算年度的收入估计来定义，间接地由州政府的长期财政状况（通常以其债券评级来表示）来界定。制度因素包括由立法预算办公室内设置、其负责人任命、其主要任务或导向、人员规模和预算格式定义的组织环境。这些因素还包括服务于分析师开展工作的计算机硬件、软件及其他技术能力相关的技术环境。分析师的个人环境包括教育和工作经历、年龄和性别。 196

图 15.1 中表征的决策环境是基于规范性和描述性的公共预算理论的，该理论将理性、渐进主义和政治过程因素视为政府支出的重要决定因素（Babunakis，1982；Grizzle，1985，1986；Lindblom，1959；Premchand，1983；Simon，1957；Wildavsky，1992）。这些因素包括那些具有普遍性（理性）的、以经济或客观绩效指标展现的因素。渐进主义行为通过启发式经验法则来表示，即分析师在年复一年查看支出请求时习惯性地考虑这些请求（例如，机构请求的当前预算基数的增量）。特殊标准包括与机构、其活动以及诸如议会成员、州长、机构人员、客户和公众之类的重要预算参与者的议程等相关的政治因素。分析师在为立法者审查众多的机构请求时对这些因素的解释代表了支出导向或判断策略，这是分析师决策策略的累积特征。这种导向可以表征为更为经济的、传统的（渐进主义的）或政治性的，取决于分析师对不同线索的解释和加权。

数据来源

这项研究的数据是在 1992 年从美国东南部地区的九个州议会收集的。[1] 大约有 109 位分析师（82%）有资格参加该项目，完成了调查问卷。[2] 如图 15.2 所示，典型的立法预算分析师可以被表征为男性，大约 39 岁，每年挣得超过 45 000 美元。平均而言，立法分析师在现任职位上任职已经接近 6 年，并且已经在州政府工作了十几年。他很可能持有高级学位，可能是商科或公共行政专业。

研究方法

社会判断理论（Social judgment theory，SJT）和分析被用来衡量这些分析师的支出决策。SJT 是一种在社会科学和其他科学领域中已得到成功应用的分析个人选择行为的方法（Adelman，Stewart and Hammond，1975；Al－Tabtabai and Diekmann，1992；Dell'Omo，1990；Dhir，1987；Grizzle，1985；Hammond et al.，1987；Stewart and Gelberd，1976；Whorton，Feldt and Dunn，1989；Willoughby，1993a；另见 Waller 在 1988 年对 SJT 在会计和审计研究应用中的历史回顾）。这种分析人类决策行为的方法要求受试者在做出决定时能够感知多重线索并辨别其重要性。社会判断分析不是向受试者提问当他们参与特定决策任务时哪些因素是最重要的，而是向受试者提出一个精心定义的决策任务，并要求受试者做出其选择。受试者利用包含在决策任务中的各种因素的方式以及他们在多种决策情景中做出选择的一致性可以使用多元回归方法进行量化。

社会判断理论之父埃贡·布伦斯维克（Egon Brunswik，1956）开发了一个透镜模型来说明他所谓的行为事件，包括一个远端状态（目标），多种近端线索及个人判断。根据这个模型，个人判断与远端状态之间存在一个模棱两可的区域。行为事件（或判断）是适应环境的概率过程。线索的使用是功能性的，并非所有的线索都是必需的，而且在特定的决策任务中，有些线索在特定个体的特定决策任务中比其他线索更可靠（Hammond et al.，1977）。模棱两可的区域可以通过几种方式来定义：个人对每条线索赋予的权重或重要性、每个近端线索与远端状态之间的函数关系的形式、个人的组织原则。

在本项研究中，对透镜模型进行了转换（见表 15.1）。个人判断是分析师对 40 个假设的州级机构预算请求概况中的每一个的建议。近端线索
198 通常是这些分析师在对特定预算请求做出判断时使用的标准。远端状态是分析师的总体判断策略，反映了个人在众多预算决策中对线索的依赖和利用。

根据表 15.1，自变量包括决策线索、财政环境、组织和技术方面以及个人特征。判断策略取决于分析师在其财政、组织和个人环境中对特定标准的特定权重。因变量是分析师的决策导向或支出策略。

表 15.1　　立法预算分析师个人特征 197

值标签	频数	有效百分比
现任职务		
副职领导人	9	10.1
众议院财政官员	1	1.1
高级立法分析师	22	24.7
立法分析师	55	61.8
其他[a]	2	2.2
小计	89	100.0
先前职业		
立法机构	12	13.5
州级机构	37	41.6
市政府	6	6.7
联邦机构	2	2.2
私人部门	14	15.7
学校应届毕业	8	9.0
其他[b]	10	11.2
小计	89	100.0
接受教育水平		
上过大学	1	1.1
本科毕业	21	23.6
上过研究生	17	19.1
硕士学位	42	47.2
博士/专业学位	7	7.9
其他[c]	1	1.1
小计	89	100.0
性别		
男性	55	62.5
女性	33	37.5
缺失	1	缺失
小计	89	100.0
收入		
\$20 000 ~ \$25 000	2	2.3
\$25 000 ~ \$30 000	8	9.2

续表

值标签	频数	有效百分比
\$30 000 ~ \$35 000	9	10.3
\$35 000 ~ \$40 000	9	10.3
\$40 000 ~ \$45 000	14	16.1
\$45 000	45	51.7
缺失	2	缺失
小计	89	100.0

注：a 这一类别的两名参与者列出了他们的职位，他们是首席经济学家和经济学家，他们在本州的立法预算办公室工作，分别在该办公室担任立法预算分析师四年和三年。

b 这一类别包括以前在行政预算办公室、大学、县级预算办公室或机构或法院系统工作过的员工。

c 这一类别包括仅完成博士课程（ABD）的参与者。

调查工具与威洛比（Willoughby，1993a）对行政预算分析师开展研究时采用的一样，包括任务定义和线索规范。[3] 该调查工具包括决策任务模拟部分和人口统计部分。分析师对模拟的反应作为本研究的数据，研究数据还包括有关他们的教育、工作背景和其他个人特征的信息。

该模拟包括40个假设的机构预算请求概况，这些概况根据预算人员在审查支出计划时考虑的七类因素或线索进行衡量。这些概况是在微机上随机生成的并显示在调查问卷的某一部分，以便每位分析师按相同的顺序收到相同的概况以供审查。在每个概况中列示的前两类因素——机构工作量和运营效率，都可以作为经济线索的代理指标；机构负责人的积极性（与当前预算相比的请求）是衡量启发式线索——渐进主义（未来支出水平的考量基础）的代理指标；州长及立法议程，关于支出以及公共支持的机构负责人信任可以作为特殊或政治线索的代理指标。

虽然模拟实验的质量已经被关注到了（向分析师提供了构成每个概况的不完整线索列表的完整信息），但是取自分析师工作环境的信息并不一定是不切实际的。[4] 哈蒙德等（Hammond et al.，1980：186）指出，SJT“强调代表性设计的概念”。斯图尔特（Stewart，1988：58）认为“在SJT背景下判断分析目标是对判断过程进行有用的描述，而不是忠实地再现过程本身的所有属性”。

研究结果

分析师的组织原则在数学上由二次多项式方程表示：

$$\hat{y} = b_{11}X_1 + b_{12}X^2 + \cdots + b_{n1}X_n + b_{n2}X^2 + c$$

其中：

$\hat{y}$ = 分析师预测的支出方向或政策。

b_{11-n1} = 线索值的回归系数。

b_{12-n2} = 线索值平方的回归系数。

X_{1-n} = 预算线索的评分。

X^2 = 预算线索评分的平方。

c = 常数项。

二次项用于生成曲线的函数形式，在这种情况下，分析师对线索的使用最好用效用曲线表示。每个回归为每条线索及其平方产生分项系数以及标准 199
误差和 t 值。分项回归系数被标准化以指示每条线索对每位分析师的相对影响。标准化系数或贝塔权重提供了衡量分析师判断策略中可以通过每条线索来解释的可变性的百分比。每个贝塔权重被除以分析师的所有贝塔权重的总和，以确定每位分析师的每条线索的相对权重。在每位分析师的最终回归模型中，相对权重总和为 100。

为每位分析师计算的多元相关系数或可预测性得分提供了衡量分析师的预测判断与他/她的实际支出建议的可比性的度量。这一衡量标准既提供了回归模型对分析师实际行为的拟合程度，又表明了分析师对所有 40 个预算请求概况提出建议的一致性。判断分析中可预测性分数从 0.70 到 0.90 是常见的，0.80 及以上的分数被认为是好的（Stewart，1988）。

分析师对线索考虑的图形描述使用函数图形表示。这些图形说明了分析师在提出支出建议时对线索的主观使用。图形描绘了分析师利用每个因素的方式，并与相对权重一起考虑。

个人认知风格

图 15.2 说明了三位代表不同支出策略的分析师函数图形。每种图形的

纵轴表示一位分析师对 40 个概况中的每一个的建议，得分范围从 1 到 20。[5] 横轴代表应用于每个概况中的特定线索的分数，得分在 -10 ~ +10 的范围内，或者在获取情况下为 0 至 +10。机构获得性得分可能从 0 分到 10 分，因为除非有特定的州长指令进行削减，否则在提出下一财政年度资金请求时，机构负责人的要求很少会低于当前基数。相对权重位于函数图形的右下角。每个支出策略的底部都有多元相关系数。

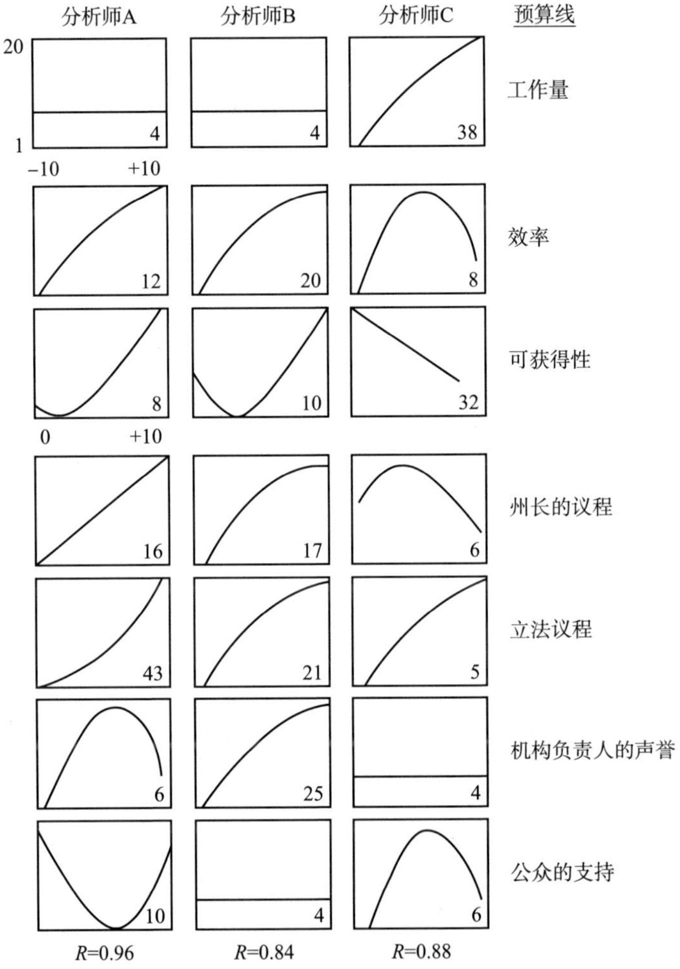

200

图 15.2 三位立法预算分析师的支出策略

当函数图形与相对权重一起考虑时，支出策略的显著性是显而易见的。例如，分析师A在制定支出建议时主要考虑立法议程。这位分析师支出判断中可变性的43%可以通过他/她考虑立法机构重要成员的议程来解释。

立法机构议程中二次项的统计显著性证明了这位分析师利用这一线索所采取的正面的、略微曲线的方式。也就是说，如果一个机构的预算越是得到立法机构重要成员的更积极认可或支持，分析师越倾向于将该请求包含在总预算中。在这种情况下，机构效率和州长议程也很重要（$p < 0.005$），尽管它们并不像立法议程那样被分析师严重依赖（权重分别为12和16）。考虑到这位分析师的可预测性得分（0.96）证实了他/她基于对政治因素的理解提出建议的一致性，立法议程是占主导的判断因素并且有助于解释另外两个线索的重要性。

分析师B以比分析师A更平衡的方式利用多个政治线索和一个分析线索。该分析师在提出支出建议时几乎同等地衡量了机构负责人的声誉、立法议程和机构效率。与这些线索相对应的t数值是显著的（$p < 0.005$）。可预测性得分为0.84表明预测与实际支出建议的契合度很高。在为模拟实验提出的40个预算概况制定支出建议时，这位分析师一直关注这3个因素。

分析师C在审查预算时考虑了机构工作量和可获得性。这位分析师支 201
出策略的38%可变性可归因于他/她对机构工作量的考虑。该线索的函数图形表明，随着工作量的增加，分析师更倾向于将该机构的请求包含在总预算中。另外，这位分析师以几乎相同的权重（32%）赋予可获得性线索，以线性的负面方式考虑这一因素。由于请求与当前预算相比有所增加，他/她提出了将机构的支出请求包括在总预算中的较弱的建议。

这些结果说明了参与常规决策任务的立法预算分析师所展现的信息处理的复杂性和独特性，并与行政预算分析师展现的预算策略的特殊性相似（Willoughby，1993a）。例如，分析师A在审查机构预算请求时主要利用了一个政治线索，而分析师B考虑了政治因素和分析因素的组合，而分析师C则考虑了分析因素和传统因素。

按支出策略对分析师分类

分析师的支出策略分为若干集群。这涉及两个步骤。首先，通过因子分解对观察值——也就是对 40 个预算请求概况中的每一位受试者的建议之间的相似性进行分析。其次，通过聚类分析考虑个例——也就是 89 名分析师的支出策略之间的相似性。

在这种情况下，因子分析被用于探索性目的“以通过减少数据实现描述的经济性”（Goddard and Kirby，1976：14）。使用因子分析的目的是在 40 个变量基础上减少测量分析师策略的变量数量。然后在聚类过程中使用得到的因子分数来确定分析师的判断策略是否可以分组（Gorsuch，1983）。[6] 从第一步产生一个包含 7 个因素的结果用来对分析师进行分类。每位分析师的 7 个得分被计算出来并保存在执行聚类程序时访问的活动文件中。

聚类分析遵循因子分解过程，涉及将对象或单元分类成组，从而使组内同质性和组间异质性最大化（Zapan，1982：4）。分析师的支出策略根据前一步骤中产生的因素得分数值进行分组。

聚类可以通过多种方式完成。两种类型的聚类包括非分层（单层）和分层（多层）过程。第一种方法通过迭代过程将实体分为群集，而后者通过聚合或分裂方法将实体分为组。聚合程序以所有对象作为单个实体开始，然后逐级合并，直到所有对象都包含在一个组中（Lorr，1983：19 - 20）。分层聚合技术是最常用的聚类程序，在这里用于对分析师的支出策略进行分组。

存在几种聚合方法，可以通过对实体和群集之间或两个群集之间考虑的距离的定义加以区分（Mezzich and Solomon，1980：20 - 21）。在本文中，使用了 Ward 的最小方差法。萨曼（Zapan，1982：25）详细说明了 Ward 方法认可的距离测度（平方欧几里得）及其有用性，指出这种方法“非常有效，但偏向于小群集的分组”。[7]

聚类产生了一个数据矩阵和一个聚集列表。图 15. 3 显示了树状图，从图像上显示了这一列表——分析师根据支出策略的相似性进行聚类。个例和群组编号列示在图的底部。图 15. 3 中突出显示了 5 个聚类，尽管可以识别更多的聚类。[8] 关于要确认多少个聚类或群组的决定是一个主观的决定。通常，在树状图的垂直轴上表示的距离值被参考以确定明确定义的群集的最少数目（Romesburg，1984：213 - 15）。在本文中，5 个聚类显示每个都包含健康数量的个例，并且如即将显示的那样，表示组间特征的区别。

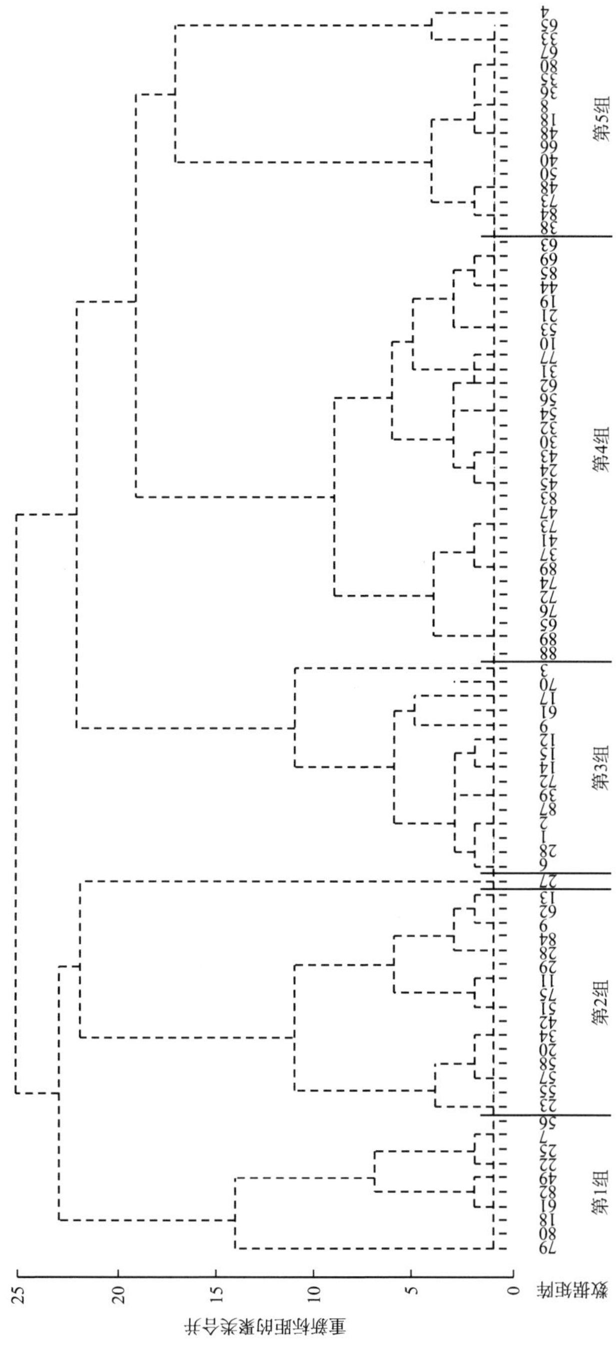

图15.3　Ward方法的树状图：层次聚类分析

各组平均支出策略的图形化解释如图 15.4 所示。这些信息是通过计算每组 40 个预算请求概况的平均推荐值，然后进行多元回归来为每组分析师制定平均判断策略。根据调查结果，只有 18% 的立法预算分析师将立法机构的重要成员视为最重要的指导（第 2 组）。另外，70% 的分析师在审查机构预算请求时，认为经济标准、机构工作量和运营效率的权重最大（第 3、4 和 5 组）。在为立法者审查机构预算请求时，几乎所有的群组都显示这些线索中的一个或两个具有重大影响。

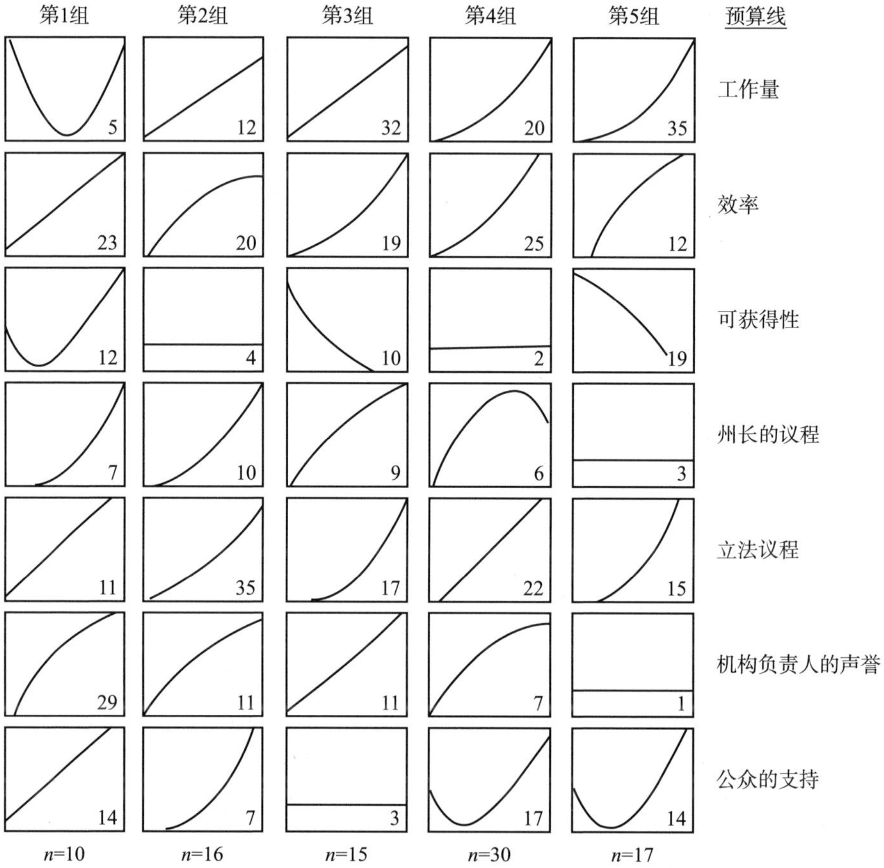

203 **图 15.4 各组平均支出策略**

＊预算线的平均权重显示在每组函数图的右下角。

另一个值得注意的结果是，请求的可获得性（对基数的考虑）对任何群组来说都不是唯一的或权重最大的线索。这个线索被第 5 组中的 17 位分析师认为是仅次于工作量的第二位，而对于第 1 组和第 3 组中的 25 位分析师来说是非常重要的。

观察函数图形时，值得注意的是分析师倾向于以正向的、线性的或稍微曲线的方式利用大多数线索。随着机构工作量的增加，分析师对请求的全额资助赞同越积极；该机构的运作效率越高，赞同越积极；该机构的预算得到越多的预算参与者——立法者、州长、公众——的积极推动，分析师的赞同越积极；在机构负责人请求等同于真正的支出需求方面更信赖，赞同越积极。

然而，对于机构可获得性的解释是非常独特的，取决于这个群体。注意第 1、3 和 5 组对这种线索的考虑差异。（这一线索对第 2 组和第 4 组的分析师来说并不重要。）第 5 组的分析师在审查机构支出计划时认为机构可获得性相当重要，仅次于机构工作量。这些分析师负面考量超出当前预算的任何请求。第 3 组的分析师对机构可获得性的理解与第 5 组的情况有点像，尽管不是主要的。最后，第 1 组的分析师比第 3 组认为机构可获得性更重要，并且重要性比第 5 组要低。第 1 组分析师对相对基数小幅增加的机构预算的赞同较弱，他们对大幅增加的机构预算的反应更积极。

图 15.3 中的图形展示允许跨越群组进行比较，这些群组根据其权重单独看起来可能看起来相似，但是当展示利用线索的方式时，它们会有所不同。例如，第 2 组和第 4 组的分析师相当重视机构效率和立法议程，但平均而言他们以稍微不同的方式解读线索。还应注意第 1、2、4 组的分析师对机构效率的解释，第 1 组和第 5 组分析师对公众支持的解释以及第 3 组和第 5 组的分析师对机构工作量的解释的区别。基于这些结果，分析师可以根据他们的支出策略分为官僚主义者（第 1 组）、政客（第 2 组）、理性主义者（第 3 组）、混合价值者（第 4 组）和理性主义者/渐进主义者（第 5 组）。

每个群组的人口统计数据见表 15.2。结果显示，官僚主义者——那些最重视机构负责人信任度，其次是机构效率，然后是公众支持的分析师——是最年轻的分析师，主要是女性。这些分析师指向了最低的平均薪资类别。政客比官僚主义者平均年龄更大。这是一个全部由男性构成的群组，分析师在现任岗位的在职期间平均是 5 年，而且指向了薪水最高的类别。这些分析师在确定预算建议时，最重要的是考虑立法方向，然后是机构的运营效率。

204 **表 15.2** **各群组分析师特征**

群组编号及名称	年龄	男女性别比	在职时长	收入中位数	人数
1. 官僚主义者	34	33/67	4.90	> $35 000 ~ 40 000	10
2. 政客	39	100/0	5.16	> $45 000	16
3. 理性主义者	39	40/60	4.21	> $40 000 ~ 45 000	15
4. 混合价值者	39	60/40	5.11	> $40 000 ~ 45 000	30
5. 理性主义者/渐进主义者	42	65/35	8.35	> $45 000	17

理性主义者（主要考虑经济因素）的平均年龄也比官僚主义者长。与其他群组相比，这个群组包括了最多的在现任岗位服务期最少的女性。混合价值者代表最典型的立法预算分析师——男性、39 岁、服务期 5 年，年薪在 40 000 美元至 45 000 美元。这也是最典型的支出策略（n = 30），分析师在参与审查机构预算请求时几乎平等地衡量政治和经济线索。

理性主义者/渐进主义者的年龄和服务年限最为明显，平均年龄要比其他群组的分析师年龄大，而且他们在现任岗位的服务年份（平均 8.35）明显高于其他分析师。该群组主要是男性，年薪在 45 000 美元以上。

对独立性（性别和支出策略）以及方差分析（年龄、服务年限和收入与支出策略）的卡方检验结果表明，在人口统计变量中，只有性别和收入与分析师的决策取向在统计上相关。

与行政预算分析师比较

表 15.3 比较了行政和立法分析师线索权重的频数分布。与行政分析师相比，立法分析师更可能显著地考虑机构工作量和运营效率（线索权重为 20 或更高）。而且，立法分析师相比行政分析师不太可能将主要权重赋予一个（政治）因素。虽然 63% 的行政预算分析师对州长议程赋予了较
206 大的权衡（线索权重为 20 或更高），但只有 35% 的立法分析师在制定机构预算建议时会赋予立法议程较大权重。表 15.3 的结果表明，立法分析师与其行政同行相比更可能将更广泛的因素视为重要的。例如，立法分析

师比行政分析师更可能在准备支出建议时考虑立法议程、机构管理者和公众支持。

表 15.3　　行政预算分析师（EBA）[a] 与立法预算分析师（LBA） 205

预算线索权重频数百分比

权重	工作量		效率		可获得性		州长议程		立法议程		机构负责人声誉		公众支持	
	EBA	LBA	EBA	LBA	EBA	LBA	EBA	LBA	EBA	LBA	EBA	LBA	EBA	LBA
0～9	26	20	17	25	48	48	8	58	49	21	36	42	65	42
10～19	43	33	53	38	40	42	28	40	43	43	56	45	28	38
20～29	22	29	24	31	8	9	37	1	8	17	7	11	5	16
30～39	8	16	5	6	2	1	21	0	0	13	0	0	2	3
40～49	<1	1	2	0	2	0	3	0′	0	3	<1	2	0	1
50～S9	<1	1	0	0	0	0	2	0	0	2	0	0	0	0
合计	101	100	101	100	100	100	99	99	100	99	100	100	100	100
总人数	89	131	89	131	89	131	89	131	89	131	89	131	89	131

注：a 有关行政预算分析师的数据来自 Willoughby（1991a）第 142 页的表 4.5《131 位预算分析师的七个判断标准的权重频数分布》。

表 15.4 比较了按支出策略分组的行政和立法分析师的百分比。这些结果表明，虽然最大的群组的立法分析师可以被归类为混合价值者——当审查机构支出计划时，很大程度上取决于立法方向和绩效的客观衡量标准——但大多数不符合这种定位。事实上，结果显示，47% 的分析师（包括官僚主义者，理性主义者和理性主义者/渐进主义者）在准备支出建议时在很大程度上依赖于立法议程以外的其他因素。此外，预算基数不会成为任何立法分析师群组的唯一或最大权重的线索。相比之下，6% 的行政分析师被标注为渐进主义者，他们在所有线索中对机构可获得性赋予最大的权重。最后，与 67% 的行政分析师相比，82% 的立法分析师（包括官僚主义者、混合价值者、理性主义者和理性主义者/渐进主义者）在提出支出建议时，对机构工作量和/或效率的经济因素赋予了较大的权重。

表 15.4 行政预算分析师（EBAs）[a] 与立法预算分析师（LBAs）策略类型百分比分组

策略类型	预算线的主要用途	EBAs	LBAs
官僚主义者	机构工作量和/或机构效率，以及机构负责人声誉	0	11
政客	州长议程、立法议程、机构负责人声誉和/或公众支持	27	18
混合价值者	州长议程或立法议程，机构工作量和/或机构效率	63	34
理性主义者	机构工作量和/或机构效率	4	17
理性主义者/渐进主义者	机构工作量和或机构可获得性	0	19
渐进主义者	机构可获得性率	6	0
	合计	100	100
	总人数	131	89

注：a 有关行政预算分析师的数据来自 Willoughby（1993b）第 115 页的表 5.4《分析师策略类型分组》。

讨论与结论

这些结果表明对 H1 的支持是混合的。虽然立法分析师被归类为混合价值导向确实反映了他们的所属机构的权重，赋予立法机关重要成员议程更多权重而不是州长的立场（对几乎所有立法分析师来说都是微不足道的线索），但是大多数不属于这类支出政策（强烈考虑立法议程以及工作量和效率这两个经济因素）。另外，对 H2 也有支持——82% 的立法分析师认为工作量和效率在评估机构支出计划时是显著的，而行政分析师的比例为 67%。对 H3 的支持也是混合的。立法分析师与行政分析师不同，因为没有一个人被定性为严格的渐进主义者。然而，对于 19% 的立法分析师来说，机构可获得性是一个重要的预算线索，被认为是仅次于机构工作量。

对 H4 的支持更加模糊。例如，很显然那些在审查预算时最不可能利用立法指导的人（官僚主义者）是更年轻的女性，服务年限较少，年薪较低。另外，那些在审查预算时最有可能主要考虑政治因素或立法议程（政客）或主要考虑机构可获得性与经济因素（理性主义者/渐进主义者）的人往往是男性，作为分析师的任期最长，属于最高年薪范围。

关于政客，也许男性在大多数男性立法机构中感到更加舒适，这说明他们认真考虑重要立法者的议程。也许他们的工作经验有助于更好地理解预算政策。平均而言，女性在工龄和分析师职位平均工龄上都要比男性低（见Willoughby，1991b）。也许女性分析师不太了解这种政治，这就解释了她们在考虑预算计划时更加依赖机构管理者和客观的绩效指标。薪金水平和导向 207
之间的关系可能更为直接。鉴于涉及的雇主—雇员关系，预计薪水较高的分析师会比那些薪水较低的分析师更重视立法议程。

理性主义者/渐进主义者取向的独特性很有意思。这一组将最高的权重归赋予机构工作量，然后是可获取性以及其他重要因素，包括立法议程、公众支持和机构效率。换言之，这些分析师没有忽视立法机构重要成员的关注。

鉴于他们更加依赖经济因素和更广泛地考虑政治因素，立法预算分析师可以理解为比行政预算分析师更客观。事实上，除了16位被贴上政客标签的人之外，大多数人认为立法议程是次要的，或更常见的是不重要的线索（例如官僚主义者）。不像他们的行政同行通常与一位行政长官结盟的那样，立法分析师除了其他预算参与者外，还有一些立法者要考虑。有意思的是，立法者在审议拨款时可能会较多考虑州长议程（Duncombe and Kinney，1986），但立法分析师在向立法者提出建议时对这一因素的考虑显著减少。另外，在讨论使用基于绩效的信息进行预算决策时，布鲁姆（Broom，1995，14）指出，提供这样的“在不改变决策过程的同时，为审议增加了价值”。她暗示，立法者在预算审议中对解释和绩效指标的使用有更大的“舒适度”。因此，立法分析师似乎在就预算问题提出客观观点方面发挥重要作用，这对有最终决定权的人来说是有用的。

注释

1. 九个州包括亚拉巴马州、佛罗里达州、佐治亚州、肯塔基州、路易斯安那州、密西西比州、北卡罗来纳州、南卡罗来纳州和弗吉尼亚州。6个州设立了立法预算办公室或财政委员会，为两院提供服务（亚拉巴马州、佐治亚州、肯塔基州、路易斯安那州、密西西比州和北卡罗来纳州）。3个

州在参议院拨款或财政委员会和众议院拨款或筹款委员会下分别拥有预算审
208 查人员（佛罗里达州、南卡罗来纳州和弗吉尼亚州）。

2. 样本来自这些立法机构内主要负责机构预算审查以向立法机构提出建议的分析人员，以及由立法预算办公室至少雇用一个财政年度的人员。调查工具由一名或两名研究人员在小组环境中对分析师进行管理。每个研究人员都遵循一个类型化的协议来管理调查问卷给分析师。对调查问卷的分析通常是在与预算办公室负责人或副手进行面对面的访谈之前进行的。此时收集了有关办公室组织、任务、预算格式和技术能力的信息。此外，负责人被问到分析师的角色、员工与立法者和委员会的关系、招聘、收入和未来的担忧。

3. 该工具在 Willoughby（1993a）中进行详细讨论并展示。

4. 如前所述，在公共预算编制文献中一直提到这些线索对于预算编制者在制定支出决策时非常重要。除了先前向高管分析人员展示以外（见 Willoughby，1991a，1993a），作为一项有效性检查，来自未包括在本研究中的各州的几位立法分析师被要求评估关于完整性和相关性的决定。他们的评论表明，鉴于立法预算分析员所要求的预算审查活动具有重复性，这种做法是合理的。

5. 打 1 分表示分析师对于将预算请求纳入下一个财政年度的总预算一揽子方案中表示非常弱的认可。打 20 分表示分析师对于将预算请求纳入下一个财政年度的总预算一揽子方案中表示非常强的认可。

6. 因子分析开始于为包括在模型中的所有变量开发相关矩阵。标准分数是由分析师计算所有原始建议得到标准得分，并将这些得分考虑在内。该步骤确保了标准化数据矩阵的开发，这是后续聚类过程所必须的（Romesburg，1984，78－92）。矩阵表示分析师根据 40 个预算请求概况文件中的每一个文件提供的建议之间的相关性。

有三种措施用于评估使用因子模型的适当性。巴特利特球形测试表明是否拒绝或不拒绝人员相关矩阵是一致的零假设。如果该度量很大，具有非常小的显著性水平，则可以拒绝原假设并且认为因子模型是适当使用的。该数据的巴特利特球形测试结果为 2 961.73（$p = 0.0000$），并且表明使用因子模型是适当的。因子模型是合适的第二个指标考虑了偏相关系数。当满足因子假设时，偏系数应接近于零。反映像相关矩阵提供偏相关系数的负值，并且如果低相关性的比例高，则使用因子模型是合适的。在这个案例中，因子模型是合适的，因为只有 0.8% 的反映像相关矩阵的非对角线元素大于 0.09。最后，抽样充分性的 Kaiser - Meyer - Olkin 指标提供了将观察到的相关系数与偏相关系数进行比较的指标。Kaiser（1974）认为，0.80 或以上的 KMO 是有价值的，这表明因子分解是合适的。根据这个案例中获得数据的 KMO 等于 0.82，表明该模型在数据压缩方面的适用性（另请参见 Norusis，1986 年对分解因子进行逐步分解的方法）。

因子分析的下一步涉及提取以确定充分描述原始数据所需的因素数量。主成分提取方法用于产生一组相互正交或相互独立的变量或维度。结果产生了第一个成分，它考虑了样本中最大的方差，第二个维度考虑了第一个成分未考虑的任何方差，第三个维度考虑了任何进一步的方差，等等（Rummel 1970）。

可以考虑几个阈值来确定最终结论中包含的适当因素数量。Kaiser 或特征值标准（特征值大于或等于 1）是用于确定要提取的适当因子数的常用经验法则（Kim and Mueller，1978，49）。使用这个标准，结果表明 7 个因子的结论，从 40 个因子中进行削减，“以克服聚类太多变量的困难”（Everitt，1980，10）。

通过检查特征值或碎石图来证实这种结论——其中大因子的斜率开始缩小。在这种情况下，碎石图从第 7 个因子开始，再次提出了 7 因子结论（Kim 和 Mueller，1978）。因为分解是为了减少数据而进行的，所以没有必要寻求所产生的规模的定义（Adelman，Stewart and Hammond，1975；Rohrbaugh and Wehr，1978；Romesburg，1984）。

最后，采用四分位数轮换方法更好地区分各种因素。根据 Rummel 209
（1970，120），当因子得分将为进一步分析提供输入数据时，这是特别理想的。

7. 与因子分解一样，聚类涉及多个步骤。使用因子分析得出的每个分析师的 7 个得分，开发了一个相似或距离数据矩阵，它提供了对象之间相似性或不相似性的度量。沃德（Ward）的聚类方法需要使用平方欧几里得距离系数作为其距离度量。这是一个不相似系数，系数的值越小，受访者就越相似（Romesburg，1984，11－13）。

数据矩阵产生后，逐步进行聚类。凝聚状态表提供了距离系数和聚类开发阶段。此凝聚状态表可用于帮助确定进一步分析中要考虑的群集数量。树状图提供了分阶段聚类的图形显示，比凝聚状态表更容易解释。

8. 案例编号第27号是使用所示的距离度量后不属于任何组的异常值的示例。有趣的是，该案例的可预测性得分为0.75，表明分析师在解释所有40个预算请求概况中的预算线索时缺乏一致性。当使用社会判断分析时，可预测性得分低于0.80表明个人判断政策的算术模型相当差。

参考文献

Adelman，Leonard，Stewart，Thomas R.，and Hammond，Kenneth R. 1975 "A Case History of the Application of Social Judgment Theory to Policy Formulation." *Policy Sciences*，6：137－159.

Al－Tabtabai，Hashem，and Dickmann，James E. 1992 "Judgmental Forecasting in Construction Projects." *Construction Management and Economics*，10（Jan.）：19－30.

Babunakis，M. 1982 *Budget Reform for Government：A Comprehensive Allocation and Management System.* Westport，Conn.：Quorum Books.

Balutis，Alan，and Butler，Daron，eds. 1975 *The Political Pursestrings：The Role of the Legislature in the Budgetary Process.* New York：Wiley.

Barber，James D. 1966 *Power in Committees.* Chicago：Rand McNally.

BeVier，Michael J. 1979 *Politics Backstage：Inside the California Legislature.* Philadelphia：Temple University Press.

Bretschneider，Stuart，Straussman，Jeffrey D.，and Mullins，Daniel. 1988 "Do Revenue Forecasts Influence Budget Setting? A Small Group Experiment." *Policy Sciences*，21：305－325.

Broom，Cheryle A. 1995 "Performance－Based Government Models：Building a Track Record." *Public Budgeting and Finance*，15（winter）：3－17.

Brunswik，Egon. 1956 *Perception and the Representative Design of Experiments.*

Berkeley: University of California Press.

Dell'Omo, Gregory G. 1990 "Capturing Arbitrator Decision Policies Under a Public Sector Interest Arbitration Statute." *Review of Public Personnel Administration*, 10 (spring): 19 -38.

Dhir, Krishna S. 1987 "Formulating Management Policies for Value Engineering/Value Analysis." *IEEE Transactions on Engineering Management*, 34 (Aug.): 161 -171.

Duncombe, Sydney, and Kinney, Richard. 1986 "The Politics of State Appropriations Increases: The Perspective of Budget Officers in Five Western States." *Journal of State Government*, 59 (Sept./Oct.): 11323.

Everitt, Brian. 1980 *Cluster Analysis*, 2d ed. New York: Halsted Press.

Frost, Richard T., ed. 1961 *Cases in State and Local Governments. Englewood Cliffs*, N. J.: Prentice - Hall.

Goddard, John, and Kirby, Andrew. 1976 *An Introduction to Factor Analysis*. London: Institute of British Geographers.

Gorsuch, Richard L. 1983 *Factor Analysis*, 2d ed. Hills - dale, N. J.: Lawrence Erlbaum.

Gosling, James J. 1985 "Patterns of Influence and Choice in the Wisconsin Budgetary Process." *Legislative Studies Quarterly*, 10 (Nov.): 457 -482.

Grizzle, Gloria. 1985 "Performance Measures for Budget Justifications: Developing a Selection Strategy." *Public Productivity Review*, 9: 328 -341.

1986 "Does Budget Format Really Govern the Actions of Budget Makers?" *Public Budgeting and Finance*, 6 (spring): 60 -70.

Gurwitt, Rob. 1993 "Legislatures: The Faces of Change." *Governing*, 6 (Feb.): 29 -32.

Hammond, Kenneth R., Hamm, Robert M., Grassia, Janet, and Pearson, Tamra. 1987 "Direct Comparison of the Efficacy of Intuititve and Analyti- 210
cal Cognition in Expert Judgment." *IEEE Transactions on Systems, Man, and Cybernetics*, 17 (Sept./Oct.): 753 -770.

Hammond, Kenneth R., McClelland, Gary H., and Mumpower, Jeryl. 1980 *Human Judgment and Decision Making: Theories, Methods, and Procedures.* New York: Praeger Publishers.

Heaphey, James J., and Balutis, Alan P., eds. 1975 *Legislative Staffing: A Comparative Perspective.* New York: Wiley.

Jones, Rich. 1992 "The Legislatures." *The Book of the States*, 1992 – 1993, ed. 29. Lexington, Ky.: Council of State Governments, 124 – 132.

Kaiser, H. F. 1974 "*An Index of Factorial Simplicity.*" Psychometrika, 39: 31 – 36.

Kiel, L. Douglas, and Elliot, Euel. 1992 "Budgets as Dynamic Systems: Change, Variation, Time, and Budgetary Heuristics." *Journal of Public Administration Research and Theory*, 2 (2): 13956.

Kim, Jae – On, and Mueller, Charles W. 1978 *Introduction to Factor Analysis.* Beverly Hills, Calif.: Sage.

Lindblom, Charles. 1959 "The Science of Muddling Through." *Public Administration Review*, 19: 79 – 88.

Lorr, Maurice. 1983 *Cluster Analysis for Social Scientists.* San Francisco: Jossey – Bass.

Mezzich, Juan E., and Solomon, Herbert. 1980 *Taxonomy and Behavioral Science: Comparative Performance of Grouping Methods.* London: Academic Press.

Milstein, Mike M., and Jennings, Robert E. 1973 *Educational Policy-making and the State Legislature: The New York Experience.* New York: Praeger.

Mooney, Christopher A. 1991 "Information Sources in State Legislative Decision Making." *Legislative Studies Quarterly*, 16 (Aug.): 445 – 455.

Mooney, Christopher A. 1995 "Citizens, Structures, and Sister States: Influences on State Legislative Professionalism." *Legislative Studies Quarterly*, 20 (Feb.): 47 – 67.

Norusis, Marija J. 1986 *Advanced Statistics SPSS/PC +.* Chicago: SPSS, Inc.

Oppenheimer, Brace I. 1983 "How Legislatures Shape Policy and Budgets."

Legislative Studies Quarterly, 8 (Nov.): 551 –597.

Premchand, A. 1983 *Government Budgeting and Expenditure Controls: Theory and Practice*. Washington D. C.: International Monetary Fund.

Rohrbaugh, John, and Wehr, Paul. 1978 "Judgment Analysis in Policy Formation: A New Method for Improving Public Participation." *Public Opinion Quarterly*, 42 (winter): 521 –532.

Romesburg, H. Charles. 1984 *Cluster Analysis for Researchers. Belmont*, Calif.: Lifetime Learning.

Rosenthal, Alan. 1981 *Legislative Life*. New York: Harper and Row.

Rosenthal, Alan. 1990 *Governors and Legislatures: Contending Powers*. Washington D. C.: CQ Press.

Rosenthal, Alan, and Forth, Rod. 1978 "The Assembly Line: Law Production in the American States." *Legislative Studies Quarterly*, 3: 265 –291.

Rubin, Irene S. 1993 *The Politics of Public Budgeting*, 2d ed. Chatham, N. J.: Chatham House.

Rummel, R. J. 1970 *Applied Factor Analysis. Evanston*, Ⅲ.: Northwestern University Press.

Simon, Herbert A. 1957 *Administrative Behavior*, 2d ed. Glencoe, Ill.: Free Press.

Skok, James E. 1980 "Federal Funds and State Legislatures: Executive – Legislative Conflict in State Government." *Public Administration Review*, 40 (Nov./Dec.): 561 –567.

Stanford, Karen A. 1992 "State Budget Deliberations: Do Legislators Have a Strategy?" *Public Administration Review*, 52 (Jan./Feb.): 16 –26.

Steiner, Gilbert Y., and Gove, Samuel K. 1960 *Legislative Politics in Illinois*. Urbana: University of Illinois Press.

Stewart, Thomas R. 1988 "Judgment Analysis: Procedures." In Berndt Brehmer and C. R. B. Joyce, eds. *Human Judgment: The Social Judgment Theory View*. Holland: Elsevier, 41 –74.

Stewart, Thomas R., and Gelberd, Linda. 1976 "Analysis of Judgment

Policy: A New Approach for Citizen Participation in Planning." *American Institute of Planners Journal*, (Jan.): 33 –41.

Thurmaier, Kurt. 1992 "Budgetary Decisionmaking in Central Budget Bureaus: An Experiment." *Journal of Public Administration Research and Theory*, 2 (Oct.): 463 –487.

Thurmaier, Kurt. 1995 "Responsive and Responsible Budgeteers: An Experiment in Budgetary Decisionmaking." *Public Administration Review*, 55 (5): 448 –460.

Waller, William S. 1988 "Brunswikian Research in Accounting and Audting." In Berndt Brehmer and C. R. B. Joyce, eds. *Human Judgment: The SJT View.* Holland: Elsevier, 247 –272.

Welch, Susan, and Peters, John G. 1977 *Legislative Reform and Public Policy.* New York: Praeger.

Whorton, Joseph W. Jr.; Feldt, James A.; and Dunn, Delmer D. 1989 "Exploring the Values Underlying Evaluation of Research: A Social Judgment
211 Analysis." *Knowledge in Society: International Journal of Knowledge Transfer*, 1 (winter): 40 –55.

Wildavsky, Aaron. 1992 *The New Politics of the Budgetary Process*, 2d ed. New York: HarperCollins.

Willoughby, Katherine G. 1991a "The Decision Making Orientations of State Government Budget Analysts: Rational or Intuitive Thinkers?" Ph. D. diss., University of Georgia.

Willoughby, Katherine G. 1991b "Gender – Based Wage Gap: The Case of the State Government Budget Analyst." *Review of Public Personnel Administration*, 12: 33 –46.

Willoughby, Katherine G. 1993a "Decision Making Orientations of State Government Budget Analysts: Rationalists or Incrementalists?" *Public Budgeting and Financial Management*, 5 (winter): 67 –114.

Willoughby, Katherine G. 1993b "Patterns of Behavior: Factors Influencing the Spending Judgments of Public Budgeters." In Thomas D. Lynch and

Lawrence L. Martin, eds. *Handbook of Comparative Public Budgeting and Financial Management*. New York: Marcel Dekker, 103 – 133.

Worman, Michael A. 1975 "Role Consensus and Conflict in Legislative Staffing." In Heaphey and Balutis, eds.

Zapan, Jure. 1982 *Clustering of Large Data Sets*. Chichester, U. K.: John Wiley.

第四部分　预算程序

虽然并不总是清楚特定预算程序的目标究竟是什么，或者目标是全部还是部分地实现了，但预算学者、工作人员和民选官员之间普遍认同这一程序很重要，而且程序变化很重要。事实上，当其他政策选择更有效时，参与者可能过分强调程序影响结果的能力，并建议程序变更。

本部分的前三章描述了国家层面预算程序中三个连续的重大变化，它们应该达到什么目标以及应该如何实现。一个涉及《1974 年国会预算改革法案》，一个涉及《1985 年格雷姆—鲁德曼—霍林斯赤字削减法案》，第三个是《1990 年预算执行法案》。一起来看，他们认为预算程序对主要问题作出反应，可能有一些滞后时间，尽管那些掌握预算权力的人不愿意放弃它。预算程序的这些描述帮助充实了约瑟夫 · 怀特（Joseph White）在第一部分的开篇第一章中提出的论点，即预算并不总是会增长，因为预算程序复杂而且有很多制衡。

在第四章中，格洛丽亚 · 格里兹尔（Gloria A. Grizzle）解答了如何为预算决策者制定信息，并有有什么区别的问题。作为许多预算改革主体的预算格式是否会影响结果？这个问题很难回答，因为有如此之多的因素会影响预算结果。如何从这些其他因素中筛选出格式的影响呢？格里兹尔认为，格式确实会影响预算如何被讨论和分析，这是一种中间效应。格式改革使预算更加透明，机构更多地向当选官员和公众负责。他们是否影响总额或支出分配仍然是一个悬而未决的问题。

杰里 · 麦卡弗里（Jerry McCaffery）、约翰 · H. 鲍曼（John H. Bowman）对过程的观点有所不同。他们通过倡议和公民表决来说明公民在预算过程中的直接作用，加利福尼亚州 13 号提案的例子是改变州与地方关系的分水岭事件，并成为降低税收和缩小公共部门范围的标志。13 号提案是加利福尼亚州房屋价值上涨时反对增加财产税的公民反抗，这是多年来公职人员不听取选民所带来影响的典型案例。因此，这是民主起了作用、公民取得了控制权的一个例子。但是，13 号提案可能不是一个好的政策选择，直接民主的实施作为一种威胁可能更有效，而不是作为一种事实。如果当选官员不听，公民将投票选择税收限额。全国数千名民选官员并没有忘记这一信息。

第十六章
预算法案的十年：仍在寻求控制权[*]

路易斯·费雪（Louis Fisher）

1974 年的《预算法案》（The Budget Act）带来了迷人的生机。很少有成文法在没有被废除或严厉修改的情况下以这么大的幅度偏离目标。当然，修改已经在实践中发生了，然而，该法案几乎未变。该法案近年来才遭遇不利评论。它的大部分内容，即使不算崇敬，也得到了尊重。 215

正是这种神圣的质量使得对《预算法案》的分析变得如此困难。即使国会议员对预算过程的结果感到震惊，他们中的大多数人都对其进行辩护。在早期的大部分时间里，“保护过程”充当了一个万能的护身符。最近几年已经引起了一种不同的完全矛盾的辩护。如果预算结果让任何人都无法容忍，我们现在知道结果不是来自过程，而是来自外部政治压力。用现在流行的一句陈词滥调来说：过程不是问题，问题才是问题。

这种说法不成立。如果过程不是问题，我们为什么在 1974 年对国会预算过程做出如此根本性的改变？当时没有人想到通过“外部力量”来解释赤字和延迟拨款。这种借口或者说合理化本来就是透明的。国会选择了一个它认为可以最佳处理内部和外部政治力量的过程。

没有必要或者不可能将“全部责任”归咎于 1974 年的《预算法案》上。也不能免除《预算法案》的所有责任。预算法案有所不同。我们可以

---

* From Public Budgeting and Finance, Vol. 5, No. 3 (Autumn 1985), 3 – 28. Copyright© 1985 by Public Financial Publications, Inc. Reprinted with Permission.

不同意这些影响是什么，但我们现在不应该将《预算法案》过程描述为无关紧要的。我们不能同时认为，预算法案不对赤字和延迟拨款负责，然后反对废除或修改，因为预算法案为纪律和问责提供了最后的、最大的希望。

我们需要打破这个长达十年的辩护。我们应该能够看到预算法案的原始
216 目标，并确定它们达到的程度。我们应该重新审视这些目标，并根据国会的体制优势和弱点判断它们是否有意义。也许最初的目标是错误的，然而随着它的发展，预算法案提供了起草和通过预算法案的人未曾预见的重大利益。如果是这样，我们应该这样说。但让我们开诚布公地面对我们的位置以及我们想去的地方。

本章的第一部分回顾了预算法案的一般记录：其作为宏观经济工具的用途以及预算决议的日益复杂化。第二部分确定和评估了预算法案的九个目标。

宏观经济政策

预算法案的历史分为两大时期。从 1975 年到 1978 年是一个刚刚起步的为了生存而挣扎的过程。为了获得通过预算决议（budget resolution）所需的票数，新成立的众议院和参议院预算委员会在国会建立的授权、税收和拨款委员会中发挥了重要的作用。在宏观层面，国会主要利用这一过程来刺激经济并减少失业。它故意设置预算约束目标服从于经济复苏。截止日期的记录看起来很有希望。国会一般遵守预算法案的时间表，以便通过预算决议并通过正常拨款法案。

自 1978 年以来的年份见证了赤字增长、通货膨胀和高利率。全国公民团体主张限制公共支出，并支持修改联邦预算的宪法修正案。国会通过采取包括调解在内的一系列程序来制止联邦国内计划的增长。这些技术，再加上适用于信贷活动和跨年的预算决议的运用，加剧了立法和行政部门之间以及国会内部的关系。预算决议和拨款法案被推迟，支出和收入的估计变得越来越不切实际，国会议员抱怨说，预算过程变得非常耗时和复杂，以致它忽视了其他基本的法定职责。

国会在 1975 年（1976 财政年度）首次尝试了预算过程的“空转”。两

院都同意重要的是要获得有关预算法案主要特点的经验，尽管直到 1977 财政年度才会全面实施。在福特总统将其 1976 财政年度预算提交给国会后，两个预算委员会准备了第一次预算决议限于 5 个总额：收入、预算授权、支出、赤字和公共债务。委员会的报告将预算授权和费用总计划分为 16 个功能类别。按功能分类的细分项目将放在未来的预算决议中。

国会两院通过旨在刺激经济的预算决议，众议院比参议院更倾向于这样做。作为蓄意抵抗衰退战略的一部分，国会接受了比福特提议的赤字更高的需求。国会优先考虑经济复苏超过了预算约束。同样的国会偏好被运用于下一年度的福特 1977 年财政年度预算（表 16.1）。

表 16.1　　对福特预算的国会议案（亿美元） 217

议题	总统预算	第一次预算决议	第二次预算决议	实际
1976 财政年度				
预算授权	3 858	3 958	4 080	4 153
支出	3 494	3 670	3 749	3 645
收入	2 975	2 982	3 008	2 981
赤字	519	6 882	741	664
1977 财政年度				
预算授权	4 334	4 542	4 515. 5	4 652
支出	3 942	4 133	4 131	4 005
收入	3 513	3 625	3 625	3 556
赤字	430	508	506	449

预算授权的最终数字大大超过第一次和第二次预算决议的估计数字。尽管如此，支出低于国会预期。这种差异被称为支出"短缺"。国会起初对这一发展表示欢迎，并接受关于短缺的消息，将其作为《预算法案》预算纪律的证据。但短缺多年来一直是一个长期问题，反映出机构高估支出的系统性和持续性的偏见。国会对补充拨款法案的晚期行动也使各机构难以花费预算授权。在某些情况下，国会对机构实施新的联邦计划和扩大现有计划的能力过于乐观。最后，国会在预算法案下有动机高估支出。高数值为预料之外

的费用提供了缓冲（提供有价值的“腾挪空间”），因此减少了对第三次预算决议的需求。[1]

在卡特政府的头两年，国会继续使用预算法案刺激经济和抵抗失业。1977 年 2 月，其初期行动之一是通过了 1977 财政年度第三次预算决议，以适应经济刺激法案。众议院预算委员会（House Budget Committee）称，第三次决议的目的是“阻止自 1976 年 9 月通过第二次预算决议以来经济活动急剧下降。”[2] 卡特修改了福特 1978 财政年度的预算，以便为经济刺激方案腾出空间。他修改后的预算增加了 62 亿美元的支出，减少了 47 亿美元的收入，预计赤字规模从 572 亿美元增加到 680 亿美元。国会对预算决议的行动密切追随卡特要求的总量。

卡特 1979 财政年度的预算基本上是扩张性的。他给国会的信息解释说，他的预算“为国家经济 1974 ~ 1975 年经济衰退提供持续的复苏条件”[3]。为了提供刺激，预算案要求增加 380 亿美元的支出和 610 亿美元的赤字。高水平的赤字反映了他减税 250 亿美元的决定，“以帮助确保经济持续复苏和减少失业”[4]。

1979 财政年度的第一次预算决议给了卡特他想要的预算授权和支出总额。由于国会对收入的估计较高，该决议预测的赤字比总统预算低 100 亿美元。在第二次预算决议中，国会减少了预算授权，支出和赤字的总额，同时保持收入估计在同一水平（表 16.2）。预算委员会对通货膨胀率表示担忧，但预测 1978 和 1979 财政年度的范围在 6% 到 7% 之间。[5]1979 年财政年度的通货膨胀率远高于 7%，推动纳税人进入更高的税收等级。具有讽刺意味的是，这增加了收入总额并减少了赤字。

218 **表 16.2** **对卡特预算的国会议案（亿美元）**

议题	总统预算	第一次预算决议	第二次预算决议	实际
1978 财政年度				
预算授权	5 073	5 034. 5	5 001	5 015
支出	4 594	4 609	4 582	4 484
收入	4 016	3 963	3 970	3 996
赤字	577. 5	646. 5	612. 5	488

续表

议题	总统预算	第一次预算决议	第二次预算决议	实际
1979 财政年度				
预算授权	5 682	5 688.5	5 556.5	5 567
支出	5 002	4 988	4 875	4 910
收入	4 396	4 479	4 487	4 633
赤字	606	509	388	277
1980 财政年度				
预算授权	6 155	6 044	6 380	6 588
支出	5 316	5 320	5 476	5 767
收入	5 026	5 090	5 178	5 171
赤字	290	230	298	596
1981 财政年度				
预算授权	6 961	6 972	6 946	7 184
支出	6 158	6 136	6 324	6 572
收入	6 000	6 138	6 050	5 993
赤字	158	（+）02	274	579

从卡特 1980 财政年度的预算开始，立法与行政部门都更加关注通货膨胀率和抑制支出需求。卡特的预算信息提到了财政约束是“如果我们要克服通货膨胀的威胁，就必须采取的措施”。[6] 而众议院预算委员会早前的报告将失业和经济刺激置于聚光灯下，现在焦点集中在支出抑制、通货膨胀控制和关注均衡预算。委员会注意到，1978 年 7 月至 10 月期间消费者价格指数已经上涨至 8.8%，需要从维持经济增长转向抑制通货膨胀。[7] 第一次预算决议预计预算授权低于卡特预算 110 亿美元，支出与卡特的预算水平大致相同，收入增加约 60 亿美元，因此赤字为 230 亿美元而不是卡特估计的 290 亿美元。

关于第一次预算决议的辩论中发表的评论强化了 1979 年的确是预算过程转折点的印象。众议院预算委员会主席罗伯特·乔亚莫（Robert Giaimo）将该决议描述为“结束近年来的开支模式，年复一年的计划获得了相当大的增量资金，几乎不考虑其有效性”[8]。一年后他告诉他的同事们：“这个预算标志着与过去几年的背离。这不是‘一如既往’的预算。它没有装载财政甜味剂取悦这个小组或那个小组，或者说这个成员或那个成员。”[9]

尽管预算委员会采取了财政约束的姿态，但国会发现很难在 1980 年和 1981 年财政年度控制支出或赤字的规模。作为实施纪律的手段，参议院预算委员会（Senate Budget Committee）在 1980 年财政年度的第二次预算决议中提出了调解，要求七个委员会削减支出和预算赤字 40 亿美元。众议院予以抵制并造成了僵局，第二次预算决议延迟至 11 月 28 日才接受，超过法定期限两个多月。两院最终同意敲定调解指令。

1980 财政年度的结果令人失望。预算赤字最终不是第一次预算决议预计的 230 亿美元，不是第二次决议的 298 亿美元，也不是修订后的第二次决
219 议的 469.5 亿美元，而是 596 亿美元。即使在 1981 年财政年度，国会第一次颁布全面调解法案时，预算赤字也无法控制。卡特最初建议的财政赤字为 158 亿美元，两个月后修订为 165 亿美元，国会（主要根据更高的收入预估）通过了第一次预算决议要求盈余 2 亿美元。随着财政年度的展开，盈余蒸发并被越来越高的赤字预测所取代。尽管通过调解努力使赤字减少了约 80 亿美元（通过削减支出和增加税收），最终的赤字猛增至 579 亿美元。总收入没有预期的那么高，而支出远高于预算决议中的估计（表 16.2）。

里根总统通过削减国内支出，增加军费和减少联邦税收，重新修订了卡特 1982 财政年度的预算。支出估计减少 440 亿美元，预算授权减少 374 亿美元，收入减少 540 亿美元。结果，预计赤字从 275 亿美元增加到 450 亿美元。尽管在 1981 年调解法案里大幅度缩减，1982 年财政支出减少了 352 亿美元，但预算继续增长。基本上认可里根要求的总量的第一次预算决议在 1981 年夏季已过时，因此国会倾向于采用预计的第二次预算决议，该决议只是重申了第一次决议中的数字。

预算委员会认识到重申的数字是不现实的。当众议院预算委员会开始审定第二次决议时，估计的赤字为 872 亿美元。[10] 1982 年度的前景继续恶化。财政年度结束时，收入远低于预期，支出高于里根预算 331 亿美元，赤字达到 1 107 亿美元。

预算上的误算也损害了 1983 财政年度的记录。里根的预算延续了他限

制国内支出的目标，就像两个预算委员会一样（尽管他们的预算授权和支出数字略高）。由于第一次预算决议第 7 款的规定，相同的预算总额数字于 10 月 1 日生效，而国会尚未对第二次决议采取进一步行动。1984 年财政年度和 1985 年财政年度采用了相同的程序，如果国会在 10 月 1 日之前未能采取行动，第一次预算决议中的措辞会自动触发第二次决议。实际上，国会取消了第二次决议。

1981 ~ 1982 年的经济衰退严重削减了收入。由于与失业补偿和其他与衰退有关的计划相关的成本增加，支出增加。尽管通过另一次调解努力取得了进展，支出总额比总统预算高出约 500 亿美元。国会通过了一项特殊的税收法案来增加收入。即便如此，收入下降和支出增加的综合影响使赤字增加 1 倍多，使其从里根 1983 财政年度预算中估计的 915 亿美元增长至 1 954 亿美元（表 16. 3）。

表 16. 3　　针对里根预算的国会议案（亿美元） 220

议题	总统预算	第一次预算决议	第二次预算决议	实际
1982 财政年度				
预算授权	7 724	7 709	7 709	7 799
支出	6 953	6 954	6 954	7 284
收入	6 508	6 578	6 578	6 178
赤字	450	376. 5	376. 5	1 106
1983 财政年度				
预算授权	8 019	8 224	8 224	8 667
支出	7 576	7 698	7 698	7 960
收入	6 661	6 659	6 659	6 006
赤字	915	1 039	1 039	1 954
1984 财政年度				
预算授权	9 001	9 195*	9 195*	9 498
支出	8 485	8 495*	8 495*	8 518
收入	6 597	6 796	6 796	6 665
赤字	1 888	1 699	1 699	1 853

续表

议题	总统预算	第一次预算决议	第二次预算决议	实际
1985 财政年度				
预算授权	10 065	10 214	10 214	10 649 est.
支出	9 255	9 321	9 321	9 591 est.
收入	7 451	7 509	7 509	7 369 est.
赤字	1 804	1 812	1 812	2 222 est.

注：* 不包括备用基金数额。

在提交 1984 财政年度预算时，里根总统在国会山面临新的权力关系。民主党在 1982 年的选举中拿到了 26 个众议院席位，而共和党参议员则匆匆离开了白宫。里根预计的 1 888 亿美元赤字引发了另一次调解尝试。委员会被要求削减 123 亿美元支出，并在三年内增加税收 730 亿美元。然而到了年底，由于众议院和参议院之间的分歧，削减赤字计划脱轨了。立法要求通过在三年期间削减支出 85 亿美元，但两院都没有批准增税以满足调解要求。[11] 预算决议预计 1984 财政年度出现 1 699 亿美元的赤字，实际赤字达到 1 853 亿美元。

里根 1985 财政年度的预算引发了严重僵局。国会两院认为他的赤字预测是不可接受的：1985 财政年度的赤字为 1 804 亿美元，此后有更高的赤字。虽然两院在削减国防开支方面进行了数月的斗争，并颁布了削减赤字法（在三年期间产生了约 1 500 亿美元的“分期付款”），但 1984 年 10 月 1 日通过的预算案要求 1985 财政年度的赤字为 1 812 亿美元，其后 1986 和 1987 财政年度的赤字更大。

在《预算法案》的前六年里，国会和总统在估计收入方面基本准确（甚至在 1979 年财政年度通货膨胀推动纳税人进入更高的税收等级时低估了它们）。此后的记录一直是过高估计。总统里根在 1982 财政年度高估收入 330 亿美元，在 1983 年财政年度高估收入 655 亿美元。国会也高估了这些年份的收入。支出普遍超出了国会和总统的预测。这种高估收入和低估支出的模式导致赤字远高于总统和国会预测。

预算决议不断增加的复杂性

《预算法案》的立法历史表明，预算决议用于两个目的：辩论宏观经济政策和决定预算优先事项的广泛问题。作为预算改革法案的众议院管理者的众议员理查德·博林（Richard Bolling）说，预算决议“没有涉及特定的计划、机构、拨款或项目，这样做会破坏国会预算程序作为制定国家经济政策的工具的效用”。[12]

不管布林的警告，但预算决议成为对特定计划和活动进行投票（至少 221
是间接地）的手段。编制和审查预算决议为重复工作和委员会之间的冲突打开了大门。其中大部分是不可避免的和可预测的。众议员乔治·马洪（George Mahon）反对众议院预算委员会侵入其拨款委员会的管辖权，承认“对于［预算］委员会了解每项支出计划以达到其建议肯定是合适的”。[13]

预算过程为预算委员会提供了许多机会来考虑计划细节。第一，授权和拨款委员会在 3 月 15 日向预算委员会提交的报告中提供了计划细节。第二，预算委员会听证会上的证词涵盖了计划细节，尽管预算法案的立法历史表明预算委员会的听证会应该关注“高度汇总的经济状况和国家优先事项”。[14]第三，预算委员会内关于拟议预算决议修正案的投票往往侧重于具体的计划利益。第四，预算委员会报告计划细节的允许讨论部分，就像在预算决议行动期间议院提供的修改一样。第五，尽管预算决议仅限于总额和功能类别，但每个国会议员都可以访问委员会标记文件或计算机化备份表格，以确定某个特定计划是否由预算决议覆盖。国会议员基本上是计划导向的，并且想知道预算决议是否为项目和利益计划留出空间。

在过去的每一年中，关于预算决议的辩论越来越深入计划细节中。提供给预算决议的议会修正案数量每年都在增加。在众议院方面，为第一次预算决议提交的修正案的数量从 1976 财政年度的 6 个增加到 1977 和 1978 财政年度的每年 16 个，1979 年财政年度的 26 个，以及 1980 财政年度的 50 个。众议院通过采取限制性规定来限制修正案。伴随着众议院试图平衡两院矛盾的需求，这些规则反过来变得越来越复杂。有必要就加快预算决议采取行动，但成员们还坚持提供替代方案的机会。国会两院花费越来越多的时间讨论预算决议。

预算决议耗时越来越长，内容越来越复杂。起初限于总额和功能类别，它们增加了关于跨年、调解、延期登记、联邦信贷和其他目标的章节。预算法案第301（a）条允许第一次预算决议包括（除总额和功能能类别以外）“与适宜执行本法目的相关的其他预算事项。”第301（b）（2）款还允许预算委员会在第一次预算决议中列入“任何被认为适用于实施本法目的”的程序。

总额和功能类别

为1976年财政年度和过渡季度（1976年7月1日至9月30日）“空转”通过的前两次预算决议只包括五个总额。这些决议没有将总额细分为功能类别。国会在1977财政年度全面实施预算法案。在预算决议中提供预算授权和支出的17个功能类别细目。

从1980财政年度开始，第一次预算决议通过采用1981年和1982年财政年度的总额增加了多年期的观点。第二次预算决议不仅确定了这些年份的
222 总额，而且提供了功能分类汇总。现在的预算决议提供了4年的详细分类：当年、下一年以及之后的两年。这4年的每个功能类别都包含新的预算授权、支出和信贷活动的美元数额。1977财政年度的预算决议大约有4～5页。现在的决议是它的十倍那么长。

调解

1980财政年度的第一次预算决议要求各委员会建议节余，并提出方法减少未规定用途且未使用的余额。它还确定需要控制非预算支出。作为调解努力的一部分，参议院在第二次预算决议中通过指令要求七个委员会削减36亿美元的支出。众议院拒绝支持，认为其委员会已经为达到第一次决议的目标而大幅度削减，并且要求他们在如此晚的阶段重做工作是不合理的。最终通过的第二次决议仅仅重申了立法节余的要求。

这一经验说服两院调解无法像《预算法案》要求的那样奏效。调解本应在秋季进行，在第二次预算决议采取行动之后，并且实际上是用于1976年财政年度的第二次决议，该决议要求税务委员会减少64亿美元的收入。

然而，1980 财政年度在秋季使用调解来削减支出的努力是不成功的，以致国会承认全面调解必须在春季的第一次决议中确定时间安排。

为每个委员会列出拟议削减的预算授权和支出的调解指令，始于 1981 年财政年度的第一次预算决议。众议院和参议院委员会被指令削减开支并增加收入。一些节余来自将 1981 财政年度的支出推迟到下一年。为了应对未来的这种策略，预算委员会决定要求在多年期内调解节余。例如，1982 财政年度的第一次预算决议包括 1982 年、1983 年和 1984 年财政年度的调解指令。同样，1983 财政年度的第一次预算决议对 1983 年、1984 年和 1985 年财政年度进行了调解。

1984 财政年度的调解指令覆盖了 1985 年和 1986 年财政年度，但国会在数额上陷入了僵局，特别是在收入为 730 亿美元的要求上。尽管 1984 年 4 月和 7 月的立法取得了一些开支节余，但当年年底国会未采取行动实施调解。

信贷预算

国会在 1981 财政年度的第一次预算决议中发起了一项“信贷预算”。信贷预算包括联邦政府直接贷款和它所担保的贷款。第一次预算决议确立了新的直接贷款债务和新的初级贷款担保承诺的金额限制。它还将新的直接贷款债务分为两类：预算外的和预算内的，并分别施加金额上限。那一年的第二次预算决议为新的直接贷款债务、新的一级贷款担保承诺和信贷预算的第三要素——新的次级贷款担保承诺——确立了资金水平。新的直接贷款债务又再次被划分为非预算部分。对于第一个和第二次预算决议，信贷预算总额更多地展现了目标而不是约束上限。

在采用 1982 财政年度的信贷预算时，国会在 19 个功能类别中分配了 223
信贷预算的三类基础总额。限额（表现为国会决议的含义）被施加于联邦融资银行（Federal Financing Bank）的运作和新的直接贷款债务的预算外和预算内部分上。1982 财政年度的第二次预算决议以与第一次相同的形式通过。

1982 财政年度的信贷总额，即使按功能类别细分，也是咨询性而非约束性的。1983 财政年度国会试图强行限制联邦信贷。它通过将信贷预算的三个方面——新的直接贷款债务，新的一级贷款担保承诺和新的次级贷款担保承诺——纳入第一次决议的前面部分（涵盖每个功能类别的新预算授权和支出）的具体资金水平来实现这一点。在 10 月 1 日，这些数字被自动作为第二次预算决议的一部分，1984 年和 1985 年的财政年度都遵循了这一做法。然而，这一程序尚未对联邦信贷形成具有约束力和可执行的上限。

预算外支出

与信贷预算密切相关的是控制预算外支出的努力，其中大部分是贷款计划。例如，预算外支出来自联邦融资银行和农村电气化管理局（Rural Electrification Administration）的交易，两者都被排除在统一预算之外。1980 财政年度的第一次预算决议建议“在国会预算过程中找到一种方法，准确地将预算外联邦实体和资本支出的估算与统一预算联系起来。”该年度的第二次决议重申了将预算外联邦机构的支出与国会预算联系起来的承诺。据估计，1980 财政年度的预算外支出（因此是预算外赤字）约为 160 亿美元。

在启动信贷预算时，1981 财政年度的第一次预算决议将新的直接贷款债务的目标上限分为预算外和预算内部分。在增加了每个部分的金额后，第二次决议重申了预算外和预算内直接贷款计划的限制。

对于 1982 财政年度，第一次预算决议确立了国会责任，即总统和国会通过拨款过程将联邦政府的预算外贷款活动限制在不超过 177.3 亿美元的水平。国会在 1982 年的第二次预算决议中重申了第一次决议。

当国会在 1983 财政年度第一次预算决议的前半部分纳入信贷数字时，并没有将直接贷款计划分为预算外和预算内。后来在决议中声明，国会的意思是预算决议应该反映“联邦政府的全部财政活动”，而且从 1984 财政年度的第一个决议开始的每个决议“对于每个功能类别，都应该列出与该类别相关的预算外活动，以及与之相关的新的预算授权、支出、新的直接贷款债务、新的一级贷款担保承诺以及新的次级贷款担保承诺。”在 10 月 1 日，1983 财政年度的第一次预算决议自动成为该年度的第二个决议。该材料未被列入 1984 财政年度和 1985 财政年度的预算决议。

延期登记

根据预算法案第 301（b）（1）款，第一次预算决议可能要求提供新的预算授权或以权利表述的支出授权的所有或某些法案和决议不应被登记纳入，直到第二次预算决议同意以后。此外，如果根据第二次预算决议的规定 224
要求调解，登记则可能会延迟直到国会完成调解行动。

在 1981 财政年度的春季决议中，国会首次禁止超过该决议允许的预算授权的法案登记，直到国会完成秋季决议和所需调解的行动。国会还推迟了那些在 1981 年财政年度可能减少联邦收入超过 1 亿美元的法案登记。在 1982 年财政年度的第一次预算决议中再次使用了延期登记。在禁止那些提供超出预算决议的新预算授权或权利的法案登记时，国会特别选择了“根据预算法案第 302 条进行适当的分配或细分”的最高限额。在国会完成对第二次预算决议的行动以及需要进行任何调整之前，超出上限的法案不会进行登记。

众议院预算委员会在 1983 财政年度的第一次预算决议中包含了延期登记，通过选择“根据预算法案 302（b）款要求的分配或细分”作为上限，进一步收紧了这一过程。其效果不仅仅是通过委员会根据 302（a）条款的分配，而且包括通过附属委员会根据 302（b）条款的分配。众议院拨款委员会（House Appropriations Committee）主席众议员杰米 · L. 惠顿（Jamie L. Whitten）成功提出了删除延期登记程序的修正案。他反对说，它给及时采取拨款行动又设置了另一个障碍，并对酌情开支设置了不合理的控制，而对权利计划的控制很少。[15]

预算法案计分卡

《预算法案》多年来表现如何？它在多大程度上达到了目标？对某些人来说，答案是不言而喻的。众议院规则委员会（House Rules Committee）在 1984 年指出：“对预算过程的批评往往忘记了在通过《国会预算法案》（Congressional Budget Act）之前的财政决策是什么样的。”[16] 显而易见的信息是：“现在不好，但你以前应该也看过。”显然，当下的记录是不好的，不太清楚十年前的记录是更糟糕的。这必须通过比较这两个时期来证明。然而，有人质疑《预算法案》是否包含足以衡量的具体目标。[17]这种立场使得该法案几乎免于赞扬或批评，它将无法评估。然而，法定语言及其立法历史充分界定了《预算法案》的目标。

抑制支出

多项研究得出结论，《预算法案》旨在对支出保持中立。他们声称这个过程可以用于支出的增加或减少，赤字的增加或减少。[18]似乎很难说国会改革了预算程序，成立了新的委员会，并建立了诸如国会预算办公室（Congressional Budget Office）的新机构，只是为了让这个过程对支出保持中立。压倒一切的动机是抑制联邦支出的增长。在 1972 年竞选活动中，有关支出的法律记录导致了尼克松总统与国会之间激烈的战斗。他们发现自己被锁定在 1973 年财政支出上限为 2 500 亿美元的冲突过程中。尼克松对同权部门内部程序进行了不同寻常的抨击，他批评，“国会现在允许在各种支出计划中采取行动的古老传统流程，就好像他们是互不相关的独立行动一样”。[19]在全国范围内的广播讲话中，他警告说，“国会过度支出可能导致 1973 年国会增加税收”。[20]

225 前述的国会不负责任导致 1972 年 10 月成立了预算控制联合研究委员会（Joint Study Committee on Budget Control）。考虑到 1972 年至 1974 年的政治环境，将预算法案定性为支出中性是不合适的。有一个明确的预期认为它会给国会带来更有效的方法来抑制支出。作为众议院预算委员会主席的众议员罗伯特·乔亚莫在 1978 年提出了这样一个观点：“我们不需要一个《预算法案》来让我们花更多的钱。我们需要一个《预算法案》来强制我们自律，在整体规定和总体限制内建立和改变优先事项，这是《预算法案》的最终目的。”[21]四年后，作为一位公民，他将 1974 年的《预算法案》形容为“基本上是国会同意遏制其散漫的支出习惯以及总统放弃了他的截留权利的契约”。[22]

支出限制与截留控制之间的这种关联很重要。截留法案的历史强化了这样的观点：《预算法案》旨在抑制联邦支出。两院在 1973 年都通过了立法以限制总统截留资金的权力。然而，议员们不愿意向总统提交法案，因为这样的立法具有“赞成支出”的性质。公众可能将这项法案理解为国会支出超过总统所愿的另一项努力，进一步证明国会不受限制的支出。只有当国会将其加入承诺加强国会控制和支出责任的措施时，对截留的法定控制才会在政治上被接受。这一联盟通过使《截留控制法案》成为《预算法案》的最终标题得以实现。

《预算法案》是否限制了支出？没有人可以预测如果没有该法案会产生什么结果，但与该法案有关的一些程序鼓励了更高的支出、权利的优先权（稍后更多）、国会委员会更为倡导的 3 月 15 日估计、预算委员会变成了被授权和拨款委员会拒绝的国会议员和说客的另一个接入点、使用“现行服务”和“现行政策”来调整每个通胀计划的支出水平（一个巨大的无害化程序），以及在预算决议中采用慷慨的总量来作为国会而非议院支出的最高限额。这个过程允许国会议员通过声称更高的支出仍然在预算决议规定的总额内来证明增加拨款的修正案是合理的。与不超出总统的总额不同，国会议员可以在预算决议中对慷慨的上限进行投票，然后告诉他们的选民他们已经“保持在预算范围内”。至于哪个预算，总统的抑或国会的，从未明确。[23]

《预算法案》没有减缓联邦支出的增长。按照以 1972 财政年度不变价格计算的管理和预算办公室（Office of Management and Budget）提供的预算支出数字，支出从 1966 财政年度的 1 830 亿美元上升到 1975 财政年度的 2 664 亿美元，或者在这十年期间年均增长 4.2%。这一时期被为 1967 财政年度和 1968 财政年度越南战争提供资金的增长并且随后受益于国防开支减少的年份所扭曲（表 16.4）。它还包括 1975 财政年度 11.9% 的增长，它反映了对个人支付的急剧增加。在接下来的十年里，从 1976 财政年度到 1985 财政年度，支出从 2 775 亿美元增加到 3 970 亿美元，或者年均增长 4.2%。

表 16.4　　按照 1972 财政年度不变价格的预算支出　226

财政年度	支出（亿美元）	增量	增速（%）
1960	1 433	—	—
1961	1 499	66	4.6
1962	1 624	125	8.3
1963	1 630	6	0.4

续表

财政年度	支出（亿美元）	增量	增速（%）
1964	1 704	66	4.0
1965	1 668	-36	-2.1
1966	1 830	162	9.7
1967	2 076	246	13.4
1968	2 247	171	8.2
1969	2 203	-44	-2.0
1970	2 203	0	
1971	2 227	24	1.1
1972	2 307	80	3.6
1973	2 333	26	1.1
1974	2 380	47	2.0
1975	2 664	284	11.9
1976	2 775	131	4.9
TQ	699		
1977	2 863	68	2.4
1978	3 002	139	4.8
1979	3 044	42	1.4
1980	3 244	200	6.6
1981	3 371	127	3.9
1982	3 461	87	2.6
1983	3 601	140	4.0
1984	3 663	62	1.7
1985	3 970	307	8.4

资料来源：管理和预算办公室，历史表格：美国政府 1976 财政年度预算，表 6.1。

削减赤字

国会希望通过抑制支出来限制联邦赤字的规模。联合研究委员会在报告开头指出，联邦政府自 1920 年以来的 54 年里有 37 次一直处于赤字状态。在 16 年的预算盈余中，有 10 次发生在 1931 年以前。自 1931 年以来的 43 年中，只有 6 次产生盈余。除二战以外，最近几年出现了最大的赤字。赤字不仅是当代预算的一部分，它们也越来越大。赤字在 1971 年和 1972 年的财政年度达到了 230 亿美元，1973 财政年度的赤字达到了 148 亿美元。对于他们的时间（尽管不是我们的时间），赤字是巨大的。委员会得出结论认为，“持续不断的赤字加上其规模的扩大表明国会需要更好地控制预算”。[24]

从 1966 财政年度到 1975 财政年度的十年间，赤字平均每年达到 148 亿美元。从 1976 财政年度到 1985 年财政年度的十年间，赤字平均每年增加到约 1000 亿美元（表 16.5）。未来看起来更糟。1984 年 10 月 1 日通过的预算决议呼吁 1986 年财政赤字为 1927 亿美元，1987 年财政赤字为 2076 亿美元，这是基于对经济增长的乐观假设。经济放缓或经济下滑将推动这些数字高得多。

表 16.5　　**预算赤字** 227

财政年度	赤字（亿美元）	财政年度	赤字（亿美元）
1960	3	1975	451
1961	34	1976	664
1962	71	TQ	130
1963	48	1977	449
1964	59	1978	488
1965	16	1979	277
1966	38	1980	596
1967	87	1981	579
1968	252	1982	1106
1969	32	1983	1954
1970	28	1984	1853
1971	230	1985	2222 est.
1972	234		
1973	148		
1974	47		

投票表决总额

联合研究委员会的结论是，“未能在总体基础上达到国会预算决定，是导致持续赤字的一个重要因素”。没有一个委员会负责决定“考虑到目前的情况，总支出是否合适……因此，每个支出法案倾向于被国会视为一个单独的实体，并且对支出计划中相对优先事项的任何评估中的大部分都是在向国会提交的议案的背景下单独完成的”。[25]

《预算法案》据说为1974年以前运作的零散碎片化系统提供了解决方案。“这几乎是不可思议的。”十年后的众议院规则委员会说，“国会可能回到单独对待每项预算立法然后将结果加起来并称之为预算的旧时系统。”[26]同年的一项研究称，在《预算法案》之前“国会单独地审查计划并考虑拨款，因此它对联邦支出整体水平没有一致的看法的，也不考虑单项计划如何适应这些总支出水平”。[27]

这些对1974年以前情况的描述是夸张的和不正确的。这种刻板印象被用来夸大新制度的优点。事实上，“旧系统”并不是那么分散、不连贯、不负责任。削减联邦支出联合委员会（Joint Committee on Reduction of Federal Expenditures）编制了“计分报告”并定期分发。这些报告印在国会记录中。因此，国会议员逐月了解立法行动与总统预算的对比情况。通过非正式技术，国会设法协调其行动，改变总统预算的形式，而不超过其规模。结果揭示了一个系统模式，而不是混乱。通过审查预算法案之前的五年期，这一点就显而易见。从1969财政年度到1973财政年度，拨款总额低于总统预算309亿美元。在同一时期，后门支出和法定权利超过了总统预算305亿美元。[28]基本上，国会正在削减国防和国外援助，同时增加劳工、卫生、教育、福利（Labor－HEW）和环境保护等计划。然而，总数仍然在总统预算的范围之内。国会支出并没有疯狂失控。

《预算法案》假定，如果国会议员明确地就预算总额进行投票并面对总数，而不是决定在单独的拨款和立法法案中“分散”地采取行动，那么国会议员的行为就会更负责任。国会议员大概想要对预算总数进行投票并对它们负责。但是，国会的行为越来越不负责任。国会议员大卫·奥贝（David Obey）最近表示：

在现有条件下，你今天可以通过的唯一预算决议就是谎言。我们是在卡特时期就这么做，我们在里根时期已经这么做，我们只要还在这就会在未来任何一位总统的任期内这么做，除非我们改变系统，因为你不能让现有系统下的成员面对真实数字。你总是会被虚假的经济假设和各种假冒的估计数字所欺骗。[29] 228

议员们发现了一些巧妙的方法以避免对总额进行表决，尤其是赤字。首先，他们在 1981 年通过了第二次决议“重申”了第一次决议中的总数，即使每个人都知道早先的数字完全不切实际。在一阵委婉说法中，里根政府的支持者相当慷慨地称这些数字为“非当前的经济假设”。逃避责任的第二步是在 1982 年、1983 年和 1984 年引发第二次决议的自动策略，因此无需投票处理更高的赤字。如果国会在 10 月 1 日之前不采取行动，春季决议中的总额，无论多么不现实或不受信任，都将成为秋季决议（表 16.6）。显然，国会无意辩论并通过第二次决议以反映秋季的情况。迈向不负责任的另一个步骤是将较高的赤字卷入来年春季通过的修订后的第二次决议。因为到那时国会把注意力转向即将到来的一年，所以没有对更高赤字进行的单独的投票或者辩论。

表 16.6　　通过预算决议的日期

财政年度	第一次预算决议（截止日期 5 月 15 日）	第二次预算决议（截止日期 9 月 15 日）
1976	5 月 14 日	12 月 12 日
1977	5 月 13 日	9 月 16 日
1978	5 月 17 日	9 月 15 日
1979	5 月 17 日	9 月 23 日
1980	5 月 24 日	11 月 28 日
1981	6 月 12 日	11 月 20 日
1982	5 月 21 日	12 月 10 日 *
1983	6 月 23 日	**
1984	6 月 23 日	**
1985	10 月 1 日	**

注：* 第二次决议仅仅“重申”了第一次决议中的数字。

** 这些年来没有通过第二次决议。第一次决议自动成为 10 月 1 日第二次决议的约束力。

1979 年，众议院想出了一个办法来处理公共债务上限的增加，且无须对它们进行投票。新的程序不是对债务限额法案进行单独表决，而是从第一次预算决议中提出公共债务限额并将其置于“视为”已在众议院通过的联合决议中。众议院唯一的行动是根据参考在预算决议中列入债务限额。这似乎是一个有效的制度，因为一票表决有两个目的，但公共债务限额在讨论预算决议时很少引起关注或兴趣，最近的预算决议在赤字不切实际方面声名狼藉。

脱离问责制的进一步发生在 1983 年，众议院预算委员会主张制定一项“调整决议”，将“技术和经济调整”考虑在内可能提高预算总数。这一类别包括经济假设和技术估计的变化，如通货膨胀率和失业率。调整决议将通
229 过快速程序处理，并限制议院讨论的时间。幸运的是，参议院拒绝接受，部分原因是“技术估计”的模糊性导致了预算的滥用和逃避现实。调整决议的可用性可以作为在第一次决议中采用不切实际和过分乐观的数字的激励措施，在稍后的阶段引入现实性，从而减少可见性和责任。

协调拨款和收入

国会在 1974 年采取了两项战略来控制赤字：限制开支并有意识地将支出与收入挂钩。联合研究委员会谴责未能整体上决定国会预算决定。为纠正这一缺陷，委员会提议两院分别设立一个预算委员会，全面审查预算。众议院委员会有 21 个成员，参议院委员会有 15 个。在这两个案例中，1/3 的成员来自拨款委员会，1/3 来自税务委员会，1/3 来自立法委员会。

实质上，联合研究委员会希望预算委员会在拨款和税收附属委员会之间发挥协调作用。然而，预算法案采用了不同的方式。与众议院预算委员会的 21 个席位中应该有 14 个来自拨款和税务委员会不同，这个数字实际上下降到 23 个中的 10 个。10 个席位的分配保持不变，而预算委员会在 1975 年增加到 25 个席位，在 1981 年增加到 30 个席位，在 1983 年增加到 31 个席位。因此，2/3 的控制权在过去几年中下降到 1/3。就参议院预算委员会而言，《预算法案》没有为拨款和财政委员会提供具体的配额。

艾伦·希克认为，“预算委员会权力最深远的稀释是由协调委员会向代表委员会转变的副产品”。如果联合委员会的建议胜出，预算委员会“将作

为收入和拨款委员会的代理人，而不是作为独立的权力中心”，并且“由于这些强势委员会的地位”，它们的地位将会得到加强。[30]协调方法可能会迫使两个委员会保持支出和收入更加平衡，避免1974年后十年的巨额赤字。

联合研究委员会还希望，如果收入加上“适当的赤字”（如联合决议中规定的）在最终的联合决议中不等于估计支出，则收取附加税。除非差异超过1%，否则不会触发附加税。[31]这一程序已从预算法中省略。

自1974年以来的这些年没有被定性为拨款和收入之间密切协调。预算委员会从来没有招聘能够处理税务委员会管辖权的工作人员，它们包含的远远超过收入。由于社会保障，医疗保险等方案以及公共债务利息，税务委员会负责与拨款委员会一样多的支出。直到1982年，国会议员莱昂·帕内塔（Leon Panetta）可以证明国会通过采取各种税收抵免和扣除措施，在收入方面创造了“几乎是大出血”：“我们现在刚开始考虑整个情况，整个情况包括收入。”[32]在里根时代，调解成为达到税务委员会管辖范围内支出的手段，1981年和1982年的调解法案中支出减少的一半以上属于众议院筹款委员会（House Ways and Means Committee）和参议院财政委员会（Senate Finance Committee）管辖的范围。[33]

控制后门

联合研究委员会对拨款过程的“分裂”表示震惊。委员会报告说，在1974财政年度估计的支出中，只有44%与拨款法案中需要考虑的项目有 230
关。[34]即使其中一部分是形式上的，因为权利立法要求拨款委员会提供符合法定义务的任何必要资金。另一种后门支出形式是合同授权，它允许机构在收到拨款之前预留资金。拨款委员会后来必须提供资金来“清算”这些义务。国会在1972年《净水法案》（Clean Water Act）后不久通过了预算法案，该法案在三年期间提供了180亿美元的合同授权。第三个后门是借款授权，允许机构向财政部或公众借款而不必到国会拨款。

1974年的《预算法案》对新的后门进行了控制。新的合同或借款授权形式基本上起到普通授权的作用。机构没有拨款的话就不能承担义务。因此，《预算法案》第四条通过前门提出了新的合同和借款授权。然而，第四条不适用于某些被豁免类型的支出权限，例如90%的自筹信托基金或政府公司的支出。权利得到了优先对待，尽管《预算法案》的起草人承认权利是联邦预算中最具爆炸性的增长领域。[35]

虽然《预算法案》有助于遏制新的后门，但权利支出的增长继续削弱拨款委员会的地位。1970 年拨款委员会负责总支出的 2/3；其他委员会只负责 1/3。责任现在几乎是平均分配的。如果我们考虑到年度拨款中的权利，这是一项纯属拨款委员会的职能型和机械性的工作，其他委员会现在负责一半以上的预算支出。其中大部分包括社会保障、医疗保险和公共债务利息，这些都属于税务委员会的管辖范围。[36]

辩论预算优先事项

联合研究委员会预计其提案将导致“确定相关资金优先事项的改进的国会制度。”[37]预算法案宣布的五项目标之一是“确定国家预算优先事项”。为了能够就优先事项作出决定和辩论，国会采用了行政部门数十年来使用的功能类别体系。

功能类别是最大程度的预算总额（总支出和总预算授权）与计划和项目特定明细之间的折中。根据《预算法案》，预计国会将按照 16 大类来考虑预算，例如国防、收入保障、卫生和农业。多年来，功能类别的数量一直在波动。

功能类别的选择部分受到政治和实际考虑的限制。按委员会管辖权分配预算可能会加剧委员会之间的冲突。功能类别模糊了界限，需要“交叉行走”将职能分配转换为委员会管辖权。但功能类别的选择是有代价的。例如，“商务与运输”这个功能类别太广泛而且分散，以至于国会议员难以知道数量是太大还是太小。即使是子功能（水运、陆运和航运）也太抽象，不能就预算优先事项进行合理的辩论。国会议员和他们的选民不认为这样。相反，辩论的范围是公共交通与私人汽车，放松航空票价管制，安全带和安全气囊的成本以及其他具体的政策问题。

231 功能类别没有提供成员可以改变预算优先级的合理媒介。“转移修正”（建议将资金从一个功能类别中提取出来并放置在另一个类别中）很少成功。国会议员们似乎都遵循古老的原则：绝不公开伤害。在旧系统下，通过报告低于行政要求的拨款法案，同时向另一项不同的拨款法案增加资金，可以间接改变预算优先事项。会员可以削减国防拨款法案，并增加给劳工、卫生、教育、福利拨款法案，不需要明确地将一个部门的资金交给另一个部门。

简而言之，在较旧的分散的分权系统下改变预算优先事项可能比在1974 年的《预算法案》下更容易。在 1980 年，艾伦·希克估计国会对预算优先事项做了更多的重新排序，“在它拥有预算过程之前与拥有预算过程之后相比”。[38]最近他指出，“国会组织进行再分配决策越多，其开展此项工作的能力越弱”[39]。

及时执行拨款；取消持续决议

众议院规则委员会在报告《预算法案》时说，现行国会预算程序的一个“明显缺陷是未能在新的财政年度开始前完成拨款法案的行动”。由于对预算决议采取行动，立法时间表会更加苛刻。委员会得出结论认为，财政年度需要向前推进 3 个月，从 7 月 1 日变成 10 月 1 日，“以结束持续的决议活动”[40]。预算法案吸取了对财政年度的这一变化。

延迟通过拨款的部分原因是年度授权的增加。为了加快拨款行动，联合研究委员会建议在拨款前一年颁布授权法案。[41]授权委员会认为这一提议是不可接受的。作为替代程序，众议院规则委员会规定了颁布授权立法的最后期限为 3 月 31 日，并保留考虑紧急授权豁免。授权委员会认为这一要求完全不现实。经参议院和大会委员会修改后，预算法案第 402（a）款通过了5 月 15 日作为报告授权法案的截止日期。该法案还要求在 9 月初之前通过所有正常拨款法案。

预算法案的与会者认为，“将来有必要在执行拨款前一年或更多时间批准授权法案”。他们希望国会制定一个预先授权的模式，以每年或多年为基础授权计划。[42]近年来推行了两年期预算，特别针对授权法案。不过，预先授权或两年授权没有统一的趋势。实际上，大多数方向都是朝着较短的周期：将永久授权的计划转换为两年周期，或将两年期授权转为年度审查。[43]

预算法案通过后的前几年，拨款法案的行动记录看起来很有希望。对于1977 年和 1978 年的财政年度，大部分拨款在 6 月份由众议院通过，并于 10月 1 日形成法律。1979 年财政年度的记录略有下降，并且自那时以来越来越糟糕。[44]在预算法案之前，如果整个财政年度的十二个月没有通过正常的拨款法案，就会非常不正常。现在这是一个普遍现象。[45]从1968财政年度到1975年财政年度，整个财政年度只有两项拨款法案处于持续性决议之下。从1976财政年度到1985年财政年度，这一数字跃升至27。[46]

国会已经习惯于将整个拨款法案置于持续性决议中。例如，在第98届
232 大会结束时通过的巨额持续性决议（P. L. 98 - 473）包含五个常规拨款法案的全文：内政、军事建筑、国外援助、国防和运输。这是一个完全在1974年以后的现象。

现在的时间表远远落后于1974年之前的水平，即使通过改变财政年度获得了额外的3个月时间。拨款委员会过去指责授权太晚使得他们没有及时通过拨款法案。现在他们有了许多新的解释：预算决议行动太迟、302（a）和302（b）分配行动太迟以及延期登记过程。由于在堕胎、学校祷告和校车等问题上有立法争议，拨款法案也被推迟。

为了消除其中的一些借口，众议院可以解决目前预算法和众议院规则第21条之间的冲突。该法案仅要求在5月15日前报告授权。根据众议院规则，拨款法案只有在授权颁布后才能报告。不管授权法案和预算决议的进展情况如何，允许拨款法案在特定日期之后（如6月1日）正式讨论将是有帮助的。拨款委员会可以被预计将维持在授权委员会最近审议阶段所建议的资金数额之内：委员会最后审定，报告法案，众议院通过的法案，或在会议报告中提供总额。6月1日的批准日期将鼓励授权委员会更快地行动。

独立机构专业知识

联合研究委员会建议向预算委员会提供由立法预算负责人领导的联合工作人员。负责人和工作人员将是“训练有素的、专业的和无党派的”，让国会“拥有自己的国会预算行动中心……”[47]《预算法案》为每个预算委员会设立了工作人员，成立了国会预算办公室，要求审计总署（General Accounting Office）加倍努力进行计划评估。这些措施旨在抵消管理和预算局及各机构的技术优势。

《预算法案》制定的程序提供了更多的信息和对宏观经济发展的更好的理解，但是这些方面的改进并不会自动转化为对预算更负责任或更明智的决

定。信息可以澄清，它也可能混淆。议员约翰·丁格尔在 1984 年提出了这一观点：

我们在过去十年所做的工作就是创建一个非常复杂的预算流程，几乎每个人都难以理解。大多数成员对它的了解无法突破肤浅的表面。媒体不理解它，商界不理解它，金融界不理解它，最重要的是，公众并不理解它。[48]

钱包的权力不仅仅是国会控制行政部门的手段。它也是公众控制政府的方式。任何使立法者和公众混淆的过程，无论它能在多大程度上点亮技术人员的概念梦想，对于民主来说都是过于昂贵的。在对法律界实践困惑的批评中，卡多佐法官警告说，“没有理解，就不存在正义”。[49]同样，如果没有理解，也不值得维持预算过程。

《预算法案》鼓励多年预算，这是几十年前开始的一种方法。国会于 1956 年颁布立法，要求行政部门进行五年期的估计。[50]1970 年的《立法重组法案》（Legislative Reorganization Act）也要求五年期的估计。[51]1980 年国会发现，调解需要多年期的方法来防止委员会通过将成本从当年推到下一年来实现分配到的削减份额。然而，多年期聚焦所需的信息也可能会增加不负责任的行为。国会可以蒙蔽良知捏造未来年份的美好预期，而不是在今年面对现实并作出艰难的抉择。这些数字让国会成员暂时放心，但从未实现。它们是纯粹意义上的虚构。未来年份的预测带来了拖延。平衡预算所需的总额从来不会在今年或明年出现，但总是要 3～5 年以后才会出现。

233

控制总统截留

尼克松政府试图扣留拨款资金在第 92 届和 93 届国会大会期间引发了一系列对抗。[52]国会议员抗议说，政府正在用截留取代国会制定和资助的预算优先事项。1974 年的《截留控制法案》（预算法案第 10 条）缩小了总统积累预算储备的权力。该法承认两种类型的截留：重新分类和延迟。如果总统想要撤销（取消）预算授权，他必须在连续会期的 45 天内获得两院的支持。如果他只想延迟预算授权的义务，那么两院随时可以拒绝。

由于最高法院在移民归化局诉查达案（INS v. Chadha，1983）中作出的决定，这种后来的控制，即单一议院立法否决权，现在已经无效。但国会已经开始不赞成延期，通过替换常规或补充拨款法案中的语言。由于这种不赞成的情况包含在总统签署的法案中，所以根据法院的检验是允许的。

第 10 条的作用是规范截留过程，给予政府坚实的法律支持基础，同时允许国会推翻它不同意的延期。值得注意的是，撤销过程给总统带来了在有限的几天内获得两院支持的负担。否则，国会的优先事项应得到尊重和执行。

近年来，人们提出了一些建议，要求国会制定有关不赞成的联合决议以防止总统撤回资金，从而改变撤销进程的负担。当然，总统可能否决联合决议，向国会施加在每个议会中召集 2/3 多数票用于推翻的额外负担。除了改变部门之间的平衡以外，这项改革还需要多数投票和特殊的多数得票才能重申已经在适当制定的法规中表达的预算选择。国会可能需要采取 4 次行动：制定总统否决后的拨款法案、推翻否决权、通过联合决议不赞成撤销、投票否决这项否决权。国会议员将这种重复国会偏好视为对其机构的贬低。[53]

结论

1974 年的一些目标可以在不依靠通过预算决议创建复杂程序的情况下实现。第 3 节在限制新的后门方面很有效。第 10 节有助于解决国会与总统
234 之间的截留纠纷。国会预算办公室已经确立了自己作为一个有价值的机构来估计未决立法的成本，执行评分任务和制定宏观经济预测。

由于 5 月 15 日的报告截止日期，授权法案有所加快。国会可以通过允许它们在 6 月 1 日之后获得正式行动来加速对拨款法案的行动。这一变化将解决目前预算法案和众议院规则第 21 条之间的不一致。6 月 1 日的绿灯将使在财政年度开始之前完成拨款法案的行动成为可能。就目前情况而言，由于通过预算决议和第 302 款分配所造成的延误使国会在 10 月 1 日之前几乎不可能完成除少数拨款法案之外的行动。

通过预算决议达到了什么目的？它们似乎鼓励支出、拖延拨款，混淆国会成员和公众，并欢迎逃避主义者和不负责任的预算。现在是重新思考预算决议背后的基本原理并确定不利因素是否远远超过收益的时候了。当内部分权的国会试图通过制定预算来模仿总统时，风险很高。正如马克・卡姆利特（Mark Kamlet）和大卫・莫维利（David Mowery）警告的那样：

综合预算和财政政策制定所需的组织要求与历史上（尽管不是一贯）国会特征的代表性、可获得性和多元化有很大不同。美国国会不是一个以编制年度预算作为唯一使命的机构。因此，期望国会遵守与主要负责编制年度预算的行政部门机构所采用的程序同样复杂的程序是不现实的。[54]

如果没有预算决议，委员会不必花费时间制作 3 月 15 日的报告；在授权、拨款和税收法案方面会有更多的时间来处理；议员们没有理由提出将拨款提高到预算决议规定的最高限额的修正案；短语“低于预算”和“高于预算”将再次具有意义。国会的表现可以毫不含糊地根据一个基准——总统的预算——得到明确的评分。

就目前情况而言，人们长期以来对预算到底是哪个预算存在困惑：总统的预算、第一次预算决议、第二次预算决议、第二次预算决议修订，或一系列重估、更新和修订的基线。数十名立法者能够将自己的“预算”汇总在一起，并对功能类别进行汇总和细分。取消预算决议可能会重振总统的预算，该预算法案自 1974 年以来变得越来越不负责任。国会预算政治很可能破坏了 1921 年《预算和会计法案》（Budget and Accounting Act）的核心宗旨：总统负责提交和支持行政预算。

一些国会成员继续支持预算决议，尽管他们对其内容有所疑虑，因为担心国会通过决议失败会向国家发出国会无法控制预算的信号。这些担心可能是杞人忧天。几乎没有证据表明公众（甚至是“细心的公众”或“意见领袖”）对《预算法案》的机制不仅仅是拥有一个模糊的概念。但公众可以理解底线：巨大的赤字。使用《预算法案》将赤字从 2000 亿美元减少到 1500 亿美元将不足以赢得公众的支持或信任。

取消预算决议不一定会使我们回到黑暗时代（或“旧系统”）。预算委员会可以继续监测后门，发布“预警报告”以提醒国会注意预算过度，并提出改进预算过程的建议。预算委员会可以重塑成为政党领导的明确代理机 235
构。他们可以负责协调授权委员会的开支决定（权利），协调拨款和收入，探索永久性拨款、税式支出、联邦信贷和预算外机构等领域需要采取的行动。无须提出并通过预算决议，预算委员会可能在建议财政政策和推行多年期战略方面发挥更重要的作用。

注释

1. Congressional Budget Office, "Estimates of Federal Budget Outlays," Staff Working Paper, February 1978. 也可参见 CBO's "Analysis of the Shortfall in Federal Budget Outlays for Fiscal Year 1978," Staff Working Paper, March 1979, 以及 House Committee on the Budget, "Federal Budget Outlay Estimates: A Growing Problem," Committee Print, April 1979.

2. U. S., Congress, House, H. Rept. No. 12, 95th Cong., 1st sess., 1977, P. 4.

3. *The Budget of the United States Government*, *Fiscal Year* 1979 (Washington D. C.: Government Printing Office, 1979), P. 3.

4. Ibid., P. 4.

5. H. Rept. No. 1456, 95th Cong., 2d sess., 1978, P. 12; U. S., Congress, Senalte, S. Rept. No. 1124, 95th Cong., 2d sess., 1978, P. 13.

6. *The Budget of the United States Government*, *Fiscal Year* 1980 (Washington D. C.: Government Printing Office, 1980), P. 3.

7. H. Rept. No. 95, 96th Cong., 1st sess., 1979, P. 21.

8. 125 *Congressional Record* 9028 (1979).

9. 126 *Congressional Record* 8809 (1980).

10. H. Rept. No. 369, 97th Cong., 1st sess., 1981, P. 6.

11. House Committee on the Budget, "A Review of the Reconciliation Process," *Committee Print* (October, 1984), pp. 40 – 45.

12. 120 *Congressional Record* 19673 (1974).

13. 121 *Congressional Record* 36155 (1975).

14. S. Rept. No. 579, 93d Cong., 1st sess., 1973, P. 19.

15. 参见 Whitten's statement in "Congressional Budget Process," *Hearings* before the House Committee on Rules, 97th Cong., 2d sess., 1982, pp. 311 – 12.

16. H. Rept. No. 1152, pt. I, 98th Cong., 2d sess., 1984, P. 5.

17. John W. Ellwood, "Budget Control in a Redistributive Environment,"

in *Making Economic Policy in Congress*, Allen Schick, ed. (Washington D. C.: American Enterprise Institute, 1983), P. 73.

18. Allen Schick, *Congress and Money* (Washington D. C.: The Urban Institute, 1980), pp. 72 – 74; John M. Palffy, "The Congressional Budget Process," in *Mandate for Leadership II* (Washington D. C.: Heritage Foundation, 1984), P. 388.

19. *Public Papers of the Presidents of the United States. Richard Nixon*, 1972 (Washington D. C.: Government Printing Office, 1974), P. 742.

20. Ibid., P. 964.

21. U. S., Congress, Senate, "Can Congress Control the Power of the Purse?", *Hearings* before the Senate Committee on the Budget, 95th Cong., 2d sess., 1978, P. 13.

22. "Congress Must Get Serious," *The Washington Post* (June 4, 1982), P. A19.

23. 有关预算法案规定的更多支出激励措施的更多信息参见 Louis Fisher, "The Budget Act of 1974: A Further Loss of Spending Control," in W. Thomas Wander et al., *Congressional Budgeting: Politics, Process and Power* (Baltimore, Md.: Johns Hopkins University Press, 1984), pp. 170 – 189.

24. H. Rept. No. 147, 93d Cong., 1st sess., 1973, P. 1.

25. Ibid.

26. H. Rept. No. 1152, pt. I, 98th Cong., 2d sess., 1984, P. 5.

27. Charles S. Konigsberg, "Amending the Congressional Budget Act of 1974," *Journal of Legislation* 11 (Winter 1984), P. 94.

28. H. Rept. No. 147, 93d Cong., 1st sess., 1973, P. 30.

29. U. S., Congress, House, "Congressional Budget Process," pt. I, *Hearings* before the House Committee on Rules, 97th Cong., 2d sess., 1982, P. 239.

30. Schick, *Congress and Money*, P. 84.

31. H. Rept. No. 147, 1973, P. 7.

32. "Congressional Budget Process," pt. 1, *Hearings* before the House

Committee on Rules, P. 27.

33. Ibid. , P. 345.

34. H. Rept. No. 147, 1973, P. 10.

35. Ibid. , pp. 12 –13.

36. 统计数据由国会预算办公室预算分析助理主任 James L. Blum 提供，转载于 "Issue Presentations Before the Rules Committee Task Force on the Budget Process," prepared by the House Committee on Rules, 98th Cong. , 2d sess. , 1984, pp. 25 –26.

37. H. Rept. No. 147, 1973, P. 4.

38. Schick, *Congress and Money*, P. 332.

39. Allen Schick, ed. , *Making Economic Policy in Congress* (Washington D. C. : American Enterprise Institute, 1983), P. 4.

40. H. Rept. No. 658, 93d Cong. , 1st sess. , 1973, P. 31.

41. H. Rept. , No. 147, 1973, P. 30.

42. H. Rept. No. 1101, 93d Cong. , 2d sess. , 1974, P. 56.

43. Louis Fisher, "Annual Authorizations: Durable Roadblocks to Biennial Budgeting," *Public Budgeting & Finance*, 3 (Spring 1983), pp. 25 –30.

44. See the author's chart reprinted in "Issue Presentations Before the Rules Committee Task Force on the Budget Process," P. 81.

45. Ibid. , P. 83.

46. H. Rept. No. 1152, pt. 1, 98th Cong. , 2d sess. , 1984, P. 43.

47. H. Rept. No. 147, 1973, P. 3.

48. "Congressional Budget Process," *Hearings* before the House Committee on Rules, 1984, P. 161.

49. Anon Y. Mous, "The Speech of Judges: A Dissenting Opinion," *Virginia Law Review*, 29 (1943), P. 638.

50. 70 Stat. 652 (1956).

51. 84Stat. 1140, 1169 (sec. 221), 1173 –74 (sec. 252) (1970).

52. Louis Fisher, *Presidential Spending Power* (Princeton: University Press, 1975), pp. 175 –201.

53. 参见 Senator Sam Ervin, Jr. , 119 *Congressional Record* 15236 (1973) 的发言。

54. Mark S. Kamlet and David C. Mowery, “The First Decade of the Congressional Budget Act: 28 Legislative Imitation and Adaptation in Budgeting,” Unpublished Manuscript, January 1985, P. 18.

237
第十七章
赤字政治与宪政：格兰姆—鲁德曼—霍林斯法案的影响*

兰斯·T. 勒鲁普（Lance T. Leloup）
芭芭拉·卢克·格拉汉姆（Barbara Luck Graham）
史黛丝·巴维克（Stacey Barwick）

1985年的《平衡预算和紧急赤字控制法案》（Balanced Budget and Emergency Deficit Control Act）被称为《格兰姆—鲁德曼—霍林斯法案》（Gramm – Rudman – Hollings）或简称为《格兰姆—鲁德曼法案》，它是近年来国会最有争议和误解的法案之一。它不仅提出了固定赤字目标和如果未达到目标就要求的强制性削减预算而且包括了自1974年《预算和截留控制法案》（Budget and lmpoundment Control Act）通过以来国会预算程序中最深远的变化。它还提出了严重的分权问题和国会和总统在指导国家财政事务中的相对作用。尽管法律的快速通过和动荡的第一年提供了一般化的有限范围我们认为《格兰姆—鲁德曼法案》不仅仅是一个孤立的事件。它可以被更准确地理解为沮丧的国会针对日益增加的政策和政治限制而进行的一系列程序性调整中最戏剧化的事件。

在本刊1986年秋季刊上发表的一篇文章中，哈里·海文斯（Harry Havens）回顾了《格兰姆—鲁德曼法案》的起源、赤字削减机制和1986年初

* From *Public Budgeting and Finance*, Vol. 7, No. 1 (Spring 1987), 83 – 103. Copyright© 1987 by Public Financial Publications, Inc. Reprinted with Permission.

的 17 亿美元的实际固定金额。[1] 在这篇文章中，我们处理一个重叠但本质上不同的问题：法律通过与近期政治和财政趋势的关系，围绕国会和总统角色的宪法问题以及法律对国会本身的影响。我们回顾了 1985 年该法案的出现和通过、强制性赤字削减和预算过程变化、1986 年的预算政治以及法院决定对《格兰姆—鲁德曼法案》的影响。最后，我们通过评估《格兰姆—鲁德曼法案》的影响，考虑了短期的变化前景以及该法案的可能的长期后果。我们从研究过去几十年国家预算的变化开始，这些变化创造了这样一个实验的背景。

在国会预算过程中增加的约束和增长的不稳定性

在半个世纪里国会拨款过程是稳定和可预测的模型。[2] 但是，自 20 世纪 60 年代末以来，国会关于征税和支出的决定一直以不稳定、改制和实验为 238
特征。1974 年的《预算和截留控制法案》是主要的法定变更，但预算程序在随后的几年中保持不变。《格兰姆—鲁德曼法案》是最激进的实验。过去二十年国会在预算编制方面的表现可以根据几个理论因素来解释：国会议员的行为动机，对立法和行政部门之间宪法不平衡的看法，以及预算本身结构的根本性变化。对这些因素的全面回顾超出了本研究的范围，但对某些基础力量的关注对于理解削减赤字的努力至关重要。

《格兰姆—鲁德曼—霍林斯法案》是由于不断增加的政治和政策限制导致预算过程不稳定的结果，特别是在国会。政策限制增加了立法机构的压力，同时缩小了成员的自由裁量权。其结果是程序上的不稳定性：在规则、时机、投票路线、委员会角色、领导行动和联盟建设战略等方面的变化。最后，我们相信，这些政治和政策限制导致沮丧的国会尝试强制性程序，试图检查日益增长的预算赤字。特别是四个限制因素影响了预算灵活性，并有助于解释国会预算的波动。

1. 预算组成变化导致增长的不灵活性。预算组成的变化，权利以及多年期支出承诺的增长已经使联邦预算对决策者变得越来越不灵活。[3] 预算组成方面的这些详细记录变化造成了政治和技术上的制约。由于支出主要由社会保障、健康权利、债务利息以及不断增长的防务份额组成，大大减少了可用于年度操作的支出范围。20 世纪 80 年代，预算中所谓的非防务酌情支出部分从25%缩减到17%左右，这使情况更加恶化。不仅只有更小的组成部分仍有待削减，而且国会不进一步削减国内支出的决心已经加强。

2. 预算总额越来越易受到总体经济表现变化的影响。国家预算日益成为基于预测和估计的多年期流程。预算总额越来越容易受到总体经济表现变化的影响。例如，如果年均国民生产总值增长率比预估值下降1%，则可以在5年内增加总额900亿美元的赤字。OMB从1976年以来的预计经济增长与实际经济增长之间的估计误差为1.15%，CBO为0.98%。[4] 在政治成本高昂时实现的艰难削减可能在一夜之间蒸发，因为总体经济表现和预算基线被重新估计。

3. 历史上巨大的长期结构性预算赤字。赤字本身已成为主要的政策约束。1981年经济复苏税收法案（Economic Recovery Tax Act，ERTA）中的五年收入损失为6 350亿美元，且并未得到支出减少的补偿，导致长期的结构性预算赤字。到1981年底，经济和预算预测显示经济衰退加剧了过度赤字。表17.1比较了总统和国会预算赤字估计与实际赤字。国会和总统发现自己追逐一个移动的目标，因为实际赤字始终超出政策预期。在20世纪80年代，日益增长的赤字及支出和收入总额的灵活性下降开启了一系列特别的预算过程变化。

表17.1　　　　年度赤字对比（亿美元）

财政年度	总统预算	限制的国会预算决议	实际
1986	1 800.0	1 719.0	2 207.0
1985	1 804.0	1 812.0	2 123.0
1984	1 888.0	1 699.0	1 853.0
1983	915.0	1 039.0	1 954.0
1982	450.0	376.5	1 106.0
1981	158.0	274.0	579.0
1980	290.0	298.0	596.0
1979	606.0	388.0	277.0
1978	577.5	612.5	488.0
1977	430.0	506.0	449.0
1976	519.0	741.0	665.0

4. 总统采取行动以减少国会选择。总统在20世纪80年代采取的行动增加了政策的不灵活性，进一步加剧了国会预算的程序不稳定性。虽然总统的提议和声明早已被公认为国会决策的关键决定因素，[5] 但与赤字相一致的严格的总统参数的建立、经济预测的不确定性以及不断增长的费用不灵活性在20世纪80年代为国会预算制定了一个独特的限制性条件。1981年以后，239
罗纳德·里根不但没有在总统任职期间扮演积极的预算角色，反而参与了一系列不断变化的政治战略。[6] 通过使用行政预算、否决威胁和其他行动，总统在国会商讨前建立了额外的约束条件，其中最主要的是固定的国防实际增长率和对收入增长的不协商立场。虽然总统和国会一样受制于结构性赤字和强制性支出的限制，但里根政府更关心长期的意识形态目标而不是赤字。国会以短期为导向，与其程序和过程相抗争，试图控制赤字。

面对这些不断增长的政治和政策限制，国会预算过程显示出紧张的迹象。由于1974年预算法案所制定的预算程序仍然不受许多国会议员，尤其是主要委员会主席的欢迎，改革者对正式修改法律持怀疑态度。因此，20世纪80年代的大部分程序采用的都是非正式的，但却非常重要。也许最重要的是在程序开端的调解程序转变及其作为预算程序的常规部分的制度化。[7] 此外，第二次共同决议已经被证明是无效的，并在1982年后有效地终止了。在第一次决议中加入了规定，如果没有第二次决议通过，则它将成为约束力。

虽然这两个变化可以被视为加强了这一过程，但许多程序发展清楚地反映了这一过程的解体。[8] 补充性拨款使用得越来越多以回避纪律或取代削减。少数拨款法案按时通过，导致有些人得出结论：情况比1974年以前更差。结果，更多的支出法案，包括授权和拨款，都被汇集在一起，形成巨大的综合性一揽子预算。这些巨额支出法案不仅要求对各种描述进行非修正性的修改，而且越来越难以通过。联邦政府关闭常常似乎是打破僵局的唯一途径。一些授权法案从未通过，导致未获法律授权的拨款增加，违反了众议院和参议院的规则。[9] 最后，程序控制和强制机制似乎削弱，而预算行为的豁免增加。

众议院和参议院领导人继续抱怨持续的预算和赤字危机，同时考虑如何 240
改善国会控制。许多委员会和工作小组审查了预算程序并建议进行修改。也许国会预算程序最全面的审查是由众议员安东尼·贝伦森（D－CA）提出的，其众议院规则委员会工作小组（House Rules Committee Task Force）建议进行全面修订。[10]这些建议在1984年时基本上被忽略了，当国会在第二年与格兰姆—鲁德曼—霍林斯斗争时被证明是重要的。

尽管对预算过程不满意，国会实际上在20世纪80年代大幅削减了预算。虽然赤字保持在2 000亿美元的范围内，但如果没有在20世纪80年代通过几项重大的预算紧缩措施，赤字将会在3 000亿美元的范围内。这些困难和分歧的决定只会增加挫折感。对宏观预算、转变战略以及预算过程中的非正式变化的更多关注并未能削弱赤字问题。在1985年国会会期末，一群参议员坚定了推进赤字削减的想法，最终成为国会的首要任务。

赤字政治：锻造强制性解决方案

原始的格兰姆—鲁德曼—霍林斯计划

1985年9月25日，当参议员菲尔·格雷姆（R－TX），沃伦·鲁德曼（R－NH）和欧内斯特·霍林斯（D－SC）对债务上限延期（H. J. Res. 377）提出强制性预算平衡修正案时，他们可能没有预料到这个问题在当年会期剩余时间里占据主导地位的程度。随着赤字持续增长以及1985年的预算僵局拖入夏末，鲁德曼和格拉姆的工作人员正在采取非常措施强制削减赤字。霍林斯长期以来一直主张将预算“冻结”作为控制赤字的手段。为了协调他们的努力，他们支持格雷姆提出的固定赤字目标的提议，如果国会未能单独实现这些目标，则必须进行全面削减。国会有五年的时间将赤字减少到零。正如支持者所解释的那样，强制性方法的理念实际上并不是不加区别地削减。相反，这个过程是作为一个强制机制，创造出这样一个没有吸引力的选择由国会自己实现赤字目标。如果它们没有，支持者发现自动削减更适合巨额赤字。

格兰姆—鲁德曼—霍林斯修正案还有其他几个关键条款。它免除了社会保障的自动削减，但规定削减的一半将来自权利和其他联邦退休计划，另一半来自包括国防采购在内的其他计划。该修正案要求改变国会预算程序，推进时间表，并试图增加强制机制。最后，该计划根据 OMB 和 CBO 共同作出的估计指定一个触发自动削减过程。

赤字削减是一个没有人可以反对的问题。尽管许多参议员对这种机械方法持怀疑态度，但参议员格拉姆找到了一个立法工具——必须在参议院通过的债务上限延期。几年前，众议院通过了一项计划，其中将债务上限自动延期作为预算决议的一部分。然而，在参议院，需要单独的立法来使联邦政府能够借款来履行其义务。没有削减赤字计划，支持者不打算同意债务延期。

尽管这一计划收到了不同的评论，但领导们很快就认识到了其不可阻挡的政治动力。少数党领袖民主党参议员罗伯特·伯德（D – WV）和预算委员会少数派成员劳顿·奇莱斯（D – FL）提出了一个替代方案，即通过等量 241
的国防削减、国内削减并增加税收来实现赤字目标。[11]当这种替代方案未能获得支持时，他们与多数领导人罗伯特·多尔（R – KS）和预算委员会主席彼得·多梅尼茨（R – NM）合作，使原始修正案更加让人满意。在后来他遗憾地对记者发表评论时，拉德曼参议员称他的议案是"一个糟糕的主意，是时候到来了"。这似乎总结了大多数参议员在 10 月 9 日以 75 – 24 票通过的反应。

众议院的反应

在众议院的圆形大厅中，大多数民主党人的主要反应是挫败感和愤怒。菲利普·格雷姆在党派轮换之前帮助协调里根的 1981 年预算计划，其他人对他的敌意仍然很高。许多议会成员认为该计划允许总统回避赤字的所有责任。一些人认为，他们自己的民主党领导人未能抓住赤字的主动权，而完全处于防守状态。对格兰姆—鲁德曼—霍林斯计划的严重反对集中在几个关键要素上：

计划受制于自动削减。反对者认为，由参议院通过的计划是不公平和不平衡的，因为削减将不成比例地落在国内社会项目上。很少有人急于将社会保障纳入脆弱的计划池中，但也认为应该考虑收入和其他豁免计划以减少赤字。

对国防的影响。在国防上施加的实际削减份额是有争议的。国会成员担心削减开支将是"非理性的"，屏蔽了缓慢消费的武器采购，同时损害了人员、操作和维护等快速开支类别。如果总统宣布一件国家安全紧急事件以避免国防削减，尚不清楚削减是否会在国内支出方面进行。

对经济的影响。原修正案规定，在经济衰退（连续四个季度出现负增长或没有实际增长）的情况下，自动削减将不起作用。然而，反对者认为这种豁免是不够的，并且将消除政府利用自由支配的财政政策来管理经济的能力。

总统的权力。反对者担心计划结果之一是大规模的预算权力从国会转移到总统手中。虽然支持者对这项指控持怀疑态度，但在最初的修正案中，总统究竟会有多少自由裁量权是不确定的。

计划的合宪性。议员们质疑，由一个议院对未来议会的权力进行约束是否合宪——由立法机构通过法律授权行政部门作出适当削减是否符合分权原则。还不能肯定的是，如果法律的一部分被判定为违宪，其他部分能否保持运转。

尽管担忧，众议院在提前两个月延期了债务上限的情况下，选择直接参加与参议院的会议。众议院领导人原则上同意某种形式的自动裁减；所以从1985年10月初就可以看出，某种戏剧性的新过程将被制定。第一次会议于10月16日召开，在广泛的宣传和高度的情感之中。这是立法程序的一个奇怪的逆转。格拉姆—拉德曼法案从未受过立法听证会或委员会审定；这次会议是第一次审查计划细节的机会。众议院领导人任命了四十八名与会人员与九位参议院管理人员进行谈判。

格拉姆—拉德曼法案在政治格局中出现的速度不仅让众议院毫无准备，而且也使白宫陷入了尴尬的境地。政府很快赞同这一概念，但许多官员对此
242 表示保留意见。OMB负责人詹姆斯·米勒（James Miller）在出席委员会之前提出了几个宪法问题，同时支持基本方法。国防部长卡斯帕·温伯格（Caspar Weinberger）的表现不那么热情，这表明他对格拉姆—拉德曼法案对国防的影响深表怀疑。“我们的国防和安全政策不能成为旨在降低预算的严格公式的完全的囚犯。”[13]尽管如此，在高度指责的赤字问题上，政府没有比众议院民主党人更好的立场反对格雷姆—拉德曼法案。

会议委员会无法解决分歧问题。由于10月底谈判者陷入僵局，面对11月1日的政府违约，每个与会人员都将各自的版本分别报告给各自的议院。

众议院以 249 - 140 票接近党派票数的方式通过了自己的强制性赤字削减计划，即使是反对该计划的自由民主党成员也投票通过该计划来阻止参议院的通过。众议院版本改变了赤字目标，并允许当实际经济增长率下滑至每年 3% 以下时实施更少的削减政策。参议院通过了自己的修订版。修订的参议院计划关注 CBO 的宪法职责，将 GAO 总审计长纳入触发程序，以证明 OMB/CBO 的数字，并向总统发布最终的扣押指示。

虽然各自坚持各自的版本，但党派的言辞掩盖了众议院和参议院已经就强制性赤字削减的大纲和大部分细节达成一致的事实。特别是立法中包含的国会预算程序的深远变化。贝伦森计划的许多建议已被纳入两个版本。由于迫在眉睫的政府违约威胁和关于严厉削减预算的头条新闻，这些重要的程序发展在很大程度上被忽视。众议院和参议院之间的差异仍然是保障医疗保险、1986 财政年度的赤字目标、赤字目标是否在预算授权或支出标记的技术性问题，以及新过程中任何违宪部分的可分割性。

妥协和最后通过

作为第二次违约日期的 11 月 15 日的临近，并且随着里根总统准备前往日内瓦与苏联领导人米哈伊尔·戈尔巴乔夫会面，双方争斗人员同意暂时延长借款授权。财政部计算下一次违约将发生在 12 月 12 日。在 11 月初的投票之后，又召开了第二次小型会议。然而，大多数真正的进展是由一群闭门会议的谈判专家组成的。众议院多数党党鞭托马斯·弗利（D - WA），众议院民主党议员团主席理查德·戈普哈特（D - MO），参议院财政主席罗伯特·帕克伍德（R - OR）和参议院预算主席多梅尼齐敲定了关键妥协。当参议院谈判代表提出在国防和国内计划之间平均分配强制性削减时，这个僵局就突破了。众议院领导人接受并反过来同意推迟到明年 3 月份进行的 1986 财政年度削减，并坚持认为如果该法案的任何部分被认定违宪，整个过程将被否定。他们也同意 GAO 的角色，许多人认为 GAO 将解决由 CBO 参与引发的宪法分权问题。尽管仍有一些棘手的问题，但僵局已被打破。

当会议同意如果总统以国防安全原因阻止削减国防开支则不会削减其他计划后，众议院民主党打消了疑虑。12 月 11 日，两院批准了妥协计划。经过一整天的辩论后，参议院以 61 - 31 票通过批准。[15] 虽然支持者继续鼓吹该

计划的优点，但参议员帕特里克·莫尼汉（D－NY）等反对者称该法案为
243 “自杀协议”。参议院通过后，众议院以 271－154 票通过；153 名共和党人和 118 名民主党人投票支持该法案。[16]尽管有一些明显的疑虑，里根在第二天签署了该法案，指出这是“朝着实现财政秩序迈出的重要一步”。法案签署成立几小时后，众议员麦克·西纳尔（D－OK）向哥伦比亚特区联邦地区法院提起诉讼，质疑法律的合宪性。后来他加入其他十几名成员和一个公职人员工会的诉讼中，他发现他的挑战得到了美国司法部的支持下。

1985 年平衡预算和紧急赤字控制法案

最终由国会通过并由总统签署的《格兰姆—鲁德曼—霍林斯法案》保留了由支持者设计的基本强制机制。它在行政和立法预算中设置了最大的财政赤字水平：1986 财政年度为 1 719 亿美元，1987 财政年度为 1 440 亿美元，1988 财政年度为 108 亿美元，1989 财政年度为 720 亿美元，1090 财政年度为 360 亿美元，1991 财政年度没有赤字。如果预计赤字超过目标 100 亿美元以上，强制性扣押过程将会发挥作用。为 1986 财政年度提供了一个特别的时间表和程序，并限定了可以扣押的总金额。

修订国会预算程序

表 17.2 列出了经修订的预算和削减赤字的时间表，于 1986 年为 1987
244 财政年度和后续年度生效。推进时间表、把调解置于过程的开端，放弃第二次预算决议以及加强两院的强制程序是最重要的程序变革。这些变化确保了国会货币委员会的相对权力和责任的不确定性的持续。

表 17.2　　格兰姆—鲁德曼—霍林斯法案下修订的预算与赤字削减过程

议案	截止日期
总统提交预算	1 月 3 日后的星期一
CBO 向国会报告	2 月 15 日
各委员会向预算委员会提交观点与估计	2 月 25 日
参议院预算委员会报告预算决议	4 月 1 日

续表

议案	截止日期
国会通过预算决议	4 月 15 日
众议院拨款委员会报告拨款法案	6 月 10 日
国会通过调解法案	6 月 15 日
众议院通过全部拨款法案	6 月 30 日
OMB 和 CBO 作出初步经济、收入、支出、赤字预测	8 月 15 日
OMB 和 CBO 向 GAO 报告扣押指令的初步内容	8 月 20 日
GAO 向总统提交赤字与扣押报告	8 月 25 日
总统发布扣押指令	9 月 1 日
财政年度开始和扣押指令生效	10 月 1 日
OMB 和 CBO 根据后来的国会行动发布修订后的预测	10 月 5 日
GAO 向总统提交修订的扣押报告	10 月 10 日
最终扣押指令生效	10 月 15 日
GAO 发布扣押指令符合性报告	11 月 15 日

资料来源：1985 年《平衡预算和紧急赤字控制法案》。

从提交总统预算到支出法案通过的关键日期已经提前。也许最重要的变化是4 月 15 日通过第一次决议的日期，6 月 15 日的调解日期和6 月 30 日的拨款法案日期。5 月 15 日报告授权的截止日期长久以来一直令常设委员会感到不安，完全被取消。为了强迫自己达到最后期限，国会通过了一些措辞，试图在支出法案没有完成时阻止因独立日假期而休会。

除了推进时间表之外，国会还试图加强预算削减请求的强制措施，以促进削减赤字的目标。第一，预算决议中的总计和小计与原过程下的目标相比具有约束力。第二，委员会有十天的时间在附属委员会之间公布其内部拨款、预算授权、权利和信贷（第 302（b）节）。来自尚未这样做的委员会的立法已经受到程序问题的制裁。这一要求使预算委员会和党派领导人能够更密切地监督总体合规情况。第三，在通过预算决议之前，没有立法可以提供新的预算、权利或信贷授权。免除这一限制的只能是下一个财政年度生效的法案以及 5 月 15 日以后的众议院拨款法案。第四，如果预算决议超过最大允许赤字，它在国会两院都不会生效。第五，来自任何委员会的立法——甚至是已经完成 302（b）分配的委员会的立法——可能会受到程序问题的制约，如果这会导致委员会的分配超额。在众议院中，预算、信贷和权利授权都被涵盖。在参议院中，这适用于预算授权和估计的支出。第六，在参议院，豁免这些限制需要 3/5 的多数票通过。在众议院，豁免会议报告、预算决议或超出目标的调解法案也必须获得 3/5 多数票。众议院的简单多数票可以豁免所有其他规定。

除了豁免社会保障并将其移到“预算外”，《格兰姆—鲁德曼—霍林斯法案》开始将联邦预算变得更加全面和现实。之前的预算外实体被纳入预算内；直接贷款和担保贷款形式的信贷授权成为总统预算的一部分。虽然社会保障不计入总数，但是在计算赤字时将其纳入。

从表面上看，格兰姆—鲁德曼计划的通过带来的预算过程的修订似乎加强并进一步集中了国会征税和支出决定。相对于授权和拨款委员会，两个预算委员会似乎都增加了权力。然而，近年来国会预算的经验表明，改变国会程序和权力基础不仅仅是立法。支出委员会找到了很多方法来规避以前制度下的限制。实际执行继续取决于众议院和参议院使用提供给它们的议会程序的意愿。

赤字削减过程

众议院民主党曾经希望在采用后主要针对预期的冲击值而在 1986 年预
245 算中进行削减。它们终于在会议上就这一点作出让步，同意推迟到 1986 年 3 月 1 日进行第一次削减，并限制了削减总额。因此，《格兰姆—鲁德曼法案》为 1986 财政年度制定了一个单独的过程和时间表，并为随后的几年制定了流程和时间表。在 1986 年，只有 7/12 的超额赤字可以被扣押，最高达 117 亿美元，因为财政年度仅剩 7 个月了。

该法规定了如何确定超额赤字以及削减的流程。8 月份发布了一份 OMB/CBO 联合报告，根据法律规定的假设估算下一财政年度的赤字。根据原有法律，总审计长被要求审查报告的数据、假设和方法，最终确定 OMB/CBO 联合报告中的数字。

如果发现超额赤字，总统在 9 月 1 之前必须发出扣押指令。根据颁布的法律，总统在1986年除了有限数量的国防账户之外，不能灵活决定削减。[18]赤字时间表提供了一个月，允许但不要求国会通过其他方式实现所需的削减。OMB、CBO和GAO根据任何国会的后续行动修改其预算和赤字估计，GAO在10月10日之前向总统发布最终报告。总统的最终扣押指令于10月15日生效。总审计长根据指令在11月中旬之前向国会报告。

分配和计算削减

《格兰姆—鲁德曼法案》引入了“预算资源”的概念来描述支出所依据的预算、权利和借款权力。由于强制性削减是由国会不直接控制的支出触发的，因此扣押指令必须减少预算资源以降低必要数额的支出。未承诺的国防账户余额受到扣押的限制。

正如会议委员会所同意的那样，削减总量的一半将来自国防，其余的来自其他所有计划。豁免计划包括：利息；社会保障；铁路退休工人；退伍军人补偿金和养老金；对受抚养儿童家庭的援助（AFDC）；附加保障收入（SSI）；妇女、婴儿、儿童计划（WIC）；儿童营养；食品券；医疗补助和其他几种信托和理赔付款和基金。为失业，联邦工资，学生贷款，儿童抚养执法，寄养和领养援助以及商品信贷公司（CCC）撰写了减免的特别规定。自动增加支出的计划只能在降低或取消生活费调整（COLA）的情况下进行削减。削减的百分比限制适用于健康计划：医疗保险、退伍军人医疗保健、社区健康、移民健康和印第安人医疗设施和服务。有争议的医疗保险削减在1986财政年度限制在1%，随后几年为2%。

实现国防支出削减首先是通过计算取消军人退休COLA而实现的节省，该支出在预算的非国防部分发生，但计入《格兰姆—鲁德曼法案》下为数一半的国防支出削减。剩余的削减是通过计算新的预算授权的国防支出和未承付的余额的固定百分比减少来实现的。来自先前义务的支出，约40%，不受扣押。

1985年的《平衡预算和紧急赤字控制法案》试图为预算僵局提供一种替代方案。更具执法力度的预算过程取代了10年前的国会预算程序，以帮助国会达到其预算平衡的目标。然而，该计划的未来很大程度上取决于法院、经济体、总统以及国会如何适应新的要求。

246 格兰姆—鲁德曼—霍林斯法案在1986年的执行

当国会成员回来开始第99届大会第二届会议时，OMB、CBO和GAO已经开始准备估计在1986财政年度预算中必须进行的赤字削减。委员会试图达到经修订的国会预算程序的新期限。在此次会期中《格兰姆—鲁德曼法案》几乎影响到国会的每一项行动。

确定1986财政年度强制性削减

1986年1月的经济和预算预测证实，当年的赤字将超过2200亿美元，远远超出《格兰姆—鲁德曼法案》的固定目标。CBO和OMB在1月15日分别报告了它们的削减版本，填平了联邦公报（Federal Register）的全部数量。[19] GAO解决了这两个估计之间相对较小的差异。在2月5日，众议院拒绝了共和党一项旨在推动国会采用替代方案来避免强制性削减的决议，确保了新的赤字削减过程能够生效。

哈里·海文斯已经仔细记录了1986年度削减是如何使用前一节所述的方法进行计算的。[20]这个过程的细节和实际削减不在这里报告，但有几个因素需要特别关注。当豁免和部分豁免计划从计算中删除时，只有20%的支出遭受了全面削减。削减严重影响了国防人员、运营和维护、采购和研究账户。在国内方面，削减集中在教育、卫生、住房、自然资源和独立机构的活动。全面削减涉及4.9%的国防账户余额和4.3%的国内账户余额。1987财政年度预算中可能的强制性削减将更加严重。CBO估计，根据它们2月份估计的1 666亿美元赤字，1987财政年度削减的国防计划为6.2%，国内计划为8.4%。然而，如果经济表现逊于预期，赤字可能会升至1 940亿美元，使得国防开支需要减少14.2%，国内开支需要减少20.9%。[21]

在2月7日，联邦地区法院三名法官小组裁定，由于GAO的作用，《格兰姆—鲁德曼—霍林斯法案》的自动触发条款违宪。然而，低级法院裁决却使国会成员们对该程序的可行性产生了疑问。常设委员会努力促成新的2月25日会晤进行审查和估计，以满足上一个预算决议的最后期限。在1986年3月1日，总额117亿美元的削减施加于未能从《格兰姆—鲁德曼法案》幸免的计划之上。

对国会预算过程的影响

对于《格兰姆—鲁德曼法案》下提高的强制能力的第一次测试性投票是在3月份，当时参议院以61－33票决定不对来自《格兰姆—鲁德曼法案》限制的农民提供额外贷款免除。[22]参议院预算委员会根据新的时间表迅速行动起来，在3月19日报告的预算与总统的预算有很大不同。其包含的重大新增收入引起了白宫的迅速反对。预算委员会的报告已迫近表面上最后的时机，一旦错过最后期限就得等一年。由于4月15日已经过去了，就需要为共同决议确定新的日期，但参议院没有采取任何行动。众议院预算委员会在等待参议院采取行动时准备了自己的版本。在两党的支持下，参议院领导人在5月2日通过了1万亿美元的预算，尽管白宫反对。参议院预算预计出现1 440亿美元的赤字，这是确切的格拉姆—鲁德曼目标。

在参议院考虑1987年的预算和全面的税收改革计划时，《格兰姆—鲁 247
德曼—霍林斯法案》的关键效应之一就显现出来了。新的更大的多数原则要求搁置预算法中因为“抵消”的需要而形成的额外限制条款。这实际上意味着所有议会上提出的修正案都必须是“赤字中性”的；增加的开支必须通过其他地方的支出减少或收入增加来补偿。虽然没有消除所有修正案，但这对参议院的议事程序产生了巨大的影响，使修改预算或税收法案变得更加困难。

众议院遵循自己的党派预算传统，当时它通过了一项预算决议，规定了1 370亿美元的赤字，节省是基于国防的大幅削减和一些适度的收入增长。尽管为特定社会项目提供的资金增加了，但里根总统将众议院版本标记为“激进反对国防预算”。[23]《格兰姆—鲁德曼法案》对总统而言喜忧参半，是众议院和参议院领导人的强大武器。由于强制性国防和国内支出的比例为50：50，未能达成其他一揽子削减措施将导致更大的国防削减。参议院领导人将接受的一些税收增长与总统希望的国防建设联系在一起。然而，在会议上，众议院民主党谈判代表拒绝批准额外收入，除非得到白宫接受的迹象。结果造成国会预算程序陷入停滞的僵局。

尽管修订后的时间表细分了，《格兰姆—鲁德曼法案》对委员会的影响很大。拨款委员会发现自己尤其受到比过去更大的限制。根据302（b）拨款，与过去的做法不同，全部拨款委员会不能在内部调整小计以保持总体上限。这加剧了附属委员会在加价期间的冲突。评估支出的赤字，而不是预算的权力，对拨款委员会有明显的影响。如果参议院的拨款超过经费分配，参议院拨款将受到程序问题的制约，众议院领导人也试图执行相同的程序。由于计划将预算授权转换为支出的比率存在差异，这尤其重创了国防拨款。由于302（b）拨款的特殊性，经修订的预算程序似乎使预算委员会和党派领导人对拨款委员会有更大的控制权。这也妨碍了总统利用同情辩护授权和拨款程序来推翻预算委员会的削减。

在没有预算决议的情况下，错过了6月15日的和解期限，很明显在6月30日之前不会有任何支出法案通过。在这种情况下国会在6月19日悄悄放弃了禁止在独立日放假的新禁令。众议院和参议院会议最终达成妥协，并于6月26日颁布了1987财年的预算决议。根据9 950亿美元的支出和8 520亿美元的收入，预计将出现1 426亿美元的赤字。大部分预算节省来自国防，比总统的要求低约280亿美元。国会在税收方面已经向总统屈服，但在国防方面削减了赤字。随着7月4日国会成员离开华盛顿，支出法案、调解以及债务上限延期都一直存在。在他们回来之前，最高法院将解决有争议的赤字削减法案的一些宪法问题。

格兰姆—鲁德曼—霍林斯法案与法院：宪法的缺陷

削减赤字计划从一开始就引发了宪法问题。向法院提出的关键问题是，根据权力分立原则，《格兰姆—鲁德曼—霍林斯法案》的某些规定是否符合
248 宪法。这一准则更准确地被描述为独立机构的权力分享，造成模糊不清的边界线，允许每个政府分支机构在某种程度上参与其他机构的主要活动。在20世纪70年代，最高法院对分权原则采取了更加宽松的解释。[25]然而，在移民归化局诉查达案（INS v. Chadha，1983）中，法院采用了形式上的分权的模式来打压立法否决权。在1986年7月7日判决的鲍舍尔诉西纳尔案（Bowsher v. Synar）中再次使用了这种严格的解释。尽管存在一些广泛的宪法问题，但《格兰姆—鲁德曼法案》违反宪法的这一发现仅限于一个狭窄

的技术性问题：国会是否选择了错误的官员执行强制性预算削减的触发功能。

国会和政府都对自动触发机制的合宪性表示怀疑。[27]预计到该法案面临直接挑战时，一项后备程序被添加进来，如果法律中所述的任何报告程序均无效，则后备程序生效。后备程序要求由 OMB 和 CBO 的负责人而非总审计长来编写报告并提交赤字削减临时联合委员会（Temporary Joint Committee on Deficit Reduction）。这个由国会两院预算委员会全体成员组成的委员会必须在 5 天内向两院报告联合决议。然后，国会必须通过对特别规则下的决议进行投票来"认证"削减。该决议如果由总统签署通过，则作为总统扣押指令的依据。

地区法院挑战：西纳尔诉美国案[18]

1986 年初召开了一个特殊的三名法官地区法院小组会议，审议 3 个主要问题：[29]（1）原告是否有立场对《格兰姆—鲁德曼法案》提出质疑；(2)《格兰姆—鲁德曼—霍林斯法案》是否违反了授权原则；(3）总审计长在削减赤字过程中的角色是否违反了分权原则。在一致的共同决议中，地区法院认为原告有权质疑《格兰姆—鲁德曼—霍林斯法案》的某些规定。[30]但法院认为，授权总检察长在削减赤字工程中拥有广泛权力的一部分内容是违宪的，因为他可以被国会免除。法院认为，总统任命并经参议院确认的总审计长不仅可以通过弹劾，还可以通过基于特定原因的国会联合决议而被免职。[31]根据法院的说法，删除条款的目的是让作为立法部门官员的总审计长服从于国会。根据分权原则，法院得出结论认为，国会可能无法保留罢免执行行政职责的官员的权力。在这一点上，法院认识到：

> 一旦任命了一名官员，只有未任命他的权力才可以解雇他，并且在履行职责时他必须害怕与服从。将行政职能的这种权力授予国会，违反了孟德斯鸠所提出的基本原则。即分权理论所依据的基本原则是："当立法和行政权力统一于同一人或同一文职官员时，就不可能有自由；因为可能会产生恐惧，以免同一君主或参议院制定暴虐法，以暴虐的方式执行它们。"[32]

原告还辩称,《格兰姆—鲁德曼—霍林斯法案》赋予行政官员广泛的——
249 即便不是过大的——权力进行经济计算，这些经济计算决定了估计赤字，其要求的预算削减违反宪法第1条的规定。地方法院裁定它不必考虑这个问题，因为法律因为其他理由而违宪。然而在附带意见中,[33]法院并没有被原告关于为什么《格兰姆—鲁德曼法案》违反了授权原则以及该法案的授权违宪的论点说服。这对西纳尔来说是一场失败，他认为国会通过授权给诸如OMB和CBO负责人之类的行政官员过度的权力来影响一系列联邦计划的支出水平来拒绝做出艰难的政治选择。

最高法院审查：鲍舍尔诉西纳尔案

地方法院的判决被自动根据法律中的一项条款进行上诉，该条款允许最高法院进行快速审查。西纳尔诉美国案提供了最高法院对此案最终裁决的大部分推理。在肯定地方法院的裁决时，最高法院以7－2的决定否决了《格兰姆—鲁德曼—霍林斯法案》的自动触发机制，严格解释权力分离原则。首席大法官伯格（Burger）撰写的多数意见认为：

> 国会不能自行保留免除负责执行法律的官员的权力，除非弹劾。允许执法权力授权与一名仅向国会负责的官员，实际上可以保留国会对法律执行的控制……宪法的结构不允许国会执行法律；因此国会不能授予其控制下的一个官员其不具备的东西。[34]

根据移民归化局诉查达案（INS v. Chadha，1983）——控制的先例——多数人进一步指出：“允许由国会控制的官员执行法律实质上将允许国会的否决权。一名官员以国会不满意的任何方式执行法律时，国会可以直接免职，或者威胁免职。”[35]根据他们在查达案的裁决，法院认为这种对执法的控制在宪法上是不允许的。总审计长鲍舍尔认为，与其打击自动削减机制，拨款补偿可以废止1921年授权国会罢免总审计长职务的法定条款。法院拒绝采取这样的步骤，即引用《格兰姆—鲁德曼—霍林斯法案》中的在任何程序失效时生效的备用条款的表述。伯格还辩称，取消罢免条款将违反国会在1921年成立GAO时所制定的法律的意图。

在同意法院判决的同时，史蒂文斯（Stevens）大法官与马歇尔（Marshall）大法官不同意大多数人关于为什么宪法禁止总审计长根据《格兰姆—鲁德曼法案》行使其权力的观点。他们认为，国会的罢免权力和总审计长的执行职能都不是真正的问题。他们认为问题是委托给国会官员制定国家政策的权力问题。史蒂文斯大法官认为：“简而言之，总审计长的报告将对政府和整个国家产生深远的、戏剧性的和直接的影响。”[37]当国会立法时，它必须遵循宪法第1条由两院颁布并向总统呈递的规定。

大法官怀特（White）和布莱克门（Blackmun）各自的反对意见认为，鲍舍尔指出的宪法缺陷并不能证明其实施的补救办法。怀特大法官认为，多数原则对分权原则提出过于形式化的看法。他表示，1921年法案中罢免总 250
审计长的条款从未被使用，具有最小的实际意义，应被视为微不足道。他否定了这样一个观点，即由国会罢免总审计长必须进行联合决议而且总统发挥了重要作用，故而会对总审计长方面施加有利的影响。布莱克门大法官和怀特法官一样，反对废止过去几十年来最重要的联邦法案之一，以便保留一个65年之久、未行使过、似乎已经被遗忘的权力。布莱克门总结说，1921年要求罢免总审计长的法律应该被取消。

国会将如何回应？法院的判决是否标志着《格兰姆—鲁德曼法案》对赤字采取强制行动的唯一有效方式的终结？后备程序会起作用还是可以修改法律以使其成为宪法的一部分？

解决1987财政年度赤字和宪法缺陷

就像在一年前一样，参议员格拉姆、拉德曼和霍林斯认为债务限制是修复强制性赤字削减计划的关键法律工具。他们修改宪法缺陷的最初选择是取消国会罢免总审计长的权力。然而，这种选择很快遇到了反对意见。负责审查GAO工作的众议院政府运作委员会（House Government Operations Committee）的主席杰克·布鲁克斯（D-TX）反对任何此类变更。

然而，国会迅速处理了最高法院裁决造成的另一个问题。7月17日，众议院和参议院通过决议，批准了已被法院宣告无效的1986财政年度的3月1日支出削减。后备程序稍作议会修改后被采用，保留参议院特权地位的决议。国会议员们似乎不愿重启两院中大多数人已经提出和批准的削减问题。

在参议院报告债务上限延期时，支持者选择了第二种方法：授权 OMB 来确定削减支出的范围和分布以实现赤字目标。根据参议员格兰姆、鲁德曼和霍林斯提出的修改过程，GAO 仍然在制定估算中发挥作用，但 OMB 将向总统发布最终报告。通过禁止机构在初步报告之间进行更改，除非反映国会或法规批准的法律变化外，OMB 的自由裁量权将受到限制。总统预算的日期从较早的日期恢复到 2 月份，如果总审计长被视作行政部门官员，则加入一项条款以恢复原来的程序。这被一些人戏称为“格兰姆—鲁德曼法案二世”，在众议院也遭到了强烈的反对，而且由于对 OMB 的局限性，白宫也只是勉强接受。尽管如此，修正案在 7 月 30 日以 63 – 36 票在参议院通过。但是，当成员们准备 8 月 15 日休会时，解决宪法漏洞的努力陷入了困境。众议院领导人想要依赖后备程序而不做任何改变。其他成员希望推迟决定，直到发布 8 月份的财政赤字。尽管格雷姆和他的盟友为阻止通过任何债务上限立法作出了努力，但国会同意在没有《格兰姆—鲁德曼法案》修正案的情况下暂时延期。

8 月初的 OMB 和 CBO 估计证实了许多人担心的情况：1986 财政年度的赤字和 1987 财政年度的预计赤字远高于预期。OMB 对于 1986 财政年度赤字的估计已经在六个月内上涨了 270 亿美元。在 8 月 20 日，CBO 预计未来财政赤字为 1 706 亿美元，而 OMB 估计为 1 562 亿美元。如果没有 GAO 来
251 调和差异，平均值就是：1 634 亿美元。国会预算中概述的削减不足以实现赤字目标。赤字目标突然变为 1 540 亿美元，而不是 1 440 亿美元，这是因为除非国会错过了超过 100 亿美元的赤字目标，否则不会下令扣押。为了避免对强制性削减进行表决，还需要 94 亿美元的削减或收入增加。

大多数成员同意，尽管预算数字令人失望，1987 财政年度应该不计代价避免全面削减。国会预算时间表仍然蹒跚不前，缺乏拨款和调解环节。当领导人集中精力制定综合支出法案，并进一步削减达到 1 540 亿美元的赤字目标时，《格兰姆—鲁德曼法案》修正案再次被推迟。两党和行政当局同意的一揽子额外削减是一个似乎没有人喜欢的解决方案，但又被认为比所有替代方案都好。主要依靠一次性出售政府资产（如联合铁路公司）的收入，

立法者提出了使用“烟雾和镜子”的价值约130亿美元的“黄金噱头”。[38]正如许多人在年初预测的那样，1987财政年度预算决定在财政年度开始后，终于在10月初的深夜会议上完成。这是错过的另一个期限，因为在10月1日之前还没有制定赤字削减计划。由于国会苦于确保政府运行的持续性决议、共计5 760亿美元的综合支出法案、赤字削减、债务延期和《格兰姆—鲁德曼—霍林斯法案》修正案，许多人指出1986年的国会预算过程与近年来的情况几乎相同。

国会最终完成了预算行动，预算赤字估计约为1 510亿美元，低于《格兰姆—鲁德曼—霍林斯法案》指定的目标。尽管试图阻止政府借款权力扩张，除非包含他们的修正案以修复赤字削减程序，参议员格拉姆、拉德曼和霍林斯并未成功。然而，参议院领导人同意只进行六个月的延期，以便在1987年5月15日，支持者可以再次尝试弥补宪法缺陷并使该过程成为强制性的。

格兰姆—鲁德曼—霍林斯法案评估

1985年的《平衡预算和紧急赤字控制法》被誉为共和国的救赎，又被谴责为民主预算失败的证明。显然，它不如支持者说的那么好，也不如反对者声称的那么糟糕。正如没有任何单一因素可以解释其采用情况一样，单一判断也不能在一年后准确评估其效果。像其他政策一样，它有成功和失败的因素。

《格兰姆—鲁德曼—霍林斯法案》的失败案例相对容易记录。几乎毫无例外，国会预算的雄心勃勃的新时间表中的每一个日期都错过了，而且严重错过了。最高法院裁定，旨在自动削减的关键触发机制违宪。国会未能修复宪法缺陷。《格兰姆—鲁德曼法案》被证明不是解决20世纪80年代以预算政治为特征的立法行政僵局的灵丹妙药。在其内部对预算程序的不满情绪下，国会也面临同样的问题。1986年的预算决策戏弄了时间表中的一个基本缺陷：立法者越来越不可能在最终预算基线以外的任何其他方面做出艰难的选择。除非决策基础可以更加确定，否则在9月或10月之前错过最后期限和延迟艰难决策的激励将是可信的。

除了《格兰姆—鲁德曼法案》失败的突出特征之外，可能还有更严重
的起诉。尽管它声称国会更多地将削减赤字视为一个长期问题，但它只是强
调了国会作为一个机构的短期和短视本能。它并没有消除编制预算的权宜之
252 计；它加剧了权宜之计。法律允许因为估计误差和经济变化而存在 100 亿美
元缓冲被简单地添加以允许更大的赤字。1986 年 10 月采取的一揽子削减措
施在技术上达到了目标，这将大大增加随后几年的赤字。[39]在 1987 财政年度
中先进的税款收取和延期支出对未来的赤字也会产生类似的影响。

评论家在一开始就提到的许多《格兰姆—鲁德曼—霍林斯法案》的缺陷依然存在。这个过程对于预算来说基本是非理性的。由于削减了当年的支出，它对国内和国防计划都有潜在的破坏性影响。它通过消除预算的反周期性潜力威胁经济健康，威胁在恰好错误的时间削减或增加收入。经济衰退规避条款将在关键的决策时间过去很久后开始生效。尽管法院作出了决定，但许多更广泛的立法—行政权力问题仍未得到解决。虽然法律条款可能在宪法规定的范围内，但它们似乎与宪法赋予国会对征税和支出决定最终责任的精神背道而驰。

尽管存在负面问题，但《格兰姆—鲁德曼法案》有一些积极的影响。它的目标是使联邦赤字成为最高立法优先事项；它根本无法立法排除首先造成长期赤字的因素。《格兰姆—鲁德曼法案》几乎渗透了第 99 届国会第二届会议的各个方面。尽管上面详细记录了令人羡慕的记录，但《格兰姆—鲁德曼法案》向公众表达了国会应对赤字的决心。然而，它的失败可能会使选民更加愤世嫉俗。

《格兰姆—鲁德曼法案》提供了重新审查和改革国会预算过程的举措。尽管未能达到时间表，但其他变化集中并加强了国会的宏观预算。由于对预算总额负有更大的责任，支出委员会表现出更多的纪律。预算委员会和政党领导人的权力得到强化。对于所有围绕它的争议，调解被认为是国会预算的一个关键要素。新规则下的执法得到加强，特别是在参议院。要求抵消以保持赤字中立的规定对 1986 年的立法进程产生了深远的影响。通过全面税收改革以及减少对综合支出法案的修订，结果显而易见。除却所有的批评，1986 财政年度和 1987 财政年度之间的预算增长是几十年来最低的。虽然未平衡预算，但其中许多变化可能会对国会作出财政决策的能力产生长期积极

影响。

民主党在1986年参议院选举中的胜利，只会让寻求在1987年恢复法律强制性条款的工作更加困难。回想一下，在1985年和1986年，《格兰姆—鲁德曼—霍林斯法案》在众多参议院投票中赢得了民主党的大力支持。经济预测可能比民主党控制的干扰更大。1986年末的估计显示，1987财政年度的赤字将远远超过1 510亿美元，为了达到1988财政年度的1 080亿美元的目标，可能需要削减高达700亿美元。这样的结果将严重威胁到格兰姆—鲁德曼办法。许多经济学家预测，如果大幅度削减，经济会出现灾难性的结果。

国会有几种处理《格兰姆—鲁德曼—霍林斯法案》的选择，却没有一种吸引人。第一，通过已经提出的方法或其他方法解决原始版本的宪法缺陷，可以恢复强制性过程。第二，国会可以尝试达到原来的赤字目标，但仅仅依靠后备方法来认证削减。第三，国会可以修改法律，增加更复杂的经济规避条款，根据基于总体经济表现的公式改变赤字目标。这与众议院大卫·奥贝（David Obey）在1985年审议该法案时提出但未获通过的修正案类似。第四，国会可以简单地修改目标，重申它们对平衡预算的承诺，但采取更加 253
逐步的阶段，承认经济现实。第五，国会可以放弃《格兰姆—鲁德曼法案》，因为它们会遵守1978年的《汉弗莱—霍金斯法案》（Humphrey - Hawkins Act）等其他法规。尽管它们对《格兰姆—鲁德曼法案》表示反感，但民主党成员特别怀疑这种做法，并担心给共和党一个现成的1988年竞选问题。

无论国会为未来选择什么过程，《格兰姆—鲁德曼法案》都是国会努力行使宪法赋予财权的又一里程碑。尽管有一些积极的影响，《格兰姆—鲁德曼法案》再次表明选择一个问题来解决并不会使相关问题消失。只要国会面临更多的政策和政治限制，就会导致程序不稳定和高水平的冲突。由于预算总数仍然不灵活且易受经济影响，因此仍然难以确保预算的确定性。虽然赤字仍然很高，但国会将继续探寻一些方法来处理仍然适应其他政策和政治目标的预算。《格兰姆—鲁德曼—霍林斯法案》是此类探寻的一个有趣的例子。

注释

这项研究部分得益于埃弗雷特·M. 德克森立法研究基金会（Everett

M. Dirksen Endowment for Legislative Research）的资助以及密苏里大学威尔登·斯普林基金会（Weldon Spring Endowment）的资助。感谢它们的支持和帮助。

1. Harry S. Havens, "Grannn – Rudman – Hollings: Origins and Implementation," *Public Budgeting and Finance*, 6 (Autumn, 1986): 4 –24.

2. Richard Fenno, *The Power of the Purse* (Boston: Little Brown, 1965) and Aaron Wildavsky, *The Politics of the Budgetary Process* (Boston: Little Brown, 1964).

3. Lance T. LeLoup, *Budgetary Politics* (Brunswick, Ohio: Kings Court Inc. , 1986), 33 –37.

4. Louis Fisher, Congressional Research Service, *Statement Before House Committee on Government Operations*, (October 17, 1985), Table 1.

5. Wildavsky (1964).

6. Allen Schick, "The Budget as an Instrument of Presidential Policy," in Lester M. Salamon and Michael S. Lund (eds.). *The Reagan Presidency and the Governing of America* (Washington D. C.: Urban Institute Press, 1985), 91 –125.

7. Lance T. LeLoup, "After the Blitz: Reagan and the U. S. Congressional Budget Process," *Legislative Studies Quarterly*, 7 (August 1982): 331 –339; Allen Schick, *Reconciliation and the Congressional Budget* (Washington D. C.: American Enterprise Institute, 1981).

8. Louis Fisher, "Ten Years of the Budget Act: Still Searching for Controls," *Public Budgeting and Finance*, 5 (Autumn 1985): 3 –28.

9. House Rule XXI, clause 2 (a) and Senate Rule XVI.

10. U. S. House of Representatives, Committee on Rules, *Report on the Congressional Budget Act Amendments of* 1984 (October 1984), 98th Cong. , 2nd sess.

11. *Congressional Record*, October 5, 1985, S12730 –12732.

12. *Congressional Record*, October 9, 1985, S12988.

13. *Congressional Quarterly Weekly Reports*, October 26, 1985, 2148.

14. *Congressional Record*, November 1, 1985, H9615.

15. *Congressional Record*, December 11, 1985, S17444.

16. *Congressional Record*, December 11, 1985, H11903.

17. 这部分基于公法 99—177《1985 年平衡预算和紧急赤字控制法案》。

18. Allen Schick, "Explanation of the Balanced Budget and Emergency Deficit Control Act of 1985," prepared for Congressional Research Service (December 1985), 9 – 13.

19. *Federal Register*, Vol. 51, No. 10, book 2 (January 15, 1986).

20. Havens (1986): 15 – 20.

21. Congressional Budget Office, *The Economic and Budget Outlook: Fiscal Years* 1987 – 1991, Report to the House and Senate Committees on the Budget, Part I (February 1986).

22. *Congressional Quarterly Weekly Reports*, March 15, 1986, 315.

23. *Congressional Quarterly Weekly Reports*, May 17, 1986, 1079 – 1081.

24. Stephen Gettinger, "Spending Panels Confront Life After Gramm – Rudman," *Congressional Quarterly Weekly Reports*, June 7, 1986, 1258 – 1261.

25. *United States v. Nixon* 418, S. Ct. 683 (1974), *Train v. City of New York* 420, S. Ct. 35 (1975), and *Buckley v. Valeo* 424, S. Ct. 612 (1976).

26. *Charles A. Bowsher, Comptroller General of the United States v. Mike Synar, Member of Congress et al.*, 106 S. Ct. 3181 (1986).

27. 例如，Trent Lott (D – Ms.) 要求美国国会研究服务处的美国法律部门准备对有争议的条款进行宪法分析。国会研究服务处回应说，Gramm – Rudman 没有违反有关这四个领域的宪法。参见 *Congressional Record*, October 24, 1985, E4793 – 4795.

28. 十一位国会议员随后加入了西纳尔案的诉讼。该案件与美国财政员工工会诉美国案合并，这是一套几乎完全相同的诉讼。在这起案件中，美国财政员工工会起诉，因为 Gramm – Rudman 法案在 1 月 1 日暂停了其成员在退休福利中获得的 3.1% 的生活费增长。

29. *Synar v. United States*, 626 F. Supp. 1374 (D. D. C. 1986).

30. 意见由所有三位法官——斯卡利亚，约翰逊和加施签署，但该意见的作者未被确定。人们普遍推测，曾任美国哥伦比亚特区上诉法院和最高法院副法官的安东尼·斯卡利亚书写的意见，见 *Wall Street Journal*，“Supreme Court Ruling Clouds the Outlook for Deficit Reduction，” July 8，1986，27，col. 3；以及 Richard Cohen，“Judicial Whim，” *National Journal*，July 26，1986，1863.

31. 取消总审计长的原因是只有在认识到永久性无能力、低效率、疏忽职守、渎职或重罪或涉及道德败坏的行为并提供一次听证机会以后的国会弹劾或联合决议（626 F. Supp. at 1391，1986）。

32. *Synar v. United States*，626 F. Supp. at 1401 – 1402.

33. 在这种情况下，地区法院就这个问题提出了意见，以便最高法院在决定处理这个问题时能够得益于下级法院的意见，并且如果有必要重审案件时导致延误。

34. *Bowsher v. Synar* at 10 （slip opinion）.

35. *Bowsher v. Synar* at 11 （slip opinion）.

36. 大法官史蒂文斯和马歇尔对鲍瑟分权原则有了更广泛的认识。他们认为，总审计长执行行政职能的大多数问题都是基于政府三个分支之间明显界限的不完善前提。他们的观点是总审计长履行的职能是立法。

37. *Bowsher v. Synar* at 19 （slip opinion）.

38. *Congressional Quarterly Weekly Reports*，September 20，1986，2179.

39. Elizabeth Wehr. “Gramm – Rudman Both Disappoints and Succeeds，” *Congressional Quarterly Weekly Reports*，November 15，1986，2879 – 2882.

第十八章
《预算执行法案》及其存续：国会听取专家意见*

菲利普·G. 乔伊斯（Philip G. Joyce）

1990 年的《预算执行法案》（Budget Enforcement Act，BEA）建立了一个新的预算程序，强调了类别支出限制以及包括收入削减和法定支出（mandatory spending）增加在内的即付即用（pay-as-you-go，PAYGO）的规则。然而，在协议的第一年，国会的环境不太欢迎。由于经济衰退、最近的国际事件以及持续创纪录的预算赤字，对新进程的支持从未如此强烈。这使得许多国会议员提出了改变 BEA 的立法，一些国会委员会在第 102 届大会第一次会议期间召集了听证会，思考了 BEA 的未来。 255

在 1991 春季版的《公共预算与财政》（Public Budgeting & Finance）上，诺米·凯登仔细考量了政治家在制定预算政策时听取专家意见的程度。[1] 在考虑 BEA 的未来以及进一步审查的给予的建议时，通过审查国会在多大程度上寻找这样的专家来考虑这一点是有趣的。1991 年 10 月和 11 月举行了两次听证会，说明了大会所面临的各种选择和成员所接受的建议类型。第一次在 10 月 10 日举行，是众议院预算委员会特别小组关于预算进程、调解和执行问题的听证会。第二次在 11 月 6 日举行，是众议院政府运作委员会（House Committee on Government Operations）的立法和国家安全附属委员会

* From *Public Budgeting and Finance*, Vol. 12, No. 1 (Spring 1992), 16 – 22. Copyright© 1992 by Public Financial Publications, Inc. Reprinted with Permission.

（Subcommittee on Legislation and National Security）进行的聆讯。

本章的其余部分审查了四名具有联邦预算编制知识的证人在两个委员会的证词。证人包括现任国会预算办公室（CBO）负责人罗伯特·赖肖尔（Robert Reischauer）、前任 CBO 负责人布鲁金斯学会（Brookings Institution）的艾利斯·瑞夫林（Alice Rivlin）、城市研究所（Urban Institute）的学者伊丽莎白·索希尔（Isabel Sawhill）以及马里兰大学的艾伦·希克教授。每个人都评估了 BEA 的成功之处和缺陷之处，批评了修改建议，并就预算过程和赤字控制提出了其他一般性建议。在每一个例子中，都简要概述了向这两个委员会提供的书面发言。

256 罗伯特·赖肖尔在众议院预算委员会（10 月 10 日）和众议院政府运作委员会（11 月 6 日）的观点

酌情支出的限额和即付即用制度正在为控制联邦赤字作出重要贡献。然而，巨额预算赤字仍然是提高生活水平和扩大机会的主要障碍。政府和国会迟早要采取进一步措施来削减赤字，对 BEA 的任何修改都应旨在为这一目标作出贡献。

两个因素导致重新评估 1993 的酌处支出限额。

第一，国际形势发生了变化，许多人问是否需要进一步削减国防开支。虽然裁减核武器不一定会导致较低的国防开支，但如果随后削减部队和计划，则节省的资金可能会很大。

第二，在未来酌情支出上限将会比目前更为严格。1992 年拨款法案采用了延迟登记等措施以满足 1992 年的开支上限，并将支出顺延到 1993 年。此外，由于通胀率低于 1991 年的预期，国内支出上限必须在总统 1993 年预算基础上向下调整。最后，沙漠风暴行动（Operation Desert Storm）支出中大于预期的部分将溢出到 1993 年，它将在一个固定的酌情支出限额下排挤其他国防支出。

1993 年以后，上限变得更紧了。可以通过查看两种场景来显示这一问题的含义，以说明在 1994 年和 1995 年达到上限时可能需要的削减规模。一方面，如果总统在 1992 财政年度的国防请求（每年实际减少 3%）被接受，预算的非国防支出将不得不在1994年实际削减约7%和在1995年削减3%。另一方面，如果非国防计划维持在1993年的实际水平（这样的话所有必要的削减都来自国防预算），国防预算将在1994年削减8%，在1995年再削减6%。如果总统的国防预算在1993年开始削减，那么这种规模的国防削减将会更加容易。

某些国会成员的建议重点是修正BEA以消除国防和国内酌情支出之间的隔阂。众议院政府运作委员会主席约翰·康耶斯（John Conyers）是其中一个议案的作者。康耶斯议案将从1993年开始为所有酌情支出设定一个上限以取代国内、国际和国防开支的三个单独限额。[3] 其他人主张采取一种更间接的方法，通过从国防预算中资助某些项目，比如NASA或援助苏联国家。

无论如何，《平衡预算法》（Balanced Budget Act）以前版本的经验表明，当目标变得难以满足时，目标就会提高。1994年和1995年的目标不会因为仅仅通过将资金从一项酌情支出类别转到另一项而变得更容易，尽管国会可能仍希望在1993年重新调整支出上限。建立一个单一的上限本身并不能通过削减赤字来促进经济增长。然而，未来的生活水平可能会通过将酌情支出重新分配给可能提高生产率和增长的投资活动而得到改善。

到了1993年，预算肯定会回到政治议程的首位，原因有几个。第一，公共债务可能在1993年初达到法定限额。此外，到1994年预算时，大规模的扣押可能再次成为现实的可能性。尽管BEA至少在1994之前不需要额外的赤字削减，但预算赤字仍然是一个严重的经济和社会问题。20世纪80年代的低储蓄已经导致经济付出沉重的代价，大量持续的赤字将继续制约经济增长。

因为今天预计的赤字甚至比它们在1985年颁布的第一项旨在控制赤字 257
的法律时更高，许多人认为这些法律是失败的。尽管赤字居高不下，但如果没有BEA及其前身的法案，它们将会更高。尽管BEA似乎有用，但有必要更多地削减预算。这与思考如何加强预算进程相关。第一，一些版本的上限和即付即用规则应该延长到1995年，以抵消将支出推迟到1996年或更晚来躲避限制的诱惑。第二，必须制定方法来减缓法定支出的增长，特别是医疗保健服务。第三，应该考虑确定削减赤字的目标，而不是赤字的目标。在这种情况下，法律可能每年要求减少固定数额的赤字。重要的是，这一目标应得到比目前的扣押更为令人信服的威胁的支持，因为目前的扣押免除了全部的或部分的法定计划的95%。一个可能的办法是，如果没有达到所要求的赤字削减水平，就触发个人或企业所得税支付的自动附加税。

艾利斯·瑞夫林在众议院预算委员会（1991年10月10日）的观点

接下来的几年对联邦预算人员来说将会是非常有挑战性的。苏联帝国的瓦解将引发关于如何最好地调整国防和国际开支以提高和平及稳定国际发展的机会的辩论。日益严重的国内问题也将迫使人们彻底重新思考联邦的国内角色。按照一如往常的预算，在一个普遍接受的联邦活动组合中进行边际上变化，将不再可行。这将是特别困难的，因为辩论的出发点是巨大的联邦赤字和不断扩大的债务，其存在既限制了选择，又要求每年联邦收入的很大一部分。

当你检查任何的过程更改能否使这些重大决策更容易一些时，我会鼓励你记住几点。

第一，以加强经济长远来说你可以做的最重要的一件事，就是让赤字下降。将联邦预算（包括社会保障）从赤字转化成盈余的政策最终将减少公众持有的债务，对利率施加下行压力，创造健康的投资环境，甚至允许美国再次成为一个资本出口国。

第二，即使现行过程中的酌情支出上限和即付即用规则继续得到执行，预算也不会达到长期盈余甚至平衡的轨道。因此，在预算过程中改变优先事项的任何变化都必须避免放宽总体预算规则。

第三，任何预算过程的变化都应旨在使人们能够认识到转移的优先事项，同时加快削减预算赤字。一个合理的第一步将是将1993年的国防、国际和国内支出合并为联合的上限。这将允许军事预算的节省尽快开始，国会可以决定是否将这些节省用于非国防开支，削减赤字，或兼而有之。

第四，BEA比它所取代的格兰姆—鲁德曼—霍林斯过程更可行，更复杂。我不建议在短期内对这些程序进行彻底改革，而且在制定出可行的替代方案之前，当然不能这样做。

第五，长期而言，即使实现了统一的盈余，预算过程仍应保留优先事项可以而且应该改变的概念，但不应放弃预算纪律。将预算赤字维持在一年又 258
一年的具体数字（像在格兰姆—鲁德曼—霍林斯过程中）上或者将这样的数字放入宪法中不是一项好的经济政策，但谨慎的预算人员必须认识到公共服务不是免费的。公共服务，像私人服务那样，必须花钱支付。

伊丽莎白·索希尔在政府运作委员会（1991 年 11 月 6 日）的观点

委员会正在审议的直接问题在于是否修改法案以消除国防、国际和国内酌情支出的单独上限。总的来说，我支持赤字中性的预算编制原则，作为将预算赤字保持在下行轨道上的机制。然而，从来没有为此目的而需要在类别之间设置防火墙，即便考虑到国际形势的变化，防火墙也可能是不合适的。事实上，在酌情支出类别之间取走墙壁可能并不足够。修改协议通过提高税收和降低权利支出来资助酌情支出增加可能是有益的。

假设国防支出可以大幅削减，超出去年预算协议中所隐含的范围，目前的内部辩论表明，这些节省有许多相互竞争的用途。其中包括：（1）削减赤字；（2）公共投资；（3）中产阶级税收减免和（4）其他一切（如长期医疗保健）。我个人的看法是，我们应该将任何额外的资金投入削减赤字和公共投资的某一组合。

第一，削减赤字是促进经济长期增长的重要途径。去年的协议使我们朝着正确的方向前进。尽管赤字正在膨胀至前所未有的水平，但这主要是经济衰退及储蓄与贷款危机的结果，而在长期而言，这些问题没有国会去年采取的立法行动更重要。虽然有必要削减更多的赤字，但鉴于目前经济存在的弱点，我不会在 1993 财政年度前倡议。

从长远来看，我也不会把我们所有的鸡蛋放在私人投资篮里。公共和私人投资是相辅相成的。我们不能一只脚进入 21 世纪。我们需要更多的最新工厂和更好的道路、通信、教育和培训。这些投资是如此的关键，因为所有的证据表明，它们有强大的回报。人力资源投资回报率一直在上升，因为（1）我们在日益全球化的经济中工作，人是国家唯一能提供的资源；而且

（2）美国正在成为一个更加面向服务的、以知识为基础的经济体。简而言之，我们将较少的资源投入教育、培训和对儿童的投资上，而此时需要投入更多的资金，比以往任何时候都要大。

让我谈谈税收。削减税收的政治压力正在加剧。尽管有人认为，需要减税来刺激经济，让我们摆脱衰退，但几乎所有经济学家都认为，它们太少，来得太晚以致不会有太大的效果。作为一个长期的命题，减税看起来不太好。我们还没有全额支付 1981 年的减税，也许是时候停止消费并开始投资于未来，无论是通过削减赤字或进行良好的公共投资。

艾伦·希克预算委员会（1991 年 10 月 10 日）的观点

我认为 BEA 是一项有严重缺陷的交易，即使这是政府内两个交战的部
259 门在一年前面临的困难环境下所能做到最好的了。BEA 的缺陷是由权宜之计推动的，因为谈判者更同意应当予以避免的问题——强加苛刻的格兰姆—鲁德曼—霍林斯削减——而不是应该完成的目标。与格兰姆—鲁德曼—霍林斯法案相比，BEA 是一项巨大的进步，因为它更有弹性，更能促进诚实的预算。尽管如此，BEA 还存在严重的缺陷，包括过于详细的技术规则、对赤字立法化的疏忽，对新发展和改变的优先事项没有充分回应的支出上限，以及限制酌情支出又允许权利和其他直接支出无限制上升的双重标准。

尽管 BEA 在一年前被誉为“世纪交易”，它将使总统和国会能够继续处理政府事务，但现在预计的赤字比 BEA 生效之前要大得多。这部分是由于经济不断恶化，但也因为 BEA 没有形成 5 000 亿元的节省。虽然大约 40%的总节省是在国防方面，但有很大的理由相信即便没有 BEA 也能因为变化的国际条件而实现这些节省。

比赤字前景恶化更显著的是立法部门或行政部门都没有作出回应。无过错预算的时代已经到来。没有人会为赤字负责，也没有人对此行动。事实上，BEA 的副作用之一就是在赤字超过预算水平的时候暂停调解程序。如果没有 BEA 的无过错规则，国会很有可能将在 1991 年会议期间采取一些调解行动。

此外，预算的优先事项已被 BEA 冻结，法定计划逃避了严格的预算审

查。预算的瘫痪反映在酌情和 PAYGO 的类别中。BEA 已经停止了几乎所有的国内酌情计划，除非酌情支出在与法定支出或收入变动之间作出权衡。在 PAYGO 方面，这种偏见甚至更强，因为新的倡议只能通过产生额外收入、获得紧急指令或寻找其他法定补偿来提供资金。虽然优先事项已被冻结，但酌情计划与法定计划没有得到平等对待。按照现行政策的要求，PAYGO 的支出可以不受限制地浮动；酌情支出上限为固定金额。这意味着，一个被归类为 PAYGO 的计划可能会比受 到上限限制的计划好很多。这就为国会委员会将受欢迎的计划从酌情支出转向 PAYGO 提供了激励，并有效地使 60% 的联邦支出脱离了预算控制。

在这一点上，应该很明显仅仅修订酌情支出上限是不够的；在 BEA 的程序中有必要做出更为根本性的改变。以下建议旨在解决 BEA 的上述不足之处。

1. 酌情限额应设为限制，而不是作为基础。越来越多地，限额被视作必须开支的最低限度，而不管预算或其他计划需求状况。BEA 应当澄清，并没有要求提供上至限额的资金。

2. 调解过程每年都应当进行以确保 BEA 协议有效。

3. 预算节省应仅以计划的结构变化为基础；所有临时条款都应排除在外。BEA 通过在预算基线中包括各种簿记技巧和临时条款夸大了赤字削减。

4. 总统和国会领导人应定期开会讨论 BEA 规则修改。虽然这些会议可能是在两个部门的倡议下召开的，但每当赤字预测大幅增加时，都应当进 260
行。在一个分治政府的时代，建立两个部门之间的桥梁是很重要的。此外，只有根据总统与国会之间的谈判，改革才可能落实。

5. PAYGO 应当改为要求将至少一部分收入增加用于削减赤字。收入和法定支出之间的 PAYGO 联系的结果是，增加的收入只被视作为增加支出提供资金的一种方式，而不是改善赤字的一种方式。

6. 酌情支出限额应当重新设置目标，以反映已改变的预算优先事项。应降低国防支出限额，并将部分节省用于其他预算需要。其中一部分节余也应分配给削减赤字。

7. 削减国防开支的节省应纳入一个特别的国家优先事项基金，国会应决定应拨出多少钱来削减赤字、援助其他国家和为国内替代计划筹资。然后，国会将在各种国家需求中分配任何的和平红利，而不是每一个计划得到任何增量的“公平份额”的常规方法。

8. 国会应建立一个过程来终止低优先项目并将资金回收用于其他用途。值得注意的是，尽管预算“紧缩”，但在过去几年中没有一个重要的国内计划被终止。国会应该制定一个程序来刺激这种终止。这一过程可能与国防基地关闭过程的情况一样，依赖外部专家，旨在重新整合资金，而不是削减开支。

9. 国会应当研究方法来减少预算中因为法定计划而被锁定的比例，以及保证此类计划对预算条件作出更大的反应。目前，联邦计划要么是年度的，要么是永久性的。应该大力推行中间立场，具体目标是在现有法定计划中建立更大的灵活性（和可控性）。

国会和专家——展望未来

这些专家普遍认为，BEA 是实现最终控制或消除联邦赤字的一个可取的、但不充分的步骤。每个人都清楚，进一步削减赤字是必要的。此外，控制权利支出增长的能力对削减赤字方面的下一步进展是至关重要的。当我们朝着可能在选举年对 BEA 进行修改，或者对预算过程进行一次全面修订时，我们会很感兴趣 看看辩论是否围绕这些问题，以及这些或其他的专家提供的此类建议的进一步行动是否会成为现实。

注释

作者感谢罗伯特·赖肖尔（Robert Reischauer）、艾利斯·瑞夫林（Alice Rivlin）、伊丽莎白·索希尔（Isabel Sawhill）和艾伦·希克（Allen Schick）让我审阅了证词摘要用于论文起草准备。Marvin Phaup（马文·福普）、罗伯特·哈特曼（Robert Hartman）、詹姆斯·布鲁姆（James Blum）和丽塔·希尔顿（Rita Hilton）提供了其他有用的评论。

1. Naomi Caiden, “Do Politicians Listen to Experts? The Budget Enforcement Act and the Capacity to Budget,” *Public Budgeting & Finance*, 11 (Spring 1991): 41 –49.

2. The Conyers proposal is embodied in H. R. 3732.

第十九章 财政预算格式是否真的支配了预算制定者的行动？*

格洛丽亚·A. 格里兹尔（Gloria A. Grizzle）

预算格式、审议与决定

从1917年开始，在市政研究局就纽约市预算格式提出的建议中，我们可以追溯一系列作者，他们认为，预算采用的格式对于随后的预算审议和最终的资金分配有重要影响。[1] 随着20世纪50年代项目或绩效预算的出现，伯克海德（Burkhead）和莫舍（Mosher）都指出了格式的重要性。[2] 莫舍在研究美国陆军部（Department of the Army）的绩效预算时得出结论：信息分类的方式显著影响了"在不同层面上进行处理和决策的类型"，因为分类框架"调整我们在框架内的后续观点、理解和决策"。[3]

在考虑数据组织如何影响预算决策时，采用两阶段程序概念是有益的。第一阶段，拟议预算的格式将影响预算制定者在预算审查程序中进行讨论的内容。安东（Anton）在他对伊利诺斯州预算程序的描述中强调了这种影响。他报道说，预算讨论由伊利诺斯州使用的项目列举格式所建立的信息类型决定。用他的话来说，"因为这些类别反映了人们想知道有多少钱用于或

---

* From *Public Budgeting and Finance*, Vol. 6, No. 1 (Spring 1986), 60 – 70.

将用于何处的需求，预算表述和审查很少以除此以外的任何方式完成”[4]。

第二阶段，预算审议的内容，即“预算话语的性质”，将影响预算决策，决定为何种目的划拨多少资金。计划项目预算系统（PPBS）也许是最为人所知的预算改革，其格式被认为会影响预算决策。例如，在研究将 PPBS 引入联邦政府的预算过程中时，费诺（Fenno）、希克（Schick）和威尔达夫斯基（Wildavsky）已经指出，预算格式影响预算决策。[5]也许希克最有说服力地表达
262 了这一点：“PPB 的情况依赖于假设信息分类和使用的形式决定了预算制定者的行为，相反地，形式上的改变会产生期望的行为变化。”[6]

因此，预算改革支持者所设想的两阶段过程可以如图 19.1 所示。然而，一些从业人员不同意预算格式对预算审议有重要影响，特别是在立法机构审议的情况下。他们认为，立法者的预算决定基于“政治”，改变预算格式不会改变立法决定。在他关于格鲁吉亚州零基预算（ZBB）过程的研究中，劳斯（Lauth）报告说，84% 的机构预算官员和 88% 的州长办公室分析师认为，拨款委员会在制定预算时很少或从未考虑过评估措施。[7]在对该州预算负责人的调查中，拉姆齐（Ramsey）和哈克巴特（Hackbart）报告说，立法机构往往在预算重点变更方面发挥真正的障碍作用，因为他们坚信“知道如何使用特定的款项以及用这些款项购买什么”[8]。联邦政府的一位预算员贾斯扎克（Juszczak）认为，明细附表的结构比整体预算格式更重要。

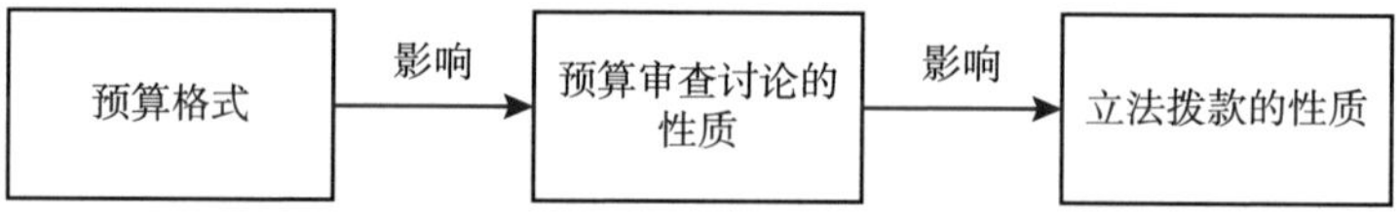

图 19.1 预算改革支持者所设想的两阶段过程

直到最近，预算专业的学生才试图量化通过预算改革引入的新格式来实际上改变拨款的方式。关于国家预算制度的三项研究试图直接将格式与拨款联系起来，而没有研究格式如何影响中介的预算审查中的审议。其中两项研究考察了分配给广泛职能的总预算比例随时间的变化。通过检查阿肯色州推出优先事项预算系统（ZBB 的一个变体）之后五年期间的这些比例，卡尔（Carr）总结预算决定是渐进的，预算格式对预算决策没有影响。[10]在观察弗吉尼亚州改革采用项目预算格式中，希克曼（Hickman）认为格式是影响预

算决策的诸多因素之一。他指出，随着时间推移，经济和人口变化比格式更能影响分配给诸如教育等广泛职能的总预算比例。[11]

在第三项研究中，斯塔茨曼（Stutzman）考察了密歇根州立法机构部门拨款在15年内与州长建议的一致程度。她发现预算格式的变化以一种令人惊讶的方式影响了立法行为。在那些主要预算格式改变的年份中，立法者作出的反应是确定与州长的预算建议截然不同的拨款。[12]

虽然这些研究代表了从描述性案例研究到定量评估预算改革效果的一个值得称赞的步骤，但仅仅考虑广泛功能的格式和拨款可能会导致几个重要问题未得到回答。

首先，如此高水平的汇总研究不能捕捉到可能在广泛的功能领域发生的程序性转变。格式可能会影响这些广泛职能范围内特定计划的拨款额度。

其次，在研究某一个州时，为了令人信服地证明格式的变化是否改变拨 263
款，需要预算改革前后的预算决策时间序列，以及驳斥其他可能的拨款变动原因的证据。值得赞扬的是，对弗吉尼亚州和密歇根州的研究确实考虑了其他原因。对弗吉尼亚州的研究得出结论认为，其他因素对预算决策的影响要比格式更重要，密歇根大学的研究进一步提供了足够的证据，将其他因素归结为州长建议与立法拨款之间不一致的原因。

最后，仅关注格式和立法拨款的研究没有探索在拟议预算格式化之后以及立法机构拨款之前发生的预算审查过程。如果我们要倡导将预算格式作为预算改革的工具，那么我们就需要更好地理解格式对拨款的干预过程。我们被告知，预算改革被期望将立法注意力集中在“综合性相关活动或计划上，而不是支出用途明细”。[13]格式达到了何种程度上的“集中立法注意力”？

文献中的案例研究确实给予这一干预过程一些关注。舍伍德（Sherwood）和埃格泰达里（Eghtedari）在研究洛杉矶从明细支出预算格式向绩效预算格式的转变时得出的结论是，意想不到的结果是立法者选择不参与而不是专注于广泛的政策。[14]相反，希克曼认为弗吉尼亚州向项目形式的转变导致立法机构更直接参与预算成果的制定。在基于对五个城市的预算负责人的采访中，柯普（Cope）总结说，市议会使用了他们熟悉或舒适的格式部分，而忽略了其余部分。[16]赫里贝纳（Hrebenar）报告华盛顿参议院也有类似的倾向。总而言之，这些案例研究报告了关于格式对立法审议效果的矛盾结果。

总之，根据上述研究，我们不能对预算格式如何或在多大程度上影响立法审议的性质作出任何概括。如果我们进行一些研究，直接测试关于费诺的“预算的形式决定了谈话的内容”的议题，[18]我们可能会更多地了解预算的组织结构如何影响拨款决策。以下内容呈现了一项比较使用不同预算格式的立法拨款委员会审议情况的研究。

描述预算审议的分析框架

希克的“通往 PPB 之路”中包含了预算格式对预算过程特征影响的最著名工作。[19]该文中描述的三个经典导向——控制、管理和计划——为预算审议性质的分类提供了适当的分析框架。控制导向被认为主导了使用明细支出预算项格式的预算审查。管理导向最能体现绩效预算；计划导向最能体现项目预算的特点。下面简要介绍每一种导向以及预算审查过程中预期发生的审议内容。

包含支出用途详细分类的预算格式与控制导向相一致。这种格式所反映的关注范围包括控制机构支出在立法机关和行政长官设定的最高限额范围内、提供强化支出适当性的报告、限制机构在未来购买对象方面的开支（例如设备，办公场所和人员）。

264 围绕政府活动组织的预算格式符合管理导向。它侧重于运营单位的工作，以及它们如何有效地完成工作。与此相关的绩效指标包括产出的数量和质量以及该产出的单位成本。关注的范围包括要完成多少工作，如何组织完成需要完成的工作，以及应该资助哪些拨款和项目。

由项目组织的预算格式符合计划导向。关注的范围包括长期目标和政策，以及这些如何与启动、终止、扩大或缩减特定项目有关。与此导向相关的绩效指标包括项目产出，成本效益以及实现计划目标的程度。相比管理导向和控制导向，成本效益研究、系统分析和长期预测在计划导向下的被认为是更为重要的信息来源。

希克指出：“应该清楚每个预算系统都包含计划、管理和控制功能。控制导向意味着计划和管理功能的从属性，而不是缺失。在导向问题上，我们正在处理相对重点，而不是纯粹的二分法。”[20]

在 1974 年对 88 个城市的调查中，弗里德曼（Friedman）发现控制导向是最普遍的，这可以通过对与每个城市的每种预算类型相关的机构实践进行评分来证明。与每种类型的预算有关的机构实践的平均表现分别为控制为 70%，管理为 60%，计划为 42%。他发现“在大多数城市中，一个或多个预算制定目的占据主导地位并且承担着至高无上的重要性。尽管它们是相容的，但这三种预算模式并不一定是相同的”[21]。

弗里德曼的调查证实了阿克塞尔罗德（Axelrod）的观点，即三种导向并不相互排斥，政府在不放弃控制的情况下通过加强管理和计划来改善预算。为了说明实践中预算的混合性质，请注意沃斯堡市的一名预算参与者对该城市“绩效”预算的描述：

> 实际上，沃思堡市的预算过程包含所有三种传统类型的预算要素。它是一种明细支出预算，特别是在控制方面，因为每个项目都有专项拨款，而且各个运营部门主管根据每一个项目的拨款与实际支出之间的差异明细负责。绩效预算的要素是存在的，因为活动拨款主要基于待执行的工作，至少在预算的计划阶段是如此。但是，沃思堡市预算系统最恰当的说法是以项目预算为主，因为每年的过程投入都是按照现有的、扩张的或缩减的项目来界定的，而且每个项目的详细说明都在预算文件中提供。[23]

同样，霍华德（Howard）在审查州级预算时发现，“将州级预算过程分类到明确的类别几乎是不可能的。简单的问题——你所在的州正在做支出目标预算、项目预算、PPBS 或零基预算吗？——回答起来并不容易。州级预算系统是混合的而不是纯粹的体系，以近期改革中采纳和适应的部分以及州一级特有的做法为特征。”[24]

因此，我们不期望在州或地方政府中找到纯粹的预算格式。然而，我们可以描述特定政府的预算格式在多大程度上符合三种不同的导向并且比较它们的主要导向中的不同形式。

265　格式如何影响“关于什么的对话”？

理想情况下，人们希望通过将每个预算组暴露于不同的预算格式（以其纯粹的形式），然后比较不同格式下审议的性质来解决这个问题。考虑到这样的实验设计，巴伯（Barber）从立法小组获得决策标准的方法将会很有用。他能够诱使地方政府的财政委员会在一个小组实验中花费半小时的时间完成一项预算削减的任务。他录制并分析了他们的审议情况，并按照所使用的决策标准对他们进行了分类。然而，实验方法有两个严重的缺点。一是，获得行政或立法参与这样的实验是不太可能的。二是，在短期实验活动中的预算行为可能不同于预算人员在自然环境中的行为。

了解格式与审议性质之间关系的一种更实际的方法是根据格式变化对审议进行比较，因为它们在现实世界中自然发生。这种方法更有可能产生与从业者直接相关的信息。州政府在这方面有两个优势。一是，各州在使用的格式上差异很大。二是，一些州用磁带录音（但不抄写）其立法拨款委员会会议。可以分析这些会议的讨论情况，比较不同预算格式下立法审议的主导方向。下面的研究采用了这种方法，使用上面讨论的控制、管理和计划导向。

佛罗里达州和北卡罗来纳州是被选择来研究的两个州。分析中包括了两州立法机关的两院拨款委员会。在 1979 年和 1981 年的立法会议期间，佛罗里达拨款委员会使用以下描述的组织单位格式。

北卡罗来纳州是一个特别有趣的州，因为它的拨款委员会使用了两种完全不同的格式。州长建议的预算在 20 世纪 70 年代初改为项目格式之后，一些拨款委员会用了几年这种格式。但是，其他委员会坚持要求州长为他们提供详细的明细支出格式。到 1981 年，所有委员会都使用了明细支出格式。审查的北卡罗来纳州委员会会议发生在 1975 年、1977 年和 1981 年的立法会议期间。

预算格式研究描述

表 19.1 总结了所研究的每种预算格式的特征。[26]为了说明在各种格式下

部门预算的结构如何，我们比较了单一部门——惩教署——的结构。项目格式为 9 个校正程序中的每一个显示页面。这些项目被分为 22 个子项目。这 22 个子项目中的 6 个被进一步细分为 16 个项目元素。最后，16 个元素中的 4 个分解成 10 个子元素。相比之下，明细支出预算首先分为 3 项核算基金。其中第 1 项基金包括 18 个目的的记录，第 2 项包括 11 个目的；第 3 项包括 1 个目的。组织格式记录了 8 个预算实体。4 个实体是部门处室，4 个是更低一级的组织单位。

这些格式都不是纯粹的类型。例如，所描述的项目格式并不跨越部门之间的界限。然而，这些格式彼此之间有很大的不同，我们期望它们以不同的方式影响审议。

表 19.1　　预算格式研究的特点比较 266

特征	格式		
	项目	明细支出	组织
信息的总体结构	项目	基金；目的	组织单位
主要信息重点	最低限度的项目结构	目的的详细目标	处室的简要目标；问题
叙述	项目各级结构的描述	各目的的功能简要说明	无
目标	为每个项目的组件	为某些目的	无
呈现的统计信息	最低限度的项目结构	每个目的	无
呈现的比较财政数据	去年实际；今年拨款；州长建议	去年实际；今年拨款；州长建议	今年估计；机构请求；州长建议
从扩张基金中分离的持续性基金	无	为每项基金、目的与目标	为每个处室
基金来源分类	每个项目的组件；3 个类别	每个目的；详细的逐条记录	每个处室；2 个类别

鉴于我们对这三种格式的描述，我们预计使用项目格式的预算审议将集中在计划导向定义的关注范围上。我们预计使用明细支出格式的审议将集中在控制导向中包含的那些问题上。虽然组织单位预算不是绩效预算，但我们期望它将重点放在处室和细分部门上，从而形成比其他两种形式更偏向于管

理导向。

分析和发现

对于三种预算格式中的每一种，作者都选择了10次拨款委员会会议进行分析。对于每一次会议，立法者在会议期间提出的问题和意见均根据其导向进行了编码。除了希克的计划、管理和控制导向之外，还增加了第四类以捕捉资助导向的问题。很多立法者都想知道如何资助一项支出。州政府的资金是否与联邦资金相匹配？用户费用支撑多大比例的成本？需要州级资金吗？将来需要州级一般基金收入吗？[28]

表19.2按预算格式和导向分配问题。正如预期的那样，立法者的项目格式审议比其他两种格式包含更高比例的以计划为导向的评论。项目和组织单位格式都包含大约相同比例的管理导向的评论，但实质上超过了明细支出格式审议的情况。以控制为导向的评论的比例也有显著差异，审议中使用由这种定位支配的明细支出格式的程度远远大于项目和组织单位格式审议的程
267 度。最后，所有委员会都表现出对资金的一些关注，但这种担忧并不主导任何委员会的审议，并且三种格式类型之间的差异并未标出。[29]

关于表19.2中的数据还有一些观察。计划导向并不支配项目格式下的审议。尽管有这种格式，但管理导向仍然占主导地位。在管理和资金问题之后，计划排名第三。看起来，立法者确实在一个给定格式没有提供的情况下，寻找他们认为重要的附加信息。[30]

表19.2　　按格式的立法者评论匹配每种导向的百分比

导向	格式（%）		
	项目	明细支出	组织
计划	9	1	3
管理	69	40	70
控制	4	51	13
资助	18	8	13

项目格式在什么程度导致或在统计意义上“解释”了30次会议中发生

的导向变化？为了解决这个问题，我们在委员会会议上分析了这种差异。如表 19.3 所示，预算格式在解释不同委员会会议审议强调基金导向的程度上并不是统计上的重要因素。格式确实在其他三个导向变化中占据一定的比例。格式占了委员会对控制的重视程度的 64%。它占管理重点变化的 32% 和计划重点变化的 20%。

表 19.3　　预算格式“解释”的各会议中导向变化的百分比

导向	比例（Eta 平方）	显著性（F 值）
计划	0.20	3.46*
管理	0.32	6.24*
控制	0.64	23.59*
资助	0.10	1.49

* 表示解释在 alpha = 0.05 水平上具有统计显著性。

结论

这些结果表明，正如预算改革支持者所认为的那样，格式是影响预算审议性质的重要因素。正如希克曼在分析弗吉尼亚州在项目预算编制方面的经验所表明的那样，格式不是唯一的因素，至少在本研究中，并没有解释立法拨款委员会会议中大多数导向的变化。然而，很显然，在立法机构审查这些州的拟议预算时，格式确实影响了“谈话的内容”。

未来的研究，将这种分析方法扩展到行政和立法审议以及其他州，可能 268
会得出本项单一研究中没法解决的答案。例如，其他格式影响立法审议的程度和导向如何？预算格式以外的因素在多大程度上影响审议的性质？例如，与经济没有增长或衰退的年份相比，在经济增长年份的审议是否有所不同？

一旦更好地理解了预算格式和拨款决策之间的这种干预联系，第二步就是在控制影响拨款的其他因素的情况下，将不同格式的审议与拨款决定联系起来。最终，我们不仅应该能够确定格式影响预算审查的方式，还应该能够确定这些影响在诸如财政状况和人口统计等其他因素的存在情况下如何变化。然后可以更好地指导从业者选择最适合该情况的格式。或者，如果事实证明，在许多情况下，这种或那种形式都没有太大的区别，那么预算理论就可以转向更加富有成效的研究方向。

注释

1. Frederick O'R. Hayes, "Curriculum Needs in Public Sector Budgeting," (Boston: Boston University, Public Management Program), P. 3.

2. New York Bureau of Municipal Research, "Some Results and Limitations of Central Financial Control in New York City," *Municipal Research*, 81 (1917). See also WE Willoughby, *Principles of Public Administration* (Washington D. C.: Brookings, 1927), P. 454.

3. Jesse Burkhead, *Government Budgeting* (New York: John Wiley, 1956), p. viii; Frederick C. Mosher, *Program Budgeting: Theory and Practice* (Chicago: Public Administration Service, 1954).

4. Mosher, pp. 5 and 83.

5. Thomas J. Anton, *The Politics of State Expenditure in Illinois* (Urbana: University of Illinois Press, 1966), P. 73.

6. Richard E Fenno, "The Impact of PPBS on the Congressional Appropriation Process" in *Information Support, Program Budgeting, and the Congress*, Robert L. Chartrand, Kenneth Janda, and Michael Hugo, eds. (New York: Spartan, 1968), P. 183; Allen Schick, "The Road to PPB: The Stages of Budget Reform," *Public Administration Review*, 26 (December 1966), P. 257; Aaron Wildavsky, *The Politics of the Budgetary Process*, 2d ed. (Boston: Little, Brown, 1974), P. 136.

7. Schick, P. 257.

8. Thomas P. Lauth, "Performance Evaluation in the Georgia Budgetary Process," *Public Budgeting & Finance*, 5 (Spring 1985), P. 72.

9. James R. Ramsey and Merlin M. Hackbart, "Budgeting: Inducements and Impediments to Innovations," *State Government*, 52 (Spring 1979), P. 69.

10. Thad Juszczak, "Designing Budget Formats for Analysis" (presentation at the 1983 meeting of the American Society for Public Administration).

11. T. R. Carr; "An Evaluation of the Impact of the Priority Budgeting System of Arkansas on Budget Outcomes" (paper presented at the 1983 meeting of the American Society for Public Administration), P. 13.

12. Richard E. Hickman, Jr., "The Effect of Virginia's Program Budget Format on Budget Outcomes" (paper presented at the 1983 meeting of the American Society for Public Administration), P. 8.

13. Mary Patrick Stutzman, "Changing the Format of Budget Documents: The Effect on Budgeting Outcomes" (paper presented at the 1983 meeting of the American Society for Public Administration), P. 15.

14. Eli B. Silverman, "Public Budgeting and Public Administration: Enter the Legislature," *Public Finance Quarterly*, 2 (October 1974), P. 477.

15. Frank Sherwood and Ali Eghtedari, "Performance Budgeting in Los Angeles," *Public Administration Review*, 20 (Spring 1960), P. 66.

16. Hickman, "Virginia's Program Format," P. 8.

17. Glen Hahn Cope, "The Architecture of Budget Requests: Does Form Follow Function?" (paper presented at the 1983 meeting of the American Society for Public Administration), P. 11.

18. Ronald J. Hrebenar, "State Legislative Budgetary Review Processes: Utilization Patterns of Alternative Information Sources," *Midwest Review of Public Administration*, 9 (April – July 1975), P. 140.

19. Fenno, "Impact of PPBS," P. 68.

20. Schick, "Road to PPB," pp. 245 – 256.

21. *Ibid.*, *P.* 245.

22. Lewis C. Friedman, "Control, Management, and Planning: An Empirical Examination," *Public Administration Review*, 35 (November/December 1975), P. 627.

23. Donald Axelrod, "Post – Burkhead: The State of the Art or Science of Budgeting," *Public Administration Review*, 33 (November/December 1973), P. 577.

24. Charles W. Binford, "Reflections on the Performance Budget: Past,

Present and Future," *Governmental Finance*, I (November 1972), P. 30.

25. S. Kenneth Howard, "State Budgeting" in *The Book of the States 1980 -81*, vol. 23 (Lexington, Ky.: Council of State Governments), P. 199.

26. James David Barber, *Power in Committees: An Experiment in Governmental Process* (Chicago: Rand McNally, 1966), pp. 34 -46.

27. 附录 A 包含对所研究的三种预算格式的更详细的描述。

28. 在拨款过程的早期举行信息会议。机构人员发表演讲，委员会成员提问。之后，该流程更倾向于决定委员会将建议众议院和参议院对每个计划，预算实体或项目的适用程度。每种格式的会议在其发生的拨款过程阶段予以均衡。此外还尝试审查几个不同方案领域的审议情况。选择使用组织—单位格式的会议是教育、惩教和人力资源计划。项目格式会议是教育、人力资源、运输和一般政府计划。明细支出格式会议是教育、人力资源和惩教。

29. 共有 1321 个问题/评论按照表达的关注类型进行编码，然后按照与该关注相关的导向进行分类。例如，关于项目目标，结果和成本效益的问题被归类为计划导向。要求理解单项支出用途的问题被归类为控制导向。关于一个部门的活动，需要完成的工作量和机构运作的效率的问题被分类为管理导向。

30. 列联表分析显示这些差异在 0.001 水平上具有统计显著性。原始频率表的卡方为 310.06。代表格式和导向之间的关联程度的克莱姆 V 值 0.34 为中等（可能的范围是 .00 到 1.00）。由于单元大小不同，也计算了标准化的列联表的卡方和凯莱姆 V 值。计算结果与原始频率表类似。卡方在 0.001 的水平仍然很显著，而克莱姆 V 值是 0.36。

第二十章
参与式民主与预算编制：第 13 号提案的影响*

杰里·麦卡弗里（Jerry McCaffery）
约翰·H. 鲍曼（John H. Bowman）

1978 年 6 月 6 日，加利福尼亚州的第 13 号提案——贾维斯—甘恩倡议 270
（Jarvis - Gann Initiative）——的通过展现了对税收限制进行预算控制的最壮观的尝试。[1] 税收的限制并不是新鲜事。[2] 然而，第 13 号提案具有一些独特的特点和特殊的影响，这使得它更加有趣，因为它很快成为其他州限制尝试的原型。本章探讨了财政政策制定背景下第 13 号提案的复杂性。在下文中要牢记的一个主要问题是，作为选举手段的倡议通常被归类为 20 世纪初进步运动所产生的一揽子改革措施之一；它允许直接的民主参与。然而，对 13 号提案的研究提出了一个严肃的问题，即参与式民主在通常由专家主导的政策领域的可行性。

即使是最小的政府部门也存在于政府间的背景下，在其级别上具有多种不同的收入结构，它具有多种资金来源并受到其他各级政府的控制。第 13 号提案的“肉斧”征税法——和预算编制破坏了许多这类关系。在请愿书中标题为“财产税限制”[3] 的内容演变成了一系列复杂而广泛的后果。其中包括大比例的财产税减免（在加利福尼亚州政府结构下不均匀分摊）、加利

* From Public Administration Review, Vol. 38, No. 6 (November/December 1978), 530 - 538.

福尼亚州仅部分获得财产税减免、纳税人公平的严重问题以及加利福尼亚州政府间关系重塑。此外，这种“简单”的财产税限制的严格性提高了对某些未投票债务违约的前景，并可能大大限制一般债务工具的使用。此外，限制的严格性也将直接影响许多加利福尼亚州传统上养老金计划资金不足的城市，因为这些过去的义务现在必须与现有服务竞争以显著降低收入。具有讽刺意味的是，这个简单的税收限制危及加利福尼亚州对塞拉诺与牧师（Serrano vs. Priest）[4] 学校财务案的解决。最后，鉴于新增和/或增加税收要求该倡议在州和地方两级取得 2/3 的投票，选举所做的更加难以扭转。下面将更详细地讨论每一点。

271 初步的地方政府回应和州政府纾困

1978 年 2 月，加利福尼亚州议会收入和税收委员会（Revenue and Taxation Committee）的工作人员估计，第 13 号提案的通过将从地方政府预计的 339 亿美元总收入中付出 70 亿美元——下降 20.8%。[5] 这个 339 亿美元的数字代表了管理人员估计比 1976 ~ 1977 年实际收入 288 亿美元增加了 17.7% 的地方政府收入；削减 70 亿美元的收入有可能将地方政府收入减少到比 1976 ~ 1977 年美元基数低近 20 亿美元的水平。因此，在 1977 ~ 1978 财政年度中期，地方政府预算员知道，第 13 号提案的通过不仅会削减近 60% 的财产税并使得下一个财政年度（1978 ~ 1979 年）的总收入比原来预计可用水平低 20.8%，但它将使它们比上一个财政年度（1976 ~ 1977 年）的基数低 6.6%。

因此，限制财产税的直接民主参与会大大减少地方政府的收入，政府产品和服务的 7% 通货膨胀率则更是雪上加霜。[6] 不仅会比预期减少 20.8% 的收入，而且去年的收入只能购买他们在 1977 ~ 1978 年购买的东西的 93%，大约是他们在 1976 ~ 1977 财政年度购买的东西的 86%。因此，对于 1978 ~ 1979 财政年度来说，总的减少幅度接近 26%。1978 年 6 月 6 日，墙上的字迹不再是可以消除的东西。第 13 号提案以大多数票通过，跟那些压制了前两次税收限制企图的大多数票一样。[7]

安德鲁・格拉斯伯格（Andrew Glassberg）认为，现有资源出现小幅或渐进式下降与“量子式”下降存在差异。[8] 如果预期可以通过采取适当的策略来恢复削减，则削减可以被视为渐进式削减。量子式削减是根据规模和领导层对收入恢复的低期望来定义的，因此，格拉斯伯格说："……后任管理者们在一个根本不同的环境中运作……"并且他们熟悉的处理渐进变化的策略"……不大可能适用……"，尽管他们最初的许多反应"……将是为了处理渐进式预算下降而开发的传统类型……"[9] 显然，加利福尼亚州的地方政府面临着量子式的收入下降，尽管公布的州政府盈余大约为 50 亿 ~ 60 亿美元，但立法机关在会议上，明显的策略是用州政府收入取代地方政府收入。

潜在的收入减少规模迫使地方政府立即作出回应。收入—支出方程的两边都发生了变化。需要新的概算、增加费用、裁员，而且服务缩减受到威胁并经常实施。最大的即时服务缩减发生在教育领域；[10] 在洛杉矶时报调查的南加利福尼亚州的 70 个学区中，约有 2/3 的学校被取消或大幅缩减暑期学校。[11] 洛杉矶是该州最大的学区，不仅取消了暑期学校，还关闭了地区职业培训中心并削减了大约 60% 的夏季娱乐活动。此外，通常按年度工作的 10 000 名办公人员被解雇两个月。由于学校是财产税的主要使用者，在预期到第 13 号提案通过时，大多数学校已经准备好了预算。在其"末日"预算中，长滩（Long Beach）学校董事会削减了所有校际运动，取消了成人教育，大幅度削减了每天上课时间，并向其 2916 名教师中近一半的教师发出停工通知。[12] 学校也不可避免地提高或创造各种社区使用学校设施的新收费，包括游泳池、壁球场、比赛场地以及夜间会议、成人教育、司机教育、公开讲座和学生保健服务所用的教室。在埃尔卡密诺学院（El Camino College），校历现在要花费 1 美元了。圣地亚哥（San Diego）学校董事会决定向社区团 272
体收取 70 美元作为学校礼堂的使用费用，洛杉矶社区学院系统对使用网球场的收费为每小时 1 美元，如果开灯，则为 2 美元。

在此期间，城市、县和特区也没闲着。第 13 号提案将在 7 月 1 日成为法律。此后，地方政府需要 2/3 的民众投票才能提高税收和费用。因此，在 6 月的其余时间，大多数地方政府都致力于提高各种收费与其他非财产税。一些地方还缩减了服务，但服务的缩减还可以在今年晚些时候进行。在 7 月 1 日以后，税制结构将很难改变。据加利福尼亚州城市联盟（League of California Cities）估计，该州 417 个城市中有 1/4 以上在 6 月份提高了或正在考虑提高收费标准。[13] 最受欢迎的增长似乎是营业执照，其次是各种公用事业增加，例如水、煤气、电力、电话、有线电视等，但没有收入来源因为太少而被忽视。

拥有悠长宜人的海滨的海豹滩将海滩停车费从2美元增加到3美元；它也增加了100%的营业执照税。旧金山将成人动物园的入场费从1美元提高到2美元，儿童则从50美分提高到75美分，并取消了免费日。[14]此外，博物馆入场费也有所增加。大城市虽然在谈论灾难性的削减，却倾向于等待州一级采取行动。洛杉矶冻结了18名当选官员和44 000名市政雇员的工资。在6月份，洛杉矶县仅裁减了67名防汛工作人员。圣地亚哥取消了4%的加薪，圣地亚哥县对防洪区设立了用户费用，将过境地区车费提高了5美分，并且消除了大部分的夜间服务。一些社区大幅度增加了收费。比弗利山庄的商业租金税从每1 000美元总收入1.25美元跃升至23.50美元。鲍德温公园将许可费提高了40%，并将发放和处理各种城市许可证的费用提高了50%。布埃纳公园为居民设立了40美元的医疗费用，外地人员则为50美元。英格伍德制定了消防服务费，其中包括对任何除了房子以外需要更多消防能力的建筑物征收的费用。拉古纳海滩的动物和商业执照费几乎增加了100%。林伍德在一系列非典型的举动中，几乎对所有事情都收取了费用：下水道、消防通关、消防服务、用水开关、城市垃圾场、树木修剪和人行道。营业执照费和水费都增加了。娱乐、公园维护、树木修剪和人行道修复服务减少。最后，26名员工被解雇。

派洛斯福德牧场通过在现有费用结构中增加通货膨胀条款，从而制定了保障政策。阿卡迪亚根据财产前的步道长度收取街道清扫费用。奥克兰通过了几项新的税收，其中包括娱乐活动的5%的入场税；它还将房地产转让税提高了50%，并将年营业执照税从每1 000美元总收入90美分提高到14美元。汽车经销商的营业税从每1 000美元总收入30美分增加到60美分。在服务方面，中转区减少了40%的日程安排和人员。唐尼把养狗执照费从5美元增加到10美元。萨克拉门托将18洞高尔夫球费用从3.50美元增加到4.50美元，并将停车收费标准从每小时10美分提高到25美分。英格伍德制定了“酒鬼税”，对酒吧提供的饮品征收10%的附加费。有港口或码头设施的地方要么新设要么增加收费。奥兰治县在达纳波因特和纽波特海滩的客轮拖曳、停泊和船只存放费用增加了1倍以上，[15]该县的14个区域公园、海滩和露营地的收费也增加了1倍。纽波特海滩也冻结了所有公共雇员的薪水并将垃圾回收从一周两次降到一周一次。

社区在6月份采取的行动还包括缩减服务。例如，卡马里奥关闭了 273
1 000个路灯；禧瑞都取消了学校巡逻警卫；康普顿取消了公共信息和集中采购办公室，将老年人和娱乐活动减少了80%，公共工程人员减少了30%，关闭25%的消防站。科维纳将图书馆工作人员削减了一半，减少了工作时间，消除了巡逻警卫，并将街道清扫工作从每周清扫降低到每月清扫。蒙罗维亚取消了大部分免费娱乐项目，将图书馆的服务时间从每周56小时减少到30小时，并且将计划、建筑和安全柜台的公众服务时间从9小时减少到6小时。尼德尔关闭了城市公园和娱乐部门，并将工人转移到其他工作岗位上。帕萨迪纳减少了图书馆的服务时间以及街道和娱乐场所维护。佩塔卢马将游泳池季节从11个月缩短至6个月。皮埃蒙特取消了夏季运动项目。里弗赛德对游泳池使用征收费用并减少社区中心的使用时间。

对于主要通过财产税融资的特区（非企业区），第13号提案是一场灾难。加利福尼亚州3 407个非企业地区大约80%的支出是由火灾（23.0%），洪水（17.7%），规划（29.3%）和公园（9.9%）所造成的。[16]财产税平均占消防区支出的89%，防洪区的77%以及休闲区和公园区的71%，而规划区依靠的财产税收入则不到其收入的1%。随着第13号提案的通过，火灾、洪水和公园区的总收入分别减少51%、44%和41%。这些地区现在必须得到其他单位的支持，或获得立法授权才能利用新的费用、收费或税收来取代财产税收入损失。那些能够为其服务征收特殊费用的地区（企业区）往往不会严重依赖财产税来获得收入。虽然这些地区的平均依赖度（14%）很低，但有些地区则将其作为主要收入来源。而且，所有地区都会遭受一些削减。因此，虽然有些地区等待州一级能否弥补财产税损失，但其他地区开始将更多的负担转嫁到它们的收费结构上。例如，洛杉矶大都会水务区在第13号提案通过后仅一两天就采取了措施，将其收入转向销售额而不是课税权。这涉及听证和费率设置程序。据估计，该地区12%的费用增长在它施加到消费者时将增加75%至100%。[17]

总而言之，紧随第13号提案的通过产生了明显的费用增长和服务减少，其中许多因素影响了在休闲最有价值的季节中的休闲时间活动，因为大大小小的地方政府试图应对大幅度收入减少的前景以及州一级将如何帮助它们解决不确定性。正如格拉斯伯格所暗示的那样，即使在察觉到量子式削减的时候，他们也主要依赖于熟悉的机制，这些机制大体上有一些理论基础，无论是支付能力测试（基于总收益的费率）还是经济效率（用户收费）。与此同时，对重要服务的缩减威胁和第 13 号提案裁员估计继续出现。就业发展部门在 7 月 1 日估计，截至 6 月 28 日，由于第 13 号提案发生了 3 252 次裁员，其中 1 104 次发生在 6 月 21 日至 28 日这一周。估计未来裁员高达 165 000 人。[18]

州一级的回应出现在 6 月底前后。第 154 号参议院法案使用了大量的州级盈余向加利福尼亚州地方政府提供了它们在税收限制之前所期望的约 90%（表 20.1）。然而，限制伴随着资金。城市需要使用州级援助“……首先要确保继续保持 1977 ~ 1978 年提供的同等水平的警察和消防服务”[19]。但是，只要不损害所提供的保护，城市就有权节约成本。同样的规定适用于
274 县。此外，接受任何救助资金的县都不准不成比例地减少卫生服务，其预算将由州级卫生服务主管进行审查。对县一级援助的大部分用于各种与健康和福利有关的项目（10 亿美元），其中不包括为期一年的州一级要求对精神健康、酗酒和药物滥用项目的 10% 配套的豁免。给特区的资金被分配给县监事会，以配置到各县内的特区。[20]大部分资金都投向了消防区，而那些有权收费的地区则被鼓励就去这么干。同样，消防和警务保障水平被赋予最高优先级。向学区共提供了 20 亿美元的整体补助，以平均保证 1978 ~ 1979 年预算的 90%，但其中纳入了一个缩减比例，以便保证高支出地区 1978 ~ 1979 年预算中的 85%，低支出地区则为 91%。县教育办公室也获得了 90% 的预算保证，主要用于提供特殊教育和职业教育服务，而社区学院在 1978 ~ 1979 年度预算中的保证比率为 85%。9 亿美元的州级紧急贷款基金被创建作为最后的解决措施，最后，对地方政府加薪进行了非常严格的控制，允许地方政府自由裁量权只适用于绩效奖励与合法提升，但锁定了州和地方的生活成本增长（如果州雇员没有收到生活成本增长补助，其他人也不会）。那些已经投票支持第 13 号提案以扭转作为部分州级盈余的财产税增长的人们已经获胜，但他们的胜利启动了一系列事件，这些事件会对纳税人、州及其下级单位产生严重影响。

第 13 号提案的影响

财产税控制通常影响政府财政的其他方面（例如，补助、收入多样化），[21]加利福尼亚州的第 13 号提案也不例外。事实上，令人困惑的一系列后果可追溯到看似简单的 400 多字的倡议。以下讨论内容说明了对加利福尼亚州影响的普遍性。[22]

第 13 号提案使得 1978 ~ 1979 年度加利福尼亚州财产减少了约 70 亿美元，比原本低了近 60%（见表 20.1）。这一急剧减少可能是第 13 号提案中最独特且具有新闻价值的特征，[23]尽管该特征很快会传播到其他州。各县和各类政府之间的房产税减免的严重程度并不平衡。各县之间差异的发生是因为在第 13 号提案之前每 100 美元评估价值的县级平均税率介于 4.75 美元至 13.15 美元之间（平均 11.19 美元），而新限额为 4.00 美元（扣除债券服务课税）。[24]各类政府之间差异的发生是因为地方政府对财产税的依赖程度不同（表 20.1），而且由于第 13 号提案规定，县内的组成单位“依法”——立法

表 20.1　1978 ~ 1979 年第 13 号提案影响及第 154 号参议院法案对加州地方政府财政援助

单位：百万美元

政府类型	总收入——全部来源	财产税			第 154 号法案援助	净损失	
		第 13 号提案前	第 13 号提案后	收入损失		数额	占总收入的比例
城市[a]	5 292	1 348	542	806	250	556	10.5
县[a]	7 740[b]	3 801	1 565	2 236	1 480	756	9.8
学校	12 125	6 468	2 929	3 539	2267	1 272	10.5
特区（非企业）	961	388	172	216	125	91	9.5
特区（企业）	4 407	443	196	247	0	247	5.6
总计	30 165	12 448	5 404	7 044	4 122	2 922	9.7

资料来源：California, State Legislature, Summary of the Conference Report on S. B. 154 Relative to Implementation of Proposition 13 State Assistance to Local Governments (Sacramento; June 23, 1978; processed), P. 1.

[a]旧金山的独立市包括县。

[b]不包括在州级收到并随后拨给各县支付受援者的附属于对有子女家庭补助计划的 19.11 亿美元联邦援助。

机关定义的前几年（学校一年，其他三年平均数）相对的财产税份额的词语——分享新的，较低的、县级征收的房产税。然而，对第 13 号提案的第一年立法回应与增加的几乎与失去的财产税齐平的州级援助密切相关，这样一来各地主要地方政府收入平均总体损失约为 10%（见表 20.1）。

由于 1978～1979 年州级援助的增加来自累积的州级盈余，地方政府的财产税损失应该转化为税收节省（目前忽略地方政府收入调整）。然而，并非所有的减税措施都会被加利福尼亚人所掌控。70 亿美元的削减部分最可能主要还是在州内，其中自住住宅约占总数的 35%（约合 25 亿美元）。[26]其中很大一部分将通过减少财产税扣除导致的较高所得税形式向联邦政府反
276 映。[27]其余的 65% 将首先进入商业领域，包括住宅出租单位的所有者、农业和公用事业。这在加利福尼亚州还有多少是很难估计的。根据各种情况（例如市场竞争的程度和资源的流动性），财产税和财产税的削减可能取决于征税财产的所有者（股东，就公司而言）通过价格向前传递给消费者，和/或通过工资向后传递给劳动力（和其他资源提供者）。加利福尼亚州企业实行的这三种税收待遇与最终共同纳税的三个加利福尼亚州代表的组合将决定加利福尼亚州将在多大程度上分享减免营业税，并且不存在关于这些要点的可靠数据。此外，财产税削减将降低加利福尼亚州的税收努力，从而降低其在联邦收入分成中的份额（滞后几年）；[28]用于吸引其他联邦补助的配套资金也将更难以获得。总之，加利福尼亚州可能会发现财产税减免的主要部分将从加利福尼亚州经济中泄漏出去。

在地方或州级提高替代收入的情况下，税收节省也将减少。但是，由于两个原因，增税很困难。其中之一是，第 13 号提案通过后州级层面的情绪有利于减税——立法机构在 8 月底颁布了 10 亿美元的州所得税减免政策，其中包括个人信贷和通胀指数的增加。[29]指数化将减缓所得税（和州级盈余）的增长。此外，第 13 号提案对新增的和增加的州和地方税征收设置了 2/3 的投票要求。然而，对于地方单位来说，它规定在征得 2/3 的辖区内“合格选民”的同意后可以征收“特殊税”。这两个术语在加利福尼亚州的法律中都没有使用，所以含义并不明确。[30]关于“特殊税收”，可能的解释范围包括从获得选民赞成后开放未经州级授权的地方税收来源（如所得税）到撤销已经州级授权的地方官员设置或增加税率的权力。[30]在这两种情况下，2/3

的投票要求可能是不可逾越的，如果“合格选民”被解释为指实际投票的人，这个障碍就很容易被清除，[32]但可以找到一个案例将其解释为意指已登记投票的人，或者甚至是有资格投票的人——无论是否已登记。[33]有趣的是，虽然第13号提案一般被认为已经获得“压倒性”的公众支持，但它不会在上述任何一项可能性下通过：第13号提案只获得了64.7%的投票者的赞成（在58个县中只有26个的赞成票超过66%），相当于42.3%的登记在册选民，[34]也许只有潜在有资格的选民的1/4。

如上所述，许多地方政府已经转向新设的和增加的费用和收费来弥补它们的一部分收入损失。从用户角度来看，支持某些类型的公共服务所需的收入是恰当和可能的，在这种情况下，更多地依赖用户收费应被视为第13号提案的积极结果，从而提高配置效率（将支付与利益分离会导致供应不足或过剩）和公平（非受益人不必补贴受益人）。[35]然而，对于其他类型的服务，将支付和福利联系起来在技术上不可行或不可取（以分配为由）。[36]这些服务必须由诸如财产税的一般税收收入来资助。不幸的是，第13号提案将会带来一些严重的公平问题。其中一个来自财产税水平大幅下降的结果：有证据显示较高的税收水平与较高的评估一致性（公平性）相关。[37]然而，公平性降低的来源肯定会因各类业主之间的税收转移而造成的不公平现象所累。第13号提案要求新建或转让的房产根据其在建造或转让时的市场价值 277
（出售或其他）进行估价，而自1975年以来未交易的房产按照1975年的价格计量并按照州级消费者价格指数或2%中较低者向上调整。（这些价值构成“全额现金价值”，其税率不得超过1%）。这确保了不公平——基于市场现值是税收价值的最佳衡量标准的标准推断——因为只有最近出售的房产才能以市场价值估值。在一些评估体系中，在大量重估活动中的重新评估在实际上是由销售触发的，但加利福尼亚由于首次采用此方法而存在可疑的差别，同时通过批量重新评估和宪法规定阻止将所有资产置于同一基础之上！其效果是使“财产税”更多地依赖流动性和财产周转而不是财产价值，并促使新来者在社区中承担不成比例的当地服务成本。由于商用物业的出售频率低于住宅物业，这一规定将导致住宅物业随着时间的推移承担越来越多的财产税份额，则可能产生并非第13号提案的典型支持者所预期的结果。对这种商业—居民税负分担转移的一种抵消是由第13号提案的估值条款（尽管不是其税率限制）仅适用于不动产而提供的，因为在加利福尼亚州，唯一应征税的有形个人财产是商用的，并且每年都会进行重估。[38]但是，抵消不太可能完成，因为在第13号提案之前，有形个人财产占应税财产价值不到15%。

第13号提案和州级立法执行影响到政府单位之间以及纳税人之间的关系。总体而言，这些变化是朝着更大的集权并减少地方控制。[40]当然，这些变化的根源在于将财产税削减了近60%，这使得它占加利福尼亚州地方政府的比例从1978年的40%降至1979年的18%。[41]一些人认为，由于地方政府历史上高度依赖财产税以及认为这种税比其他主要税适合当地使用，削弱财产税的任何行为都削弱了地方政府（征税则相反）。[42]在加利福尼亚州，减免财产税的这种倾向本身已被第154号参议院法案的若干条款所强化，该法令澄清了第13号提案并规定了州级援助以弥补大部分收入损失。州与地方以及地方政府之间的关系都受到影响。鉴于近6 300个地方政府单位已征收房产税，[43]现在只有58个县（包括旧金山的独立城市）可以征收财产税，因为第13号提案的第1款规定财产税是"……由各县征收并依法分配到县内的各地区"而第154号参议院法案通过规定给出了解答，各县可先征收税款，再根据财产税收入的历史份额对收益进行分配。[44]这大大降低了地方单位实施自身财政政策的能力；县和州的角色增加了，而以前有权征收房产税的其他单位付出了代价。特区尤其如此，因为这些地区的税收替代救助首先给了县政府。每个县都将获得特区资金分配（根据各县特区财产税损失的份额），但"县将在［州规定的］指导方针下分配援助时具有完全的自由裁量权。"[45]虽然许多政府"改革者"会赞扬选出的多面手表面上胜过特殊目的单位，[46]但这种改变不一定会在所有情况下都变得更好；与多目的单位的界限不同的特殊用途单位通常将允许明确的公平和效率增益——例如，在实际与期望服务水平之间以及在效益与融资领域之间的更好对应。[47]此外，如果
278 "财政压力"是确定职责分配的一个不好的基础，[48]那么由第13号提案产生的压力将产生最佳的功能调整这一点并不明确。

统一的县级财产税的出现也会产生其他影响。[49]例如，可能会扭曲地点决策的县内税率差异将被消除。[50]另一个潜在的有益效果是减少财政能力差距并由此消除一个支出变动的来源，[51]但只要这些征税的收益是根据前几年

的财产税收入分配的，就不会发生这种收益（除非未来的决定会导致事态进一步恶化）。目前，县内的统一税率和基于历史税收模式的单位间分配的组合意味着农村地区（税收通常相对较低）将趋向于补贴城市地区（税率通常较高），取决于具体情况（当然还有用于评估这种转变的标准）的结果可能是可取的或不可取的。其他结果往往更明显地是不可取的。例如，快速增长的地区将无法控制其财产税收入，并且可能无法服务扩大的人口和/或新的物业（例如工厂，商场）而不降低整体服务水平；单个小单位的增长将转化为整个县区和县内所有单位（特区除外）的收入增加，这与 1979 财年前的税收比例相对应。这是双城市式的税基共享的极端。[52]这可能会影响除财产税（以及财产税替代援助）以外没有其他收入来源的特区——最困难的是许多消防地区——但城市和学校法人可能更糟，但是由于当前援助分配条款的不灵活性（第 154 号参议院法案）；特区至少有机会向县宣传自己的主张来争取更多的收入，县确定了县内特区的税收替代份额。

除了上面讨论的大部分局部效应之外，第 13 号提案之后的情况也改变了以前的州—地方政府关系。正如已经指出的那样，迄今为止主要的房产税替代资金来自累积的州级盈余，州级资金的增加带来了州级控制的增加。因此，例如，根据第 154 号参议院法案的规定，任何地方单位如果给予其雇员、福利领取者或其他人的 1978 ~ 1979 年的生活成本加薪幅度超过授予州级雇员的标准，那就都不能获得州级替代援助或贷款资金；州级警察权力被引入以保证任何相反的合同条款“无效”，这些条款也“……取代县或市宪章中任何不一致的条款”[53]。已经指出的用来增加州级援助的其他“字符串”包括各县、市和适当的特区应当优先考虑警察和消防服务以便地方单位不会低于这些职能领域的 1977 ~ 1978 年服务水平的要求；有关卫生服务缩减的规定；使得特区依赖上级政府单位自由裁量的税收替代分配的规定（它可以为其他县或城市发起的控制提供杠杆）；以及与教育财务有关的各种规定。

正如前文所指出的，第 13 号提案威胁要取消立法机构对加利福尼亚州最高法院在塞拉诺与牧师案中的进行学校财政重组的要求的回应，这是一个进一步的政府间问题。议会教育委员会认为，税收限制将阻止高财富地区的税收增加，作为均等化规定的一部分这些地区在 1978 ~ 1979 年期间将资金转移到州，使这些地区无法提高当地的基础项目资助份额并使收入限制变得

毫无意义。[54]如前所述，第 154 号参议院法案的教育规定代表了对塞拉诺决
279 议的初步改革，看起来该州保证低消费地区在 1978 ~ 1979 年的估计预算百
分比比高消费地区的预算更高（91% 对 85%）——与第 13 号提案的税收限
制相结合——将导致每名学生的支出差距比其他情况下降低得更快。[55]

总之，第 13 号提案已成为加利福尼亚州政府间关系发生广泛变化的工具，包括结构性和功能性调整，以及决策权力和融资的集中化。

第 13 号提案的其他影响很多（有些无疑还没有确定），但这里只能提到几个。收入和税收委员会指出，“许多城市的员工养老金和退休金制度严重不足……”[56]这种情况可能意味着现有服务的削减会比其他情况下更为严重，因为现有服务必须与以前年度未清偿债务一道竞争严格限制（并减少）的收入。现有服务与债务服务之间的竞争也在加剧。在未经选民批准的情况下发行的未偿还债务（与 1978 年 7 月 1 日以前投票批准的债券不同）并不赋予在超出新的一般限制时征收财产税的权力。对于有这种债务的单位来说，已经紧张的财政状况更加严格。可能的结果包括以下一项或多项：进一步削减当前服务、违约和纽约式的州和/或联邦救助。未来的债务问题，无论是否投票，都必须在第 13 号提案的税收限制范围内提供服务。这意味着一般义务借款在很多——可能是大多数——情况下是不可行的，[57]尤其是如果减税替代援助减少和/或继续与历史上的财产税份额挂钩的话。无论如何，财产减税和限制的事实可能会导致更高的债券利率。

结论

与第 13 号提案相关的复杂性为通过直接选民参与制定财政政策的危害提供了教训。尽管第 13 号提案的全部效果尚不清楚，但它显然已在一夜之间重塑了加利福尼亚州地方政府的财政。平均而言，财产税在地方政府的融资作用从 40% 下降到 18%。此外，目前只有 58 个县按照全县统一税率（不包括旧债征收）征税，而不是由大约 6 300 个地方单位征收，尽管这些单位仍然按照前几年的征税情况分摊财产税收入。即使县内的某个社区一致同意增加财产税，现在也没有权力这样做。此外，在任何一个县内，这个新制度都不能将增加的收入瞄准急需增长的单位，而培育新业务发展的税基激励则

会减少。具有讽刺意味的是，许多通过削减带来的房产税节省似乎将会流出加利福尼亚州。房主显然会从最近的高额房产税中获得一些缓解，但对租房者的救济程度仍然不确定。此外，现在禁止批量重新评估，并且所有重新评估（除了全面增加2%）都是由财产转移或新建工程引发的。随着时间的推移，这将会使越来越多的财产税转向房主（以及那些改变住宅的群体）并带来不公平，因为只有最近出售的房产才能根据当前的市场价值估价；因此，税收越来越成为针对流动性的征税。

这种传统的地方税收工作岗位的作用弱化大大增加了州级援助的重要性。至少在第一年，增加州级援助意味着州加强对地方政府财政和政策的控制——这一发展不大可能逆转。

巨大的州级盈余发挥了不可估量的作用。一方面，盈余可能对第13号提案的通过有强烈的推动作用。另一方面，这对顺利过渡至关重要。关键的 280
问题是，是否能为将来的救援行动继续保持如此巨大的盈余。

注释

1. 简而言之，第13号提案将最高财产税率设定为评估价值的4%，对于所有权未变的不动产的评估价值增长限制为每年不超过2%，并要求州和地方税收增加需获得2/3的同意才能批准。这些规定在下文中更全面地制定。

2. Advisory Commission on Intergovernmental Relations（ACIR），*State Limitations on Local Taxes and Expenditures*，A－64（Washington：Government Printing Office，1977）.

3. As presented on the sheet covering the Jarvis－Gann initiative petitions [California，Assembly Revenue and Taxation Committee，*Facts About Proposition* 13：*The Jarvis/Gann Initiative*，revised edition（Sacramento；February 21，1978；processed），Appendix I，p.56）（hereafter cited as *Facts*）.

4. 487 P.2d 1241，96 *California Reporter*，601（1971）.

5. *Facts*，P.41.

6. 1975年、1976年和1977年，州—地方政府购买平减指数的增幅分别为9.1%，6.2%和6.8%。[U.S.，Department of Commerce，*Survey of Cur-*

rent Business, 57 (January, 1977), Table 27, P. 17; 58 (June, 1978), Table 27, P. 14).

7. 1968 年和 1972 年的沃森倡议以 69% 和 65.9% 的百分比被击败 (*Facts*; P. 1)。根据加利福尼亚州州务卿办公室的投票统计，提案 13 以 64.7% 的多数通过 (Sacramento; June 9, 1978; processed)。

8. Andrew Glassberg, "Organizational Responses to Municipal Budget Decreases," *Public Administration Review*, 38 (July/August, 1978), pp. 325 – 332.

9. *Ibid.*, see discussion pp. 327 – 328.

10. "Many School Districts Cancelling Summer Classes," *Los Angeles Times*, June 9, 1978, Part I, pp. 1, 16.

11. "Schools Scramble to Make Up Lost Funds," *Los Angeles Times*, Part I, P. 3, July 3, 1978. Unless otherwise cited, the information on schools is drawn from this source, pp. 3 and 16.

12. 州级纾困资金使许多此类行为变得不必要。平均而言，预计大多数学区将获得比上一年更多的钱，但低于他们 1978 ~ 1979 学年的预期 [*ibid*, P. 16]。

13. Ronald Soble, "Local Fees and Taxes Grow Under Prop. 13," *Los Angeles Times*, July 3, 1978, Part I, P. 1.

14. "Prop. 13 Impact This Year Still Uncertain," *Los Angeles Times*, July 3, 1978, Part I, pp. 3, 12 – 14, is the source for information on cities and counties, unless otherwise cited.

15. Soble, *toe. cit.*

16. California, Legislative Analyst, *An Analysis of Proposition* 13: *The Jarvis – Gann Initiative* (Sacramento; May 1978; processed), Tables V – 34 and V – 35, pp. 155 – 156. (hereafter cited as Legislative Analyst report).

17. "Legislature Passes Prop. I 3 Rescue Bill," *Los Angeles Times*, June 24, 1978, Part I, pp. 1, 24 – 25.

18. 六月是剑拔弩张的一个月。有一些关于从未实现过的行动以及其他被执行和被取消的活动的稀缺头条新闻。最后，实际失去工作的人数有所不同。6 月 8 日，洛杉矶表示将解雇 8 300 名工作人员；截至 7 月 8 日，没有人被解雇。学区于 6 月 9 日开始取消暑期班，有些人表示怀疑他们有能力在没有援助的情况下在秋季如期开学，或运营至 12 月以后。该州首先声称因为第 13 号提案将会有多达 45 万裁员。6 月 11 日，它将这个数字削减了一半。国会预算办公室估计，由于第 13 号提案将失去总共 6 万个工作岗位。7 月 13 日，州长办公室估计已经因为第 13 号提案发生了 8 327 个裁员。考虑到提前退休和加薪减少导致的更高的流失率等因素，这个数字现在很难确定。

19. California，State Legislature，*Summary of the Conference Report on SB* 154 *Relative to Implementation of Proposition* 13 *and State Assistance to Local Governments*（Sacramento；June 23，1978；processed），P. 4. 该报告是本文余下对第 13 号提案的州级回应的信息来源。

20. 与立法人员的对话披露，直接向各县拨款以拨付特区是为了恢复县内的行政诚信，使特区与其他单位竞争资源。

21. See，for example，the description of Indiana's program in Donald W. Kiefer，"The 1973 Tax Package，" *Indiana Business Review*，49（October，1974），Special Tax Issue，pp. 3－31；ACIR，*Limitations*，for a more general treatment of several states'prqgrams；and Helen F. Ladd，"An Economic Evaluation of State Limitations on Local Taxing and Spending Powers，" *National Tax Journal*，31（March，1978），pp. 1－18.

22. For excellent analyses of the wide range of effects，see *Facts* and Legislative Analyst report，cited above.

23. 限制通常旨在控制未来的税收增长。然而，在削减的情况下，作为该计划不可分割的一部分，州一级通常要弥补地方政府的收入损失。例如参见，Kiefer，op. cit.，P. 3；and Robert J. Kosydar and John H. Bowman，"Modernization of State Tax Systems：The Ohio Experience，" *National Tax Journal*，25（September，1972），P. 379.

24. 这个比率是 1976～1977 的数据。[California，State Board of Equalization，*Annual Report* 1976－1977（Sacrame－nto：State of California，December，1977），Table 14，P. A－19.]．

25. *SB* 154 *Conference Report*，P. 2.

26. 立法分析的数据引自 George Skelton, “Major Loss of Property Tax Saving Seen,” *Los Angeles Times*, June 13, 1978, Part I, pp. 1, 27.

27. *Facts*, P. 72.

28. *Ibid.*, P. 48, and Legislative Analyst report, pp. 55 – 56.

29. George Skelton, “State’s Biggest Tax Slash Becomes Law,” *Los Angeles Times*, August 31, 1978, Part I, pp. 1, 24.

30. *Facts*, P. 27.

31. *Ibid.*, pp. 27 – 29, presents a discussion.

32. 立法顾问提出这种解释是有可能的，因为字面要求可能无法满足 [Legislative Analyst report, P. 42]。

33. *Facts*, P. 27.

34. 投票统计来自加利福尼亚州州务卿。

35. Selma Mushkin, ed., *Public Prices for Public Products* (Washington: The Urban Institute, 1972), is an excellent source of information on user charges.

36. See Mikesell, this symposium.

37. John H. Bowman and John L. Mikesell, “Uniform Assessment of Property: Returns from Institutional Remedies,” *Natwnal Tax Journal*, 31 (June, 1978).

38. *Facts*, P. 17, and California, State Board of Equalization, Assessment Standards Division, *Proposition* 13, *Jarvis – Gann Initiative* (Sacramento; June 8, 1978; processed), pp. 3, 20. The latter suggests implementation procedures to county assessors.

39. 基于 1977 ~ 1978 年的评估价值 [State Board of Equalization, *Annual Report* 1976 – 1977, Table 4, P. A – 4]。

40. Major intergovernmental effects are summarized well by David B. Walker, “Proposition 13 and California’s System of Governance,” *Intergovernmental Perspective*, 4 (Summer, 1978), pp. 13 – 15.

41. 这些数据分别来自 Legislative Analyst report, P. 13, and *SB* 154 *Conference Report*, P. 1。政府单位对于财产税的依赖差异很大；根据第 13

号提案前的数据（平均为 40%），来自物业税的收入占县级收入的 32% ~ 40% 的；城市为 0 ~ 6%；学区为 20% ~ 90%；特区为 100% [*Facts*, p. 8]。根据第 154 号参议院法案下的财产税历史分配，差异仍将继续，尽管是以整体上更低的百分比。

42. See Richard P. Nathan, "ls Local Control the Loser in Jarvis Vote?", *Wall Street Journal*, June 8, 1978, P. 18; and Glenn W. Fisher, "Property Taxation and the Political System," in Arthur D. Lynn, Jr., ed., *Property Taxat10n and Public Policy*, TRED 8 (Madison, University of Wisconsin Press, 1976), pp. 5 – 22.

43. Legislative Analyst report, P. 11.

44. *SB* 154 *Conference Report*, P. 2. Other possible approaches are discussed in *Facts*, pp. 13 – 16.

45. *SB* 154 *Conference Report*, P. 7. Exceptions are multi-county districts (which will receive aid directly from the state) and city subsidiary districts (which will be subject to city council funding decisions).

46. Walker, *op. cit.*, P. 14.

47. 有关考虑的讨论参见：Wallace E. Oates, *Fiscal Federalism* (New York: Harcourt Brace Jovanovich, 1972), ch. 2, pp. 31 – 53; Robert L. Bish, *The Public Economy of Metropolitan Areas* (Chicago: Markham, 1971), ch. 3, pp. 35 – 62; and Gordon Tulluck, "Federalism: Problems of Scale," *Public Choice*, 6 (Spring, 1969), pp. 19 – 29.

48. ACIR, *Governmental Functions and Processes: Local and Areawide*, A – 45 (Washington: Government Printing Office, 1974), pp. 19, 122 – 125.

49. 除了基本费率上限为全额现金价值的 1%（评估价值的 4%，考虑到该州 25% 的评估标准），在 1978 年 7 月 1 日之前由选民授权的服务债务征收的财产税也可以是由于债务负担相对于税基而变化，因此各区之间税率不同。因此，1978 ~ 1979 年全州平均财产税税率预计为 5%，尽管之前债务的偿还，这些税率将随着时间的推移而下降 4% [*Facts*, p. 13]。Richard O'Reilly, "Tax Cut Will Be Less Than Many Expect," *Los Angeles Times*, August 24, 1978, Part I, pp. 3, 22, discusses Los Angeles County effects.

50. Roger W. Schmenner, "City Taxes and Industry Location," in *Proceedings of the Sixty - Sixth* (1973) *Annual Conference on Taxation* (Columbus, Ohio: National Tax AssociationTax Institute of America, 1974), pp. 528 –532.

51. John H. Bowman, " Tax Exportability, Intergovernmental Aid, and School Reform," *National Tax Journal*, 27 (June, 1974), pp. 163 –173.

52. 根据 1971 州立法的规定,, 在 Minneapolis – St. Paul SMSA 地区的七个县的社区分享商业和工业评估价值增长的 40% [参见 GeneKnaff, *Tax Base Sharing: The Minnesota Program After Two Years* (St. Paul: Metropolitan Council of the Twin Cities Area; December, 1977; processed); and Walter H. Plosila, "Metropolitan Tax – Base Sharing: Its Potential and Limitation ~." *Public Finance Quarterly*, 4 (April, 1976), pp. 205 –224]。在加利福尼亚州，在一个县里所有评估价值上涨的评估值增加的 100% 是按照 1979 年以前的税收比例在全县共享的。

53. *SB* 154 *Conference Report*, P. 12.

54. *Facts*, pp. 50, 53, and Legislative Analyst report, pp. 140 –141.

55. 平等的支出和平等的教育机会当然不是同义词；有时需要更高的支出来给一些学生提供所需的服务。一个全国性的专栏专注于 7 月下旬关于第 13 号提案对"……学校的孩子说 17 种不同的语言作为他们的母语，……"的旧金山学校的预算压力（比先前计划水平低 15%）的影响：特别计划正在削减（例如，200 名未经认证的双语教育计划教师正在被解雇），以保留影响更多学生的大多数计划 [Jack W. Germond and Jules Witcover, "Politics Today: Prop. 13 Squeeze Already Felt in'Frisco's Schools," Bloomington, Indiana, *Herald – Telephone*, July 27, 1978, P. 8]。

56. *Facts*, P. 43.

57. *Ibid.*, pp. 16, 29 –30, and 45 –47, 讨论了与之相关的一些事项。面临违约威胁的债券包括"评估"债券（为街道照明和类似的本地化改进而发行)、"税收增量"债券（例如由重建机构发行的用来偿还因重建产生的较高税收收入）以及"租赁购买"债券（用于由政府融资然后租赁的设施)。只有当承租人是依赖于财产税支付租赁资金的另一个政府时，最后一种类型的违约风险才会增加。

第五部分　预算约束

正如第 13 号提案公民投票所阐明的那样，预算编制以限制为特征，自上而下预算以《预算执行法案》（Budget Enforcement Act）及其支出上限为表征。这只是许多预算编制方面的法律约束中的两个。州和地方各级政府必须处理政府间限制，其形式为接受补助及法定服务和服务水平的要求。除非州级政府表示可以，否则地方政府不能自由地建立职能或税收。即使是对地方政府赋予权力的自治规则，也只给予有限的自治权。还有一个限制因素是专项拨款，这可能会限制特定的收入来源用于特定的支出项目、两院法规以及为支持的项目设置最低支出要求。

在这一部分中，讨论了四种类型的预算约束。其中一项是政府间关系的结果；其中较高级别的政府强制支出或服务水平，或为特定服务或一般收入提供补助。拨款通常会附带条款，这会降低接受者的预算灵活性。授权要求州或地方政府提供最低级别的特定服务，但可能无法提供资金，这就又设置了附加限制。预算约束的第二个主要来源是权利的增长。权利是直接支出的一种形式，当有更多的人有资格获得资助时就会自动增加。如果只有这么多钱，权利越来越昂贵，它们就会挤出其他形式的支出。当选官员可能希望在教育或道路改善上花费更多，但他们不能这样做，因为不管权利项目花费多少，他们都必须支付。剩下的才可以用于其他项目。第三种形式的约束来自税收和支出限制，比如第 13 号提案。这些限制可能是以宪法修正案的形式出现的，这使得它们特别难以改变。第四种约束是诉讼，这是法院作出判决的结果。这些和解与权利一样，在预算中占有优先地位，无论当选官员或公民拥有的偏好如何。庭外和解的资金必须先支付。请注意，法院纠正错误和执行正义是民主结构的一部分，正如在一些税收和支出限制中所看到的公民直接民主一样。

这一部分的主题是，美国的联邦制为州和地方政府提供了一个变化的而不是固定的运作结构。乔治·布雷克（George Break）在历史和政治背景下提出了中央政府权力与州政府和地方政府权力的对抗问题，并指出民主党政府利用中央政府权力实现社会目标的意愿以及共和党政府将权力下放到各州的决心，以及标志着20世纪30年代大萧条之后的政党和政策之间的交替。布雷克在这种背景下审视了里根政府在20世纪80年代初的新联邦制提案。

284 雷（Ray）和康兰（Conlan）考察了授权的情感问题以及它们真正的花费。他们发现成本并没有像声称的那么大，并且得出结论认为对授权的情绪反应大部分在于它会占据州和地方政府的优先事项，削减其自主性，而不是实际的资金影响。由于雷和康兰发表了他们关于授权的作品；联邦政府通过了一项法律，限制联邦政府向州和地方政府强制执行没有资金的授权的能力。虽然法律不是铁定的，但它似乎增加了国会对它们经常转移到各州的负担的认识，并且可能减少了增加新负担的倾向。

在权利的子部分，雅桑德（YSander）和罗宾森（Robinson）描述了哪些权利以及它们如何减少预算中的自由裁量权，并提出了一些可能的解决方案。然而，在美国还没有解决方案，权利仍然是美国预算的一个主要制约因素，这是一种对收入的首先要求的方式。只有在权利获得资助之后，资金才有可能用于其他用途，当存在国防建设时会产生这个问题。这个问题在减税期间开展国防建设时被夸大了。结果是要么削减其他服务和项目或者赤字，要么两者兼而有之。乔·怀特（Joe White）更广泛地处理了权利预算为何与其他类型项目的预算不同以及政策和预算理论如何适应这种截然不同的支出的问题。

税收和支出限制的子部分是针对这种限制的普遍支持问题以及通过这些限制的结果。这里的两篇文章出版于1982年，反映了1978年加利福尼亚州第13号提案的通过，以及几乎在同一时间在其他州的主要税收限制的通过。1982年以后，各州的税收和支出限额运动放缓，但通过的税收和支出限额仍然存在，为预算编制提供了可怕的限制。即使在没有通过这些措施的州，这种限制通过的可能性也塑造了预算编制。

凯登（Caiden）和查普曼（Chapman）描述了加利福尼亚州第13号提案等收入约束条件的通过会对州一级到地方政府一级的预算产生的后果，导致放大的不确定性和重复性预算，因为预算数字每天每月都在变化。柯普（Cope）和格拉布（Grubb）研究了得克萨斯州实行的各种税收限制，并得出结论认为，引发这些流行的税收限制流动的因素是财产税而非所有税收，而且税收增加并不是绝对的税收水平。税收水平高了或低了都没有税收水平是否快速增长来的重要。这些作者在得克萨斯州证实了凯登和查普曼在加利福尼亚州的文章中所持的观点，即收入（包括债券）的限制导致政府在地方一级的分裂。

税收限制运动主要关注收入限制，但法院可以在各个领域作出判决。它们可以判决某个特定的收入来源是非法的，并且必须退还给纳税人；它们可以判决某个特定的支出是法定的，并且地方政府必须提供这些支出，而不管地方政府的优先事项。当涉及权利时，法院往往会介入预算。它们可能会认为，与主要是白人学生的学校相比，主要是黑人儿童的学校资金不足，学区必须平衡实物设施或每名学生的开支。或者它们可能会认为，用来平衡所有学生开支的一项州级支出公式会不公平地惩罚那些选择更加重税的学区以便给子女提供更好教育的父母。在这里转载的杰弗里·斯特劳斯曼（Jeffrey Straussman）和科特·塞谬尔（Kurt Thurmaier）的文章中讨论了基于监狱人满为患以及由此产生的不成比例的残酷惩罚的法庭案件。斯特劳斯曼在其他几篇文章中也提出了这种基于权利的预算的想法。在民主社会中，在公民有宪法权利的地方，法院通过调整优先事项以确保这些权利得到尊重，从而使其成为预算师。

5.1 联邦制

第二十一章 政府间财政关系的变化*

乔治·F. 布雷克（George F. Break）

如果里根政府将某种程度的财政责任从华盛顿转移出去并将更多的决策 285
权力置于州首府，从而打算形成一种似曾相识的感觉，这不仅是因为“新联邦制”（New Federalism）的包装标签由于早期使用而产生了一种磨损的外观，而且因为分散化概念已经在过去半个世纪内选出的每一届共和党政府中得到循环利用。基本问题的确和我们的联邦共和国一样古老。

中央政府作为授权和有限权力之一的默认宪法地位在第十修正案中得到了明确的澄清，该修正案以令人信服的保证完善了《权利法案》（Bill of Rights），即所有未授予联邦政府或宪法上未禁止属于州的权力都属于州或人民。尽管州级权力和责任范围相当广泛的这一明显保证是 19 世纪的一个主要问题，带来了很多关于分配权力“暗示”着什么的许多争论，但近年来的重点已经转移到了另一端。有人关注如何削弱各州在诸如公民权利等领

---

* From *Public Budgeting and Finance*, Vol. 2, No. 4 (Winter 1982), 42 – 57. Copyright© 1982 by Public Financial Publications, Inc. Reprinted with Permission.

域的权威，而这些领域它们处理得不公平或不充分，至少对某些观察家来说，违背第十修正案似乎比遵守它更为荣幸。然而，它仍然是一个问题，其重要性的问题可能是共和党人与民主党人分离的最大意识形态差异。

什么是联邦制？在大萧条时期，一个不情愿的民主党政府看到人们的需要并察觉到州和地方政府的财政不称职（或无能力），在华盛顿和需要的地方之间建立了直接的、前所未有的联系，从而绕开了旧体制，并在美国政府旧的架构上叠加新的架构。从那以后，每一个共和党政府（除了杰拉尔德·福特这个短暂的困境之外），至少在名义上试图恢复一些旧的结构性界限，但是这些努力往往会遭遇不可抗拒的力量的阻挠。艾森豪威尔赞同肯斯鲍姆委员会（Kestnbaum Commission）的建议，并宣布他支持向各州返还权力和财政责任。尽管受到人造卫星的冲击和婴儿潮的压力，他的政府为联邦
286 援助首次涌入地方政府学区开创了新天地。受到通用汽车（General Motors）和汽车业蓬勃发展的推动，同一届政府加大了对高速公路的联邦资金投入，创建了一个联邦配套比例达到90%的州际高速公路项目。艾森豪威尔的遗产并没有减少联邦的角色，而是加强了州和地方政府对华盛顿的依赖。

尼克松呼吁建立的“新联邦制”是紧随着约翰逊的“伟大社会”（Great Society）释放的单项联邦补助浪潮之后出现的，它不仅向全国各级政府和地方政府机构直接提供支持，也向一个唤醒了社会中以往不活跃群体的政治意识的广泛的新“半官方”群体圈子直接提供支持。尼克松的计划是用联邦收入分成的双重制度来取代许多这些明确的支出，这将给各州带来重要的分配责任。一些联邦资金旨在针对特定的一般问题（“特定收入分成”一词后来被“整体补助”简单取代），而另一些则不受限制（一般收入分成）。尽管拟议方案的某些部分已经颁布，但尼克松的新联邦制当然没有分离职能或梳理政府结构。简化和巩固单项补助谜团的尝试产生了一些整体补助，但它们倾向于遭受根深蒂固的被称为“单项拨款的强化”的华盛顿疾病，其中大部分来自国会，看起来更像是一堆破旧的部件而不是精心制作的新车。即使一般收入分成对于“向各州退还决策权”也确定没有多大意义，因为它受到一套复杂而有争议的分配公式的制约，并且由于寿命有限及预算微薄；实际上，它还受到与其他联邦拨款相同的一系列广泛的国会授权限制和规定的影响。

以南方民主党的相对保守的直觉来看，卡特甚至提出了一个竞选议题，即需要简化和重组联邦官僚的混乱体系，但他也只是扩大了华盛顿财政责任的范围——或者，就像保守派看到的那样，华盛顿“侵入”州和地方政府管辖的事务。

在这种背景下，里根关于“新联邦制”的蓝图可以被视为简单的旧式设计的最新版本，也可以被看作恢复古老而重叠的联邦结构那令人振奋的轮廓的一种令人兴奋的手段。对于那些指出此次重新构建的建议没有比上一次建议更成功的人们来说，可以做出一个可能的重要反驳。结构修改的最终裁决者最高法院很可能正在改变态度。奥康纳（O'Connor）大法官的加入极大地加强了伦奎斯特（Rehnquist）法官为第十修正案注入新生命的努力，并扭转了联邦政府扩张的潮流。里根后续任命的任何一个人都可能加速这一趋势。

当然在最终的分析中，是人民的支持、中立或反对将决定里根新联邦制提案的最终命运。这些将在未来十年内带来不同程度扩展的三个主要变化——大幅降低联邦政府对州和地方政府援助的支持水平、联邦补助体系在更大程度上使用整体补助的结构性改变以及一些在美国联邦系统的支出和运营责任上的重大调整。

降低联邦援助的支持水平

对于联邦政府援助补助，1981 年财政年度可能会成为关键的分水岭年度。金额从 1980 年的 915 亿美元增加到 1981 年的 948 亿美元，但这一百分比增长率（3.6%）是 20 年来最小的，从购买力角度来看下降幅度超过 4%。这种往常趋势的突然逆转对受助者来说很难适应，但在前景更糟糕， 287
在里根政府 1982 年预算提案中，1982 年联邦拨款将降至 912 亿美元，1983 年将降至 814 亿美元。按预计的通货膨胀率计算，这意味着两年内实际补助资金将下降 25.7%。难怪各州和地方政府都很悲痛和沮丧。但后面可能还会更多。

然而，这些变化并不是孤立发生的，在适当的背景下审视这些变化很重要。较低的联邦援助支出水平意味着联邦预算会有所变化。尽管从未明确这些变化的确切性质，但在目前的经济环境下有三种可能性值得讨论：更高的国防支出，更低的联邦税收，更低的预算赤字。

预算转移的时滞效应

国防开支的未来增长将至少部分地以牺牲联邦政府对州和地方政府的援助为代价。这种替代不仅代表联邦支出优先事项的功能性调整，而且代表联邦资金流的区域再分配［政府间关系咨询委员会（ACIR），1980 年 6 月］。有些州会获得平衡，有些则不会。由于从分包商和不同州的其他企业寻找主要防务承包商购买商品和服务的问题，估计国防支出的地理性事件极其困难。然而，有用的估计确实能够粗略地反映出所涉及的地区性重新分配情况。例如，在 1974 ~ 1976 年间，加利福尼亚州除了人员补偿以外接受了 20% 的军费，但接受了 10% 的给州和地方政府的联邦援助。纽约州的这两个百分比分别为 8. 5% 和 11. 5% （ACIR，1980 年 6 月，第 84 ~ 85 页）。即使是获得的新增国防开支与失去的联邦援助一样多的州也能感受到一些重要的经济影响。最初这些将从时间上简单地推导出来。由于联邦援助的削减预计会很快发生，而国防开支的增长速度会更慢，所以很多州将在短期内面临联邦资金流量的减少，无论其计划替代的长期前景如何。在此期间的另一个事实，较低的联邦援助意味着较低的联邦预算赤字带来的影响组合，将在后面讨论。

捕蝇纸效应

里根预算变化的第二阶段影响，取决于资金使用的方式与领域资金，一旦资金在经济中流转，可能会更加重要。经验告诉我们，当一个州的私人部门从更高的国防支出中获得的收入与其公共部门因更低的联邦援助而遭受的损失一样时，可以预期到最终的政府服务支出将比以往更少。即使州一级收入总额保持不变，从一个部门到另一个部门的转移最有可能产生变化。资金倾向于粘在它落地的位置，对这些捕蝇纸效应的实证研究证实，在直接获得收入增长时，从政府项目上取得的收入使得政府官员比个人具有更大的支出偏好（George F. Break，1980，pp. 91 –93；Edward M. Gramlich，1977）。

联邦税收削减或稳定?

与里根财政倡议中的联邦优先事项从国内转向国防开支一样重要的是1981 年的经济复苏税收法案（Economic Recovery Tax Act，ERTA）。这种新政府的早期产品常被形容为美国历史上最大的减税措施。事实上，它与如果没有通过且联邦税法也没有其他变更的情况进行了对比。然而，与通过之前存在的税收负担水平相比，其成就更加模糊。首先，通货膨胀对联邦所得税负担的影响是很复杂的。根据以前的税法，实际收入不变的个人被稳步地推向税率越来越高的等级。通过假定适当的比较标准是个人实际税负恒定的水平，国会预算办公室（Congressional Budget Office）的预测显示，ERTA 下的税率降低和通货膨胀指数化将个人所得税从 1981 年的个人应税收入的 15%降至 1987 年的 13%，相比之下如果按照旧的（以前）税法则会达到 19% 的负担水平（图 21.1）。换句话说，ERTA 减税总额的 2/3 代表了 1981 年稳定的实际税负水平，1/3 代表了这种税负的减轻。当然，如果与 20 世纪 60 年代和 70 年代大部分时间内普遍存在的个人所得税负担水平进行适当的比较，ERTA 完全没有减税，如图 21.1 所示。 288

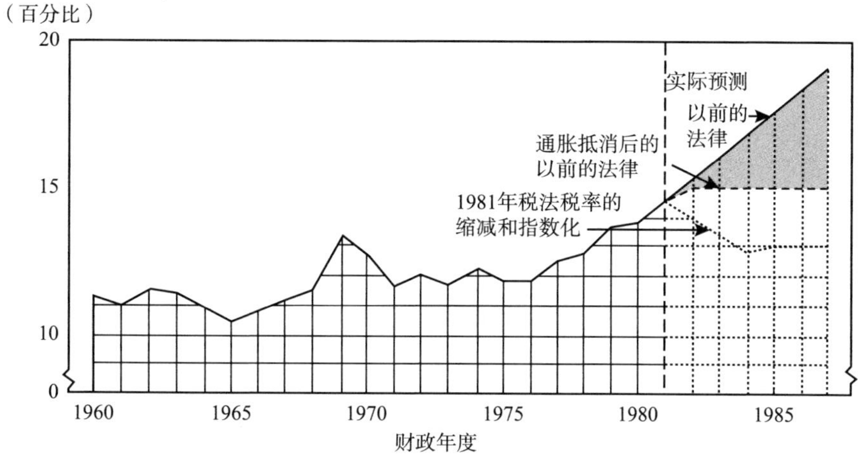

图 21.1　个人所得税占应纳税个人收入的百分比

Source: United States Congress, Congressional Budget Office, *Baseline Budget Projections for Fiscal Years* 1983 – 1987 (Washington D. C.: U. S. Government Printing Office, February 1982), P. 32.

第二个复杂因素来自新的加速成本回收制度（Accelerated Cost Recovery System，ACRS）对营业税负担的影响。在通货膨胀经济中，基于历史成本的税收折旧（如联邦所得税）高估了应税利润，从而产生了过度的税收负担。这种偏差可以通过加快历史成本回收的速度来抵消。这种调整的效果取决于通货膨胀率和实际利率的大小。正如马丁·费尔德斯坦（Martin Feldstein，1981）所证明的那样，温和水平的加速度大致抵消了历史成本贬值的缺陷，而低水平下会修正过度、高水平下会修正不足。因此，新的 ACRS 折旧规则对商业税率的影响关键取决于政府在降低通货膨胀率方面的成功程
289 度。事实上，加上目前的投资税收抵免，ACRS 在通货膨胀率高达 6% ~9% 时对大多数设备形成了负税率（Jane G. Gravelle，1982）。新商业投资的这种补贴的可取性，特别是其高度不平衡的发生率，将是未来几年的一个重大税收改革问题。在任何情况下，新联邦制的分析师都应充分考虑大幅降低联邦税率对商业收入的影响。

关于整个联邦税率发展方向的最终含糊不清来自工资税对社会保障的作用。只要这种税收被视为未来福利待遇的一种个人储蓄形式，现在正在发生并且计划在未来还会发生的工资税增加，对联邦纳税人不产生重大负担。虽然这种观点受到社会保障福利特征的强化，但该制度还采取了许多支付能力的要求。这些因素导致许多工人（和经济学家）认为工资税仅仅是一种税收，最近公众对信托基金未来破产以及降低福利水平的可能性进行的公开讨论也当然地强化了这一观点。考虑到通货膨胀对个人收入的影响以及工资税的持续上涨带来的综合税负上涨，1981 年的税率下降对许多低收入和中等收入的工人来说确实是微不足道的。

作为州—地方财政支持的联邦减税

未来几年联邦税负将下降多少，这是一个悬而未决的问题。尽管如此，至少从长远来看，新联邦制的基本理念显然将较低的联邦税收与州和地方政府支出责任增加相结合。那么主要问题就变成了联邦税收下降将强化州和地方政府的收入增长能力的程度。三个众所周知的假设一起提出了对此探究的悲观解释。虽然所有三个假设都受到评论家的质疑，他们质疑其相关性和有效性，但这些建议值得考虑。

正如前面已经指出的那样，“捕蝇纸效应”假设预测联邦政府援助和联邦税收的等额下降将会降低州和地方政府的支出水平。这里的问题是要决定哪一级别的支出——较高的补助支持水平或较低的自立自给水平——与选民的口味更加一致。解决这个问题需要考虑其他两个假设。

“纳税人反抗”假说随着1978年加利福尼亚州第13号提案的通过而突显出来，它预测任何州或地方政治家都不会轻易向选民提出增税。如果是这样的话，联邦减税将提高微不足道的州或地方的收入增长能力。如果联邦政府的减税不是为了缓解过度的税收负担，而是为了分散政府支出责任而融资的工具，那么这可能会有所帮助，但这一战略迄今为止更像是一个隐含的而非明确的举措。纳税人反抗的持久能力当然值得商榷。一方面，纳税人赞成削减预计会减少政府浪费是一回事，另一方面，投票赞成削减预计会降低政府服务的质量。后一种选择在1981年才开始在加利福尼亚州出现。然而，1982年6月加利福尼亚州投票消除州级遗产税并根据通货膨胀率将个人所得税完全指数化的事实明确表明，它还没有达到平息税收反抗的地步。如果没有别的办法，这些发展建议表明现在不是期望州和地方政府承担新的财政责任的好时机。

虽然第一个假设可能是无关紧要的，第二个假设可能是短暂的，但第三个假设涉及州和地方政府提高收入的能力，具有很大的持续相关性，与前两
个不同，它不能被如此简洁地确定下来。统计人员出于测试目的会以两种替 290
代方式说明竞争税制之间的相互作用。“税收空间”假说认为，由于各级政府利用相同的经济基础进行税收改革——名义上是国家的总收入、产出和财富——减少对任何一个层次的依赖，都将为更多地使用其他层次提供机会。另一种假设认为，美国经济中的政府间税收竞争非常激烈，以至于州和地方政府利用现有经济基础的能力远低于联邦政府。证实任何一个命题都很困难。

“税收空间”假说的理论和经验证据高度混杂。虽然对任何辖区而言其税率至少与其他地区一样低被普遍认为是一种政治美德，但商业布局决策的经济研究迄今未能确定相对税负是主要决定因素（ACIR，March 1981）。对于区域间的迁移，诸如工资和运输成本等非税因素始终表现为最重要的考虑因素。对于非税差异通常向最小的地区内迁移，税收差异（以及政府支出

差异）很可能被用于抵消地价差异（Break，1980，pp. 210 – 213）。但是，税收和支出水平的变化对家庭来说可能更重要。一个地区教育系统的质量显然对很多人来说都很重要，高薪的技术人员和专业人员很可能会关注州和地方政府提出的最高边际所得税税率。

无论真正的税收差异可能对商业和家庭选址决策产生什么影响，跨地区的税收竞争无疑是许多州和地方政府参与的游戏。尚未解决的问题是，这种竞争是否更多地归因于州和地方政府运作的环境的不可避免的特征，比如其经济的开放性，而不是其财政制度的可避免的特征。通过将诸如福利等收入支持计划完全转移到联邦一级以及将州和地方税收体系更紧密地与税收收益模型相联系，对了解情况可能会有多大改变将会有特殊的政策兴趣（Break，1980，pp. 226 – 237）。尽管如此，这种改变应该会减少当地居民为了提高公共服务而想要增加税收的可能性，但这往往是因为担心任何税收增加可能带来广泛的经济后果。任何使得这种风险变得似乎微不足道的行动，都应该提高联邦减税在鼓励地方政府主动提高服务水平方面发挥强有力的支持作用的能力。在当今世界，以州和地方财政体系强大的支付能力为导向，税收空间假设的有效性不太确定。例如，较低的联邦税率会增加对任何区别于联邦税基的税收的政府间差异的重要性，因此可能会对州和地方税收增加产生不利影响。另外，通过减少全国的整体税收负担，削减联邦税收可能使人们更容易接受州和地方的税收增长，而这些增长有望带来更好的政府服务。这种反应可能在具有强大税收—福利关系的财政体系中更为普遍。

降低联邦预算赤字

联邦政府对州和地方政府援助的支持水平降低，如果没有伴随着提高其他类型的联邦政府支出或降低联邦税收，联邦政府的预算赤字就会减少（或更大的盈余）。较小的联邦赤字的主要经济影响是更低的利率和通货膨
291 胀率。前者将自动地帮助住房和汽车等利益敏感行业，而这种刺激的区域间影响众所周知。总而言之，较低的利息和通货膨胀率将在短期内通过加强1981 ~ 1982 年以来的经济衰退复苏以及长期内提高经济的增长率来帮助州和地方政府。

结论

经常讨论的联邦政府对州和地方政府的较低援助支持水平的直接成本只是故事的开始。减少补助支出必然会在联邦预算的其他部分产生抵消变化，这些变化将改变州和地方政府运营的财政环境。只有当这些间接利益与直接成本相结合时，新联邦制的真实面貌才会开始成为焦点。否则的话就不会。从单项补助转向整体补助的结构转变远不止是格式的变化。这显然意在通过让更多州对资金使用方式负责而成为向分权化政府决策制定迈出的重要一步。

从单项到整体补助?

十多年来，共和党政府一直在寻求通过将大部分政府间支出负担转变为更简单、更分散化的整体补助形式，来减少密集和紊乱的单项补助及其相应的华盛顿官僚主义。希望是减少行政机构和重叠，这在小型联邦政府的具体意向管理项目迷宫中成长起来，并且将支出决策的权力定位在更接近支出的地方。虽然目前尚不清楚这一举措的最终目的是为了提高效率还是逐步缩小联邦政府的规模甚至政府的整体规模，但整体补助格式具有很大的运营吸引力。不幸的是，对于那些被吸引的人来说，有强大的力量立法反对它所代表的权力的固有变化。

这些力量中最基本的一个是政府支出的“指纹”定理，拨款的立法者希望他们的痕迹在资金用于其选民时能清楚地显示出来。单项补助是立法者的梦想，因为它们具有特殊性的优势并且具有授权机构的明确印记。相比之下，整体补助通过将分配资金的大部分控制权给予较低级别的政府权力机构，使创建者的区分标志变得模糊甚至消失。

对有效的整体补助的另一种威慑是来自利益集团的压力，这些利益集团在单项资助下享有特权和保护。在国会自己将联合单项拨款纳入较大的、限制较少的整体补助的少数情况下，这些利益集团发现（或想象）他们关切的内容在变换中被欺骗了，通常会成功地设置新的指导原则、储备以及赋予立法的其他限制。有时候最终的结果只是一个带有更广泛项目基础的限制性补助；有时候新的整体补助因为缺乏资金而受到影响，而在与其密切相关的项目领域中又出现了新的单项拨款（Norman J. Ornstein，1982）。

这种压力的后果是在 1965 年至 1980 年间提出的 20 个主要整体补助提案中，只有 5 个被颁布（Timothy J. Conlan，1981）。这些是 1966 年的“卫生伙伴关系”（Partnership for Health）、1968 年的《执法援助法案》（Law Enforcement Assistance Act）、1973 年的《全面就业和培训法案》（Comprehensive Employment and Training Act）、1974 年的“社区发展整体补助计划”（Community Development Block Grant Program），根据 1975 年《社
292 会保障法案》第 20 条提供的“社会服务补助”（Social Services Grant）。康兰（Conlan）对这些计划成功实施相关的主要因素的分析对其再现没有多少持乐观态度，而奥恩斯坦（Ornstein）也同样悲观。里根 1982 年度的提案将 83 个单项拨款整合为 6 个整体补助。国会通过将 57 个单项拨款转换为 9 个整体补助进行了回应。政府 1983 财年的计划是将 41 个狭义的援助项目合并为 7 个广义的援助项目。国会在 1982 年夏季中期的情绪并没有表现出明显的合作。

无论整体补助的前景如何，重要的问题是它们扩展的角色是否会改善联邦拨款制度。分析师通常将整体补助放在援助谱系的中间，这些援助范围从以财政和经济效率为目标的受限制的单项拨款这一端延伸到另一端的以再分配和公平为目标的不受限制的一般收入分成补助。然而，正如大卫 · R. 比姆（David R. Beam，1981）生动表明的那样，联邦的规章制度一直与非限制性原则一样同等对待。正如他指出的那样，监管的联邦制已经形成了一套新的规则和约束条件，同样适用于所有联邦补助计划。如果这笔钱是由某一级政府发起的，换句话说，指纹就在那里。根据税收分享计划，逃避这种要求是有可能的，旨在将联邦政府的更高税收权利赋予州和地方当局的服务需求，但将约束与回报资金流结合起来的诱惑依然存在。只有联邦减税和退税是完全没有联邦干涉的援助形式。

整体补助的理论依据是它们能够吸取其他两种主要补助形式（单项拨款和一般收入分成）的一些优势同时最大限度地减少其缺点。因此，里根提案至少为重新审视援助范围两端的现有联邦计划提供了极好的机会。

单项补助：国家利益测试

对于单项补助，可能会提出两个广泛的规范测试。首先，当一个特定的

公共项目的国家利益是重要的但不是占统治地位时，联邦援助是合理的。如果国家利益占主导地位，例如许多财政专家认为“对受抚养儿童家庭的援助”（Aid to Families With Dependent Children，AFDC）和“医疗补助”（Medicaid）就是如此，则单项补助应该由联邦政府对该项目的运作所取代。如果国家利益无足轻重，则应当简单地停止单项补助，就像下一节中将要讨论的过渡信托基金安排中计划的那样。只有国家利益重要但不占主导地位时，联邦援助的一些限制形式才是合适的。然后这些项目应该提交到第二项规范测试。

单项补助：运营效率测试

单项补助的经济目标是将州和地方政府项目的运作扩大到使社会福利达到最优水平。把这个总体目标转化为运营条件并不容易（Break，1980）。经验表明，受援项目必须是一个严格定义的项目，如果要使用联邦配套资金，其数额应反映国家利益的相对强度。在这方面，将国家利益明显是附属性的项目与联邦和州—地方政府多多少少是（或应该是）平等的合作伙伴的项目区分开来可能是有用的。对于前一种类型的项目，开放式配套补助是适当的；对于后者，封闭式的参与配套补助是适当的。

不幸的是，美国在开放式配套补助方面的经验没有提供它们潜在成就
的有用证据。比姆（1980）“在‘最佳’补助上的悲观结论”在这里非常
重要。它们基于此类补助可能出现的六种主要弱点得出。首先是财政失控 293
和快速增长。由于开放式配套补助将项目控制权牢牢掌握在受助者手中，
只有当资助对象拥有足够的自有资金用于项目时，他们才能够成功地关注
整体项目成本并希望有效地管理项目。一个好的工作规则可能是联邦配套
份额应该远低于50%。AFDC和医疗补助在这个测试中的配套比例都太高
了。事实上，这些比例为联邦政府对存疑的项目的全面责任提供了初步
证据。

接下来的两个批评是，最佳补助通常会造成不公平的州际支出差额，并在富裕州和贫困州之间不公平地分配联邦资金。这些是AFDC和医疗补助等项目的重要关注点，但它们代表了对联邦使用开放式配套补助的批评，而不是对工具本身。最佳补助是针对经济效率而不是公平，没有政策工具可以很

好地服务于两个不同的目标。联邦公平目标应该通过对个人的直接转移或通过整体和收入分成来寻求。

最佳补助的第四个潜在弱点——资金可能会被受助者转移到非预期的用途上——适用于除了完全不受限制的补助之外的所有补助。当然，开放式特征使得确定受助项目变得尤为重要，以便将合格的支出与不合格的支出区分开来。早期的社会服务补助的经验生动地说明了什么是不该做的（Martha Derthick，1975）。

联邦开放式补助在确定符合条件的受益人以及直接欺诈方面一直有着令人担忧的高错误率。正如比姆所指出的，经验强烈表明在 AFDC 和医疗补助项目中设定的联邦配套率过高了。一段时间以来，政府间补助文献强调了“免费”资金会削弱运营效率常规激励的风险。理查德·希尔克曼和丹尼斯·R. 杨（Richard Silkman and Dennis R. Young，1982）最近提出了支持这些担忧的经验证据，这些证据来源于对公共图书馆和校车服务的州级援助的研究。此外，作为一种控制手段，很高的授予者配套可能会引起过多的繁文缛节，这是比姆的最后批评。原则上，低配套、明确定义的开放式补助除了通常的资金使用审计之外，不需要联邦控制。然而，如果联邦和州—地方政府在项目中的利益或多或少相同的话，那么对控制或更好的联合运作的需求就更为重要。

最佳补助理论在应用于联邦援助体系时如何有用，这一点尚未明确。尽管如此，它们提供了一种方法，通过它可以将里根总统的新联邦制提案转化为对联邦单项补助的系统评估。如果很少符合这里提出的两项检验标准，那么联邦系统内计划责任的重大重新分配问题就要大大加强。在这样的环境下，联邦援助的公平性目标可能会越来越重要。

无限制补助：公平性目标

可以通过使用各种各样的财政手段来寻求更好的收入和财富分配。其中两个感兴趣的手段是将在下一节讨论的对个人的直接转移，以及根据其项目计划需求和增收能力向各辖区分配联邦支持的无限制公式补助。在这里一般收入分成（General Revenue Sharing，GRS）显然是工具，许多整体补助可能是近似的替代物，因为根据它们分配的资金具有很高的可替代性。与 GRS

相比，此类整体补助将具有两个优势。在广泛领域中选择援助项目时，它们 294
的分配公式可以针对相关受赠者的财政需求，并且为每个整体补助拨付的联邦资金相对数额将反映联邦支出优先事项。这类整体补助可以与项目返还结合使用，以帮助减轻这些权力下放对州和地方政府的分配效应。

责任重新分配

里根新联邦制最具戏剧性的部分就是提出的一套项目权衡取舍与返还。最初，主要的取舍包括医疗补助成本的全额联邦承担以换取州和地方政府对食品券和 AFDC 的全部责任，但后来改变为保留食品券在联邦部门。所有这些项目都属于被理查德·马斯格雷夫（Richard Musgrave，1959）称为政府的“分配”部门的范畴，他和其他财政经济学家一直主张，在现代社会对该部门的责任应该由国家政府掌握。原因在于，很少有自给自足的社区保持人口稳定，以致穷人的福利保持了强大的地方维度。在高度流动的社会中，纳税人从帮助居住在该国其他地区的穷人和弱势者身上或多或少地获得了与帮助住在附近的贫困人口同样的效用。从经济角度而言，分配部门带来的收益是国家公共产品。这并不是否认来自收入支持项目的地方性利益，而是要说明它们的正确作用是补充由联邦政府运营和资助的统一的国家项目。赋予它们更大的作用就有可能导致次优福利水平的扩散，这种扩散源自对相对慷慨的州或地方福利计划的不利财政影响的真实或想象的担忧。

这种逻辑导致了广泛的政策建议，即将食品券保留在联邦一级，医疗补助和 AFDC 都将逐渐转移到全额联邦资助。ACIR 已经推荐了一段时间（April，1969，P. vi；June，1981，P. 111）的这些变化将为旨在统一国家支持水平的不同项目的协调改革提供绝佳的机会，涉及实物和资金转移，以及隐含的边际税率——例如，所有经过收入测试的支持项目的综合福利折扣率——的建立并不会过度阻碍工作努力。这些变化的直接障碍之一在于联邦预算成本既是重大的，也与里根计划的一些关键方面不一致，因为它们的制定可能需要增加税收或削减国防开支，现在这些都未考虑。

不太明显，但潜在的更严重的障碍是由项目转移中隐含的复杂分配效应体现的。这些将包括：

- 联邦支出和税收变化产生的州际和区域间收益和损失。

- 由现有独立决定的模式转变为统一的国家模式（由州级资助增量补充或不由州级资助增量补充）导致的不同州的低收入家庭的收益和损失——在1979年，在夏威夷、佛蒙特州和威斯康星州的没有外部收入的四口之家有资格获取的月度AFDC收益超过500美元，而在密西西比州和得克萨斯州只有120～140美元（Edward M. Gramlich and Deborah S. Laren，1982，pp. 161－171）。

- 州和地方纳税人以及来自这些政府对AFDC和医疗补助的联邦融资模式变化的预算反应的支出项目受益人的收益和损失。

295 这些反应将是收入和价格效应的混合体，它们的作用方向相反。AFDC和医疗补助的现有州—地方成本向联邦政府转移将会刺激州和地方政府的总体支出，但是取消开放式配套补助会提高为其居民提供福利的州—地方成本——需要平均42美分到1美元才能给AFDC提供额外1美元的福利（Gramlich and Laren，1982，P. 169）——因此会阻止自筹州或地方的福利和医疗补助收益。就这些计划本身而言，人们会预期价格效应将主宰任何来自收入效应的潜在刺激，而实证研究证实了这种期望。例如，拉里·奥尔（Larry Orr，1976）对AFDC项目的研究估计，向联邦资助的AFDC转变的好处在于消除了联邦在边际上的配套，但保持不变或甚至增加总收益的联邦份额将平均减少这些水平的16%。由于联邦医疗补助和AFDC配套现在与州的人均收入呈现出反向变化，低收入州相比于高收入州从这两个项目的联邦化中取得了较少的收入增加并经历了较高的价格上涨。根据奥尔的调查结果，格拉姆利克（Gramlich）和拉伦（Laren）对1979年AFDC福利的假设模拟显示，威斯康星州四口之家的收益从510美元降至414美元，而密西西比州的福利将从120美元降至86美元。

那么看起来，低收入家庭可能会失去很多，不管AFDC的职责是否像里根提议的那样完全返还给各州，还是像其他人建议的那样主要转移到联邦一级。当然，联邦政府可以将国家水平设置得足够高，以保护大多数AFDC受益人免遭任何购买力损失，即使他们自己的州从项目中彻底退出，但这样的政策将导致高昂的联邦预算成本。财政紧缩时期并不是考虑国家福利制度重大改革的最佳时期。但这也不是将联邦责任返还各州的最坏时期，因为这样的话减少的联邦政府支持水平至少可以带来较少的联邦限制。

里根的返还计划有三个主要特点：

• 确定那些因国家利益太弱而无法存续的联邦补助项目（最初有 44 个项目，但后来减少）。

• 建立一个过渡性信托基金，并将特定的联邦税收转入其中，各州可以像以前一样从中获得同样数额的资金并附加同样的条件或者以不含附加条件的超额收入分成的形式获得资金。自 1988 年财政年度起，信托基金将逐渐被淘汰，因为用来融资的联邦税收被终止了——1988 年的汽油税、1989 年的酒精饮料税、1990 年的电话消费税和 1991 年的烟草消费税。

• 州和地方政府逐渐承担返还项目的全部财政责任，同时还有它们希望执行的任何终止的联邦税。

如此广泛的权力和责任下放提出了几个重要的问题。其中一个问题涉及选择用于返还的每个项目中的国家利益的强度和性质。即使这里取得的成绩远低于期望值，我们在有关联邦制的性质的辩论过程中也可能学到很多东西。那些留存下来的单项补助项目可能是更坚定地基于原则，其他项目可能会更好地合并为整体补助，还有一些项目可能会完全停止。第二个问题涉及具体税收返还的相对优点，例如拟纳入过渡信托基金的税收，以及例如像是 1981 年《经济复苏税收法案》中颁布那样的一般联邦税收减免。具体的税收返还意味着明确的意图信号——某一级政府正在腾出一定的 296
税收领域并期望另一级政府将其纳入考虑范围。一般的减税通常不会提供这种信号。然而，ERTA 颁布的 1983 年个人所得税税率降低因其对预算和宏观经济效应潜在的不利影响而受到批评，可以重新审视和宣传其州—地方税收强化和微观经济效应。州所得税增加可能会也可能不会像州重拾联邦终止的活动那样在政治上可行。即使它们是可行的，仍然要担心交易所带来的分配效应。

除非有大量潜在的受益者和极少数（如果有的话）明显的输家，否则像税制改革这样的财政权力下放可能无法实现。在根据里根提案评估它们的立场时，国内的每个州和地方政府都会计算新的责任成本，并将它们与可能获得的额外资源进行权衡。关于这些问题的大量信息已经在 ACIR 工作文件中提供（1981 年 12 月）。它包括模拟了大量返还计划对各州的净财政效应，每种计划都将特定联邦补助项目中止与假设的足以弥补全国失去的联邦援助总额的收入替代相结合。换句话说，对于所有 50 个州和哥伦比亚特区来说，每种计划的净财政效应都为零。然后，净人均效应为正的州是受益者，为负的州是输家，这些估计值的标准差用作方便地总结每种权力下放计划中隐含的财政错配程度。此处关注许多调查结果中的两个。

其中一项包含 1980 年度 79 亿美元的联邦成本的计划涉及除了收入保障以外的各种功能领域的 205 项联邦补助返还。如果各州接管这笔额外的费用并通过接收香烟和酒精上的联邦消费税来为其提供资金，那么这种错配程度（净人均财政影响的标准差）将为 12.87 美元，但如果使用联邦所得税，这一程度将升至 14.82 美元。这表明消费税返还的分配优势是令人惊讶的，它说明了替代权力下放计划的经验模拟的价值。

另一组有趣的发现涉及 283 项联邦补助项目的大规模返还以及 1980 年度 205 亿美元的联邦成本。如果这种权力下放是通过向各州分配等量的联邦所得税收入来实现的，那么错配标准差的绝对值将为 26.54 美元，但相对于返还计划的规模而言它只有 29%，与上文讨论的较小计划相比只有 43%。然而，有些州将会是惨重的输家。净损失最大的是密西西比州，该州在 1979 年 ACIR 税收能力等级中排名最后（全国平均水平的 71%）。根据模拟结果，密西西比州的人均净损失为 89 美元，总共损失 9.4% 的自有收入。值得注意的是，当重新计算计划的财政效应时，用人均收入分成来代替所得税作为融资来源时，错配标准差下降到 18.24 美元，虽然密西西比州仍然是主要的输家，但其损失降至 51 美元和 5.4% 自有收入。

这些影响模拟说明了任何政治和财政责任下放所固有的一些最重要及最具争议的权衡取舍。项目权力下放将增加美国政府应对不同州和地区公共产品的多重口味时的自由度，但会牺牲公平性。如果依靠税收返还，富裕地区可以付出比贫困地区更少的牺牲来接管额外的责任。如果使用人均收入分成来代替税收返还，那么公平性的损失就会减少，但是这种融资政策可能会在分配的资金中添加联邦指纹的风险，也可能削弱州和地方官员对其选民的受托责任。

一些改变的希望 297

里根政府的新联邦制提案导致了相当遮蔽的早期生活，由快速增长的国防支出、巨大变化的联邦所得税率和巨大的预算赤字所产生的前景和问题使其在公众眼中更为失色。然而即使在它们存在的头十个月中，也有一些成就（David B. Walker，Albert J. Richter and Cynthia Cates Colella，1982），并且还有更多可以企望。这很可能是一个资源限制和预算严格的时期，就像前景中展示的那样，但也是尝试这些举措的好时机。当然，战后经济上的缓慢和快速增长的时期，经常被他们用来解释在政府间财政领域的失败和成就。例如，在其《联邦在联邦体系中的作用：增长的动力》（*The Federal Role in the Federal System*：*The Dynamics of Growth*）的 11 卷研究的结果，ACIR 得出结论认为，政府间援助系统已经变得超负荷，其中有太多独立的项目和太多的联邦控制和法规（1980 年 12 月）。几年的紧缩可能会使公众认识到改革的必要性，并希望以最好的方式实现改革。在这样的环境下，新联邦制提案是一个受到欢迎的倡议，它邀请支持者完善它们的结构改革设计，并提出更好的选择挑战批评者。

参考文献

Advisory Commission on Intergovernmental Relations，*State Aid to Local Government*. Report A – 34 （April 1969）.

—*Regional Growth*：*Flows of Federal Funds*，1952 – 1976，Report A – 75 （June 1980）.

—*The Federal Role in the Federal System*：*The Dynamics of Growth*，In Brief Report B – 4 （December 1980）.

—*Regional Growth*：*Interstate Tax Compet1t1on*，Report A – 76 （March 1981）.

—*The Federal Role in the Federal System*：*The Dynamics of Growth*，*An Agenda for American Federalism*：*Restoring Confidence and Competence*，Report A – 86 （June 1981）.

—*Changing the Federal Aid System: An Analysis of Alternative Resource/ Responsibility Turnbacks and Program Trade – Offs*, Staff Working Paper (December 1981).

Beam, David R., "Economic Theory as Policy Prescription: Pessimistic Findings on 'Optimizing' Grants," in Helen M. Ingram and Dean E. Mann (eds.), *Why Policies Succeed or Fail* (Beverly Hills, Calif.: Sage Publications, 1980), pp. 137 – 162.

—"Washington's Regulation of States and Localities: Origins and Issues," *Intergovernmental Perspective* (Summer 1981), pp. 8 – 18.

Break, George F., *Financing Government in a Federal System* (Washington D. C.: The Brookings Institution, 1980).

Conlan, Timothy J., "Back m Vogue: The Politics of Block Grant Legislat10n," *Intergovernmental Perspective* (Spring 1981), pp. 8 – 17.

Derthick, Martha, *Uncontrollable Spending for Social Services Grants* (Washington D. C.: The Brookings Institution, 1975).

Feldstein, Martm, "Adjusting Depreciation in an Inflationary Economy: Indexing Versus Acceleration," *National Tax Journal* (March 1981), pp. 29 – 43.

Gramlich, Edward M., "Intergovernmental Grants: A Review of the Empirical Literature," in Wallace E. Oates (ed.), *The Political Economy of Fiscal Federalism* (Lexington, Mass.: Lexington Books, 1977).

—and Deborah S. Laren, "The New Federalism," in Joseph A. Pechman (ed.), *Setting National Priorities: The* 1983 *Budget* (Washington D. C.: The Brookings Institution, 1982).

Gravelle, Jane G., "Effects of the 1981 Depreciation Revisions on the Taxation of Income from Business Capital," *National Tax Journal* (March 1982), pp. 1 – 20.

Musgrave, Richard A., *The Theory of Publtc Finance* (New York: McGraw – Hill, 1959).

Ornstein, Norman J., "Chipping Away at the Old Blocks," *The Brookings Bulletm* (Winter – Spring 1982), pp. 11 – 15.

Orr, Larry L. , "Income Transfers as a Public Good: An Application to AFDC," *American Economic Review* (June 1976), pp. 369 –371.

Silkman, Richard, and Dennis R. Young, "X – Efficiency and State Formula Grants," *National Tax Journal* (September 1982). U. S. Congress, Congressional Budget Office, *Baseline Budget Projections for Fiscal Years* 1983 – 1987 (February 1982).

Walker, David B. , Albert J. Richter, and Cynthia Cates Colella, "The First Ten Months: Grant – in – Aid, Regulatory, and Other Changes," *Intergovernmental Perspective* (Winter 1982), pp. 5 –22.

299 # 第二十二章

在什么价位？20 世纪 80 年代以来联邦授权的费用*

马塞拉·里德利·雷（Marcella Ridlen Ray）
蒂莫西·J. 康兰（Timothy J. Conlan）

20 世纪 90 年代初，联邦授权成为政府间摩擦的主要原因。与过去 15 年相比，非健康相关联邦援助的相对重要性下降，但影响州和地方政府的联邦法规数量迅速增长。根据一项研究结果表明，监管法规在 20 世纪 80 年代增加了 75%（Conlan，Beam and Colella，1993）。

这些要求的财政成本引发了许多州和地方官员的担忧。根据州议会全国会议（National Conference of State Legislatures）前主席的说法，“联邦授权正在压制州级预算”（Martin，1991）。这种情绪引起了市长和州长对那些没有资助的授权的反对，并促使国会出台了许多法案来限制执行和/或补偿新的政府间规制的成本。[1] 在经历了两年的密集政府间游说和 1994 年共和党选举滑坡之后，国会于 1995 年初通过颁布 1995 年《未资助授权改革法案》（Unfunded Mandate Reform Act）作出了回应。[2]

尽管具有里程碑意义的立法遏制了强制执行未资助联邦授权的做法，但有关授权问题的财政规模的准确信息仍然令人惊讶地受到限制。最近有关总成本的估算数最高达到 5 000 亿美元（Fabricius，1991：1），最低则为 89 亿

---

* From *State and Local Government Review*, Vol. 28, No. 1 (Winter 1996), 7 – 16. Copyright© 1996 by Carl Vinson Institute of Government, University of Georgia. Reprinted with Permission.

美元（Conlan，Beam and Colella，1993：65），但迄今为止所有估算工作的范围、质量、时机和方法都受到严格限制。虽然国会已经采取行动限制未来授权的成本，但真正有效的立法解决方案可能需要对联邦授权对州和地方政府的影响有更准确和全面的理解。

现有研究

政府间规制在 20 世纪 70 年代末和 80 年代初成为公共政策关注的主要问题。在 1980 年，纽约市市长爱德华·科赫（Edward Koch）争辩说，一个"授权重负"已经开始阻塞美国城市的活力。不久之后，罗纳德·里根成为第一位在联邦政策辩论中给予联邦授权问题重点关注的总统（Presidential Task Force，1982）。

在同一时期，对政府间规制的法律基础、政治发展和行政执行的学术研究显著扩张。[3] 然而，对联邦授权的财政影响的研究更为有限。城市研究所 300
（Urban Institute）在 20 世纪 70 年代后期开展的一项研究得出结论认为，联邦授权施加了"实质性的"成本，平均每人约 25 美元（Muller and Fix，1980：327）。然而，这一发现仅基于 7 个地区的 6 项主要规制，现在已严重过时。

最近，环境保护局（Environmental Protection Agency，EPA）试图估算每年遵守国家环境标准的年度总费用。1987 年州政府的费用估计为 30 亿美元，按照 1987 年不变价格到 2000 年预计为 45 亿美元（EPA，1990：2－6）。据估计，地方政府遵守联邦环境要求的支出从 1987 年的 192 亿美元增加到 2000 年的 326 亿美元，在 13 年中增长了 68%。

虽然环境规制对州和地方政府施加了一些最昂贵的负担，但它们不是法定支出的唯一来源。其他昂贵的规制涉及医疗保健服务，残疾人辅助以及员工工资和工作条件。表 22.1 列出了美国市长会议（U. S. Conference of Mayors，USCM）和全国郡县协会（National Association of Counties，NACo）制定的 14 项授权的成本估算。这些组织编制了来自 314 个城市和 128 个县的监管合规数据。由此得出的所有城市估计数总计为 65 亿美元，所有郡县估计数总计为 48 亿美元（USCM，1993：2；NACo，1993：2）。但是，这些估计的质量受到若干因素的限制，包括没有对地方政府提交文件进行独立验证、参与地区的非随机样本、一小部分规制项目以及缺乏州级支出数据（U. S. Senate Committee on Environment and Public Works，1994）。

表 22.1　　1993 年财政年度部分城市和郡县未资助联邦授权的估计成本

警务目标	总成本	
	城市	郡县
	百万美元	
净水法案/湿地	3 613	1 186
固体废物处置/AGRA	882	646
安全饮水法案	562	164
空气净化法案	404	302
美国残疾人法案	356	294
公平劳动标准法案	212	262
地下储藏罐	161	176
濒危物种法案	37	120
石棉清除（AHERA）	129	NA
含铅油漆清除	118	NA
移民法案	NA	1536
债券套利限制	NA	78
超级基金修正案	NA	43
戴维斯—佩根法案	NA	11
总计	6 473	4 817

资料来源：美国市长会议：普华永道，1993 年，表 1 与全国郡县协会：普华永道，1993 年，表 1。

301 另一次对州和地方政府的联邦规制成本进行检查的尝试由美国政府间关系咨询委员会（Advisory Commission on Intergovernmental Relations，ACIR）在 1993 年开展。该研究利用国会预算办公室（Congressional Budget Office，CBO）在 20 世纪 80 年代制定的“财政注释”来开发对联邦规制对州和地方政府施加的财政成本的更全面的估计。自 1983 年以来，CBO 已经试图估计拟议联邦立法的政府间财政影响。在 20 世纪 80 年代，该办公室对 3 500

多份议案和修正案进行了州和地方政府的成本估算，其中包括对 457 份已形成法律的议案的估计。ACIR 对这些数据的分析表明，在 1983 年和 1990 年新规制的强制执行对各州和地方政府施加的估计成本累计在 89 亿美元至 127 亿美元之间，这取决于所使用的授权的定义。

不幸的是，这些 CBO 数据仅提供了对联邦授权财政规模的粗略和保守估计。CBO 的估算通常是在立法过程的早期阶段编制的，早在对受影响的政府施加具体的合规责任的实际行政规则和要求颁布之前。[4] 由此产生的估计往往不准确。此外，CBO 数据不包括 CBO 过程开发前几十年的主要规制的影响。它们也不包括在 1980 年代制定的许多授权，CBO 无法为此编制成本估算。

使用影响分析来估计授权成本

本文介绍了另一种来源的调查结果——联邦机构在规则制定过程中编纂的规制影响分析。从 1981 年开始，第 12291 号行政命令要求联邦机构估计新提出的法规对其他政府实体、企业或整体经济的预期财政影响。[5] 如果影响可能很大（定义为年度影响 1 亿美元或更多），那么机构通常需要准备一份规制影响分析（RIA）并详细说明拟议要求的预期成本和收益。由于这些分析是在规则制定过程的后期进行的，因此，当具体的规制要求可以进行更详细的分析时，它们不受 CBO 财政注释的某些固有限制。它们可以用来对联邦政府、对州和地方政府强制支出生成一个相对全面的（尽管不完整的）的描述。

方法

我们的研究集中于在 1981 年至 1992 年间由 7 个联邦政府部门和机构颁布的最终法规。这 12 年是第一个存在可用于估算拟议联邦法规成本的系统化数据的持续时期。选定的特定联邦部门是劳工部（DOL）、内政部（DOI）、教育部（DOE）、卫生与公众服务部（HHS）、住房与城市发展部（HUD）、交通运输部（DOT）和 EPA。以前的研究表明，影响其他政府层级的大多数联邦规制行为都是由这 7 个联邦机构产生的（Conlan，Beam and

Colella，1993）。

本文采用两种搜索方法来确定对州和地方政府施加重大成本的主要规则。其中一种使用了规制统一议程（Unified Agenda of Regulations）。每个联邦机构都准备了在测试期内即将进行的规制行动的半年度议程，每年4月和10月在《联邦公告》（Federal Register）上发布。由联邦机构确定为“主要
302 的”最终法规——由于预期会对州和/或地方政府造成不利的财政影响——被隔离出来，在《联邦公告》中检查随后的最终规则制定，而且对相关的RIA或其摘要进行了分析。机构在RIA中所预测的每项规制的成本都会从数量以及受到影响的预期时期方面进行检查。

总共详细审查了168项议程以确定预计会对州和地方政府施加重大成本的主要规制。然而，统一议程中提供的摘要信息往往不完整，并且经常因机构和年份而异。因此，第二种搜索方法被用作备份。由LEXIS提供的《联邦公告》在线数据库被用于搜索由每个机构指定为“主要的”并对州或地方政府产生影响的规制。为了隔离可能影响州政府或地方政府的主要最终规则，加入了一个共同的搜索请求格式。[6]

发现

从1981年到1992年的12年间，我们审查的7个联邦机构发布了15个主要的最终规则，对州和地方政府施加了重大的财政成本（表22.2）。这些规则中有2/3是由EPA颁发的。这15条规则中除了1条以外，其余所有条款都是在1985年以后完成的，这意味着在该十年的后半段加快了规制活动。

表22.2　1981～1992年预计对州和地方政府产生不利财政影响的主要规则

编号	年份	机构	标题
1	1982	EPA	国家石油和有害物质污染应急计划修正案
2	1986	DOT	残疾人非歧视（公共交通项目）
3	1987	EPA	极有害物质清单和阈值计划数量、紧急计划和发布通知要求
4	1987	DOL	适用于州和地方政府机构的公平劳动标准
5	1987	EPA	学校含石棉材料规则

续表

编号	年份	机构	标题
6	1987	EPA	紧急和危险化学品清单表格和社区知情权报告要求
7	1988	HUD	铅基油漆危害清除
8	1988	EPA	地下石油储罐：技术要求
9	1988	EPA	地下石油储罐：财政责任要求
10	1989	EPA	地表水和国家主要饮用水微生物污染物过滤和消毒规制标准
11	1990	EPA	国家石油和有害物质污染应急计划修订
12	1991	HHS	医疗保险和医疗补助：长期护理设施的要求
13	1991	DOT	为残疾人士提供的交通服务
14	1991	EPA	铅和铜的最高污染物水平目标和国家主要饮用水规定
15	1992	EPA	城市生活垃圾填埋场标准

注释：DOL = 劳工部；DOT = 交通运输部；EPA = 环境保护局、HHS = 卫生与公众服务部；HUD = 住房和城市发展部。

对于整个规制组合来说，对州和地方政府施加的成本估计是相当可观的。1992 年，可获得数据的规制的成本估计总计为 302 亿美元（表 22.3）。[7] 单项规则的成本估计从 EPA 的 1.33 亿美元的有害物质清单和规划请求到 DOT 的 69 亿美元的公共交通中残疾人非歧视规则。

表 22.3　　15 项联邦授权的全周期预期成本估计

编号	标题	1992 年价格的成本估计（$）
1	国家石油和有害物质污染应急计划修正案	172 909 000
2	残疾人非歧视（公共交通项目）	5 357 040 000
3	极有害物质清单和阈值计划数量、紧急计划和发布通知要求	132 627 200
4	适用于州和地方政府机构的公平劳动标准	1 447 380 000
5	学校含石棉材料规则	2 507 774 900
6	紧急和危险化学品清单表格和社区知情权报告要求	316 940 000
7	铅基油漆危害清除	不可得
8 ~ 9	地下石油储罐：技术与财政责任要求	2 550 269 500

续表

编号	标题	1992 年价格的成本估计（$）
10	地表水和国家主要饮用水微生物污染物过滤和消毒规制标准	3 294 637 200
11	国家石油和有害物质污染应急计划修订	651 249 600
12	医疗保险和医疗补助：长期护理设施的要求	402 393 000
13	为残疾人士提供的交通服务	6 911 354 000
14	铅和铜的最高污染物水平目标和国家主要饮用水规定	2 312 072 000
15	城市生活垃圾填埋场标准	4 166 547 000
	总计	30 223 193. 400

然而，这个总体数字有些误导，因为联邦机构在估算不同规制的成本时采用了不同的假设。一些规则（如学校石棉移除）的成本预计周期超过 30 年，而其他一些规则（如社区知情权要求和国家危险物质应急计划要求）的估计周期仅为 5 年或 10 年。

因此在表 22. 4 中，作者试图通过仅将在共同的 12 年执行期间（1983～1994 年）产生的规制成本总计来标准化这些差异。这些估计成本也按照 1992 年物价进行转换。采用这种方法，所有 14 项规制在此期间发生的总成本总计约为 108. 5 亿美元。[8]

表 22. 4　　法定成本：12 年内 14 项联邦授权的标准化成本估计

编号	执行年份的成本估计														按 1992 年价格总计
	基准年	1983	1984	1985	1986	1987	1988	1989	1990	1991	1992	1993	1994	总计	
1	1981	13	12	11	10	9	8	7	7	6	5	5	5	98	140
2	1983					200	194	189	183	178	173	168	163	1 448	1 920
3	1986					16	15	13	12	11	10	9	8	94	115
4	1984					216	310	103	93	85	77	70	64	1 018	1 305
5	1987							204	185	168	153	139	127	115	1 091
6	1986							39	35	32	29	26	24	22	207
8～9	1987							106	103	100	97	95	92	593	704

续表

编号	执行年份的成本估计														按 1992 年价格总计
	基准年	1983	1984	1985	1986	1987	1988	1989	1990	1991	1992	1993	1994	总计	
10	1987								296	269	245	223	202	1 235	1 466
11	1989										130	123	117	119	489
12	1987										339			339	402
13	1990										628	571	519	1 718	1 823
14	1988										112	97	94	303	348
15	1990											256	249	505	536

合计：108.5 亿美元（按 1992 年价格计算）。
注释：编号与表 22.2 一致。第 7 项规制的估计成本不可得。

这些授权与联邦规制活动的所有级别相比如何？在所研究的 12 年中，所审查的 7 个机构发布了总共 3292 条最终规则，但这些规则中的绝大多数单独考虑的估计影响相对较小。平均而言，对于所有联邦机构而言，OMB 数据表明，所有最终规则中不到 2% 满足作为主要规则的政府成本和经济标准。将这个百分比外推到我们 7 个机构的样本中，我们估计大约有 50 条规则在所审查的时间内达到了这个阈值。然而，这些规则大部分针对的是私营部门实体，例如制造商、航空公司和公用事业公司——留下了大约一半的子集，即所有最终规则中的 1% 对州和地方政府带来了巨大的成本负担。

讨论和限制

通过使用机构的规制影响分析来衡量联邦授权的成本与使用各个地区或 CBO 产生的数据相比具有明显的优势。它比本地信息更加统一和全面，比 CBO 数据更准确。同时，这种技术取决于规制影响分析的可得性和质量。303
如果机构没有将规则分类为主要规则，或者由于某些其他原因而未能编制 RIA，则此方法不会捕获这些要求的成本。即使准备好了 RIA，这里使用的技术也不会对准备好的估算的质量作出独立判断。最后，尽管我们使用了两个重叠的搜索过程，但由于规则数量巨大以及特定法规的复杂性，我们可能在搜索过程中忽略了规则或错误地进行了分类。以下各节将详细讨论这里的每一个限制。

保守的方法

我们在这项研究中采用的成本估算技术系统地偏于保守。它代表了联邦授权成本的低范围估计，尽管这种偏差的全部程度是无法估计的。

304 这种方法容易低估联邦授权总成本的原因有几个。首先，它排除了联邦机构认为非主要的所有规则。根据执行第12291号行政命令（现为第12866号）的OMB指导原则，各机构通常使用年度费用1亿美元的阈值来定义主要规则，因此这些计算可能不准确或存在缺陷。较小的规则通常被排除，即使这些规则的累积成本可能很大。

我们的清单中的其他遗漏包括机构认为非主要的较大授权，因为它们与某种形式的补助资金相关联。近来，医疗补助计划一直是许多州预算中增长最快的组成部分，这至少部分是由于在此期间国会强制要求扩大覆盖面。根据一些估计，这些要求到1992年将使得州政府的医疗补助栏目增加25亿美元（Rovner，1991）。我们的搜索技术并没有触发对任何这些医疗补助扩展的成本估算，医疗补助可能在技术上被认为是合作计划的一部分，州级参与被视为自愿的。

最后，本项研究的有限时间框架遗漏了12年研究窗口之外的潜在昂贵的规定。排除的规制包括那些在1981年第12291号行政命令的成本估算程序发布之前制定的——包括与联邦废水处理法规、残障儿童教育和联邦政府补贴建筑业的工资标准相关的昂贵要求。在我们的研究窗口关闭时仍然悬而未决的规制也被排除；这些规制包括20世纪80年代后期或20世纪90年代
306 初通过的立法产生但尚未以最终形式发布的规则。表22.5列出了未包括在我们的成本估算表中的几项最新监管法规以及CBO估计的可能财政影响。

表22.5　其他几项现行联邦规制的估计成本

其他现行规制	估计成本
美国残疾人法案	5年内不到10亿美元
1990年清洁空气法修正案	每年2.5亿~3亿美元
1990年医疗补助扩大预算协议	5年内达8.7亿美元
1993年全国选民登记法案（“激动选民法案”）	5年1亿美元

资料来源：CBO成本估计，不同年度。

如前所述，国会预算办公室还开发了 20 世纪 80 年代制定的许多其他政府间法规的费用估算，其中包括若干项无法获得机构 RIA 的重要授权。粗略地将机构和 CBO 资源的估计结果联系起来，得出全周期的估计总额为 422 亿美元，单是 1991 年的估计成本总计为 42 亿美元。然而，这两种估计来源缺乏一致性使得它至少是一个不确定的，但仍然保守的近似估计。[9]

估计问题

由于多种原因，规制行为的财政影响往往难以预测和计算。首先，高度不同的实体可能会受到影响，而且不同地区的规制影响往往会有很大差异。

另一个原因是，监管问题纯粹的复杂性可能使得准确成本估算落空。例如，为社区知情权规则（表 22. 3 中的第 3 项和第 6 项）准备的规制影响分析涉及的问题包括：

- 适当的基线是什么？在最终规则之前社区已经采取的条件和补救措施是否应该成为分析的一部分？
- 如何计算独立于联邦要求的花费？
- 应该如何以及按照什么标准确定受影响的实体？
- 是否需要考虑其他解决方案以及基于什么进行考虑？
- 受管制的活动是否应该随着实体的规模或类型而改变？
- 是否应该假设全面实施来计算成本影响？
- 如何计算社会成本和收益？
- 是否应该努力确定由不同规定产生的重复成本？

同样，劳工部发现对于应该已经计算出来的州和地方政府机构采用公平劳动标准的规则成本明显缺乏共识。这些规定影响各州和 83000 个不同的县、乡、市，学区和特区的工资水平和加班补偿。来自全国城市联盟（National League of Cities）、国际城市管理协会（International City Management Association）、美国州县和市政雇员联合会（American Federation of State, County, and Municipal Employees）以及国会预算办公室的估计数从每年 5 亿美元到 30 亿美元不等。

数据限制 307

最后，影响本研究中使用数据的一系列限制是由搜索技术产生的，而不是成本估算本身。一些规制包含完整的成本或经济分析，但大多数只包含摘要或要点，省略了有关如何得出成本估算的重要信息。出于我们的研究目的，我们寻找了四项信息：计算的基准年、所使用的贴现率、贴现期的长度以及对州和地方政府的预期总成本影响。15 项规则中没有一项包含全部四类信息。联邦法规的读者往往只能猜测、推断或寻求有关该机构预测规制影响的方法和理由的其他信息来源。

此外，报告实践由于时间推移及不同的机构也不尽相同。美国劳工部明确列出了用于得出其对州和地方政府机构采用公平劳动标准规则的估计的假设和数据来源，以及其估算中使用的实际步骤。相比之下，住房与城市发展部并未在其“铅基油漆危害清除”规制中披露任何有关影响成本计算的信息或将其确定为主要规则的信息。

结论：不仅仅是金钱？

我们的研究试图利用相对较新的监管信息来产生更可靠的联邦政府规制成本估计。利用联邦机构制定的作为规则制定过程一部分的规制影响分析，我们确定了 20 世纪 80 年代颁布的 15 项主要政府间规制。基于伴随这些规则的综合规制成本估算，我们估计州和地方政府需要在 1983 年至 1994 年期间的联邦授权活动上至少花费 108.5 亿美元，到 2019 年它们的支出预计总额达 302 亿美元。

从整体上看，这些规制代表了受影响的州和地区的大量费用。尽管如此，这种规模的成本并未达到一些参与者在授权成本辩论中经常声称的沉重负担。例如，州议会全国会议估计，直接归因于联邦政府授权的法案可占州年度普通基金预算的 25%（Wnuk，1993：13）。而 1994 年共和党州长会议（Republican Governors Conference）通过的威廉斯堡决议（Williamsburg Resolve）指出，到 1998 年，未资助授权将占到地方收入的 1/4（Hittinger，1995）。相比之下，我们研究的 15 个项目的综合成本总计不到 1992 年州和地方收入的 1%。

我们应该如何解释这种差距？首先要认识到，量化联邦授权财政成本的努力是困难重重的。根据所使用的授权的定义、所包含的具体支出，估算这些支出的方法、这些估算的质量、样本中包含的地区以及其他因素，目前可得到的估计数差异很大。迄今为止，大多数量化联邦授权成本的尝试都不完整，或者存在严重问题。

认识到这些困难，我们所得出的估计几乎可以肯定的是太低了。我们的数据并不包括一些规模较小的非主要规制，而这些规制没有成本估算。它们也不反映在我们研究期间之前或之后施加的其他昂贵的法规，例如20世纪70年代的清洁用水要求或1990年的《空气净化法案修正案》。

因为我们相信我们估计的总数是保守的，所以我们可以尝试通过对最显著的遗漏进行慷慨的调整来补偿。为了抵消有限的空气净化和净水规制数据，我们可以在我们的总额上增加184.5亿美元，占1991年（可获得此类数据的最后一年）所有州和地方的污染减排开支的90%（美国人口普查局，1994年，表374）。加上我们之前监管估算中已包含的环境合规成本，这一新数字假定，在没有联邦要求的情况下，州和地方政府将不会花费任何东西来减少空气、水和固体废物污染。如果我们还假定在1992年州和地方政府医疗补助总支出（250亿美元）的1/2是联邦政府授权规定的——而不是由慷慨的配套奖励鼓励的——总和仍然等于1992年州和地方一般支出总额的4.6%（ACIR，1994：120）。

这是一个令人印象深刻的（而且可能是慷慨的）总和。这与最近对联邦授权所施加的相对财政负担的另一项评估（Dearborn，1994）的范围相同。但是，我们质疑这种规模的成本是否能够激发在20世纪90年代初期发生的州和地方政府反对政府间规制的巨大倾向。我们的解释是非资助授权获得了远远超出其直接财政成本的象征意义。对于许多州的州长、市长和县级官员来说，授权可能已经代表了对其日益减弱的权力和政策独立性的更深切关注。但是，如果这是真的，那么授权问题就不能仅靠财政补救办法来解决。

注释

1. 例如，第103届大会第一届会议提出了32项授权救济法案，其中9项要求联邦偿还或免除联邦授权活动的部分或全部费用。关于构建授权偿还计划所涉及的一些经济问题的讨论，见Whitman和Bezdek（1989）。

2. Pub. L. 104－4. 该法案旨在：（1）向国会和联邦机构提供更多关于

拟议联邦授权和法规的成本和收益的信息；（2）为制定或颁布资金不足的授权和条例造成程序障碍；（3）建立审查现有联邦授权的财政影响和可能修改的程序。

3. 参见 Lovell et al.（1979）；Beam et al.（1984）；Zimmerman（1992）；and Posner（1995）.

4. 这些问题的进一步详细讨论参见 Gullo（1990）。

5. 在 1993 年，该行政命令被第 12866 号行政命令《监管规划与审查》取代。

6. 实际的搜索协议如下：州或地方政府 W/50（《行政命令 12291 号》）或《监管灵活性规则》或《文书削减法案》或《成本影响规则》或《主要规则》或《监管评估规则》和《最终规则》以及“________部门”和之后的日期（01－01－19－）和之前的日期（12－31－19－）。对所审查的 12 年中每一年的 7 个样本联邦机构中的每一个都执行了对关键短语的搜索。

然而，由 LEXIS 进行的审查有两个因素是复杂的。其中之一是各机构在编写规则和条例时缺乏标准的名称。因此，完全一致的搜索协议在识别相关规定方面并不总是有效。

第二个复杂因素涉及 LEXIS 条目与统一议程之间的差异。在统一议程的印刷版和 LEXIS 数据库之间进行交叉检查发现在两个来源报告完成的法规的时间段存在差异。在大多数情况下可以调和这种差异，但不是全部。

7. HUD 在发布此规则时未公布其铅基油漆危害清除的成本估算。在其他情况下，规则适用于私营部门和公共部门实体。作者直接提供有关具体成本估算的额外信息以及分配此类成本时所做的假设。

8. 这是对联邦授权总成本的保守估计。根据已讨论的原因，实际数字可能要高得多。

9. 联邦法规的成本估算是从国会预算办公室为估算立法考虑而估算的。

10. 参见 EPA Dockets Office 的工作论文。

参考文献

ACIR. *See* U. S. Advisory Commission on Intergovernmental Relations.

Beam, David R. , Timothy Conlan, Cynthia Cates Colella, and Margaret

Wrightson. 1984. *Regulatory federalism: Policy, process, impact, and reform.* Washington D. C.: ACIR.

Conlan, Timothy J., David R. Beam, and Cynthia Cares Colella. 1993. *Federal regulation of state and local governments: Tl, e mixea record of the 1980s.* Washington D. C.: ACIR.

Dearborn, Philip M. 1994. Assessing mandate effects on state and local governments. *Intergovernmental Perspective* (Summer – Fall): 22 – 26.

Fabricius, Martha. 1991. *Fiscal impact of proposed mandates from the 102nd Congress.* Washington D. C.: National Conference of State Legislatures.

Gullo, Theresa A. 1990. Estimating the impact of federal legislation on state and local governments. In *Coping with mandates.* Michael Fix and Daphne A. Kenyon, eds. Washington D. C.: Urban Institute Press.

Hittinger, Russell. 1995. Power to the people: States and local communities battle the feds for the ball. *The American Enterprise* (March/April): 27 – 34.

Koch, Edward L. 1980. The mandare millstone. *The Public Interest*, 61 (Fall): 42.

Lovell, Catherine, er al. 1979. Federal and state mandaring to local governments. University of California at Riverside. Mimeograph.

Marrin, Joho. J. 1991. *Federal Action Monitor*, 11, No. 36 (September 6). (Oklahoma State Senate newsletter.)

Muller, Thomas, and Michael Fix. 1980. The impact of sdected federal actions on municipal outlays. In *Government regulation: Achieving social and economic balance*, Vol. 5 of *Special study on economic change.* U. S. Congress, Joint Economic Committee. Washinton D. C.: GPO.

National Association of Counties: Price Waterhouse. 1993. NACo *unfunded mandates survey.* Washington D. C.: NACo.

Posner, Paul. 1995. The politics of federal mandates: Congress on the frontiers of federalism. Columbia University, New York. Unpublished disserration.

Presidential Task Force on Regulatory Relief. 1982. *Reagan administration achievements in regulatory relief for state and* loa, */governments: A progress* *report.*

Washington D. C. Rovner, Julie. 1991. Governors ask Congress for relief from burdensome Medicaid mandates. *CQ Weekly Report*, 16 (February): 417.

U. S. Advisory Commission on Intergovernmental Relations (ACIR). 1994. *Significant features of fiscal federalism*, M – 190 – 2. Washington D. C. : ACIR.

U. S. Bureau of the Census. 1994. *Statistical abstract of the United States.* Washington D. C. : U. S. Department of Commerce.

U. S. Conference of Mayors: Price Waterhouse. 1993. *Impact* of 1*mf*11*nded federal mandates on U. S. cities*: A 314 *city survey.* Washington D. C. : USCM.

U. S. Environmental Protection Agency (EPA). 1990. *Environmental investments*: *The cost* of *clean*: *A summary.* Washington D. C. : EPA.

U. S. Senate Committee on Environment and Public Works. 1994. *Staff report*: *Analysis of the unfunded mandates surveys conducted by the U. S. Conference of Mayors and the National A*, *Sociation of Counties.* Washington D. C. : U. S. Senate.

Whitman, Ray D. , and Roger H. Bezdek. 1989. Federal reimbursement for mandates on state and local governments. *Public Budgeting and Finance*, 9 (Spring): 47 –62.

Wnuk, Christine. 1993. Foiling federal mandates. *State Legislatures*, 19, No. 5: 13.

Zimmerman, Joseph F. 1992. *Federal statutory preemption of state and local authority*, A –121. Washington D. C. : ACIR.

5.2 权利

第二十三章 当代预算的不灵活性*

班格—克里斯特·雅桑德（Bengt – Christer Ysander）
安妮·罗宾森（Ann Robinson）

西方工业国家的公共预算制定者正面临新的任务。除了重新分配和预期 310
的富裕人口快速增长的公共用途预留之外，它们现在往往还面临着更加困难和不愉快的任务，即阻止公共支出扩张并在经济滞胀的情况下重新分配资源。而且，它们不能再依赖经济预测的准确性。在试图解决这些新的任务时，它们经常意识到，迄今为止使用的福利战略和规划方法已经把它们置于一个相当严格的承诺和责任体系中，对于内部调整和重新定位的余地很小。这加强了寻求新方法的创造灵活性，寻求能够更好地在不断变化的环境中进行必要调整的新的战略和规划方法。

在这篇文章中，我们将更加清楚地阐述在公共预算灵活性需求背后的各种原因。我们首先对公共支出和财政的趋势进行较长时间的观察，指出由于

* From Public Budgeting and Finance, Vol. 2 (3) (Autumn 1982), 7 – 20.

"福利国家"的建设和扩张而产生的预算政策的一些重大调整问题。然而，近些年来经济停滞的经验使得这种对预算灵活性的潜在需求变得尖锐而普遍。因此，我们也密切关注目前的情况，眼下有很多预算政策涉及对抗和/或适应经济滞胀。

虽然经济发展需要灵活性，但官僚制度、政治体制和选民态度的发展似乎与此相反，即决策和支出模式日益僵化。在文章第二部分中，我们回顾了这些政治趋势，并讨论了制度僵化的趋势在多大程度上也可以被看作是由新的预算任务产生的。

我们讨论的大多数问题对于所有西方工业经济体来说都是共同的，尽管它们的关键程度和普遍认知程度可能会有所不同。我们一直使用以下八个国家作为共同参照系：加拿大、法国、意大利、荷兰、瑞典、英国、美国和西德。

311 从集体到个体安全

在公共预算中需要多少灵活性是一个问题：你必须准备好进行哪些外部和内部变化以及如何很好地预见这些变化。从公众"冒险"角度看，公共预算在过去的半个世纪内发生了极大的变化。

在旧的"监护人国家"中，国家的一项主要任务是关注集体安全，最大限度地减少和防范国防和外交政策以及司法和其他中央行政管理控制系统对社会施加的外部或内部冲击风险。除了集体安全支出——经济学家通常将其称为纯公共产品——以外，另一个主要支出类别是对道路和其他基础设施的投资。用经济术语来说，投资涉及"半公共产品"，其特点是固定成本比例高、经济寿命长、规模报酬大，这使得它们成为税收融资的自然候选。

由于这些雄心壮志和各种支出的支配，公共预算只需要适应国家安全形势的变化以及国内移民和城市化等方面的长期趋势。

其他类型的风险，无论是否由经济状况的变化还是由家庭和企业的变迁所引起，都是由直接受到影响的个体所产生的。这仍然是个别公司或个人家庭必须作出大部分调整，而不是公共预算。

过去半个世纪从"监护人国家"向"福利国家"的发展，意味着重点从集体安全转向社会和个人安全。西方工业国家公共预算现在主要并且越来越旨在确保个人家庭的合理标准。因此，公共预算越来越成为应对个人生命周期或家庭状况、失业和健康不佳、抚养子女和老年人的成本的缓冲或保险。风险承担已经从个人家庭——有时也从单个公司——向上转移到政府的事实，为公共预算灵活性创造了新的需求。社会风险分担不是一个人的幸运可能会导致另一个人不幸的零和博弈。人口变化和经济环境的变化不仅需要在公共资源使用总量上的变化，还需要资源在不同目的之间分配上的大幅度变化。

获得必要的灵活性有多困难取决于给定个体标准保证的形式。政府可以通过对个人家庭或企业的转移支付来保证收入，或者可以通过公共供给服务并免费分发或提供大量补贴（如公共消费）来直接保证某些社会服务的可得性。公共消费可能因为其他理由成了首选方式，但从灵活性的角度来看，它对公共预算制定者来说当然会造成进一步承诺和调整的问题。

谈到公共扩张涉及的趋势和倾向时，瑞典通常是一个很好的例子，因为公共支出和税收融资的相对扩张比其他任何工业国家都更进一步（Klingman and Peters，1980；Ysander，1981a）。图 23.1 显示了瑞典“福利战略”在 1950～1980 年的发展情况。所有非商业性、非契约性的公共支出分为两大类：集体安全和社会保障。在集体安全大标题下，国防和外交政策、一般行政管理、司法系统和消防服务的所有经常性和投资性支出已经计算在内。所有其他支出归入社会保障标题，并假定主要关注保证或维持个人标准。社会 312
保障支出进一步分为两类：“收入补贴”或直接向家庭转移，以及“价格补贴”。最后有两种价格补贴。较大的一部分在国民经济核算中被称为公共消费和相关投资，包括对政府机构来说就是在教育、健康、社会福利、道路等方面提供各种社会服务。其余的是对私营部门的经常性或投资性支出的补贴，例如住房和食品、公用事业或困境产业。

顶部的粗线显示了税收和社会保险缴费收入的增长。所有预算项目都显示为私人收入份额。

该图显示了一个非常惊人的发展模式。用于集体安全的收入份额在整个时期内保持不变，约为 10%。公共预算份额急剧扩大完全是由于社会保障支出的增加。在过去的 30 年里，这一份额已经翻了 3 倍多。公共消费和相关投资以及收入补贴在社会保障支出中的比例在此期间基本保持不变。尽管近年来工业支持措施大幅增加，但对私人生产者的价格补贴所占份额比其他社会保障支出的增长速度更慢。

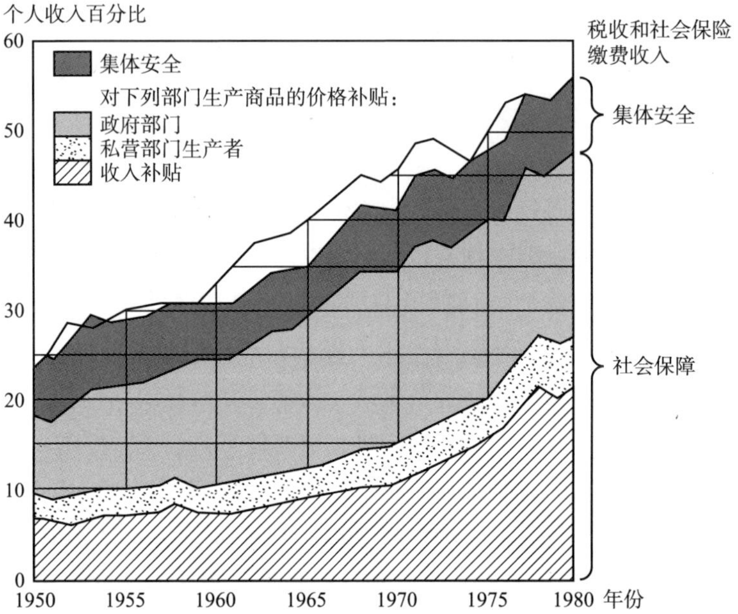

图 23.1 瑞典福利战略——1950～1980 年税收的使用情况

资料来源：B. －C. Ysander, *Fem avgiftsargument* (Five Arguments for Public Pricing), *SOU* 1979: 23 (Royal Commission Report), Stockholm; and *Offentlig ekonomi i tillvaxt* (Expanding the Public Economy), The Industrial Institute for Economic and Social Research, Stockholm, 1981.

313 特别是瑞典公共预算中整体的资本形成和特定的基础设施投资所发挥的作用也在减弱。现在公共资本形成占 GNP 的份额比 30 年前少。

不同国家的福利策略各不相同。与瑞典相比，大多数 OECD 国家的公共预算总体扩张速度较低，而且相对较少依赖于整体的价格补贴和特定的公共消费。对于像意大利和法国这样的国家来说尤其如此，在这些国家，社会保障支出通常以对家庭的收入转移为主。对公共消费的相对依赖与预算灵活性问题有关。我们似乎有理由认为，更多地依赖公共消费的福利战略，包括相对较多的公共生产和就业，往往使得经济上和政治上更加难以向下调整，至少在短期内是如此。

无论福利策略的差异如何，不同国家的公共预算发展有某些主要的共同特征。通过公共预算渠道获得的总收入份额在各国都有增长。支出对集体安全的相对作用不断减弱，20 世纪 70 年代尤其迅速。最后，公共支出减少的份额被用于资本形成。

通过公共预算进行社会保障

社会保障支出在很大程度上可以被解释为“保障个人标准”的手段。研究公共预算为个人家庭做些什么的一种方法是研究它们对年轻个人预期生活收入的影响。对个人未来标准的期望将取决于生命周期的变化、对个人和未来子女的教育服务需求、老年护理等，以及各种疾病或失业风险。公共预算的存在可能会通过两种方式影响预期的生活收入。一方面，公共预算可以被解释为一项强制性集体保险政策，其保费按各种社会事件的平均概率计算。另一种影响是导致个人实际收入前景的直接变化。

可以解释为生活收入或标准保险的影响部分至少以两种方式影响个人期望。首先，它在一段时间内按照不同生命阶段的预期需求按比例重新分配可用资源。在这里，政府可以被视为完美信贷市场的替代品，使得个人可以按照它的需求进行借贷。其次，它改变了预期实际收入或标准在不同年份的差异。这里的社会保障承担纯风险保险的角色，弥补各种经济和家庭盛衰。

通过公共预算改变实际收入前景可能也有两种不同的方式。集体和社会保障可能会通过影响可用资源或改变激励措施来改变预期的生活收入水平。它也可能重新分配个人和家庭之间的预期生活收入。除了这些在税收和转移系统中公开考虑的再分配之外，由于涉及社会保障的集体和强制性“保险合同”与个人自愿承保的保险之间的差异，还有“变相的”再分配。一个健康、有才华、受过良好教育的人可能会比其他人承受更小的风险，并可能以不同的方式看待安全保障。

事实上，在预期的生活收入之间开放的再分配似乎在公共预算系统中发挥了边缘作用。社会保障预算的主要部分可以解释为个人终生标准或收入的保险。因此，实际的再分配不是从富人到穷人，而是在大众的年龄队列之间："终生"再分配。这对研究政府风险行为和对公共预算灵活性或调整的需求具有明显的影响。公共预算制定者必须做好适应各种人口和经济变化的准备，而且大多数调整都会影响大多数选民。

人口变化

由于如此多的政府支出涉及确保个体标准，所以需要公共预算具有灵活性和作出调整的一个主要原因是人口变化的前景。单个家庭所需的商品和服务因为家庭的构成、成人和儿童的数量和年龄等因素而有着很大的差异。如果社会保障被解释为对于每种家庭的某种标准的保险，那么包括在年龄结构或人口迁移和本地化模式上发生重大变化的人口变化显然需要对预算资源进行相应的调整和重新分配。人口变化也会影响构成社会生产基础和税收基础的活跃年龄段的人口比例，从而进一步放大调整问题。稳定的低死亡率与仍然波动的但又在长期内下降的出生率正好相反。大多数国家自 20 世纪 60 年代中期以来的出生率下滑，而且预期在 20 世纪的几十年间仍将保持在低位。但是，历史经验往往表明，对出生率的预测没有太大的重要性。在成熟的工业社会，出生率稳定似乎没有保证，因为生育率是根据连续几代人不断变化的欲望和经济环境来控制的。在老龄化的总体模式中，我们也可能在将来不得不处理波动的儿童人口引起的各种问题。

尽管不同国家的老龄化进程可能会有所不同，但所有这些特征都表现为人口增长率下降，以及意味着长期人口减少和年龄结构不断上移的生殖率，即老人相对较多，孩子相对更少。人口的这种"老龄化"在大多数情况下预计至少在未来几十年会持续下去。根据联合国的人口统计数字和预测，1950 年世界上较发达的地区大约 9 个活跃年龄（15 ~ 64 岁）的人对应 1 个超过 65 岁的人。2000 年的预测比率仅为 5 : 1。在西欧，这个比例现在只有 4 : 1，并且仍然在下降。

由于瑞典是共同趋势的一个极端例子，瑞典的数据可以说明人口变化隐含的调整问题。图 23. 2 根据几年前的官方预测显示了瑞典人口从 1925 年到 2025 年的变化。这个数字表明了我们在上面强调的人口变化的两个共同特征：高度不确定性和人口下降且老龄化的长期趋势。

不确定性和老龄化都会对经济产生明显的影响。从学校毕业的儿童以及加入劳动力市场、结婚和建立新家庭的年龄较大的成年人的数量的经常性起伏对教育系统的运作和发展，劳动力市场和对住房与耐用消费品的需求产生了不确定的影响。老年人数量越来越多造成了满足老年人收入稳定、医疗保健和住房等需求的经济、社会和政治问题。

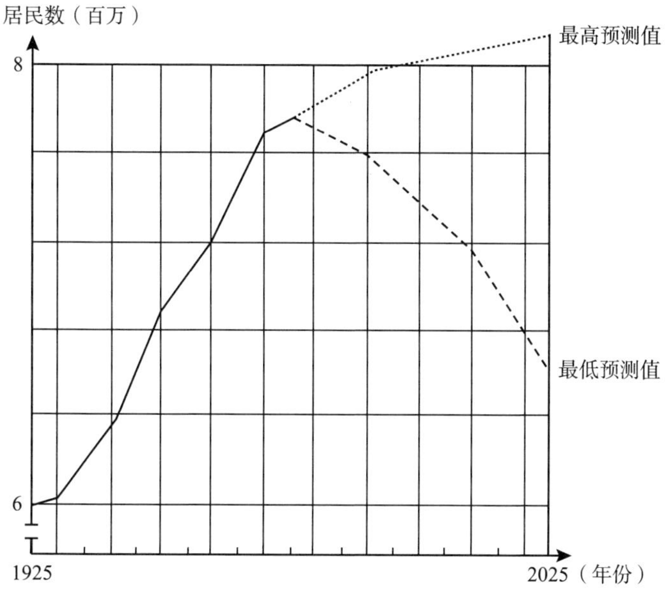

图 23.2　1925～2025 年瑞典人口

资料来源：National Central Bureau of Statistics（1976）.

作为公共预算的这些可能后果的一个例子，我们在表 23.1 中重新计算了 1975 年瑞典不同年龄组的消费模式的估计值。应该强调的是，在这里没有尝试独立估计儿童的私人消费成本。表中这个数字简单地表示这些专门用 315
于儿童的私人消费的对家庭公共转移支付的总和。因此，家庭内私人消费的实际分配情况已经公开。我们在这里感兴趣的是，尽管老年人的总消费量估计比活跃年龄的人低 20% 左右，但他们对公共服务的消费量——大约相当于儿童——是活跃年龄的人的 2 倍。一个人从活跃年龄到退休的转移不仅意味着他或她只因退休而稍微减少的总消费成本现在必须由剩下的收入者承担；这也意味着彻底改变“消费篮子”，重点放在各种社会服务上。

表 23.1 1975 年瑞典各年龄段的私人与公共消费（瑞典克朗）

	1～14 岁	15～64 岁	65 岁以上	合计
私人消费	2 200	26 700	14 900	18 200
公共消费	11 500	6 600	11 900	8 700
总消费	13 700	33 200	26 900	27 000

资料来源：A. Nordin and C. J. Aberg，*Befolkning och ekonomi*，Trygg－Hansa，Stockholm，1977.

经济环境的变化

公共预算需要灵活性的另一个主要原因与经济环境的变化和这些变化的不确定性有关。技术变革、竞争或谈判地位的变化改变了相对价格，并因此改变了家庭、企业和国家的实际收入。工业国家 20 世纪 70 年代的经验为此提供了一个很好的例子。两次大幅度的石油价格上涨导致许多石油进口国的
316 贸易条件大幅恶化，并影响了许多工业部门的竞争地位和盈利能力。在某些情况下发现新的自然资源导致了老年人的贬值和国内相对财富的变化。来自新兴工业化国家的日益激烈的竞争，助长了西方国家许多传统工业部门的长期衰退和停滞。伴随着通货膨胀率上升趋势而出现的异常严重和高度同步的经济衰退造成了稳定问题，这个问题在许多国家仍然远未解决。

总而言之，与战后第一个十年相比，工业和宏观经济规划方面的不确定性无疑有所增加，至少现在回想起来，当时的西方工业国家似乎表现出异常稳定和有序的经济发展。对经济规划者而言，布雷顿森林体系的固定汇率制度、高度管制的资本市场以及重建和贸易自由化的国际合作和规划都有助于使得世界相对安全。这种经历可能被证明是历史上独一无二的，现在已经明确地成为过去了。

在早期，如果没有社会保障安全网络，调整责任的大部分将由受到直接影响的个人家庭或企业承担。不断变化的竞争机遇将记录在各种要素收入中，而其影响会通过收入在家庭内转移的方式波及受抚养人。就此而言，社会保障预算意味着为个人标准提供保障，这种经济风险承担的大部分现在已被政府接管。

公共预算需要的调整不仅意味着重新分配收益和损失，即利用经济的扩

张部门的利润来弥补困境行业和地区以及受影响的家庭的福利损失。另一个甚至更困难的任务是调整国内消费的总体水平。

贸易条件和国家竞争地位的长期变化有时需要大幅下调消费水平和趋势。推行这些总体调整并确保后果在各个阶层之间公平分配的主要责任落在公共预算制定者身上。这一项是他们往往不适应的任务，这可能是为什么这么多国家近年来无法贯彻有效的稳定政策的一个主要原因。

政府承担风险还有另外一个重要但更具争议性的方面。经济调整不仅意味着紧缩预算渡过难关。这也意味着陆续调整经济结构，将衰退的产业和生产地区的资源转移到扩大的生产部门，并进行新的创新努力。当个体标准在一定程度上得到政府的保证，并且期望的收益和损失均匀时，个人行动、采取新举措、承担新风险的动因可能受到不利影响。对于受资助的工业企业以及受补贴的家庭来说，情况可能如此，并且这可能会降低资本和劳动力的流动性，在他条件不变的情况下则会在整个经济体中引入新的僵化因素。在这 317
种情况下，这意味着越来越多的启动变革和影响流动性的责任将落到政府手中。然后，越来越积极的劳动力市场和产业政策可被视为成熟的社会保障体系的不可避免的后果。

然而，在这个意义上，越来越多的政府干预也增加了对公共预算的灵活性要求，例如，由于劳动力供应有限，在新的工厂开张之前必须关闭旧的。目前大多数国家都经历过的这种灵活性需求的另一个例子就是工资政策。一方面，市场经济的经济调整预设名义工资具有一定程度的灵活性。另一方面，植根于社会保障体系的保障标准要求，加上工会团结，往往使名义工资的相对和绝对调整难以实现。为了同时适应这些相反的要求，可能需要对税收和转移系统进行精细而又持续的调整。然而，朝这个方向能走多远仍然是一个有争议的问题。

未来的公共预算需要更多的内置灵活性是无可争议的。我们仍然未知的且不同的观点和意识形态仍然存在巨大差异的地方在于，公共预算调整在多大程度上可以取代个人调整，而又不会失去分权经济的效率收益。

滞后的增长

在资源扩张时调整通常要比在这样一种停滞的环境下进行调整要容易得

多，在这种环境下，一类支出的扩张只能按照与另一种支出缔结的价格来购买。这部分解释了为什么在产业停滞的时候如此关注预算灵活性问题。然而，除了目前工业生产力下降的趋势之外，我们有充分的理由认为，未来的预算制定者必须在比战后十年小得多的增长限度内运作。这仅仅是由于经济中存在着几个具有不同生产率增速的部门。

假设劳动力密集型服务部门平均而言将始终具有比工业部门更低的生产力增长，这似乎是合理的。考虑到这一假设，即使工业生产和服务提供是均衡增长的，也需要有更多的人持续地从工业部门转移到服务部门，而经济中生产力增长的整体速度将下降，从长远来看趋于平缓朝着生产力增幅最小的服务部门迈进。如果我们也想让每一类家庭的商品和服务消费呈现均衡的增长——而非福利国家的自然规范，那么很显然，在其他一切不变的情况下，随着人口老龄化，劳动力向服务部门的转移以及整体生产力增长放缓将会更加迅速。除此之外，如果我们增加这样一个事实，即现在似乎只有大幅度增加洲际移民才能够防止西方工业国家的劳动力供应长期下降，那么未来公共预算制定者将会面临着更少的新的可用资源，将不得不更多地依靠内部储蓄。

记录的国内生产总值（GDP）的增长实际上往往比实际发生在国内总产量中的情况显示更明显的延迟。其中一个原因可能是经济中相对扩张的“黑色和灰色”部分，例如越来越多的生产活动由于非法逃税或因为在家庭
318 内部活动而从未交易因而未被记录。另一个不那么具有推测性的理由是在国民经济核算和我们对 GDP 的定义中使用的会计惯例。只要我们将公共消费定义为生产率零增长的部门，任何公共消费增长都意味着官方的 GDP 数据会显示出过度的延迟。

图 23.3 举例说明了瑞典这个公共消费份额最大和增长最快的国家的会计错觉。下面的曲线显示的是 1950 年至 1980 年期间瑞典实际记录的 GDP 增长。上面的曲线表明，如果我们使用另一种公式来假定公共部门的生产率增长与私营部门的生产率增长相同，那么这种增长会如何记录下来。如图所示，这种替代假设意味着 30 年内总产出增加了 5 倍，而不是实际记录的 3 倍。如果我们忽视了公共就业中生产率实际下降的可能性，这意味着我们预计生产能力的实际增长将位于图中阴影区域的某个地方。无论它在哪里，它

都是一个合理的假设，即在战后前 30 年中已经很显著的 GDP 增长的滞后将在未来继续下去。因此，希望目前对预算灵活性的担忧能够在经济繁荣和扩张的新浪潮中再次被遗忘是徒劳的。

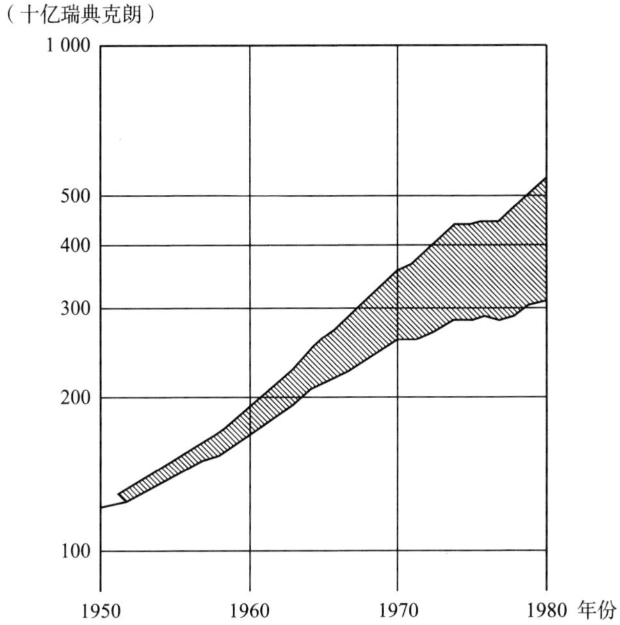

图 23.3　替代性假设下瑞典 1950～1980 年瑞典国民生产总值

资料来源：B. －C. Ysander，*Offentlig ckonomi i tillväxt*（Expanding the Public Economy），The Industrial Institute for Economic and Social Research，Stockholm，1981.

宏观经济约束对预算调整的影响 319

除了增长缓慢的趋势外，还有其他一些因素使得现在比以前更难以实现所需的预算调整。在过去的二十年中，所有国家的公共预算占总收入的比例都有所增加——瑞典的情况是自 1961 年以来翻了一番。公共就业情况也是如此。在瑞典的极端情况下，现在公共就业往往超过制造业的就业。据过去二十年估计，政府收入相对于 GDP 的弹性范围从德国的 1.08 到瑞典的 1.32。公共部门在经济中的相对重要性的迅速扩大也意味着对私营部门的宏观经济影响和后果的考虑必须在校准和调整公共预算调整中发挥扩大和约束作用。

让我们在这里指出一些对预算调整的宏观经济约束最为人所知的例子。

税收在确定生产商品和服务的成本方面起着越来越重要的作用。不幸的是，税收增长的时机不当可能会对国内通货膨胀产生上行的“成本推动”效应，直接通过商品价格或者间接通过对工资结算影响国内通货膨胀。如果税收增加也会压缩利润和可支配收入的增加，它们也可能会限制要素和商品市场的有效供给。因此即使没有滞胀，高税率和高度的税收意识往往会使税收调整成为非常微妙的操作。

在支出方面，讨论最多的宏观经济约束与政府预算对要素市场的影响有关。政府作为资本市场上的主要雇主和主要借款人，公共支出增长率必然会影响私营部门生产者的成本状况。说这并不意味着人们必须赞同政府和私人公司直接在同质劳动力市场或可贷资金市场上竞争的简单情况。即使公共就业在某种程度上与工业劳动力市场“隔离开来”，公共就业的增长速度无疑会影响经济中工资成本的整体发展。即使资本市场部分由政府配置，而资本基金的可得性主要由货币政策决定，但公共预算赤字的增加最终倾向于推高资本价格——利率。如果赤字增长得足够大，即使最好的货币政策也不能避免一些赤字蔓延到经济流动性的通货膨胀上。应该强调的是，这些限制涉及预算调整的时间和速度，而不是公共部门的水平或相对规模。

作为预算调整稳定性约束的进一步的也是最后的一个例子，我们可以考虑资本化问题。如果像在瑞典一样，2/3 的收入都是通过公共预算来支付的，1/3 的可支配收入来自公共转移支付，如果收入预期和资本价值在很大程度上不是由税收和转移系统决定的，那就非常值得注意了。这意味着税收和转移的剧烈变化可能会导致所涉市场的投机性不稳定，从而为资本所有者带来巨大的利益和损失。战后西欧的住房政策为这个问题提供了很多很好的说明。

实例表明，随着公共经济重要性的日益增长，预算政策成为一般经济政策的一个不可或缺的部分，而且往往也是其中的重要组成部分。这限制了预算调整的可能性和时机。

320 工业停滞和赤字支出

近年来，由于西方工业国家的发展滞胀，预算灵活性问题引发了新的紧迫性和新的重要性。在过去的十年中，这些国家的年通货膨胀率平均增长了1倍多。与此同时，大多数国家的工业生产和投资停滞不前，资源利用和就业仍远低于正常水平。可以预计，大多数国家的工业停滞和高失业率带来了公共预算赤字。对社会保障支出的需求增加，同时直接税和社会保障缴费基数也在缩减。

在试图寻找对抗滞胀的政策时，西方国家的政府似乎面临两种政策选择，它们都有不良副作用，也没有被证明是有效的。一种选择是通过谨慎扩大内需保持就业，同时试图通过寻找新的和较少的通胀来源的税收融资来遏制预算赤字。你要承担通货膨胀加剧和赤字上升的风险，以期望如果你设法再熬几年，世界的通胀将受到外部努力而抑制。

相反的选择是集中力量抵制通货膨胀，接受失业率上升的风险。限制性货币政策与税收和公共支出的相对收缩相结合，希望通过同时限制公共需求和扩大私人供给来抑制通货膨胀。风险在于如果第二种效应没有实现，那么你所得到的就只有失业了。另外还采取了其他措施，包括对工业扩张的选择性激励措施，以及旨在打破通胀预期的收入和价格政策。

无论选择哪种方式，目前所有公共预算制定者都有一种共同的体验。实际资源增长和税收融资的限制现在已经很有效，并且普遍赞同的程度比以往任何时候都要大得多。抛开长期观点和政治优先事项，大多数参与公共预算制定的政党现在似乎都承认，20世纪80年代剩余年份公共消费和总公共支出增长将会缓慢。这意味着必须通过更加严格地节约已有的公共资源和更谨慎地“营销”现有的社会服务来提供部分必要的新公共支出，用于快速增长的老年人等领域。

价格预期和通货膨胀调整

高通胀率也引发了一些关于通货膨胀经济中公共预算管理的问题的关注。遭遇的问题既是政治性的，也是技术性的。他们必须同时处理快速的价格变化和围绕着这些变化的不确定性。

这里有两个主要问题。第一个问题是应该在多大程度上调整通货膨胀。第二个问题涉及如何进行这种调整。通过“指数化”整个预算税来对通货膨胀进行全面调整——对实际收入而非名义收入征税并且在支出方面全额补偿价格变动导致的所有额外成本——可以最好地理解为在对抗通胀时试图保持公共预算中立的尝试。公共预算制定者不会试图打破或改变私人市场的价格预期，而是接受和适应它们。在最糟糕的情况下，它可能意味着通过部分
321 补偿早期补偿的影响、减少对价格和工资上涨的抵制以及由于公共服务的相对成本上升而促成更大的赤字，从而叠加新的通货膨胀螺旋。有一个合理的论点来限制通货膨胀调整的幅度，以期打破价格预期和价格波动。

关于指数化各种预算项目的最有效方式，也有许多不同的问题。目前大多数国家的税收规定都表现出名义和实际条款混杂的组合。税收规模指数化是一个相当简单的第一步，目前在大多数国家已经采用。然而，进一步逼近一致的实际税收制度是一项非常复杂的业务，不能与信贷市场指数化和经济其他领域的通货膨胀会计问题分开讨论。

在支出方面，通货膨胀调整涉及一系列问题，涉及决定适当补偿程度的标准以及用于调整各项支出项目的价格指数的选择。一旦做出这些决定，仍然存在估算调整后预算的困难问题。价格预期必须以一致的方式纳入预算过程。这种估计的基础工具——经济中价格决定的模型——在大多数国债中依然缺乏。

通货膨胀也以其他方式影响预算规划。宏观经济模型不可靠性日益增加的一个主要原因可能与这样一个事实有关，即大多数模型没有明确考虑价格预期。如果价格预期可能会从根本上改变行为与经济产出，如果这些预期不能以任何简单的方式用最近的经济总量发展来解释，那么这些模型将无法产生准确的预测。这种预测失败对预算灵活性具有明显而重要的影响。它迫使政府缩短预算规划的涵盖时间，并且有必要在短时间内找到审查和改变预算决定的方法，使预算决策的整个过程更加灵活，并且在时间上更少地拖沓。

参考文献

Klingman, D. , and B. G. Peters (1980), "The Growth of Public Expenditures in Scandinavia 1875 – 1965," *Political Studies*, Vol. 28.

National Central Bureau of Statistics (1976), Information i prognosfragor No. 3.

Nordin, A. , and C. J. Aberg (1977), *Befolkning och ekonomi* (Stockholm: Trygg Hansa).

Ysander, B. – C. (1979), "Fem avgiftsargument" (Five Arguments for Public Pricing), *SOU* 1979: 23 (Royal Commission Report), Stockholm.

— (1981a), Offentlig ekonomi i tillvaxt (Expanding the Public Economy) (Stockholm: The Industrial Institute for Economic and Social Research).

— (1981b), "Oil Prices and Economic Stability: The Macroeconomic Impact of Oil Price Shocks on the Swedish Economy." *IUI Working Paper* No. 47 (Stockholm: The Industrial Institute for Economic and Social Research).

— (198lc), "Taxes and Market Stability" in *Business Taxation*, *Finance and Firm Behavior*; C. Eliasson and J. Soderstein (eds.) (Stockholm: The Industrial Institute for Economic and Social Research).

第二十四章
重建预算的灵活性*

安妮·罗宾森（Ann Robinson）
班格-克里斯特·雅桑德（Bengt-Christer Ysander）

322 福利国家的建立增加了对公共预算灵活性和调整的需求。但是，战后公共决策的经验已经暴露出相反方向的倾向——预算更加不灵活，对政府支出的政治控制更少。这是一个不幸的巧合。政治变化可以被视为反映了福利国家公共部门的新任务。当采用规划方法解决新任务以便更适合在监护人国家履行公共职责时，结果将会变得更加僵化。

如果公共项目的影响不再是国家和集体范畴的，而是局限于某些受益群体，那么人们就会期望选民组成利益集团。与个人选民在政治选举中表达他们对国家利益的偏好不同，选民将由他们的各种利益集团代表，竞争和游说公共资源。政治机构的法定权力必须与利益组织的法定权力进行交易。

当政府承诺直接触及个人福利时，这些承诺被视为社会契约是必然的，必须尊重这些承诺。没有人可能因政府推迟武器采购、新建法院或国家道路项目而起诉政府。另外，任何对养老金或其他社会保障福利条件短期篡改都可能导致公众因权利和合同义务的侵犯而产生抗议。由于任何削减都可能被视为对某一特定受益群体的歧视，因此这可能导致的支出计划的僵化程度往往会进一步加强。

新的分配重点也将改变政治家的角色。与其试图以社会最佳数量的武器或司法资源来理解选民的意愿，他或她现在必须在无限制的相互竞争的福利分配诉求中担任裁判。对更多警察的需求毕竟有限，而对于更大范围的共同奖励的需求没有确定的限制。按照可能的集体行动的无量纲规模的个人偏好进行安排的思想意识，将趋向于被利益集团政治取代，每个利益集团都通过 323
自己的私人标准评估预算影响。然而，如此多的社会保障涉及如此之多事务的事实——某种终身再分配——将有助于确保某种政治稳定性和连贯性。

当公共预算主要涉及集体安全时，政治机构原则上仍然可以承担解读选民意愿并将其转化为详细支出决定的全部责任。然后，政治决策者和行政官员之间的预算对话可以被看作向政界人士通报技术可行性和限制的一种方式。随着政治角色越来越多地转变为保险经纪人，纳税人或多或少地愿意承保，政治家通常会更多地依赖那些必须进行实际的保险调整的官僚机构。这几乎不可避免地将导致公共支出和市场的分散化。机构将听取诉求并做出实际的处理。在保险中的更多慷慨标准和覆盖范围的大部分需求和意愿将通过机构进行引导。机构将提交早期承诺的最终账单，并可能在根深蒂固的利益集团的支持下争夺新的支出授权。

政府更多地参与福利服务生产将进一步加强官僚或公共机构的地位。对福利服务的需求不仅要记录，还在一定程度上受供应方的监管。官僚利益将与所涉利益集团密切相关，相应地使项目的政治修订更加困难。这也可能会导致进一步拉大个人客户与政治决策者之间隔阂的不幸的且意想不到的影响。

因此，经济任务和义务的变化可能会导致公共决策的条件发生相应变化。图 24.1 显示了“旧的”和“新的”决策模型的一个非常简化的图景。与政治学中的马克斯·韦伯（Max Weber）的研究特别相关的“监护人科层 324
模型”（guardian hierarchy model）仍然被用作对计划和预算方法的许多规范性工作——例如对 PPBS 系统的争论——提供参考的一个通用框架。更复杂的“福利分配模型”（welfare distribution model）更贴近目前的实践，这可能会被大多数具有实际公共管理经验的人所承认。同样确定的事实是，当我们不断将我们的计划方法和实践调整适应监护人科层模型时，福利国家的公共预算往往变得越来越不灵活，减少了进行必要政治调整的余地。

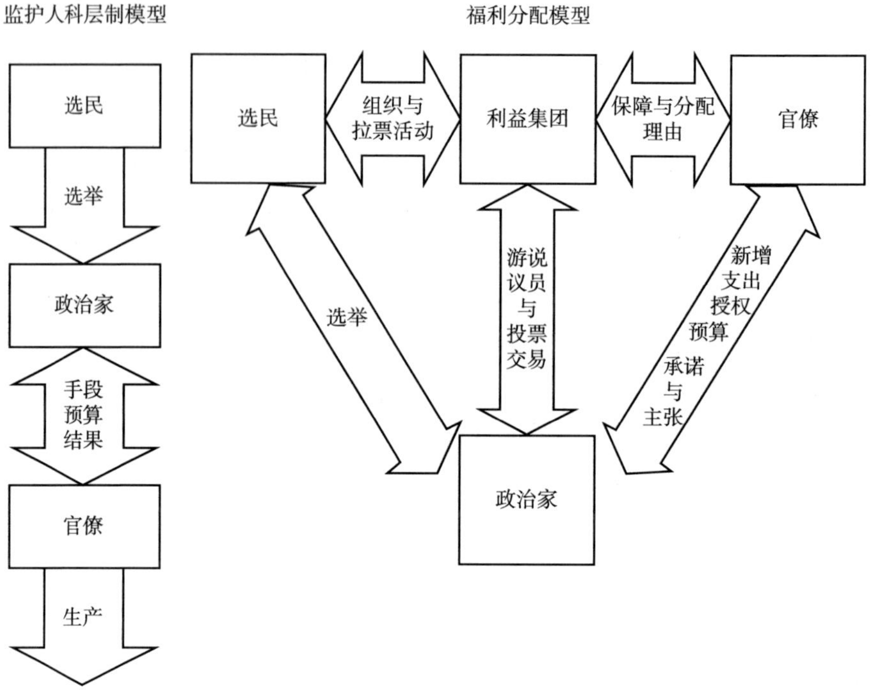

图 24.1　两种公共决策模型

因此，福利国家公共预算的经济和政治发展似乎交织在一起，但看似不可调和。如果没有政治空间进行必要的中央调整，个人风险承担的集中化将是不可行的。

我们将在结束语中回顾为政治控制和预算创造更多灵活性的可能方式。首先，我们将试图通过战后英国的历史来追踪变化的政治角色以及不断僵化的公共决策，依次处理计划方法、官僚、政治家和选民。

预算编制方法

预算技术发展和使用的历史揭示了政治家们逐渐意识到他们需要特定设计的预算制定工具以适应当前的经济、环境和政治需求。在他们寻找新的工具时，他们继续使用旧的工具。当旧的工具不适应新的条件时，计划和控制的过程中出现了僵化。在本节中，我们将展示 1950 年至 1975 年期间英国在公共支出扩张阶段采用的技术在有限资源和高速通胀时期如何获得抑制灵活性的特征。

在旧的“监护人国家”中，当政府主要关心集体安全时，可以有效地使用简单的公共支出计划和控制方法。英国在 19 世纪格莱斯顿（Gladstone）时期完善的“财政控制”体系被高度认为是行政预算的一个光辉榜样。财政部事先制定、议会授权的支出和税收以及仔细的“事后”审计的年度制度，足以应付有限政府时代。但公共资本形成的扩张以及 20 世纪 50 年代福利国家的出现揭示了这种传统的“控制环”的缺陷。

政府开始进行大规模的资本项目时，年度拨款和控制的缺陷首次显现。公路建设和医院和学校的建设并没有在单一财政年度进行。一年内制定的计划需要多年的支出。各国政府也认识到，它们在社会福利和保险领域的开放式承诺对公共预算的形式产生持续影响。虽然公共部门的持续扩张在政治上受到选民的欢迎，但却带来了经济上的危险。如果政治家们希望避免对经济造成不应有的压力，那就不能太快采用新计划。因此，预算制定者认识到他们需要对他们的决定对未来公共支出总额和整个经济形态的长期影响进行一些估计。他们需要制定多年期预算而非年度预算。

在 1958 年，英国下议院（British House of Commons）的预算委员会（Estimates Committee）发布了一份报告，该报告显示了在扩大政府支出期间年度预算的不足之处。在 1960 年，普罗登委员会（Plowden Committee）建议成立公共支出调查委员会（Public Expenditure Survey Committee，PESC），并自 1961 年起开始运行。PESC 的任务是调查英国的所有公共服务——包括 325
地方政府和国有化工业——并预测 5 年内的现行项目和商定决策的预期成本。在 1961 年之前，包括国防部在内的一些部门已经使用了五年期的前景展望，但 PESC 的新颖之处在于它在一次活动中涵盖了整个公共部门。

PESC 本身不是一个计划系统，因为它很少记录已经做出决定的未来财政影响。但它被用来作为新的支出计划的商定基础。依靠 PESC 估计的同样五年期间的经济增长预测，部长们可以将等式的两边放在一起。他们可以看到多少未来的经济资源会被当前承诺所汲取以及为进一步扩大公共服务留下多少空间。然后，他们可以就如何以及何时推出新计划达成一致。只要对当前承诺的未来支出的预测是稳定的，即只要通货膨胀得到正确预测并且其影响是可计算的，而且未来经济扩张的预测是准确的，PESC 似乎为合理的公共支出计划提供了理想的基础。它似乎提供了对公共部门总规模的合意变动的理性决策的前景，并鼓励在政府的竞争职能间合理分配未来资源。然而，政治家使用 PESC 的方式，尤其因为经济环境已经改变，鼓励了支出项目的僵化而不是增加计划过程的合理性。

当时英国正从战后经济扩张和相对较低通货膨胀率的时期转向缓慢而不确定且伴随着通货膨胀率上升的增长时期，PESC 在初次使用时或许只是时运不济。但在其他国家使用多年期预算的经验表明了类似的倾向。在稳定的经济增长条件下，运作良好的手段限制了政府在稀缺资源条件下的行动以及选择自由。

人们很容易将采用这一手段带来的僵化归咎于 PESC 工具本身、经济预测者或政治家。但应该记住的是，它的使用方式仅仅反映了当前广泛分享的态度和假设。尽管有警告迹象，但没有人真的相信经济增长可能结束。当 PESC 首次推出时，人们预计经济将持续增长并带来好处。政治家和公众都同意经济增长的优势。它对保守派和社会主义者都有吸引力。它为扩大公共服务和建立“人道”国家，同时没有随之而来的过度征税或过度苛刻的收入和财富再分配的痛苦提供了有吸引力的前景。

安东尼·克洛斯兰（Anthony Crosland，1956）和 J. K. 加尔布雷思（J. K. Galbraith，1958）的富有影响力的著作有力地论述经济增长与福利国家发展之间的关系。据他们估计，一个发达的和不断扩大的经济为公共服务的集体供给提供了很大的空间，同时又不影响个人的富裕前景。那些指出增长可能会带来相应的弊端并且可能并不必然地增加福利和幸福的人，如 E. J. 米香（E. J. Mishan，1967），反而会遇到强大的思想冲击。对经济持续增长的预期依然是政治家和预算制定者采用的基础。因此，PESC 只是充当了主流意识——增长的观念——的实现的便利工具。事实上，许多政治家仍然没有接受增长会有代价和限制，并希望他们目前面对的经济状况只是短期低迷的严重例子。

即便如此，如果对当前计划的成本估算和对未来资源的预测总体上是准确的，PESC 可能已被证明是支出计划的良好基础。但成本估算总是太低，
326 而且对资源的预测总是太乐观。对新计划空间的过度乐观期望导致政治家们

过度开支。一旦在内阁中达成一致，他们对这些计划的态度就加剧了这种影响。一旦新计划得到了 PESC 的同意并写入 PESC，其状态就会从提案变为承诺。调整因而变得非常困难，因为即使它们只是降低预期的增长，它们也不得不被呈现为“削减”。

为什么使用 PESC 的方法会促使公共支出僵化还有其他一些原因。PESC 成为经济管理机制的一部分。它记录了对公共服务承诺的长期影响。经济必须接受管理以保证承诺的实现。当然，经济管理还有其他重要目标——国际收支平衡、汇率稳定等——但随着公共部门规模的扩大，公共部门的维持逐渐变成越来越有影响力的约束。

在战后的英国，经济一般通过需求管理进行规制。从理论上讲，财政需求管理可以通过对未来和当前公共支出或对税收进行调整来实现。在实践中，税收，而不是支出，通常是调整的首选工具。在政治上，PESC 所载的对支出计划的坚实承诺阻止了支出工具的使用。在英国，社会计划的改变在政治上尤其具有风险，选民广泛接受福利国家的贝弗里奇（Beveridge）原则。目前对商品和服务的支出变得特别难以调整，尤其是在通货膨胀迅速的时期。当政府被迫削减开支时，他们试图专注于资本项目。预计尚未开始的资本项目总是可以推迟。但是，支出作为经济管理工具存在技术缺陷。在宣布变革及其对经济的后续影响之间有相当长的时滞。公共支出中的交替行为会造成管理方面的干扰和不稳定，甚至可能会产生额外成本。因此，当需要对经济增长中的干扰进行调整时，税收一直是首选。下议院多党派的支出委员会（Expenditure Committee）在其 1974 年第九次报告中总结到：

> ……公共支出水平的变化只能作为最后的手段……经济的短期管理应当主要通过税收变化来进行。

然而在 1976 年，英国政府因经济危机被迫进行非常可观的预算调整：受到 IMF 贷款要求的限制，它必须同时使用税收和支出作为工具。然而到目前为止，各国政府已经发现，过度依赖 PESC 下的多年预算严重捆绑了它们的手脚。PESC 的数据已经成为坚定承诺，他们没有合理的改变手段。因此，需要新的机制来控制公共支出。需要一种手段来确保内阁计划在实践中得到遵守，并可根据具体情况逐年调整支出方案。因此，1976 年实行了“现金限额”，现在已覆盖英国约 60% 的公共支出。它们并没有显著地覆盖在经济衰退期间大幅增长的失业救济金等社会保险。因此，它们不是将控制和灵活性注入公共支出的通用工具。现金限额告诉政府的部门和机构它们可以在来年可用的以现金的形式的资金。它们标志着重新恢复 PESC 之前的年度财政控制，PESC 因此在政治上不那么重要了。

成功实施现金限额作为提高公共支出灵活性和控制力的手段很大程度上
327 取决于各部门和机构的态度。有些机构经历了五年的现金限额——但只有两年严格执行没有通货膨胀调整的限额——开始通过寻求资源使用的灵活性来做出回应。但是许多其他人还没有意识到 1975 年安东尼·克洛斯兰对英国地方当局所说的话——“政党已经失败了”的重要性。如果政府机构自己愿意仔细考量其活动和目标，现金限额才能将回应的灵活性注入政府机构。中央政府用现金限额来告诉机构：“这是你必须花费的金钱，看看你可以用它做些什么。”早期的预算编制技术被政府用来说，“这就是我们希望你做的——看你需要多少钱才能做到这一点。”

在公共支出的扩张期，一般被称之为 PPBS——计划、项目、预算编制系统（项目预算、产出预算、成本收益分析、目标管理、项目分析和审查）的整套相关的预算编制技术——被引入包括英国在内的许多国家的政府机构。它们首先在美国、英国、瑞典的国防部门成功运用，这些预算架构的新技术似乎提供了可用于全部公共服务的优势。它不是通过投入——人员、材料和服务——来对服务进行成本估算，而是首先明确政府机构的期望目标或目的，然后对最佳资源配置进行分析以实现目标。理性经济分析的技术将被用于处理政府的需求。想要正确应用该系统，有两个要求。首先，它需要清晰的目标分类，其次，需要对可能的成本分解进行详细研究和分析（Robinson，1972）。

最初，PPBS 受到中央政府的欢迎和鼓励。1965 年，约翰逊总统下令将其用于整个美国联邦政府。加拿大、瑞典和英国对该系统进行了试验。地方当局以及中央政府转而采用新方法。1970 年，英国即将上任的保守党政府在爱德华·希思（Edward Heath）领导下发表了一篇大胆的名为“一种新型政府”的白皮书。新的风格包括更多地使用合理的预算编制技术，以及中央国务院的重组和合理化，以将整个工作体系整合成一个整体。但实际上，PPBS 的预算构建方法费用昂贵，难以运作。尽管技术上可行，但上级政府很快就对此失去兴趣。它们发现无法承担评估需求和设置明确目标的压力。它逐渐从中央政府机关消失。即使在对这种方法表现出最大热情的美国，它的大规模使用也被放弃了。但是它留下了理性的残余。它对政府外围的影响远远大于中央。它改变了预算制定者与部门、机构和地方当局的构建其年度资金需求的方式。官僚们发现在计划其资金请求时继续按固定项目和目标来思考是方便的，即使他们的机构不会每年都沉迷于全面的“项目预算”或“产出预算”演练。在没有明确的目标政治分类机制的情况下，在下级政府中使用 PPBS 和相关技术仅仅是鼓励了僵化的趋势。

预算构建技术——PESC、PPBS 和现金限额——的使用经验表明，如果政治家的态度和行为颠覆了预算编制的良好工具，那么发明它们就没有什么用处。PPBS 失败是因为中央政府未能发挥其作用，如果机构无法回应限制，现金限额可能会失败。所有预算技巧的必要条件是，政治家们应该清楚自己的目标究竟是什么。政治家们对他们想要的东西通常只有一个模糊的概念。即使他们在选举宣言中写下提案时，也往往很少考虑这些提案在实践中的含义。政治目标与政府组织之间的关系也不明确。每个目标，即便是 328
在将来明确规定的，也不一定由一个单一的机构来配合实施。政府部门的职能经常重叠。

官僚结构和行为

大多数国家已经拥有了一个庞大的官僚机器来提供福利国家的服务和利益。官僚机器的结构在一定程度上因国而异。有些国家在宪法上比其他国家更集中。它们形成了强有力的中央控制和统一提供服务的传统。在其他国家，分权是一个更主要的特点。但是，在福利国家有一些共同的结构特征似乎是必不可少的。大多数国家都有一个中央确定的公共服务提供标准和向公众提供这些服务的一定程度的权力下放。供给分权似乎是现代政府庞大规模以及地区差异需要的必然结果。

官僚结构也取决于社会保险的供给方式。服务可以由国家垄断机构提供，也可以通过涵盖私营部门提供成本的保险计划提供。在英国，卫生服务由国家垄断机构提供，但法国和德国通过保险计划提供。在第一种模式中，显然有一些固有的僵化能力，除非有一些地方可以与之比较。如果有一个平行的私营部门，则可以进行比较。例如，在英国，私人医疗与国家体系并存。

结构和组织僵化倾向的程度不仅仅是集权或垄断力量的功能。如果没有机制对其目标进行持续的重新评估，分散供给系统也会变得僵化。结构分散可以通过消除对机构绩效进行中央或独立评价的可能性来鼓励僵化。在传统政府部门的传统科层结构下，维持了一个不变的命令链。一旦机构分散化，命令链就被打破，机构更有可能发展自己的天地。因此，中央政府可以建立代理机构，进入现场执行任务，即使其原有功能早已消失，也能继续活跃多年。

许多组织开始认为，它们比政治家们更能够理解不断变化的需求和诉求。毕竟，它们提供服务并与客户进行日常联系。它们认为，是它们，而不是政治家们，可以最好地解释社会的需求。因此，它们能够从内部产生与公共需求相关的目标。官僚机构的这种主张比迄今为止被普遍接受的主张更值得进行深入的调查。各机构声称它们对服务的需求做出了回应。但实际上，它们控制着服务的提供，而公众只能接受提供给它们的东西。因此，政府机构往往更像是在市场上供应商品的公司，而不像是对自由生成的需求作出反应的简单服务机构（Tarschys，1975）。

官僚在福利国家的地位对于他或她的政治导师来说是强大的，对于公众来说也是如此。特别是，官僚往往能够更好地向政府提出要求，相比于通过良好组织并由强大的工会来代表的他们的客户。也许可以说，公共服务消费者已经完全有能力通过在议会选举中的利益代表来保证他或她的意见被听到。如果选出的议会主要关心代表个人选民的利益，这一评论就会有一定的
329 效力。对议会目前的作用和成员的行为的分析并不能证明这一点。议会不仅由个别选民成员提出要求，还由包括官僚机构自身在内的有组织的利益集团发出要求。的确，有组织的团体比个人更多地运用交流渠道。集团和官僚机构，而非普罗大众，确定了改革项目的形式和内容。

立法机构的角色

现代立法机构代表“国家利益”的方式已被有组织的利益集团的存在而改变。有组织的集团相比个人选民有很多优势。它们可以获得信息，并可以在发表演讲或出席委员会听证会时提供对当选成员有用的材料。

随着公共部门的扩大，代议过程的性质发生了很大变化。这一变化一直没有多少人理解。那些研究 20 世纪 50 年代和 60 年代立法机构工作的人认为他们认识到了“立法机构的衰落”。一个共同的模式出现在所有国家。随着政府的活动扩大，政府似乎以立法机构的权力为代价在扩展它的权力。大量有关立法议会的角色和衰落的文献包括在带有煽情标题的书籍中，例如《国会怎么了》和《危机中的国会》。他们都认为，立法机关已经失去了政府行政部门的权力，而且现在它们在决定政策方面只具有次要意义。他们在公共财政领域尤其冷漠（Robinson，1978）。

立法机构在确定财政模式时应该表现得特别被动也许并不奇怪。大多数立法机构在改变政府的支出和税收提案的程度上面临宪法限制。英国提供了最极端的例子，那就是政府的支出计划从来就没有，并且税收计划很少被下议院的投票所改变。另一个极端是美国国会，它对联邦预算的规模和形式具有相当大的宪法权力，并且自 1974 年预算法通过以来已大大增强了它的权力。各种大陆和斯堪的纳维亚国家在允许其立法机构改变政府的预算的行动自由方面都处于英美两国之间。在大多数情况下，他们的权力受到严重制约和限制。但实际上，即使是最激进的美国国会，也只会对行政机构的预算提案进行渐进调整。为什么这样一个强大的立法机构在预算方面有所自制？

在工作中有强大的心理力量限制了立法议会改变行政预算的能力。政治家发现他们已经成了自己及其前任们所创造事物的俘虏。他们认为，政府的大部分预算“不可控制”，因此无法进行调整。体现在法律要求和权利中的过去决策现在占据了现有预算资源的很大一部分，因此灵活性很小（Green，1980）。今年预算规模的主要决定因素是去年预算的规模。变更只能在边际上发生。任何预算中可以，或不可以，进行逐年调整的确切程度取决于有关哪些被定义为固定承诺因而“无法控制的”的最新分析。

在大多数国家，对社会保险的承诺被视为固定的。这些项目现在构成了年度预算的大部分，除防御之外的所有其他项目都被视为残余。然而，对社会保险的承诺只有在法律发生变化之前才算承诺。任何立法机构如果想这样做并拥有足够多数的选票，可以停止或改变任何项目。这种承诺并不像心理上感觉的那样法定。

330 在福利国家扩张的过程中，立法机关只在某种意义上起到了被动和有限的作用。当然，它们在对现有计划进行批判性评估和作出分配性判断方面并未发挥非常积极的作用。与他们在 19 世纪的同行不同，议会限制并不十分关心政府的效率性和效果性。但这并不是说他们在支出过程中没有参与。立法行为研究的证据表明，他们的角色像是一个为政府的主题曲提供背景音乐的鼓舞人心的合唱团。他们不断呼吁建立新的医院、学校和道路以及更好的社会保险水平和覆盖面。他们中的许多人认为这是他们在支出过程中的适当角色。总的来说，多年来他们已经找到了令人满意的结果。新计划的推出使他们声称他们通过代表选区和群体需求发挥了自己的作用。很少有人对政府的支出提案进行详细审查或对服务的有效性和效率进行评估感兴趣。他们认为大多数问题都可以通过投入更多的钱来解决。因此，他们已经通过较少使用他们对资金所拥有的宪法权利来允许这种权力的萎缩。

对大多数议员来说，仔细筛选政府部门工作的详细报告并不是他们的首要任务。除了他们不断呼吁增加支出之外，很少有民选代表对 20 世纪 70 年代中期经济危机之前的预算过程给予高度关注。他们认为，议会程序的这一方面是在政治的技术边缘，对他们、他们的选民或媒体毫无利益。当他们获得新的辩论机会时，他们没有使用它们。在英国，从 1970 年开始就公布的年度支出白皮书中公布的 PESC 数据进行定期辩论，这一反应令人非常失望。辩论平淡无奇，参加人数不足。

20 世纪 70 年代中期的经济危机让许多国家的议员们感到震惊。他们发现他们的选民和压力集团继续想要更多更好的服务，但他们也想要更低的税收。一旦经济增长的龙头被关闭，扩大的服务只能通过增加税收或借款来提供。当时似乎有一些税收限制。到福利国家实现其全面发展时，税收已不再是贫富之间的重新分配问题，而且已成为在其生命周期各阶段大多数人口之间重新分配的问题。如果服务要在非增长期间得到保留或扩大，那么每个人都需要付费。因此，政治家们发现自己处于钳形运动的控制之下。公众继续追求更好的服务，官僚支持他们并为自己辩护，但纳税人想知道他们是否真的想付更多钱（Jay，1976；King，1978）。

蕴含于1974年《国会预算法案》（Congressional Budget Act）、1978年《意大利改革法案》（Italian Reforms）以及1970年和1979年英国特别委员会（British Select Committee）制度发展之中的议会对政府支出控制的兴趣的新精神可能与代表们有关选民之间政治态度显著变化的理解相关。加利福尼亚州第13号提案的通过、美国其他许多州的预算限制，以及特定反税方的形成等，似乎都是公众态度改变的明证。1979年的英国和1980年的美国当选政府承诺削减公共支出和税收。

结论——创造灵活性的艺术

我们认为，不断增加的对预算灵活性的关注不仅仅是当前经济困难的结果。由于在“福利国家”创造的社会保障体系的性质，对灵活性的需求是
一个基本要求。集体风险分担意味着随着社会需求和经济状况的变化，需要 331
进行集体调整。即使西方国家的经济持续增长，公共部门的规模和性质最终也要求政治家们认识到他们将不得不做出预算调整。

在战后的第一个十年里，由于公共部门尚未完全发展以及经济增长水平使得公共预算得到特别快速的扩张，这种调整的必要性被掩盖或淹没了。因此，政治家们不必做出分配性质的艰难选择。当经济环境不时地要求做出一些调整时，他们总是可以提高税收。当这个选择变得对他们不太开放时，他们通过借款来支付现有服务。这个选项现在已经用尽了。

直到最近，政治家们还没有达到严格要求他们质疑目标和评估现有计划有效性的程度。这个时刻在所有国家都会很快到来，有些已经到来。

即使我们应该对未来经济发展的可能性持最乐观的态度，并期望恢复工业生产率到以前的增长水平，已有社会保障的巨大规模以及经济总体增长的不可避免的阻碍将会意味着未来将有越来越多的政策需要由公共预算针对人口结构和经济结构变化的做出调整。目前，我们适应预算思维和技术的能力正在受到适应滞胀的需要以及旨在对抗滞胀的政治的严峻考验。

公共预算制定的基本长期要求既具有经济导向又具有政治导向。从经济角度来看，在一个增长迟缓且人口与结构变动的经济体中，需要新的工具来允许在主要涉及个人风险分担的大型公共部门进行调整。

从政治角度来看，预算计划的新工具必须帮助政治家们认识到这些调整的经济需求以及可能的进一步承诺的限制。它们还必须协助政治家们更清楚地向选民沟通公共支出决策制定面临的条件和资源限制。预算工具还应鼓励政治家们更关注他们的目标和目的。

最后，预算管理工具应该包括更有效对抗力量的可能性，可以对政府服务的绩效进行独立评价和评估。

一个限制公共调整的必要性的显然且剧烈的方法是通过私营化更多的社会服务来将部分风险返还给家庭和企业。这可能意味着通过为私立学校、医疗单位和保险公司创造更有利的条件来使生产决策私营化。它也可以或者反而意味着通过更多地利用社会服务和收入保险的市场定价、减少“公共消费”补贴，可能通过增加收入补贴来补偿这一补贴，来使购买决策私营化。然后，政治决策者将能够避免许多困难的调整决定，但是几乎肯定需要通过价格支付来降低某些个人或公司的保障水平。

然而，在目前的公共预算决策中，向私营部门转移更多的资金在任何国家都不是现实的选择。所以我们必须寻找在现有公共预算框架内创造更多灵活性的方法。必须在设计决策、计划和组织时引入灵活性。

332 增加预算灵活性可能涉及缩短支出项目与合同的承诺期限或寿命。可以更多地使用所谓的“日落立法”，在原来的决定中明确规定无条件重新审视该项目的期限或时间。旧项目取消的可能性不得不成为引发新项目的政治担忧。这可能需要提前对计划进行更为谨慎的成本计算，并通过政治审查或更广泛地使用公共定价的方式，对评估目前的计划进行更严肃和持续的尝试。长期支出决策也可能必须包含关于经济状况和可用资金的条件性条款。

我们可能需要为了多重用途而准备公共资源——从机构和公务员组成到公共建筑和公共职员。这可能涉及促使机构更少地为特殊任务度身定制，拥有更多功能性并准备竞争新项目和职责，相应地设计构建与重新编写合同。任何此类尝试的重要和必要部分必须是政府事业的重新设计，重新编写就业合同，以便在不同的政府工作之间以及私人与公共就业之间创造更多的流动性。

然而，你通常不会免费地获得灵活性。创造灵活性可能意味着牺牲效率和安全方面的收益，只有通过长期承诺才能实现。公务员可能不喜欢再培训的想法，并且建筑物多重使用往往是昂贵的。这仅仅意味着我们也必须尽量减少寻找灵活性的成本。然而，在某些情况下，公共机构的灵活性可能确实是无成本的，通过提供新的激励措施和避免组织老化带来的某些不利影响来提高生产率的可能性总是存在。

从长远来看，实现更大的预算灵活性不仅仅需要预算和计划技术的改变。它以选民对于需要灵活性作为社会保障体系在经济上可行的条件的新的理解和接受为前提。获得接受的一种方法可能是在个人选民面前尽可能多地展现艰难的选择，这可能意味着政治权力下放程度的提高。显然，只要集体风险分担和社会保障体系的团结超出个体自治，这样的权力下放的程度就会存在限制。

参考文献

Britten, S. (1975), "The Economic Contradiction of Democracy," *British Journal of Political Science*, Vol. 5.

Crosland, C. A. R. (1956), *The Future of Socialism* (London: Cape).

Downs, A. (1966), "Why the Budget Is Too Small in Democracy," *World Politics.*

Galbraith, J. K. (1958), *The Affluent Society* (London: Hamish Hamilton).

Green, D. (1980), "The Budget and the Plan," in *French Politics and Public Policy*, G. Casny and M. A. Schain (eds.) (London and New York: Methuen).

Heclo, H., and A. Wildavsky (1974), *The Private Government of Public Money* (London: Macmillan). Jay, P. (1976), *Employment, Inflation and Politics* (London: Institute for Economic Affairs).

King, A. (1978), *Why Is Britain Becoming Harder to Govern?* (London: BBC Publications).

Klingman, D., and B. G. Peters (1980), "The Growth of Public Expenditures in Scandinavia 1875 - 1965," *Political Studies*, Vol. 28.

Lindblom, C. E. (1959), "The Science of Muddling Through," *Public Administration Review*, Vol. 19.

Mishan, E. J. (1967), *The Costs of Economic Growth* (London: Staples Press).

Mosher, F. C. (1978), *The GAO: The Quest for Accountability in American Government* (Boulder, Colorado: Westview Press).

National Central Bureau of Statistics (1976), Information i prognosfragor No. 3.

Niskanen, W. A. (1973), *Bureaucracy: Servants or Masters* (London: Institute of Economic Affairs).

Nordin, A., and C. J. Aberg (1977), *Befolkning och ekonomi* (Stockholm: Trygg Hansa).

Robinson, A. (1972), "Prospects for PPBS: Some Macro Variables Examined in U. S. A., Canada and Britain," *Public Administration Committee Bulletin*, June.

—— (1978), *Parliament and Public Spending* (London: Heinemann).

Rose, R., and B. G. Peters (1978), *Can Government Go Bankrupt?* (New York: Basic Books).

Simon, H. (1957), *Models of Mari* (New York: Wiley & Son).

Tarschys, D. (1975), "The Growth of Public Expenditures: Nine Models of Explanation," *Scandinavian Political Studies*, Vol. 10.

Wildavsky, A. (1964), *The Politics of the Budgetary Process* (Boston: Little Brown).

—— (1975), *Budgeting: A Comparative Theory of the Budgeting Process* (Boston: Little Brown).

Ysander, 8. - C. (1979), "Fem avgiftsargument" (Five Arguments for Public Pricing), *SOU* 1979: 23

(Royal Commission Report), Stockholm.

—— (1981a), Offentlig ekonomi i tillvaxt (Expanding the Public Economy) (Stockholm: The Industrial Institute for Economic and Social Research).

—— (1981b), "Oil Prices and Economic Stability: The Macroeconomic Impact of Oil Price Shocks on the Swedish Economy," *IUI Working Paper* No. 47 (Stockholm: The Industrial Institute for Economic and Social Research).

—— (1981c), "Taxes and Market Stability" in *Business Taxation, Finance and Firm Behavior*, C. Eliasson and J. Soderstein (eds.) (Stockholm: The Industrial Institute for Economic and Social Research).

第二十五章
权利预算与部门预算*

约瑟夫·怀特（Joseph White）

334 由于权利已经成为联邦预算更大的一个部分，在讨论联邦赤字时它们受到了更多关注。这种权利影响预算总额是众所周知的（Bipartisan Commission，1995，1994；U. S. Congress，1997a，1997b，1995；Schick，1995）。对权利的不断关注对于联邦预算过程影响如何？如何将权利纳入对预算的理论理解？

在本文中，我将证明出于良好计划性的原因，权利预算在基本方式上与传统的部门预算过程不同。因此，许多从预算文献中熟悉的实践和理论争议与权利预算的相关性不大。此外，改动预算以适应权利的措施有可能丧失传统部门预算编制过程的许多功能优点。那么，权利预算的挑战并不仅仅是如何通过为不同类型的项目制定预算而开发工具来控制赤字。它同时也包括在一个过程中如何以及甚至是否将两种不同类型的项目预算结合在一起。

“传统”预算的衰落

预算理论曾经很少谈及权利。所谓的“传统”预算包括从 18 世纪末到 20 世纪中叶演变而来的一系列共同制度和目标。在阿伦·威尔达夫斯基

---

* From Public Administration Review, Vol. 58, No. 6 (November/December 1998), 510 - 521.

（Aaron Wildavsky）的描述中，预算是年度的、渐进的、以明细支出的形式按现金基础执行。它的目的是问责、以多种方式控制、追求效率或有效性、经济管理和规划（Wildavsky，1978：502）。

诺米·凯登（Naomi Caiden）强调，年度统一预算具有计划信息、效率和有效性、方便选择、指导分配、审查政策、比较和执行控制（Caiden，1982：517－518）。在美国模式中，传统预算包括行政预算文件、立法机构内的特定拨款或预算委员会以及具体的预算法规——所有这些都在年度或偶尔的两年期周期中进行。

控制赤字只是传统预算的许多功能之一（Caiden，1982；Wildavsky， 335
1978；Schick，1966；Ervin，1980）。在许多方面，传统的预算被设计为同等服务于行政和政策目的（Schick，1980b）。由此产生的制度从未满足一系列试图将更加结构化的关注目标纳入预算选择的批评者，并且改革预算和满足这些批评者的尝试历史非常广泛（Axelrod，1988：280－303；Key，1978；Schick，1966，1973；Wildavsky，1978，1984）。然而，在20世纪70年代末和80年代初，预算专业的学生也开始担心传统过程的运作规范，如年度性和全面性，正在逐渐被忽视，或许过时了。例如，诺米·凯登写了关于“年度预算的神话”的文章（Caiden，1982）。

传统上对机构拨款的关注总是对可能被视为“预算”的事物的有限看法。最明显的是，它不包括收入决策。收入决策对预算平衡影响同样巨大，许多经济学家认为任何需求管理的宏观经济政策都可以通过提高或降低税收而不是通过调整支出账户来更好的实现（Stein，1996）。

尽管如此，预算政策的大部分通常关注支出决策。即使对收入进行的大量预算讨论也常常采用支出形式的措辞，如对“税式支出”的批评。凯登和其他人认为政府活动的份额越来越大，而这些活动并没有通过年度拨款程序来贯彻与控制。税式支出和各种信贷计划，以及权利和其他“后门支出”，可以列入1980年代实际上并未采用年度预算的活动清单（Bennett and DiLorenzo，1983；Ippolito，1984；Schick，1980a；Wildavsky，1980）。但是，已经证明有可能将其中一些，例如信贷方案，纳入传统框架。[1] 权利构成的诸多困难更为根本。

区分权利预算与部门预算

部门预算

威尔达夫斯基、凯登和其他学者定义的“传统”预算旨在资助向公众提供服务，或者更一般地说是执行一些诸如治安、消防、收税、医学研究、空间探索等的政府职能的部门。在所有这些情况下，政府制定了一些目标，然后提供官僚机构来追求这些目标。政府没有致力于合法地提供精确的服务。相反，它承诺提供一套被期望提供可接受水平的官僚机构。

尽管一个部门的目标可能是以针对个人的名义来定义和出售的，但它们是否得到满足取决于有关官僚机构的表现。因此，联邦政府建立了退伍军人事务部（Department of Veterans Affairs）的医疗系统，从中获得服务是应得的，但退伍军人获得什么取决于两个因素——一项关于部门资金的独立决策以及该部门如何执行其任务。对这些任务进行预算是决定向各部门提供金额的过程。我们可以称此流程为部门预算。

预算控制的传统问题是关于部门的绩效和方向的问题。该部门会正确使用这笔钱吗？国会、总统或部门的官员会控制这个项目吗？在编制预算增加了一项管理重点到关于控制的关注上时，这个问题仍然是独立部门执行其任务的表现（Schick，1966；Ervin，1980）。年度预算是对部门官员进行监督的一种形式。

336 由于国会自行组织的方式，部门预算的这种观点对联邦政府内部的预算编制尤为如此。在国会内部，为部门编制预算长期以来一直被视为与正常决策程序分开的过程。没有这种区分，拨款委员会与授权委员会和立法委员会分开就没有意义。当然，授权和拨款程序之间的劳动分工在边缘地区激烈竞争（Fisher，1979；Rubin，1988；White，1993b）。几乎所有的政治家都对政策优先排序以及向州和地区分配利益感兴趣，并且在授权和拨款过程中都追求这些利益。尽管如此，拨款决策应该涉及授权中不太可能考虑的事项，这种感觉非常普遍。

拨款委员会成员和工作人员在非正式访谈中透露了这种区别。在一个附属委员会主席的说法中，“拨款道出了最有效的花钱方式。有些人认为授权也应该说如何花钱，我认为他们应该说需要什么”。一名附属委员会职员将“制定基础立法”与“关心项目运作状况，尤其是财政角度来看”区分开来。一名在接受我访谈后成为全体委员会主席的成员声称，单独的流程“为你提供了一项制衡”。未来的另一位主席解释说，授权人：

> 应该设定他们认为可以很好实现的目标，以使这些计划在它们的领域发挥作用。然后，在那个预算年度的条件下，稍后决定如何适应它。授权人应该说我们面对变化的社会环境时需要什么。拨款应该说我们当时能够承受的是什么，哪些计划正在工作。

正因为这些区别为其各自权力提供了一部分理由，所以占用者会认真努力，至少提供关注管理和财政问题的表象（并且我认为是现实）。[2]

权利预算

然而，在国会内作出权利承诺的过程不涉及预算和立法职能的区分。计划设计和支出承诺是相同的，并且相同的委员会对每一个都有管辖权。虽然国会预算决议可能会为权利法案的变更设定目标，但这与设定年度拨款法案标准的相同决议在原则上没有区别。授权委员会必须报告权利的实际立法变化。

按照联邦预算的说法，“权利”是“直接支出”的主要类别。所有直接支出都是“由拨款法案以外的法律提供的预算授权和后续拨款，包括每年拨付的权利”（Schick，1995：209－210）。尤其，“权利授权”是“需要向合格人员或政府付款的法律规定”[3]（U. S. Congress，1997a：142）。

“权利”一词源自20世纪60年代开始的“新财产”法律思想运动，并在最高法院的戈德堡诉凯利（Goldberg v. Kelly）案件（397 U. S. 254 [1969]）中使用。审计总署（General Accounting Office）将这个术语定义为“需要利益支付的立法……向符合此类法律规定的资格要求的任何人或政府单位”。关键是“如果不履行义务，符合条件的接受者有法律追索权”（Weaver，1985：308－309）。

在一项权利计划中，受助人——无论是个人、法人（公司）还是政府—— 337

都有权依法获得可量化的利益。收益可以直接交付给受益人，也可以代表受益人向从某些第三方以现金交易购买的服务付款。

在一些特殊情况下，权利不是享受一定的利益，而是享有一定比例的受限总和，如《社会服务整体补助》第20条中那样。但引起预算关注并涉及大量资金的权利是开放式的。社会保障、医疗保险或公务员养老金的年度支出是特定福利的总和。因此，权利预算不是直接将资金分配到个人账户，而是涉及估计和试图影响权利法确定的支付总额。

花在开放式权利上的支出增加或减少不是因为每年关于花多少钱的独立年度决策，而是通过人口统计学、经济学和现有计划法则的相互作用。由于国会（大概是遗憾的）不能立法规定人口和经济条件，因此改变权利支出需要改变潜在的计划法则。

在权利预算中，计划受益人实际上有权获得一定数量的预算，而支出是服务的总和。在部门预算中，预算分配给计划的运营者，而不是分配给受益人，而服务是可以通过支出购买的。

由于真正的问题是一个部门将通过资金来实现什么目标，因此该部门本身就是部门预算中关注的主要对象。[4] 部门“真正需要”多少来履行其法定义务？如果有更多的（或更少的）输入会导致更多（或者更少）的输出，那么这个论证有多好？如果运作不同，该部门能否更有效地运作？在这种情况下，“预算控制”一词的最初意义不是支出限制，而是对该部门如何花费其拨款的控制（Schick，1966）。

在权利预算中，主要关注的对象是对接受者的具体承诺。必须有一个管理部门（养老金社会保障管理部门或关于医疗保险和医疗补助的保健融资管理部门），但其人员和表现通常是预算纠纷的次要主题。管理运动将收紧非普遍性计划（如补充保障收入或残疾保险）的资格确定。但即使是这些努力往往也需要调整资格标准或审查程序，即基本计划法则。医疗保险确实可以通过减少欺诈行为的更好的索赔管理来节省资金。然而，这一主题的次要性在政策讨论中很明显；事实上，公众对于来自这些措施的潜在节省的关注通常被行家误认为是公共教育不足的证据（Blendon，et al.，1997）。

传统预算编制中的三个问题

通过考虑传统预算理论和实践的三个共同关注问题——“强制性缺

陷”、支出明细程度以及在预算决策中关注投入或“计划”之间的冲突，可以进一步说明部门预算编制和权利预算编制之间差异的程度。如果涉及的计划被设计为权利，这些担忧就不存在。

所谓的《反赤字法》被称为“国会将政府行政部门限制在拨款资金支出上的基石”（引自 U. S. GAO，1992：6－9）。它的演变条款解决了 19 世纪特别重要的问题：机构在财政年度结束之前可能会用尽预算，因此，面对暂 338
停运营的前景，国会可能会“被迫”弥补赤字。正如 GAO 报告所述，虽然法律运作复杂，但基本原则很简单：“政府官员被警告不要支付——或承诺美国政府在未来某个时间支付——商品或服务，除非‘银行’有足够的资金来支付全部费用。当然，这里的‘银行’是指可用的拨款。”（U. S. GAO，1992：6－11）。但是这个原则背后的假设，即官员在计划支出决策中的自由裁量权可以而且应该受到现有预算权力的限制，对于权利是不切实的。

如果管理权利的机构花费超过已拨款项，那是因为（a）它向错误的接受者付了太多的费用，或者（b）原来的估计是错误的。在第一种情况下，该机构明确地滥用了这些法律，抛开支出结果或可用的预算授权，它都不应该这样做。[5] 这与正常的强制性缺陷情况不同，在这种情况下，“过度”支出仍然符合该机构的基本授权。如果由于估算错误而导致支出超过预算，该机构只是在完成其工作，并且不应该认为它正在操纵或胁迫立法机构。相反，对于缺陷、强制性或其他方面的主要补救措施，是由一些管理机构在较短的时间内分配拨款，但这种补救措施是不恰当的。如果成本高于预期，并且管理和预算办公室（OMB）会说：“对不起，我们不能同意在任何一个季度支出超过年度估算百分之三十”，这会违背优先的权利。

另一个传统问题是支出明细程度。人们需要详细规范的控制优势还是广义条款的管理灵活性？然而这个问题对于权利来说也是没有意义的。权利计划的规则就是计划的规则；他们不能以更高或更低的明细程度获得资助。

部门预算编制中的许多决定都涉及产生某种程度的产出（医疗保健、逮捕或其他）所需的投入水平（薪金、建筑物、差旅等）。对投入的关注不断遭受到它导致对替代产出价值重视不够的批评。拟议的改革，以各种名义呼吁更多地强调比较替代方案，都有其自身的弱点（Wildavsky，1978，1984）。无论有何优点，这一辩论在适用于权利时也没有意义。支出绝大多数的对象是实际产出。资金和社会保障支票之间的关系不受诸如军事采购和战斗表现之间的此类问题的限制。

计划形式之间的政策选择

权利项目预算决策的基本特征大部分不同于部门计划决策的性质。后续部分将讨论预算冲突如何因计划类型而有所不同。首先，我们必须考虑为什么这两种形式都存在。

预算人员可能本能地将权利视为逃避传统控制的策略。然而，权利方式有很强的政策理由，就像有些计划采用部门预算似乎更加自然。

总体而言，权利应该是可以量化和划分的利益。防范犯罪，一种典型的"公共产品"，很难以这种方式传递利益。[6] 太空探索及人口普查——简而言之，现实世界中的大多数部门计划——都没有能够划分得如此整齐的利益。然而，养老金就非常精确。然而，传统的"公共产品"不容易获得的权利
339 不应该被解释为意味着权利不符合"公共利益"。例如，虽然社会保障的直接利益归于个人，但其支持者应该认为，它对整体的影响，就公平性、普遍的安全感以及或许更大的共同体意识，是计划的主要优点。

社会保障是更广泛的阶级社会保险计划的一个例子。社会保险计划将个人的不确定性转移到政府。无论是失业、昂贵的疾病还是比正常生活更长的时间（对养老金的需求更大），社会化风险都可以保护个人。但是，如果计划不是作为权利设计的，而且在某些情况下为人们提供预先确定的福利，那么这种保护措施就不那么可靠。如果一个计划的目的是要提供确定性，那么将利益受制于年度拨款和部门绩效就会成为实现该计划目标的一个较差的手段。

权利承诺也可能是追求那些政府寻求鼓励或奖励具体行为的政策的更好方式，例如通过支付利息获得政府贷款，通过分配退伍军人服务获得武装部队服役，或者通过工作人员缴纳的养老金来对退休人员支付养老金。[7] 从这个意义上说，权利涉及政府与公众之间的一种契约行为，其中权利行使对利益作出确信的承诺。[8]

在某些情况下，部门或权利形式理论上都是可能的，但是有强烈的政策

或政治但非预算理由来选择其中之一。医疗保健可以作为一种权利（如医疗保险或加拿大国家健康保险）或通过部门（如美国退伍军人计划或英国国家卫生服务）提供。众所周知，医疗保险必须旨在补偿现有医生和医院而不是国家医疗服务的政治原因是众所周知的。为什么退伍军人的计划会成为例外？一个可能的因素是，当它们创建时，不存在足够的服务提供机构（例如，医院，特别是那些能够处理服务相关条件的机构）。因此，创建政府拥有的供应比几十年后医疗保险在一个已经拥有充足医院病床的国家创建时要容易得多。无论如何，应该清楚的是，医生和医院倡导者反对医疗保险的国家卫生服务模式不仅仅是一个预算策略——尽管它肯定会增加成本！

因此，在很大程度上，享有权利计划的选择是一个政策设计问题，预算必须调整。当我们看一看社会保险计划与军队和研究机构以及天气服务等活动之间的差异时，我们可能甚至会说（与本文的一位匿名评论者一样）“这些控制系统的两大类计划代表了现代国家的两种截然不同的功能”。那么，权利预算运作如何呢？

为联邦政府权利编制预算

权利和年度预算

从权利预算的角度来看，人们普遍认为，年度预算不仅是神话般的，而且是不可取的。因此，权利和税收改革两党委员会（Bipartisan Commission on Entitlement and Tax Reform，1995：2）报告说，“我们首要的建议”是在30年的时间框架内制定“重大支出和税收决定”。“当可支配支出是我们预算的最大份额时，”委员会解释说：“短期规划可能是合适的。”毕竟，机构在短期内运作，将投入与产出联系起来。但这对于预算大型社会保险计划并 340
不合适，这些计划是主要的权利。

人们可能会提出一个关于30年期限的预算可能会是什么样子的尴尬问题。应该每30年看一次计划吗？还是应该每年更换一次以应对（非常不可靠的）30年预测的任何变化？人们也可能会记得，年度预算从未仅仅关注下一年。要是只购买需要一年以上建设的物品，部门必须要规划更长时期的支出。尽管有这些警告，但对于权利的承诺整体上确实要求对权利的预算时间框架比用于部门预算的要长。

因此，实际分配给权利的资金并不是以年度为基础的。对于一些非常明确的计划：社会保险和医疗保险 A 部分拥有永久的预算授权，包括其信托基金的收入。在其他情况下，比如医疗补助，必须每年拨款。然而，20 世纪 80 年代的事件表明，这不是一个自由裁量的事情——这是“法定”支出。

里根政府不断提出这些计划的开支水平，假定颁布立法变化，而授权委员会实际上拒绝报告。拨款者认为他们本身并不能报告这些立法变化。[9] 相反，他们倾向于报告、国会也倾向于通过符合总统数额的拨款，但因此没有资助后续法律所产生的承诺。据推测，法院可以命令政府履行这些承诺（没有改变法律），所以里根政府在资金开始用尽时要求补充拨款，国会总是作出回应（虽然并非没有一些侥幸）。1985 年的《格兰姆—鲁德曼—霍林斯法案》（Gramm - Rudman - Hollings）认识到，这一过程没有什么意义，并通过将“法定的”和“自由裁量的”年度拨款之间的区分写入国会预算规则，正式将拨款者从权利预算业务中剥离出来。因此，现在拨款者将把注意力集中在自由裁量的（部门）账户上。

权利预算新制度

由于部门预算程序无法解决权利问题，因此设立了新的制度。联邦预算内强制性支出份额的上升是阿伦·希克（Allen Schick）所描述的“七年预算战争”的一个原因，因此也是 1974 年《预算和截留控制法案》（Budget and lmpoundment Control Act）通过的原因之一（Schick，1980a）。对 1974 年法案程序的不满导致了 1980 年第一次预算决议中的调解及 1985 年《格兰姆—鲁德曼—霍林斯法案》和 1990 年《预算执行法案》（Budget Enforcement Act）中的各种约束（White and Wildavsky，1991；Schick，1995）。

权利的新预算过程中的关键部分是调解，发生在所谓的准年度（quasi-annual）周期。虽然调解的机会是年度的，但重要的调解立法并不会传递任何类似于年度的事项。随着这一过程的发明，1980 年、1981 年和 1982 年的法案获得通过。然而，从那时起，只有 1984 年、1987 年、1990 年、1993

年和 1997 年通过的法律可以合理地称为重大——在某些年份（如 1983 年和 1995 年，原因非同寻常），预算决议中雄心勃勃的指示未能形成计划中的立法。

多少年来无所作为的预算选择可以与拨给各部门充足的资金以维持现有的服务相比较吗？未必。即使总数是一成不变的，拨款者对机构提案的细节做了很多改变。更根本的是，如果年度拨款没有发生，受影响的计划将被关闭。这就是拨款过程不能失败的原因，但调解可以。正如理查德·费诺 341
（Richard Fenno）在他的经典描述中解释的那样，拨款者“资助计划和项目”的预期早于任何他们“经济地”做出的预期（Fenno，1966：7－8）。融资计划是预算的主要活动，权利的实际融资不是年度的，因此调解与拨款不相似。

调解从关注一年到关注三年、五年和七年发展演变而来。[10]需要这种演变来应对权利支出的某些方面。随着时间的推移，权利扩展可以分阶段进行，或者预定在未来某个时间进行，并且可以操纵程序规则以便在未来几年创造支出，即使来年的支出明显减少。在部门预算中确实存在各种各样的隐藏式扩张策略，但它们并没有如此承诺。[11]收入涉及与权利相同的基本动态，并且特定的赤字规模要求任何希望追求平衡预算的人都必须采用更长的时间范围（如 1995 年）。然而，随着权利成为支出的主要部分，它们本身就成为将支出控制的时间范围延伸到年度预算规范之外的充分理由。[12]然而，调解并非每年都会发生，而且当它们发生时其范围并不局限于一年。

调解过程改变了权利法律以减少预计的赤字（尽管它理论上也可用于增加赤字）。另一组新的制度，即“PayGo”程序问题和扣押问题，目的在于阻止国会在权利或收入方面可能会增加赤字的行动（或者我认为现在可以说，消除盈余）。正如威尔达夫斯基等所描述的，这些权利计划的程序和基本性质导致了不同于传统预算的不同战略，策略和角色。

权利预算的战略和策略

由于预算是一种政治冲突，即使计划设计与部门和权利计划之间存在广泛差异，这种斗争的案例也会有类似之处。拥有更多资源的选民通常会做得更好。一个计划的反对者会试图淡化削减的后果，而支持者会夸大。为了以有利的方式确定方案基础将会付出努力（Meyers，1994；Muris，1989；Schick，1995）。联邦政府、州政府和地方政府都会相互指责让选民失望。总之，所有的预算都涉及到强权政治、逃避责任并企图操纵认知。

尽管如此，与常见的部门预算相比，权利的程序化特征会造成策略和角色上的差异。其中一些差异来自权利的概念本身。有关权利项目的讨论往往涉及“权利”的语言，法院可能介入这些权利的实施（Straussman，1988）。然而，由于立法机构可以改变法定权利，最重要的差异是需要对基本法律中的权利进行变更，而不仅仅是拨付支出总额。权利支出控制者的大多数策略可以理解为部门预算中所用策略的较弱类比。

例如，预算控制者往往可以减少部门的经费，并断言有能力的管理人员将提高机构效率并提供相同的利益。控制者不能真正对管理权利的公共机构使用同样的策略，这使得控制人难以推卸人们对支出水平感到失望的后果的指责。然而，在一些权利方面，向与计划存在利害关系的私人经营者的支付可能会减少，而预算削减者声称福利不必相应地下降。

342 医疗保险为这一策略的成功和条件提供了一个很好的例子。一旦有人（无论是共和党总统还是国会）对医疗保险受益人进行削减，其他人（民主党议会或总统）就会建议对医院、医生或其他医疗机构削减支出。因此，提供者的削减是可能的，因为这个问题的构成要么是违反对受益人的承诺，要么是削减提供者，因为一些政客（为了他们反对者的欢呼）愿意承担提出前者的责任。虽然非常成功，但这不是预算编制人员可以安全依赖的模式。[13]

在部门预算中，无所事事导致资金耗尽，因此倡导者可能会觉得有必要与预算控制人妥协以便获得立法。权利通常不是这种情况，只有从信托基金资助的项目“破产”时才有例外（Patashnik，1997a）。社会保险和医疗保险 A 部分的基金受托人的年度报告被预算控制倡导者用来提出可能促使计划支持者放弃一些理由的担忧。1977 年和 1982 年社会保障信托基金的危机确实迫使人们采取行动，并且最近几年预计如果共和党声称它们必须削减医疗保险以挽救它提供的机会，医疗保险 A 部分的信托基金将会破产（Rich，1996；Rosenbaum，1996）。因此，一些预算人员认为医疗保险的 A 部分和 B 部分与单独的信托基金之间的区分在寻求保护它时没有任何政策意义，在保留 A 部分信托基金短缺的迫切形式方面也是如此。[14]

尽管信托基金可以为行动增加动力，但危急的违约并不经常发生。此外，即将发生的违约并不一定是支出限制的动力。它同样可以鼓励收入增长。因此，相比要求“预算控制”的人真的想要限制总预算，如果“预算控制”被定义为“赤字控制”，那么信托基金是一个更可取的措施。只要信托基金有盈余，它的存在使削减计划变得特别困难。事实上，盈余可以用来促进支出增加（Patashnik，1997a；Derthick，1979）。因此，信托基金不会为计划倡导者提供一种与年度拨款的影响相媲美的妥协动力。

减少任何计划对预算或经济负担的最简单方法是通货膨胀，用稳定或增加的名义支出隐藏实际购买力以及经济和预算份额的下降。然而，不幸的是，对于预算人员来说，权利通过在基本法律中纳入自动通货膨胀调整特别容易将其收益指数化（Weaver，1988）。此外，相比紧缩部门预算的后果，受益人将更容易注意到与通货膨胀有关的损失。因此，权益较少受到侵蚀的控制。

鉴于这种权利形式的缺点，预算控制者经常会寻找办法使权利运作得更像部门计划。通过用某种形式的凭证购买保险取代医疗费报销来“校正”医疗保险的常见建议遵循了这种逻辑（Aaron and Reischauer，1995；Butler and Moffitt，1995；Cutler，1997；White，1993a）。一个人实际获得什么样的服务就像在部门计划里面一样将取决于一个组织的表现——除非它是一个私人组织、受管理的保健组织或保险公司。这种提议的倡导者有关市场竞争激励了政府部门无法提供的生产力的观点，可能是对的，也可能不对。但即使这种差异是真实的，无论该部门是公共还是私人，预算控制的逻辑都是一样的。政府不是按服务付费，而是向组织支付一笔固定的费用。

通过询问“监护人”和“索赔人”角色以及他们如何围绕权利运转，也可以看出策略上的一些差异。在这种情况下，问题将在于谁扮演权利的“钱包的监护人”角色——拨款委员会曾经被认为的在部门预算中所扮演的 343
角色，以及角色如何扮演（Fenno，1966；Wildavsky，1984）。

这种角色理论即便在部门预算中也只是有限使用，在这种情况下人们也不应当期待这种角色的稳定性（Schick，1980a；White，1989；Cox，Hager and Lowery，1993）。相比于从个体身份角度思考控制者和倡导者的立场，从特定的个体纠纷角度来思考可能更有用（Meyers，1994）。然而无论它们的构成如何，监护人和索赔人的角色或地位在权利中的运作应该不同于部门计划中的运作。

最明显的是，问题是不同的。由于人口或经济条件或两者兼而有之，权利可能会自动扩大，因此“监护”可能需要采取积极行动和“主张”，仅仅是防御性行为，而不是反过来。

此外，角色并不像部门预算中那样容易分开，即使承认这种情况下的模糊性。传统上被视为索赔人的授权委员会也必须是“监护”法律的主要来源。虽然预算委员会的成员可能声称自己是监护人，但他们没有权力强加任何东西。党派领袖没有技术知识，所以在实践中，重要的调解立法经常由授权委员会领导人设计和推动，如前任参议员罗伯特·多尔（R－KS）和前任众议员丹·罗斯滕科夫斯基（D－IL）。[15]

防范权利支出增加需要与部门支出有所不同的技能。与明确要求更高的支出相比，政治家可能会被要求改变资格或其他一些规定，它们的支出影响在没有技术知识的情况下无法看到。为了对更多的部门支出请求说“不”，拥有理论基础很好，但技术知识不如政治力量重要。预算控制人可以选择告诉机构在较低的总额内制定自己的计划。在权利预算中，降低开支的适当条款必须写入法律，因此政治家必须得到正确答案。

因此，技术分析师在权利预算中比在部门预算中更重要。一些估计人员（例如在机构或在管理和预算办公室中，如果总统寻求计划扩张）可能会作为索赔人，低估成本以便形成支出。[16]国会预算办公室扮演权利的监护人角色，国会其他部门之前不能以相同方式扮演这一角色。事实上，由于它需要分析的可信度，它可能必须由非政治人物参与才能运作。[17]

总的来说，权利预算的策略与部门预算的策略明显不同。本文的前几部分显示，这些计划的目的、预算编制的目的、预算的时间框架以及关于如何编制预算的常见争议也不同。除了策略、角色、目的、问题和时间框架之外，权利预算与部门预算的过程是相同的。

结论：一个不安的组合

将传统预算理论和实践应用于权利预算的困难来自它们的制定是为了解

决部门计划这一根本不同的计划类型。新的权利预算很少关注不相关的传统问题。因此，有人可能会推断应该分别分析和执行这两个过程。然而，这根本不是传统智慧。

相反，部门和权利预算过程已被纳入预算决议过程。多年期调解需要多 344
年期预算决议。多年期预算决议需要部门预算编制的多年期数据。所以这个组合创造了多年期部门预算。

不幸的是，在部门预算编制方面的标准决策——威洛比（W. F. Willoughby）称之为机构的“一般和财务工作计划”（Mosher，1984：21）——在逻辑上不能按照比一年更长的时间表制定。对于部门运营和挑战以及诸如燃料价格等输入变量的了解还不够。提前做出承诺必须牺牲部门预算中一些均衡的目标：立法控制，或效率，或良好管理的灵活性。

在某一时刻，这不是一个问题，因为部门支出的年末数字没有被认真对待。然而，自 1990 年以来，1990 年、1993 年和 1997 年的调解立法将自由裁量（部门）支出年末数字纳入法律，作为对部门拨款的“上限”。事实上，从这些上限中获得的节省一直是 1990 年、1993 年和 1997 年调解法案节省的主要组成部分。正因为立法机关和行政机关不必指定执行这些上限的计划变更，这比以通过立法权力变化来预测节省要更容易（Reischauer，1997）。

因此，在一个过程中将部门预算和权利预算相结合，形成了一个奇怪的多年期部门预算形式。关于总额的决策应该是在多年期的基础上做出的，并且每年都会对明细做出判定。这种方法的危险在于可以在不考虑其对明细的影响的情况下做出关于总额的决策。

对明细和总额分别进行判断是糟糕的预算。预算应该是一个过程，在这个过程中明细和总额被一起考虑，所以关于一个维度的偏好可以通过对另一个维度的后果的认知来提炼。联邦部门预算编制正在成为一年期目标的制定过程，而在后来的几年里，政治家们争相实现目标，而不是这种相互调整的迭代过程。这样的过程使得传统的控制问题——需要多少钱才能有效地达到某些目标，或者保证机构追求立法意图——实质上是不相关的，取而代之的是“我们如何才能实现这一目标”？政治家们只能对他们的决定负较少的责任，因为他们实际上不会同时考虑目标及其政策后果。那些设定目标的人不必承认政策后果，而那些对细节投票的人可能会责怪以前设定目标的政客。

目前的上限在多年期中具有价值，这对于评判部门预算的一般目标或简单来说的良好公共政策而言极其困难（Reischauer，1997）。可以想象，在更简单的预算环境中，上限可能高到基本上毫无意义。[18]然而，1998 年初有关预算盈余可能用途的政治争议表明，一旦采用，自由裁量支出的长期上限策略被证明是从预算明细中转移注意力的一种非常有力的方式。不知何故，提高上限不在议程上。

因此，在当前情况下，权利与部门预算之间的需求矛盾对传统的全面性规范产生了严重的怀疑。相比于上限不合情理地低的时候，毫无意义的上限不适合合理的预算过程。那么，是否真的有可能对不同的时间框架同时进行明智的预算呢？

从逻辑上说，是的。预算的多年部分可以与部门计划的更加灵活的年终目标相结合。对自由裁量计划的总体要求不太严格，在财政和政策方面与 30 年前相比更切合实际，因为部门预算部分在总预算中所占比例更小，所以相同百分比的差异对预算总额和经济的影响也更小。

345 然而，这种灵活的方法要求承认，在过去几年中的预算总额并不是硬性和稳定的政策。如果总额不是硬性和稳定的政策，那么为什么权利支出的支持者接受那些毕竟是由未来预算控制假定目标所证明的计划上的变化呢？不管分析的优点如何，人们都可以预测兜售试图将多年期权利支出控制与部门支出灵活性结合起来的预算流程的政治困难。

本文首先提出权利预算和部门预算是不同的，并且有不同的需求。阿伦·威尔达夫斯基很好地说明了这一区别，但是以某种预算为主导的预算形式。在《预算过程中的新政治学》（*The New Politics of the Budgetary Process*）一书中，他写道："在较早的时候，政府对内执行和控制自己的计划，在我们这个时代政府对外面向它必须支持的人民"（1992，274）。面向内部是部门预算，面向外部是权利预算。确实，大部分预算现在都是权利，因此预算整体上可能被认为是"面向外部的"。

然而，联邦政府仍然有 5 万亿美元的部门预算，而部门预算的传统职能仍然具有价值。所以这篇文章以一个难题结束。预算过程分析人员不应再相信权利预算与部门预算之间的冲突是说权利预算是对部门预算纪律的"逃避”问题，那是对20世纪70年代和80年代初期的分析。将部门预算纳入为控制权利而发明的新结构也不是明智之举，而这种结构一直是20世纪90年代相对无意识的趋势。那么，如何才能最好地将它们汇集在一起呢？承认它们的差异是必要的与合法的一个过程的规范和价值是什么呢？

致谢

我要感谢布鲁金斯学会，二十世纪基金会/世纪基金会和卡尔顿学院在撰写本文时以各种方式提供支持。我还要感谢匿名的PAR审稿人，以及Roy Meyers，John Ellwood和Irene Rubin对相关草稿的意见，以及John Gilmour，Robert Hartman和Susan Irving在1997年的华盛顿特区公共政策分析和管理协会会议上，1997年11月1日。除了我自己之外，没有人应该与这个论点的任何缺点联系在一起，许多人，不限于上述人，都有助于任何优点。

注释

1. 实质上，现在必须给予预算授权来支付任何利息补贴的直接成本以及估计违约水平的未来折现成本。这确实改变了贷款成本的发生率或者它们在自由裁量拨款时争夺资源的时间。但是，如果有的话，通过平滑贷款计划的影响，这项改革减少了信贷计划的不确定性会破坏其他账户稳定的程度。如同任何涉及估计的过程一样，仍然存在一些博弈和错误的空间（参见U. S. GAO，1998）。

2. 这种工作主要是由行政工作人员而不是立法人员来完成的，但为了证明拨款委员会的设立是否合理，这并不重要。参见White（1989）。

3. 正如定义所表明的那样，“年度拨款权利”一般不认为实际上是由年度拨款法案提供的。请参阅下文的理念演变。

4. 本文的一名审稿人指出，相比权利计划，管理人员可能在部门计划预算政治中是更重要的因素。这相对于计划支出资金而言肯定是对的，因为在部门计划中的每一块钱可能会涉及更多的人员

5. 因此，对于一项诸如信托基金目前余额下的社会保障等具有预算授权的权利的不当支出，其不适当性不亚于诸如食品券等可能耗尽资金的权利

的不当支出。

6. 正如 Roy Meyers 在一次私人谈话中所说，州或地方有权获得一定数量的金钱用于打击犯罪或为一定数量的新警察提供资金。但这是摆脱公民关切的一个步骤；地方一级没有与公民安全可比的“权利”。

7. 尽管政府借款的利息有时不被视为权利，但显然它适合所有权利预算的条件，并且不具有部门预算的属性。

8. 一般而言，权利表格的大部分情况也都特别指出对福利进行指数化。例如，养老金的代际合同应该有通货膨胀调整；否则，“合同因为本质上具有的长期性而变得毫无意义”（Musgrave，1986：110）。这并不是说所有权利都被指数化或者说确保承诺的愿望是指数化的唯一原因，正如社会保障指数化本身的故事所示（Weaver，1988）。

9. 也许可以想象，关于拨款法案的这种立法可以通过对众议院霍尔曼规则的自由解释来获得批准。当众议院考虑拨款法案或者在参议院放弃拨款法案时，也可以通过特别规则豁免程序问题。例如，在 1996 年，在农业拨款法案中通过了冻结食品券利益的通货膨胀调整。然而，这种立法显然不是常态。

10. 事实上，参议院自 1993 年以来已经使用了十年的评分，但是我在众议院评分中使用的时间较短，因为在预算辩论中较短的时间段实际上是有效的目标。

11. 除了广为人知的“骆驼之鼻”（Wildavsky，1984）之外，另一种形式是在项目中投入太多资金以至于即使不喜欢它的人也想完成它以免浪费投资。拨款过程的一位密切观察员评论说，他确信 Whitten 先生（住房拨款主席）和 Bevill 先生（住房能源与水务拨款小组委员会主席）确切地知道何时在有争议的田纳西—汤比格比水道（服务于他们的密西西比州和阿拉巴马州）达到了这一点。但他们每年仍然必须赢得资金。

12. 为了确认权利对时间变化的重要性，我应该补充说，尽管 1998 年假设的赤字消失，但现在几乎完全基于权利问题的关于长期关注的论点依然突出。

13. 参见 White（1995c）. 1995～1997 年的提案和结果顺序完全符合这个论点。

14. 这份报告的来源是个人对话。对信托基金的这种态度是部门和权利预算的另一个区别。在前一种情况下，信托基金传统上被视为逃避管制，正如传统的公共财政案例中对统一预算的看法以及目前对运输信托基金的争议一样。

15. Dole 在很大程度上领导了 1982 年和 1984 年的调整，从他作为参议院财务主席的位置开始，Rostenkowski 协助了这些工作，最终形成了 1990 年调解的大部分内容（White and Wildavsky，1991）。

16. 在与 CBO 和 GAO 工作人员以及其他医疗保健政策参与者的个人对话中，我发现了一个共识，即克林顿政府的 OMB 倾向于慷慨地估计州级医疗补助计划中的基准支出，以通过第 1115 条豁免程序扩大覆盖范围。参见 Robert Wood Johnson Foundation，State Initiatives in Health Care Reform（July/August 1995），7－9，12.

17. Roy Meyers（1994）强烈认为技术知识对预算控制很重要，而不仅仅是对于权利。他肯定是正确的，那些赋予自由裁量预算权力但有着不寻常的支出和融资模式的计划，如循环贷款基金，需要与权利一样多的控制技术技能。然而，部门预算与权利预算在要求上的广泛差异仍然符合我的描述。此外，他作为前 CBO 分析师的自己的观点是更多技术性预算需要重新定义任何控制者角色的一个很好的例子。

18. 来自 John Ellwood 的乐观但又似是而非的建议。

参考文献

Aaron，Henry J.，and Robert D. Reischauer（1995）. "The Medicare Reform Debate：What is the Next Step?" *Health Affairs*，14（4）：8－30.

Axelrod，Donald（1988）. *Budgeting for Modem Govemment.* New York：St. Martin's Press.

Bennett，James T.，and Thomas J. DiLorenzo（1983）. *Underground Govemment：The Off－Budget Public Sector.* Washington D. C.：CATO Institute.

Bipartisan Commission on Entitlement and Tax Reform（1995）. *Final Report to the President.* Washington D. C.：U. S. Government Printing Office.

—（1994）. *Interim Report to the President.* Washington D. C.：U. S.

Government Printing Office.

Blendon, Robert J. , et al. (1997). "Trends: What Do Americans Know About Entitlements?" *Health Affairs*, 16 (5): 111 -115.

Butler, Stuart M. , and Robert E. MoFfitt (1995). "The FEHBP as a Model For a New Medicare Program." *Health Affairs*, 14 (4): 47 -61.

Caiden, Naomi (1982). "The Myth oF the Annual Budget." *Public Administration Review*, 42 (6): 516 -523.

U. S. Congress (1997a). Congressional Budget Office. *The Economic and Budget Outlook Fiscal Years* 1998 -2007. Washington D. C. : U. S. Government Printing Office.

— (1997b). Congressional Budget Office. *Long - Term Budgetary Pressures and Policy Options* (March).

— (1995). Congressional Budget Office. *The Economic and Budget Outlook: Fiscal Years* 1996 -2000. Washington D. C. : U. S. Government Printing Office.

Cox, James, Gregory Hager, and David Lowery (1993). "Regime Change in Presidential and Congressional Budgeting: Role Discontinuity or Role Evolution?" *American Journal of Political Science*, 37 (February): 88 -118.

Cutler, David M. (1997). "Restructuring Medicare For the Future." In Robert D. Reischauer, ed. *Setting National Priorities: Budget Ghoices for the Next Century*. Washington D. C. : The Brookings Institution, 197 -233.

Derthick, Martha (1979). *Policymaking for Social Security*. Washington D. C. : The Brookings Institution.

Ervin, Osbin L. (1980). "The Functions of Budgeting: An Elaboration of the Schick Typolo'gy." *Midwest Review of Public Administration*, 14: 119 -130.

Fenno, Richard F. Jr. (1966). *The Power of the Purse: Appropriations Politics in Congress*. Boston: Little, Brown.

Fisher, Louis (1979). "The Authorization - Appropriations Process in Congress: Formal Rules and InFormal Practices." *Catholic University Law Re-*

view, 29: 51 -105.

Ippolito, Dennis S. (1984). *Hidden Spending: The Politics of Federal Credit Programs.* Chapel Hill: University of North Carolina Press.

Key, V. O. (1978). "The Lack of a Budgetary Theory." In Albert C. Hyde and Jay M. ShaFritz, eds., *Govemment Budgeting: Theory, Process, Politics.* Oak Park, IL: Moore Publishing Co., 19 -24.

Meyers, Roy T. (1994). *Strategic Budgeting.* Ann Arbor: University of Michigan Press.

Mosher, Frederick C. (1984). *A Tale of Two Agencies: A Comparative Analysis ofthe General Accounting Office and the Office of Management and Budget.* Baton Rouge: Louisiana State University Press.

Muris, Timothy J. (1989). "The Uses and Abuses of Budget Baselines." Working Papers in Political Science P -89 -3.

Palo Alto, CA: Hoover Institution. Musgrave, Richard A. (1986). *Public Finance in a Democratic Society: Collected Papers of Richard A. Musgrave.* Vol. 2. Brighton, Sussex, England: Wheatsheaf Books.

Patashnik, Eric M. (1997). "Trust Funds and the Politics of Precommitment." *Political Science Quarterly* 112: 431 -452.

—— (Forthcoming). "The New Politics oF Budgeting." In Marc Landy and Martin Levin, eds.. *The New Politics of Public Policy*, 2*nd ed.*

Reischauer, Robert D. (1997). "The Unfulfiuable Promise: Cutting Non-deFense Discretionary Spending." In Robert D. Reischauer, ed.. *Setting National Priorities: Budget Choices for the Next Century.* Washington D. C.: The Brookings Institution, 123 -154.

Rich, Spencer (1996). "Report Sets Clock Ahead on Medicare Insolvency." *Washington Post*, 6 June, Al2.

Robert Wood Johnson Foundation (1995). *State Initiatives in Health Care Reform*, (July/August): 7 -9, 12.

Rosenbaum, David (1996). "Gloomy Forecast Touches off Feud on Medicare Fund." *New York Times*6 *June*, Al.

Rubin, Irene S. (1988). "The Authorization Process: Implications for Budget Theory." In Irene S. Rubin, ed.. *New Directions in Budget Theory.* Albany: SUNY Press, 124 – 147.

Schick, Allen (1995). *The Federal Budget: Politics, Policy, Process.* Washington D. C.: The Brookings Institution. (1980a). *Congress and Money.* Washington D. C.: The Urban Institute Press.

— (1980b). "Budgeting as an Administrative Process." In Allen Schick, ed.. *Perspectives on Budgeting*, Washington D. C.: American Society For Public Administration, 1 – 14.

— (1973). "A Death in the Bureaucracy: The Demise of Federal PPB." *Public Administration Review*, 33 (2): 146 – 156.

— (1966). "The Road to PPB: The States oF Budget Reform." *Public Administration Review*, 26 (4): 243 – 258.

Stein, Herbert (1996). "The Fiscal Revolution in America, Part II: 1964 – 1994." In W. Elliot Brownlee, ed.. *Funding the Modem American State*, 1945 – 1995. Washington D. C., and Cambridge, UK: The Woodrow Wilson Center Press and Cambridge University Press, 194 – 286.

Straussman, JefFreyD. (1988). "Rights – Based Budgeting." In Irene S. Rubin, ed.. *New Directions in Budget Theory.* Albany: SUNY Press, 100 – 123.

U. S. General Accounting office (1992). "Availability of Appropriations: Amount." In *Principles of Federal Appropriations Law.* GAO/OGC 92 – 13. Washington D. C.: USGAO, ch. 6.

— (1998). *Credit Reform: Greater Effort Needed to Overcome Persistent Cost Estimation Problems.* GAO/AIMD – 98 – 14. Washington D. C.: USGAO.

Weaver, R. Kent (1988). *Automatic Govemment: The Politics of Indexation.* Washington D. C.: The Brookings Insritution.

— (1985). "Controlling Entitlements." In John E. Chubb and Paul E. Peterson, eds., *Tbe New Direction in American Politics.* Washington D. C.: The Brookings Institution.

White, Joseph (1995a). *Competing Solutions: American Health Care*

Proposals and International Experience. Washington D. C. : The Brookings Institution.

— (1995b). " (Almost) Nothing New Under the Sun: Why the Work of Budgeting Remains Incremental. " In Naomi Caiden and Joseph White, eds.. *Budgeting, Policy, Politics: An Appreciation of Aaron Wildavsky*. New Brunswick, NJ: Transaction Books, 111 -132.

— (1995c). "Budgeting and Health Policymaking. " In Thomas E. Mann and Norman J. Ornstein, eds.. *Intensive Care: How Congress Shapes Health Care Policy*. Washington D. C. : The Brookings Institution, 52 -78.

— (1993a). "Markets, Budgets, and Health Care Cost Control. " *Health Affairs* 12 (3): 44 -57.

— (1993b). "Decision Making in the Appropriations Committees on De-Fense and Foreign Operations. " In Randall B. Ripley and James M. Lindsay, eds.. *Congress Resurgent: Foreign and Defense Policy on Capitol Hill* Ann Arbor: University oF Michigan Press, 183 -206.

— (1989). "The Functions and Power of the House Appropriations Committee. " Ph. D. diss.. The University of California.

White, Joseph, and Aaron Wildavsky (1991). *The Deficit and the Public Interest: The Search for Responsible Budgeting in the* 1980*s*. Berkeley and New York: The University oF Cali Fornia Press and The Russell Sage Foundation.

Wildavsky, Aaron (1992). *The New Politics of the Budgetary Process*, 2nd ed. New York: Harper Collins.

— (1984). *The Politics of the Budgetary Process*. 4th ed. Boston: Little, Brown.

— (1980). *How to Limit Govemment Spending*. Berkeley: The University of California Press.

— (1978). " A Budget for All Seasons? Why the Traditional Budget Lasts. " *Public Administration Review*, 38 (6): 501 -509.

5.3 税收与支出限制

349 第二十六章

约束与不确定性：加利福尼亚州的预算*

诺米·凯登（Naomi Caiden）
杰弗里·I. 查普曼（Jeffrey I. Chapman）

约束和不确定性是预算过程和政策的重要塑造者。在它们较低的地方，预算往往会渐进发生，而预算改革者则会对规划和计划技术产生梦想。如果它们很高，则会出现很多不同的预算模式。预算结构可能会分解为特别基金和区块。预测短期内的收入和支出是不可能的，预算也会在一年中全部制定与再造。税收和支出中的机会主义取代了计划，而现金流管理则是最重要的。预算模式开始类似于凯登（Caiden）和威尔达夫斯基（Wildavsky）所描述的贫穷国家，其中缺乏冗余可以阻止有序的预算和计划，并且迫使参与者对整个系统表现出功能障碍。

但在加利福尼亚州有一个关键的区别。加利福尼亚州不是一个贫穷的国家，而是一个富裕的州。虽然州政府目前发现传统收入来源的扩张受到严重

---

* From *Public Budgeting and Finance*, Vol. 2, No. 4 (Winter 1982), 111 – 129. Copyright© 1982 by Public Financial Publications, Inc. Reprinted with Permission.

制约，但它们仍在一个仍然具有丰富可能性的环境中运作，尤其是未来的经济增长。但是，由于州和地方的财政决策是相互关联的，因此不确定性往往会在整个系统中反映出来，随着从州到地区的不断变化，逐渐趋于计划水平。与此同时，机智和聪明才智正在推动收入和支出模式的改变，预示着更具企业家务实角色的政府。

本文分析了加利福尼亚州政府对当前限制和不确定性所做的预算通融和调整。我们从州级预算开始，追踪前几年形成的盈余的最终消失的情况下，不可预测性如何决定了它在一年中一再重建。然后，我们转向地方政府，并概述这些不同的地区是如何处理大部分源于它们自己控制之外力量的问题的。

在州级预算中无法估量的事物

除其他外，加利福尼亚州至少因为象征性地发起了美国最近一次的税收
反抗事件而有名。1978 年 6 月批准的第 13 号提案正好成了在概念上区分过 350
往好时光与当下多灾多难的标签。此后还有其他举措，但由于存在大量的国家储备，这种储备被用于“救助”地方政府，并允许州政府采取一定程度的灵活性和冗余措施，从而减弱了两年的效果。1981 年州级盈余的枯竭几乎与里根政府对联邦援助的削减以及国家经济衰退的影响恰好一致。所有这些事态发展都影响到预算编制，不仅因为它们削弱了国家的财政状况，而且因为没有人能够知道在任何特定时刻会发生什么，并且因为它们的时机妨碍了预算周期的有序进展。

第 13 号提案影响了州级预算，因为州被要求弥补其对地方政府造成的收入不足。第 13 号提案将房产税税率限制在市场价值的 1%，并将评估值的增长率限制在每年 2%。只有经过 2/3 的选民同意才能征收新的地方税。修正案的影响不仅在于削减地方政府收入，而且扩大了州政府的地位，因为地方财政更加依赖州级预算。州政府还承担了一些地方职能，对未来的教育承担了更多的责任，并通过“释放”州级盈余分配公式的方式，对地方财产税损失进行了补偿。

在头两年，州级盈余足以处理本来会出现赤字的情况，但州级财政状况正在稳步恶化。第 13 号提案之后紧随着 1979 年的第 4 号提案，公共支

出增长限制与人口和人均收入增长捆绑。更为严重的是州级个人所得税的临时指数化，这使 1981 ~ 1982 年度的收入减少了约 23 亿美元。最后在 1982 年 6 月，选民批准了一项主动指数化州级所得税和废除州级继承税与赠与税的倡议。

在考虑 1981 ~ 1982 财政年度的预算时，财政状况已经很困难。1980 年初就有人警告说，州级盈余正在消耗，从这个时候起州级财政就会面临潜在的赤字。如果没有储备，1980 年至 1981 年预算总额 245 亿美元中的缺口将达到的 15 亿美元。里根政府提出的改变财政联邦制均衡的建议，甚至进一步削弱了偿债能力的预期狭窄幅度，尽管它们的确切影响仍不清楚。在 1981 年 4 月，看起来加利福尼亚州在 1981 ~ 1982 财政年度（州、地方和个体）的总缺口将达到 18 亿美元，抵消了约 8 230 万美元的节余。[2] 到了 1981 年 9 月，这些数字稍微乐观些：分别为 14 亿美元和 378.4 百万美元。接下来的一年，1982 ~ 1983 年，联邦援助的进一步削减估计会更深，从 15 亿美元到 20 亿美元不等。这些削减的重要性不仅在于它们的巨大破坏范围，而且在于在州级预算制定时没有人知道它们会是多少。难怪有关危机是限于一年还将是未来典型的争论开始出现。[3]

尽管如此，真正的伏笔是经济状态，其对预算的影响将成为无休止的猜谜游戏的主题。财政部（Department of Finance）认为，它在估计 1981 ~ 1982 财政年度的收入时是非常保守的，只是在一个月之前才发现它过于乐观。7 月份，收入滞后 5 500 万美元；8 月份为 8 400 万美元；9 月份为 1.7 亿美元。1981 年 12 月对收入前景的修订预示了 1981 ~ 1982 年度短缺 8.26 亿美元，主要是因为银行和公司的税收和销售税远远落后。1982 年 1 月，税收收入再次低于预测税收收入约 1.3 亿美元；到 3 月份这个数字已经上升
351 到了 3.5 亿美元。虽然预算在 1982 年底达到了平衡，但是在准确估算收入方面存在的困难以及持续高升的经济缺口令人震惊。接下来的一年，1982 ~ 1983 年度，它们还会更严重。1982 年 5 月，财政部预测该年度的收入缺口为 8.05 亿美元。这主要是因为两项新的削减税收措施的通过，将使该州在 1982 ~ 1983 财政年度耗费 3.4 亿美元，而且将来还会更多。

最后，支出估计也受到冲击。在 1981 ~ 1982 预算通过后不久，地中海果实蝇出现了，花费可能会从 5 000 万美元降至 8 000 万美元。州级行政法

办公室（State Office of Administrative Law）拒绝批准社会服务部（Department of Social Services）为执行里根政府在削减对受抚养儿童家庭的援助（AFDC）的紧急条例，估计耗费了加利福尼亚州2 000万美元，而不是预计的6 000万美元结余。加利福尼亚州医疗补助项目还出现了2亿美元的进一步短缺，5 000万来自联邦转移，1.5亿美元来自不精确的预测节省和增长使用。其他意外成本（如森林火灾的数量超过预期）以及各种立法的通过导致在1981～1982财政年度过半时增加支出超过1.7亿美元。

所有这些事态发展的结果都是可以预测的：始于形式平衡的预算经常会对即将出现的赤字进行持续估计，尽管没有人能确切确定数额。在1982～1982年度预算之前，这并不重要，因为如果出现赤字，可以通过盈余来解决。既然盈余已经消失，就不能再以平静的态度看待未来的赤字，而是要求及时和充分的反应来避免灾难。

制定和重制州级预算

州级行政立法部门对过去一年预算不确定性的回应让人想起了那些老旧的扣人心弦的系列片：其中每一集都以悬念的方式结束了英雄或女主角的命运，在接下来的续集中令人难以置信的被拯救，只是几乎立刻让受害者受到一次新的灾难。就州级预算而言，情节因为已有的两个主题变得复杂，分别是1981～1982和1982～1983财政年度的预算。为了保持故事的可理解性，将它们的进展分离并且为了分析目的而分成三个部分，涵盖三个主要预算活动：1981～1982年度预算的初始工作，1981～1982年期间该预算的变化，以及1982～1983年度预算过程。然而，重要的是要记住，在1981～1982财政年度期间，当前的和下一年度的预算都在同时进行。

第一轮：制定1981～1982年度预算

首先，1981～1982年度预算中初显的赤字问题主要由一次性回应来处理的。1981年1月提交的州长预算遭到立法机构的打击，因此在1982年6月签署时，其比原来的250亿美元的数字高出了7.34亿美元，即增长了约2.8%。被剥夺习惯性盈余缓冲的立法机构通过暂时性弥补亏空，显然希望下一年情况会有所改善。其措施包括：

1. 以前通过一般性基金资助的资本支出融资，只能使用一次海上石油收入。

352 2. 增长的联邦资助补充保障收入(Supplemental Security Income,SSI)/州级补充支付（State Supplementary Payment，SSP）补助支出的预期可以减少一般性基金支出，除了受助者生活补助金的9.2%以外。

3. 对无担保财产的3.79亿美元一次性税收收入滚动支付给各学区，用于减少州级教育支出2 300万美元。

4. 类似的6 200万美元一次性税收收入滚动支付给各社区大学学区，用于减少州级教育支出700万美元。

5. 将AB8平减指数暂停一年。[5]

6. 永久取消三项地方政府补助使得一般收入增加5 800万美元。

7. 一次性取消价值1.14亿美元的州级机动车驾照费补助金。

8. 减少5 000万美元给地方政府的商业库存补助金。

通过这些和其他较小的行动，预算得到平衡，经济不确定性储备（Reserve for Economic Uncertainties）为4.75亿美元。但是这个壮举只能通过一次性的措施来实现。一次性收入增加总计近5.14亿美元；一次性支出削减总计2.08亿美元。即使它们现在还有用，这些权宜之计在以后也不可能重复；但在数月之后，显然它们不够。

预算是全年制定的：重制1981～1982年度预算

到1982年10月，意外的高支出和低收入令人担忧当年的预算将会以赤字结束。州长的回应是重新开放1981～1982年度预算。从这一点来看，全年将通过一系列特设的收入和支出措施来编制预算。一次又一次地认为，今年的预算是平衡的，可以安全地放在其设施上。但每次初步估计都过于乐观，有必要制定新的措施以确保取得满意的结果。

最初的举动是由州长做出的。首先，他在地方援助以外对所有的州级业务活动全面削减了2%。实际上，削减幅度超过了2%，因为它必须在本财政年度剩下的3/4的时间内实施。其次，州长要求公共工程委员会（Public Works Board）和学校分配委员会（School Allocation Board）阻止资本支出

（除了与多氯联苯清除和健康、火灾及安全相关的建设外）。预计这些削减将节省约 4.6 亿美元。

尽管采取了这些措施，但 10 月中旬的新估计显示缺口为 6 亿 ~9 亿美元。联邦税法的变化可能会带来 3 亿美元的额外缺口，尽管该州没有表示愿意遵守，为此没有通过执法立法。在 11 月份，一般性基金借了 9 亿美元以履行现金义务，州长召开了一次特别会议来处理福利改革问题。然而，这立即退化为关于投票重新分摊的争论，并最初没有对解决预算问题做出贡献。

12 月的前景令人沮丧。收入前景的修正预示 1981 ~1982 年度将有 8.26 亿美元的赤字。尽管现在收入估计显得更加准确，但一般基金收入仍低于 11 月预测数 1 400 万美元。很明显，州级将不得不在未来 3 个月继续借贷，利息费用可能高达 200 万美元。

1 月份预算前景进一步恶化，可能进一步削减支出。州审计长称，在一 353
般基金通常无须支付利息的情况下，特别基金内没有任何资金可以借到，所以内部借款的利息支出已达 300 万美元。根据有效预测的下一年度收入，如果事情没有任何改变，有必要在年底发行权证而不是支票——一种自 20 世纪 30 年代萧条以来从未使用的策略。

因此，立法机关的特别会议将注意力转向提高本财年的附加收入。两项措施是辩论的焦点。第一项是将 1982 年个人逾期支付税款的罚金从 6% 上调至 18%，对企业则是从 12% 上调至 18%。在以后的年份，惩罚将基于联邦所得税延期罚款，而后者又基于最优惠利率。第二项是提高雇主代雇员扣缴的个人所得税的税率。尽管共和党以这两项措施都是财政噱头为由予以抵制，其中估计能筹集 1.8 亿美元的第二项措施被通过了。[6] 但财政状况依然不稳定，尽管新的支出削减已经实现。审计长估计，1981 ~1982 年度预算中将出现 1.5 亿美元的短缺，并且 1 月份实现的税收收入低于预期 1.3 亿美元。

2 月份，由于立法机构能够通过解决分歧来制定多项节约预算的措施，曙光似乎开始出现。首先，税收收入增加了大约 1.65 亿美元，除了赠与和继承之外的所有州级税款的延迟缴纳都被额外处罚。这一数额中至少有 1 亿美元来自加速从每月销售额超过 400 万美元的公司征收销售税。这将使一部分纳税义务从 7 月份转移至 6 月份，从而向下一年度借款以帮助当前的预算。

第二项法案削减了约 1.07 亿美元的支出，通过综合削减预算、突击检查未动用的专项资金，取消用于安装节能设备的退税等措施，减少约 2 300 万美元的州政府向地方政府返还的工人补偿福利、减少 3 600 万美元的资本建设及能源和资源项目。[8] 第三项措施颁布了 730 万美元对 AFDC 支出的削减，从而使加利福尼亚州遵守联邦预算削减计划。其效果是拒绝给近 2 万名受益人支付收益，并将其受益人减少到 115 000 人。财政年度中通过的收入和支出措施在 1981 ~ 1982 年度的预算中已经作出了超过 10 亿美元的变动，并且在 2 月 17 日，政府可能最终宣布该年度的预计盈余。

但这个故事还没有结束。仅在 2 周后，州长重新召集立法人员作为整个委员会就州预算的正式情况进行通报。经济不景气再次使收入远低于预期，扭转了新近出现的盈余，形成潜在的赤字。由于预测今年出现 3.5 亿美元的短缺，以及可能出现的 30 亿 ~ 40 亿美元的赤字，民主党人和共和党人调解分歧，达成妥协方案再次拯救预算。

新的预算立法再次通过一系列一次性措施将预算改动了 4.81 亿美元。[9] 在 5 月和 6 月期间取消州级一般基金和地方学区对州级人事退休系统（State Personnel Retirement System）的出资节省了 1.8 亿美元。这一举措在法律上是可行的，因为该基金从高利率年份获得的收入比预期多。来自更多企业的销售税收进一步加速带来了另外的 1.5 亿美元，最后的 1.51 亿美元是通过挖掘国库中几乎所有未使用的资金而获得的。

这些民主党支持的措施如果没有向共和党做出让步就不会实现。妥协在于在下个财政年度的前 3 个月实际上暂停了几乎所有预算类别的生活费调整。大约 3.5 亿美元的节省意味着福利、老年人、失明和残疾人、州雇员、地方政府、学区和医疗机构在 1982 ~ 1983 年期间不会获得全额增长。即使有这样的让步，预算案也是勉强通过，参议院没有投票权，大会只有一个投票权。

再一次，预算得以被拯救。州长在签署预算法案的同一天，通过行政命令双重确认，冻结所有新的州级招聘、晋升和调任，额外节省 1 000 万美元至 1 500 万美元。现在可以保证，州级将以盈余结束这一年。在基本建设进一步削减的帮助下，6 700 万美元的盈余甚至似乎是可能的。由于技术原因，今年可能会以 1 700 万美元的赤字结束，但到了 5 月份，1981 ~ 1982 预算的不确定性似乎终于被解决了。但是，解决问题的手段——一系列临时措施——对 1982～1983 年度预算没有任何帮助。

估算和重估：1982～1983 年度预算的制定

州长和立法机构大多数时间都在盯着 1981 年至 1982 年的预算，他们也期待着 1982 年至 1983 年的预算，如果这个预算不那么迫切，那么预算前景似乎也不会那么黯淡和不确定。为了保持平衡，州长不得不采取几个有争议的假设。首先，他认为 1982 年 6 月投票的两项倡议，即完全指数化州级所得税和取消遗产税，将被选民拒绝。如前所述，如果它们得到证实，它们可能耗费 3.4 亿美元。其次，通过减少支出和将成本转嫁到地方，将节省 4.5 亿美元的资金。第三，州长预计年内经济将改善，这是一个非常令人怀疑的前景。最后，他预计能够获得立法机构的同意，一次性加快税收并加大对缓慢纳税的惩罚力度。

立法机构并未平静地收到这些提议。共和党宣布了替代预算的计划，尽管在撰写本文时这个计划并未出现。到 1982 年 2 月，预算假设已经开始解体。立法分析师主张削减近 7 亿美元以平衡预算，而对联邦政府减少 15 亿～20 亿美元援助的初步估计难以令人放心。1981 年至 1982 年的预算困难如此之大，以至于除了立法机关内两党采取的初步立场之外，这些问题几乎没有得到重视。

但到了 5 月份，当年的预算似乎终于平息了，1982～1983 年度预算的前景不能再被忽略。财政部估计可能会出现近 15 亿美元的赤字。其中大部分赤字是新颁布的法案（4.89 亿美元）和修订收入缺口（8.05 亿美元）的直接结果。如果减税举措在 6 月份的投票中得到批准（如实际发生的那样），并且如果立法机关未能通过州长关于减少服务的提议，则赤字可能会超过 33 亿美元。

针对这些问题，建立了一个非正式的“周三小组”（Wednesday Group），由两院政党领袖和州长办公室代表组成，常常包括州长本人。该小组讨论了平衡预算的各种方式，参与者可以执行其任务。各种初步建议已经提出，其中包括民主党建议增税 10 亿～20 亿美元（共和党坚决反对），加利 355
福尼亚州医疗补助项目改革估计可节省 5 亿美元（医生游说集团）。即将举行的州长选举使这一立场变得艰难，没有任何潜在候选人提出可信或可行的预算战略。

为了结束这场争斗，州众议院试图额外拨款 2.38 亿美元用于教育。不幸的是，这笔钱并不存在，因为它应该是 1981 ~ 1982 年度的盈余，当时大约为零。州参议院已经通过其没有虚构资金的预算版本，因为假期而休会不是讨论州众议院的版本。州众议院最后在 7 月 1 日决定，州长能够签署 252 亿美元的预算，实际上以当前美元计算低于上一年的预算。通过削减对城市的援助 2.21 亿美元、取消所有州雇员的工资增长、提高所有州立大学和学院的学费以及削减加利福尼亚州医疗补助项目约 4 亿美元，实现了预算平衡。

看起来好像州级立法或行政部门都不准备对预算问题做出长期承诺。对预算危机没有系统的回应，也许任何回应都会因参与者之间的政治分歧和高度动荡的环境而变得不可能。为了实现表面上的平衡预算，采取了权宜之计——一次性的特别税收和支出措施——这没有为持续的财政能力提供持久的基础。事实上，真正的年度预算根本无法生产；相反，预算是在整个财政年度制定和重制的，在追赶的绝望游戏中确保数字平衡在最后出现。正式的预算受到如此多的不确定因素的影响，使得外人看来预算似乎是一种与现实的关系最薄弱的乌有之乡。但对那些必须依靠这些决策而生活的人来说，无论是草率的、时间不周的还是构思不佳的，州级预算太真实了。特别是，州级预算的约束和不确定性转移到地方政府，而地方政府必须应对它们的反应。

地方政府层面的回响

州级预算的不确定性已经预料到会影响到地方政府层面。第 13 号提案在时间上不可预测的主要影响就是提升了地方政府对州的依赖。在这些举措通过之后，州级“纾困”地方政府的必要性增加了它们在几个重要支出领域中对现有的一些税种和返还的州级援助的依靠。地方政府的选择进一步受到经济衰退对地方财源的直接影响、更多减税公民倡议的可能性、通货膨胀对相对固定支出的影响以及联邦政府的削减等因素的制约。地方政府不得不对这些制约因素做出回应，却没有清楚地了解它们的规模或未来方向。在随之而来的不确定性中，公共预算体系变得更加动荡，公共管理者不得不采取灵活的机会主义策略。他们对即将到来的更美好时光的乐观可能无法实现；服务提供和地方基础设施可能会继续削减预算。

很难概括加利福尼亚州的地方政府。公共权力机构被编织在一个具有分散和重叠辖区的复杂网络中。县、城市和许多特区都有自己的收入和支出模式。综合信息相对很难获得，如果它确实存在，也很可能是误导性的，因为每个辖区似乎本身就是独特的，通过自己的收入和支出政策、人口的特定结 356
构、地理土地面积、资源和经济等因素来塑造。另外，最近的变化速度很快把观察者抛在后头。

然而抛开其多样性，加利福尼亚州的地方政府构成了体系的一部分，该体系由州政府主导。地方预算在对州的依赖上有所不同。企业基金、行政区以及准自治公共企业受影响的程度远低于城市，城市低于县；学校和社区大学区是最依赖的。但根据具体的地方政策，在每个类别中，可能会有相当大的差异。

地方财政对州的依赖早于第 13 号提案，因为按照法律地方政府是州的产物，但许多辖区通过自有资源收入保持了相当大的自主权，特别是财产税。在第 13 号提案后，地方当局因其对财产税的依赖而受到负面影响。企业区和一些城市几乎未受影响。但是，近 1/4 的收入来自财产税的城市以及超过 1/3 的收入来自财产税的县，都感受到了巨大的影响。社区学院和学校行政区的房产税收入占到收入的一半甚至更高，受到了更大的冲击；而一些特区对财产税依赖高达 80% 。财产税损失的影响是不得不结束地方政府自治决策的一些重要领域。“在第 13 号提案之前，”一位当地官员说，“我们曾经设定自己的财产税率；现在所有这些都超出了我们的控制范围。”通过限制选择，财产税限制使得地方政府更容易受到其他方面的困境的影响，并依赖于对经济波动敏感的不稳定收入。

巨额州级盈余的分配避免了灾难，将当年收入可能减少 15% 转变为不到 2% 。但是，由于对州级预算依赖度的提高，这一代价很高。州有效地接管了教育财政以及 SSV/SSP。根据提案条款，它也正式掌握了财产税，因为现在“按照法律”分配了。纾困本身不仅受州条款和条件的制约，而且按照一种公式分配，即在没有就永久性安排达成协议的情况下，每年都会发生变化。

只要州级收入持续，州级预算盈余，对地方政府的影响就相对较弱。尽管1978~1979财政年度的预算遭受了一些削减，但接下来的两年基本稳定。但到了1981~1982财政年度，州级预算的实力因对选民预期需求的政治反应、遗产税削减、所得税指数化以及经济衰退而受到削弱。如上所述，该州以大幅削减地方政府援助作出了回应，减少或取消了几类补助或州级税收的地方分成。对于现在严重依赖州级资助的地方政府来说，结果是严重的。几乎所有的辖区都认为自己有义务在其初步支出预测中向下大幅调整，并找到弥补差距的收入。面对令人怀疑的前景，地方政府展示了各种应对措施——一如既往、维持选项、紧密削减预算、延长预算周期、分配成本、创新融资、与私营部门讨价还价，当然还有削减服务和资本支出。这些反应的描述主要基于对数量有限的各级地方政府官员的访谈，这些官员的反应表现出令人惊讶的，也许不令人意外的一致性。[10]

一如既往

尽管随着总体支出能力的削弱一再需要削减预算，但很少地方当局已经建立了新的预算手段来处理这种情况。在通常较小辖区，管理者认为他们可
357 以控制支出明细，并且可以根据需要利用他们的知识进行作出必要的削减。只有地方政府例外地小心翼翼继续努力改进系统的预算技术。在困难时期缺乏创新与最近的兰德报告和希克（Schick）对资源可用性与引入项目预算之间关系的分析结果是一致的。[11]并不急于实施零基预算或"递减"系统。由于大多数受访者认为目前的情况是暂时的，因此投入新的过程似乎没有多大意义。

即使在目前的黑暗中，地方政府高级管理人员也很快找到光线。例如，1982年6月的H提案在洛杉矶市通过，允许对警察和消防官员退休金生活费用增长设置上限，这为未来的预算前景带来了相当大的缓解。法院赞成圣加布里埃尔市的一项决定，确认财产税支付城市宪章规定的公务员养老金成本的合法性，这引发了其他宪章城市对其他养老金甚至其他法定支出类似可能性的希望。还有一种感觉是，州级财政部的预测过于悲观，推断当前的趋

势实际上会发生相当大的变化和干扰。对于加利福尼亚州经济的韧性、联邦减税的有利影响以及州在国防支出中的份额，大家信心高涨。重点在于处理目前困境的策略，而不是规划削减管理的未来。

维持选项

应对收入不确定性的主要策略是维持选项。制定预算要求各部门详细列出优先事项，说明在不利条件发展的情况下在何处进行削减。因此，在洛杉矶市，各机构已被要求制定具有不同支出水平的预算，并在详细审查支出和一系列选项中列出其影响：针对事情的结果，决策者“可以去往 16 个不同的方向”。洛杉矶县还要求各部门提供预先限制性报告以确定削减区域。另一位城市经理在预测时开头说道：“我们可以管理预算，然后我们期望在年中调整资金。”

反对的方式也是可行的。在圣贝纳迪诺县，通过了 1982 ~ 1983 年度的目标预算，通货膨胀调整后的计划成本下降了 15%。其目的是创建一个应急准备金，然后监督委员会（Board of Supervisors）可以重新分配。同样地，在里弗赛德县，批准了没有通货膨胀的上一年拨款 90% 的预算，并再次提供应急储备金以便至少能对一部分削减进行修复。另一个县完全没有尝试开发新的预算，只是重新选用去年的预算。

紧密削减预算

近年来地方政府相对稳定的原因之一是收入的存在。通常情况下，预算编制人员的目标是在今年年底达到相当大的正面平衡。用一位城市经理的话说，现在很多人发现他们“靠得很近”。误差很小。例如，1981 ~ 1982 年度洛杉矶市销售税收仅增长 6%，而不是前几年 15% ~ 20% 的增长。在年中，州政府拒绝偿还工人补偿领域的某些账目，留下了一个差距，这必须通过税收加速、年中冻结招聘和取消设备采购来抵消。以前习惯上预计年底会有 358
1% 的盈余，现在可能是零余额了。

其他辖区报告了类似的经验。在洛杉矶县，1978 ~ 1979 年超过 1.6 亿美元的盈余逐渐被吞噬，直到预算当局预测今年仅为 960 万美元的“稀薄”边际，仅占县级总预算的 0.2%。在另一个城市，一位官员报告称现在不再可能有预算盈余；去年这个数字还不到总资金的百分之一："如果你弄错了一个百分点的收入，那么你就有麻烦了。"

为了应对储备减少，当局采取防御性策略，低估收入和估高支出。通常情况下，机构预计不会花费所有预算，大约为96%至97%。预算官员一直保留应急储备以平滑现金流。现在这些用于缓解在预算年内不可避免的不确定性。它们也可能由于不计工资储蓄而造成一些松动，因此这一数额也是一种内置缓冲。每天和每月对基金进行仔细监控，并在必要时进行调整。在洛杉矶市只有日常支出没有进一步审查就可以得到批准；即使在初始预算中分配了资金，新的请求也必须得到市长的批准。为了保持最佳状态，时刻保持警惕是必要的。

延长预算周期

地方政府官员普遍预计预算过程大约需要6个月，从12月份的准备工作开始，到6月初或6月底通过预算为止。困难在于州级预算在7月初完成（即使按计划并非总是如此）。因此，地方政府很难（如果不是不可能的话）知道它们正在制定或采用其预算时，州一级将如何处理地方援助。

在难以预测州一级行动的情况下，地方政府预算只会成为初步文件，每个人都知道必须重做。里弗赛德市的介绍表达了这样的困境："时间限制不能让我们奢望等待州级预算审议的结论；因此有必要继续处理我们现在可以获得的信息。"[12]在洛杉矶县，1982~1983年度的预算建议是基于州长1月提议的州级预算，但他们强调"这些建议应该考虑在6月份进一步向下修订"，因为它们没有考虑到随后预测的将近15亿美元额外的州级赤字或6月税收计划的通过。即使在4月份，"越来越明显的是州长的1月份预算假设可能不会持续下去。[13]"里弗赛德县也从州长1月份提议的预算开始，但4个月后发现不可能解决诸多事项带来的不确定性，如机动车替代收入、削减卫生相关计划的年度生活费调整、州级到县级的责任转移而没有全额补偿，以及某些卫生计划的报销实践变化。

面对大部分预算的不可预测性，地方政府不得不延长自己的预算周期。"我们每年运行两个预算，"一位城市经理解释说，"这个过程在1月份开始，预算在6月1日通过。当州级预算通过时，我们必须在8月份重做……我们整年都在做预算。”洛杉矶县的 1981～1982 年度预算需要四个连续的文件以跟上不断变化的条件。州一级缺乏地方政府的稳定和永久的筹资机制直接反映在地方政府预算过程中。引用洛杉矶县财政预算建议 359
中的话，“由于州政府选择每年为地方政府活动提供资金，因此我们无法准确预测明年的 1982 年收入缺口大小……预算规划已成为一年一度的危机。”[14]

分配成本

实施削减的需要和资金不确定性的威胁已经引起了成本意识的增强，这反过来又影响了财政机制。财产税和州级拨款不确定性的制约刺激了地方官员在其他领域实现收入最大化。其中一种表现是目前服务收费的缓慢增长（自 1978 年以来已从 4.9 亿美元增长到 7.51 亿美元，或从地方政府预算的 8.2% 增加到 10.5%）。地方政府也试图通过服务外包来节省资金，而且其结果有点混杂。

用户收费是向服务用户分配成本的普遍运动的一部分，无论这些用户是私人还是同一管辖区的单位。成本分配是通过确保其他地方政府部门支付其全部行政管理费用或其他服务费用来减轻普通基金压力的一种手段。一般而言，普通基金只是为服务筹集资金的一种机制。例如，在洛杉矶市，只有大约一半的支出是通过普通基金提供的。其余部分包括机场服务、供水、电力和下水道服务，来自按服务收费运营的企业基金。如果算上公用事业，里弗赛德市超过 1.75 亿美元的预算中只有约 3 300 万美元通过普通基金提供资金；其余的以不少于 18 种其他基金提供资金。问题的实质是尽可能将普通基金费用分配给这些其他基金。为此，各市县越来越多地采用成本分配计划，通常由外部顾问整合并需要大量的计算能力。这些文件列出了每个单位所提供的服务的全部费用，包括空间使用、未开票租金、设备使用、未开票保险和公用事业。

在一些辖区，诉诸特殊评估也可以看到成本意识的提高。一些类型的福利评估区通常不需要获得选举的批准，但它们正在越来越多地使用，尽管通过这一过程收到的总收入仍然很小。在特殊地区和某些情况下，2/3 的投票是没有必要的。例如，按规定洛杉矶高速运输区可通过不超过 2/3 多数票的投票获得销售税增加的收入。便于更容易地提出特殊收益评估的立法最近在州级立法机构中被挫败了，但是一些地方已经使用了该措施。圣贝纳迪诺市在去年建立了五个评估区，其中两个用于城市不同地区的景观美化，一个市中心的停车区以及一项街灯评估。根据这些安排，这个城市提前完成改善所需的金额，并逐渐从对所涉地区的居民或用户征收的特别税收中偿还。其他地方正在考虑对各种服务进行特别评估，包括路灯、树木修剪、防洪和备用消防服务。

创新融资

前面已经说到过了，必要性是创新之母，而且在困难的情况下，公职人员往往是足智多谋的。由于纽约金融危机，“创造性融资”这个词已经变得不光彩了，所以我们将这些加利福尼亚官员的反应称为“创新融资”。他们的方法与纽约所使用的方法截然不同，就像是他们的新奇经验以及与公共财政管理教科书戒律的偏离。

360 D. 盖尔·威尔逊（D. Gale Wilson）在“城市经理新业务”中很好地表达了采用创新融资战略背后的一般态度。“如果我们要在这项活动中保持强势，”他写道，“我们应该采取积极的态度，发展并获得一定程度的财政独立性和诚信度，要是我们不得不依靠别人和乞讨，我们就要挨饿了。”他想到的是“通过应用创新技术和开拓精神来形成新的资金”[15]。

事实上，地方官员一段时间以来一直在采用创新的融资技术。主要区域是售后回租，通常用作资本项目融资的一种手段，无须浮动的一般责任债券。售后回租涉及设立一个单独的权力机构借款以资助政府将租借的建筑物。正如帕姆代尔市所举例说明的那样，一些方案相当复杂。该市成立了帕姆代尔公民管理机构（Palmdale Civic Authority，PCA）作为建设城市图书馆的融资工具。PCA 向城市收取使用图书馆的租金，相当于其债券的本金和利息。实际上，租金来自帕姆代尔社区重建机构（Community Redevelopment Agency），该机构与市政府和 PCA 签署了一项协议，根据抵押收益债券，从其某一重建项目的税收增量中支付它们的费用。[16]

市政债券的免税性质以及联邦税法的折旧规定为地方政府和私人投资者提供了新的机会。例如，洛杉矶市最近通过一项租赁安排重建了一家警察局，在该安排中向一家私人公司签约出售了不动产所有权。债券被分成5 000 美元的参与证书发行，在十年内免除了投资者 11.15% 的利息税。这个城市对设施进行全面的运作控制，在租约结束时它将以象征性的费用回购。[17]在一项广为宣传的交易中，奥克兰市将其博物馆和礼堂出售给私人投资者，然后再租回来。出售的收益将进行投资而其收入将用于支付市政改善收入债券并支付租金。在租赁期结束时，该设施将由该城市使用剩余的投资销售收益回购。该城市立即获得现金，而投资者获得免税收入和有用的避税场所。[18]加利福尼亚州其他地方政府正在关注“奥克兰体系”，并想知道自己的市政厅有多大价值。他们也在考虑如何利用联邦税收法规的变化，例如，在发电厂和设备租赁的热电联产领域。

同时地方政府并没有闲着。高利率意味着高借贷成本，但它们也对现金流管理给予了新的重视。一些城市从未利用现金储备的高利息收益中受益，尽管它们意识到这一流量受到信贷市场波动的影响，并且在未来不会被计算在内。一些辖区正故意利用其权力通过税收或收入预期票据在免税市场上借款。它们可能会借到最大月度赤字的金额，这可能会为它们提供超出其眼前需求的现金。这笔款项可以再投资，利用免税额与城市或县的市场利率之间的差额（利差）。商业票据的使用越来越流行；地方当局认为以免税利率借款，同时以市场利率投资自己的现金是有利可图的。至少县政府有一个蓄意的策略，将收入预期票据的收益重新借给信用等级低于其自身的其他公共机构，实际上满足了对公共银行服务的可能需求。

与私营部门讨价还价

第 13 号提案的一个很少提及的后果就是它对地方政府一般责任债务的影响。这笔债务得到了当地管辖的财产税税基的支持。现在，随着地方当局 361
不再能控制税基和利率，地方一级的新的一般责任债务已经消失。

因此，过去地方辖区可以通过一般责任债务为新发展的基础设施融资，但现在辖区与开发商进行谈判并讨价还价。要让私人开发商获得许可，它们现在必须向社区提供基础设施、现金或其他有用资产。例如，圣莫尼卡市现在每年从开发商那里获得 40 万美元（代替 13 号提案的财产税损失），作为新圣莫尼卡购物中心收入的贡献。还有其他的例子。开发商可以提供下水道或经济适用房；城市可能会在发展中获利。

当然，地方政府发现自己处于“财政紧缩”状态：收入在增加，但不再与通货膨胀保持同步。[19]它们的立场是艾伦·希克所描述的“严重稀缺”之一，其中“可用资源无法覆盖渐增的计划成本。”[20]在这些情况下，政府通常采取短期战略，其中包括削减新的需求、推迟可延缓支出以及在最脆弱的地区裁员。随着它们的储备消失或接近消失，加利福尼亚州政府采取了所有这些措施。

然而，很难真正掌握预算削减的实际情况。不像它的反面——渐进主义，递减主义充满了不确定性。第一，作为削减措施的基础并不一致。辖区可能会使用去年的预算、今年的初步建议、去年的支出或今年的当前使用预算。第二，它们可能会以美元或头寸计算削减。如果是后者，并不总是清楚这些是真实头寸还是预算头寸，或者合同工是否被直接雇用所取代。第三，年初的预算削减会在年内上调或下调，这取决于预计的收入流量或通胀预期是否被证实，或者是否发现了一些新的资金来源，例如费用增加。第四，地方政府日益分散，难以评估整个辖区的削减情况。第五，来年的预算削减的真正程度还不清楚。

支出模式已经模糊，但似乎许多地方政府最初通过削减资本支出来回应实际收入下降。[21]在某些情况下，有可能从拟议的资本项目中获得资金并将其用于一般用途。新的资本支出已基本停止，维护工作已经推迟。长期的资本计划已经被废除，而街道、公园和建筑物的整修将无限期推迟。

第二种回应是裁员。在过去的四年中，洛杉矶市在 28 000 名员工中裁减了 2 000 个正式职位，并且解散了 4 000 名 CETA 员工。在洛杉矶县有近 8 万人的劳动力，在 1981 ~ 1982 年度被裁减至不足 7 万人，而预计未来一年将会再减少 3 千个职位。这些削减已转化为服务缩减——建筑许可的更长时间等待、街道清理和修缮的次数减少、树木未修剪、图书馆时间缩短、消防站无人值守或关闭以及邻里诊所关闭。削减没有以任何统一的方式进行分配，但可能会观测到某些模式。自己创造收入的地区得到了保护，除非这些收入低于它们的要求。警察和较小程度上的消防部门的受害程度较低：其中 10% 的全面削减将转化为警察和消防服务部门的 5% 削减和其他部门的 15% 削减。

其他地方服务业更加脆弱，而且正如所料，图书馆和娱乐预算受到的打击最大。最脆弱的一直是依赖于外部资金的地区，这些地区直接受到州和联邦层面的卫生、福利和教育削减的影响。地方政府尽可能放弃责任。例如，洛杉矶郡现在需要在县医院从非保险患者那里获得 700 美元的保证金。

地方预算官员似乎将联邦资助的服务看作是他们无法控制的：联邦资金 362
被称为“软”资金或“企业家”资金。对地方一级的大多数直接联邦援助都是与计划有关的，如果资金停止，计划就会消失。如果涉及授权，许多地方可能会诉诸诉讼。联邦收入分成的可能的未来损失更加严重，因为这些资金通常用于帮助满足基本服务的成本。但估计联邦削减的影响还为时过早。

地方政府融资长期不确定性的影响超出了这些直接反应。从积极的方面来看，强调将服务成本分配到服务而不是一般税基可能会使以前被认为是“免费”的本地服务更加受到重视。不情愿的纳税人现在可能会看到他们从所支付的钱中得到的是什么，对商业社区的隐藏补贴可能会被评估。现在是地方政府拥有更多专业知识，探索替代性服务提供手段，并衡量其运营价值和效率的时候了。

但地方政府更为“有效率的”立场也可能对地方政府执行公共政策的作用产生不利影响。公共事业有其合法之处，没有理由不支持公共服务。危险在于，基于与私人市场相同的有效需求和盈利原则创建“公共市场”可能压倒地方政府在保护整体公共利益方面的总体使命。此外，地方政府试图改善其地位的机制——特区、租回安排等——往往会造成混乱的金融结构并侵蚀受托责任。地方官员试图混淆，而不是澄清，制定短期回应来应对危机，而不考虑其未来影响，以保持灵活性以消除长期决策。危机预算可能会满足当下的需求，但其隐性成本可能比明显节省的要多得多。

结论

现在来书写加利福尼亚州的预算是很困难的。不仅是不久的未来模糊不清，而且现在的维度也不确定。许多官员的观点可能是准确的，或者官员可能生活在愚人的天堂。其他人，尤其是那些必须切实执行削减的项目官员预测会有灾难，但他们也可能是错误的。结论必须是试探性的。

各层面的加利福尼亚州预算的视野更加接近。由于无法预见未来或理解现在，参与者采取了短期反应，试图保持漂浮状态，直到新一轮财政繁荣再次让他们孤立无援。决定是以特别的方式作出的，来尽可能维持现状，并保持政治共识的狭隘基础。但是，这些短期的权宜之计本身就构成了一种模式，其影响可能会对预算过程和政策产生持久的影响。这些长期影响包括收入结构的永久性变化，州与地方的关系以及公共服务的性质。

鉴于目前的不确定性，预算参与者的灵活和机会主义立场可能是唯一的现实和适当的回应。但是，在公共场合以及私人领域，“混淆”的代价是非常昂贵的。从长远来看，短视的决策可能是昂贵的。基础设施建设的恶化最终必须予以支付。削减社会和教育计划可能会转化为刑事司法，福利和失业支持的成本。城市或县的环境恶化可能难以扭转。如果目前的常规危机局势依然存在，毫无疑问，足智多谋的政治家和官员会想方设法使这艘船保持漂浮，但是现在是时候更好地思考它的方向了。

注释

1. 参见 Naomi Caiden and Aaron Wildavsky, *Planning and Budgeting Poor Countries* (New Brunswick, N. J.: Transaction, I 980); and Howard Glennerster, "Social Service Spending in a Hostile Environment," in Christopher Hood and Maurice Wright (eds.), *Big Government in Hard Times* (Oxford: Martin Robertson, 1981), pp. 174 – 196.

2. 削减包括来自食品券计划的约 1.3 亿美元，来自加利福尼亚州医疗补助计划的约 2.4 亿美元，来自医疗保险的约 2.5 亿美元，来自职业培训计划的约 4 200 万美元，来自社会服务和儿童福利的约 8 700 万美元，来自 AFDC 的 4 亿美元至 5.5 亿美元，儿童营养计划约 2 600 万美元，以及教育基金 1.09 亿美元至 1.14 亿美元。来自 Ellen Hume, "Budget Cuts Could Cost State $2 Billion," *Los Angeles Times*, February 8, 1982.

3. Kerry Drager, "The Post – 13 Transformation in Local Government Lobbying" *California Journal*, Vol. 12, No. 8, pp. 285 – 286.

4. Douglas Shuit, "State Attempt at Welfare Cuts Stalls," *Los Angeles Times*, October 3, 1981.

5. AB 8 是该州为地方政府提供援助的第二年纾困法案。如果州级收入不足，那么平减指数的条款将自动减少对所有地方辖区的纾困。在 1981 ~ 1982 年，它们不够多，因此削减将通过公式而非立法活动进行。

6. Jerry Gilliam，“Bill to Speed Tax Collections Signed，” *Los Angeles Times*，January 19，1982.

7. Douglas Shult，“Brown Signs Three Bills to Balance Budget，” *Los Angeles Times*，February 18，1982.

8. Ibid.

9. Douglas Shuit and Claudia Luther，“State Fiscal Rescue Bill Sent to Brown，” *Los Angeles Times*，March 12，1982.

10. 在一个简短的调查中对于多变的动态场景做到完全公正是不可能的。在地方一级，对情况的看法在很大程度上取决于辖区的收入来源；例如，主要依赖财产税或政府间来源的实体受到的影响与那些享受大量自主收费的实体完全不同。这里没有进行全面分析的尝试，而是试图报道公共资料的印象和公职人员的采访，主要是在南加利福尼亚州。从这些来源可以看出一个相当一致的情况，但考虑到加利福尼亚州公共部门的规模和多样性，这些普遍结论的例外无疑存在。这些例外不会使这里的结论无效，而是表现为模糊、不断变化且永远令人惊讶的环境。与洛杉矶、里弗赛德和圣贝纳迪诺等县以及洛杉矶、里亚托、里弗赛德和圣贝纳迪诺等城市的预算官员进行了访谈。作者要感谢这些官员的时间和合作。还要感谢 Janet Chaney 和 Tremain Downey，加州州立大学圣贝纳迪诺分校公共管理系帮助面试的研究生助理和该系其他提供慷慨信息与见解的研究生。但是，文中所表达的观点和结论完全是作者的观点和结论。

11. Warren E. Walker and Jan M. Chaiken，*The Effects of Fiscal Contraction on Innovation in the Public Sector*（Santa Monica：Rand，1981）；and Allen Schick，“Budgetary Adapt ions to Resource Scarcity，” in Charles Levine and Irene Rubin（eds.），*Fiscal Stress and Public Policy*（Beverly Hills：Sage，1980），pp. 113 – 133.

12. City of Riverside，*Preliminary Program Budget*，1982 – 1983，P. 1.

13. Los Angeles County，*Recommendations for the Proposed* 1982 – 1983

Budget, April 27, 1982, P. 8.

14. Ibid., P. 15.

15. *Western City*, March 1982, P. 14.

16. 作者感谢 Alan London 带来了他们注意到的这个例子。

17. *Western City*, March 1982, P. 14.

18. Oakland Sells the City Jewels, *Western City*, March 1982, pp. 6 –7.

19. Charles Levine, "Organizational Decline and Cutback Management," in Charles Levine (ed.), *Managing Fiscal Stress* (Chatham, N. J.: Chatham House, 1980), P. 17.

20. Schick, *op. cit.*, P. 123.

21. 例如, Mark David Menchik, et al., *Fiscal Restraint in Local Government: A Summary of Research Findings* (Santa Monica: Rand, 1982), P. 15.

第二十七章
丰饶之地上的限制：得克萨斯州的收入与支出限制*

格伦·哈恩·柯普（Glenn Hahn Cope）
W. 诺顿·格拉布（W. Norton Grubb）

乍一看，得克萨斯州不太可能被纳入州和地方政府资源限制的研讨会。364
得克萨斯州是一个富裕的州，虽然一部分人口从普遍繁荣中受益较少。得克萨斯州的城市相对比较年轻，而且大多数都在增长，很少感受到那些衰落地区的老工业城市面临的财政压力。例如城市研究所（Urban Institute）对六个城市的基础设施的研究认为达拉斯拥有完善的资本工厂，同时也是城市管理的可能模式。[1] 尽管目前财务状况良好，预计在不久的将来还将持续，得克萨斯州政府面临包括正式限制在内的众多压力，以限制政府的支出，甚至将其从现有的相对较低的水平上削减。

历史上，得克萨斯州的政府一直受到限制。1876 年，州宪法在经济萧条和对前政府重建的反应时期获得通过。[2] 宪法决定了软弱的公职人员，包括对公共债务、税收和支出能力的限制。此后提出的许多修正案，其中 200 多项已被采纳，旨在进一步限制得克萨斯州官员的权力。

虽然得克萨斯州经济自 1876 年以来大幅改善，但有限政府的普遍观念依然存在。得克萨斯州是仅有的四个既没有个人所得税也没有企业所得税的

---

* From *Public Budgeting and Finance*, vol. 2, no. 4 (Winter 1982), 143 – 156. Copyright© 1982 by Public Financial Publications, Inc. Reprinted with permission.

州之一。地方政府在宪法上受限，自治政府的房产税税率不得超过评估值的 2.5%，而普通法城市则为 1.5%（尽管这些限制仅限于最贫穷的城市），而且近期一些城市已经通过了更具约束力的限制。州级支出和税收权力也是有限的。州宪法将对个人的直接收入补助金的州级支出——实际上，对受抚养儿童家庭的援助（AFDC）——限制在 8 000 万美元。1942 年通过的宪法修正案要求，除紧急情况外，没有新的税收立法，支出立法不得超过审计长的收入预算。1978 年通过的一项修正案将州级总支出增长限制为"州经济增长率"，由立法机构将其定义为个人收入的增长率。这些限制的影响一直是为了重申低支出的观念，甚至在州级财政基础迅速扩大的情况下。

365 州级财政

得克萨斯州的税收结构与其他许多州的税收结构不同，无论是没有所得税还是严重依赖天然气和石油采掘税。由于石油输出国组织（OPEC）的定价政策，得克萨斯州的采掘税在 20 世纪 70 年代增长了 558%。1982 年，采掘税占州级税收总额的 28%，而十年前的这一比例为 14%。[3] 其他州级税收增长率较低，但在同一时期仍然高达 317%。除采掘税外，最大的税源是销售税，现在占总收入的 38.5%。其他较小的税种——包括汽车销售税，卷烟、酒精和烟草税，商业特许税，等等——构成了得克萨斯州税收收入的 1/3。这是对特种销售和消费税的相对较大依赖，因为类似税收仅占其他州收入的 18% 左右。[4]

由于 20 世纪 70 年代收入高速增长以及石油和天然气价格上涨，根据政府间关系咨询委员会（Advisory Commission on Intergovernmental Relations）设计的代表税制系统（Representative Tax System），得克萨斯州现在的纳税能力排名第四，而相比之下 1967 年则为接近全国平均水平接近。[5] 由于人均税收如此之低，在 1979 年排名第 43 位，得克萨斯州的税收努力（税收除以总税收能力）是全国最低的，为全国平均水平的 63%，[6] 并且从 20 世纪 60 年代以来一直持续下降。此外，石油和天然气采掘税的大部分负担都归于非居民。[7] 显然，得克萨斯州不会因税基不足而产生任何财政问题；低水平的税收和支出比以往任何时候都更多的是政治选择的结果。

得克萨斯州历史上对政府的不信任已经体现在州级的预算结构中。得克萨斯州宪法规定众多的民选官员，包括州长，作为众多“执行官”的一部分。一旦款项拨给各州政府机构，包括州长在内的任何一名官员都无权控制州级支出。每个机构几乎都是自治的，对选任的部门负责人或委员会负责，这些委员会根据固定、重叠的条款由民选或由州长委任形成。这使得州立法机构成为对支出的唯一中央控制，除了民选的审计长对会计清算负责以外。

在得克萨斯州，即使是预算过程，往往是政策方向和州长的“财权”的来源，也是与立法机构分享的。自 1931 年以来，州长被任命为州首席预算官。1949 年成立的立法预算委员会（Legislative Budget Board，LBB）也具有预算权力，并且也必须向立法机构提交预算估计数。自 1973 年以来，LBB 还被要求在每两年一次的立法会议开始时提交一份绩效报告，包括每个机构的效率、工作量和其他绩效信息。同样的法律要求 LBB 提供“财政注释”，估算所有禁止挪用法案和决议的成本。立法机构审议这些五年期预测时将其附在法案后。同年，得克萨斯州通过了零基预算，要求所有行政机构按照优先顺序向 LBB 和州长预算办公室提交多个层次上的预算决策方案。

得克萨斯州的双重预算制度，其中所有机构同时向 LBB 和州长办公室提交预算申请，并同时制定供立法机构审议的预算，这在各州之中是相对独特的。两个预算机构协调其流程，发出联合预算准备指示，并就机构预算请求举行联合听证会。然而，这两份预算文件并不一定相似。拨款委员会一直 366
将州长的预算视为新的计划请求或变更出现的地方；LBB 的预算一直比较保守，大部分局限于现有的机构和计划。[8] 在过去的几年里，由于立法机构中的支配地位与州长的支配地位不同，州长已经将其预算主要作为政策文件使用，表明机构支出计划和可能的否决领域。立法机关考虑的实际议案是 LBB 版本。

得克萨斯政治的普遍保守性与类似于“第 13 号提案”运动中的反税情绪相结合，产生了一种比 20 世纪 70 年代之前更有利于正式的税收和支出限制的气氛。随着加利福尼亚州第 13 号提案的成功，财产税减免和政府支出减少的政治压力变得不可抗拒。在 1978 年的一次特别会议上，立法机构制定了《税收减免修正案》（Tax Relief Amendment），这是一系列无关的宪法修正案，使大量选民受益。毫无意外的是，这些修正案在 1978 年 11 月的选举中得到了绝大多数选民的批准。

方案中的一项规定是限制州级支出增长率的宪法限制。由于得克萨斯州的两年期预算，增长率限制首先在 1982 ~ 1982 年两年期生效。通过将人均总收入的增长率作为“州经济增长率”的定义，该限制使得支出能够跟上收入增长和人口增长的速度。在 20 世纪 70 年代，得克萨斯州的实际人均收入增加了 27%，即每年约 2.5%；因此，根据历史经验，这一支出限额可以使实际人均支出增长温和一些。在《税收减免修正案》通过后的第一届立法会议上 LBB 使用计量经济学和时间序列模型编制了几项个人收入增长预测。最终选择的增长率在两年内为 33%，是估计最高的一个，略高于在过去的十年中大部分时间中约 28% 的增长率。[9]

考虑到在 1982 ~ 1983 年两年期内增长 33%，州级支出被限制于 152.2 亿美元。专用于特殊资金的税收支出——例如，州级对专用于公路支出的天然气和机油的销售税以及若干学校资金——不计入支出限额。传统观点认为，至少在 1982 ~ 1983 两年期，州级的支出水平不受其增长限制的影响。但评估似乎不正确。在几次州长否决减少了立法版本之后，两年期的最终预算只少于限额 2400 万美元。此外，1982 年 6 月举行了一次特别立法会议，为州立大学和学院建设项目提供适当的资金，并改善该州过度拥挤的监狱系统，花费与支出限额所允许的一样多。由于州级税收的增长速度超过了人均收入的增长速度，因此州级已经累积了大量的盈余，不能在支出增长率限制下用尽。因此，与个人收入相关的支出限额已经取代了旧的以收入为基础的“即付即用”限制。[10]

由于支出增长的限制而产生的预算限制，给州级财政政策带来了一些障碍，这些障碍才刚刚开始被人们理解。例如，1979 年，新当选的州长威廉·克莱门茨为 1979 年的《税收减免修正案》之外的地方政府，特别是学区提出了减免房产税的方案。这将使学区的税收平均减少 19%，但由于其自身的复杂性而未能通过。[11]这种措施现在将被列入开支限制之下，因此不太可能在不久的将来通过。同样，如果州级希望补偿地方政府和公民的联邦收入下降，这些支出也将被纳入一般资金限制。

367 目前似乎只有 3 种机制可以规避得克萨斯州的支出限额，但都没有前景。第一种是增加专项税收的数量或金额。得克萨斯州近年来的趋势已经远离专项税收，但是被州立法机构更多地控制两年期的分配决定。第二种是参议院和众议院的大多数都宣布“紧急状态”，一项允许超越限制的决议；虽然这提供了一个简单的和潜在的常规逃避机制，但它可能在政治上很困难并且尚未尝试过。第三种可能的机制是增加也被排除在限制之外的非税收入。其中包括许可证收费、手续费和用户费用，这是该州相对较小的资金来源（占总收入的3.9%），一直在下降，联邦基金也在减少。尽管得克萨斯州对联邦政府援助的依赖较低，可能会比其他州遭受相对较少的联邦政府削减，[12]但联邦政府在避开支出限额方面几乎没有什么帮助。[13]

联邦收入削减也可能导致得克萨斯州8 000万美元的福利开支限制变得有约束力。（这个限制还禁止了没有联邦配套资金的AFDC的州级支出，如果里根总统建议的福利“调剂”已经颁布，这个规定可能会很麻烦）。即使得克萨斯州的福利水平极低，州政府官员估计这个限额也会在1983年至1985年超支。为了避免达到上限，1982年11月提出了一项宪法修正案供选民批准以取代美元上限，限额为州级支出的1%。根据1981年的预算，这将总计约1.14亿美元，并且只要州级支出增加就会继续增加。在没有任何重大变化的情况下，上限不太可能导致更大的福利开支。得克萨斯州对四口之家的AFDC支出在各州中排名第49，证明它不愿意支持福利支出，即使目前的限额尚未触及。[14]如果联邦基金进一步减少或拟议的“调剂”得到执行，这可能会迫使州级资金替代联邦基金，使福利上限成为严重的制约因素。

得克萨斯州在未来的几十年里没有面临实际的资源问题。未来20年，个人收入预计将以高于全国平均水平的速度增长；预计人口和制造业就业人数将继续增加，尽管1990年后将会下降。[15]天然气和石油储备的枯竭可能不会影响到2000年以后的采掘税收入。[16]显然，州一级的支出限制反映的不是过去或未来的财政压力，而是一个有利于低税收、有限政府和个人自给自足的历史哲学。即使得克萨斯州已经发展成为一个拥有多元化经济基础的富裕的城市州，这一理念使州级开支与一个依赖农业的贫穷农村州的开支保持一致。其结果可能是限制州级满足未来几十年可能出现的合理支出需求。

地方资源限制

在向地方政府提供财政援助的领域，未来对州级的需求可能会增加，目前在得克萨斯州几乎不存在（学校援助除外）。在得克萨斯州，地方自治与控制的传统非常强大，得克萨斯州的自治市比任何其他州的自治市都更加不受制于州政府。[17]然而，地方控制的一个后果是州对地方政府提供的财政援助很少。得克萨斯州的非学校援助占地方政府收入的比例不到1%，而全国的地方政府约11%的收入来自州级非教育补助。[18]地方政府负责支持该州不断增长的人口和经济的大部分政府服务，但与许多老工业州相比，获得的收入来源更少。

368 在包括学区在内的地方政府中，自有资金收入占全部资金的56%左右；地方税收占总数的35%。然而，地方资源的使用情况差异很大。获得州和联邦援助最多的学区仅从其自有资源中获得总收入的44%。另外，特区资金的89%依靠税收和用户收费。地方政府的主要收入来源是财产税，占地方税收收入的84%，而销售税为自治市提供了大约30%的税收，但对其他辖区不可用。财产税对得克萨斯州地方政府收入贡献的百分比高于全国地方政府（财产税占全国地方政府税收的76%），主要原因是在得克萨斯州缺少地方个人或企业所得税以及对销售税的依赖较低。

得克萨斯州地方政府的税率和支出特征保守。1979～1980年人均地方税收收入为331美元，同年人均支出为1 027美元，而全国平均水平分别为381美元和1 143美元。这些数字包括教育支出，得克萨斯州略高于平均水平。结果，得克萨斯州的非学校支出为人均586美元，远低于787美元的全国平均水平。除了偶尔出现的情况以外，得克萨斯州的低税收和低开支政策不是财政紧缩的产物，而是得克萨斯州对政府的保守态度的产物。

得克萨斯州的城市在过去十年中的财政状况相对较好，主要是因为其人口和经济基础的增长以及低失业率。[19]得克萨斯州的城市拥有广泛的兼并权力，这有助于它们避免那些郊区已经失去经济基础的老城市的一些困难。得克萨斯州的城市可以每年并吞占其面积10%的土地，如果这些土地纳入它们的“域外管辖”（extra-territorial jurisdiction，ETJ），即大型自治市的边界外推 5 公里的区域。在该 ETJ 内的独立城市的兼并只有在拟议新城市的居民要求被大城市兼并且被拒绝之后才允许。一旦吞并，必须在合理的时间内为该地区提供城市服务。

然而，并不是所有得克萨斯州的城市都享有达拉斯和休斯敦的巨大增长和财富。埃尔帕索的人均收入低于全国平均水平并保有高失业率。圣安东尼奥也遭受低收入和失业。墨西哥边境附近的一些小城市感到沮丧，与它们富裕的姐妹城市相比具有较差的财政状况。此外，在较大的城市内，也存在北部城市中典型的低收入和少数民族人口群居。这些集团几乎没有获得经济增长的好处，而且它们似乎越来越集中在大城市。例如，从 1970 年到 1980 年，少数民族占达拉斯人口的比例从 33% 增加到 42%，休斯敦则从 38% 增加到 45%。

虽然得克萨斯州城市的销售税和房产税的税率一直保持在较低水平，但经济增长导致房地产市场和零售业销售增长迅速，税收收入普遍上涨的幅度高于通货膨胀率。然而，评估实践并不总是让地方政府从更高的财产价值中受益。在 1979 年之前，大约 2 000 个辖区中单独评估了其辖区内的财产，通常远低于市场价值。评估比率由各个辖区确定，通常远低于评估值的 100%。其结果是一个非系统的税收评估，其中一个单一的财产可以通过它所在的重叠辖区的几个不同的价值征税，并且在不同辖区之间以及不同类型的财产之间的评估比率差异很大。例如，1979 年，各县的评估比例平均为 16%，范围在 4% ~35% 之间；学区的比例平均为 45%，范围在 2% ~86%
之间。[20]1979 年，得克萨斯州立法机构制定了新的房产税法，为 254 个县中 369
的每个县都建立为税收评估区（1982 年 1 月 1 日生效）统一评估所有财产的工作。所有征税辖区都必须使用这些统一价值。法律还规定评估比率为 100% 的评估值。由于新的评估区已经开始重新评估，并使应纳税价值接近 100% 的市场价值，因此宪法对税率的限制比以前更加不具约束力。

近年来又颁布了其他几项税收减免措施，但这些措施限制了地方政府的税收和支出能力。1978 年的《税收减免修正案》对全州适用的财产税制定了一系列免税和减免措施。所有房主都获得了 5 000 美元的免税额，适用于学区税收，老年人或残疾人房主则提高到 15 000 美元。此外，老年人房主只要他们居住在其家园，他们的学校税就会被冻结在 1979 年的水平。

农业用地和木材用地根据产生的收入而非市场价值获得“农业使用价值”的优惠税收。这一规定旨在使改革前普遍存在的低估现象制度化。1981 年，选民批准了另外一系列豁免，其实际数额由当地选择决定，旨在减轻新法律下重新评估可能造成的负担。在 1982 年至 1984 年期间，允许任何固定比例的豁免可达到市场价值的40%，1985 年至1987 年为30%，此后为 20%。老年人和残疾人房主可以额外获得 3 000 美元的免税额。[21]税收变化确定的另一个地方选项允许城镇在 1982 年开始在受污染地区指定“再投资区”。在这些地区，城市有两种选择：对作出与综合计划一致的改善的财产所有者减税；在这些地区直接投资以提供便利或改善，使用税收增长额融资来偿还为此目的发行的市政债券。目前有几个城市已经建立了再投资区，其他一些正在考虑之中，但没有一个得到充分实施。

在某些辖区，农业用地和宅基地豁免似乎已经减少了应纳税价值。房产税务委员会（Property Tax Board）的一项研究得出结论，农业用途分类如果得到充分实施，将从税率上取消约 15% 的市场价值。这尤其影响非市场土地以市场价值征税的城市和郊区，但许多开发商和投机者也接受了农业用途评估。[22]在学区，宅基地豁免在 1979 年减少了约 20% 的住宅价值，在第一年可以得到，1980 年减少了几乎 8%。豁免效果在州内的差异很大；在 1980 年，有些地区的税收几乎没有减免，有些则减少了 81%。[23]

由于只有少数几个城市采取了新的选择，因此不能评估地方免税选择、再投资区减税和税收增长为发展融资的长期影响。所有这些措施都有可能严重侵蚀地方辖区的财产税基础。

在 1978 年和 1979 年，得克萨斯州立法机构颁布了其他几项旨在增加公民知识和控制地方税赋负担并限制地方政府的支出的措施。1978 年通过的《税收真相法案》（Truth in Taxation Act）要求地方征税单位发布拟议房产税税率注解的通知，如果超过 3% 的税率正在考虑之中的话。关于较高税率的公开听证会必须在对增税投票的公开会议之前举行。这些规定旨在增加公民参与，并使地方政府增加税收变得更加困难。如果年度税收增长超过 8%，1979 年和 1981 年制定的进一步修订允许选民申请税率回降。如果 10% 的选
370 民在宣布增税后的 90 天内签署请愿书，则必须举行公民投票。如果通过，税收增幅将降至 8%。与许多其他州的地方政府的情况不同，得克萨斯州

选民不必批准由市议会或其他辖区内的理事机构提出的税率提高；只有一般责任债券事宜必须得到选民的批准。因此，披露和公民投票要求使地方政府更容易招致公民对税收的不满。

然而，地方政府并没有免于公民税收倡议。在1979年至1981年期间，得克萨斯城市的选民们面前放了十多份税收限制提案。其中，通过了限制八个城市税收或税率增加的规定。很多举措都是在对房产税进行重新评估之后进行的。由于得克萨斯州的评估比率较低且房地产价格快速上涨，重新评估的结果是大幅增加了许多房主的税款。只适用于某些类别的财产的新的例外情况，和传统上较高的商务和商业财产评估增加了财产税的不公平性，因为中等收入房主似乎面临最大的增长。因此，大多数倡议旨在限制年度税收增加。一些建议也试图降低实际税率，并且包括一些有限的年度支出增长。有几个限制要求重新评估整个城市，以增加个人财产价值，除了改善财产以外。这是为了阻止所谓的相比贫困的部门更频繁地重新评估日益繁荣的富裕地区的做法。贫困地区没有像富裕地区那样急剧增加价值的可能性不会威慑“改革者”。

直到1982年，在小城市和郊区的地方税收限制比在大城市中取得更大的成功。在沃斯堡、达拉斯和阿马里洛，限制提高税收和降低房产税税率的建议失败了。在休斯敦，在先前几项提案失败后，1982年8月通过的每100美元经营支出评估值的税率上限为50美分。在1979年至1982年期间，科珀斯克里斯蒂、贝敦、埃尔帕索、加尔维斯敦、大草原城、欧文市、联盟城、维多利亚和西部大学城也通过了一些倡议。欧文市的投票后来被宣布无效，因为这项措施——对任何个人每年增加财产税8%的限制，以及全部房产税收收入增长6%限制——取决于城市是否有能力按照债券条款偿还债券债务。拉伯克的一个类似提案也被宣布无效，不参加投票。经过这些经验后，在休斯敦以及其他几个城市明确豁免通过的提案特别免除了用于偿还债券的部分税收征税；像埃尔帕索这样的一些没有这种豁免的城市可能仍然面临税收限额方面的法律挑战。

尽管达拉斯和沃斯堡的选民拒绝了地方的税收限制，但除了圣安东尼奥和奥斯汀之外，所有大城市都提出了这样的倡议。在这两个城市的纳税人抵制能力不足的可能解释中，城市拥有公用事业企业是最有力的：圣安东尼奥的天然气和电力公用事业公司提供了该城市 18% 的收入（相比之下，其财产贡献了 15% 税收），而奥斯汀的市政公用事业公司贡献了总收入的 24%，再次略高于 23% 的来自房产税的收入贡献。州和联邦政府官员指责奥斯汀利用高的公用事业费率对它们的免税资产“征税”。两个城市的房产税税率都较低，此外，由于法院命令禁止重新评估，圣安东尼奥市在过去几年内还没有进行过房产税重新评估。因此，这些证据证实了得克萨斯州那些在其他州已经总结出来的情况：在税收限制背后的罪魁祸首似乎是财产税（而不是所有的税收）以及财产税的增长（而不是其绝对水平）。

为了应对纳税人的压力，得克萨斯州的一些城市官员已经开始修改他们
371 的预算实践，既要在纳税人开始抱怨之前使支出保持一致，又要引导市政部门加强问责。例如，在达拉斯，1980 年房地产价格大幅升值以及新建筑业发展导致房产税大幅增加，这反过来又促使纳税人提议将税率从每 100 美元的 56.6 美分降至 40 美分，限制年度税收增长为 5%。虽然两项措施都失败了，但市议会已经受到几年前通过的自己的财政管理绩效标准（Financial Management Performance Criteria）的约束，该标准通常每年禁止 5% 以上的增税。由于这个限制在 1981 年被证明太低，市议会将其提高到 8%，这与纳税人全民公决的州级税收增长数量相符。

在长期的税收稳定历史之后加税的必要性推动了城市预算过程的各种变化。1982 年，达拉斯开始将其主要的支出明细预算转化为基于项目目标和服务目标的项目预算。考虑到以绩效为导向的决策，绩效指标已纳入达拉斯预算好几年了。但是，这些措施没有得到有效利用，而且由于管理信息系统不完善，在一些关键领域无法使用。然而，达拉斯有四年期的复杂收入预测系统。[25]新的预算系统将基于升级的信息收集和分析工作，并将与同样以计划为导向的会计系统相结合。实施将需要几年的时间。新的预算和会计系统都旨在为城市管理者和市议会提供更好的信息，以便他们能够避免他们 1981 年遇到的问题，那是第一次需要包括增税在内的艰难的预算决策。市政府官员希望通过将预算决策与服务交付相结合，达拉斯的新预算格式将改善决策制定以及向纳税人证明这些决定合理的能力。

奥斯汀也发生了类似的变化。与达拉斯和其他主要城市形成对照的是，奥斯汀市民的不满情绪表现为拒绝了旨在资助维护和建设增长相关基础设施

的债券提议，而不是征收税收限额。直到 1982 年，该市的资本改进预算才从市政部门和各种咨询委员会提出的要求发展而来，这一过程否认了公民和邻里团体的实际参与，并似乎筹划了与增长有关的债券，尽管有人担心奥斯汀的“生活质量”会受到影响。1982 年，预算工作人员扩大了资本预算流程，包括通过公开会议更多地增加社区团体和公民参与，这一过程迄今为止产生了更为有利的公民反应。资本预算过程的第二次修改旨在改进对所有提案的评估。现在对资本项目的审查以符合城市的总体规划为准。奥斯汀在现有税率内吸收和偿还额外债务的能力也被考虑在内。

改进的分析程序并不局限于资本预算。城市的运营预算过程传统上非常详细，允许市议会做出关于行政细节的预算决定，但几乎没有项目分析。在 1980 年改为零基数据格式后，保留了之前的支出明细预算的细节，城市预算工作人员在新的城市管理人员的指导下正在转换为项目预算。新流程旨在将议会的重点从支出细节转移到广泛政策问题和计划目标的决策上。新的预算程序还纳入了五年期的财政预测，它是预算办公室在 1980 年开始发展以应对财产税修订和《税收真相法案》要求的。除了销售税和房产税外，该市还继续依靠费用和用户收费来降低税收。与达拉斯一样，奥斯汀官员希望将更多的分析、计划和服务导向的预算方法与更加开放、参与式的资本项目决策流程相结合，将阻止纳税人的反抗，并防止未来投票者反对发行债券。

无法说服选民通过与增长相关的债券可能会对得克萨斯州地方政府的结 372
构产生严重的负面影响。例如，在奥斯汀，对该市无法将城市下水道和供水服务延伸至该城市“首选增长走廊”的开发区域的一个反应是批准建立一个特殊的市政公用设施区（Municipal Utility District，MUD）以便为该区域提供这些公用设施。MUD 可以发行收入债券来支付其资本改进，从公用事业费中退出。当该地区被并入城市时，该城市将承担债券的责任。包括许多特殊用途水区在内的这些公用事业区在该州其他高增长地区迅速扩散，并对得克萨斯州地方政府债务增长最快的类别负责。[26]

越来越多的特区在不引发其他郊区并入时发生的税收基础损失的问题的同时，也造成了巨大的问题，特别是在规划开发和管理水资源方面。例如，在休斯敦地区，MUD 通过增加沿海地区的沉降速率提出了新的环境威胁，并且有证据表明开发商已经削减了建筑成本，并雇用了无能的操作员，在某些时候这些问题可能会在开发商离开之后很长一段时间内对 MUDs（或者并入它们的城市）带来很高的资本成本。[27]特殊地区债务的增加也会与其他地方政府发行的债券竞争，并可能有助于提高利率。最后，这些半政府区的民主机制和问责程序充其量是最弱的，因为批准 MUD 的个人选民是居住在不发达地区的相对较少的人，通常是开发者的朋友。如果导致税收公民投票和债券选举失败的民主程序可以规避，就像公用事业地区允许的那样，这可能预示未来在治理和水资源管理方面将面临严重困难。

得克萨斯州地方政府的增长是一个喜忧参半的问题。地方政府受到相对严格的财政约束，虽然它们的经济增长率相对较高，目前的支出水平低于国家标准。财产税评估系统的现代化和财产价值的增加导致了纳税人的反抗和地方政府的财政限制。繁荣的“代价”在没有额外的州级援助的情况下由地方承担，但受到州级施加的税收限制、可选择的宅基地豁免和侵蚀税基的其他税收减免的影响。税收限制和减免有可能阻止市政当局增加必要的额外收入，以跟上人口和就业的增长速度，建设增长所需的基础设施，并防止特区扩散导致地方政府进一步分散。即使得克萨斯州享有健康的州级盈余，州级的支出限制也使该来源的援助可能性降低。然而，税收和支出限制对得克萨斯州地方政府也产生了一些积极影响。它们刺激了一些城市开发更多的参与式决策过程，并刺激了更细致的分析预算方法。因此，这些城市未来可能会更好地应对财政挑战。

孤星州的教训

对得克萨斯州对资源限制的反应的简要调查得出了几个结论。

首先，预算和税收限制不一定只发生在资源稀缺或公共支出较高的情况下。得克萨斯州的财政保守主义和不信任政府的传统导致了自愿约束，尽管这可能导致州一级的未用完的盈余，并降低州对诸如联邦资金减少和财产税减免等变化的反应能力。

373 其次，在地方一级，受支出限制影响最小的城市是由比销售税和房产税的组合更广泛的收入来源资助的城市。城市所有的公用事业和广泛的收费使得一些城市不易遭受财产税限制和选民不满。扩散选民异议的另一个因素是几个最近没有重估财产的城市的税收评估稳定性。随着这些城市开始经历全面重新评估，它们对纳税人倡议的抵制可能会下降。

再次，城市官员感受到的新的制约因素导致了预算过程的转变。从控制导向型的预算格式转向更加适合广泛的政策和规划决策的行动是在实施地方和全州税收和支出限制之后进行的。尽管控制仍然是必要的，但这些新的预算流程应该提供额外的计划和绩效信息，以便市议会可以制定税收和支出决策；它们也被设计成纳入纳税人的一些预算决定，以避免进一步的反抗。

最后，纳税人拒绝债券发行以及其他资本改进基金的限制，包括免税证券的高利率，可能会导致特区进一步分化。特区不会像其他地区的郊区化那样严重削弱市政税基，但它们倾向于降低选民决定其税收和支出政策的权力。

得克萨斯州目前的收入困难很少，除了个别情况。但是，未来的问题有潜力。石油和天然气收入将在 20 世纪 90 年代开始下降；最终需要找到占州级税收 1/4 的一些替代品。地方政府的收入来源很少，而州级援助由于支出增长的限制而变得更加困难。联邦资金减少对得克萨斯州的影响要比其他州低，但地方政府和州级福利机构弥补差异的能力有限。诸如福利、交通和城市发展补助等领域的损失可能会在大城市中造成特殊问题。

然而，由州和地方限制造成的最严重的问题可能不是严格的财政意义上的。这些限制旨在维持得克萨斯州流行的低税收和低支出地位，对政府活动施加严格限制，这可能成为负责任政府未来的严重障碍。地方一级特殊地区的扩散降低了普通地方政府满足公民需求的灵活性；税收和支出限额也有类似的结果。由于支出限制，强大州级财政状况无法用于援助地方政府或提供其他所需地区服务，几乎无助于政府作出回应或负责任。通过削减适应不断增长的经济和人口变化需求的灵活性，得克萨斯州不仅可以抑制其财政状况，而且可以抑制其未来发展的潜力。

注释

1. Peter Wilson, "The Future of Dallas's Capital Plant," *Amenca's Urban Capital Stock*, Vol. 4 (Washington D. C.: The Urban Institute, 1980), pp. 41 –42.

2. Clifton McClesky, Allan Butcher, Daniel E. Farlow, and J. Pat Stephens, *The Government and Politics of Texas*, 6th ed. (Boston: Little, Brown & Co. , 1978), pp. 25 –26.

3. 1981 年财政数据来自 Comptroller of Public Accounts, *Annual Financial Report of* 1981, *State of Texas* (Austin: Office of the Comptroller, November 2, 1981). Earlier figures are from the U. S. Bureau of the Census, *State Tax Collectwns in* 1971 (Washington D. C. : U. S. Government Printing Office, 1971).

4. U. S. Bureau of the Census, *State Government Tax Collections in* 1980, Government Finances, Series GF80, No. 1 (Washington D. C. : U. S. Government Printing Office, 1980), Tables 3 and 4.

5. *Tax Capacity of the Fifty States: Methodology and Estimates* (Washington D. C. : Advisory Commission on Intergovernmental Relations, March 1982), Table 3, pp. 20 –21.

6. Ibid. , Table 7, pp. 44 –45.

7. Stephen McDonald, "Who Pays Texas' Oil Severance Tax Now?" *Texas Business Review*, Vol. 54, No. 6 (November/December 1980), pp. 309 –311.

8. 有关得克萨斯州预算过程的更为详细的描述参见 Beryl E. Pettus and Randall W. Bland, *Texas Government Today*, rev. ed. (Homewood, III. : The Dorsey Press, 1979), pp. 338 –349.

9. 有关可能的增长率的不同计算参见 Legislative Budget Board, "Tax Relief Amendment Implementation: Limit on Growth of Certain State Expenditures," *Texas Register*, Vol. 5, No. 8 (October 28, 1980), pp. 4272 –4279. 估计范围——从 24. 9% 到 33. 9%——非常重要，因为按最高和最低限额计算的支出限额相差约 10 亿美元，或者在实际选择的限额下约为州级支出的 7%。

10. 支出限制的运行信息来自 Jack Huffman, Legislative Budget Board, and William C. Hamilton, Governor's Office of Budget and Planning.

11. 救济措施的信息来自 Tim Lewis, Governor's Office of Budget and Planning.

12. 在 1979～1980 年度，得克萨斯州人均联邦援助为 264.39 美元，全国平均水平为 336.56 美元。*Governmental Finances in* 1979 – <30, Table 24, pp. 90 –99.

13. 虽然得克萨斯州的总体遭受的损失要小于其他州，但得克萨斯州最不愿意用自己的资金拨款的联邦拨款领域集中在：福利计划、社会服务和有特殊需要的学生的教育，这意味着得克萨斯州的这些领域的削减可能比其他州更严重。关于得克萨斯州的联邦基金，特别是那些惠及贫困儿童的项目的统治地位，参见 W. Norton Grubb, Patricia Griffin Heilbrun, and Christine Galavotti, *Far, Far to Go: Public Expenditures for Children and Youth in Texas* (Austin: LBJ School of Public Affairs, 1982).

14. 参见 *Social Security Bulletin* 45 (June 1982), Table M –34 for December 1980 figures.

15. Thomas Plaut, "A Supply –Side Model of the Texas Economy: Detailed Forecasts to the Year 2000," *Texas Business Review*, Vol. 56, No. 2 (March/April 1982), pp. 49 –55.

16. Texas Research League, "Public Revenues from Oil and Natural Gas in Texas: What Lies Ahead?" (Austin: Texas Research League, May 1982), pp. 23 –20, *andpassim.*

17. Advisory Commission on Intergovernmental Relations, *State and Local Roles in the Federal System* (Washington D. C.: U. S. Government Printing Office, April 1982), Table 106, P. 262.

18. 所有有关地方收支模式的数据均来自 Bureau of the Census, *Governmental Finances in* 1979 –1980，因为得克萨斯州没有其他可靠的集中收集的地方政府财政信息来源。

19. 参见，例如 "Fiscal Trends in Large Texas Cities," *Fiscal Notes*, Texas Office of the Comptroller, Vol. 82, No. I, December 1981; and Joseph Pluta, "Urban Fiscal Strain and the Health of Large Texas Cities," *Texas Business Review*, Vol. 53, No. 1 (January –February 1979), pp. 8 –12.

20. *Assessment Practices of Texas School Districts, Counties, and Cities*, 1979 (Austin: Texas Research League, March 1981). 由学校税务评估实务

委员会（现为州级财产税务委员会）提供的这份报告的数据构成了评估费率的唯一信息。但是，这些数据可能不充分，因为委员会缺乏足够的人员对地方评估进行认真检查。

21. 豁免的结构比这里描述的要复杂得多。更多详情参见“Taxpayers' Rights, Remedies, Responsibilities!” published by the State Property Board and included in the *State Property Tax Board Statement*, Vol. 4, No. 7 (January 1982).

22. Daniel Brody, “Property Taxes: Relief, Reform … Revolt?” House Study Group Special Report No. 61, Texas House of Representatives, November 10, 1980. 有关农业使用条款下特别高度豁免的细节参见 pp. 86－93，有关宅基和其他豁免对学区的影响参见 pp. 98－100。

23. Brody, op. cit., pp. 98－100. See also *Annual Report for Texas Year* 1980 (Austin: State Property Tax Board, August 1981), Appendix C, “School District Report Data: 1980.”

24. 有关城市财政状况的信息来自于以下预算与财政官员的访谈：David Black and Jan Hart, Dallas; Robert Gable, El Paso; Stu Summers, San Antonio; and Frank Rodriguez, Austin.

25. 了解这个过程及其在 1978 年的发展情况可参见 Roy Bahl, Larry Schroeder, and C. Kurt Zorn, “Local Government Revenue and Expenditure Forecasting: Dallas, Texas,” Occasional Paper No. 49 (Syracuse: Metropolitan Studies Program, The Maxwell School of Citizenship and Public Affairs, Syracuse University, August 1981)。

26. Texas Municipal Advisory Service, *Public Debt in Texas*, 1980, Special Report No. 140, P. 2.

27. 关于得克萨斯州开发区的更彻底讨论及其可能的后果，参见 Virginia Lacy Perrenod, “Urban Fringe Special Districts Along the Upper Texas Gulf Coast: Accountability and Impact Upon the Environment,” *Public Affairs Comment*, Vol. 27, No. 4 (August 1981).

5.4 法院判决和宪法权利

第二十八章
预算权利：监狱诉讼案的例子*

杰弗里·斯特劳斯曼（Jeffrey Straussman）
科特·塞谬尔（Kurt Thurmaier）

司法裁决是削弱州和地方政府自由裁量权的一个因素。诉讼包括公职人 376
员行为、环境政策，公职人员责任、学校的分类以及在诸如监狱、精神病中心和发育障碍者机构等州和地方设施中体制化的个人宪法权利。这些裁决的预算意义还没有被充分记录。尽管已经对司法裁决的行政后果进行了一些成本“估量”，但对地方政府自由裁量权的影响比成本估计更为微妙。[1] 本文考察了违反宪法权利的诉讼对地方预算过程的影响。本文的论点是，这种诉讼的存在或威胁通过塑造选择和缩小选项来改变参与者在预算过程中的策略和行为。这个观点在一个地方政府的监狱诉讼案例研究中进行说明。然后，这个论点超出了具体案例的范围，从而表明司法活动如何总体上可能影响地方政府的预算程序。

* From *Public Budgeting and Finance*, Vol. 9, No. 2 (Summer 1989), 30 - 42.

监狱诉讼和公共财权

概述

根据1982年全国治安官协会（National Sheriff's Association）对2 664座监狱的调查，其中285人曾经奉行法院命令，423人正奉行法院命令，529人在调查时正参与诉讼。[2] 原告人经常声称，囚犯过度拥挤和/或地方监狱的一般条件违反了美国宪法第八修正案和第十四修正案。虽然具体侵权行为在诉讼和诉讼之间不同，但共同寻求的补救办法——减少过度拥挤——鼓励公职人员扩大能力。这是通过三种基本方式之一来完成的：建设新设施或扩大现有设施；转换设施用于其他特定目的；或将囚犯置于其他辖区的监狱中。

377 关于地方监狱和地方预算有两件事情是合理清楚的，那就是：监狱成本高昂，监狱不是地方政治领导人的高度优先事项。政府间关系咨询委员会（Advisory Commission on Intergovernmental Relations，ACIR）的研究现在有点过时了，它报告说，1978年至1982年期间东北部监狱的人均建造费用为37 200美元。1977年财政年度每个囚犯的运营支出为5 253美元。[3] 除了通过明显的通货膨胀调整来获得监狱扩张的当前成本估计之外，这些资本和经营成本还可能低估。例如，新工作人员的总工资和非工资补偿应该加在资本成本预测上，因为额外的能力需要更多的工作人员。监禁的隐藏成本，包括向囚犯家属提供的公共援助费用以及对州和地方政府的税款损失将增加监禁的全部费用。[4] 资本估计总是低估伴随在何时何地进行建造的政治冲突而引起的延误的通货膨胀成本。[5]

然而，监禁的政治可接受价格可能低于维持监狱满足宪法可接受的最低标准的实际成本。毕竟，囚犯并不是首选的选民组。当选官员常常面临着展示不相容的前景——他们在法律和秩序方面非常艰难，同时在财政上也很谨慎。这意味着当首席行政长官和地方立法者在教育、公园和娱乐、道路、警察和地方监狱之间分配预算时，监狱管理人员将面临一个困难的预算障碍。很少有人会惊讶地发现，监狱经常是预算失败者。但这是地方政府预算的公理吗？

不一定。在地方政府预算过程中可能存在一个微妙的悖论，那就是某些管理者在预算意义上是富裕的——当他们的自由裁量权似乎被削弱的时候。在这种情况下，富裕意味着获得的预算资源要比在缺乏诉讼的情况下更大。自由裁量权的侵蚀是指对必须作出预算选择的公共管理人员可以选择的选项的限制。为了探索这一主张，本文的下一部分将介绍诉讼对地方预算过程的影响模型，并通过一个县的监狱诉讼案例研究来解释模型的合理性。

预算裁量权的丧失：一个模型

当被告的政府机构输掉诉讼并且法院命令违宪的条件必须纠正时会发生什么？菲利普·J. 库珀（Phillip J. Cooper）在他的书《艰难司法选择》中提出了一个“法令诉讼模式”，其中概述了当原告对所谓的违宪条件寻求公平的救济时案件通过的主要阶段。首先，案件是由事件或阈值触发的。后者可能是倡导团体认为不可容忍的过度拥挤的水平。其次，法官必须找到被告承担责任；否则，案件将在此阶段结束。第三，法官在与原告和被告双方进行谈判时，对违宪的条件作了补救。第四，在后期判决阶段，补救措施得到完善和实施。[7] 这种模式简单直接，为追踪正在进行的公平判决案件提供了一种非常有用的方法。

在模型的补救阶段的起始阶段考虑一个假设案例——谈判可能与被告机构、法院和立法机构展开为三方游戏的阶段。法官希望遵守这一决定，尽可能少地干预执行的实际行政细节。尽管批评了所谓的“帝国司法”，但法官大体上已经认识到司法干预在政府机构管理中的固有局限性，并因此谨慎地 378
接触了这种干预。[8] 违反宪法的权利的补救措施对地方预算的影响是什么呢？我们预计诉讼会迫使一系列将资源分配给以权利本位人群的决定。两个推论如下：

1. 权利本位的分配决策缩小了预算制定者的预算自由裁量权。

2. 矛盾的是，一些管理者是富裕的——被定义为保护和捍卫预算的能力——当这种自由裁量权被减少时。

假设和推论假定司法救济的自由执行。但是，简单合规的可能性可能取决于直接与机构和立法机构相关的因素。其中包括：（1）由相关公职人员，如行政长官、立法机构主要成员以及监狱管理人等任命官员，就诉讼达成政策协议；（2）辖区的财政状况，以及（3）从触发阶段到补救阶段的时间。我们预计这些因素会相互影响，即使在相对健康的财政气候下，随着诉讼阶段和补救阶段之间的时间延长，与诉讼相关的政策协议也会恶化。这种期望的原因是时间允许其他选项出现。但这种期望在实践中得到了证实吗？我们通过对县政府监狱诉讼案例研究的分析来回答这个问题，然后提出诉讼对地方预算过程的影响的替代解释。

监狱诉讼来到标准县

标准县警察局的公共安全大楼（PSB）包括该县的监狱。州惩教委员会（Commission on Corrections）确定了该设施的额定容量为212。根据国家惩教协会（National Correctional Association）制定的指导方针，地方监狱不应超过其额定容量的90%，以便可以遵守关于被拘留者分类的专业标准。标准县无法满足这个90%的指导原则。囚犯人数从1983年的约5 000人增加到1986年的8 000人以上（见图28.1）。[9]

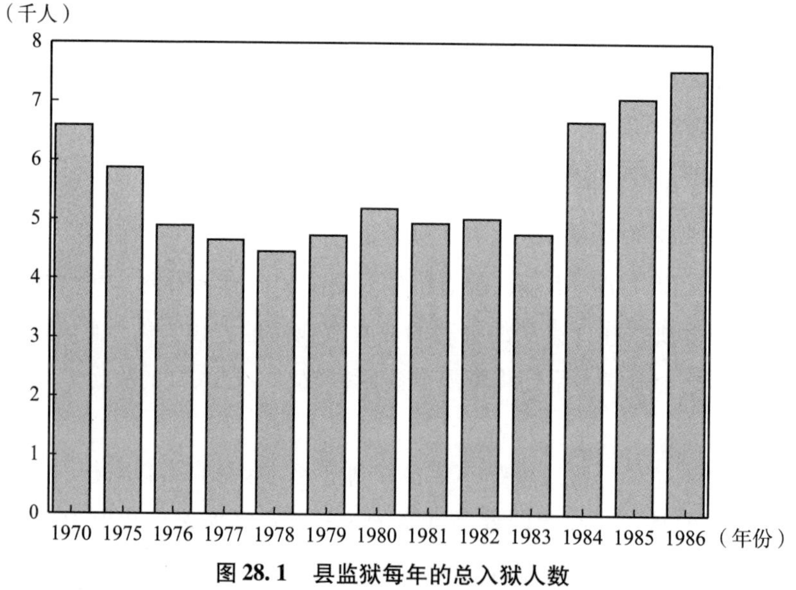

图28.1　县监狱每年的总入狱人数

虽然造成这种增加的原因并不完全清楚，但其中一些增加的原因是暂时安置在地方监狱的州级囚犯以应对该州过度拥挤问题。此外，1982 年至 1985 年期间，该县接受了该州其他县的囚犯，因为它们从全额收费系统中提供了非常需要的收入。

监狱部门预算遵循渐进主义模式（见图 28.2）。十年期间的增长幅度从 3% 到 19% 以上不等，但 1988 年的实际支出实际上比 1987 年少。监狱管理部门主管很清楚该部门预算的渐进主义模式。他关注的是他无法将专业的监狱管理程序应用于过度拥挤的设施。

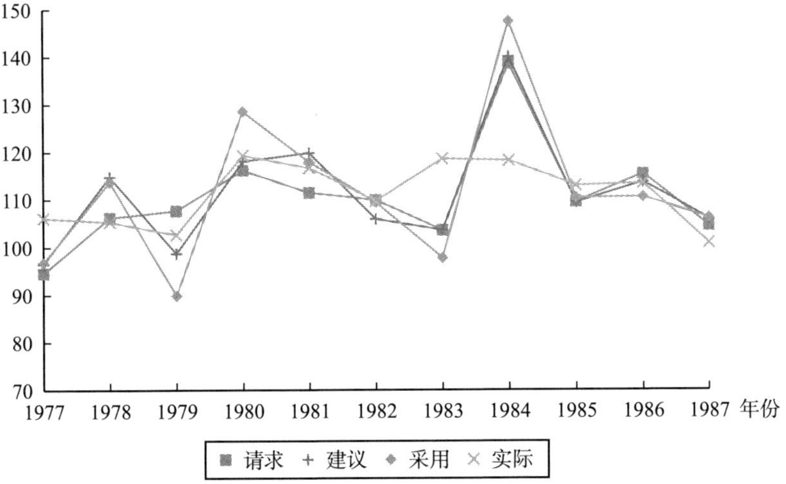

图 28.2　监狱预算：同比增长百分比

1985 年，附近一所法学院的一名专职律师在学生的协助下，起诉了标准县运营的监狱，据称这些监狱违反了美国宪法第一、第四、第五、第六、第八、第九和第十四修正案中原告的权利。诉讼的主要部分集中在监狱过度拥挤。虽然法律论据反映了一般情况下的惩教案件，例如贝尔诉沃尔费舍案（*asBell v. Wolfish*，441 U. S 520，1979）和查普曼诉罗德斯案（Chapman v. Rhodes，452 US 337，1977），根据职员律师的说法直接目标是"让囚犯离开场地"。长期目标是迫使该县提交一份关于监狱将如何与宪法保障保持 379
一致的详细的法庭计划。

县里的公务人员对诉讼的意见存在明显分歧。监狱管理部门负责人对此表示欢迎。[10] 从他的观点来看，他处于"不败"状态。由于监狱不是一个政治上受欢迎的机构，他认为这需要像过度拥挤诉讼那样迫使该县，特别是一个不愿意的立法机构，为当前维持不住的情况开发和资助一个可行的选择。

有趣的是，预算负责人并不认为这种情况主要是预算问题。[11]用他的话来说，这是一个“社会问题”。虽然对于这意味着什么含糊不清，但预算负责人认为，拥挤问题基本上是保守的法治秩序的一部分。这种趋势产生了更多的囚犯，纯粹而简单。虽然预算负责人没有说他欢迎诉讼，但他表示，因为政府在危机中运作，法院会强制采取行动。他希望法官能够让该县为过度拥挤问题找到明智的解决办法。

县长的一位助理采用了一种不同的解释。助理暗示对选任警长微妙的批评，认为为了增加收入而在监狱中的囚禁非本县囚犯才导致过度拥挤状况恶化。她认为，如果没有采取收入战略，那么过度拥挤的诉讼可能就不会发生。她也不相信当前的拥挤是一种慢性问题而非短期现象。从她的角度来看，囚犯预测和政策变化的角度最不确定。

同时，诉讼继续进行。1986 年，除了十名准备就绪的囚犯以外，全部囚犯被州级惩教署除名。虽然非本县囚犯不再被带到该设施，但 1987 年 6 月 27 日在监狱的囚犯人数为 292 人，远高于额定容量 212 人。法院任命的一名法官助理向法官通报该县遵守减缓过度拥挤指令的进程。法官设定了 248 人的临时目标，并威胁要对超出此数目的每个囚犯处以每天 5 000 美元
380 的罚款。然而，有人怀疑这种威胁的严重性，因为法官没有提供明确的最后期限。一些县级官员认为，如果法官确信该县正在为纠正问题作出诚意的努力，法官就不会处以罚款。

1987 年 12 月，该县和原告返回法庭。该县争辩说，由立法机构委托进行的一项建筑研究和 29 万美元的拨款将监狱的体育馆改造为 48 个临时牢房，这证明了他们正在努力解决过度拥挤问题。如果人数连续四天超过额定容量，法官将其威胁的罚款改为对每个超过额定容量的囚犯处以每天 1 000 ~ 10 000 美元的罚款。法官要求在 1988 年 3 月 15 日之前制定一项临时计划，并在 1988 年 11 月 1 日之前永久解决过度拥挤问题。他不愿意实施罚款可能是司法限制与认识到该县正在采取一些措施减少监狱过度拥挤的缘故。

释义

监狱诉讼案件最初根据前面提到的法令诉讼模式进行。该决定是由公益律师事务所诉讼引发的。由于平均每日囚犯人数远高于额定容量，宪法挑战的条件已经成熟。此外，由于全国监狱过度拥挤案件激增，法律问题是例行公事。然而，虽然法官很容易确定赔偿责任，但制定补救办法是一个缓慢的过程。为什么？对此的回答告诉我们很多关于宪法权利诉讼对资源分配的特 381
别影响，以及对地方公共管理的一般影响。

危机技术

虽然监狱部门负责人同意诉讼的政策方向，但所有相关方都没有明确表态。此外，财政气候不利于其他项目的重大资本支出。什么预算策略似乎是合适的呢？该诉讼说明了阿伦·威尔达夫斯基（Aaron Wildavsky）的“危机技巧”，其中计划倡导者声称变化的情况需要增加支出。[13]然而，关于这项技术在监狱诉讼案件中的有效性存在一些意见分歧。

预算负责人似乎对诉讼毫不畏惧。回想一下，虽然他认为往往需要“危机”推动政府朝着解决问题的方向前行，他对诉讼采取了长远的看法。换句话说，他将案件视为刑事司法中一个更大的循环模式的一部分。虽然诉讼可能会影响一些本来可能不会发生的活动，但他相信政府官员需要制定更为一致的刑事司法政策。这种方法——从紧急危机中退出并评估大局——当然不会刺激快速行动。

县长的助理没有被囚犯人数的估计说服，她也不相信立法机构将资助重大资本扩张以消除过度拥挤。尽管没有直接说出来，但她似乎并没有受到司法威胁，也许愿意接受一些司法边缘政策，从而检验法官对该县的耐心限度。

对主要立法者的采访表明对危机技术的价值有不同的看法。虽然少数党领袖和公共安全委员会主席都认为，监狱部门负责人在诉讼之前通过强调过度拥挤问题和解决问题的需要而采取适当行动，但立法机构现任多数党领导人并不相信该问题是一个长期需要重大的新资本支出的慢性问题。

不确定性

即使主要参与者达成了适度的政策协议，也存在很大的不确定性。一些不确定性来自机构负责人和立法机构之间的信息不对称。对预算决策秉持公共选择观点的学者会认为管理者在预算谈判中具有优势，因为该机构负责人拥有垄断信息。[14]

考虑独立于诉讼的监狱能力估计。监狱管理员在接受采访时提出了一个粗略的囚犯增长复合模型。他认为，人数在八年内几乎翻一番，并声称尽管大力使用监禁替代方案，这种情况仍会发生。但他没有提供任何数据来证实他的说法。事实上，并不存在可信的长期预测。[15]

一位知名立法者表示，扩张的案例还没有充分形成。为了解决这个问题，对囚犯人数的估计与县决策者控制以外的两个主要因素敏感：政府间因素和量刑模式。政府间因素包括州级监狱的能力和州级授权。例如，目前的州程序要求对假释违规者实施至少 90 天的监禁。量刑模式反映了诸如传统惩罚思想，改变中的州级法律和监狱能力等方面的内容。

382
资本支出分析

作为一项资本支出决定，监狱诉讼提出了一个有趣的困境。监狱管理部门负责人称，该县应该建设扩张 20 个单元。他的论点是基于上述关于囚犯增长和正确的囚犯分类的专业标准的说法。他为他的论点添加了一个有趣的障碍。从本质上讲，他说扩张可以至少部分地由收容非本县囚犯产生的收入来提供资金，就像诉讼前的情况那样。这将获得来自州政府和联邦政府的收入以及来自其他地方政府监狱的囚犯的收入。当然，这种情况假设囚犯人数将在整个州继续增长，并且其他辖区的牢房空间将继续存在短缺。

延迟

立法者在仅有少量甚至没有政治收益的资本决策方面有一个对冲方向。由于与诉讼意图有关的政策协议充其量是混合的，因此政策协议、财政气候和时间这三个变量的相互作用预示着政治领导人将推迟采取行动以避免一项没有明显政治优势却有明确预算成本的决定。为缓解监狱过度拥挤而花费的资金来源于原本政治上更令人满意的计划。延迟的好处是否大于成本呢？

要回答这个问题，有必要区分运营成本和资本成本。监狱的运营成本继续增加，主要是由于越来越多的监狱人员需要向工作人员支付加班费。通过资本项目扩大牢房空间的建议也涉及运营成本的大幅增加。立法机关将不得不为警局增加新的职位；维护和公用事业费用也会同样增加。监狱管理人员提出的用收容于拥挤牢房空间的非本县囚犯的收入抵消部分资本扩张成本的建议基于对全州囚犯人数和其他政府未来决策的未经检验的假设。

另外，如果扩张没有进行或者进展缓慢，而监狱人数继续按照监狱管理人员的估计上升，运营成本肯定会上升。特别是，该县将被迫在其他辖区安置囚犯。这笔费用是法院可能施加的任何惩罚的补充。

司法“懦夫”博弈

司法懦夫博弈围绕该县对法官执行罚款的可能性的估计。到目前为止，两个法院强制执行期限已经过去，没有罚款。这不应该增加立法预算的拖沓吗？一个肯定的答案是假设唯一的目标是预算，县，特别是立法者倾向于以狭隘的成本收益条件来分析选项。此外，司法懦夫形象意味着一个维度的司法谈判：即罚款的威胁是强制遵守过度拥挤决定的唯一机制。一般而言，随着诉讼触发阶段与潜在补救之间的时间范围扩大，某些政策协议的前景应该受到削弱。但是在这种情况下，由于监狱人数没有出现下降的迹象，因此延迟可能无法产生预期的结果。

司法诱导的“偏好显示” 383

立法者对于监狱过度拥挤问题真的想做什么？一位立法者说他们会做“正确”的事情。但是，宪法权利侵犯的历史以及为执行司法裁决而制定的广泛和长期的补救性法令表明，将意图转化为行动极为困难。[16]实际上，法官的艰巨任务是从被告政府引申出一个符合责任标准中规定的法律要求，同时从政治角度也是可行的立场。

当然，法官不受被告关于实施障碍的主张的约束。例如，一个辖区无力为补救违宪条件所需的改进提供资金的辩护理由已经被驳回。[17]然而，可能存在一些与司法判决范围影响有关的政治宽容。[18]在监狱过度拥挤的案件中，有一些分歧关于诉讼的后果。一位立法者提出了标准立法者的困境：公众想要一个强硬的法治立场——确保他们不在街头出线——但不想资助监狱扩张。[19]县立法机构的少数党领袖表示同意。由于没有主要的倡导者来缓解这个问题，因此在没有法律诉讼的情况下，监狱过度拥挤是一个低阶的政治优先事项。此外，他认为，这个问题具有政治代价，因为惩教行动的财政影响将直接落在县级税率上。[20]立足于高度政治道路，立法机关新任主席说，立法者不会躲在判决背后，如果扩展是必要的话。在他看来，如果这是解决过度拥挤问题的最佳方式，立法机构将为牢房扩张提供适当的资金。另外，他对是否真的需要扩张资本表示怀疑。虽然他不认为法官的行为是不公平的，但他对于满足该命令的要求持谨慎态度。在他看来，适度的扩张可能会缓解过度拥挤，从而令法官满意。不过，他还接受在县外安置囚犯的选择，并在超过最大容量时补偿另一个辖区。[21]

合作的演变还是自由裁量权的侵蚀？

诉讼带来了差别了吗？很难将这个概念付诸运作。一个方法是询问政策和预算条件是否在调整后发生了变化。首先考虑每日监狱囚犯人数。1985 年 2 月至 1986 年 1 月期间 55% 的时间内，每日监狱人数超过了法官对 248 名囚犯的限制，没有一天的日常人数低于 212 的额定容量。然而在 1986 年早期法官确定了 248 名囚犯的限制以后，日常监狱囚禁人数显著下降。不仅在今年几乎 40% 的时间里在额定容量以内，在前 6 个月只有 23 天超过了法官的 248 名囚犯的最高限额。然而，在接下来的 6 个月内，违反法官最高限额的天数增加了 1 倍，达到 52 天，并且在一年中人数仅有 6 天在额定容量以内。数据表明，人数减少只是暂时的，每日人数不可能在 212 名囚犯的能力范围内。平均每日人数的增加表明对诉讼的回应充其量是部分的。

一些额外的支出可能直接与诉讼挂钩。警局增加了人员，监狱研究由立法机构委托，监狱的体育馆改建为四十八间临时牢房。如果没有诉讼，这些支出很可能不会发生。

受访者的看法是什么？预算负责人说他的看法是诉讼带来了必要的压力

来推动一个敏感问题。监狱管理负责人认为，没有诉讼就不会对拥挤问题采 384
取行动。所有接受采访的立法者都同意这一诉讼对强制采取行动至关重要。

但是，这个零假设可以被拒绝吗？难道说诉讼推进了那些在没有诉讼的情况下不会发生的决定？也许在这种情况下，预算只是一个渐进主义过程。县级官员，特别是立法者，可能会决定扩大当前的监狱能力，因为一项独立于诉讼而对过度拥挤造成的需求进行的评估。

零假设不能直接测试；然而，有证据支持备择假说。首先，被采访的立法者声称他们在诉讼开始之前充分意识到了过度拥挤的情况。其次，立法机构主席声称这起诉讼在 12 ~ 24 个月内加快了立法行动。

显然，这意味着立法机关可以在没有诉讼的情况下对过度拥挤问题做出回应。另外，少数派领导人认为，罚款的威胁对于提高监狱过度拥挤的政治显著性是必要的。司法时间表的压力使这个问题在政治议程上保持高位。当然，从政治过程的有利角度来看，这个案件引发了改变。预算与没有诉讼的情况看起来是否有所不同是一个不容易回答的问题。

更大的问题

宪法权利诉讼对地方政府预算有什么影响？在某些情况下，诉讼可能会加强预算要求者的地位。这无疑是监狱诉讼案件的后果之一。由于监狱管理以前是一个低阶的政治优先事项，因此监狱管理部门的主管由于诉讼而处于改善的战略地位。管理人员很少会公开承认他们欢迎针对其所在机构的诉讼。在某些情况下，诉讼可能没有优势可言。诉讼可能会强制拨款，与管理者的偏好不符。例如，当管理者正在谈判资本或非人事支出时，法官可能会要求给定的员工比例。但案例研究表明，在某些情况下，诉讼可以增强管理者的谈判态势。

从根本上来说，违反宪法权利的案件侵蚀了预算的自由裁量权，很大程度上是授权可能迫使地方政府做它可能不愿意做的事情。地方官员可能会做"正确"的事情。也就是说，他们可能会采取措施缓解监狱过度拥挤。州级层面的惩教和智力缺陷人群的对口机构的诉讼历史表明并非如此。自愿遵守不符合大多数机构诉讼案件的事实；州级机构被迫纠正违宪的情况。

这导致我们出现一个矛盾的结论。由于法院裁决抵押未来的预算增量，因此权利本位的预算挤出了自由裁量权。对于那些在折衷方案中蓬勃发展的预算编制者来说，这是一种诅咒，他们会谨慎防范任何残余的灵活性，而这种灵活性可以在越来越倾向于基于公式决策的过程中获得。[22]权利和分配决定不容易共存。

悖论在哪里？宪法权利案件的裁决可能导致在没有诉讼的情况下不会发生的支出决定。当这种情况发生时，预算自由裁量权受到限制。然而，正是这种侵蚀自由裁量权的做法可能需要为权利保护提供预算支持。正是在这个意义上，法院在预算过程中已成为沉默的合作伙伴。

注释

1. 司法裁决的预算维度首次由 George Hale 提出。参见其 The Federal Courts and the State Budgetary Process, *Administration and Society*, 11 (Nov. 1979): 357 – 368. 应用与监狱的研究参见 Linda Harriman and Jeffrey D. Straussman, "Do Judges Determine Budget Decisions? Federal Court Decisions in Prison Reform and State Spending for Corrections," *Public Administration Review*, 43 (July/Aug. 1983): 343 – 351.

2. Cited in Anne Bolduc, "Jail Crowding," *The Annals*, 478 (March 1985): 48.

3. Advisory Commission On Intergovernmental Relations, *Jails: Intergovernmental Dimensions of A Local Problem* (Washington D. C.: ACIR, May 1984), 28 – 29.

4. Todd R. Clear and Patricia M. Harris, "The Costs of Incarceration," *America's Correctional Crisis*, Stephen D. Gottredson and Sean McConville, eds. (New York: Greenwood Press, 1987), 40 – 41.

5. Ibid., 41.

6. Phillip J. Cooper, *Hard Judicial Choices* (New York: Oxford University Press, 1988), 16.

7. Ibid., 16 – 24.

8. 对于"专横的司法"的批评参见 Nathan Glazer. "Towards an Imperial

Judiciary?" *The Public Interest*, 41 (Fall 1975): 104 –123. Cooper 的深入案例研究表明，联邦地方法院法官清楚地意识到干预行政的问题，并且不情愿地这样做。

9. 以下案例研究是基于美国东北部某县政府发生的事件。虽然辖区的名称已经改变，但案件描述反映了直到 1988 年 6 月的事件过程。法官的决定应该如何实施仍然是一个政治争议和谈判问题。此外，尽管关于案例研究方法局限性的常见警告是适用的，但我们没有理由认为这起案件以及围绕其实施的政治分歧与起诉监狱设施的违宪状况的大量的监狱诉讼案件大不相同。

10. Interview, 3 Nov. 1987.

11. Interview, 30 Nov. 1987. 接受采访的预算负责人是监狱过度拥挤和诉讼启动期间的负责人。在 1987 年 11 月的县长选举之后，他被替换了，虽然他在今日仍然在县政府中占有一席之地。

12. Interview, 30 Nov. 1987. This individual did not join the new administration.

13. Aaron Wildavsky, *The New Politics of the Budgetary Process* (Glenview, IL: Scott, Foresman and Company, 1988), 117.

14. 这种情况的经典描述来自 William A. Niskanen, Jr., *Bureaucracy and Representative Government* (Chicago: Aldine, 1971).

15. 预测监狱人口是一件危险的事情。参见 A. Blumstein, J. Cohen, and H. Miller, "Demographically Disaggregated Projections of Prison Populations," *Journal of Criminal Justice*, 8 (1980): 1 –25.

16. 这无疑是一个可以从 Phillip Cooper 对 5 个联邦法官不得不制定补救法令的案件的分析中得出的结论。参见 Cooper, *Hard Judicial Choices*, 328 –350.

17. 参见，例如 *Gates v. Collier*, 390 F. Supp 482 (1975); *Benjamin v. Malcolm*, 495 F. Supp. 1363.

18. See Cooper, 336 –344.

19. Interview, 13 Dec. 1987.

20. Interview, 4 Feb. 1988.

21. Interview, 4 Feb. 1988.

22. 有关公式预算编制的扩展讨论参见 Eric Hanushek, "Formula Budgeting: The Economics and Analytics of Fiscal Policy Under Rules," *Journal of Policy Analysis and Management*, 6 (Fall 1986): 3 – 19.

第六部分　私营化与承包制

加利福尼亚州第13号提案和马萨诸塞州第$2\frac{1}{2}$号提案的长期持久影响 387
之一就是要迎来一个收入约束期，即当选官员极度不愿提高税率以及强烈要求降低税率。由于这种愿望并不能通过让公民希望减少他们从政府获得的服务而得到契合，所以差距开始扩大，部分原因是私营化和外包。同样，在20世纪90年代广泛宣传的平衡联邦预算和削减联邦劳动力水平的政策已经给联邦机构施加了压力，节省资金，取代因削减而丧失的专业知识并使联邦薪资看起来更低。

私营化意味着由公共部门执行的功能被提供给私营部门或出售给私营部门，政府不再与此有任何关系。外包意味着政府继续对这项功能负责，该功能仍由税收或手续费支付，但服务实际上由私营公司或非营利机构提供。

外包允许政府继续提供服务，同时减少规模，特别是减少员工人数。对许多政府来说，合同代表了利用私营部门竞争来降低成本的一种方式。如果私营部门存在竞争，并且承包过程可以利用竞争，那么可能会有节省。其他需要外包的理由包括改善服务，私营部门能够更好地支付员工的工资，并提供在信息技术领域更现代化的服务或供水和下水道服务。

是否采用承包制是一个热烈辩论的话题，在每个方面都有财政和意识形态的关系。研究表明，成功是有争议的，在某些并不总是成立的条件下可以获得的，并且承诺的成功往往超过已实现的收益。还是要一直学习。联邦政府正在从低投标模式转向更加稳健的一揽子计划，其中包括质量和良好绩效的可能性；这种新模式可能会导致更高的成本和更多的投标中的腐败，但它应该消除强制的投标价低于私人公司可以提供的服务的虚报低价行为，以及在前几年范围蔓延和成本增加后非常普遍的投诉。合同管理需要技巧和经验，而且这些技巧和经验正在一些地方积累。然而在一些情况下，不管愿不愿意，签订合同是为了减少工作人员的数量，缩小政府规模或节约资金。

承包制的另一个问题是，它假设私营部门可以更便宜地完成工作，竞争将使其保持精益。然而，有时候这意味着私营部门雇用了更便宜、非工会的
388 员工，并且具有很高的人员流动率，结果是没有连续性，没有学习，合同绩效随着时间的推移而恶化。有时在私营部门或非营利部门没有竞争。在农村地区，可能没有多家公司竞争去做这项工作，其中一些公司消亡直到工作量和公司的数量或规模相匹配。在非营利部门，没有理由让两个组织提供相同的服务，目标是满足需求，为每个需求提供一个代理机构。而且，在非营利部门，经济性是通过合作而不是竞争获得的；招标过程可能引发或要求竞争破坏那些使此类组织有效合作的原则。

无论承包制是否达到了改善服务或节约成本的目标，合同通常会分散责任并使得问责更加困难。承包制的支持者经常忽视这个论点，但它仍然是一个重要的论点。通常很难判断谁签订了什么样的服务协议、与哪些员工、合同是否对公众有利，甚至合同的成本以及提供的内容。延时合同的成本是衡量它的一种标准，很少或永远不会被纳入公众或当选官员阅读的预算文件中。虽然承包商大概是按照合同条款来维持业绩标准的，但实际上，让这些合同出价的政府官员有理由让它们看起来是成功的。因此失败经常被容忍和隐藏，扭曲了记录。

这部分的文章处理了其中的一些问题。长期支持合同的 E. S. 萨瓦斯（E. S. Savas）认为，在纽约市，非营利性社会服务机构之间有足够的竞争来允许有效的合同。布鲁斯·瓦林（Bruce Wallin）描述了马萨诸塞州私营化的过程、犯下的错误以及发明的新过程。

第二十九章
纽约市社会服务的竞争与选择*

E. S. 萨瓦斯（E. S. Savas）

介绍

地方政府通过三种主要机制在美国提供社会福利：（1）直接地，使用自己的人员；（2）间接地，通过授予私人非营利组织或营利组织的补助或合同，向政府指定的合格个人提供服务；（3）间接地，对符合条件的接受者发放凭单，接受者可以使用这些凭单从经批准的服务提供商处购买服务。 389

这些机制显著不同。在政府直接提供以及补助和合同下，服务生产者获得补贴，而在使用凭单时，服务的消费者获得补贴。一方面是合同和补助，另一方面是凭单，都可以引入竞争和选择。这些要素对于良好的业绩而言非常重要，在直接的垄断性政府服务中缺少此类要素，因此公共服务私营化的趋势得以改善，主要收益通过竞争来实现（Savas，2000：122－124）。

20 世纪 70 年代，随着政府向私营非营利部门提供合同和补助以提供社会服务，社会服务发生了巨大变化。从 1971 年到 1979 年，以这种方式提供的州和地方社会服务的比例从 25% 增加到 55%（Kettner and Martin，1994），因为地方政府无法以足够的速度在内部动员来充分利用可用于新的社会计划

---

* From Public Administration Review，Vol. 62，No. 1（January/February 2002），82－91.

的联邦资助。到1992年，美国地方政府完全依靠自己内部单位进行各种计划的比例很小，如表29.1所示。（Miranda and Andersen，1994，26－35）。例如，没有一个负责任的地方政府在经营自己的无家可归者收容所，而54%都与私营机构、日托机构和无家可归者收容所签订了合同。

表29.1　　　　选定社会服务的交付安排

服务	地方政府完全依赖内部部门的比例	地方政府与盈利公司签约的比例	地方政府与非营利机构签约的比例
日托设施	6	54	35
药物与酒精治疗计划	7	20	34
无家可归者收容所运营	0	5	54

注释：政府可以同时使用营利公司和非营利机构；因此，行中的数字加总没有意义。

资料来源：Rowan Miranda and Karlyn Andersen, Alternative Service Delivery in Local Government, 1982－1992. *Municipal Year Book* (Washington D. C.: International City Management Association, 1994), 26－35, tables 3/4 and 3/5.

在美国，非营利组织的世界面临着重大的环境变化：联邦政府向州政府放权、福利改革、税制改革、政府改革、削减政府预算、管理医疗保健，以及将艾滋病视作慢性病，需要相对更多的门诊社会支持服务和相对较少的住
390 院医疗护理。仅靠福利改革就会产生重大影响，重新强调就业培训、就业安置、托儿和交通服务。这些变化的影响范围远远超过纽约市，纽约市拥有约19 500个非营利组织，其中包括5 650项社会服务和医疗保健服务（Haycock，1992）。

由联邦、州和市政府资助的纽约市非营利组织已经发展到相当大的比例，甚至在一些领域占据主导地位：医疗保健中的非营利机构从政府获得74%的资金；在住房中为68%；在社会服务为66%（Haycock，1992）。在1998年，纽约市以19.5亿美元的价格签署了4 361份这样的合同（表29.2）；其中绝大多数是与非营利机构签订的，但盈利公司的数量正在上升。平均合同价格为44.7万美元，一般而言，这个数额足以影响获得这样一个奖项的组织。

表 29.2　　1998 年纽约市选定机构签署的合同

机构	合同数量	合同价值
儿童服务局	1 165	$1 066 966 715
老龄事务部	1 068	$126 166 455
就业部	474	$67 576 580
无家可归者服务部	503	$252 927 848
社会服务部	1 151	$436 413 022
合计	4 361	$1 950 050 620

资料来源：City of New York，Executive Budget，Fiscal Year 1998；actual year-end figures may differ significantly.

研究问题

私营部门的这种大规模使用为研究社会服务合同的使用提供了机会。社会服务合同的过程在概念上和经验上都得到了检验，特别是竞争问题已经得到解决。克雷默和格罗斯曼（Kramer and Grossman，1987）指出了在承包社会服务时出现的主要政策问题是：在什么情况下应该鼓励竞争？是否应该始终接受低出价？非营利组织应该先于盈利机构吗？政府是否应该特别努力帮助小型非营利组织以便它们能够参与竞争？

德霍格（DeHoog，1984）提出了相关的经验问题："竞争将（社会）服务环境塑造到什么程度？"在她有限的研究中观察到很少有私人机构竞争合同，这归因于几个因素：（1）没有竞争传统，因为机构的创建是为了满足未满足的社会需求，因此其活动表现出区分而不是竞争；（2）许多准入壁垒——除非有更多可用的资金，配套私人资金的要求以及繁重的行政程序，否则政府不会要求新的服务；（3）缺乏正式的招标程序和评估标准；（4）地域限制——一个拥有现有设施的机构具有地理垄断地位。由于竞争有限，"决策者经常保留以前的服务和承包商，只有在分配到额外资金时才寻求新的选择"（69）。此外她指出，无论是私营机构还是政府机构都不希 391
望出现竞争，后者是因为当征求建议书（Requests for Proposals，RFP）、全面的邮件列表以及彻底考虑替代方案被认为是不必要的时候，当不需要就计划优先事项和提案标准达成一致意见的时候，当以前的承包商提交了大部分提案的时候，合同是快速而简单的。

凯特尔（Kettl）指出：“竞争本质上是对社会服务的破坏，它给买方和卖方都带来了高昂的交易成本……政府的垄断行为已被承包商的垄断行为所取代”（1993：173）。德霍格（1990）认识到经典竞争模型在某些条件下可能不适用：如果服务提供商的数量有限，如果供应商缺乏组织资源来覆盖交易成本，或者如果未来资金不确定。因此，她提供了一系列的承包模式，一端是竞争，中间是谈判，另一端是合作。竞争模式涉及政府与承包商之间的合理距离关系，而在合作模式中，两者是合作伙伴。凯特纳和马丁（Kettner and Martin，1994）在对负责监督社会服务合同的州级官员的调查中指出，合作伙伴模式的发展趋势越来越大，鼓励竞争的努力也不大。只有 63.6% 的受访者积极征求投标或建议，只有 51.5% 打广告宣传，只有 48.5% 召开投标人会议。

齐格勒（Cigler，1990）指出供应商的获得在北卡罗来纳州是一个重大问题。一项针对马萨诸塞州精神医疗保健竞争性合同的研究发现，合格投标人不足，通过豁免规避投标要求，实际竞争很少：RFP 平均只收到 1.7 份回复（Schlesinger et al，1986：252）。此外，随着时间的推移，潜在竞争对手的数量也在下降，原因在于行业整合以及政府管理者希望与熟悉的承包商保持联系并保持连续性的关注。

这里报道的实证研究基于之前的成果并考察了通过政府的社会服务合同实现私营化的主要特征——即引入竞争和选择——的程度。政府的社会服务合同有多少竞争？上述研究人员认为的缺乏竞争普遍吗？合同在多大程度上仅仅分配给已建立关系的供应商，而不是通过竞争过程获得？这个过程的细节是什么？RFP 是如何向非营利组织发布和传播？分发哪些组织？有多少个机构回应？奖励决定是如何做出的？什么是合约期限？什么是更新过程，也
392 就是说，它是否具有竞争力或者多少有点自动化，从而确保了护理的连续性，但可能会牺牲效率或效果？简而言之，在承包社会服务时，政府实际上有多少选择可得到并由政府行使？虽然本研究仅限于这些量化的和过程的问题，并未解决方案或合同服务的质量问题，但它可能会促使下一阶段对这一重要领域的调查。

这些问题在纽约进行了研究，纽约市政府与社会服务提供商签订了

4 000 多份价值约 20 亿美元的合同。虽然纽约是独一无二的，但结果应该引起广泛关注，并可能适用于其他大城市和县。本文审查了 3 项具有巨额预算和大量竞争合同的服务：成年无家可归者收容所、家庭护理和为失业者提供培训的计划。

市长鲁道夫·朱利安尼为选定的机构提供了相关数据并确保了许多官员的合作，从机构负责人和市长助理到副专员和机构签约官员。所审查的文件包括收到 RFP 的人员和组织的邮件列表、RFP 本身、显示谁拿走 RFP 的登记文件、提交的提案清单、提案、合同、合同授予文件以及财务信息。

成年无家可归者收容所

无家可归者服务部（DHS）为无家可归的家庭和个人提供紧急避难和支持服务。它还为居住在公共场所的人们提供外展服务，确定紧急住房服务的资格，评估客户的服务需求，并提供服务使人们能够独立生活。它与其他政府机构和私人组织合作，帮助无家可归者识别并迁移到其他长期住房选项。DHS 每天晚上为约 7 000 名无家可归的成年人（5 700 名男性和 1 300 名女性）以及白天为约 5 400 户无家可归的家庭提供住宿（纽约市，1997 年）。

在 1989 年无家可归的成年人达到 1 万人，1994 年下降到 6 000 人，此后逐渐上升到 7 000 人。大约 25 000 人在一年内使用单身成人收容所。1997 年的平均停留时间约为 100 天；大约 40% 的人留宿时间不到一个月，大约 1 700 人全年住在避难所。

该部门一直在执行一项积极的私营化计划，直接摆脱庇护所营运的业务（Holloway，1997，1998）。到 1998 年为止，它已经将 82 个用于单身无家可归成年人的庇护所中的 75 个私营化，而目前直接由该部门运营的其余 7 个庇护所中的 1 个正在私营化（Wiviott，1999）。家庭收容所的私营化已经开始，并且已经发布了 6 份 RFP 并正在等待答复。

分析

从 1995 年 1 月 9 日到 1997 年 11 月 18 日发布了 11 份 RFP，并对由此产生的意见和奖励进行了研究。RFP 内容涉及单身成人收容所、家庭设施、寄宿接待中心和收容中心。其他现有的外展计划建议未包含在分析中。在此期间发布的 11 份 RFP 中有 6 份获得了奖励；在分析时还没有完成对其他 RFP 的奖励过程。表 29.3 列出了这六个 RFP 的详细信息、回应和奖励，其总成本为 1 亿美元。

表 29.3　无家可归者服务部的合同

RFP 编号	设施类型	设施所有者	设施数量	外发邮件数量	RFP 回复数量	设施地点	提案数量	与现任签约?	合同期限（年）	合同价值（百万）
071 -95H000078	成年	市	1	1 600	50	Sumner	3	否	3	$9.846
		市	1			Kingsbridge	2	否	3	6.129
		市	1			Part Slope	3	否	3	5.498
		市	1			Park Avenue	2	否	3	6.588
		市	1			Fort Washington	1	否	3	9.774
		市	1			Jamaica	2	否	3	4.771
		市	1			Harlem 1	2	否	3	7.329
071 -96S000025	家庭	市	1	300	36	Jennie A，Clark	1	是	3	4.236
		市	1			Seneca	1	是	3	4.110
071 -96S000032	收容中心	私人	1	1 000	55	Grand Central	1	?	3	5.806
		市	1			Beaver	1	?	3	3.200
		私人	1			Citywide	1	?	3	0.996
		私人	1			Pater's Place	1	?	3	4.195
		私人	1			25 Central Avenue (S. 1.)	1	?	3	3.172
		私人	1			Olivieri	1	?	3	} 8.934
		私人	1			Open Door	1	?	3	}
071 -97S000011	收容中心	市	1	200	30	Bond Street	3	是	1	1.056
071 -97S000013	医疗	?	1	40	3	Bronx Emergency Assistance Unit	2	是	2	2.362

续表

RFP 编号	设施类型	设施所有者	设施数量	外发邮件数量	RFP 回复数量	设施地点	提案数量	与现任签约?	合同期限(年)	合同价值(百万)
071－97S000018	接待中心	市(1)	3	300	50	BRC Reception Center	} 6	是	2	2.186
		私人(2)				VOA Reception Center	}	是	2	2.099
合计			21	3 440	224		36			$99.99

资料来源：根据 DHS 记录编制。

注释：上面列出的第一个成人收容所的 RFP 代表了以前由 DRS 运营的设施的私营化：因此，没有任何在职者。

对表 29.3 的检查显示了几件事情：

1. 已做出重大努力通知潜在投标人即将到来的合同判授；在这里列出 394
的 6 个申请共发出了 3 440 封公告，平均每个 573 封。如果不包括医疗机构的专门请求，平均数为 680，而潜在的投标人只有 40 个。

2. 该公告导致了 224 个组织有兴趣去 DHS 接受 RFP；也就是说，每发布 100 条公告就会带来 6.5 个接受，或者每发送 15.4 条公告就有 1 个接受。

3. 提交了 36 份提案，即每发出 96 封公告信提出 1 份提案；每份提案对应 6.2 个有兴趣接受 RFP 的组织。

4. 最具竞争力的招标提出了 15 份提案与 7 份合同的最终提案，每份合同超过两份提案。更多可能的竞标者提交了它们的资格，但未能在最初的筛选中幸存下来。没有任何现任承包商，因此这个运营成人收容所 RFP 的竞争是开放的。

5. 对于 20 份奖励中的 13 份，很容易就可以确定在位者或新进入者是否获胜。在这 13 份中，7 份由 DHS 直接运营，因此没有现任承包商。6 份有现任承包商，全部都获胜了。在这 6 个案例中，有 2 个没有其他出价；在另外 4 个案例中存在相互竞争的提案，7 个投标人——除了 4 位获胜的现任承包商以外——提交了提案。他们都没有赢。

讨论

大多数 RFP 都是一步式的过程，但是针对成人收容所的特定 RFP（表 29.3 中列出的第一个）是一个两步式的过程，其中第一步相当于一个资格入围，其中许多可能的竞标者的基本资格被审查。这 15 个被认定为合格的组织被邀请提交完整的提案，然后由 4 位 DHS 工作人员（来自不同单位）从经验（175 分中的 30 分）、过去的表现（15 分）、建议计划（70 分）、管理（15 分）、预算和人员配备（15 分）以及社区支持（30 分）等方面进行评价。提案必须在每个类别中达到最低分数，否则就被取消。总分最高的提案获胜。

从以上对公告数量、发布的 RFP、提案提交的分析来看，这些流程非常具有竞争性。然而，最终，现任承包商表现得很好，尽管竞争激烈，它们在所有提交投标的 6 个案例中仍然坚守合同。这在合同制下并不罕见。通常情况下，现任承包商已经在该地点和该地区的客户中获得了经验，并且可能已经充分履行了职责，否则可能会被取消资格或终止合同。

这是一项基于设施的服务，即承包商经营服务对象所来的实体设施的服务。现任承包商已经拥有了适当的设施，这使得它在提议再次服务同一地区方面具有很大的优势。非现任承包商（可能的新进入者）必须在其提案中表明其具有“现场控制”，即与业主签订的使用特定空间或设施的协议，该协议可由评委会进行检查。该协议的条件是授予合同。为设施寻找合适的空间并达成协议对于准备和提交建议是不利的。

减少这种现有优势的一种方法可能是城市拥有或以其他方式控制空间（另一种方法将在本文的最后一节中讨论）。对于城市控制的设施，竞争将
395 是在那里提供所需服务的合同。表 29.4 显示了这一效应。对 12 个城市拥有的设施进行了竞争，并提交了 24 份提案。但是，对于 8 个没有城市拥有的设施的地区，只提交了 10 份提案。这些结果支持这样的假设，即相比私人拥有的设施，新进入者更有可能提交标书或提案来运营城市拥有的设施。

所审查的典型合同为三年期限，可以通过双方同意续签不超过两次的额外三年期限。典型的合同规定了外展（招募无家可归的人）、居民规则、任何居民允许的逗留时间、入住率、个案管理计划以及就业和独立住房方面的

安置目标等内容相关的绩效标准。DHS 对任何变更拥有重大的审批权限，并且有权移除作为承包商雇员的设施的负责人。DHS 有权进入场所并监督和评估运作。承包商需要向 DHS 提交各种定期报告和咨询委员会会议记录，并将数据直接输入 DHS 管理信息系统。对于 DHS 或 DHS 的监督权利的主动或被动监测活动，没有获得证据。

表 29.4　　提交提案的设施所有权

	所有权	
	市	其他
设施数量	12	8
提案数量	24	10
每座设施对应提案数量	2.0	12.5

资料来源：表 29.3 与 DHS 记录。

合同和凭单是两种非常不同的私营化形式，但托马斯・梅因（Thomas Main，1997）提出了有价值的观察，即收容所服务承包创建了一个具有理想属性的类似凭单系统："由于客户无权获得某个特定的住所，只要不合规的客户可以自由地返回到一个普通的住所，私人收容所可能会在它们的项目中要求并推进参与。[这] 给客户一定程度的选择权，这在全部都是市政府运行的系统中是不可得的。这也可以使得权力机构的活动比城市避难所的不允许拒绝的激烈程度要小变得可能。事实上，提供选择和存在可行的制裁是相辅相成的。因为客户自愿选择去某个特定的项目，合理地期望客户遵守它们的计划"（174）。

家庭护理

老龄事务部（DFTA）促进、管理和协调老年人服务的发展和提供，以帮助他们保持独立生活和参与社区活动。它直接地或通过与社区组织的合同支持广泛的服务。它开展了一系列规划、宣传和管理职能，包括管理该市 335 个老年公寓。

本文对 DFTA 的家庭护理计划进行了研究。1997 年，该部门向 7 200 名客户提供了 126 万个小时的家庭护理（纽约市，1997 年）。如果个人年纪至少 60 岁，达到或超过贫困水平的 100%（至 150%），并且独居但功能受损，则有资格享受家庭护理。两种不同的家庭护理被提供，家务管理和家庭主妇/个人护理。前者包括一般清洁、购物、洗衣、熨烫、膳食准备和差
396 事等方面的帮助。后者包括喂养、走动、洗澡、上厕所、个人梳理、穿衣和家务管理服务。个案经理确定合格个人所需的护理水平。

家庭护理通过与两类互补职能机构签订合同进行：根据 DFTA 指南，私人非营利机构作为个案管理者控制系统的通路，接受来自广泛来源的推荐，确定资格，进行评估以确定客户需要的家庭护理的数量，以及规定客户将获得的服务时间和服务类型。私人非营利组织和盈利组织也都与 DFTA 签订合同，直接向个案管理者分配给他们的个人提供家庭护理；他们按照个案管理者的指示每周提供适当类型的服务。

分析

合同被授予以便服务于特定社区或多个地区。表 29.5 显示了 1997 年 1 月 22 日发布的关于家庭护理的主要招标结果，该服务在 1997 年 7 月 1 日至 1998 年 6 月 30 日期间在 8 个地区提供服务。大约 1 500 封招标信件被发出，收到 97 份 RFP，提交了 8 个地区的 73 个提案。换句话说，每 15.5 封信件就有一个组织有兴趣拿到 RFP，每个 RFP 获得 0.75 个提案。每项签约有超过 9 个的提案。8 项签约中有 5 项是现任承包商，3 个不是。

表 29.5　　老龄事务部家庭护理服务签约

项目编号	服务社区	提案数量	与现任签约？	价值（千）
125 98 HC1 0160	Bronx 7－12	9	yes	$343
125 98 HC1 0163	Bronx 1－6	9	yes	901
125 98 HC1 02H2	Brooklyn 18	11	no	121
125 98 HC1 031N	Manhattan 2、4、5	10	yes	485
125 98 HC1 03H1	Manhattan 7	5	no	182
125 98 HC1 03H2	Manhattan 12	8	no	390

续表

项目编号	服务社区	提案数量	与现任签约?	价值（千）
125 98 HC1 0389	Manhattan 6、8	9	yes	538
125 98 HC1 0470	Brooklyn 11、15，Queens 5、6、8－11、13	12	yes	1 382
合计		73		$4 342

资料来源：根据 DFTA 记录与访谈编制。

讨论

由 3 名或 3 名以上职员组成的 DFTA 团队对提案进行了评估。分数由每个团队成员分配，并按以下公式加权：项目绩效和经验占 45%；组织结构、管理和财务历史占 25%；人员配置、人员和预算占 30%。合同通常授予 1 年，可选择续签 2 年及 3 年，总共 6 年。

合同通常没有规定绩效标准或产出指标，而是指定了许多投入和过程标 397
准，例如员工资质、所需的记录等。合规性是根据这些投入和过程标准来衡量的。根据这些标准生产的护理时间可作为工作量指标或即时产出指标。鉴于这项工作的性质，目前还不清楚可以测量哪些更有意义的产出（或成果），因为无须进一步的家庭护理需要恢复的情况相对较少。监督工作基本上由个案管理承包商掌握，它们将客户委托给家庭护理承包商。DFTA 开始依赖于州卫生部根据许可要求对家庭护理供应商进行监测；这些超过了 DFTA 常规要素的标准。有必要进一步研究这方面的绩效标准。

证据表明整个采购进展顺利。招标广泛宣布，并取得了预期的结果：吸引了很多兴趣，并提出了许多有竞争力的提案——数量从每个地区 5 个到 12 个不等。因此，DFTA 处于能够从相当多的提交材料中选择最佳提案的理想位置。特别重要的是，与无家可归者收容所合同的判授不同，非现任承包商表现非常好，赢得了 8 份合同中的 3 份。与收容所不同，家庭护理并不要求承包商为其客户提供物理设施。这往往会增加潜在投标人的数量，因为它们不必证明它们占用或可以占用专门的住房以便考虑它们的建议。竞争的结果应该对服务产生有利的长期影响：现任承包商不能自满，并认为在任何时候赢得新合同具有天然优势。

根据DFTA官员的说法，盈利公司为30个集水区中的6个提供服务。据说有1家公司的表现非常好，其护理质量至少与成功的非营利组织一样好。此外，它雇用了所有曾经为非营利组织工作的工作人员，并对他们进行培训，使他们有资格获得证书；工人通常是全职员工，而他们曾是非营利组织的兼职员工。同一家公司也为企业、保险公司和经认证的家庭医疗保健机构（用于较低级别的护理）工作。这创造了工人在非营利机构中缺乏的职业机会。

凭单可用于家庭护理（“消费者定向护理”）吗？一些患者完全有能力选择和管理服务员，但大多数不能。一位聪明的官员估计，根据阿尔茨海默病的发病率、卧床不起的百分比等，不超过30%的老年人可以承担这一责任。此外，令人遗憾的是家庭成员敲诈勒索（一种虐待老人的方式）很普遍。需要广泛的检查和平衡。一种方法是给病人一张支票（不是家人可以拿的现金）直接送给家庭服务员。更多的患者可以承担更多的护理责任，他们可以分担更多的费用。但是，运营凭单计划并保护其免于欺诈的行政努力可能会超过其优势。

就业培训

就业部（Department of Employment，DOE）——与私营工业委员会，其立法授权监督委员会合作——实施和监督城市失业和就业不足的居民的职业评估，技能培训，教育补救和就业安置的劳动力发展系统。该系统有助于为
398 该城市的企业培养合格的员工队伍。通过与私营公司和非营利服务提供商签订的合同网络，该部门每年为约64000名青年和成人提供服务。它还与人力资源管理局（Human Resources Administration）密切合作，向公共援助受援者提供与就业有关的服务（纽约市，1997年）。

合同

DOE一直在执行其工作，主要是与私营非营利组织以及越来越多的私营营利组织签订不同活动相关的合同：（1）根据《经济失调和工人调整援助法案》（Economic Dislocation and Worker Adjustment Assistance Act，ED-

WAA）进行再培训；（2）根据《职业培训伙伴关系法案》（Job Training Partnership Act，JTPA）第二条进行培训；（3）根据《难民/新进者定向援助计划》（Refugee/Entrant Targeted Assistance Program，RETAP）进行培训；（4）经营一站式职业中心。例如，EDWAA 针对的是因工厂倒闭和《北美自由贸易法案》（North American Free Trade Act）而流离失所的有经验的工人。JTPA 为处境不利的成人、青年和成熟工人提供技能培训。RETAP 为新来的移民和难民提供培训。一站式就业中心为求职者和雇主提供各种各样的信息和自助资源，以及诸如评估、讲习班、课堂培训、在职培训、咨询、推荐技能培训和扫盲计划等密集服务。

分析

表 29.6 中列出 3 个 RFP 的分析，涉及上述前 3 个计划中各 1 个计划。对该表的检查结果如下：

表 29.6　　就业部就业服务签约情况

计划	RFP 发布日期	邮件发送数量	RFP 拾取数量	提交提案数量	签约数量	提案数量/签约	金额（百万）
EDWAA	6/17/94	1 167	306	62	35	1.77	$25.177
JTPA Title II	10/24/94	2 133	487	140	63	2.22	64.419
RETAP	3/15/95	1 400	221	17	6	2.83	2.867
合计		4 700	1 014	219	104	2.11	$92.463

资料来源：就业部记录。

1. 与基于设施的无家可归者收容所和老年中心奖励计划不同，合同数量没有限制；只有一个对 RFP 下的资金总额的限制。

2. 为了吸引投标人而开展了一项主要的宣传计划。共发出 4 700 封公告信，每份 RFP 平均 1 567 封。

3. 这些公告导致 1 014 名潜在投标人前往 DOE 并竞争 RFP；就是每 4.62 封公告导致一项拾取。这表明邮件是有针对性的。

4. 提交了 219 份提案，平均每 21.46 封公告提交 1 份提案，或每提出 4.63 份 RFP 拾取对应 1 份提案。

5. 每份 RFP 平均提交了 73 份提案。由于签署了 104 个奖项，每个奖项的平均提案数为 2.11 份，即每个奖项超过 2 份。

6. 现任供应商的概念并不严格适用于这些 RFP，因为没有一对一替代现有的计划。此外，EDWAA 计划是新的，没有人提供完全如此的计划。提交人在提名和签约时是否在 DOE 的就业培训合同下经营尚未确定。

讨论

根据公告、RFP 发送、提案和签约的数据，三次招标的过程遵循良好的采购惯例，从而实现了有效的竞争。三人小组根据以下公式对提案进行评估
400 和打分：方案计划占 55%；效果证明占 25%；成本效益占 20%；组织能力占 0～20%（即假设有组织能力做这项工作，但未能证明它则造成失分）。培训流离失所的工人的合同被授予 3 年，DOE 可以选择再延长 3 年。

该合同要求提供“投入规格说明”，即以年龄、性别、教育、种族或民族和就业障碍为特征的服务对象。在这些招标中规定了详细的量化产出措施，因为该地区适合采取此类措施，这与家庭护理和老年中心不同。在培训计划的参与者人数中列出了目标；该计划完成后将被分配的参与者的比例（至少 70%）；他们的平均工资（至少每小时 9 美元）；并且在完成该计划后 90 天仍然受雇的百分比（至少 60%）。中级目标需要在培训后进行能力测试。培训计划本身就反映私营部门雇主对承包商咨询委员会的建议。

凭单

《联合合作培训法案》（Joint Partnership Training Act）第 3 条鼓励在 20 世纪 80 年代末为失业工人提供凭单。上述 EDWAA 计划使用凭单和合同。根据消费者选择的原则，符合条件的工人可以自由选择自己的培训机构或者注册 DOE 通过竞标的方式提供选定的承包商的某一培训课程。受益人选择的最受欢迎的培训类型是计算机相关（基本键盘和计算机操作、编程、图形、与互联网相关、桌面出版系统）、交易（商业驾驶执照、建筑物维护）、技术（网络工程、计算机工程）、医疗（护理相关、医疗账单、编码）和律

师助理。表 29.7 比较了 1998 年凭单和承包商根据 EDWAA 提供的传统再培训计划的使用情况。

表 29.7　　凭单与传统培训合同的使用

	凭单	培训合同	凭单/合同比率
参与者数量	1 942	1 772	1.10
参与者人均成本	\$3 445	\$6 130	0.56
总计划成本	\$6 690 198	\$10 862 290	0.62
完成后就业率（%）	82	74	1.11
就业平均小时工资	\$13.59	\$11.18	1.22

凭单培训的结果似乎优于合同培训，因为成本较低，就业率和工资较高。然而，这样的结论为时过早。受训人员在教育背景上并不相同，他们没有在凭单和承包商计划之间随机分配。此外，凭单计划和承包商提供培训之间的基本调整服务和工人就业中心的成本分摊（包括在上述成本中）是复杂的，可以进一步细化。需要更密切地研究凭单对合同的相对优势，以确定是否有必要更加重视凭单，如果是的话，应当确定应该鼓励哪些受训人群选择凭单进行培训。

讨论与结论 401

在审查的每个案例中提议过程满足有效签约的要求：明确的规格和时间表、充分的宣传、方便和免费获得 RFP、定期现场参观、计划构想会议、计划构想会议与会者可用清单、RFP 发布与到期回复之间的足够时间间隔（为了有时间准备提案），授标日期与合同开始日期之间的适当时间间隔（以便承包商顺利启动）以及明确规定的评估提案的程序和公式（Savas，2000，174 -210）。

这些 RFP 的公告被放在城市记录和其他地方，邮件被发送给数百甚至数千有关各方，包括当前的提供者、其他有经验的服务提供者、社区机构和地方政治领导人。大量的答复表明，分发是广泛和有效的。那些想要 RFP

副本的人会在机构找到它们并签署注册。(注册的姓名将被添加到邮件列表中以便随后发布公告)。通过使用传真、电子邮件和网站，可以提高招标信息的传播效率，有兴趣的各方可以方便快捷地获取信息，并下载 RFP 和草稿副本而不是拾取它们。各组织可以提交多个提案以回应 RFP，并且可以针对多个设施或区域提交基于设施或必须为特定地理区域服务的服务提案。如果所述的绩效标准得到满足，大多数合同都有可供市政部门续签的有限数量附加条款的选项。

表 29.8 中总结了 3 项服务的调查结果。总体而言，为 132 项签约提交了 328 项提案，每项签约的提案比率为 2.48。这显著高于史莱辛格、多沃特和普利策（Schlesinger，Dorwart and Pulice，1986）在马萨诸塞州报道的平均 1.7 的比率。在作者的主观判断中，这证明纽约市的这些社会服务承包是有竞争性的，但其他人可能没有发现这些数字具有说服力，直到其他研究在其他地方进行并采取比较。尽管如此，这些发现表明，人们不必因为倾向于谈判模式或者在德霍格（1990）提出的有用的统一模型另一端的合作模式而完全放弃竞争模型。当然，应该注意的是，小社区可能难以促成竞争，并可能不得不更加倾向于其他模式。

表 29.8　　竞争性合同制总结

服务	公告发布数量	RFP 拾取数量	提交提案数量	签约数量	拾取/公告发布	提案提交/RFP 拾取	提案/签约
收容所	3 440	224	36	20	0.06	0.16	1.8
家庭护理	1 500	97	73	8	0.06	0.77	9.13
就业与培训	4 700	1 014	219	104	0.22	0.22	2.11
合计	9 640	1 335	328	132	0.14	0.25	2.48

如果用于基于场地的服务外包的设施是由该城市拥有或租赁的，则会有更大的竞争。这会削弱事实上的地理垄断权力（DeHoog，1984）。适当的地点可能会在房屋授权项目或其他城市拥有的办公大楼或住房。如果可能的话，可以更多地使用这些设施。然而，这并不是说城市应该保留其他不必要的财产，或者为了基于设施的合同服务（例如无家可归者收容所）购买财

产。设施所有权的假设优势必须与城市所有权相关的问题、低效率和其他缺点相平衡。一种不同的方法可能是，如果现任承包商不能赢得投标，那么投标条款要求现任承包商以公平的价格将它们的设施租赁给中标者。例如，投标价格可以由两部分组成，即设施的租金和服务的价格。合同将根据两个价格的总和予以判授，但低价竞标者可以选择安排自己的设施或按现任承包商的租金租用现有设施。

如上所述，最近的联邦立法正在导致更多地使用凭单进行针对经验丰富但流离失所的工人的职业培训和再培训计划；这可以被认为是军人安置法案 403
的延伸，根据该法案，联邦政府支付教育费用。那些相对较少的，残疾的，但能够选择家庭护理提供者，评估他们的表现并实施有效控制家庭护理的接受者可以更多地使用凭单而不是合同。然而，运营凭单计划并保护其免于欺诈的行政努力可能会超过其优势。

社区和其他非营利组织通常缺乏足够的营运资本，并依赖于源源不断的资助。从它们的角度来看，合同远远优于凭单，因为它们代表了可预测的收入来源，但如果它们必须通过凭单吸引客户，可能难以生存。因此，虽然凭单可能对服务接受者有好处，但它们对服务提供者不一定有好处。很容易争辩说，首选项目应该强调客户的结果而不是机构的利益。

政府通过合同为非营利组织提供资金可能会带来一些不良后果。它排除了创新战略，要求坚持严格的指导方针和传统方法。这可能意味着，预防问题和解决问题的早期干预将被轻视，“因为政府在问题严重时加入进来，通常资助和应对严重功能失调的人。最终我们不得不频繁地，滞后地（并且代价太高地）对待不幸的伤亡人员，无论在人的痛苦与悲剧还是社会的财政负担方面”（Dolan，1993，1994）。

政府资助已经改变了从政府那里获得很多或大部分资金的非营利组织的性质（Smith and Lipsky，1993）。非营利组织的这种“政府化”令人惋惜。（“非营利化”是通过非营利组织进行私营化这一现象的适当术语［Nathan et al.，1996］）。这大大影响了诸如基金会和公司捐赠等私人慈善事业的成效和影响力。它被称为“致命的拥抱”，因为具有杰出历史的私营非营利组织实际上已经成为受到强制性规章制约的政府代理人，这些规章削弱了它们的主动性并挫败了它们寻求更好方式帮助穷人的努力（Berger and Neuhaus，

1996，150）。

通过成为州政府的代理人——甚至是附属物，许多非营利组织现在都严重依赖州政府，面临越来越多的公共机构同样面临的问题。当它们争夺政府的资金时，它们失去了独立性。它们不再是“中介机构”，作为大型非个人机构与个人之间的缓冲区（Berger and Neuhaus 1996：157－164）。此外，政府资助的做法已经将慷慨的慈善家变成了不情愿的纳税人（Savas，2000：278）。

盈利公司越来越多地进入社会服务领域，直接提供服务，如托儿和工作培训以及根据政府合同管理社会项目。后者的例子是确定福利资格、实施福利到工作（Welfare－to－Work）计划、处理从寄养到家庭收养服务等儿童福利功能以及追踪“赖账的父亲”（deadbeat dads）来收取赡养费。

随着传闻的证据越来越多，并且如果可靠的研究证实，盈利企业与非营利组织相比可以提供更高性价比的服务，因此可以预计会有更多的合同。这一结果应该不令人意外，因为盈利企业通常以低于非营利性政府的成本提供优质商品和服务（Savas，2000：147－173）。我的观察是，社会服务行业普遍存在反市场风气和反利润倾向，再加上一种假仁假义的态度，这使得非营利机构对此发展失去了兴趣。这种态度与30年前的政府官员的态度非常相似，他们嘲笑这样一个观点：私营企业可能会低价供给并超越非营利性政府机构的表现。当然，现在这已经被视为规则而非例外（Goldsmith，1997；Norquist，1999；Osborne and Gaebler，1992：76－107）。

404 凭单正成为许多社会福利服务的首选私营化方法。它们可以用于食品、住房、教育、医疗保健、儿童保育、家庭护理、老年护理、工作培训和家庭服务。它们越来越受欢迎有两个原因。社会服务一直是垄断性的，而凭单引入竞争和用户选择，消除垄断和改善服务（Reid，1972；Pruger and Miller，1973）。其次，很难在社会服务合同中规定质量标准，但凭单提供了一个解决方案，因为标准不需要明确说明；收到凭单的人只需从可用的供应商中选择他们喜欢的计划（假设有好几个）就行。例如，儿童保育已通过两种方式进行“凭单化”：允许父母使用凭单将孩子登记在批准的日托设施中，以及允许父母雇用亲戚或朋友照顾其子女的现金补贴。家长不必是专业的教育工作者，或者甚至是有文化的，都可以选择他们认为最适合他们孩子的托儿服务。

纽约已经从城市机构和员工提供社会服务的体系转变为与私营部门签订合同的体系。总体来看，竞争性承包进程似乎表现良好，并且取得了令人满意的竞争水平。我希望这个主观结论能刺激对社会服务合同竞争的性质和结果进行更多的研究。

致谢

作者非常感谢阿基利斯和博德曼基金会（Achelis and Bodman Foundations）执行董事兼秘书约瑟夫·S. 多兰（Joseph S. Dolan）的支持。非常感谢市长鲁道夫·W. 朱利安尼等许多纽约市官员的协助和合作。特别感谢副市长安东尼·科尔斯（Anthony Coles）。还要感谢编辑拉里·D. 特里（Larry D. Terry）和本文早期版本的未知评论者提供的有用评论。

参考文献

Berger, Peter L., and Richard John Neuhaus. 1996. *To Empower People: From State to Civil* Society. 2nd ed. Washington D. C.: AEl Press.

Cigler, Beverly A. 1990. County Contracting: Reconciling the Accountability and Information Paradoxes. *Public Administration Quarterly*, 14 (3): 285 –301.

City of New York. 1997. *Mayor's Management Report.*

deHoog, Ruth Hoogland. 1984. *Contracting Out for Human Services: Economic, Political, and Organizational Perspectives.* Albany, NY: State University of New York Press.

—1990. Competition, Negotiation, or Cooperation: Three Models for Service Contracting. *Administration and Society*, 22 (3): 317 –340.

Dolan, Joe. 1993. Ominous Ramifications of Government Funds. *Chronicle of Philanthropy*, August 10, 44 –45.

—1994. Non –Profit Groups Must Be Held Accountable, Too. *Chronicle of Philanthropy*, September 6, 42 –43.

Goldsmith, Stephen. 1997. *The Twenty – first Century City: Resurrecting Urban America.* Washington D. C.: Regnery Publishing.

Haycock, Nancy. 1992. *The Nonprofit Sector in New York City.* New York: Fund for the City of New York.

Holloway, Lynette. 1997. Shelters Improve Under Private Groups, Raising a New Worry. *New York Times*, November 12, Bl.

—1998. New York City Plans to Take Diminished Role in Shelters. *New York Times*, June 21, B3.

Kettl, Donald F. 1993. *Sharing Power: Public Governance and Private Markets.* Washington D. C.: Brookings Institution.

Kettner, Peter M., and Lawrence L. Martin. 1994. Purchase of Service at 20: Are We Using It Well? *Public Welfare*, 52 (3): 14 –20.

Kramer, Ralph M., and Bkrt Grossman. 1987. Contracting for Social Services: Process Management and Resource Dependencies. *Social Service Review*, 61 (2): 32 –55.

Main, Thomas J. 1997. Homeless Men in New York City: Toward Paternalism through Privatization. In *The New Paternalism: Supervisory Approaches to Poverty*, edited by Lawrence M. Mead, 161 – 81. Washington D. C.: Brookings Institution.

Miranda, Rowan, and Karlyn Andersen. 1994. Altemative Service Delivery in Local Government, 1982 –1992. In *Municipal Year Book.* Washington D. C.: International City Management Association.

Nathan, Richard P., Elizabeth I. Davis, Mark J. McGarth, and William C. O'Heaney. 1996. *The Nonprofitization Movement as a Form of Devolution.* Albany, NY: Rockefeller Institute.

Norquist, John. 1999. *The Wealth of Cities: Revitalizing the Centers of American Life.* Washington D. C.: Perseus Books.

Osbome, David, and Ted Gaebler. 1992. *Reinventing Government.* Reading, MA: Addison Wesley.

Pruger, Robert, and Leonard Miller. 1973. Competition and Public Social

Services. *Public Welfare*, 31 (4): 16 – 25.

Reid, P. Nelson. 1972. Reforming the Social Service Monopoly. *Social Work*, 17 (6): 44 – 54.

Savas, E. S. 2000. *Privatization and Public Private Partnerships*. New York: Chatham House.

Schiesinger, Mark, Robert A. Dorwart, and Richard T. Pulice. 1986. Competitive Bidding and States' Purchase of Services. *Journal of Policy Analysis and Management*, 5 (2): 245 – 263.

Smith, Steven Rathgeb, and Michael Lipsky 1993. *Nonprofits for Hire: The Welfare State in the Age of Contracting*. Cambridge, MA: Harvard University Press.

Wiviott, Susan. 1999. Telephone interview with the author, April 27.

第三十章

私营化过程的需要：制定和实施的教训[*]

布鲁斯·瓦林（Bruce A. Wallin）

406 政府服务私营化或利用私营部门实现公共目标已经成为联邦、州和地方政府试图改革服务提供和降低成本的中心舞台（Gore，1993；Gormley，1991；Chi，1993；Florestano，1994；Cigler，1990）。尽管有很多文献研究私营化的优缺点、支持它的条件和最容易私营化的服务领域（Savas，1987；Donohue，1989），但是很少有文献论述如何最优构建私营化决策过程，特别是在州一级（Kettl，1993a）。那就是，私营化的规则应该如何确定？谁应该参与？如何启动提案？需要哪些指导方针？本文根据威廉·维尔德（William Weld）州长在马萨诸塞州的私营化工作的案例研究讨论这些问题。

私营化在许多州被零碎应用，尚未成为大多数州的首要主题。尽管各州在许多方面有所不同，但可以从对马萨诸塞州这样的私营化政治和政策决策的分析中吸取教训，在马萨诸塞州私营化由共和党州长积极追求，并遭到由民主党控制的立法机构的积极反对。事实上，私营化成为越来越引起全国关注的政府基石之一，但同时它仍然是该州内部争议的焦点。虽然案例研究有其局限性，但在政策制定和实施的早期阶段，它们显然是具有教育意义的（Pressman and Wildavsky，1977）。弗洛雷斯塔诺（Florestano，1994），凯特尔（Kettl，1993a）和希（Chi，1993）在对州一级工作的单独

---

* From Public Administration Review, Vol. 57, No. 1 (January/February 1997), 11 – 20. Copyright © 1997 by American Society for Public Administration. Reprinted with Permission.

研究中指出，需要更多的信息来说明州一级在私营化方面正在做些什么以及它们如何做。

私营化必须谨慎。为了克服官僚主义的顽固不化、工会反对派和党派政治，私营化的支持者可能会认为他们必须积极推动他们的议程。当私营化应该被视为提高政府服务效率和降低成本的手段的时候，本身就可能成为一个目标。与大多数改革运动一样，意识形态驱动/过分推动的私营化运动可能会有无辜的受害者，对于那些提供政府服务的人以及从中受益的人而言，会产生意想不到的后果。另外，私营化的反对者可能会出于狭隘自私的个人或 407
政治原因反对其实施。

各州的私营化往往是由行政部门发起并实施的，其中州长在一项调查中被列为最活跃的参与者（Chi，1993：24）。虽然州长的观点可以提供有关替代服务提供的见解，但马萨诸塞州的经验表明，立法参与可能是有益的，并可能为潜在的过度私营化提供重要检查。实际上，衡量政府服务条款的灵活性、效率和成本节约与专业知识、稳定性和控制措施的诸多决策是重要的，最好从行政和政治角度提出意见。

马萨诸塞州的经验进一步表明，最好是在私营化之前建立一个具有明确规定的包容性决策过程（特别是包括现任政府工作人员），并且在理想情况下最好是由一个从决策中获益很少的办公室或组织来对决策进行独立检查。由于政治气氛有利，马萨诸塞州的私营化政策已朝着这个方向发展，其结果是更好的政策。

马萨诸塞州私营化的政治

私营化对马萨诸塞来说并不陌生。从历史上看，州级服务的公共和私人供给之间存在着波动（Commonwealth，1993d）。

向私营部门归还社会服务的第一次重大转变出现在20世纪60年代末和70年代初。部分由弗雷德里克·怀斯曼拍摄的关于州级精神机构的电影刺激，马萨诸塞州开始将某些公民服务项目，包括精神健康和青年服务外包出去。感觉上是大型机构失败了，需要根据公民服务要求退出以便进行一些计划实验，并且将人们纳入社区环境可能会更好地运作（Dukakis，1994）。此外，前任州长迈克尔·杜卡基斯（Michael Dukakis）在他离任前出于简单的削减成本的原因，将某些运输功能私营化，包括马萨诸塞州海湾运输管理局站点清理和公路沿线除草。

行政机构的举措

马萨诸塞州最近的私营化运动提供了一个看似指数型的飞跃，成为最能体现维尔德政府对州政府改革方法特征的政策主题。维尔德在一个民主党占优州取得的胜利令人震惊，自 1974 年以来产生了第一位共和党州长。维尔德在财政上是保守的，自称为“肮脏的供应方”，以及与自由主义者接近的社会温和/自由主义者。在竞选期间，他赞同传统的“缩减大政府”的保守立场，在 1988 ~ 1989 年联邦政府财政问题背景下，这在马萨诸塞州是比平常更加突出的主题（Wallin，1995）。虽然维尔德在竞选期间从未明确提倡私营化，但一位工作人员指出，他的想法通过阅读以及与支持者的讨论牢牢植入他的脑海。维尔德承诺，私营化将提高服务质量，同时大大降低成本。

除了意识形态上的真实性以及为提高效率提供潜力之外，私营化对维尔德就职后的政治意义重大。从体制的角度来看，这是一种行政长官对于民主党政府下形成的官僚机构获得更多控制权的方式。此外，作为行政长官职责
408 的一部分，有正当理由做符合所有公民最佳利益的事情，而不仅仅是立法机构代表的组成部分。从党派的角度来看，私营化符合大多数共和党人和越来越多的选民的反对大政府、反对公职人员，尤其是反公职人员 - 工会的立场。从选举（连任选举）的角度来看，私营化除了满足纳税人之外，还可以用来惩罚那些反对州长的（特别是公职人员和他们的工会）人，同时允许他转向更广泛的私营部门竞选捐款网络，聚集那些将从增加的州级承包中受益的私人部门。

引领私营化倡议的责任落在了州长最值得信赖的助手兼首席秘书约翰·墨菲特（John Moffitt）——这位曾在州长竞选中转向矛头的人——身上。特许研究员岗位在多年前创立，对潜在的州长任命进行背景调查，负责研究私营化问题。一名工作人员解释说，许多最初的私营化想法来自保守的“智

库”，包括当地的先锋研究所（Pioneer Institute）、理性基金会（Reason Foundation），传统基金会（Heritage Foundation）和国家层面的卡托研究所（Cato Institute）。1991 年 7 月 25 日，维尔德政府为所有内阁秘书召开了“私营化峰会”，与会者包括参与私营化的其他州的学者和行政人员。

虽然一些私营化举措已经在机构中进行，但行政和财政部长下发了针对私营化方案的目标，向所有内阁秘书和机构负责人发出备忘录，要求提出新举措并为其选择提供标准。内阁会议讨论了一些想法。首次维尔德政府的私营化运动在州长第一个任期的六个月后开始。

对实施私营化举措的机构的初始要求只提供了三个选择私营化项目的简单标准：（1）涉及的服务必须是可以在 RFP 中明确定义的服务；（2）私营化职能必须具有可衡量的绩效标准；（3）必须有多个供应商能够执行该服务，否则将失去竞争优势。说明不是很详细，也没有标准要求。例如，多家供应商的要求显然不是对竞争的严格保证。

该备忘录还列出了“一些可能指示不适用外包的条件和标准”。其中包括：

- 其他私营化战略被认为更有效。
- 无法有效衡量服务的成本、质量、过程和结果。
- 与服务削减一起完成。
- 私营化被现有的集体谈判协议明确禁止，或者成本大于收益。
- 政府的所谓“核心”职能，例如政策制定或执行职能。
- 公共目的（即公平、准入、反歧视）由私人提供服务不当。
- 私营部门无法提供服务。
- 存在法律障碍的地方。

特别感兴趣的是缺乏特殊性，并担心最初将私营化与服务削减挂钩，这可能会产生政治反弹。

1992 年 5 月，当墨菲特离开了维尔德政府的私营部门管理机构时，私营化的轨迹转移到管理和财政行政办公室，在那里创立了一个名为“私营化主任”的新职位。1993 年 1 月起草了一份更详细的私营化指南，并于 409
1993 年 11 月出版了一份最终指南，其中包括机构的“私营化清单”（下文讨论）。

在1993年11月的报告中，维尔德政府声称挽回了马萨诸塞州纳税人2.73亿美元，约占年度预算的2%，这个数字遭到了很大的怀疑，引发了很多的争论（Massachusetts，1993b），完成的私营化数量太多（大约30项），无法单独讨论。有些举措值得一提。

第一项举措是关闭州级医院和精神卫生机构，随后将病人护理外包。在1991年初，州长任命了一个医院合并委员会，该委员会报告说："州级住院医疗机构系统的建成目标是在高峰时期容纳超过35 000个人，现在照顾着6 200个病人"（Massachusetts，1991：1）。该委员会建议关闭9家州级医院和另外2家精神卫生机构。虽然有强烈的抗议，特别是来自患者及其家属的抗议，以及一位引起媒体关注的患者进行长时间绝食抗议，但迄今已关闭了8家医院和另外2家医疗机构。其关闭贡献了1.43亿美元的节省（来自资本回避成本），占所有维尔德私营化倡议的货币化成就的一半。（维尔德政府报告的私营化和成本节约列表见表30.1）。

表30.1　　私营化的估计成本节省

倡议	起始时间	年度节省（千）[a]	运行月数[b]	迄今节省（千）[a]
管理与财政				
管理州交通大厦	1992年7月	1 000	14	1 166
微缩管理服务	1992年8月	288	15	360
药品采购与交付	1991年7月	3 000[c]	16	3 000
车队车辆维与修保养——阶段一	1991年7月	46	27	107
车队车辆维与修保养——阶段二	1993年10月	150	1	13
子女抚养费支付处理	1997年9月	130	14	163
征收过往应付款	1993年1月	200	11	200
卫生与公众服务				
医院合并与社区安置（DPH）	1991年8月至1992年3月	11 356	20	18 926
医院合并与社区安置（DMH）	进行中	25 362	—	25 362
医院合并与社区安置（DMR）	进行中	—	—	6 000

续表

倡议	起始时间	年度节省（千）[a]	运行月数[b]	迄今节省（千）[a]
医院合并、关闭与资本回避	1991 年 8 月至 1992 年 3 月	—	—	143 000[d]
管理精神医疗保健和药物滥用服务	1992 年 4 月	26 000	16	33 000
征收医疗补助应收账款	1991 年 1 月前	3 000	—	1 400
制度性食品服务（DMR）	1993 年 8 月	5 600	3	1 400
制度性食品服务（DPH）	1993 年 8 月	1 000	3	250
制度性家政服务（DMR）	1993 年 8 月	4 000	3	1 000
制度性家政服务（DPH）	1993 年 8 月	961	3	240
制度性洗衣服务	1992 年 10 月	647	13	701
制度性药理服务（EOHHS）	1993 年 8 月	800	3	200
合作诊所（DMH）	1991 年 7 月	6 500	28	15 167
征收税款（DSS）	1993 年 7 月	25 000	4	8 333
公共安全				
监狱医疗保健	1992 年 1 月	3 459	22	6 342
监狱食品服务	1992 年 8 月	313	15	391
交通与建设				
公路养护，艾塞克斯郡	1992 年 9 月	4 500[e]	14	4 783
公路养护，东海岸	1993 年 11 月	19 000[e]	0	0
社区与发展				
设施保护，公共住房	—	5 000	0	0
消费者事务				
伪劣商品赔还法仲裁	—	310	—	—
环境事务				
滑冰场管理，阶段一	1992 年 2 月	237 36[f]	21	415 72[f]
滑冰场管理，阶段二	1992 年 12 月	712 202[f]	11	652 202[f]

续表

倡议	起始时间	年度节省（千）[a]	运行月数[b]	迄今节省（千）[a]
滑冰场管理，阶段三	1993 年 10 月	119 (44)[f]	1	10 (4)
动物园	1992 年 8 月	525	15	656
合计				273 507

资料来源：Massachusetts，1993a.

a. 这代表了私营化一旦全面实施，预计将实现的年度节约。在某些情况下，由于业绩好于预期或一次性收益，迄今节省超过了按比例的年度节省。

b. 截至 1993 年 11 月 1 日。

c. 一次性节省。

d. 转移资本支出 1.43 亿美元。

e. 节省和附加服务的价值。

f. 额外收入/（费用）。

总的来说，卫生与公众服务设施的整合节省了 2.03 亿美元，包括 6 000 万美元的运营成本在内。重要的是要注意，除了直接节省和更好的照顾的可能性之外，另一个目标是联邦补偿的最大化。例如，委员会报告指出“尽管医疗补助没有在精神病院获得补偿……精神疾病治疗……在综合医院进行时可以得到补偿”（Massachusetts，1991：36）。

监狱医疗保健私营化似乎是提供服务的最具成本效益的私营化之一，尽管也存在争议。1991 年，马萨诸塞州的监狱囚犯平均医疗保健成本为全国最高，原因据称是成本控制缺失、中央问责薄弱、医疗事故索赔控制不严，以及评估标准很少。在 1992 年 1 月私营化之后，维尔德政府声称，到 1993 年 11 月，成本从每个囚犯 4 300 美元下降到 2 600 美元，其中有一半的设施是首次获得认证（Massachusetts，1993a）。

单个最大的项目涉及马萨诸塞州公路局地区办公室的整个养护功能的私营化。1992 年 9 月，该州与埃塞克斯郡的一家私人公司签订了公路养护和吊桥运营合同。管理与财务报告（Massachusetts，1993a：24）指出，在私营化之前的维护质量不一，领班与劳工的比例为 1 比 2.15，加班费用较高。私营化之后，估计节省的运营成本为 200 万美元，重新分配设备为 100 万美元，重新分配人员为 150 万美元。

维尔德政府并不羞于宣传其成功。关于私营化的管理与财务报告的执行摘要声称，除了节省税收之外，还要进行严格的审查和成本比较分析，提高服务的数量、及时性和质量，公职人员参与，两党支持，大量投标人，并减少对州雇员的工作流失。

利益集团反对

最强烈反对州长维尔德的私营化努力的利益集团自然来自公职人员和他们的工会。特别是，美国州县和市政雇员联合会（American Federation of State，County and Municipal Employees，AFSCME）的 93 届理事会一直反对 412
所谓的私营化优势。

在 AFSCME 的指控中，私营化的成本节约因为诸如未能增加培训成本和降低员工流动率而降低生产力之类的遗漏而膨胀。工会还强调，政府权力缩减、问责和控制的下降，包括私人供应商可能破产以及私营化服务由少数公司控制的趋势，这种情况可能导致价格合谋。此外，工会指控维尔德统治下的私营化是庇护的代名词，理由是在向与政治有关的个人或公司授予合同时所谓的偏袒。它们特别强调维尔德的首席竞选基金募集者是多家与州政府做生意的公司的私人顾问。一个联盟的负责人称私营化为“共和党庇护”。

关于私营化进程的一些令人不安的证词来自服务业雇员国际联盟 285 号地方支部。对于埃塞克斯县公路养护私营化，代表现有工人的工会的更低报价为 290 万美元，而中标价为 370 万美元。工会投标遭到拒绝，因为马萨诸塞州公路部门称之为“缺少栏目，某些不合理的低成本估计，以及未能解决州内其他地区的劳动力和设备需求”（Gow et al，1953：34 -35）。由约翰·肯尼迪政府学院的学生进行的一项研究指责该竞标失败的原因在于工会对于所需要什么缺乏沟通和理解，认为“州政府将提案定性为‘缺乏回应’似乎是有点不公平。”该研究进一步得出结论认为，RFP 过程使工会“与私人承包商相比处于劣势”。工会认为，该部门未能真诚行事，并通过出售或重新分配资本设备而对未来的投标暗中布局，从而迫使任何新的投标包括获得新设备的成本。它们的解释是，维尔德政府希望通过为未来的公职人员工会竞争力设置障碍来保证私营化的成功。虽然工会反对私营化的动机可能是因为可能失去工作、降低工资和取消医疗福利，但这些指控仍然令人不安。

对精神病患者的支持者们也发出了批评言论，包括马萨诸塞州精神病联盟和优质护理合作伙伴关系组织。为了应对州立医院的关闭，这些组织指出，留在私立医院的成本通常是州营设施的两倍。它们进一步表示担心患者已经从具有支持系统的当地社区迁出，而且大多数私立医院过去都避免接收心理健康部门难以治疗的长期患者。鉴于这种历史，支持者们担心这些患者如果离开这些设施将会有什么选择。

最后，优质护理合作伙伴组织关系指出，在心理健康护理中，护理的连续性既重要又有效（Kettl，1993a）。患者和医生或顾问之间发展的历史和关系不容易取代。它们进一步表明，私营化降低成本的动机降低了工资，导致更高的员工流动率，进一步加剧了护理不连续的负面影响。最近的报告指出，曾经在心理健康部门护理的病人在私人化后的自杀和死亡人数急剧上升（Bass，1995）。

私营化在公众服务倡导者社区中产生了一个有趣的分裂。在私营化之前，社会服务提供者和社会服务倡导者经常参与反对许多共和党州长的举
413 措。私营化可以为提供者带来更多业务，这已经打破了联盟。虽然这似乎并不是维尔德政府的有意识战略，但其效果是削弱了对私营化的反对。

最后，在新近私营化的监狱医疗保健服务机构的照顾下，有几个囚犯意外死亡，尽管除了他们自己的家庭以外没有任何其他利益集团对原因进行申诉。批评者认为，至少在某种情况下，降低成本的愿望阻止了积极治疗（McNamara，1992）。

州级立法反对与规制

对于私营化的最有力反对行动大多来自民主党控制的州议会，特别是众议院事后审计与监督委员会（House Post - Audit and Oversight Committee）及其研究局，以及由参议员马克·帕切科（Mark Pacheco）提出的由参议院发起的私营化监管法案。

事后审计委员会在履行其立法监督职责时发布了许多关于私营化的报

告。最令人沮丧的是 1993 年 12 月 17 日的题为“私营化节省：牛肉在哪里?”的报告（Massachusetts，1993b）。该报告质疑维尔德政府私营化工作声称的 2.73 亿美元节约成本中的 2.68 亿美元的有效性。例如，它指出，如上所述，1.43 亿美元的数字来自关闭州立医院和精神卫生机构的资金回避成本。该数字代表维尔德管理部门声称为满足联邦认证要求而必须进行的预计资本支出要求，但未经独立验证。此外，这些节省在向媒体呈现为“已节省”，在传播数年后会更精确。由于人口普查数量减少或服务减少，其他卫生与公众服务的节省金额还有争议。

审计局（Audit Bureau）还透露，对埃塞克斯高速公路养护项目这一最大的私营化项目进行了多次视觉和照相检查，不支持继续提供同等服务节省 190 万美元的断言。它进一步指控，在私营化发生之前，政府不会提供有关服务水平的信息，禁止进行适当的成本服务比较。在后私营化时期，公共工程部（Department of Public Works）的合并使这种无法进行比较和适当评估的情况恶化。

总体而言，该局批评维尔德管理部门私营化的努力缺乏规划、不适当的监督、管理不善以及节省数据方面的拙劣核算。它确实表明，如果适当的起草和管理要求已经纳入合同，至少在两种情况下私营化举措可能会对纳税人有利。

该报告进一步指出，政府在收到传票后没有提供统一的记录，也没有根据统一的计算过程来实现节约估计。应包括在内的成本没有出现，包括花费全部或大部分时间从事私营化工作的员工的成本，聘用顾问以促进私营化的成本以及宣传材料的印刷成本。其中许多调查结果令人不安，并对维尔德私营化进程及其报告的合法性提出质疑。政府没有提出证据来对付这些指控。

虽然事后审计委员会及其研究局正在开展工作，但一项管制私营化的法案正在通过马萨诸塞州参议院进行。为了进一步证明“所有政治都是地方性的”（除了党派和体制），参议院行政委员会（Senate Administration Committee）主席马克·帕切科首先从杜卡基斯和维尔德政府期间关闭州立学校和医院的尝试开始入手解决私营化问题。

虽然帕切科是出于失去了他所在地区选民的政治动机，但他对维尔德私 414
营化计划有着重大的政策担忧，其中包括：

- 患者从州立学校和医院过渡到社区设施，而其服务水平较低。
- 新护理人员的资格与州级雇员的资格不符。
- 在私营化决定中排除失业、医疗保险和流离失所的州级员工再培训计划的成本。

此外，帕切科在这个过程中也发现了缺陷，并得出结论认为，维尔德政府对私营化的努力很少或没有进行监督，整个过程进行得太快。在对一个计划进行评估之前，下一个计划开始了。这些设施关闭后，显然没有跟踪或担心客户发生了什么事情。许多人据称最终无家可归。虽然在许多社区住宅中取得了治疗成功，但帕切科认为这一过程是政治驱动的，是意识形态和政治斗争的一部分（Pacheco，1995）。

作为众议院的一名成员，帕切科早在 1992 年 6 月就提出了一项法案来规范私营化。1993 年 3 月，他将第 1257 号法案提交给参议院，这是一项规制私营化的法案（对于维尔德来说是“反私营化法案”），在服务“私营化”决定发生之前，只需要进行内部管理研究以确定提供服务的最有效方式。重新起草的第 1514 号版本增加了维尔德试图提出争议的一个因素：在服务水平不降低的情况下，只有实现具有证明文件的 10% 的节省，才能实现私营化。虽然这项规定是为了弥补低投标人的成本，它们一旦赢得合同后可能会增加成本，并且这一直是联邦政府数十年来的做法，但维尔德政府指责立法机构暗中反对私营化。帕切科认为，由于维尔德声称节省 40% ~ 50%，10% 的门槛应该不难。该法案还要求向承包商的雇员提供健康保险。最后，毫不奇怪，它给帕切科所在的州级行政委员会以及众议院和参议院的筹款委员会（Ways and Means Committee）在私营化方面一定的自由裁量权，要求管理与财政部长在任何合同被允许之前提交一份合理的私营化报告。

1993 年 5 月下旬，参议院筹款委员会成员提交了一份更为详细和更复杂的法案，即第 1642 号法案，后来成为第 1664 号法案，并在该法案中引入了一项配套法案。有争议的 10% 的节省要求被放弃了。该法案（经会议修订）包括以前关于成本、服务质量测量和医疗保健福利的书面声明要求。主要增加的内容包括：

- 任何合约的五年期限（日落法）。
- 管制所有超过 100 000 美元的合同。

• 对承包商雇员保障私人部门平均工资，或类似服务的州级工资，以较低者为准。

• 雇主向合格的州级雇员提供职位的要求。

• 禁止参与合同签订过程的州级雇员为授予合同的供应商工作的强烈利益冲突条款。

• 供应商遵守平权法案和平等机会法律的规定。

• 由州级审计师监督整个过程。

实际上，州级审计师拥有否定私营化的否决权。马萨诸塞州的州级审计 415
师是独立选举产生的宪法官员，负责提供给“州长、立法机关、审计对象、监督机构和公众……对州政府运作的各种机构、活动和计划的独立评估”（Massachusetts，1994a：2）。该职位目前由一位民主党人担任，他是州级立法机构的前成员。

1993 年 11 月，议会两院通过了最终法案，很自然地被州长否决，主要是由于它赋予州审计师的权力。1993 年 12 月 16 日，否决权被撤销。

州长指引修订

随着私营化法案的法规正在经历立法程序，维尔德政府管理与财政办公室正在为私营化进程制定一套更为详细的指导方针，可能是为了切断立法机构的行动，表明健康的利益冲突的价值。这份题为《马萨诸塞州私营化：取得成果》（Privatization in Massachusetts：Getting Results）的报告于 1993 年 11 月发布。

在题为“评估私营化举措”的一节中，报告列出并讨论了私营化的理想条件，这些条件从原来的管理与财政备忘录中大大扩展，其中包括：

• 竞争性市场——希望获得多家潜在的供应商，并提出警告以避免产生垄断。

• 潜在的节省——降低成本，不通过收费将成本转嫁给服务对象，以及私营化对季节性用工的特殊适用性。

• 承诺提高质量或响应速度——以相同成本促进质量提高，消费者满意度或响应速度。

- 政府控制和问责的合意保证——服务需要在数量、质量和期望的业绩方面便于衡量，以及政府机构保持监督的能力。

- 最小的风险——引入私人部门失败的可能性，或者如果发生损失，服务减少或停止以及这种情况发生的后果。

- 没有不可克服的法律、政治或实践障碍——希望避免强烈反对，丧失公众信任或与联邦和州法律冲突。

- 对雇员的负面影响最小——包括避免与集体谈判协议发生冲突，并保持劳动力的多样性（Massachusetts，1993a：4－6）。

这是一个有力和包容性的待商议问题清单。除了提出的许多新问题之外，改善初始私营化收费的明显例子还包括在“竞争市场”中需要“多个竞标者”，以及原来版本中令人惊讶地缺失的“节省潜力”类别。

维尔德政府报告还提供了七条平行的指导以“缓解不完善的条件”。这些战略包括：

1. 为了保持和促进竞争——允许内部项目经理和公职人员在公平的竞争环境中竞标合同，与多家供应商签订合同，并保持内部执行服务的能力。

416 2. 为了确保潜在节约可实现并最大化——在合同中建立成本控制和遏制激励。

3. 为了确保质量和响应能力——制定可靠的服务质量措施，加强内部监测能力，并编写包含定期绩效报告要求的合同。

4. 为了确保问责和控制——编写详细的合同规范，并要求记录保存和定期报告。

5. 为了降低风险——开展试点项目，缓慢进行私营化，并制定紧急应变计划以便应付服务终止。

6. 为了克服法律和政治障碍——让受影响的群体参与决策过程，并提供补救性立法。

7. 为了减轻对员工的不利影响——使公职人员有平等的机会竞标工作，并制定人事重新调配计划，包括要求私营公司面试失业员工，并要求州政府为受影响的员工提供工作安置和再培训（Massachusetts，1993a：6－8）。

特别值得注意的是，战略 1 和战略 7 强调在招标过程中涉及和协助现有的公职人员问题。

比较私营化和内部供应之间的成本问题也得到了相当详细的处理。特别有意思的问题包括确定保留的成本是否来自重新安置员工的工资。指导方针建议，如果它们被安置在另一个已编入预算的位置，那么节省是真实的，而如果它们被置于一个空缺的位置，预算节省是虚假的。它进一步建议在项目的生命周期内公平地分摊启动成本和资本投资，这是一个公平的观点，而且在成本效益分析中一直遵循这一原则（Massachusetts，1993a：8－10）。

报告指出，为了切实可行，成本比较应包含内部转换成本，包括竞争性采购和合同开发，以及合同管理成本和承包商支持（如数据处理，技术援助，借出设施、设备或员工）。不这样做会招致工会和州议会的一些批评。比较中包括了州级机构和私人供应商的间接成本，比如员工工资税和附加福利，而报告还警告说可能会忽略诸如履约保证金、责任保险和法务费用等私营部门成本。（Massachusetts，1993a：10）。

如果成本估算带来私营化的可能性，接下来的维尔德指南要求确定服务规格和性能标准。准则要求它们“清楚明确”，侧重于期望的结果与内部操作，尽可能真实地量化。

最后，该报告提供了一个各机构应该遵循的私营化检查清单，政府称其为早期私营化举措中捕获的“最佳实践”（Massachusetts，1993a：3）。其中包括要求那些提出有关少数企业参与、平权行动、劳动力转移、质量保证、公职人员参与投标、利益冲突条款、成本比较和实施等私营化举措问题的部分。

总之，报告为私营化决策过程提供了一个全面的模型。

评估

维尔德政府私营化的方法为其他州提供了有用的信息。与其他州的私营化工作管理人员一起召开私营化峰会，是州级官员实施任何新政策的一项良 417
好策略。促进行政部门私营化举措的分权使得更接近服务提供的意见得到启动，而监督预算的机构中的私营化主任的指定职位（许多其他地区的惯例）允许内部监督和积累一般私营化专业知识。

关于政府 1993 年 11 月报告“取得成果”的问题的讨论是全面的，其中非常重要和详细的部分介绍了私营化的理想条件和缓解不完善条件的指南，其中包括强调现有公职人员的参与。对成本比较的讨论同样出色。私营化检查清单向各机构提供了一个非常实用的路线图，以顺利通过私营化过程及其潜在陷阱。

然而，维尔德在私营化方面的经验表明，近期指导方针的言辞与过往现实之间存在差距，加剧了持续的争议并且给自己提供了一些教训。正如立法报告所记载的，许多现行准则的意图在以前的私营化过程中明显受到侵犯。公职人员认为他们没有像应该的那样参与进来，成本比较不全面，绩效数据也没有呈现。事实上，许多私营化反对者的担忧以及马萨诸塞州的受害者的担忧都变成了现实。通过立法检查后，维尔德政府退出了私营化运动，只寻求扩大现有私营化项目或在触发州级审计师审查的 10 万美元的限制范围内实施私营化。对一些人来说，这表明私营化举措的理由是有问题的。

急于私营化的运动有政策上的错误。在财政和人力方面成本最高的是州政府无法为因州立医院关闭而流离失所的许多精神病患者找到住所。尽管联邦政府的医疗补助计划可以部分补偿，但在私人医院维护这些患者的费用大大超出预算，同时加强了可能减损社区支持目标的医疗方向。由于在验证无家可归者、非法移民和最近迁入该州人群方面遇到问题，因此该州仅实现了医疗补助预计节省的一半。将精神病患者司转入私立医院，预计在州政府 1994 年财政年度中节省 982 万美元，但实际上在当年的 7 月份仅节省了 450 万美元，而可能护理质量较差（Bass，1994a）。该州在 1993 ~ 1994 年度还需要花费额外的 330 万美元，用于将数百名重度精神病患者安置在私立医院——这些病人在私营化前的州立医疗机构中的治疗费用约为私立医院的一半（Bass，1994b）。

私营化以后，在 1993 年至 1994 年期间，受伤人数从 77 人增加到 175 人，增加了 1 倍多，离开住宅或精神病院的病人数从 366 人增加到 542 人。在该系统工作 25 年的精神病学家表示："我认为这些统计数据表明，精神卫生服务的私营化是一场社会灾难"（Bass，1995）。回想起来，一些行政部门官员承认他们行动太快，没有对替代护理提供者进行适当的评估。

合法性问题是由旋转门行为（谈判监狱医疗保健私营化的员工已经为提供者工作）、一些承包商的奢侈开支以及供应商的竞选捐款引起的。虽然不是非法的，但这些行为引起纳税公众的关注，并可能损害私营化的声誉。

令人不安的批评也涉及私营化决策的方式，以及无法记录声称的节省和相同或更好的服务。立法机关的审计局调查结果显示，行政部门没有遵 418
循统一的成本计算程序，尤其是没有包括进行私营化研究和推广的成本令人担忧，因为即使发出传票，政府也未能提供数据。更令人不安的（且具有启发意义的）是指控是否有意或无意采取行动来暗中策划以支持私营化，包括

1. 预期节省的通货膨胀。

2. 在某些案例中，在私营化之前没有充分地衡量服务水平和成本，因此阻止了准确比较。

3. 在私营化前减少公路养护项目的资源，降低其绩效，因此提高私营化后服务改善的可能性。

4. 重新划分或合并公路养护地区路线，进一步妨碍私营化前后准确的绩效和成本。

5. 未能向所有各方平等地解释竞标规则，根据主观判断拒绝工会投标。

6. 出售州属设备以创造高转换成本，从而增加州级工作人员未来投标的成本。

7. 未能将流离失所的州级工作人员的失业、医疗保险和/或再培训费用包括在内（Gow et al.，1993：Commonwealth of Massachusetts，1993a；1995；1994a；1993c；Pacheco，1995）。

虽然一些私营化个例已经证明了它们的价值，但确定和证明它们的过程并不一致。新的维尔德政府指导方针对这些批评中的一部分作出了回应，但是否应该在没有立法反对意见的情况下开展这些批评是一个悬而未决的问题。

规制马萨诸塞州私营化的帕切科法提供了一些重要的政策考虑因素，其发展提醒我们某些可以为私营化进程提供信息的原则。首先，是对私营化决策进行独立检查的好处，至少在任何规模上都是如此。党派或体制上的激励措施可能会导致（或误判地反对）未来可能犯错的私营化。更好的政策可能来自包括一些清晰划定过程的观点的决策制定，并且最好由从最终决策中获得较少政治收益的某个办公室来开展独立检查。马萨诸塞州立法机关从裁

判员角色中撤离可能是一个明智的决定。像马萨诸塞州审计师这样的第三方的参与可能会减少州级工作人员及其工会对“暗中策划”的怀疑，从而促进合法性和潜在的合作。帕切科法中的利益冲突管制也是私营化政策与客观管理者需求的重要补充。

其次，鼓励和协助州级工作人员的招标很重要；毕竟，如果现有的州级工作人员能够匹配或降低外部投标，转型成本就会降低，并且随着其他州级工作人员重新考虑现有制度并权衡他们的选择权，对进一步私营化的需求可能会减少。私营化应该促进竞争，不涉及政治惩罚。事实上，马萨诸塞州的工作人员在一些情况下改变了他们的工作规则，降低了对州一级的成本以避免私营化，其中包括一些运输工人削减了 25%（Palmer，1993）。正如马萨诸塞州 AFSCME 的一章所述，“如果法律需要改变，就让我们改变它们。”对私营化影响研究最少的领域之一就是它对当前州级工作人员的激励效应。

最后，把私营化作为一项实验来对待很重要，就像我们应该采取任何新
419 政策时一样。在私营化之前必须仔细衡量成本和绩效，以便对私营化的影响进行适当的评估。像所有的政府政策一样，私营化应该很容易扭转。州级审计师对私营化决策的独立检查可能有助于防止那些会玷污结果的暗中策划企图，而马萨诸塞州立法机构颁布的日落条款对于保证评估的发生非常重要。尽管像许多计划一样，证明节省和绩效可能很难，但合法性和问责制提出它是应当有所尝试的。正如凯特尔所建议的那样，效率和成本降低必须通过有效性、保留内部能力、响应能力和对政府的信任来平衡（1993b，17－20）。

政治与私营化政策

有时很难找到一个通过政治体系过滤出来的有意义的利益冲突让政策发挥到最大潜力的舞台。马萨诸塞州州长威廉·维尔德的私营化议程受到民主党立法机构传统上对公职人员工会的抵制，为我们提供了一个这样的舞台。这种情况下的“政治照常”产生了更好的政策。

与许多政策一样，私营化并不总是好的或不好的。证明是在测试中的，或在这个案例中，是在实施和评估中的。它可以做得很好；它可能会被滥用

并产生有害影响。党派、体制或意识形态的倾向可能导致其过度使用，或可能阻碍其使用。政治行政二分法很难维持。

正如约翰·多诺霍（John Donohue）所警告的那样，“除非我们比我们很可能的情况下更幸运或者更加谨慎，否则政治压力往往会在私营化有意义的领域保留公共部门职能，并且把留给政府会更好的任务私营化”（Donohue，1989，13）。马萨诸塞州的案例提出了几个重要的关注点，并提醒我们需要谨慎而非幸运的决策。

确定或达成节约成本的难度意味着决策过程变得非常重要。你能证明的越少，你需要的投入、谈判和讨价还价就越多。支持者或反对者试图暗中策划的倾向也同样需要一个健全的、明确的、包容性的过程。维尔德政府拒绝公共雇员对公路养护更低的报价和随后销售设备就是支持暗中策划的例子；立法机构尝试的10%节省条款可以被视为对手操纵。一些关于旋转门行为的证据警告我们以往赞助与回扣的不良时期。马萨诸塞州有相当强大的竞选筹款法律来防止法律回扣，但并非所有州都这样做。规范的必要性很明确。

同样明显的是有一些独立或两党监督的好处。衡量大多数政府服务绩效以及记录服务提供商变更带来的成本节约的内在困难是认真考虑私营化举措的有力论据。当私营化成为改革运动时尤其如此。

其他州面临的难题可能是如何将由于政治气候和马萨诸塞州分裂的政府而产生的怀疑主义、监督以及在哪里进行“检查”进行制度化。许多机构行动者被认为是裁判的角色，包括总检察长、州监察长和州审计师。在一些州，两党或无党派委员会可能效果最好。然而，对于公共雇员、服务提供者、服务接受者和纳税人的权利来说，双重保障是必要的。该机制可能需要符合每个州的政治文化和制度。但是应该有机制。在成为凯特尔所说的私营化进程中的“聪明买家”时，州级官员不应该忘记要求程序、准入和问责的良好政府原则。

致谢

作者非常感谢杰西·德克尔（Jesse Decker），比尔·科尔（Bill Cole）和大卫·戴内克（David Danek）的研究帮助。

参考文献

Bass, Alison, 1994a. "Medicaid Payments Lagging for Mass." *Boston Globe*, (August 5), 24.

—1994b. "Mental Health Shift Costs State $3. 3m." *Boston Globe*, (December 20), 1.

—1995. "DMH Sees Increase in Deaths." *Boston Globe*, Qune 11, 1.

Butler, Stuart, 1991. "Privatization for Public Purposes." In William Gormley, ed.. *Privatization and Its Alternatives.* Madison, WI: University of Wisconsin Press, pp. 17 –24.

Chi, Keon, 1993. "Privatization in State Government: Options for the Future." *State Trends Forecasts*, 2 (2): 1 –39.

Cigler, B. A., 1990. "County Contracting: Reconciling the Accountability and Information Paradoxes." *Public Administration Quarterly*, Vol. 14, 285 – 301.

Donahue, John, 1989. *The Privatization Decision: Public Ends, Private Means.* New York: Basic Books.

Dukakis, Michael, 1994. Interview, August 19.

Florestano, Patricia S., 1994. "State Commissions on Privatization: Research, Recommendations, and Cautions." Paper presented at the annual conference of the American Society for Public Administration. Gore, Al, 1993. *The Gore Commission Report on Reinventing Government.* New York: Times Books.

Gormley, William T., 1991. "The Privatization Controversy." In William T. Gormley, ed.. *Privatization and Its Alternatives.* Madison, WI: University of Wisconsin Press, pp. 3 –16.

Gow, David *et al.*, 1993. "Highway Maintenance Services in Essex Gounty." Excerpted from *From Public to Private: The Massachusetts Experience* 1991 –1993, Gambridge, MA: John F. Kennedy School of Government, April.

Kettl, Donald F., 1993a. "The Myths, Realities, and Ghallenges of Privatization." In Frank J. Thompson, ed.. *Revitalizing State and Local Public*

Service. San Francisco: Jossey – Bass, pp. 246 – 275.

—1993b. *Sharing Power: Public Governance and Private Markets*. Washington, DG: Brookings Institution.

Massachusetts Governor's Special Gommission on Gonsolidation of Health and Human Services Institutional Facilities, 1991. "Actions for Quality Gare: A Plan for the Gonsolidation of State Institutions and for the Provision of Appropriate Gare Services." June.

Massachusetts House Gommittee on Post Audit and Oversight, 1993a. "Privatization Savings: Where's the Beef", December 17.

Massachusetts Executive Office for Administration and Finance, 1993b. "Privatization in Massachusetts: Getting Results.", November 1.

Massachusetts Senate Gommittee on Ways and Means, "Does Privatization Sell the Public Short?" in SI994, June, 1993.

Massachusetts House Gommittee on Post Audit and Oversight, Subcommittee on Privatization, 1993c. "Privatization of Essex Gounty Highway Maintenance: Private Profits at Taxpayers' Expense.", June 9.

Massachusetts House Gommittee on Post Audit and Oversight, 1994a. "Interim Report Review of Essex Gounty Privatization.", May.

Massachusetts Office of the State Auditor, 1994b. "Semi – Annual Report.", November.

Massachusetts Office of the State Auditor, 1995. "State Auditor's Report on the Privatization of the Maintenance of State Roads in Essex County, October 7, 1992 to October 6, 1993." July 19.

McNamara, Eileen, 1992. "Paying Dearly for Privatization." *Boston Globe*, Qune 14, 14.

Pacheco, Mark, 1995. Interview, April 11.

Palmer, Thomas G., Jr., 1993. "Privatization Results in Layoffs of 160 Highway Workers." *Boston* (October 10), 23.

Pressman, Jeffrey and Aaron Wildavsky, 1977. *Implementation*. Berkeley, GA: University of Galifornia Press.

Savas, E. S. , 1987. *Privatization: The Key to Better Government.* Ghatham, NJ: Ghatham House.

Starr, Paul, 1987. "The Limits of Privatization. " In Steven Hanke, ed. . *Prospects for Privatization.* New York: Academy of Political Science, pp. 124 - 137.

Wallin, Bruce A. , 1995. "Massachusetts: Downsizing State Government. " In Steven D. Gold, ed. . *The Fiscal Crisis of the States: Lessons for the Future.* Washington D. C. : Georgetown University Press, pp. 252 - 295.

第七部分　预算规范与道德

道德和规范在逻辑上属于一本关于预算书籍的开头，而不是结尾，因为它们应该在预算参与者做出决策之前和之后。然而，它们在缺席之前通常不会显现出来，规范和道德不是常数，而是在决策者误入歧途之后带回决策者的锚。要看到它们，必须关注预算参与者未能遵守的明显例子；为了理解为什么会出现这样的失败，人们必须了解背景、约束和在这些限制内尝试难以置信的排序的困难。

预算的规范和道德不容易看见，因为它们被认为是理所当然的。只有当行动者违反规则时，它们才会变得可见。因此，年度赤字的累积将重点放在需要预算平衡的规范上；违反联邦一级的预算概念要求关注其存在和定义；从一种投票规则转移到另一种侧重于立法和政治少数群体的权利如何得到保护的问题；一年中预算的变化强调了公开通过预算所产生的问责制。同样，在加利福尼亚州奥兰治县发生的因为风险投资而将一个非常富裕的县带到了破产边缘且收入无力确保专项拨款的财政管理丑闻使人们考虑问责制的规范。本部分中的许多选辑都是讨论这些违规行为中或从中脱颖而出的，并不是因为它们很普遍，而是因为它们揭示了预算编制的内在工作、规范、失败的情况以及规范的回归和道德标准。这种回归在任何意义上都没有保证，但是继续背离规范的代价是公众信任的丧失和某种混乱，定义如此模糊，没有人，甚至连预算师本身都无法分辨真正的财政状况条件是什么，而且没有标准来判断一个良好的预算。

卡罗尔·刘易斯（Carol Lewis）描述了最基本的预算规范之一，即预算平衡。她发现，在许多情况下，平衡不是法定要求，而是广泛分享的规范。

托马斯·库尼（Thomas Cuny）提请注意联邦一级为确定关键概念和定义所作的努力，并将这些定义从某一年到下一年保持不变，以便政策的变化可见。他希望时间序列数据都基于相同的假设，以提高问责制和透明度；另外，政治家往往想改变定义，使结果看起来更加有利，在这个过程中侵蚀了信息的质量。信息一致性和退化之间的这种张力发生在各级政府，而不仅仅是联邦一级。

凯文·凯姆斯（Kevin Keams）讨论了奥兰治县的投资崩溃问题，重点讨论了问责制的意义以及如何实现。虽然凯姆斯笼统地处理问责制的主题，查尔斯·斯皮德勒（Charles Spindler）在具体问题上解决了这个问题，并考
422 察了专项税收是否按照其目的使用的问题。他给读者留下了一个问题，即公民如何在被欺骗时作出反应——州政府承诺它会以某种方式花钱，而实际上是以另一种的方式花钱。

比尔·达斯特（Bill Dauster）解决了参议院审议预算的规则问题。参议院经常被认为是国会中更深谋远虑的议院，其讨论可以更为长久深入，部分原因是参议院只有100名参议员，部分原因是允许少数派反对而终止立法的规则。任何时候决定都必须通过共识而不是通过简单的多数规则来进行，这可能会有更多的讨论。达斯特想知道当规则将重点从共识决策转变为多数规则时，民主和预算的后果会是什么：他担心多数人的暴政。达斯特在其他地方争辩说，有一些规则可以使立法机构发挥作用，允许少数党派产生一定的影响力，并促进党派多数的转变，例如，寻求短期优势的党派人士威胁或贬低。因此，他提醒读者注意两条规则之间的紧张关系，这些规则使民主进程能够在预算中发挥作用，以及极端党派为了短期收益而侵蚀相同规则。

第三十一章
预算平衡：规范、概念与美国大城市的实践*

卡罗尔·W. 刘易斯（Carol W. Lewis）

平衡的规范

预算平衡的想法对美国当代市政预算至关重要。作为良好政府的简明比喻以及财政完整性和审慎性的象征，预算平衡被作为对总体治理能力的简单总结来度量。《注册会计师杂志》（*The CPA Journal*）最近发表的一篇文章指出："要求政府平衡预算，作为实现财政审慎和经济的手段而广为称道"（Granof and Mayper，1991，28，italics omitted）。穆迪投资者服务公司（Moody's Investors Service）发表的一篇文章宣称预算平衡是十年来"主要的城市挑战"（Kennedy，1991：1－7）。

单一维度的固有焦点和清晰度无疑有助于概念的规范性吸引力。查尔斯·狄更斯（Charles Dickens）在19世纪的小说《大卫·科波菲尔》中通过展示算术上的简练度而捕捉到了它的魅力："年度收入20英镑，年度支出19镑19先令6便士，带来幸福。年度收入20英镑，年度支出20英镑6便士，结果是痛苦。"

---

* From Public Administration Review, Vol. 54, No. 6 (November/December 1994), 515 - 524.

在更复杂的分析中，平衡代表的不仅仅是算术上相等。阿伦·威尔达夫斯基（Aaron Wildavsky，1992）将长期的联邦失衡解释为深刻政治分歧的证据。归因于平衡的政治职能包括建立共识和执行。作为规则，平衡是“预算最重要的制约因素”（Rubin，1993：164）。它的缺席通常被解释为政治意愿或政治和谐也不存在的信号。出于这些原因（也许也因为在各个城市的共性不多），市政预算中常规的描述性说法是预算平衡。库珀（Cope，1992：1099）指出，“大多数地方政府都需要通过它们的章程、州法律或两者来平衡它们的运营预算。”同样，鲁宾（Rubin，1993：198）评论说：“城市，像州一样，需要平衡它们的预算。”[1]

预算平衡实际上是关于市政预算的规范性和描述性文献中描绘的理想和经验现实吗？预算平衡的确切含义和潜在影响在不同辖区之间差异很大，因
424 此局部细节比普遍化更具信息性。鉴于可能的排列，平衡在不同的城市如何实施？可以辨别哪些模式？

为回答这些问题以及相关的问题，作者在 1992 年秋季进行了数据库搜索和电话调查。在需要澄清差异或含糊不清的情况下，对财政负责人、预算官员、学术专家和/或其他知识广泛的知情者追加了额外的电话调查。美国 100 个人口最多的城市的经验证据证实并报告了一个总体的建议，即市政预算必须平衡。

正式条款

有效的调查在逻辑上从最一般的适用规则开始；在这里，它们是州级强制执行的预算要求。数据库检索州级法律和宪法的结果表明，至少有 20 个州要求平衡的市政预算（表 31.1）。[2] 发现必然的模糊不清，因为：通过关键词或章程（如在马萨诸塞州）进行检索无法界定规制或后门条款，法律或其应用的不明确性（如得克萨斯州），不同类别的城市的不同处理（如康涅狄格州），以及在某些情况下自治宪章取代州级法律的事实（如弗吉尼亚州和宾夕法尼亚州）。因此，表 31.1 中未列出的州不一定允许不平衡，位于在列州的单个城市不一定涵盖一般的州级要求。尽管如此，表 31.1 中的数据表明，在很多情况下，各州规定了市政预算平衡，其中正式的强制性标准不能说是市政预算本身的规范。

表 31.1　　要求平衡市政预算的州[a]

根据法规	根据宪法
亚拉巴马州	爱达荷州
康涅狄格州	弗吉尼亚州
格鲁吉亚州	怀俄明州
堪萨斯州	
肯塔基州	
马萨诸塞州[b]	
密西西比州	
蒙大拿州	
新罕布什尔州	
北达科他州	
俄亥俄州	
俄克拉荷马州	
俄勒冈州	
宾夕法尼亚州	
罗德岛罗德岛	
犹他州	
威斯康星州	

[a] 纳入于此表明的州要求适用于任何或所有类别的城市。例如，康涅狄格州的要求仅适用于拥有财政委员会的城市。个别城市（如纽约市）的特别立法不会包含在内。

[b] 在 1992 年秋季进行了后续电话调查。在表 31.2 中 50 个人口最多的城市中，没有进行数据库检索的加利福尼亚州、得克萨斯州和俄亥俄州共占 19 个（38%）。根据州总检察长办公室的说法，俄亥俄州宪法要求市政府平衡其预算；加利福尼亚州没有全州范围的要求；而得克萨斯州的回应是可变的（并且由休斯敦受访者自愿的观察结果证实，见表 31.2）。根据马萨诸塞州税务局地方服务部的说法，包括波士顿在内的所有市政府都要平衡其预算，以获得该部门对税率和符合征税限额的认证（提案第 21/2 号）；这种间接方法不会显示在数据库搜索上。

资料来源：在 1992 年秋季进行的 Lexis 数据库检索根据以下关键词：budget with municipal、budget、fund w/10 balance、deficit、surplus、appropriate、balance w/10 budget。对选定州的补充电话访谈在 1992 年秋季进行。

为了补充和丰富数据库搜索，在 1992 年秋季对美国 100 个人口最多城市的财政或预算官员或分析师进行了电话调查。虽然几乎所有的受访者都立即回答需要预算平衡，但许多人最初无法确定具体情况（并且有人愿意为调查研究提供信息）。这种行为表明，即使在没有已知的法律要求的情况下，平衡也是公认的规范。此外，在某些情况下，报告的数据是错误的或相互矛盾的，尽管对于一些受访者来说，这似乎根本不是问题的关键。一位经验丰富的财政专业人士通过解释他的正式要求对于他的社区坚持平衡而言是微不足道的，从而表达了他对政治和职业现实的看法。这些采访经验证明，这种平衡是市政预算中的一项有力规范。

表 31.2 中报告了美国 100 个人口最多的城市的预算平衡要求。所有最大的 50 个城市和 100 个主要城市中的 99 个报告了某种平衡要求。法律依据为州级法律（53%）和/或城市宪章（58%）。表 31.2 表明了加利福尼亚州和得克萨斯州在大城市中的统治地位，加上它们不在表 31.1 中，使得州与州的分析更为生涩。虽然新英格兰和中大西洋各州在名册上的城市相对较少，但全国所有地区都有代表。

表 31.2　1992～1993 年人口最多的城市报告的平衡预算要求

城市[a]	要求	州要求	宪章要求	其他要求	提交阶段要求	通过阶段要求	年底要求[b]	人口排序
纽约	是	法律	是		是	是	是[c]	1
洛杉矶	是		是		是	是		2
芝加哥	是	法律	是		是	是	是	3
休斯敦	是	(d)		(e)	是	是		4
费城	是		是		是	是		5
圣地亚哥	是		是			是		6
底特律	是	法律	是		是	是		7
达拉斯	是	宪法			是	是	是	8
菲尼克斯	是	法律					是	9
圣安东尼奥	是		是		是	是	是	10
圣荷西	是	(f)	(f)		是	是	是	11
巴尔的摩	是			(g)	是	是		12

续表

城市[a]	要求	州要求	宪章要求	其他要求	提交阶段要求	通过阶段要求	年底要求[b]	人口排序
印第安纳波利斯	是	法律			是	是	是	13
旧金山	是		是		是		是	14
杰克逊维尔	是	法律	是		是			15
哥伦布，俄亥俄州	是	宪法			是	是	是	16
密尔沃基	是		是		是			17
孟菲斯	是		是		是	是		18
华盛顿特区	是			(h)	是	是		19
波士顿	是	法律			是		是	20
西雅图	是	法律			是	是		21
埃尔帕索	是	法律	是			是		22
克利夫兰	是	法律			是	是		23
新奥尔良	是		是		是			24
纳什维尔	是		是		是	是	是	25
丹佛	是		是		是	是		26
奥斯汀	是	法律	是		是	是		27
沃斯堡	是				是	是		28
俄克拉荷马城	是		是		是	是	(i)	29
波特兰	是	法律	是		是	是	是	30
堪萨斯城，密苏里州	是		是		是	是	是	31
长滩	是		是				是	32
图森	是	法律	是		是	是	是	33
圣路易斯	是		是		是	是		34
夏洛特	是	法律			是	是		35
亚特兰大	是	法律			是	是		36
弗吉尼亚海滩	是	宪法	是		是	是		37
阿尔伯克基	是	法律			是		是	38
奥克兰	是		是		是	是	是	39

续表

城市[a]	要求	州要求	宪章要求	其他要求	提交阶段要求	通过阶段要求	年底要求[b]	人口排序
匹兹堡	是		是		是			40
萨克拉门托	是		是		是	是		41
明尼阿波利斯	是	法律	是		是	是		42
塔尔萨	是	法律			是	是	是	43
檀香山	是		是		是	是		44
辛辛那提	是	法律			是	是	是	45
迈阿密	是	法律	是		是	是		46
弗雷斯诺	是		是		是	是		47
奥马哈	是		是				是	48
托莱多	是		是		是	是		49
布法罗	是		是		是	是	是	50
威奇托	否							51
圣安娜	是		是		是	是		52
梅萨	是	法律			是	是		53
科泉	是	法律	是		是	是		54
坦帕	是	法律			是	是		55
纽瓦克	是	法律					是	56
圣保罗	是		是		是	是		57
路易斯维尔	是	法律			是	是		58
阿纳海姆	是		是		是	是		59
伯明翰	是		是		是	是		60
阿灵顿，得克萨斯州	是		(c)		是	是		61
诺福克	是	宪法	是		是	是	是	62
拉斯维加斯	是	法律			是	是		63
科珀斯克里斯蒂	是		是		是	是		64
圣彼得堡	是	法律			是	是		65
罗切斯特	是	法律	是		是	是		66

续表

城市[a]	要求	州要求	宪章要求	其他要求	提交阶段要求	通过阶段要求	年底要求[b]	人口排序
泽西城	是		是		是	是		67
里弗赛德	是		是		是	是		68
安克拉治	是		是		是	是	是	69
列克星敦费耶特	是	法律	是		是	是		70
阿克伦	是	法律	是		是	是		71
奥罗拉	是	法律	是		是	是		72
巴吞鲁日	是	法律			是	是	是	73
斯托克顿	是		是		是	是		74
罗利	是	法律			是			75
里士满	是	宪法、法律	是		是	是	是	76
什里夫波特	是		是		是	是		77
杰克逊	是	法律			是	是		78
莫比亚	是	法律			是	是	是	79
得梅因	是	法律			是	是		80
林肯	是	法律				是	是	81
麦迪逊	是	法律			是	是	是	82
大急流城	是	(f)	(f)		是	是		83
扬克斯	是	法律	是		是	是		84
海厄利亚	是	法律			是	是	是	85
蒙哥马利	是	法律			是	是	是	86
拉伯克	是					是		87
格林斯博罗	是	法律	是			是	是	88
代顿	是		是			是		89
亨廷顿海滩	是		是		是	是		90
加兰	是		是		是	是		91
格伦代尔	是		是		是	是		92
哥伦布，乔治亚州	是	法律			是	是		93

续表

城市[a]	要求	州要求	宪章要求	其他要求	提交阶段要求	通过阶段要求	年底要求[b]	人口排序
斯波坎	是	法律				是	是	94
塔科马	是	法律				是		95
小石头	是	法律					是	96
贝克斯菲尔德	是		是		是	是		97
弗里蒙特	是		是		是	是		98
韦恩堡	是	法律				是		99
阿灵顿，弗吉尼亚州	是	宪法	是		是	是	是	100
合计	99	53	58		84	86	35	

资料来源：1992～1993 年与报告城市的财政或预算官员或分析师进行的电话访谈。人口排名来自美国商务部人口普查局（1991）。

a. 斜体表明表 31.1 显示州政府需要来自任何或所有市政的平衡预算。请注意，城市宪章可能会取代州内的要求，例如费城，匹兹堡和弗吉尼亚海滩。

b. 禁止正式的年终赤字；运营结果必须平衡，但可以使用储备和/或其他策略来实现运营平衡。

c. 必须按季度重新平衡。

d. 如表 31.1 所示，州法规有不同的法律解释。

e. 独立选举产生的城市审计师证明资金的可用性。

f. 回应未知晓。

g. 市法令。

h. 联邦法令。

i. 在财政年度内未经修正时不得超支。

市政预算中比较重要的规则之一恰恰是平衡何时发挥作用。表 31.2 显示了每个城市的信息。在提交时、在通过预算时、为了运作结果时（普通基金的年终赤字正式被禁止时）或其组合时，都需要预算。每个阶段都聚焦一个不同的机构，负责满足标准：在提交时是行政部门；在通过时是立法机构；在运作时是市政当局。超过 4/5 的大城市报告要求在提交和/或通过时保持均衡。

425 由于约束条件越强有力，其出现的过程越晚，因此，人口最多的城市中超过 1/3（34 个）的城市必须在实施过程中平衡运营业绩。实际上，它们需要重新评估（Forrester and Mullins，1992a，1992b）。例如，旧金山的城市宪章禁止年终平衡，该条款抵消了一些信用风险（表 31.2）。“自 1991 年财政年度该市耗尽其普通基金预算余额以来，预计的和年中的预算失衡已连续三年发生。由于严格的城市宪章规定，之前的差距被消灭了”和“宪章要求法定储备并通过要求在收入不足时由主计长扣留拨款以加强财政纪律”（Fitch Research，1993b：1，3）。显著地由于其总人口排名、财政混乱历史以及限制性平衡要求，纽约市必须按季度重新平衡，以符合州级特别立法的规定。每年平衡运营业绩的要求在前50个人口最多的城市中占44%（22个），而在后50个人口最多的50个城市中，这个比例为24%（12个）。

这里的目的是描述最大城市的预算平衡和识别模式。表31.3中的数据表明，人口不是一个解释性变量（没有平衡要求与人口显著相关），而仅仅 426
作为选择财政和政治上有趣的城市来描述的基础。除采用外，频率随着银根紧缩程度增加而下降。第三列和第四列之间明显的分歧说明了人口最多的城市对平衡要求的相对宽容度。

全面的义务显然是最为局限的，但它也可能通过广泛分配责任来分散责任。作为影响每一步的所有参与者战略和成果的相互制约的工具，在这100个人口最多的城市中有将近1/4（24个）的城市在三个阶段都需要预算平衡（表31.3）。州级法律和/或宪章规定适用，并且（也许是因为两个州的支配地位）综合要求的合法来源没有明显的模式。全国每个地区的城市都在全面的平衡要求下运营：东北/中大西洋地区，2个；东南部地区，6个；西南部地区，6个；中西部地区，6个；从加利福尼亚到阿拉斯加的太平洋地区，4个（表31.2）。

表31.3　　美国人口最多城市的预算平衡模式

人口五分位数	提交阶段要求	通过阶段要求	年底要求	全阶段要求
最低1/5	18	15	9	7
2/5	17	16	8	6
3/5	17	17	5	3
4/5	20	19	5	5
最高5/5	12	19	7	3
合计	84	86	34	24

资料来源：表31.2。

平衡模型

图 31.1 以简化的术语说明了平衡描述收支关系的基本前提。这种关系在图 31.1 中表示为形态 A 和 F。在提到狄更斯的引述时，韦伯（Webber）和威尔达夫斯基（1986，P. 594）定义了米考伯原理（Micawber principle）。“并非收入和支出水平，而是它们的关系，很重要，而且对预算来说是必不可少的。”图 31.1 中的预算平衡示意图总结了菲利普·迪尔伯恩（Philip Dearborn）描述的年度惯例的累积影响（Shiff，1991a）。“预算过程总是困难的，所有的预算最初都是不平衡的……对支出的需求总是超过可用的资源，这导致……在整个预算中发生冲突……过程，并导致预算平衡非常困难……”（pp. 6 –7）。

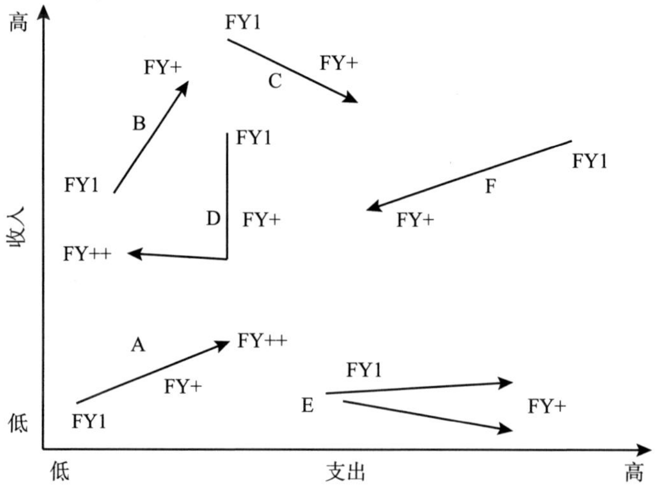

A与F：趋向平衡。
B：过度征税或构建储备。
C：收入减少，支出增加。
D：收入减少，支出稳定；然后当储备耗尽时，减少支出。
E：潜在的破产。
FY：财政年度。

图 31.1 平衡模型

图 31.1 描述了平衡在理论上如何通过联结收入和支出决策来“影响预算参与者的行为”（Rubin，1993：164）。然而，这种推向均衡的方式并不能规定哪些变量或什么时候改变。即便尽其所有力量，平衡并不决定收入和

支出的水平，但只是耦合它们。通过这种方式，可以考虑收入能力、政治和税收偏好、响应能力、程序和其他局部特征的可变性。

联结是长期的。“基金平衡不是指现金平衡，也不是收入和支出的差额。基金平衡是政府创造的所有收入和支出的累积差额”（Allan，1990：1，note omitted）。推定的动态基础市政预算是政府在几个财政期间趋于接近平衡的 431
关系，而不是距离它更远。[3] 正如狄更斯的引述所暗示的，平衡通常是由收入驱动的，但预测性的力量大概只有特定辖区的较长期限内适用，而在任何单个财政年度有许多排列都是有可能的。由于收入过剩而导致持续的失衡，从逻辑上和经验上刺激了减税。预计支出方面的预算不平衡负担可能导致长期破产。图 31.1 中的形态 E 描绘了趋向这种不可持续方向的两种预算模式。

预算平衡只是促成一个辖区的能力和福祉的诸多因素之一，并且对社区生活质量只字不提。因为财政运作或条件的任何单一衡量都必然包含和排除选定的因素，并且本质上是有限的，所以牢记乔治·萧伯纳（George Bernard Shaw，1904：169）的观察是有用的：“城市福利的资产负债表不能用数字表示。需要一种更加精神上的反驳，并有一些想象力和良知来补充它们”[4]。

不平衡与破产

最近的关于预算（Rubin，1993）、财政压力和困境（Cope，1992；Mackey，1993；MacManus et al.，1989；Wolman，1983，1992）、城市政治与政治经济学（Judd and Kantor，1992；Kantor and David，1992）和市政债 432
务（Sbragia，1983，1992）的文献提供了有关财政能力、压力和破产的另一种观点。看起来矛盾来自不同的定义和目的。在《评估财政状况》中，格罗夫斯（Groves，1980）充分区分了四种用法：现金偿付能力或短期流动性；预算偿付能力或财政年度平衡；长期偿付能力或平衡；以及满足社区服务需要和/或需求的服务水平偿付能力。

无力偿还与布里奇波特破产案

布里奇波特破产案例说明了预算平衡概念的局限性以及它与无力偿还之间的区别。康涅狄格州最大城市（14 万人）的市长在 1991 年 6 月申请第 9 章保护时，布里奇波特成为有史以来根据联邦破产法（Bankruptcy Code）请愿的最大的政府通用单位（Lewis，1994）。此外，“当前市长申请破产时，这座城市成为城市绝望的国家象征”（Lomuscio，1992）。

在发现这座城市在6月提交申请时没有资不抵债之后，阿伦·席夫（Alan H. W. Shiff）法官于8月1日迅速驳回了请求。（向美国地方法院的上诉及交相上诉被撤销并于1992年2月最终确定，并且形成一项无偏见地解雇的规定。）

无力偿还在美国法典第11号第101（32）（C）条中被定义为破产的目的：“就市政当局而言，财政状况使得市政当局——（i）通常无法在债务到期时偿还债务，除非这种债务是真诚的争议；或者（ii）无法在到期时偿还债务……”辖区承担举证责任。政府间关系咨询委员会（1985：39，以下简称ACIR）指出：“主要的尚未解决的问题仍然是如何界定无力偿还以便使用联邦破产法。”布里奇波特案解决了这一核心问题。该市法律团队的一位成员带着明显的远见评价道：“如果布里奇波特市由于财务状况过于健康而无法申请破产，这将是一个讽刺。”（Scheffey，1991a：14）。由于法院使用了关于无力偿还的相对限制性的定义，这正是发生的事情。

破产法院法官席夫（1991b）在其决定备忘录中明确指出，“布里奇波特的无力偿还程度应以现金流而非预算不足分析来判断。”他进一步确定：“该市认为由于其支出将超过其收入，它已经承担了证明其无力偿债的重任。该州反驳说如果采用前瞻性分析的话，布里奇波特的偿付能力应该以现金流而不是预算不足来分析。我同意这个说法。”

从关于无力偿还的完全不同的视角出发，该市拒绝了法院的提法。在上诉中（Bridgeport，1991：14－15），该市反驳说：

> 法院错误的并且没有引用任何法律先例的结论认为，一个市政当局“在到期时偿还债务”最好的也只能通过现金流分析来确定。该市建议现金流量分析只是衡量政当局“在到期时偿还债务”能力的一种，而不是最可靠的衡量标准。……法院的现金流量标准没有在“破产法”任何先前的判决中规定……相反，判例法不利于采用这种确切的判例。而是要求分析个别案件的具体事实和情况以确定无力偿还……根据法院采用的现金流量分析，布里奇波特确实

> 可能手头上有有限的现金，在其预算流程要求减少支出和/或提高税收这两种不可行的选择的时候。

该市的上诉进一步指出：现金流量分析是但也只是财政检查的一部分，433
它不是财政检查本身。法院错误地集中在这么狭窄的范围内……现金流量分析的底线结果是，布里奇波特处于可怕的财政困境，但当它正在快速接近不再“能够在到期时偿还债务”的特定时期中，它将被拒绝第 9 章救济。这种情况不能由国会考虑或预期（Bridgeport，1991：18）。

布里奇波特的法律团队（Bridgeport，1991：29）正确理解但拒绝了裁决。“如果市政当局在有权使用根据国会有意设置的第 9 章可获得的救济时，受限于该法院的限制性定义的无力偿还测试，那么第 9 章将会明显地具有非常有限的应用和实用性。”该市正在偿还债权人，支付工资，在手头拥有现金和大量现金储备（后者受限制且对于平衡运营预算无关紧要）是无可争议的。该市自己的财政和预算负责人在法庭上作证时证实了这些事实，专家参与者在与本文作者的访谈中证实了这些事实（Kirshbaum，1992；Robinson，1992；Savicsky，1992）。事实上，该市在其最初的请愿书中承诺“保证对市政债券持有人和贸易债权人全额偿还债务”。这一论点总结道，“从某种意义上来说，法院的裁决只是保证了在布里奇波特死后口袋里会有钱”（Bridgeport，1991：29）。

康涅狄格法律论坛报的托马斯·舍菲利（Thomas Scheffey，1991b：1）把这一裁决生动地总结为“把第 9 章固定为破产法中的一个古怪的脚注，而不是一个强大的新工具来揭露陷入困境的城市的财政状况……这项裁决提出了一个一年至两年的测试期，在这个测试期内，一个城市必须展示的不仅是它正陷入赤字。它在这最长 24 个月的期限内还必须用尽所有乞讨或借来的现金，并让债权人吃亏”。

不可避免的教训是，破产是缓解无力偿还的财政压力的唯一选择，其他问题都可以在其他领域得到更好的解决。根据破产法官席夫（1991b）的说法，扩大破产的范围是一个国会的呼吁：“布里奇波特的论点的缺陷是，破产后的财政困难不是第 9 章救济的基础。如果这种条件成为市政破产的标准，那么国会，而不是法院，将不得不在破产法中做出这样的改变……”

席夫（1991b：7）将预算平衡的“常年性问题”留给政治舞台，他说：“首先，答案必须来自政治过程，而不是法院。然而，如果一座城市无力偿还债务……且根据法律具备资格，第 9 章可以使用……但第 9 章不适用于一个仅仅处在财政困境中的城市”。

康涅狄格州检察长理查德·布鲁门撒尔（Richard Blumenthal，1991：6）也同意。“显而易见的事实是，第 9 章并未为主要的财政危机提供现实的解决方案。原因不仅在于第 9 章中的具体规定——它们的缺陷或含糊不清，而且更根本地涉及我们主要城市面临的财政困难的性质。”为增加政治成分，布鲁门撒尔认为，联邦破产法院显然缺乏——并且在宪法上不能提供——两种对于解决困扰我们今天的城市的财政危机至关重要的因素：现金和权力。他的结论是“破产过程没有为城市长期面临的地方性问题提供真正的解决方案……我们必须同情我们的城市的问题和困境，破产不是解决办法”。

未来无力偿还

布里奇波特案也澄清了法定定义第二条提出的预期无力偿还问题。法官
434 认为：“第 101（32）（C）（ii）节要求进行前瞻性分析的结论也符合第 9 章的目的……城市不能倒闭。第 9 章旨在使一个经济困难的城市能够继续向其居民提供警察保护、消防、污水和垃圾清理以及学校等基本服务，同时制定调整债务和义务的计划。”

之前涉及加利福尼亚州圣何塞学区的案例提出了即将无法履行财政义务的前景（Winograd，1985）。法院在这时发现：“该学区在 1982 ~ 1983 学年到期时无法偿还债务，无法平衡其 1983 ~ 1984 学年的预算，因而在 1983 ~ 1984 学年无法在债务到期时偿还债务 ”，并且为了第 9 章的目的而破产（ACIR，1985：39）。考虑到未来无力偿还的可能性，法官在声明中表明：“如果你今天可以支付所有的账单，但是每个人都知道你明天不能付款，那么你就有资格。”ACIR（1985：39）观察到：“作为宣布无力偿还的第二个基础，圣何塞预计的 1984 财年预算不平衡也造成了对无力偿还定义的怀疑。在提交申请时，学校董事会仍然有一年多时间对 1984 年预算的收入以及支出进行调整……1984 年的预算不平衡的说法似乎为时过早。”

与此相反，布里奇波特裁决的核心内容则指出，“一旦发现无力偿还，

城市必须证明它将无法偿还其当前财政年度到期的债务，或者根据已通过的预算，在下一财政年度无力偿还”（Shiff，1991b）。

在此判决之前，立法历史和判例法都没有规定标准的持续时间——现金流标准需要到达今后多长的时间。新制定的标准有意通过缩小当前财政年度和已经采纳的下年度预算的窗口来预防过早评估。因此，法官确定，“在本案开始时认为布里奇波特将无法偿还在 1992 ~ 1993 财政年度到期债务的预言是不可靠的。造成这种情况的原因有很多，其中最重要的是在一个甚至没有拟议预算的财政年度内的现金状况的不确定性”。新的指导方针确定了一个财政年度“作为城市必须令人信服地表明它将耗尽元气的‘目标区’”（Scheffey，1991c：1）。

尽管布里奇波特案澄清了破产目的无力偿还标准，但该法院的裁决可能会缩小国内 100 个人口最多的城市中的 86 个城市的破产申请的法律要求（表 31.3）。验证资格的无力偿还测试的第二个条款实际上被废除，因为它们无法在随后的财政年度中正式采用预算作为即将无力偿还债务的证据。因为很难想象法院除了合法有效的预算以外有意承认——并且书面记录可能会推翻它——这些城市实际上仅受限于无力偿还的第一个或现金定义。采用平衡预算的普遍要求意味着裁决从法官寻求的广泛获取中退出。在其关于布里奇波特的第一份备忘录中，席夫法官（1991a：14 - 15，citations omitted）宣称：“一般而言，破产法律应自由诠释，模棱两可变得有利于债务人，以便债务人收到国会提供的充分救济措施”。

布里奇波特的平衡

尽管市领导人不愿意转向图 31.1 中的形态 F，并明显倾向于使用联邦法院来维持形态 E，但依法有义务以正的运营资金积累余额结束本财政年度。它的经验说明了由 34% 的人口最多的城市共享的年终预算平衡的严格要求的含义（表 31.3）。

城市宪章第 6 章要求立法机构负责制定平衡预算：“地方议会在任何一 435
年都没有权力超过城市收入作出拨款，在任何情况下支出都不能超过其收入，除了个案和债券发行目的布里奇波特之外。”关于税收，宪章（第 7 章第 95 节）规定“地方议会应通过决议设置下一个财政年度的税率，应与其他收入来源一起产生足够的资金以支持地方议会通过的预算”。市长作为行政长官负责“使法律得以执行和在城市内执行”与“建议采取所有与城市的政策、安全、健康、清洁和装点有关的措施，以及他认为合宜的政府和财政状况的改善”（第 24 节）。在 1990 年，州最高法院裁定，后一条款“明确指出市长负责城市财政的监督责任”（William Hennessey v. City of Bridgeport et al.，213 Conn，656）。

布里奇波特市在没有得到州政府的批准下而无法资助它的金字塔式运营赤字，在 1988 年 6 月关闭了公共信用期票，并使该城市陷入危机。康涅狄格州作出了特别的反应（一项授权由布里奇波特镇和市发行债券的法案，经修订的 88－80 号特殊法令）创建了布里奇波特财政审查委员会（Bridgeport Financial Review Board），负责监督该市的财务状况，允许该市偿还运营赤字，并担保了 3 500 万美元的城市债券。据前任州财政监督委员会执行主席唐纳德·基尔希鲍姆（Donald Kirshbaum，1992）所言，该行为需要严格修改权责发生制会计准则，以便保持现金流动；为防止自身借贷，即使是内部服务基金也不得以负余额运作；收入必须以现金形式放在银行内，城市不得在资产负债表上携带任何应收账款。[5]

布里奇波特市在破产程序和随后的上诉中证明的证据令人惋惜，因为州级特别立法实施了异常严格的预算和会计做法。由于该市需要根据公认会计准则（GAAP）进行预算，上诉用断章取义的说辞攻击了法院的无力偿还标准。“权责发生制与 GAP［原文如此］会计制度在分析其现金流时将城市置于不同的位置，因为不像其他市政府那样，它不能将任何费用转移到下一个财政年度。这些限制和扭曲的现金流分析根本不应该用于目前的情况”（Bridgeport，1991：10－11）。城市的领导人指出州级强制的会计基础比其他康涅狄格州的城市更具限制性，他们自我主张：“与其他城市不同，布里奇波特市只能包括实际或合理预期的收入”以及“会计方法扭曲了现金流分析的可行性，并显示为衡量城市真实财政状况的不可靠指标。必须记住，城市有法定义务在本财政年度内平衡其预算”（Bridgeport，1991：16）。

平衡的纪律

在恳求灵活性的同时，市领导人也提出了一些有点不正当的观点，即他们被迫无法使用其他市政当局所采用的在特定财政年度在形式上遵守平衡而在实际上逃避平衡的权宜之计。布里奇波特市必须从当前收入中为当前服务融资。

尽管平衡本身可能似乎超过了实现平衡的手段，但实际采用的策略将政策内容注入预算平衡。例如，菲奇（Fitch，1993a：2）对克利夫兰的“导致年度结余回归正向的有效预算措施”进行了排名，就像这个城市的优势一样。这些措施包括“大多数员工的最低工资增长、选择性裁员和医疗保 436
健成本控制”。通过提取储备金或不景气基金用于满足增加收入目的（例如，特殊评估区域、用户费用、服务费用），以及从技术调节（如调整税基）到大卫·斯托克曼（David Stockman）恶名昭彰的星号魔术（magic asterisk），轶事证据多多少少表明适用于符合预算平衡的形式化战略的合理策略。这些策略经常被加盖噱头——欺骗性东西——因此它们被描绘成计划或计谋。

短期计谋

具有讽刺意味的是，平衡的目的之一是适应这些标签所指责的特有灵活性。[6]投资评级服务似乎在其评估活动中评价这种灵活性。根据标准普尔（Standard & Poor's，1993：22）的说法，“基金余额状况衡量债务发行人在流动性有限期间满足基本服务的财政灵活性，标准普尔认为足够的资金余额是一种信贷实力”。对于穆迪（Moody's）对大额资金余额的评估问题，穆迪（1993：9）回应道：“大额资金余额通常反映了健全的财政管理，但并不总是……基金余额是衡量财政状况的一个指标，但财政结构也非常重要。”

针对纠正不平衡问题，穆迪建议（1993：8），“虽然这些决策最好由当地代表做出，但发行人应该记住，短期和长期目标的战略可能会有所不同……如果运营失衡预计会持续下去，那么应对措施应该能够实现持续的预算平衡，同时保持基本的服务供应和适当的实际面貌。”穆迪（1993：8）指出：“运营赤字背后的原因可能比赤字本身更重要。”

长远观点很有用。表31.2列出了全国第十大人口城市圣安东尼奥市，按严格平衡要求运营。尽管通过增加税收和差异化支出削减来平衡其运营，但菲奇（1992：1，5）确定了一项风险："鉴于迄今为实现预算平衡所采取的重大措施，未来的运营盈余可能难以实现。"表 31.5 表明，审计总署（General Accounting Office，GAO）（1993b）将圣安东尼奥评估为其研究中的"财政最弱"城市。

有关预算编制方面的文献资料方便地记载了除了全面税收增加、服务削减或成本削减以外的一般或特殊技术（Kennedy，1991；Rubin，199：3，164－206；Webber and Wildavsky，1986）。这些技术的例子包括：使用储备金；诸如资产出售等一次性收入；将普通基金的成本转移，往来基金转移；将成本转嫁到资本预算上；拖欠诸如养老金等应计负债；拖延对外支付、工资发放和结转到下一财政年度，估计操纵或扭曲；使用诸如预期的甚至未确定的（也许是虚幻的）节省或收入的谎言；转向非预算实体、不可分辨的信贷安排、贷款担保和税式支出。毫不奇怪，一些根深蒂固的技术牺牲了经济效率；例如，操纵员工福利可能会转化为未来的成本增加。[7] 这些内容充满了满足短期灵活性和形式主义合规性的策略，是创造力的明证。

正如布里奇波特市案例所示，某些策略来自基金会计的性质，"通过在基金之间进行不连续的转移或通过对普通基金以外的基金中的选定活动进行
437 预算，可以平衡普通基金的收入和支出，这些基金的政治关注和平衡预算要求适用于此"（Granof and Mayper，1991：30）。会计基础可能会提供额外的可操作性。表 31.4 中的数据显示，至少有 19 个州要求市政财务报告采用公认会计原则，市政预算"通常以现金或近现金为基础"（Granof and Mayper，1991：28）。

表 31.4　　要求市政财务报告采用公认会计原则的 19 个州

科罗拉多州	康涅狄格州	伊利诺伊州	艾奥瓦州
堪萨斯州	肯塔基州	路易斯安那州	缅因州
马萨诸塞州	明尼苏达州	内布拉斯加州	内华达州
北卡罗来纳州	俄亥俄州	俄克拉荷马州	俄勒冈州
弗吉尼亚州	威斯康星州	怀俄明州	

资料来源：在 1992 年秋季进行的 Lexis 数据库检索公认会计原则、财务报告以及其他相关关键词。

布里奇波特的经验也表明，估算程序尤其富有成效。预测下一财政年度1600万美元的不平衡以及2.59亿美元的五年期预测赤字（Bridgeport，1991：14），市领导人敦促以长期预测衡量无力偿还。康涅狄格州宣称布里奇波特市的故事“充满了扭曲、不准确、错误的假设和忽略的选择”（Connecticut，1991：35）。考虑到未来的平衡，破产法官“间接设定了可靠、完整的预算预测的要求”（Scheffey，1991c：1）。调整估计和预测显然已经足以引起法律补救。例如，得克萨斯州阿灵顿的独立选举产生的城市审计师证实资金的可用性（表31.2）。宾夕法尼亚州法规附注（第2－302节）规定：“为了防止必须征税的机构过于乐观地估计……市长对收入收益的估计对地方议会具有约束力。在预算平衡之前，在年度运营预算下可能没有支出。”

表31.5　1991财政年度选定城市的预算不平衡与信用级别

	GO债券级别[b]	
已通过预算	穆迪	标准普尔
亚特兰大	Aa	AA
巴尔的摩	Al	A
波士顿	A	A
布法罗[d]	Baaal	BBB +
辛辛那提	Aa	AA +
克利夫兰[d]	Baal	A -
哥伦布	Aal	AA +
达拉斯	Aaa	AAA
丹佛	Aa	AA
休斯敦	Aa	AA
印第安纳波利斯	Aaa	NR
杰克逊维尔	Al	AA
堪萨斯城	Aa	AA
孟菲斯[d]	Aa	AA
密尔沃基[d]	Aa	AA +
明尼阿波利斯	Aaa	AAA

续表

	GO 债券级别[b]	
新奥尔良[d]	Baa	A –
费城[d]	B	CCC
匹兹堡	Baal	A
圣路易斯	Baa	BBB
圣安东尼奥[d]	Aa	AA
旧金山	Aa	AA
西雅图	Aal	AA
	GO 债券级别[b]	
年终结果[c]	穆迪	标准普尔
辛辛那提	Aa	AA +
哥伦布	Aal	AA +
达拉斯	Aaa	AAA
印第安纳波利斯	Aaa	NR
菲尼克斯[d]	Aa	AA +
圣安东尼奥	Aa	AA
西雅图	AA1	AA

资料来源：表 31. 2；U. S. General Accounting Office（1993b；112 – 113）；budget data from Dearborn，Peterson，and Kirk（1992，Table 7）；and bond ratings from "The Top 50 Cities，5th Annual Financial Report"（1990；12 – 13）.

a. 在这些城市中，已通过的预算必须在形式上平衡（表 31. 2）且当年支出超过当年收入。

b. GO 表示由辖区的"完全信任和信用"支持的一般债务债券。

c. 在这些城市中，年终结果必须平衡（表 31. 2），并且或多或少使用合法手段抵消当前差距。

d. 处于美国审计总署在 1993 年确定为"财政最弱"四分位的城市。

本年平衡与形式合规

真正符合预算平衡意味着技术能力和行政能力的胜利。韦伯和威尔达夫斯基（1986：592）指出："在过往的 125 年左右，作为预算平衡对象的收入与支出总额的大致平衡在总收入和支出之间几乎不会以现代形式出现，因为会计方法太不精确……新的预算手段支配着现代政府支出……这些新的预算手段要么没有出现在预算中，要么通过大幅度减少正式预算的规模来混淆余额的计算。"他们还提出了问题（p. 592），"现在，我们大概知道离这个平衡的规范还有多远。或者说我们知道吗?”

最近的研究表明一些挑衅的答案。自 1988 年以来明显下降的当年盈余频率（GAO，1993b；Lamphere，1990）可归因于经济衰退、衰弱或政府间援助不足以及其他因素，包括特殊社区特征。在布里奇波特市案例中，州政府（Connecticut，1991：41－42）引用了全国城市联盟（National League of Cities）的调查结果，即大多数城市在回应调查时发现一般支出超过了 1991 年的收入。引用了相同的研究，GAO（1992：56）发现：“像许多州一样，市和县政府的基金余额也已经耗尽，例如，59% 的城市预计在 1991 年用尽 438
其基金余额。此外，39% 全国人口最多的县和 34% 的人口在 10 万以下的县在 1991 财政年度经历了预算短缺从而减少了地方政府的可用余额（GAO 自己的研究［1993b］证实了各级政府的年终运营预算盈余下降)。

在证据听证会上，康涅狄格州的专家证人菲利普·迪尔伯恩作证说，在 439
前两年，美国 30 个最大的城市中至少有一半城市的预算不平衡，因为目前的收入超过了目前的支出，而正式的收支则利用各种原因诡计。他与他的同事对 30 个最大城市中 28 个城市的财务报告进行了后续分析，确定了在 1990 财政年度中有 25 个城市预算失衡（Dearborn，Peterson and Kirk，1992，Talbe 7)。如表 31.5 所示，25 个城市中的 23 个城市禁止正式采用不平衡预算，7 个城市禁止年终运营赤字。相应的信用评级确认了在一个会计年度中使用运营平衡作为财务绩效或状况的唯一甚至是总结性指标的分析上的不足之处。

结论

这里提供的证据在经验上证实了平衡在市级预算中的关键作用。调查结果显示，预算平衡实际上是一项共同的法律要求，也许更重要的是，预算过程参与者将其作为一种执行规范。布里奇波特市对破产的短暂逢场作戏警告不要把预算纪律的平衡作为过分的责任。鉴于实现形式合规的许多手段，平衡不需要且往往也不会转化为当前收入与支出之间的等价性。

不能将市政预算有效地降低到单一的标准，即使是被广泛接受的预算平衡的标准。根据宪章和法律的规定，布里奇波特市的领导人无意通过联邦破产法庭寻求绕过最严格的平衡要求。他们对市政预算的贡献和“破产法的净收益……可能就是那些考虑破产的城市知道如何更好地规划它”（Schefey，1991b：1）。尽管美国许多城市的财政困境增加了对破产的兴趣（Cohen，1991），但该案例表明，虽然“持续的资产负债表赤字”处于几个财政预警信号之间（Standard & Poor’s，1989：12），但平衡最好用于区别于无力偿还，平衡和其他因素背后的策略值得关注。这一结论进一步削弱了那些吸引力很大程度上与其朴素性相关的概念的力量，要求我们记住门肯（H. L. Mencken）的观察：“对于每一个人类问题，都有一个简单、巧妙且错误的解决方案”。

注释

作者感谢康涅狄格大学公共事务硕士课程的研究生 Peter Arkins 的细致的研究工作、康涅狄格大学研究生研究基金会的慷慨支持以及康涅狄格大学的 David RePass 教授 和 Morton J. Tenor 教授以及 W. Bartley Hildreth 对于手稿的阅读与评论。

1. GAO（1993；3）发现，除佛蒙特州和怀俄明州之外的所有州都有平衡的预算要求。“在大多数州，平衡预算授权适用于已制定的预算或州长提议的预算，很少有平衡的预算要求特别要求年终平衡。”

2. ACIR（1993；46）明确了只有八个州通过宪法或法规强制要求市政预算予以平衡。

3. 这种期望是基于推定的普遍愿望，即减少不确定性和增强稳定性。“地方政府的重要目标是维护稳定的税收和收入结构，并为居民有序地提供服务”（Allan，1990；2）。

4. 在这方面，具有法定条款的 13 个州中只有肯塔基州、宾夕法尼亚州和俄亥俄州在触发向“严重、直接的财政问题”的地方政府提供援助的标准中指明了预算不平衡（Mackey，1993：3 –6）。

5. 该法第 11 条规定，审查委员会主持下的财务计划“应规定：（1）消除普通基金的所有赤字；（2）恢复所有基金和账户（包括资本基金和账户）中的任何款项，这些资金和账户用于不属于此类资金和账户目的或从这些资金或账户借入的目的；（3）按照本法的规定平衡运营资金”。

6. 根据 GAO（1993b：10），“许多辖区有较少的年终预算资金来继续为下一年的计划提供资金，这表明至少在短期内减少了灵活性，以增加对目前服务或承担重大的新支出计划的资助。”

7.“除了隐藏的福利成本之外，穆迪公司还看到了部分由精算养老金收入假设的变化提供资金的薪资增长，这种方法在今天需要更少的运营资金。尽管这种方法可能适合具有历史保守假设的城市，这种变化需要仔细的精算审查，并且必须经常重新审视资助水平以确保实现更积极的收入假设”（Kennedy，1991；3）。

参考文献

Advisory Commission on Intergovernmental Relations, 1985. *Bankruptcies, Defaults, and Other Local Government Financial Emergencies.* ReportA – 99. Washington D. C.: Advisory Commission on Intergovernmental Relations.

—1993. *State Laws Governing Local Government Structure and Administration.* Report M – 186. Washington D. C.: Advisory Commission on Intergovernmental Relations.

Allan, Ian J., 1990. "Unreserved Fund Balance and Local Government Finance." *Research Bulletin*, Washington D. C.: Government Finance Research Center of the Government Finance Officers Association, November, pp. 1 – 8.

Blumenthal, Richard, 1991. "Remarks by Attorney General Richard Blumenthal before the 65th Annual Meeting of National Conference of Bankruptcy Judges." San Francisco, CA, October 31.

Bridgeport, City of, 1991. On Appeal from the Judgment of the Bankruptcy Court for the Judicial District of Connecticut, Brief of the Debtor, Appellant City of Bridgeport; filed with United States Bankruptcy Court, District of Connecticut, October 31.

Cohen, Jeffrey, 1991. "Declining Health of U. S. Cities Raises New Interest in Chapter 9." *National Law Journal*, August 5, P. 15.

Cope, Glenn H, 1992. "Walking the Fiscal Tightrope: Local Budgeting and Fiscal Stress." *International Journal of Public Administration*, Vol. 5, pp. 1097 – 1120.

Connecticut, State of, Office of the Attorney General, 1991. Brief by the Appellee/Cross Appellant. Filed on appeal and cross – appeal from orders of the United States Bankruptcy Court for the District of Connecticut, November 15.

Dearborn, Philip M., George E. Peterson, and Richard H. Kirk, 1992. *City Finances in the I 990s*. Washington D. C.: The Urban Institute, September Draft, Table 7.

Fitch Research, 1992. *San Antonio, Texas*. New York: Fitch Investors Service, Inc., July 27.

—1993a. *Cleveland, Ohio*. New York: Fitch Investors Service, Inc. April 12.

—1993b. *San Francisco, California*. New York: Fitch Investors Service, Inc., April 21.

Forrester, John P. and Daniel R. Mullins, 1992a. *Rebudgeting in Larger U. S. Municipalities*, Baseline Data Report, Vol. 23, No. 4. Washington D. C.: International City/County Management Association.

—1992b. "Rebudgeting: The Serial Nature of Municipal Budgetary Processes." *Public Administration Review*, Vol. 52 (September/October), pp. 467 – 473.

Granof, Michael H. and Alan Mayper, 1991. "Current State of Government Budgets." *The CPA Journal*; Vol. 61, No. 7, pp. 28 – 32.

Groves, Sanford M., 1980. *Evaluating Financial Condition*, Handbook No. 1. Washington D. C.: International City Management Association.

Judd, Dennis and Paul Kantor, 1992. "Introduction." In Dennis Judd and Paul Kantor, eds., *Enduring Tensions in Urban Politics*. New York: Macmillan, pp. 1 – 8.

Kantor, Paul and Stephen David, 1992. "The Political Economy of Change in Urban Budgetary Politics: *A* Framework for Analysis and a Case Study." In Dennis Judd and Paul Kantor, eds., *Enduring Tensions in Urban Politics*. New York: Macmillan, pp. 364 – 583. Originally published in 1983 in

British Journal of Political Science, Vol. 13, pp. 254 –274.

Kennedy, Dina W. , 1991. "Balancing the Budget: The Key Urban Challenge for the 1990s. " *Moody's Municipal Issues.* [Moody's Investors Service] Vol. 8, No. 1, pp. 1 –7.

Kirshbaum, Donald, 1992. Treasurer's Office State of Connecticut Formerly Executive Director of Bridgeport Financial Review Board. Interviews with Author, February 18, Hartford, and by Telephone, May 12.

Lamphere, Amy, 1990. "Cities Seeing Red. " *City & State*, Vol. 19 (November), pp. 1, 35.

Lewis, Carol W. , 1994. "Municipal Bankruptcy and the States: Authorization to File under Chapter 9. " Urban Affair Quarterly, Forthcoming.

Lomuscio, James, 1992. "Another View of Bridgeport's Problems. " New York Times (March 1), P. CN3. An Interview with Bridgeport Mayor Joseph P. Ganim.

Mackey, Scott R. , 1993. State Programs to Assist Distressed Local Governments. Denver National Conference of State Legislatures.

MacManus, Susan A. , Jessie M. Rattley, Patrick J. Ungaro, William R. Brown, Jr. , Scott O'Dannell, Donald L. 'Pat' Shalmy, Norm Hickey, Denies Jubell, 1989. "A Decade of Decline: A Longitudinal Look at Big City and Big County Strategies to Cope with Declining Revenues. " *International Journal of Public Administration*, Vol. 12, pp. 749 –796.

Moody's Investors Service, 1993. "Key Factors in Moody's Credit Analysis of Tax –Supported Debt. " *Perspective on Municipal Issues. Moody's Investors Service, Inc.*

Robinson, Richard, 1992. Finance Director during Bankruptcy Filing and Through Spring 1992 of Bridgeport, CT. Interview with Author, February 11, Bridgeport, and by Telephone, May 19.

Rubin, Irene. S. , 1993. The Politics of Public Budgeting. 2nd ed. Chacham, NJ: Chatham House. Savicsky, Linda, 1992. Director of Municipal Finance Services, Office of Policy and Management, State of Connecticut, and executive director of Bridgeport Financial Review Board. Personal and Telephone Interviews with Author, February – September.

Sbragia, Alberta. M. , 1992. "Politics, Local Government, and the Municipal Bond Market." In Dennis Judd and Paul Kantor, eds. , *Enduring Tensions in Urban Politics*. New York: Macmillan, pp. 583 – 594.

—1983. The Municipal Money Chase: The Politics of Municipal Finance. Boulder: Westview Press.

Scheffey, Thomas, 1991a. "Bankruptcy Trial: State's Case Deflates." *The Connecticut Law Tribune* (July 29), pp. 1, 14 – 15.

—1991b. "Shiff: Bridgeport's Too Rich to Go Broke." *The Connecticut Law Tribune* (August 5), pp. 1, 16 – 17.

—1991c. "Postmortem on Bridgeport's Bankruptcy." *The Connecticut Law Tribune* (November 25), P. 1.

Shaw, George B. , 1904. The Common Sense of Municipal Trading. Westminster: A. Constable & Co.

Shiff, Alan H. W. , 1991a. 129 B. R. 339 (Bankr. D. Conn,). Bankruptcy court judge. Memorandum and Order on the Objection of the State of Connecticut to Chapter 9 Petition, July 22.

—1991b. 129 B. R. 339 (Bankr. D. Conn.). Memorandum and Second Order on the Objection of the State of Connecticut to Chapter 9 Petition. August 1.

Standard & Poor's, 1989. SAP's Municipal Finance Criteria. New York Standard & Poor's.

—1993. Standard & Poor's Municipal Finance Criteria. New York: Standard & Poor's.

U. S. Department of Commerce, Bureau of the Census, 1991. Statistical Abstract of the United States, 111 th ed. Washington D. C. : Government Printing Office.

U. S. General Accounting Office, 1992. Intergovernmental Relations, Changing Patterns in State – Local Finances. GAO/HRD – 92 – 87FS. Washington D. C. : GAO.

—1993a. Balanced Budget Requirements, State Experiences and Implications for the Federal Government. GAO/AFMD – 93 – 58BR. Washington D. C. : GAO.

—1993b. State and Local Finances, Same Jurisdictions Confronted by Short- and Long-term Problems. GAO/HRD094 – 1. Washington D. C. : GAO.

Webber, C and Aaron Wildavsky, 1986. A History of Taxation and Expenditure in the Western World. New York: Simon and Schuster.

Wildavsky, Aaron, 1992. The New Politics of the Budgetary Process, 2nd ed. New York: Harper Collins.

Winograd, Barry, 1985. "San Jose Revisited: A Proposal for Negotiated Modification of Public Sector Bargaining Agreements Rejected Under Chapter 9 of the Bankruptcy Code." Hastings L. J. , Vol. 37 (November), pp. 231 – 333.

Wolman, Harold, 1983. "Understanding Local Government Responses to Fiscal Pressure: A Cross – national Analysis." *Journal of Public Policy*, Vol. 3, pp. 245 – 264.

—1992. "Urban Fiscal Stress." *Urban Affairs Quarterly*, Vol. 27 (3), pp. 470 – 481.

第三十二章
联邦预算概念——明线或黑洞？*

托马斯·J. 库尼（Thomas J. Cuny）

442 联邦预算概念构成了联邦预算记录交易方式的明确的基本原理或原则集合。它们是会计准则的预算等价物。

与会计准则一样，预算概念也是工具。它们必须涵盖多种不同的条件，为以合理的方式排列各种各样的交易提供指导，以“挂在一起”将本来基本上是随机数字的内容转换为连贯且易懂的结构。

但是，数据不仅必须以可理解的方式排列，而且必须与排列的目的密切相关。例如，会计准则旨在向所有者、管理者和公众提供关于公司或其他经济实体的财务运作和状况的信息。它们告诉所有者、投资者、管理者以及其他人有关该实体运营的收入、支出、净值及其他相关财务数据。

以类似的方式，预算概念旨在以与预算的性质和用途密切相关的方式指导一系列预算数据的排列。

预算概念受制于滥用（即努力创造逃避机制和其他形式的操纵，削弱了制度的基本原理）。就像人们可以阅读主要报纸的商业版面并看公司如何操纵它们的公开报告（表面上在会计准则所规定的指导范围内），任何遵循预算过程排列的人都可以看到类似的努力去扭曲、扭转、修改、重新定义或以其他方式滥用预算概念，以获得与预算（或经济）现实不一致的记录预

---

* From Public Budgeting and Finance, Vol. 18, No. 2 (Summer 1998), 94 - 132. Copyright© 1998 by Public Financial Publications, Inc. Reprinted with Permission.

算结果。

本文探讨了一些联邦预算概念，首先从财权的基本原则出发，进而研究控制联邦预算运作的一系列要素。为此，我们需要解决两个问题：“为什么联邦预算概念独一无二？”和“联邦预算的本质是什么？”，然后继续系统地分析一些（但远非全部）关键预算概念和分类问题。

在这个过程中，我们将作出不同的尝试——一些成功了，一些失败了—— 443
来破坏或逃避这些限制。逃避的原因是多方面的，但它们通常归结为一个基本原理——逃避的支持者相信他们偏好的政策结果太重要，不能允许它们为了通过正常的预算过程并且符合正常的预算规则而遭受挫败。

为什么联邦预算概念独一无二？

人们必定想知道是否有任何关于独一无二的联邦预算概念的理由。毕竟，美国有五十个州和几千个地方政府——联邦政府就不能遵循它们的规范吗？

部分的答案是州和地方政府并没有一套独一无二的规范——它们根据历史事件和当地传统呈现出众多不同的模式。更重要的是，在本文的过程中将会清楚地看到，联邦政府的权力和责任大大超过了任何州政府，即使有州政府的规范，对联邦政府来说也不一定充分。我们在联邦会计规范方面遇到同样的情况。多年来，联邦政府都试图遵守州和地方政府的一般会计准则，其结果是会计报告基本上无法使用。联邦政府成立了联邦会计准则咨询委员会（Federal Accounting Standards Advisory Board）来解决这个问题。[1]

联邦预算的本质是什么？

宪法背后的自由民主社会的目标是确定联邦预算概念的核心。研究这些概念的一个有用的起点是在三十多年前发布的一份报告——《总统预算概念委员会报告》（The Report of the President's Commission on Budget Concepts）。[2] 在该报告第2页中提出了“预算概念”的问题，并且它列出了以下几点：

美国的预算是什么？从根本上说，它提出了联邦政府来年的财务计划的基本要素。这个计划有很多方面，必须有很多目的：

• 它列出了总统向国会提出的有关新计划、拨款和收入立法变更的请求。

• 它建议在私营部门和公共部门之间以及在公共部门内部服务于国家目标的资源分配。

• 它体现了政府促进充分就业、价格稳定、国民经济健康发展、国际收支平衡的财政政策。

• 它为联邦政府计划的执行和机构管理提供基础；它为国库管理现金资源和公共债务提供了所需的信息。

• 它向公众提供私营企业、劳工、农业和其他群体，以及公民对公众资金和资源的政府管理情况的有信息依据的评估所必需的国民经济信息。

444 从额外的三十年经验的视角来看这个清单，人们可以看出，在某些方面它太狭窄了，在其他方面它太宽泛了，但是——总的来说——它集中在正确的点上。例子包括：

• 该定义使得“预算”听起来好像仅仅是总统在每年 1 月或 2 月发布的一份文件或文件集合（及其中包含的数据）。实际上，正如下面将要讨论的那样，“预算”既是一个文件或文件集也是一个过程。

• 该定义使得“预算”的重点几乎完全集中在一年——即将到来的财政年度。实际上，“预算”包括过去交易的信息，在过去的二十五年里，它已经将重点集中在多年期的未来问题上。

• 该定义给作为一种经济规划工具的预算带来了更大的可信度，事实上比已证明的更甚。该报告是在凯恩斯主义经济学鼎盛时期写成的，当时人们普遍认为政府可以通过财政政策解决我们大部分的宏观经济问题。回想起来，我们对政府能够做些什么变得更加谦虚。

• 该定义（虽然不是完整的报告）几乎完全集中在行政部门（即总统和他的下属）。然而，在宪政理论和实践中，立法部门是预算运作的核心。

尽管有这些警告，但对于预算角色的定义是我们分析的一个很好的起点。鉴于我们在使用预算方面已经有了三十年的额外经验，根据这种经验来完善这些问题并不是什么错误。

联邦预算比一份文件更为广泛

“联邦预算”不仅仅是每年1月份或2月份由总统发布的一份文件或一套文件。相反，它是计划、提议、授权、衡量、控制和报告联邦财政活动的整个系统（或过程）。[3] 这一过程中的“参与者”不仅包括总统、国会和各机构，而且包括公众——支持政府并由政府服务的公民、选民和纳税人。

因此，“联邦预算”至少为五个独立但密切相关的过程或活动提供服务：

1. 在我们的共和国，宪法将“财权”（power of the purse）赋予分散的官员团体：总统和国会共同行使这一权力，因为财权必须通过法律的制定和执行来行使。

预算的核心是它是一个决策制定工具——有关法定机构决定采取哪些计划和活动，何地、何时、如何以及用多少数量的资源进行这些活动，以及利用哪些税收和其他收入来源来为这些计划提供资金的基本机制。

从这个意义上说，“预算”是适当选举和任命的官员来行使授权和管理联邦财政活动和相关交易（如管理现金余额、借款和偿还债务）的行动的总和。

反过来，这些官员就是人民的代表——他们对公民和选民负责执行公职。这对预算分类和报告具有重要意义：预算不仅仅是公职人员用来开展工 445
作的工具，而且是公职人员向人民报送履职账单的关键工具。

2. 预算活动的开展不是一些随机的财务活动。为了实现预算的多重目的，它必须拥有一个授权和控制过程，其中包括一个分类系统：（a）包括所有联邦财政活动，（b）对决策有意义，以及（c）允许和要求类似的交易以类似的方式分类。

因此，X部门必须按照与Y部门类似的方式对交易进行分类，以便所有相关方都能理解正在发生的事情，全面比较交易情况，并确保交易既有效地执行，又符合法律规定。

3. 授权和控制过程中的一个重要元素是它允许并且确实促使总统和国

会做出明确的选择和权衡。

一个基本的考虑是需要确保预算过程中的所有合法参与者（在我们的共和国包括纳税人和选民）都能理解各机构作出的分配决定（即可以看到联邦财政活动的大小、组成以及时间安排，并可以利用这些信息对他们的代理人——总统、国会和其他官员——如何从事公共事务做出理性判断）。

4. 反过来，预算（以上述定义的广义来说）必须对联邦财政活动的行为提供适当的控制。

从宪政的意义上讲，控制意味着政府遵循联邦活动依法进行的要求。

不是要由国内收入署（Internal Revenue Service）决定每个特定的个人今年需要缴纳多少所得税，国内收入署和纳税人是按照法律要求进行对冲的，因此每一方都应该能够计算确定的总和，这使得纳税人的所得税义务符合国法。

同样地，承付和支出的金额以及承付义务的目的应与行政、立法或司法部门的法定权力相一致以履行义务。为了确保遵守法律，义务和支出——以及服务的绩效或引起义务的其他因素——都应该发生在允许交易各方（包括纳税人和选民）知道发生了什么的计量和分类体系之下。除其他因素外，机构审计师和审计总署（General Accounting Office）都应该能够检查这些账簿，并确定收款和支出是否以按照法律要求的方式进行。[4]

当然，控制最终必须与国会和总统的行动相关联。这意味着，例如，预算必须全程（而非事后）记录（记载）进行预算交易的权力。例如，考虑一下我们将在本文后面讨论的其中一个问题——资本投资问题。从预算控制意义上讲，在折旧的基础上记录资本投资成本是“毫不费力”的，因为在发生折旧时不可能控制成本。因此，在成本可以控制之时——在收购过程之前和期间，而不是在收购已经发生之后，记录和控制资本投资成本对预算来说非常重要。

5. 报告也是这一过程的关键部分。联邦政府筹集和支出的资金来自公众——主要来自这个国家的公民和选民——他们有权知道政府用他们的钱做
446 了些什么。国会和总统同样具有法律权利和义务，以确保法律得到忠实执行，并且只有在预算制度提供充分的财政结果报告时才能履行其职责。因此，适当的报告不仅包括要求计划管理者提供明确的证据表明他们以符合法

律要求的方式开展了计划，而且包括要求他们有义务提供有关计划成果的信息——我们花费了什么，我们收到了什么回报？

适当的报告还包括向公众提供关于公共财政的全面、清晰和统一的报告，包括有关这些活动对政府（和国家）长期财政状况（或条件）的影响的信息。报告应该能够回答以下问题：我们是否出现了赤字并增加了债务？我们是否建立了将在未来几年为公众服务的资产（物质资本或人力资本）？我们是否以“维护国内安宁，提供共同防御，促进大众福利”的方式开展公共事业？

从这个角度来看，“预算”是政府融资的核心，同时满足宪法要求和适当的法定权威（总统、国会和其他高级官员）制定的具体要求以满足我们国家的需要，而且向人民提供有关政府使用其资金的方式的充分报告至关重要。

这是否意味着所有的联邦资金流本质上都是预算性的？

所有联邦资金流（即所有属于联邦政府官员控制范围内的官方资金）都属于广泛的分类、控制和报告系统，但并非所有这些资金都在本质上需要作为预算交易（即收入或支出）进行报告。“预算”的核心是使用“财权”——分配公共资金或其他资源来执行政府计划，以及征收税收或其他收入来为这些支出提供资金。但是，有许多相关的财务交易不应该像预算交易一样对待。

（a）借款和债务偿还属于非预算性质，因为这些交易是赤字融资或处理盈余的主要手段。将借款或债务偿还界定为预算性的意味着抛开“盈余”“平衡预算”和“赤字”的含义进行界定。[5]

（b）自信贷改革以来，联邦直接贷款的补贴价值在贷款发放时计入预算，而联邦直接贷款的未补贴部分为非预算性的。贷款的未补贴部分是借贷或债务偿还的反面——它们使政府的财政状况与政府未进行信贷交易时的情况完全相同（即，它们只是改变现金持有的形式）。[6] 按照同样的逻辑，贷款担保的补贴价值在担保生效时计入预算，即使相关的现金支出将在未来某个日期发生。[7]

这种方法符合《总统预算概念委员会报告》的逻辑。从报告发布到信贷改革付诸行动之间存在很长的间隔——由于技术和政治两方面原因——但信贷改革正朝着正确的方向发展（即因为它朝着在资源分配时记录其成本的方向发展，并且可以控制它们）。

447 （c）财政部与美联储或约定银行之间的联邦资金转移也属于非预算性质。这些交易只是改变了现金的存储形式，因此它们既不是收入也不是支出。反过来，当向政府支付的款项存入美联储或约定银行的政府账户时，这些收款就构成了政府收到的现金，并且这些账户开具的支票被视为支出。

（d）有一系列其他的联邦资金流动是非预算性质的。这些包括，例如，存款或暂记账户。这种性质的资金包括来自联邦雇员工资中尚未转移给州的预扣州级所得税，以及联邦雇员工资中用于联邦债券投资但尚未投资的预扣资金。

因此，大量的联邦资金交易被适当地归类为非预算性的（即它们不流经预算中记录的收入或支出），但仍属于与预算有关的报告的一部分。[8] 事实上，这正是嵌入预算文件和相关财政报告中的“筹资手段”的目的。

总之，如果预算分类和报告制度要符合宪法的意图，它必须清晰、准确、有意义、全面和一致才能在这种情况下可行。

政治过程的性质是什么？

可以很容易地看出，预算过程包括众多不同的参与者——总统、国会两院和各委员会及其成员、各部门和机构的负责人及其下属、司法机构以及（不是微不足道的）公民、居民和作为被称为美利坚合众国的政治团体成员的选民。

鉴于不同人员组成的集合体参与这一过程，“预算”必须满足多种不同的观点、利益和关切。

- 人们并不认为国防部部长会担心预算是否平衡，但人们希望他关心我们国防的充分性。
- 相比之下，人们并不期待卫生与公众服务部（Health and Human Services）部长会担心我们的国防工作——这是别人的工作——但是卫生与公众服务部部长必须关心医疗保险、医疗补助及其管辖的其他活动。

- 对总统、国会成员以及一般公众来说也是如此。我们每个人都与别人不同，我们每个人都有专门的关切和一系列优先事项，它们（对我们而言）超过其他人的优先事项和关切。

由于我们所关心的是联邦财政活动的实施，“预算”（广义上）是解决这些差异的舞台。

我们看到正在发生什么?

众多的个人和团体——无论是选举产生的还是被任命的官员、联邦雇员、公民个人，或任何人——都在寻求游戏过程。他们正在试图让他们心仪的计划在社会等级上比其竞争计划更高。 448

如果有人试图以牺牲 yy 计划为代价来获得对 XX 计划更大的拨款，这当然就是财权所指的过程。“游戏过程”是当人们使用诡计、不适当的机制或其他方式来获得更有利对待以获得更中意的结果。随着本文的进一步深入，这种区别将变得更加清晰。

一、指定税收与支出的预算

当然，预算概念允许国会和总统——通过立法——为某些计划提供优先资助地位。[9] 无论何时，国会和总统通过法律提供自动机制来资助计划（例如社会保障）从而保护这些计划免受大部分预算交易的影响，这与联邦预算概念完全一致。在其他情况下，法律规定了资助优先排序的推定（如大多数使用者付费资助计划的情况），但根据法律措辞的方式，这种推定可能会也可能不会实际上转化为预算配给过程中的优先资格。[10]

由于根据联邦预算概念给予优先地位是合法的，什么构成非法的“游戏”？这是任何允许通过后门进行相关支出（或融资）的方法。我们有预算筹资的标准方式，只要遵循这些标准，辩论就局限于政府是否应该开展活动、何时开展活动、多大规模等所有与预算辩论相关的问题。当法律的晦涩规定凌驾于正常程序（例如隐藏在综合立法中的规定，以及例如本质上要求预算陈述误报正在发生的事实的规定）时，这种方法是非法的（根据预算概念）。随着本文的进一步深入，我们将看到这些操作的例子。

重要的是要认识到，给予诸如社会保障这样的计划以特别处理并不意味着这些计划因此变成了不具有预算性质的计划——它们本质上与所得税征收、军事人员支出、对州级的资助或联邦调查局（Federal Bureau of Investigation）运营成本一样都是预算性的。

> 啊哈，专项基金（社会保险、公路基金等等）的支持者们说，这些不是政府的资金——它们是根据庄严的义务征缴的，并被用于它们所征缴的目的。我们不应该——实际上，我们不能——将这些资金列为预算的一部分。预算概念正在误导公众。

预算概念的回应是说联邦预算中的大多数专项资金确实按法律划定为“信托基金”。但是，正如在年度预算文件中所解释的那样，“信托基金”一词在联邦预算语境中的用法与私营部门常用的方式不同——它们是名义上的信托基金，但事实上并非如此[11]（这种贴错标签本身是不合法的，但是这种做法太过分了，任何人都不能合理地希望我们可以在预算编制活动中接受一个会改变它的真相）。

联邦预算概念侧重于交易的性质，他们说如果这些资金是受益人的合法财产并由政府以信托形式持有（即在一项信托资产中，受托人不能自由变更规则，但需要根据信托条款来管理资金），这些资金不属于预算。这是因为联邦预算是联邦政府的预算——它应该局限于政府的财政活动，而政府单纯以信托形式持有的私人资金的管理不构成联邦财政活动。

然而，预算记录为“信托基金”的几乎所有计划的性质都是指定交易发生在联邦法律下的专项基金。[12]为这些计划提供资金的收入一般在法律强
449 制下进入财政部，它们以法律规定的任何形式持有，以法律要求的时间与对象进行开支，法律可以变更以规定不同的结果，有时还具有追溯效力（因此，这些计划的保障并非基于信托关系，而是基于政治承诺。政治过程可以带来什么，它就可以带走什么）。因此，无论这些计划的标签如何，这种性质的基金都属于联邦预算。

鉴于这些基金的特殊保护状况，适当的预算分类要求以突出它们与其他联邦财政活动分离的方式报告这些交易。然而，将这些计划从预算中排除是一种误导（正如在统一预算通过之前几十年所做的那样），因为这样做会大大低估联邦政府通过税收和支出分配的全部资源。这也会误导联邦税收和支出的构成以及预算对通过借款或其他方式为联邦财政活动提供资金的影响。

但是社会保障（即联邦老年人、幸存者和残疾保险基金）呢？法律明确要求它们“不在预算内”。预算编制团体通过什么活动将这些计划与总额相关联，并将重点放在这些总额上？你不是在违法吗？

不是。预算文件（行政部门发布的和立法部门发布的）充分认识到法律的要求，并且认真地将社会保障标记为“预算外”。然而，预算文件也认识到宪法（以及常识上）对于报告政府税收和支出的全部规模和范围的重要性。为此，预算文件将预算内和预算外资金合并为整合后的总额，并将重点放在整合后的数字上。

总而言之，预算在可能的范围内侧重于财政现实，而不是法律假定。在实践中，法律假定时不时地受到控制。任何精读以往预算文件的人都可以找到许多案例——例如邮政服务基金，农村电气化基金，农村电话银行和联邦融资银行（Federal Financing Bank，FFB）——它们一度根据法律或行政决定被排除在预算之外并不包括在总额。[11]然而最终（1）预算从业人员想出了一种办法来克服这种方法造成的大部分损害（通过创建预算加上预算外合计数，并侧重于更广泛的总额）；（2）随后的立法废除了大部分这些计划的预算外状况（但它将社会保障置于预算外状况）。[14]

二、资本投资预算

但是，其他评论家问，资本预算又如何呢？将预算中的资本成本计算在内是好的，但是应当在资本是真实成本的时候（即当它折旧或被耗尽时）而不是资本投资的时候来计算成本。毕竟，资本投资只不过是资产形式的变化——现金被用于实物（或其他）

资产的交换，使政府处于与投资前相同的财政状态。

从联邦预算概念来说不是这样的。为了充分理解目前做法的原因，我们需要考虑联邦预算的几个方面以及联邦资本投资的几个方面。[15]

预算方面

从前面的讨论应该可以看出，预算有很多目的。为了完成其多方面的目
450 标，一个观点——事实上根据总统预算概念委员会的报告（以及之前关于宪法的论点）是压倒一切的方面观点——是预算应该包含全面的联邦财政活动。任何不全面的情况都会违背预算控制联邦收入和支出（费用）并充分报告联邦收支的大小、范围和构成以及由此产生的盈余或赤字的能力。

但是，还应该清楚的是，预算概念可以适应大范围的预算控制差异。如果国会和总统决定从大多数控制机制中排除计划 X（比如说公路建设的联邦拨款），那就完全符合联邦预算概念。这些概念所不允许的是花费这些款项、在支出发生以及国会和总统能够控制它们的时候计算它们。

更具体地说，总统和国会经常发现自己处于一种束缚之中，因为他们希望实施的支出总额超过了他们认为可用的支出总额。[16]这与大多数家庭没有什么不同，当然——我们大多数人都有我们想要得到满足的“未满足的需求”，但我们必须作出选择并以我们的方式生活，否则会遭受其后果。对于联邦政府来说也是如此——对支出的要求总是大大超过我们认为是谨慎的总数。

联邦政府有三种选择：（1）增加收入（大多数情况下是税收）；（2）将具体计划的支出保持在与可接受总额兼容的水平上（如配给支出）；或者（3）接受与政治领导层认为的审慎数额不相符的赤字。一些个人和团体认为他们所想的是第四种选择：通过不计算一些支出来确定问题。预算概念拒绝第四种选择，认为它是不可接受的——它等于采用第三种选择，但试图隐藏其结果。

因此，联邦预算概念中并没有提到国会和总统如何决定税收、其他收入来源和支出的总量或构成——它们只是说，在收到或支出资金的时候必须记录它——别作弊。

> 但是，资本预算倡导者断言，这只是一个观点，因为货币融资资本是投资而不是支出（就像贷款的无担保价值是货币资产的交换而不是支出），我们应该以摊销或折旧基础计算资本投资，而不是在我们投资时计入预算费用。

联邦预算概念再次不同意。基本上没有那种折旧对任何形式的预算有意义的案例。[17]然而，对于许多经济实体——家庭、私人企业、州和地方政府——在摊销基础上（即基于借款为资本投资提供资金的能力进行预算，并支付到期借款的利息和本金）对重大资本投资提供融资支持经常是（但并非总是）有意义的。然而，联邦政府的性质（包括其权力和大部分投资）要求在投资发生时将这些投资的成本计算在内，而不是按摊销基础将成本记入预算。

人们只需看一下预算历史数据表就可以发现，在过去的几十年里，联邦政府出现了巨大的年度和累积赤字（不仅以绝对值计算，而且还与我们的经济基础——GDP 相比）。没有一个州可以伴随着巨额赤字正常运行。不仅大多数州对赤字和借款进行宪法限制，而且每个州都在效仿该政策，市场很快就会拒绝来自风险太大的州的新债券。那不是以前，也不是现在，与联邦债务相伴发生的情况，因为整个经济体的力量在支撑这种债务。[18]

权力。我们有一个全国性政府，与五十个州政府、几千个县和数以万计 451
的城市、特区和其他政治辖区相对应。这个政府是拥有最高统治权的，因为没有下级辖区是至高无上的。选民、州宪法和货币市场都提供对州和地方借款的检查，而各州通常会限制其下属辖区借款的能力。因此，如果一个州或一个城市出现问题，就会有各种检查来约束可能的滥用。[19]然而，对于国家政府来说，存在一个老问题："谁来监管警察"？

国会和总统共同拥有一定程度的权力，国内任何其他机构（或任何可能的机构组合）都无法匹敌。例如，就我们所看到的社会保障而言，所需要的只是法律从预算中排除一项活动，并且该项目就从所报告的预算总额中消失。[20]对借贷没有宪法限制，没有监督机构可以限制借款的权力（国会和总统除外），并且由于联邦债务本质上没有违约风险，因此信贷市场运行中不会受到其对州和地方借款施加的那样的约束。

当然，所有民主国家的政府都受到选民投票“罢免差劲的人”权力的限制，但是政府层级越高，就越脱离民意控制，混淆政府支出的机会就越多。也就是说，华盛顿比州级首府更远离公众，地方政府更加接近人民。此外，由于联邦政府的规模和财政运作的复杂性，它混淆的机会相比较低级别的政府普遍存在的范围要广泛得多，并且它控制了更多的资金。因此，相比于较低级别的政府，要花费更多的努力来查明联邦政府的欺诈行为——或者要求联邦政府官员负责，而且受到滥用的资金总量要大得多。

因此，如果下级官员“陷入困境”，损失在本质上受限于其权力范围。相反，联邦政府的严重错误会给整个国家带来灾难性的后果。

责任。州和地方政府的责任比联邦政府的责任要严格得多。联邦责任包括：（a）维护国内安宁，（b）提供共同防御，（c）促进大众福利，以及（d）处理外交事务等。的确，在很大程度上，各州和地方政府都承担着许多这些责任（国防和外交事务除外），但是它们在承诺财政资源的程度方面受到的限制比联邦政府更多。

在联邦一级，这些责任是如此开放以致令人惊叹。举一个简单的例子：

> 随着美国从十二年的大萧条与四年的第二次世界大战中走出来，美国担心可能会陷入另一次萧条。此外，有一种概念在政界越来越受欢迎，即采用凯恩斯经济学可以防止这种情况发生（或者至少减轻损害并加速从这种可能性中恢复）。因此，国会和总统同意颁布1946年《就业法案》——这是一项允许联邦政府利用其权力促进最大可行就业（即最大限度地减少失业）的法案。要实现这一目标需要做些什么？没有人知道——但立法已经通过要求联邦政府来做到这一点。没有任何州（也没有任何州的组合）认为它有类似的权力——但联邦政府通过了这项立法，并花费了大量的财政资源来寻求兑现这些承诺。

452 或者，考虑联邦社会保险计划的规模和范围（社会保险，医疗保险，失业保险等）。各州的确参与一部分（比如失业保险）并拥有一些独立的计划（如工人补偿），但联邦政府的承诺远大于所有州和地方政府在这方面的承诺。

总而言之，联邦政府的权力和责任就是这样的，与州（或私人企业或个人）的资本预算规范处于不同的联盟中，并且应当相应地评估与其有关的规则。毕竟，如果州、企业和个人不从当前收入、其他净现金流入或者累计余额中为资本投资提供资金，它们必须通过借贷为它们提供资金——除了全国性政府外，对所有政府都施加了有效的限制。

联邦资本投资的性质

人们经常认为资本投资是投资——而不是支出——因为投资者将资金或其他金融资产换成等值的有形资产。尽管这种观点一般对私人投资是合法的，但它忽略了联邦投资的主要性质。

联邦政府作出什么形式的投资?

- 为了提供共同防御，联邦政府每年投入数百亿美元用于武器系统的研发，然后每年花费数百亿美元购买这些武器系统，然后再投入数百亿美元运作它们。的确，我们大多数人认为我们需要这样的研发、采购和运营。然而，这种投资并不会增加我们的经济基础，也不会以经济上有效的方式进行自由处置（我们许多"过剩"武器系统的唯一可能的投标者将是我们的潜在敌人）。
- 联邦政府每年还以人力资本（教育，培训等）的形式投资数百亿美元，非防务研发，并向州、地方和非营利组织提供物质和人力资本拨款。显然，我们希望这种投资能够增加我们国家的财富，但它们是否构成联邦资产?如果州、地方或私营企业要进行类似的支付，它们是否会将这些资产计入资产负债表中?[22]
- 总之，可能被广泛称为联邦资本投资的一小部分（可能不到5%）是合理依赖于资产负债表的东西。其余部分将会——并且应该——作为经常性支出注销。

好的——可能是这样的，联邦资本预算的不情愿支持者说。但是，不是仍然有强有力的实例将剩余部分分类为应按摊销基础（摊销率与折旧率密切相关）计入预算的资本投资吗?

如果所有其他的事情都平等，可能是这样的。但是，并不是所有其他事情都平等。预算与会计之间的一个主要区别是预算具有前瞻性，侧重于决策和控制，而会计是追溯性的，侧重于过往事件的结果。如果我们没有在可以控制的时候记录“投资”的成本，那么我们将预算从控制资本支出的机制
453 转化为仅仅考虑沉没成本的机制。例如，在完成250亿美元的空间站建设之后，人们对于减少建设其成本几乎没有什么作为。可以控制成本的唯一时间是授权和建造设施的时候。人们会犯错，有时候人们会浪费钱。当他们这样做时，他们必须承担后果。同样，企业会犯错误，浪费资金，他们必须承担后果。在每种情况下，都有一条学习曲线——如果我们犯错一次，下一次我们可能会更加小心。同样，州和地方政府犯错误，有时候浪费资金——由选民决定要治好这个问题或与之共处。但联邦政府呢?

政治生活的一个事实是，对大多数坐在办公室的人来说，为了目前的选民花费的一美元比花在未来选民身上的更高的数额更值得（特别是因为目前的选民是唯一在当前选举中投票的人)。因此，“猪肉桶”（pork barrel）一词尤其是联邦政府关心的问题。猪肉桶通常具有浪费的内涵——但是从谁的角度来看浪费?如果从国家的长远角度来看是“浪费”的东西可以帮助一个特定的政治家（或政治家团体）获得连任，那么从他们狭隘的角度上来看这些钱就没有浪费。通过要求将资本投资记录在前端，至少预算要求国会和总统在其可以被控制的时候承受这些“投资”的赤字影响的压力。延迟的成本识别反过来又增加了猪肉桶支出的便利性。

总而言之，为了理解联邦政府的权力、责任以及推动政治进程的压力的性质，总统预算概念委员会强烈支持传统的在作出投资（并可以控制）的时候将资本投资成本计算为预算支出的做法，而不是以折旧（或摊销）为基础计入预算。[23]

> 罗纳德·里根大厦——一个“成功”逃离资本投资正常预算评分的例子。(参见华盛顿邮报，1997年11月16日和17日，第A-1页，分析这一建筑方案，1997年11月23日，第C-7页，参议员莫伊尼汉(Moynihan)的答复。)

背景。1986 年，特伦斯·戈登（Terence Golden）被任命为总务管理局（General Services Administration，GSA）的负责人。据邮报报道，戈登"痴迷于他认为的政府以每年 3.29 亿美元的租金支付大华盛顿区过半的联邦工人住房的短视行为。"[24]

反过来，被称为联邦城市委员会（Federal City Council）的民事和商业集团的执行副总裁肯尼斯·斯帕克斯（Kenneth Sparks）向戈登提出了在华盛顿特区建设一个大型国际贸易中心的想法（即结合国际事务相关机构与具有国际导向的私人团体的办公空间的联邦办公大厦）。[25]

戈登同意了将这个想法作为他担忧问题的一个局部治疗方法（绕过了正常的预算过程），然后他接洽时任参议院负责监督公共建筑的小组委员会主席参议员莫伊尼汉，并提供了这个表面上的租赁购买提议。[26]

基本想法是由联邦政府安排大厦建设作为联邦三角（Federal Triangle）的最后一个环节，但这样做的目的是以这种方式绕过正常的预算和管理流程。一个新的实体（国际贸易中心委员会）、宾夕法尼亚大道发展公司（一个现有的联邦机构，这个机构是为了监督联邦三角的发展而建立的）和 GSA 创建了一个令人费解的监督体系。

从理论上讲，这是一次租赁购买，私人企业家将自己的资本置于风险之中，期望他们能够找到足够的联邦和非联邦租户来使该大楼在财务 454
上可行。实际上，这种租赁购买是一种幻想——当解读责任线时，它实际上只是一个直接的联邦建设计划（并且它是通过从 FFB 借款来融资的，因为这是在这种情况下最为成本有效的融资来源）。[27]

我们不会详细讨论这个建筑物（阅读邮报的报道是非常值得的），但我们观察到：

正面的。正如参议员莫伊尼汉所指出的那样，这座大楼几乎完工，并且（a）它为联邦三角提供了一个令人印象深刻的终点，而且（b）联邦政府最终拥有了该建筑物——这不是为了租用几十年，然后持续保持私有制。[28]

负面的。（1）从头到尾的整个过程都是一个避开预算概念的骗局。

(2) 该建筑物的建设采用“快速”时间表（可能至少部分是因为担心国会可能会有其他想法并废除授权立法）。因此，施工在设计完成之前就开始了，设计在管理人员知道谁会占用这个空间之前就已经开始了。反过来，当安排租赁时，这导致了巨大的成本超支，并且必须重新设计配置以满足最终租户的需求。

(3) 授权立法创建了一个复杂的监督流程，实际上几乎不可能将任何人认定为对造成成本超支或其他缺陷负责任，但这使政府在几乎任何出错的事情上都要承担经济上的责任。

(4) 政府最终获得了本质上属于公共建筑物的建筑物（即建筑物的大部分费用被用于支付超出办公空间任何需要的巨大建筑特色），但没有国会投票决定建造这样的建筑物（未经国会特别批准，政府不宜创建公共遗迹）。

(5) 原始项目的“国际”理由是虚构的。实际上，这座大楼主要用于负责开展国内项目的机构（当然，这是非常合适的，但它削弱了建筑的原始理念和一些更精细的纪念性功能）。

(6) 超支成本太高，以至于建筑物的价格超过原来估计的2倍。由于这座大楼已经违反了正常预算审查程序，因为这些成本超支现象已经显现出来，大楼再也没有恢复原貌，以便国会进行进一步审查以确定是否应该进行修改。

(7) 该建筑物正在通过GSA的联邦建筑基金（Federal Buildings Fund）进行管理，为支付与该建筑物相关的费用，该基金将要耗尽本用于资助其他联邦建筑物的财政资源。反过来，在该建筑物租用空间的机构必须支付极高的租赁费用，才能向联邦建筑基金支付其费用。

这是否意味着预算必须对联邦资本投资持有固有的偏见？

重要的是要认识到偏见是一条双向的街道——有政治偏见赞成花费
455 “政府的钱”（原文——这是人民的钱）到政客可以吹嘘的宏伟项目。当项目位于由主要支持者代表的州或地区时，这种偏见最为强烈——形成在国家的首都建立公共建筑的政治支持更加困难。

因此，鉴于国会议员想要吹嘘他们为各自的选区带来了多少联邦政府建设的政治倾向，那么联邦资本投资可能存在偏见。

然而，在预算中似乎存在相当大的偏见，不适合采用直接联邦资本投资（代替租赁）用于安置位于国家首都地区，特别是哥伦比亚特区的联邦工作人员（与国会中缺乏特区议会代表有关的偏见）。

这种偏见是因为政府希望使预算看起来尽可能小。[29]假设政府正在考虑出租或购买办公楼。如果我们购买建筑物（按照传统的预算标准），我们会在购买或建造建筑物时预先记录购买的全部成本。相比之下，如果其他人至少名义上持有建筑物，我们可以租赁它并且只能预先记录部分租赁费用。

这种偏见的一个很好的例子是运输部（Department of Transportation，DOT）总部。据推测 DOT 将永远与我们在一起——它是一个开展大规模计划活动的内阁部门，联邦政府可能会无限期地继续这些活动。[30]尽管有这种情况，DOT 仍然使用租用建筑物作为总部，因为政治领导层不愿意为购买 DOT 总部大楼提供预先支付的资金。[31]

联邦预算概念对联邦政府应该制定的资本投资数量问题没有提及（但是，预算概念中没有任何内容是为了鼓励成本低效的资本投资方法。即使有的话，长期租赁或租赁购买对政府来说与直接购买一样具有成本效益的情况也很少，所以很明显，国会和总统未能选择具有成本效益的方法是一个丑闻）。

如果我们有政治意愿，国会和总统有办法弥补对资本投资的假定偏见。在预算评分范围内可以采用各种可能的方法。举例来说，一种方式是提供一个对于建造或获得一个实体建筑的成本的"受保护"类别（类似于对法定支出的保护），该实体建筑需要容纳（a）永久性的机构，但（b）占用租用空间。一种不同的方法是计分变化，即要求计算购买等值基础上的"没有实质性风险"的长期租赁成本（即，它计算提前支付的未来租赁付款的现值）。[32]第三种方法可以是通过政治过程来决定为这种支出设定的目标，并在预算决议过程中为这笔投资支出提供空间。[33]

在国会和总统是否应该在联邦支出范围内创建"受保护"类别以促进更多资本支出的问题上，预算概念完全没有说明。他们只是坚持认为，在发生的时候记入支出——我们认识到如果我们增加了这一类别的支出，我们需要（a）抵消其他类别的减少，（b）按比例增加收入，或者（c）生活在一个更大的真实的（和记录的）赤字下。由总统和国会作出选择。预算概念试图防止的是任何对 1 +2 =3（我们无法独立控制方程两边）这样的事实的排斥。

三、在预算范围内分类

如果我们通过错误分类来废除预算规则，那么世界上所有的预算规则都
456 不会对我们有所帮助。在本节中，我们将介绍有关预算内项目的三个主要分类问题，而下一节将讨论旨在完全避免预算评分的分类（或错误分类）。

问题：滥用退税机制

当 1921 年《预算与会计法案》（Budget and Accounting Act）颁布时，预算规范将退税记为支出。[34]从 1950 年预算开始，这一点发生了变化，以便预算开始记录收入净额。也就是说，税收（和其他）退款记录为抵消（减少）预算收入，而不是计入支出。1950 年预算第 M –11 页包括以下解释：

> 注释——政府收入退款的支付已经从总收入中扣除；此前，它们被报告为支出。纳税人的超额支付并不是真正的政府收入，它们在退还时也不可以作为政府的运营成本。

此外从 1950 年预算开始，国内收入退税的权力变成了“永久无限期拨款”。也就是说，国会不需要采取进一步的行动；IRS 可能并且可以根据法律规定进行任何退款。在 1951 年的预算案之前，将杂项收入和关税退款的权力也转换为永久无限期拨款。[35]

转换的基本原理很简单：并非政府收到的所有资金都属于政府。这些超过应缴税款的资金是“不真实的收入”，因为它们属于付款人；反过来，这些多付款的退款是“不合适的政府运营成本”，因为它们从来不属于政府。

显然，退税和支出之间存在着重要的差别。退税只是返回政府收取的超过合法应付金额的纳税人资金，而支出则是使用公共资金进行支付。反过

来，在预算控制过程中，收入与各种支出类别是分开的类别。

1975年的《税收削减法案》（Tax Reduction Act，P. L. 94－12）规定了“所得税抵免”（EITC）。关于该法案的会议报告描述了这一规定：“收入的10%的税收抵免额最高为400美元，随着所得收入（或调整后的总收入，如果更大的话）从4 000美元增加到8 000美元，抵免金额将从最高金额逐步减至零。”

反过来，该法案指示这些所得收入抵免的“退款”支付，即使在个人抵免超过应纳税额的情况下也是如此。总之，如果这个人的收入足够低，他或她会以退税的名义收到财政部的款项。

经过大量的内部辩论之后，OMB得出结论认为，任何真正的退款支付都是退款，但超过善意退款的任何支付都构成联邦支出。[36]相关支出在1977年和1978年的预算中以这种方式记录。然而，在1977年春季，财政部长和OMB负责人应参议院财政委员会主席的要求，同意只对这种情况予以逆转（即这不是任何其他类似的从纳税人处收取的超额税收的表面退款的先例），这种逆转处理出现在1979年预算案中。

当然，结果是灾难性的：如果OMB/财政部放弃了这样的一项规定，它们怎么能够在其他类似的规定上保持这种观点呢？在1977自然年期间，提 457
出了很多类似的规定（尽管没有颁布）：[37]

- 两位参议员提议立法，向亏损或盈利过低的公司提供“可退还的税收抵免”以使用所有潜在投资税收抵免。拟议立法还将向非营利性医院、大学和其他免税组织提供抵免（支付）。参议员们会将所有这些支付贴上“退款”标签。

- 1977年社会保障法修正案的参议院版本中包含一项提案，要求为大学和职业学校学生提供税收抵免，并向那些税负过低而无法利用抵免的家庭提供现金支付，这些支付被确定为“退税”。

- 参议院版能源法案中包含了六项“可退还税收抵免”，再次包含了过度税负“抵免”，暗示它们也应被视为抵消收入。参议院和众议院预算委员会都明确拒绝了这种会计处理。

在经历了一年的艰难时期之后，行政管理和预算局及财政部在预算委员会的大力支持下扭转了过程，并重新计算了超过税收负债的EITC支付作为支出而不是收入退款。（EITC 目前每年的支出超过 200 亿美元。）

这给我们留下了什么？结果 1997 财政年度的预算收入上限被搁置，因为收入立法要求净的税收增加；结果，收入立法中包含的任何内容都超出了上限。反过来，国会决定将此作为一个通过退税机制而非拨款过程（它归入一个不同的预算控制过程之中）来授权对美国铁路公司（Amtrak）补贴的花钱机会。开支，通过授权 Amtrak 的补贴通过退税机制而不是通过拨款（这是在预算控制流程的不同部分下）来实现。“华盛顿邮报”的文章如下描述了这笔资金：“23 亿美元实际上是一项包括在今年的主要税收法案中的复杂的税收减免。Amtrak 有权从 Amtrak 在 1971 年组建之前的几年内铁路货运税款中扣除损失，高达 23 亿美元。”[38]

扣除 1998 年的损失或随后计算在 1971 年以前支付的税款是否有意义？为了抵消 Amtrak 的损失，是否有理由对 Amtrak 以外的铁路公司缴纳的税款进行假定的“退款”？显然，这不是一个正常的“损失结转”；这只不过是在税收征缴的幌子下花钱——而且花的钱从未被 Amtrack 支付过。

这种荒谬是显而易见的，但更糟糕的是，OMB 和财政部（与 CBO 同意）决定忽略交易性质和标准预算规则，并将这笔支出归类为退税。显然，这样做为更多的支出伪装成收入返还（一种同时增加税收和支出而不记录其幅度的方便方式）打开了闸门。

问题：滥用功能分类

预算包含三种显示联邦支出总额的标准方式：按机构，按功能和子功能，按组成类别。[39]

几十年来，预算已经认识到，按机构划分的支出总额对公众来说没有多大用处，因为机构结构非常特殊。结果，从 20 世纪 40 年代开始，预算开始通过称为功能结构的一组标准来汇总支出数据。这种结构试图以最终目的来
458 概括支出（费用）：国防、国际事务、收入保障、卫生等。传统上预算文件包括两组关于支出的讨论：“预算信息”（和相关联的材料）在不同预算里各不相同，主要集中在政府希望关注的任何一套支出上，而“第 5 部分”陈述是基于功能结构。

这是几十年来的标准用法，因此在总统预算概念委员会的报告发表的时

候，它表示："委员会赞同总统预算中多年来一直遵循的跨越机构以政府支出功能与子功能分类来解释广泛分配政府资源的一般方法"[40]。

功能结构遵循一套标准规则。它（a）涵盖预算的整个支出方面——不会重复计算，也不会遗漏任何组成部分；（b）专注于"大笔资金"——它不关心细节，而是让预算使用者遵循广泛的联邦支出模式；（c）随着时间的推移相对稳定——尽管为了满足新的需求而不断变化结构，但基本结构一直保留下来；相反地，当发生变化时，则修改历史数据以反映可比较的定义；（d）是在预算中对趋势和政策建议进行初步讨论的组织原则。

总而言之，尽管与功能支出相关的基本讨论总是具有一定的政治意义，但数据本身旨在为预算使用者提供连贯的支出（费用）数据表，以便预算使用者掌握联邦支出的规模、构成以及趋势。

"费用构成"结构是一个较新的发展，它按特性关注开支。它提供了防务性/非防务性分割，它提供了向个人或为个人的支付（实质上是现金或实物的收入转移），向州和地方政府的拨款，净利息以及其他费用的数据。构成结构非常适合以美元为基础生成数据，这是其主要用途之一。

总的来说，这些结构都不是用于预算控制（或指导立法）——它们的主要价值是告知读者、新闻媒体和公众，向它们提供有关联邦支出分配的概述。[41]

然而，GIGO（输入垃圾，输出垃圾）的旧规则仍然存在：这些数据的价值仅与其完整性一样好。那么我们看到了什么？

"毒品控制部门负责人不会让五角大楼说不。"[42]事实证明，政府每年花费近10亿美元的国防拨款用于打击毒品的"战争"，这些资金被当作是国防功能支出的一部分。不仅如此，白宫缉毒官员还有权根据五角大楼为了防止毒品进入美国而要求资金（称为"国防"支出）的工作能力证明（或拒绝证明）国防预算。

很明显，这是功能分类的主要滥用。这意味着预算高估了我们在国防上的支出，并且低估了我们在执法和司法（非常重要的非防务功能之一）方面的支出。[正如已故的参议员埃弗雷特·德克森（Everett Dirkson）所说的那样，"这里十亿和那里十亿都是真金白银。"]

从技术上讲，OMB（主要负责维护功能结构）可以声称这种分类与功能结构定义一致，它将子功能051（国防部，军事）定义为包括“整个机构”。[43]然而，这样的包容是在没有发生重大“欺骗”的前提下完成的。鉴于
459 政治过程隐瞒事物的倾向性，在国防部预算中拨付与国防显然没有任何关系的相对较小的资金曾经是（而且现在也是）相当常见的；并且考虑到功能结构对主要趋势和大额资金的关注，人们一致认为，在机构结构中的“国防部，军事”支出与相对较小差异的功能结构之间产生差异会适得其反。然而，8亿美元并不是一个相对较小的差异——显然，预算应该将这笔钱归类为执法和司法功能，而不是国防功能。[44]

问题：将强制收入归类为抵消（而不是政府）收入

关于预算量化的关键分类差异之一是政府收入和抵消收入之间的区别。这一区别类似于上面讨论的退款和支付之间的区别。基本上，预算量化的有效性（即收入和支出的大小及其组成部分）在很大程度上取决于将组成部分分类到正确的类别中。

预算收入的基本概念是政府作为政府的能力而筹集的收入数额（即当他或她提到“税收”时，这大概是普通人的想法）。反过来，预算支出费用也不是总支出的总和。相反，真正的自愿（或商业）运营产生的任何政府收入都会抵消总支出费用从而达到净支出费用数字。

在这两种情况下，工作都是在可比较的基础上衡量政府的规模，并允许比较相对的数量（例如国防支出的比例与执法和司法的比例，或任何特定年份的总收入占经济基础的百分比）。

会发生的是政治过程需要更大的组成部分和更小的总数——一个物质上的（而不是统计噱头）不可能。在预算概念范围内完成这项工作的一种方法是将一些活动从强制性转为自愿性。如果人们被迫缴纳税款来融资，例如公路建设，那么预算概念就说税收属于预算的收入方面。如果政府改变融资机制，以便高速公路通过收费获得融资，用户可以自由支付通行费以便使用高速公路（或自由为避免收费而放弃使用高速公路），则通行费收入属于抵消收入。

当然，几乎任何时候构建这样一条分界线，都不可避免地会有角逐——具有与分界线两端相关的一些特征的交易。反过来，有人必须“提出要

求”——决定总体上“政府”特征占主导地位（因此，收入属于预算收入而不是抵消收入），否则“自愿”特征占主导地位（因此，收入属于抵消性质而非政府性的）。

现实世界的问题在于，低估联邦收入和支出组成部分的规模和相对规模的压力导致偏向于抵消的一致偏见，因此随着时间的推移，这种区别（的重要性，当然，是至关重要的）变得模糊。

确定这一区别的一个方便的公式是，如果联邦政府要求进行一项活动（例如健康和安全检查，肉类和家禽检查或移民或护照许可），然后收取“服务费用”，“费用”来源于政府作为政府的权力，而“费用”属于预算（而不是抵消）收入。但是，当人们检查预算后的预算时（比如1999年预 460
算分析视角文件的表4－1和表4－2），然后追踪费用的分类，就会发现一次又一次地看到对现有“费用”的错误分类，特别是，建议的“费用”的错误分类（即提案将强制收入视为抵消收入）。

在大多数情况下，相对于预算而言，每个“费用”的数额都很小，但累积效应是低估了联邦总收入和支出以及组成部分的规模。

四、预算范围的规避

本节涵盖一个最后（但非常关键的）预算规避形式：伪装联邦计划，假装其费用不属于预算，或者简单地将明显预算性的计划分类为非预算性的。

在联邦预算的历史上，许多措施已被用于允许政府开展预算性活动，但将交易从联邦预算中排除。在统一预算通过之前的几十年中，它们包括：

1. 过于狭隘地界定“预算”（即“行政预算”）。这允许创建税收和支出计划（如社会保障），赋予它们“信托基金”的权利，然后以信托基金不属于行政预算的理由将其排除在预算之外。

2. 创建“政府公司”（如TVA）并宣布它们是不属于预算的“自筹资金”企业。

3. 在大萧条期间，制定不属于预算重点的“紧急支出”计划（即预算侧重于不包括这些支出的“正常”支出）。

4. 用“创造性”的方式借钱并算作收入（即抵消支出）。

5. 建造由特别借款机构出资的军人家庭住房，分期偿还债务时记录支出，而不是在住房建造时记录。

统一预算是为了结束这样的创造性预算，并且在相当程度上它已经做到了。但是，阻止所有这种“创造性”的预算形式远未取得成功。

用于规避统一预算概念的一种机制是简单地宣布特定资金为非联邦资金，因此也是非预算资金。在这方面最严重的弊端是创立了两个政府实体[融资公司（Financing Corporation）和决议资助公司（Resolution Funding Corporation）]，并宣布它们是“政府资助企业”。[46]通过这一过程，政府花费了数十亿美元来承兑储蓄机构没有在支付发生时计入预算支出的失败。

另一个机制是创建联邦融资银行（Federal Financing Bank），作为融资机构借款的“无摩擦的渠道”。由于借贷和债务偿还是“融资手段”（而不是收入或支出），因此这使得 FFB 的支持者可以（根据法律）将 FFB 指定为非预算。反过来，各机构利用 FFB 为一系列信贷和非信贷活动提供资金，并将其成本隐藏在预算之外。[47]（FFB 如今已在预算内，因此现在真正成为一种融资机构借款的无摩擦机制。）

第三种机制仅仅是根据政治协议将预算中的一个账户排除在预算之外。
461 一些基金——主要是农业部的信贷活动加上邮政基金——在一段时间内被移至预算外。这些基金后来全部转回预算内，但邮政基金随后又被移至预算外。

然而，努力拥有你的蛋糕并且吃掉它并没有停止——它们还活着并且很活跃。近年来对联邦预算概念完整性构成的最大威胁是克林顿政府和其他支持国有医疗保健的支持者设计了一项计划，该计划涉及政府接管国家几乎所有医疗保健的融资，但要隐藏大部分资金流向联邦预算之外。[48]

该计划的中心内容是利用联邦政府的权力以这种侵入性方式管制商业，以便政府有效地控制商业行为，但是坚持认为，由于它本质上是“管制”，它并不属于预算。为了理解这个问题，我们需要探索联邦监管权力的性质及其与预算概念的关系。

利用联邦权力监管商业

作为一般规则，联邦预算概念将监管过程的使用视为非预算。这是一个政治判断，我们是否应该拥有或者取消这套或者那套规定，但是这些规定本身就只是规定。这种方法源于两个因素。

首先，宪法授予联邦政府管理州际和国外商业的权力（使用这种权力通常称为联邦授权）。其次，联邦预算是联邦政府的预算——通过它我们寻求记录、衡量和控制联邦政府的财政活动。

因此，预算概念有一个“淘汰筛选”的方法：一项活动要么是联邦财政活动（因此，它属于预算概念的范围），要么不是。显然，商业行为本身并不是联邦财政活动（当然，除非联邦政府本身正在进行商业活动，就像TVA的情况一样）。

一套广泛的联邦授权包括旨在确保国家食品和水供应安全的要求。包括要求这些商品或服务的提供者符合某些安全、清洁等标准，作为被允许向公众提供服务的条件。

预算将这些授权的成果看作本质上是非预算性的——尽管它们经常是实质性的——即它认为它们只是进行非联邦活动的一部分成本。[49]问题在于，是否存在这样的案例，即在使用联邦政府的规制权力的过程中使用联邦政府的权力强制要求某些事情，其侵权程度以至于有关活动属于预算。反过来，如果答案是“是”，则相关问题之一是如何在预算分类和报告系统中报告这些问题。

因此，这个问题的关键在于是否存在（或应该）有任何例外情况来从预算中排除监管权力。

有些人（通常是特定“监管”行动的支持者）对基本问题说“不”。他们认为，从其性质来看，监管是非预算性的，并且没有一种情况下，从授权中获得的资金流动都是预算性的。

联邦预算团体——包括但不限于OMB和CBO——已仔细审查了这个问题，并做出了相反的决定（主要基于上述逻辑的决定）。它们的结论是，“监管”权力的行使只能成为开展预算活动的掩护，而监管的遮羞布不应被接受为隐藏这一现实的手段。

考虑采取替代立场的后果。这意味着我们将从预算这个执行这些服务而创建的机制和流程中拥有一个开放式机制用于隐藏政府财政活动的规模、范 462

围和组成（例如，对于一些聪明的律师、说客或员工来说，设计一个“私人”国防安全公司并不需要太多的考虑，该公司可以接管国防部目前的大部分业务，因此“私有化”并将它们转化为“监管性”而不是“预算性”。只要想一想我们可以做些什么来减少记录的税负的大小，记录的预算大小以及记录的赤字，借贷等等）。[50]

> 但等一下，这些方法的支持者说！你让我们陷入了什么混乱？毕竟，联邦政府几乎影响到我国发生的每一笔金融交易（以及许多非金融交易）。这是否意味着联邦预算中包括整个经济基础（GDP，GNP，或其他）？

要问问题就要回答它。当然不是——我们试图做的是区分现实和法律虚拟。就交易实际上是私人的（或非联邦的）而言，我们当然不希望将它们纳入联邦预算。但是，如果这项活动的实际情况是预算性质的，我们希望在预算范围内抓住它。

> 但是，总统健康计划的支持者表示，在预算中纳入这项活动将会阻碍一场理想的改革！我们绝对不能让这些骗人的“统计专家”阻碍行善。[51]

一种论据认为，政府监管的成本只是进行商业权利代价的一部分。例如，如果政府要求煤矿经营者维持一定的环境标准，那么这个社会是不是只要求这些经营活动承担开展活动的外部成本和内部成本呢？

相反的观点是，授权的许多成本与外部成本无关，但却是政府执行社会政策的隐性成本。因此，例如，当政府要求建筑物包括坡道、电梯和其他特殊设施以使残疾人能够进入时，这种说法认为，这些增加的成本只是政府向一类人提供服务的努力，但这样做的方式是它们的成本不会反映在预算中。

除了“成本”，还有另外一种方法可以影响商业运作。政府（联邦、州和地方各级）在企业能够或不能够做什么、它们可以收取什么价格、它们必须提供什么服务、它们是否可以建立或位于特定区域、它们需要支付的最低工资、它们需要提供的保险福利以及其他与它们的经营有关的其他条例等相关方面行使了大量的监管职能。

确定联邦授权的累积结果（包括开展业务活动方面的成本和自由）是否或者在多大程度上应被视为强迫实体为政府（作为社会的代表），而不是强迫企业支付全部社会运营成本并不是一件容易的事情。

在实践中，我们无法测量（以任何合理的精度）符合联邦授权的附加成本。因此，即使同意这些成本属于预算（显然，这种协议不存在），我们也无法在预算计量基础上获得成本（正在努力估计“监管预算”的这种成本，但这些测量结果缺乏精确性）。因此，在很大程度上，这个问题没有实际意义——在现阶段根本不可能将大多数监管授权的成本包括在预算中。

预算概念的回应是，提案的制定可能的确有效，但是如果这一行动无 463
法承受公众的监督（即如果获得提案的唯一方法是仔细制定形式以掩盖实质内容），为了拥有“更好”的宪政政府，我们必须承担放弃这个“好”的后果。

但是我们听到另外一个说法：“国会和总统拥有制定法律的宪法权利，所以如果法律规定该计划是监管性的（因此是非预算的），预算应该符合法律。”

显然，预算概念技术人员可以被告知“闭嘴”——领导已经做出决定，下属将执行他或她的命令。（事实上，当总统决定假装联邦政府收购占GDP6%的东西——他的国家健康计划——可能被伪装成一项授权时，这似乎正是在OMB和其他行政分支机构发生的事情，因此，不包括在联邦预算中。）幸运的是，CBO并没有受到这种限制——它根据其性质对提案进行了分类，国会基于个案的优点考虑该计划（包括CBO关于该计划无法根据设计得以实行的结论），并决定不将该提案制定为法律。

然而，有句古话“法律是混账”。如果国会选择忽略 CBO，将该提案视为非预算的并制定立法，OMB 和 CBO 都将遵守法律的要求。法律不合适（即立法谎言），但立法和行政部门的预算团体将遵守法律要求。

显然，联邦预算概念和分类的目的不是扩大联邦预算活动的规模和范围，也不是阻止扩张的目的。每个提案都应该根据提案的相对优点（在国会、总统和公众的眼中）来决定。但要这样做，重要的是要根据其基本性质对提案进行诚实分类——不仅要让总统和国会了解他们正在做的事情，更重要的是，还要让公众了解他们的政府正在用他们的钱做的事情。

鉴于一些“监管”计划的资金流量本质上是预算性的结论，我们如何识别它们？

我们正在处理的是监管过程的连续性——在这种连续统一体的一端，这些活动显然是非预算性的；在另一端，它们显然是预算性的。问题的主要部分是确定应该在哪里绘制界限。原则上，这应该是联邦干预的程度变得如此侵扰以致该活动不再是有效的非联邦的，即它从简单地受到联邦监管变为由联邦政府有效控制。在那个时候，该计划从非预算性的变成预算性的。

至少有四种类型的连续体（或维度）可能出现这些情况：[53]

- 第一种情况是政府利用其监管力量为公共事业运营设定条件，包括对一组经济行为者进行强制收费评估以补贴不同的经济行为者群体。

电信是一个很好的例子。显然，政府可以通过规定电信运营商必须在整个服务区域进行均衡覆盖作为向其所在地区提供服务的一个条件，来规范电
464 信运营商运营（也就是说，运营商不允许简单地“利用”最赚钱的行业，并且离开代价高昂的行业而不提供服务）。政府说，实际上，电信运营商是一家公用事业公司，必须提供某种标准（或最低限度）服务范围内作为允许运营的条件（显然，政府是否应该施加这种条件的问题是一种政治/道德判断，而不是预算概念的事情）。

但是，到目前为止，可以执行同样的权力以使“授权”的成本不再是监管成本。因此，例如，如果政府要求在城市地区运营的公司（以现金或实物形式）支付在农村地区运营的其他公司的成本（其中每个客户的成本

可能显著高于每个在城市地区客户的成本），我们并不仅仅处于一个监管境地。相反，我们有隐含的税收（以现金或实物形式），政府正在对一组经济实体征税以补贴不同的经济实体。

在后一种情况下，预算应将现金（或现金等价物）流量作为联邦预算收入并将向这些补贴受益者的支付作为联邦预算支出进行报告。

- 第二种情况出现在政府控制的程度有效地破坏了市场的时候。

这可能发生的一个例子是医疗保险或保险。政府可能利用其最高权力要求任何健康保险公司都符合特定标准，例如能够证明偿付能力、问责制和在非歧视的基础上提供服务，作为参与州际商业活动（即提供健康保险）的条件。所有这些规定都会干扰“自由市场”，但只要它们远离自由市场的实质，它们就只是监管。

但是，有时候政府明显的监管有效摧毁了市场，取而代之的是一些政府控制的实体。这确实是克林顿健康计划的核心。如果发生这种情况（并且本质上，这条界限是模糊的——至少部分是因为立法的支持者想使它变得模糊以使联邦计划的内容具有私人性质），该计划属于预算。

- 第三种情况——目前是烫手山芋——是通过制定可能减少联邦社会保险需求的表面上的私人储蓄计划来缩减（即减少或逐步淘汰）某些形式的联邦社会保险的想法。

基本的观点是，如果我们可以让个人或家庭充分增加当前的储蓄，那么在需求出现的时候，他们将拥有财务资源来满足需求，而不需要任何联邦收入转移。这在理论上是合理的，但政府如何在实践中使系统发挥作用呢？

提案正在推进之中，政府会迫使个人（通常与其雇主相匹配的付款）从当期收入中拨出资金，以便让它们满足未来的需求。当然有各种各样的建议，它们有很多不同的排列方式，但基本的想法是，政府会用它的判断来替代人们应该如何为未来储蓄，而不是让受影响的个人做出这样的决定。政府实际上会通过强制储蓄来收取这些人的资金，并承诺他或她将在未来某个时
间点（由政府确定）重新控制资金（以及利息、股息和股票升值）。经济决 465
策将由政府做出，但表面上看，这些交易将仅仅是监管性质的。

显然，在这一点上逻辑表明交易将变成预算性的，因为它们将涉及使用政府的权力将资金从所有者那里转移，并按照政府的目的使用它。实际上，

这将是一项税收——即使这些钱回到了同一个人身上（此外，对他们的支付不会是退税，而是支出，因为交易的本质是将个人资金一段时间的控制权从个人转移到政府）。

进行这种计划的最常讨论的方式是允许个人对政府用他或她的钱做什么的具有大量选择——它可以投资于股票投资组合，投资于股票和债券组合等，这取决于（a）政府决定授予纳税人的市场自由度和（b）纳税人对这些选择的利用。根据这些建议，资金的所有权归属于个人（但“所有者”在政府许可之前将无法使用）。

假设资产的所有权是牢固的（即政府不能扭转所有权除非称之为新的税收），并假设提取许可是通用的（即政府不能延迟控制超过预先确定的条件，如年龄或死亡），适当的预算分类将是同时记录接近预算收入和支出的东西。税收应在政府收取资金时记录下来，支出应当在政府将所有权转化为资产时（大概是在资金用于投资时）记录。总而言之，这将是一种反向转移支付。[55]

在这种方式下，预算的大小将适当反映这些交易的规模，但预算赤字/盈余实际上不会受到影响，因为收入和支出将接近于同时和平等的交易。

第四种情况发生在政府隐瞒其强制性质的时候。完全有可能设想出政府可能会使用激励（即“胡萝卜”而不是大棒）来实现其目标的情况，但在整个活动会变成联邦化的严重情况下可能会是如此。

例如，考虑联邦政府同意补贴医疗保险的可能性。补贴支付将是预算性的，而实际的医疗保险（包括受益人对私人承保商的保险费）将是非预算性的。但是，政府可以通过绑定这么多的条件来参与补贴，并且可以使不参与的成本高昂，从而有效地强制参与，并且由个人转移到政府有效控制支付和收益如何运作。在这种情况下，不仅是补贴，而且整个医疗保险计划都属于预算内。

正如我们所看到的，设计此类计划的核心是努力让资金（或现金等价物）从一方或一组当事人转移到另一方或另一组当事人，而不会被财政部的报告系统捕获。资金不会进入财政部中的公认财政机构的认知范围，因此财政部尚未建立报告这种交易的系统。

这正是在美国矿工联合会（United Mine Workers of America）福利基金
466 案例中发生的情况，该案例中根据法律征税，花钱，但只是资金流通过第三方以逃避预算评分（幸运的是，在这种情况下，OMB 和 CBO 都认识到它的伪装，并且预算也相应地记录了这些交易，例如参见 1999 年预算附录第 1144 页）。

总而言之，专项资金、提供自动融资、利用资金进行资本投资或提供任何特殊安排（包括设计方案以便资金流不会通过财政部）都不会使活动变成非预算性的。无论计划或活动采取何种形式，如果它们属于联邦性质的，它们在涉及收入和/或支出的程度上是预算性的。这些交易应依法进行分类和报告，但也应根据其性质在为总统、国会以及公民和选民创建的以评估和控制联邦税收和支出的中央公共论坛——即预算——上报告。

那就是说，是否有任何特殊的操作原则来解决这些问题呢？

至少能想到三个：

1. 政治过程完全有能力设计出多种不同的方式来尝试拥有联邦的实质和非预算的外表。必须始终牢记基本目标——预算应力求记录正在发生的事情的实质；避免专注于形式而被误导是很重要的。

2. 无论在哪里划定边界线，总会有角逐——交易可能以任何一种方式进行。因此，需要从谁提出角逐的决定开始。例如，OMB 和 CBO 预算技术人员是否应该举手投票，并表示该计划的支持者和反对者必须争取达成协议，然后指导技术人员如何对这些建议进行分类？当然不应该。应该由预算技术人员利用他们的最佳判断力，认识到它们并不总是正确的，它们可能被否决，而且它们总会受到不喜欢决策方式的人的批评。

此外，我们必须期望，无论在哪里划定边界，新计划的支持者几乎肯定会设计其方案，使其与预算和非预算之间的边界非常接近。政治过程的核心是试图控制——让政府做“好”——但是为了避免在预算中承认这些计划的政治代价。因此，我们需要认识到，角逐可能会随着时间而增加而不是减少。[56]

3. 预算记分员是否有任何可能的操作方法来改变使这些角逐不太平常的动机？

是的，通过采用一项可反驳的推定，即如果立法被设计为跨越边界，应将该计划列为预算性的，除非有相反的令人信服的证据（根据定义，这样的证据不存在，否则计划不会挤在边界旁）。这样一来，计划支持者将有强烈的动机诚实地承认该计划是预算性的，并将相应地设计该计划，否则他们将有充分的理由要求该计划在实际上以及在名义上为监管性的，并且他们会相应地设计计划。

> 这种方法会带来另一个显著的好处。在本文开头附近，我们说
> 467 过，“机构审计师和审计总署都应该能够检查这些账簿，并确定收
> 款和支出是否以符合法律要求的方式进行”。显然，如果联邦税收
> 和支出被隐藏起来，这种审计就很难发生。因此，制定奖励措施以
> 保持计划的合法性也可以减少欺诈和滥用的可能性。

一套支持这些决定的标准来自精算文献，其中列出了三个特征，即对于确定特定计划是否确实是政府社会保险具有“根本重要性”：（1）强制参与；（2）政府运作（因此计划终止不是重要考虑因素）；和（3）未经参与者同意而改变法律法规的能力。[57]

考虑个人健康保险授权的情况：参与将是强制性的，有资格提供保险的实体（以及这些实体和保险的显著特征）将由联邦政府确定，联邦政府可以改变提供保险的条件（而受益人只能在联邦政府允许的范围内改变条件）。

考虑到会计与预算没有直接关系，这些结论是否与联邦会计准则有关？是的——即使会计准则与预算概念不同，基本目标也应该是相同的。像预算概念一样，会计准则的目标应该是全面的、清晰的、一致的和可理解的。

这些结论是否与以前的国会预算办公室立场不同？我们已经注意到，在总统建议将卫生保健系统国有化的情况下，OMB 支持政策并无视这些概念的问题，并指出了 OMB 参与的一些其他的错误分类。显然它们在一些边界线上存在分歧。

> 1. CBO 之前的分析非常强调区分创建新实体以执行联邦“授权”与使用现有实体之间的区别。也就是说，如果创建了一个新实体，这将强烈地促使 CBO 认定这些活动为预算性的，而如果使用了现有的某个或某些非联邦实体（例如，现有的公司），CBO 将倾向于不认定这些活动为预算性的。

本文中使用的论据认为“实体”问题与争论点无关。在上面所考虑的所有情况中，问题的关键是有人——既可以是现有实体，也可以是新实体（或实体集合）——作为联邦政府的代理人执行服务。无论谁在处理这笔钱，无论交易是如何被伪装的，关键在于该计划或活动是政府性的，而有人正在以联邦政府的代理人身份经营它。

2. CBO 以前的分析非常依赖于使用总统预算概念委员会报告中列出的具体标准，以确定一个实体是否应被归类为私人性的或联邦性的。

当然，问题在于计划设计人员可以简单地采用该报告中列出的特征，并改变计划的一些参数，以使该实体拥有联邦的本质（或者至少像联邦政府的代理人一样行动），但不能被定性为政府性的。CBO 应该始终努力通过洞察迷雾尽可能符合其实质。因此，该报告中列出的标准应该是确定一个实体是否为联邦的起点，但也应考虑其他因素。

3. CBO 似乎也使用了太多在总统预算概念委员会报告中使用的“计划”一词。

委员会再一次在 1967 年及以前习惯的恶劣气氛中工作。因此， 468
它使用的术语在当时似乎足以满足需求。其他人立即开始设计出方法来具备联邦活动的实质，同时小心翼翼地将其称为“计划”。回到我们的基本原则，这篇文章说，CBO 的重点应该始终是试图捕捉实质内容，并且如果“聪明”的技术人员（或政治家）想出的东西具有联邦的实质，但有一些新的扭曲让它看起来不是联邦性的，CBO 不应该平静地接受伪装——它应该始终注重实质而不是形式（我认识到这在实践中很难做到，但是通过将其作为基本目标，CBO 应该能够做很多事情来避免内部混乱，同时，它应该能够更好地捍卫其决定免受批评）。

4. 至少在一个案例中（即 CBO 1994 年 8 月关于购买健康保险的个人授权的预算处理备忘录），CBO 得出结论，认为它（CBO）无法得出结论。也就是说，它判定它缺乏“明确的指导或先例”，并且不准备在这个具体案例中作出裁决。

> 我不同意这个结论。在我看来，对于CBO（及其法律授权）的性质来说，它必须在这个问题上得出结论（无论多么棘手）是至关重要的。如果不这样做（a）会减损CBO的职责，使其成为一个中立的业务记录实体；（b）允许那些只是“聪明”地设计挤在边界的计划的人不断操纵预算和非预算之间的界限。
>
> 我认为上述第3条对缓解这种情况将有很大帮助。我不记得曾经看到有关提案的细节（第103届国会查菲健康保险授权），但作为一个起点，我认为如果提案基本上做到了克林顿政府的健康计划试图做的事情（即提供强制性的全民覆盖），它应该被裁定为预算性的。
>
> 5. 有时候，CBO在预算分类方面倾向于宽松，特别是屈服于政治压力。[58]因此，例如，当付款显然属于支出的时候，CBO并不反对将Amtrak的补贴分类为退税。同样，CBO也不反对将大规模禁毒的支付归类为国防支出。CBO在这些领域的松懈是危险的，因为一旦接受预算逻辑的公然违反，反对其他基于原则应用的违规行为变得越来越困难（因为原则应用不一致）。

概括

我们已经处理了一些——但远非所有——对联邦预算概念完整性的基本挑战。我们在很大程度上绕过的主要问题之一是关于预算应当采用收入实现制或权责发生制的长期争论。我们之所以这么做，主要是因为空间限制和推动这种转变的努力已经停止（至少目前是这样）。这种方法的主要推动者是会计师，而且联邦会计准则咨询委员会（Federal Accounting Standards Advisory Board）已经达成一致，认为会计记录不宜尝试将预算转换为权责发生制。[59]

有人可能会问：“联邦预算应该建立在一套始终如一的原则的基础上有多重要？”部分答案来自阅读我们的日报。例如，在撰写这篇文章时，新闻
469 界充满了关于东亚金融萧条的文章——日本、泰国、韩国、印度尼西亚、菲律宾以及，可能的，共产主义中国。一篇又一篇的文章告诉我们，不能相信这些国家的政府、银行和其他公司多年来一直提供的经济和财务数据。这些

报告的制作者们一次又一次地玩弄数据使记录看起来比现实好得多。[60]

如果美国为了类似的短视原因滥用其预算实践将是一种遗憾，并且在这个过程中，国际货币基金组织（International Monetary Fund）最终会因为我们的联邦预算数据无用或者恶化而威吓我们。

注释

作者要感谢 OMB 的 Robert W. Kilpatrick 对这篇文章的巨大贡献以及库尼先生在 PB &F 出版的所有以前的文章。本文中陈述的观点是作者的观点，并不代表 OMB 或 CBO 的官方立场。

1. 参见 Thomas J. Cuny，"The Pending Revolution in Federal Accounting Standards，" *Public Budgeting &Finance*，Vol. 15，No. 3（Fall 1995）.

2. *Report of the President's Commission on Budget Concepts*（Washington D. C.，U. S. Government Printing Office，1967）.

3. 实际上，在联邦预算实践中，总统的预算文件本质上是一种汇总预算数据的工具。例如，美国国会并没有在相同意义上制定"预算"，就像加利福尼亚州立法机关采用州级预算。在我们国家一半以上的历史中，联邦预算程序在没有总统预算的情况下存在，当总统预算最终制定时，国会选择保留其旧的（分散的）授权税收和支出的方式，以使总统的预算从未成为国会预算授权和拨款的核心工具。相反，随着"预算"逐渐通过国会，它以十三个拨款法案、许多授权立法（其中一些提供永久拨款）和许多收入立法的形式出现。在最近的实践中，所有这三种方法也可以合并成一个单一的"综合"调解法案。

4. 这就是为什么克林顿健康计划提出的预算回避技术不被采用的原因之一。根据该计划，联邦财政活动的大部分将被隐藏在预算之外，并且从不受财政部的财政控制。反过来，这会大大降低审计总署对这些活动进行审计的能力。

5. 1999 年的预算（例如，见第 10 页）显示了 1999 年至 2008 年的预测，其中包括等于预计的盈余的一项个名为"预备待定社会保障改革"的预留计划，然后在这些年显示零盈余或赤字。这显然是试图阻止减税或其他可能消耗这些预计盈余的行动的权宜之计。如果这些盈余能够实现，其结果将是减少公众所持有的大体相等的联邦债务，从而为国家节省做出贡献。

6. 但是，通过信贷改革的立法并不完善，因此，在这个系统下记录的预算交易最多只能接近应该作为联邦预算支出报告的金额。参见我的文章“Credit Reform Implementation” in the *International Encyclopedia of Public Policy and Administration*（Boulder，CO，Westview Press，1998）。

7. 说明理由的另一种方式是说预算涉及资源分配，信贷改革允许预算将所分配资源的成本（即贷款的补贴部分）与所有其他由政府分配资源进行比较。这是《分析展望》预算文件中的分析重点。（参见 the 1999 *Analytical Perspectives* document，chapters 21 and 24.）

8. 关于这些交易的进一步讨论参见 chapter 13 of the 1999 *Budget Analytical Perspectives* document，especially Table 13－2，and the comparable Table S－15（P. 367）in the main budget volume.

9. 也就是说，国会和总统可能有充分的理由指定一些收入来源（如社会保障收入）来为相关支出提供资金。同样，他们可能有完全合法的理由将各种支出计划分成不同的预算控制类别。联邦预算概念对于这些类型的决策是中立的。不中立的是诸如不把某些联邦收入或支出计入收入或支出，或者以误导的方式来计算资金的决定。

10. 事实上，对于高速公路和机场以及航空公司信托基金的争夺的出现是因为支出不是自动的——国会通过使资金可用于支出来符合自己的意愿，但随后年复一年地争论支出应该在何种程度上受到预算配给过程的限制。

11. 参见 chapters 17 and 24 of the *Analytical Perspectives* and page 3 of the *Historical Tables* of the 1999 *Budget* documents.

12. 至少有一种情况是预算中包含真正信托基金。内政部管理的印第安部落基金中有相当一部分符合真正信托基金的定义（并且应该从预算中排除）。根据标准预算概念，这些资金不属于预算范围，但它们属于“融资手段”所涵盖的更广泛的报告范围，因为它们由联邦政府管理。

13. 除了一个案例以外，在所有案例中法律还要求预算外地位。1972年，政府决定通过行政行动排除邮政服务基金，声称这符合法律的意图（这是一个政治上方便的说辞，因为邮政服务局已被授权使用借来的资金进行大规模的现代化改造，并且通过从预算中剔除邮政服务基金，政府可以将发行这笔借款收入的支出从记录的预算支出和赤字中扣除）。

14. 事实上，立法的时机是这样的，它允许政府在记录这些交易中有一个双重的手法。从它的起源直到根据法律纳入预算内这段时间内，联邦融资银行都是预算外的。联邦融资银行向其他联邦机构和计划提供贷款并购买贷款资产。虽然联邦融资银行是预算外的，但这种做法使机构能够在预算之外隐藏其信贷项目的大部分费用。当联邦融资银行纳入预算内时，它有一个政府可以通过资产出售或偿还贷款来处置的未偿贷款资产的巨额的本金，而收益记录被记录为冲抵收费，从而降低记录的预算支出和赤字。

15. 自共和国开始以来，除少数例外情况以外，这些情况都已实施。

16. 因此，逃避机制的使用可能纯粹是粉饰国会和总统花钱的意愿的问题，只要他们可以掩饰其成本（即只要他们可以假装支出没有增加目前的支付和目前的赤字）。这为各种逃避机制产生了政治诉求，例如租赁购买，其中购买的预算决定是在前端进行的，但成本分摊到未来期间。有时候这些机制的使用只是因为它们是支持者通过政治迷宫获得支出的最简单方式。因此，例如，当参议员莫伊尼汉支持授权国际贸易中心的立法时，他能够通过其委员会控制该行动并绕过拨款委员会。

17. 折旧通常用于会计以衡量成本和净值，但即使在私营部门，它也很少用于预算。

18. 年度联邦预算文件的《分析展望》部分有关于这些问题的额外讨论。特别地，参见1999年文件第153页开始的讨论。

19. 即便如此，问题和滥用确实会发生——政府单位有时因不谨慎的财务管理而陷入财务困境（如纽约市的情况）。

20. 但是，根据目前的预算做法，将预算和预算外总计加在一起得出一个综合总额，然后将重点放在该综合总额上。

21. 国家和地方借款的一个常见论点是将资产的成本分摊到使用它们的年代。由于人们经常进出辖区，基本原理是每年居住在辖区内的人（并从设施中受益）应按比例支付其成本。私人借款通常用于资助预期为借款人提供足以支付利息、偿还本金并提供额外利润的回报的投资。

22. 同样，用于抵押借款的一个共同论点是，借款的收益用于购买同等价值的资产，因此借款人的净值不变。

23. 该委员会在其报告中特别处理了折旧问题，而非债务摊销问题。但是，反对其中一个的论点与反对其中另一个的论点基本相同。

24. 这曾经是，而且现在也是一个丑闻。历届总统和国会都不愿意在预算范围内留出足够的空间来建造或购买足以满足其授权的工作人员要求的联邦办公空间。结果，纳税人以往（及现在）拿出了大笔资金来为更昂贵的租赁空间提供资金。本文的论点集中在这个项目的支持者用于绕过预算过程的方式。我同意莫伊尼汉参议员和戈登先生的意见，即国会应该授权和资助更多的联邦办公大楼来容纳授权的工作人员（尽管未经国会特别批准，在建筑物中包含巨大特征的决定也是非法的）。

25. 这座建筑最近为纪念前总统罗纳德·里根而更名。但是，正如里根先生的一位儿子指出的那样，这座建筑体现了里根理念的对立面。

26. 可以认为，从一开始，任何租赁购买安排本质上都是一种购买，而不是租赁。然而，尽管某些私人利益似乎存在真正的理由来签订租赁购买安排（当然，这些理由可能仅仅是为了获得税收优惠），但联邦政府除了逃避预算控制没有理由使用这个机制。

27. 因此，从整个政府的角度来看，“租赁”部分消失了——这是直接购买。

28. 然而，参议员莫伊尼汉说这是一个“租赁自有建筑，在四分之一个世纪里将是我们的建筑，之后我们将免费租住”的话里是有错误的。(1) 从始至终，这是一个联邦所有的建筑——假定的租约只是项目变相的一部分。全部融资都是联邦的（主要或完全通过 FFB)。(2) 在实质方面永远不会免租金。任何这样大小的建筑物总是会有重大的维修、维护和运营成本。作为比较，例如，五角大楼于 1940 年竣工，目前正在进行大规模的翻新和扩建工程，预计政府将耗资 10 亿美元以上——比该建筑物的原始成本高得多（以名义上的美元计算)。(参见 *Washington Post*, December 17, 1997, pp. A-1).

29. 这种偏见反映在一句老话中，即预算是世界上唯一一种内部比外部更大的东西。

30. 显然，我对未来可能或不可能“私有化”的东西没有任何评价。

31. 华盛顿邮报最近发表了一篇文章（Oct. 28, 1997, pp. C-1, “*To Some, a Gateway Could Become a Giveaway on the Anacostia*”）表明有人正

在制定一个表面上以租赁购买为基础的类似于国际贸易中心建设的计划以建造 DOT 总部。这篇文章忽略了预算回避的全部问题，但它说明了这一过程的基本要素。

32. 参见 OMB Circular A – 11 （1997），Appendix A （*Scorekeeping Guidelines*） item 11，and Appendix B （*Scoring Lease – Purchases and Leases of Capital Assets*）.

33. 这似乎是 GAO 倾向于采用的方法。然而，有趣的是，GAO 将把联邦办公楼和相关设备从其资本构成部分中排除出去，因此 GAO 方法在诸如国家首都地区联邦办公室空间短缺等情况下将无济于事。参见 GAO 对于资本预算编制的评论（GAO/f – AIMD – 98 – 99）。

34. 这是授权总统制定行政预算并每年向国会提交的法案，该法案设立了预算局，这是管理和预算办公室的前身机构。

35. 参见 1950 年预算第 1383 页和 1951 年预算第 1157 页。

36. 在 1977 年 2 月 2 日的 OMB 备忘录中，OMB 工作人员对 EITC 的看法（以及超过所征税款的任何类似税收“退款”）表述如下：“减少税负的所得收入免税的那部分应该是作为退税（负收入）处理。这些退款在确定应纳税款基本总额时与税法规定的免税额的其他规定没有重大差别。任何超过所得税负债的‘退款’部分应另外支付，因此从纳税人处获得的任何所得税超过纳税人所得的纳税人应从纳税人处支付的款项应视为预算支出。这些付款与财政部的其他现金转移支付没有重大差异。事实上，如果不这样做，将允许将支出视为负收入，从而为新型后门融资敞开大门。例如，如果采用负的所得税计划，它将允许将数十亿美元的福利金作为抵消收入。”

37. 它们没有通过的这个事实并没有什么值得安慰，因为如果这个漏洞一直存在，实际上可以确定具有这一性质的其他计划已经被制定。

38. November 8，1997，pp. D – 1.

39. 各机构支付的历史数据参见年度历史表格文件第 4 部分，功能与子功能支付数据见第 3 部分，组成类别支付数据见第 6 部分。

40. *Report of the President's Commission on Budget Concepts*，P. 17.

41. 然而，功能结构在国会预算决议中发挥作用，而且防务/非防务性拆分在预算控制过程中不时发挥作用。此外，1999 年预算的第 149 页至 256

页专门用于功能介绍。

42. Headline of a *Washington Post* story on November 24, 1997, pp. A-27.

43. 这些定义参见 GAO 出版物，*A Glossary of Terms Used in the Federal Budget Process*（GAO/AFMD-2.1.1），January 1993，starting on P. 102.

44. 问题不在于毒品控制封锁上花费多少或国防部应该参与这项工作的程度。这里提出的问题严格来说是资金应该在功能（和支出的相关构成）数据库中体现的问题。

45. 这些内容的讨论参见 Thomas J. Cuny，"Offsetting Collections in the Federal Budget," *Public Budgeting & Finance*，Vol. 8，No. 3，Autumn 1988，and "Offsetting Collections," *International Encyclopedia of Public Policy and Administration*（Boulder，CO，The Westview Press，1998）.

46. 理论上，GSE 是私人金融机构，通过联邦资助运营以实现（通过私人市场）对政府重要的目标。预算附录有一个单独的部分，披露了这些实体的财务状况。

47. 例如，美国航空航天局通过 FFB 为一系列通信卫星融资，而国防部通过表面上的"租赁购买"安排为一些船舶提供了资金。除此之外，参与信贷活动的机构经常利用 FFB 作为掩盖或混淆损失的一种方式（即对借款人的补贴）。这一过程中 FFB 的角色的讨论参见 Thomas J. Cuny，"Federal Credit Reform," *Public Budgeting & Finance*，Vol. 11，No. 2（Summer 1991）.

48. 该提案本身非常复杂——立法草案长达数百页，为满足批评者而进行了各种修改。该建议的 CBO 成本估算是简洁的，讨论了基本问题，并得出结论：（a）如果提案获得通过，资金流量属于预算内；（b）计划的设计过于复杂以至于可能不按设计工作（虽然 CBO 的报告没有这么说，但设计的复杂性大部分来自政府努力将医疗保健行业国有化并在预算中将国有化隐藏起来）。CBO 文件"政府健康提案分析"可通过政府印刷局获得（ISBN 0-16-043093-3）。

49. 近年来，在尝试估计此类法规的成本以及促进在法规的成本和收益之间进行权衡的公共过程方面也做出了重大努力。

50. 这可以怎么做到呢？通过立法创建一个国防公司，要求支付给该公司的“费用”和该公司的支出被排除在预算之外（基于公司是非联邦的），然后使用联邦政府的监管权力（而不是税收权力）要求人们支付这些费用。荒诞吗？看看“美国煤矿工人福利基金”——这正是发生的事情，这正是 OMB 和 CBO 同意该计划属于预算的原因，尽管它本质上是监管性的。在更大规模上这可行吗？是的！这是克林顿健康保险计划的本质（使用一系列实体而不是单一实体），它将国内化约 GDP 的6%。

51. 而且，在这一点上，CBO 和 OMB 必须采取不同的路线。CBO 用于分析和分类总统健康计划的逻辑与 OMB 和 CBO 用于分析和分类美国煤矿工人福利基金的逻辑相同。在前一种情况下，两个机构达成了一致意见。在后一种情况下，由于总统本人提出了这个意见，只有 CBO 可以根据其基本性质自由地称呼它（当然，CBO 在这个问题上面临巨大的政治压力。我个人赞扬时任 CBO 负责人 Bob Reischauer 在处理此事时的诚信和品格）。

52. 我们正在处理联邦预算概念。州和/或地方授权是否变得如此侵扰以至于它们是否应该是预算的问题是一个合理的问题，但这不在本文的讨论范围之内。

53. 一位评论员说，这些不一定是连续体的四种离散类型。然而，其意图是以一种容易理解的方式来说明一系列潜在问题，所以我不会让自己试图处理这个评论。

54. 联邦通信委员会管理的“普通服务基金”就是这种情况。该基金的一个主要缺陷（根据预算逻辑）是，由联邦通信委员会而不是国会来设置“收费”（即税收）来为基金提供资金，并确定要花多少钱和谁将收到补贴。这使得立法容易受到违宪的司法攻击的违宪。

55. CBO 分析克林顿健康计划时得出结论，尽管交易具有预算性质，但资金流应与其余预算分开。这是合理的，因为流量的大小和数据的不确定性。同样，如果应该制定这些方案的计划，那么这些流量将是合法的预算，但不应与任何其他预算流量混合在一起。

56. 事实上，对联邦预算概念完整性的最大威胁之一是，活动可能通过如此小的步骤被国有化，以致没有任何单个步骤被认为会触发投票转向，但累计结果将达到相同的目标。这在医疗护理的案例中是有可能的。

57. 精算标准委员会的第三次征求意见稿，拟议的精算实践标准，社会保险。

58. 当然，OMB 也是如此，我们都不是完美的。

59. 也就是说，FASAB 的结论是，应该根据适合预算的规范来解决与预算概念有关的问题。如果，或在此意义上，这样的概念与从会计准则衍生出的概念相同，这很好，但会计逻辑不应该推动预算量化。这并不排除在预算内部（例如联邦员工退休计划）或改变预算总额（如信贷改革）方面使用权责发生制。关键的一点是，如果要做出这样的改变，就应该根据预算改进来制定。关于以类似于信贷改革的方式重新确定一些联邦保险计划的案例讨论，参见 GAO Testimony *Budgeting for Federal Insurance Programs* (GAO/f - AIMD - 98 - 147).

60. 例如："South Koreans Called to Account," the *Washington Post*, January 2, 1998, A - 1. 该文章谈道，作为国际金融救助方案的一部分，韩国人必须改革他们的"阴暗的经济实践"，不能再"做假账"，并引用了"美国注册会计师考试的标准"的"在全球经济中簿记员所说的国际语言"。

第三十三章
问责制与企业家公共管理：奥兰治县投资基金的案例*

凯文·P. 凯姆斯（Kevin P. Keams）

1994 年 12 月 6 日，加利福尼亚州奥兰治县宣布破产的消息震惊了金融界。代表 180 多个县和市政机构的 200 亿美元投资池已经遭受了 17 亿美元的未实现的损失，由于该基金严重依赖的投资因为 1994 年利率上升而导致投资价值下跌。向基金提供贷款以支持其积极投资策略的紧张的债权人清算了 110 亿美元的抵押贷款。然后，由于其杠杆被无望地收缩，县基金根据美国破产法第 9 章申请保护，就像私营公司根据法案第 11 章寻求保护的方式一样。这是联邦法典历史上最大的市政破产案。 474

这一消息尤其令人震惊，因为奥兰治县基金的管理者，县财务主管罗伯特·西特伦（Robert Citron）已经建立了一个成功的公共部门企业家的声誉。在西特伦的领导下，奥兰治县基金被誉为激进投资战略如何帮助地方政府收入多元化的一个例子，从而减少对财产税和其他传统收入来源的依赖。奥兰治县的投资组合包括一类与利率呈反向波动的衍生证券。该基金还使用短期杠杆借贷来购买某些证券以及将组合中的证券用作短期贷款抵押品的逆回购安排。其他几个加利福尼亚州地区以及其他几个州的政府机构都采用这种方法。[1]

---

* From Public Budgeting and Finance, Vol. 15, No. 3 (Autumn 1995), 3 - 21. Copyright© 1995 by Public Financial Publications, Inc. Reprinted with Permission.

这种战略带来的潜在收益可能是巨大的，但风险与收益呈正比。几年来，西特伦巧妙地发挥了金融市场的作用，他的方法可能帮助奥兰治县在近年来财产价值和税收收入下降时保持自己的地位。[2] 但是西特伦的战略基于一个关键假设：利率与1992年和1993年一样将继续下跌。当利率开始攀升时，他的投资策略开始适得其反。

奥兰治县的投资者损失了数百万美元，罗伯特·斯特伦失去了工作，公
475 民对政府失去了信心。金融界以及州和地方政府内部的涟漪效应很可能会长期存在。

根据罗伯特·西特伦及其顾问选择的具体投资证券或他们用于进行这些投资的决策流程，分析奥兰治县案件的细节并非本文的意图。本文也没有讨论西特伦及其财务顾问经营的监管环境的具体情况。奥兰治县崩溃的细节将在未来数月（甚至数年）展开，因为投资者、债权人、监管机构和法院将这些难题集中在一起。

相反，本文从公共部门问责制的概念和理论角度审视了案件的广泛事实和一般背景。具体来说，本文提出了一个概念框架，阐明了当今公共管理者面临的四种不同类型的问责环境。该框架是一种启发式工具，可能有助于回顾分析像奥兰治县破产案和其他公共部门问责制争议案件。政府官员还可以通过预期的方式使用框架，帮助他们诊断问责环境并制定有针对性的战略，以增强其作为公众信任的管理者的角色。

公共部门问责制的“重新认识”

在一些重要方面，奥兰治县案例是一个故事，说明主流的问责标准以及支持这些标准的管理体系可以在经济、政治和智力环境下做出反应。[3]

在公共财政管理领域，历史上普遍存在的问责标准源于公众信任的管理。公共部门的财政管理人员通常不是冒险者，当然也没有什么激励——财政的或政治的——需要用公共资金投资来赌博。因此，公共财政管理人员的优先事项传统上是：首先，通常通过相对安全的工具（如政府证券和定期存单）来保护投资的本金；其次，保持流动性，确保现金可用于满足支出义务；最后，在前两项原则所规定的范围内取得合理的投资收益或回报。当

然，这种保守的做法不会产生巨大的投资回报，但在大多数情况下确实能确保公共资金的安全性和流动性。事实上，许多州有法律将公共投资限制于保守和相对流动的工具。

在奥兰治县和其他加利福尼亚州地区，问责环境的变化开始于 1978 年，当时的选民批准了第 13 号提案，这基本上限制了地方政府依赖财产税收入作为可预测且稳步增长的收入来源。加利福尼亚州以及其他几个“税收反抗”州的政府官员都坚定地回应了这一挑战，并在某些情况下通过寻找创造性和创业性的方式实现政府收入多样化并通过提高政府服务的效率和有效性取得了成功。

正是在这样的政治和经济环境下，加利福尼亚州取消了对于像罗伯特·西特伦这样的财政管理者的一些法律和监管限制，使他们在公共投资中更具创业精神。实际上，西特伦帮助起草了加利福尼亚州的法律，允许县级财务主管在其监事会允许的情况下使用逆回购协议，其中投资证券作为贷款的抵押品用于购买额外的证券。[4] 第 13 号提案限制公职人员提高税率的自由裁量权，而且这当然成功了。具有讽刺意味的是，部分由第 13 号提案创造的环 476
境在投资管理领域产生了相反的效果，将问责标准从遵守严格的法律和监管限制转变为更加依赖专业自由裁量权和创业精神。在这种环境下，新一代公共部门企业家正试图“像一桩生意一样”通过积极的战略来管理政府组织，以实现收入多元化、运营私有化、针对客户需求量身定制服务以及普遍提高政府响应能力和灵活性。

这种自由市场的公共管理企业家范式在出版的《重塑政府》（*Reinventing Government*）中获得了智力的可信度。[5] 大卫·奥斯本（David Osborne）和特德·盖布勒（Ted Gaebler）所倡导的哲学在官僚和政治界引发了冲击波。他们的书是第一本成为畅销书的公共行政文本，并且在 1992 年总统竞选期间获得候选人比尔·克林顿（Bill Clinton）的支持时，他们的哲学被赋予了政治合法性。除了深奥的理论之外，《重塑政府》为副总统阿尔·戈尔（Al Gore）的《国家绩效评估》（*National Performance Review*）提供了蓝图，它建议采取的行动目前正在实施，以提高联邦政府的有效性和效率。[6] 加利福尼亚州第 13 号提案之后的环境为奥斯本和盖布勒提供了很多灵感。他们书中使用的许多案例历史和插图都来自加利福尼亚州地方政府的经验。

简而言之，奥斯本和盖布勒认为，如果政府组织更加注重创业精神和以客户为中心，就必须从法规、官僚程序、明细支出预算以及风险厌恶的组织文化的束缚中解放出来。他们有说服力地争辩说，并且有很多例子，官僚主义是提高政府反应能力和绩效的最终障碍。在他们的许多建议中，政府管理体系应该更少地由规则驱动，而是更为关注任务。他们认为，公职人员应该被赋予更多的自由裁量权和权力去制定战略来赚钱而不是简单地花钱。从本质上讲，他们说政府可以并应该将企业管理原则应用于公共部门，以更有效地满足公民、纳税人和子孙后代的需求。

在理智上，这些都是非常有吸引力和令人兴奋的主题。然而，在实践中，它们需要联邦、州和地方政府机构的问责环境发生根本性转变。[7] 奥斯本和盖布勒谴责的官僚结构和繁文缛节确实抑制了政府机构的灵活性和创业精神。但官僚制度及其所有证据充分的缺点仍然是公共部门问责制的主要手段，其最终目的是防止滥用权力，限制公职人员的自主权和自由裁量权。从历史上看，无论好坏，我们都依赖这些官僚机制——规则、条例、操作程序、行政管理系统、制衡——来约束行政自由裁量权，并确保公共信任的妥善管理。[8] 废除这些繁文缛节以及产生它的更强大的官僚框架将要求开发新的问责工具来取代旧的工具。

奥斯本和盖布勒声称，他们的管理哲学并不能取代问责制的概念，而是通过解放公职人员以更加战略性地应对迅速变化的条件和新出现的公共需求来重新定义它。实际上，奥斯本和盖布勒的哲学呼吁以专业精神、专业知识、授权和公民赋权为基础的更高标准的问责制，在公共事务中发挥更大和更有意义的作用。

这里不要误会。这篇文章并不是说奥兰治县的惨败可以归咎于奥斯本和盖布勒或者任何遵循他们哲学的人。但奥兰治县案例的确提出了一个典型的
477 例子，即与任何基于公共管理创业模式的“重塑”问责概念相关的风险。在本文中采用的更具建设性的方法是通过在扩大的问责框架内对奥兰治县案例进行研究来尝试学到一些东西。与狭隘和受限的官僚体制框架不同，这一框架能够提出一些合理的公共管理战略，这些战略既能够响应不断变化的需求，又能够对服务于公共利益的压倒一切的概念负责。

问责制的几个定义

问责制的概念也许是公共管理的核心哲学概念。尽管如此，它的含义仍然存在很大的争议。在其最狭隘的解释中，问责制涉及“向更高的权力机构——法律上的或组织上的——对于个体在整个社会或组织内部的行动负责”。[9] 问责制的狭义定义提出了两个基本问题的区别：（1）组织（或个体工作人员）向谁问责？以及（2）组织（或个体工作人员）对谁负责？

严格地说，只有第一个问题涉及“问责制”本身。它主要处理监控、监督和向正式的行政管理系统中的上级部门报告的机制。在形式上，第二个问题更多地与专业责任和义务等概念有关，而这些概念是独特的，并且在学术文献中经常被这样处理。[10]

其他人避免了这些传统的问责定义所隐含的官僚偏见。以绩效为基础（相对于以合规为基础）的问责制概念说，它涉及一些标准，“使个人和组织尽可能客观地为衡量的绩效负责”。[11] 当然，绩效包括行使专业判断力。因此，罗森（Rosen）认为，问责制包括行使“合法合理的行政自由裁量权”以及“增强公民对……行政机构的信心”。[12] 当然，始于卡尔·弗里德里希（Carl Friedrich）[13] 和赫尔曼·芬纳（Herman Finer）[14] 之间的开创性交流，一直存在持续的关于如何监控专业自由裁量权的辩论——问责制最好由外部监督或内部管理控制。最后，罗姆泽克（Romzek）和达布尼克（Dubnick）提出了问责制的战略视角，他们说“问责制涉及公共机构及其工作人员管理组织内部和外部产生的各种期望的手段”（着重强调）。[15]

这些关于问责制的更广泛视角引入了战略管理要素，公职人员试图预测公众期望的转变，解释不断变化的责任标准，并根据主动和被动反应定位其机构。为在这个过程中，公共管理者从被动遵守的角色转变为积极参与制定他们被用来评判的问责标准。[16]

本文涵盖了更广泛的问责制概念——一个比精确的可操作定义更混乱，但可能更符合该术语的“常用”用法。在这个观点中，问责制包括向上级机构报告的正式流程和渠道。相反，“问责制”一词通常指用于判断政府组织的绩效、响应甚至“道德”的各种公众期望和绩效标准。这些期望通常包括隐含的绩效标准，这些标准比正式的授权或明确的规则更为主观和不健全。而且，在这个更广泛的问责制概念中，政府官员必须“记录”的人员和机构的范围不仅包括行政管理系统的上级主管部门，还包括普通公众、新闻媒体、同行机构、捐助者和许多其他利益相关方。

478 作为学术界的一员，我对于在我的同事们精心定义和阐述的术语和概念之间的模糊正式区分方面存在一些疑虑。但作为一个实用主义者，我认为在职业实践的现实世界中讨论这个话题时，更广义的问责制概念是生活中的事实。因此，向纯粹主义者致歉，我将在整篇文章中使用“问责制”一词来指代上述更广泛的概念。

一个分析问责制的概念框架

在其他地方，我提出了一个概念框架，用于确定四种不同类型的问责制和一些与之相关的重要管理问题。[17]该框架假设任何问责制至少包含两个维度：（1）一套由组织战略环境产生的显性的或隐性的问责制标准；（2）来自组织内部的被动或主动响应。

即使是新手的公职人员也很快就知道他们至少对两种绩效标准负责。首先，他们对通常在法律、行政法规或合同义务中编纂的明确绩效标准负责。这些问责标准代表了公职人员每天面对的官僚和监管环境。其次，他们对涉及普遍接受的适当行政行为、专业自由裁量权和组织绩效的隐含标准负责。这些隐含的标准并非由法律法规，而是由社会价值观、信仰、专业规范和假设来定义。任何面对公民愤怒的公职人员（“所以这就是你如何花我的血汗钱!”）熟悉这些隐含的和主观的问责标准。

框架的第二个维度假设公共管理者有多种选择来回应问责标准。首先，当问责标准以明确要求或隐含期望的形式呈现给他们时，他们可能会采用策略性（被动性）方法作出回应。策略方法本质上是一种受到问责环境的巨大压力而采取一些行动的刺激反应。其次，他们可能采取战略性（主动性）行动来预测新的或正在出现的问责标准，并将其组织置于动态问责环境中。战略方法需要具有远见，并且愿意在组织被要求或迫于压力采取行动之前采取纠正行动。

如表 33.1 所示，叠加这两个维度得到一个具有四个单元格的矩阵。

表 33.1　　四种类型的问责制

		问责标准	
		明确	隐含
内部反应系统	策略性（被动性）	合规问责制	协商问责制
	战略性（主动性）	预期（倡导）问责制	自由裁量（企业家）问责制

资料来源：来自 Kevin P. Kearns，"The Strategic Management of Accountability in Nonprofit Organizations：An Analytical Framework，" *Public Administration Revier*，54（March/April 1994）188.

让我们更详细的并结合奥兰治县案例的说明来检查矩阵中的每个单元格。请记住，这四个单元格是问责环境中重要部分的概念呈现。在现实世界中，单元格之间的界限可能并不像这里所描述的那样清晰和精确。但是这个工具为进一步地深入分析提供了一个出发点，也许可以让决策者适应其组织的独特环境。

合规问责制（单元格#1）

矩阵的左上象限表示最熟悉的、最狭义解释的问责制形式——政府组织遵守明确的公开发布标准的绩效或运作流程。这个单元中的问责标准通常由 479
外部监督组织编纂和实施，因此具有法律效力。或者，这些标准可能嵌入在官僚程序、行政管理系统、权力等级和组织内的制衡中。虽然这些内部官僚机制并不总是具有法律效力，但作为组织管理控制体系的一部分，它们是非常明确和大力执行的。

不管问责标准是在外部还是内部执行的，合规性本质上被视为被动的。也就是说，组织（或个体工作者）等待精确明确标准的制定，然后尝试遵守规则，接受监督及定期审计或评估。这种问责环境要求所有参与者都认可合理的权威等级。此外，合规性涉及对传统的官僚主义概念的相当大的依赖，一直是确保公众信任不被滥用的主要工具，特别是在政府方面。

虽然合规性始终是回应性的，但它很少是一种消极或者机械的反应。的确，真正有效的合规要求受到这些明确问责标准管制的人员和组织的积极参与。例如，他们必须按照法律和法规设计行政和操作程序。他们必须培训员工和志愿者在这些要求范围内工作。他们必须预见在实施过程中需要克服的问题和障碍。他们必须向工作分配（并可能重新分配）足够的资源。当然，他们必须监控自己的行为并编制适当的信息，以便证明（字面上“解释”）他们的合规性。尽管如此，所有这些行动基本上都是为了响应法律、法规或强加给他们的官僚问责标准提供的刺激。

许多州和地区都在使用这个框架单元格来规范政府辖区的投资实践，这是奥兰治县在加利福尼亚州公共投资法规自由化之前运作的一个单元格。另外，这也是美国证券交易委员会（SEC）用来监管金融顾问和经纪人活动的一个单元格。

协商问责制（单元格#2）

表 33.1 右上角的单元格解决了几种不同的问责背景。首先，政府组织常常被追究新兴的绩效标准，这些标准是隐含的——也就是由于社会价值观
480 和信仰的转变而产生的标准，或者来自尚未在法律、行政法规或官僚主义控制中编纂的新兴政治价值观和优先事项。在这种情况下，问责标准只是松散定义的（或完全未定义的），因此可以进行讨论。

在这个单元格中的第二种情况，也是公共管理人员非常熟悉的情况之一，就是需要对实际上已编纂的绩效标准负责，但法律法规（或其他合同安排）措辞模糊并因此受到负责执行的公共行政人员的解释和“翻译”。

在这两种情况下，问责标准都是隐含的和不精确的，导致绩效标准相互冲突和所有利益相关者中相对较高的不确定性水平。然而，即使这些责任标准不明确，但这些责任标准（或其倡导者）往往足够强大，足以捕捉到组织的直接关注，为策略行动和相对快速的反应提供催化剂。通常这种反应涉及组织与其环境之间的某种形式的协商。协商的目的是澄清模棱两可的情况，并就通常理解的问责标准达成一致。

因此，框架里的这个单元格被标记为协商问责制。在某些情况下，协商可能会与一个特别强大的（或有兴趣的）选民一起进行，比如公民团体，倡导组织和其他利益相关者联盟等，这些个体或群体在结果方面的利益比重异常高。在其他情况下，协商可能涉及一个强制执行含糊不清的法律、法规

或合同的监管机构。

协商问责制的概念可能适用于奥兰治县案件的几个方面和阶段。首先，在前端（破产之前），与奥兰治县投资池相关的每个人——投资者、债权人、县监事会、证券交易委员会甚至公民——都有可能回想起来希望就以下方面进行协商并达成一致：(1) 投资组合的一组特定目标，以与潜在投资回报水平相关的可接受的风险表示；(2) 最符合基金目标的投资工具组合；(3) 如何最好地管理投资组合以确保内部监督和问责。紧接着危机之后，有人猜测一些投资者可能并没有完全了解投资组合的管理情况，特别是单一经纪人对基金的使用。[18]另外，还有一个令人好奇的方面，奥兰治县学区被授权参与该基金，从而消除了它们协商的机会。

其次，在后端（破产之后），真实的前景是，需要某种形式的协商问责制来阐明在美国破产法第9章下的奥兰治县的义务和投资者的权利。[19]有些人认为，第9章不恰当地减轻了其对债权人合法问责的管辖权，理论上，所涉及的政府仍然有一些可供选择的方式来创造更多的收入。[20]根据一些法律专家，甚至奥兰治县投资池的唯一经纪人美林证券公司（Merrill Lynch & Co.）可能都要为基金的部分损失承担责任，就像一个调酒师要为明显喝醉的顾客服务的后果承担责任一样。[21]受托责任的法律概念可能很模糊，当然，美林证券否认任何责任。尽管如此，该公司十年前还是商议了加利福尼亚州圣何塞采用了与奥兰治县基金非常相似的投资策略所发生的损失。其他证券公司因圣何塞危机而引发的判决和处罚共支付2 600万美元。毫不奇怪，美林证券的股票（其本身是一个值得关注的“协商问责制”工具）在奥兰治县破产的消息之后下跌了3.4%。

协商问责制的概念是公共管理的一个非常重要的领域，但在文献中受到的关注较少。组织评判时用的隐含标准是什么？是否有外部利益相关者 481
对这些标准的执行特别感兴趣？是否所有这些责任标准都是可以商议的？现在或以后协商是否符合组织的最佳利益？组织协商应当基于何种哲学或法律理由？

这些问题可能会突出显示组织的几种类型的威胁。如上所述，矩阵的这个单元格常常涉及利益相关方在问责标准和措施方面的分歧，导致组织与其环境之间的冲突。反过来，冲突通常涉及风险和不确定性，因为争议的结果及其长期影响不能完全控制或轻易预测。此外，低级别冲突可能会迅速而无法预料地升级为主要争议，特别是当一方或另一方认为升级将增强其权力和对局势的控制时。

然而，决策者可能会在问责环境的这个单元格中感知到几种类型的机会。时机是一个可以提供机会的因素。扎特曼（Zartman）和博尔曼（Berman）说，当环境中发生某种类型的重大变化，改变利益相关者的相对权力或他们各自对局势的看法时，协商可能特别适时。[23]协商可能提供澄清期望和绩效标准的机会，从而减少不确定性和风险。在这个过程中，可能有机会在参与者之间建立信任，特别是当协商真诚地进行并且相互披露信息时。

自由裁量（企业家）问责制（单元格#3）

表33.1右下角的单元格描绘了问责标准和期望均为隐含的背景。但是，与以前的单元格不同，这些标准还没有强大到要求立即作出策略反应，例如与外部环境的协商。事实上，在这个单元格里，可能没有可以与之进行协商的可识别方。相反，政府官员代表他们的选民行使专业判断和自由裁量权时有很大的自主权。这个单元将学问和专业知识视为问责制的主要手段，而不是法律、官僚层级或协商达成的关于绩效标准的协议。正如约翰·伯克（John Burke）所说："专业责任以公众对学问和专业知识的高度重视和认可为基础，它反映了现代官僚机构在专业化和专业技能方面的巨大价值。"[24]

这个单元格被标注为自由裁量（企业家）问责制，因为除了自定义和自我实施的专业规范和标准之外，没有什么有意义的监督。在没有外部环境的有意义的威胁或制裁的情况下，公职人员必须承担个人和专业责任，预测和解释新兴的可接受专业行为和组织绩效的标准，权衡长期风险以及短期利益。因此，这个矩阵中的公共管理者可能会面临巨大的压力。北卡罗来纳州的财务主管哈兰·博伊尔斯（Harlan Boyles）说，在奥兰治县事件发生之前，他受到州内地方政府强烈的政治压力，要求放宽投资法规和限制，以便他们也可以开始获得像在加利福尼亚州、得克萨斯州、俄亥俄州等地区享有的高投资红利。博伊尔斯说，他每个月从全国各地的经纪人那里收到十几个电话，希望能够动摇他的观点。"这是一个持续的压力。他们会打电话说，'让我们告诉你我们在加利福尼亚州做了什么。'值得庆幸的是，我们的议会从未倾向于放宽投资法律。”[25]

在问责制矩阵的这个单元格中的同行组织也有压力。亚拉巴马州养老基 482
金总监大卫·布朗纳（David Bronner）说：“我记得两年前与奥兰治县人民一起出去的时候，他们对自己做得多好以及我有多过时都非常自负。”布朗纳还指出，直到最近，他都有单方面的自由裁量权，无论其风险如何，都可以对他认为适当的任何工具进行投资。[26]

这是罗伯特·西特伦在管理奥兰治县投资池时运作的一个单元格。在加利福尼亚州的放松管制，第 13 号提案后的环境下，西特伦获得了充分的自由裁量权。在他的辩词中，西特伦的回应是在投资组合的价值中取得稳定收益。然而，很明显，存在与自由裁量（企业家）问责制概念相关的巨大风险以及潜在利益。

值得注意的是，这是奥斯本和盖布勒提出要强化的矩阵单元格，事实上，它赋予了政府官员更大的自由裁量权以便在出现公共需求时予以回应。奥斯本和盖布勒只能部分解决的困境是，如何将需要迅速单方面应对新兴机遇的企业家精神与需要耗费时间的努力以建立长期共识以及短期目标的代议官僚机构的基本原则相协调。事实上，这是引发研究文献中对企业家范式的一些最尖锐批评的两难处境。贝洛内（Bellone）和戈尔（Goerl）这样预言奥兰治县崩溃：

> 采取非强制性风险行为时，公共管理者的责任更成为一个管理问题。出现错误并导致经济损失的高风险投资计划，投资联邦补助金的套利努力失败，以及支付运营成本的短期借款……都是商业冒险行为的例子，忽视了对长期公共利益的谨慎关注。（着重强调）[27]

然而，作者接着提出，通过为有意义的公民参与政府事务提供更多机会，可以调和企业家精神和民主的概念。他们指出，“强大的企业家精神理论需要强大的公民理论”[28]。奥斯本和盖布勒也提出了这一论点。但是，这种对公民参与的乐观看法并不是每个人都能共享的。例如，特里（Terry）回应说，企业家精神需要危险的权力集中，并致力于公共行政职业所依据的传统政治权威和代表性官僚观念的根本变革。他总结说：“我们应该放弃将公共企业家精神与民主进行调和的错误观点”，而贝洛内和戈尔关于尊重公民的企业家精神的意识“似乎是穿着羊皮的狼”[29]。

巧合的是，奥兰治县案件中的证据似乎证实了公民仅有有限的能力提供对企业家精神的有意义检查的怀疑，特别是在像公共投资战略这样的专业领域。罗伯特·西特伦于 1994 年 6 月连任财务主管的职位，仅仅在金融危机前六个月。他的竞争对手是约翰·穆拉克（John Moorlach），一名注册会计师，他的竞选基于西特伦的风险投资以及奥兰治县投资基金对波动利率的脆弱性。穆拉克仅获得了 1/3 的投票，未能就奥兰治县的投资策略产生任何有意义的或持久的公开对话。显然，选民们或者：（1）不担心西特伦对投资池的管理；（2）由于问题的复杂性，不能做出明智的判断；或者（3）被另一个政治问题，第 187 号提案（限制非法移民的权利）所分心，这些问题比逆向回购协议、衍生工具和浮动利率在理智上具有挑战性的观点
483 具有更多的情感诉求。即使在破产之后，公民反应似乎也是混合的。当地广播电台在金融危机后发起了“一小时的愤怒”，让来电者发泄愤怒。该电台收到很少的愤怒电话。

虽然我们大多数人很乐意接受公民参与和协商的民主理念，但是“典型的”公民很难在这个问题上进行知情和理性的讨论。不过，这个单元格为公共管理者提出了重要的战略问题。公民对商业冒险的意见存在哪些机会（如果有的话）？能否创造或增强这种机会？在没有公民意见的情况下，组织是否准备在公共利益以及长期和短期两个方面捍卫自己的行为？公共机构的组织文化和专业规范在多大程度上与这种企业家范式相一致？公共行政人员和民选官员是否有能力参与企业家游戏？

这个单元格有许多威胁，可以直接归因于公共和非营利组织在这些条件下享有的自由。这个单元的主要威胁涉及增长的风险暴露。当这个单元格中的自由裁量行动失败时，组织就不能躲在正式监管框架的后面，说：“是的，事情确实发生了可怕的错误，但我们只是遵循上面的指示!”实际上，这一部分的问责环境有时会给公职人员留下足够的绳索来吊死自己。

这个单元中的另一种威胁与组织文化有关。在一个不受管制的环境中，组织可能会陶醉于看似无止境的可能性来增加或多样化收入、重新分配资源、修改计划和流程、接触新客户等。在这个过程中，组织可以逐渐从传统

价值观和比较优势中“漂移”。而且，它可能忽视了对公众的最终责任，甚至从其法定授权中脱离出来。

相关类型的威胁涉及组织的核心竞争力。一些政府专业人士习惯于在自由市场竞争环境中工作，但许多人却不是。在由指导方针、规则、法规和其他明确的责任参数构成的环境中，他们更舒适（也更能胜任）。

然而，第三号单元格中相对不受管制的环境为组织提供了更大的灵活性和对不断变化的需求的响应能力。一个相关的机会涉及寻求客户、捐助者和其他利益相关者的投入和有意义参与的前景，以设计与他们的需求和他们对公共利益的看法相关的问责措施。这种方法有望为组织提供支持和信任，并产生创意，否则这些创意将无法探索。另一种机会涉及通过充当可比较组织的卓越基准来发挥领导力的前景。

最后，这种环境为组织提供了投资员工和民选官员的专业发展机会。如上所述，问责环境的这一部分需要新的技能来履行专业义务和责任。它要求自主创业者积极主动地为公众信任服务。它需要创造力和创新。它需要远见和领导力。但最重要的是，它需要胜任能力。

预期（倡导）问责制（单元格#4）

最后，矩阵左下方的单元格描绘了政府机构面临外部强加明确责任标准
前景的情况。战略选择是：（1）定位自己是否符合这些标准；或（2）积极 484
参与制定新标准。例如，立法机构或监管机构可能正在考虑采取措施来收紧（或放松）监管控制。在这个单元格中，决策者试图预测这些标准的制定，以确定组织的最终合规性。该组织的成员甚至可能试图在塑造和确定他们认为最终会实施的标准方面发挥倡导作用。

预期（倡导）问责制的概念要求公职人员通过为可能改变其问责环境做好准备的方式来保持“引领潮流”。它还赋予公共管理人员责任，教育民选官员和其他政策参与者关注正在出现的公众需求以及与预期的政治行动相关的风险和收益。因此，预期问责制的概念与“行政倡导”的概念是一致的，[30]其中公共管理者不仅负责执行上文规定的政策举措，还负责倡导立法或行政举措以服务公众利益。这一责任意味着问责制的额外负担。斯蒂芬·拜利（Stephen Baily）总结了保罗·阿普尔比（Paul Appleby）的行政道德

规范模型，他说："政治和等级制度诱导公务人员富有想象力地搜寻公众将会怎样。在这种搜寻中，公务人员往往是创造新的公众意愿，所以他部分地为他创造的那部分负责。"[31]

在奥兰治县问题之后，很可能会再次要求在公共资金投资方面实施更严格的监管环境。很自然地，州和地方机构将被建议密切关注这些事态发展，并酌情试图影响这些立法辩论的结果。

值得注意的是，奥兰治县案例也从行政倡导的角度阐明了问责制的缺陷。1979 年，罗伯特·西特伦担任州司库协会负责人，是法律和监管变革的主要缔造者和大力发起人，允许在当地民选官员的监督和批准下使用逆回购安排。因此，西特伦和其他倡导者承担责任（当时他们主张变革）：（1）将其与公共利益的迫切需要联系起来；（2）建立有意义的监督机制以监测影响并防止滥用；（3）对立法者以及广义上的公众进行风险和收益教育。在成功地倡导新立法后，他们有责任遵循法律的精神以及内容，正如上面讨论的遵守责任概念所表明的那样。

问责环境的这一部分有几种独特的威胁。首先，任何形式的倡导都存在政治风险。组织直接参与正式决策过程可能引发广泛的辩论和争议，有可能将不必要的关注和审查集中在组织本身上。其次，还有可能疏远强大的选区并危及该组织传统的支持基础。最后，还有潜在的法律威胁，特别是对那些严格限制其政治活动的组织。对于这些组织，在参与任何政治活动之前寻求专业法律顾问是明智之举。

然而，在这个问责环境中，机会和威胁都是存在的。有机会与拥有类似利益和目标的其他利益相关者建立网络和联盟。这些联盟在政治问题解决之后不久就会产生有益的影响。此外，如果组织的动机被广泛认为可以促进公众利益，那么就有机会发挥领导作用并将重点放在组织上。与单元格 2（协商）一样，有机会教育相关利益相关者并在可能导致施加不合适标准的事件上先行一步。

485 ## 讨论

表 33.1 中的矩阵说明了四种类型的问责制，可以用来突出反映奥兰治

县情况的某些方面。此外，嵌入矩阵的每个单元格中的还有管理问题和公共管理者可能利用优势并最终为公众带来利益的合理策略，因为他们在履行作为公众信任的管理者的义务时应用战略管理方法。

合规问责制

公共组织——甚至那些在企业家模式下运营的组织——都必须偶尔进行合规性审计。在最基本的层面上，这次审计应该试图记录组织的如下法律义务：

- 监督机构的完整清单，组织通常对其负责的或对组织的授权和任务的某些部分有管辖权的监督机构的完整清单；
- 汇编和分析组织受其授权、章程、授权立法以及与其他组织的合同安排所约束的法律或监管责任标准；
- 评估组织在满足这些标准方面的表现如何；
- 评估对法律的“精神”和“文字”的遵循度；
- 展示在法律的“精神”和“文字”下充分披露组织绩效的努力。

当然，这些方法解决了问责制最狭义的解释方面——就绩效和遵守明确的授权向更高的权威机构回复问题；它们也是决策者在进行问责制审计时会问的最重要的问题之一。

协商问责制

大多数关于协商的文献都是从对抗的角度来讨论这个问题——任何形式的协商实际上都是零和博弈，其中一个或多个参与者的利益是以牺牲其他人为代价的。但是，当试图加强公共管理的问责制时，协商的对抗方式是不可接受的。相反，协商问责制的目标是澄清和界定“公共利益”，并就哪些机制和战略最好地为这些利益服务达成一致。粗略的目标列表将包括：

- 澄清在具体的计划活动或提案范围内的这些利益的“公共利益”和“问责制”的多重和可能相互冲突的解释；
- 澄清某一特定方案领域的哪些（如果有的话）问责制是“可协商的”并将它们与那些“不可协商的”区分开来；
- 澄清各个政策利益相关方的各自目标和利益，并将这些目标和利益与具体的提案或方案分开以实现它们；

• 澄清并就组织或个人应负责的合规或绩效的合理标准达成一致；

486 • 就评估组织或个人责任的合理措施、行为、过程或结果达成一致；

• 就是否存在可能影响问责关系的不可控因素和突发事件达成一致，以便事先确保行为者对超出他们控制范围的事件不负责任；

• 就需要哪些资源和投资达成一致以维持给定的问责程度以及逐渐增加（或减少）控制程度的边际成本和收益；

• 在协商过程中建立参与者之间的信任。

为实现这些目标，费舍尔（Fisher）和尤里（Ury）提出的“原则性协商”的理念似乎是恰当的。[33]当然，考虑到所涉及的高度财政和政治利害关系，奥兰治县案件中出现的任何协商很可能比“原则性”更为“对抗性”。

自由裁量（企业家）责任

各级政府的管理人员都感受到与罗伯特·西特伦所经历的相同的或更大程度的压力。纳税人很快就要求提高政府服务水平和质量，但他们不倾向于提供额外的资源。此外，州和地方政府的财政压力可能会因为在华盛顿的新共和党领导层而增加。这些财政和政治压力以及似乎层出不穷的“反对官僚主义”建议——在媒体、学术文献、大众文献和政府层面上——确保公共管理者将继续使用自由裁量判断和企业家方法。

但是，必须有一个民主程序——植根于当选官员的政治权威——通过它来决定何时需要专业自主权和自由裁量权，何时不需要，特别是当“……专业实践可能与公众或其代表的意愿和利益相冲突时”[34]。

什么原则应该指导公共管理者在相对不受管制的环境中维护问责制？

• 最重要的是，自由裁量行为或商业冒险必须符合组织的法定职权和正式权力；

• 此类行动或冒险应以任务为中心，以明确和公开的目标、运作理念和成功度量为指导；

• 所有参与者必须承担专业责任获取关于风险和潜在利益的完整信息；

• 自主决定的计划，特别是商业冒险，应该有一个内部（最好是正式的）制衡机制，以避免权力和权威集中在一个或几个人手中；

• 不太正式地，参与者应该培养组织文化或“气候”，其中参与者和利益相关者之间的不同意见不仅被容忍，而且被鼓励和促进；

- 应该通过正式的情景构建过程来告知自由裁量举措，特别是商业冒险，其中参与者检查各种事件链的可能性（尽管不太可能）和这些事件的后果，形成“最好的情况，最坏的情况，最有可能的情况”等情景；
- 在缺乏有意义的公民意见的情况下，自由裁量冒险的参与者应该参 487 与“防御演练”，[35]通过询问“如果我们被要求这样做，我们将如何及为谁辩护我们的行为?”；
- 在没有公民意见的情况下，应该有一个机制来定期披露该举措在实现其目标方面的表现如何；
- 自由裁量举措，特别是商业冒险，必须制定一项应急计划，以便在公共利益受到不可预见或无法控制的事件威胁时，允许组织撤回或以其他方式调整其承诺；
- 自由裁量投资应由审查机构监督，禁止单一赌注、赢者通吃的投资战略。

当然，罗伯特·西特伦和他的顾问做出了一些假设，即利率会继续下降。我们不知道的是，管理体系中是否建立了机制或流程（甚至是组织文化）允许并促进反面假设和替代战略的考虑。

得克萨斯州法默布兰奇市财务总监查尔斯·考克斯（Charles Cox）提出在任何创业企业中充分知晓和理解的专业义务。他表示：“如果我不了解它，并且我不知道它是如何工作的，那么我不打算投资它。”[36]最近对政府财政官员协会（Government Finance Officers Association，GFOA）成员进行的一项调查发现，只有4%的人对衍生证券有所了解，20%表示了解有限，76%的表示他们有一些了解或没有了解。[37]

预期问责

莱文（Levine）、彼得斯（Peters）和汤普森（Thompson）指出，“当管理者预测当选官员的合法偏好并相应调整他们的行为时，问责制倾向于最好地为民主服务”[38]。当然，公职人员在任时不会收到水晶球。尽管如此，还是应该有几项原则指导他们在这种问责环境下运作时仍要对公众信任负责：

- 发展和培育组织惯例以不断扫描问责环境的变化；

- 使用多种方法与公民、当选官员和同行保持联系，以便不断监测新兴需求；
- 以双党派或无党派的方式与立法者合作制定符合公众利益的立法建议。

这些步骤将有助于确保公共管理人员始终关注新出现的问题，并相应地确定自己和组织的位置。

总结

本文在一个概念框架内考察了奥兰治县破产的粗略事实，该概念框架认识到了问责制的四个方面。此外，文章还提出了一套管理策略，以在不断变化的环境中加强公共部门的问责制。

如果说这些方法可以防止奥兰治县崩溃这样的事件，那将是一种高度的
488 傲慢。但它们确实提供了一种启发式策略，可供从业人员和学者用来评估问责制的多个维度和适合每个维度的管理系统。

致谢

作者对匹兹堡大学公共和国际事务研究院的匿名评论者及其同事伊里斯·扬教授的建设性意见表示感谢。

注释

1. Leslie Wayne, "The Search for Municipal Cowboys." *New York Times*, December 8, 1994, P. cl.

2. Seth Mydans, "Shock and Confusion in Offices and Streets." *New York Times*, December 8, 1994, P. cl6.

3. See also, Barbara Romzek and Melvin J. Dubnick, "Accountability in the Public Sector: Lessons from the Challenger Tragedy." *Public Administration Review*, 47 (May/June 1987): 227 – 238.

4. Sallie Hofmeister, "A Strategy's Creator Also Drafted the Law." *New York Times*, December 8, 1994, P. cl6.

5. David Osborne and Ted Gaebler. *Reinventing Government* (Reading: Addison - Wesley, 1992).

6. Vice President Al Gore. *Creating a Government That Works Better and Costs Less: Report of the National Performance Review* (Washington D. C.: U. S. Govemment Printing Office, 1993).

7. See Larry D. Terry, "Why We Should Abandon the Misconceived Quest to Reconcile Public Entrepreneurship with Democracy." *Public Administration Review*, 53 (July/August 1993): 393 - 395; see also, Ronald C. Moe, "The 'Reinventing Government' Exercise: Misinterpreting the Problem, Misjudging the Consequences." *Public Administration Review*, 54 (March/April 1994): 111 - 122.

8. Charles T. Goodsell. *The Case for Bureaucracy: A Public Administration Polemic*, 3rd ed. (Chatham, N. J.: Chatham House, 1985).

9. Jay M. Shafritz. *The HarperCollins Dictionary of American Government and Politics* (New York: HarperCollins, 1992), 4.

10. Terry L. Cooper. *The Responsible Administrator* (*San* Francisco: Jossey - Bass Publishers, 1990), 59 - 62.

11. Samuel Paul, "Strengthening Public Sector Accountability: A Conceptual Framework" (Washington D. C.: World Bank Discussion Paper #136, 1991), 2.

12. Bernard Rosen. *Holding Government Bureaucracies Accountable*, 2d. ed. (New York: Preager, 1989), 4.

13. Carl J. Friedrich, "Public Policy and the Nature of Administrative Responsibility," In *Public Policy*, 1940, ed. Carl J. Friedrich (Cambridge: Harvard University Press, 1940).

14. Herman Finer, "Administrative Responsibility in Democratic Government," *Public Administration Review*, 1 (Summer 1941): 335 - 350.

15. Romzek and Dubnick, "Accountability in the Public Sector," 228.

16. For a full discussion of both the positive and negative aspects of professional discretion in setting accountability standards, see John Burke, *Bureau-*

cratic Responsibility (Baltimore: Johns Hopkins University Press, 1986).

17. Kevin P. Kearns, "The Strategic Management of Accountability in Nonprofit Organizations: An Analytical Framework," *Public Administration Review*, 54 (March/April 1994): 185 – 192.

18. G. Bruce Knecht, "Merrill Lynch's Role as Broker to Fund May Expose It to Liability, Lawyers Say," *Wall Street Journal*, December 8, 1994, P. A9.

19. Tom Herman and Wade Lambert, "Filing Spotlights Murky Comer of Finance," *Wall Street Journal*, December 8, 1994, P. A9. ; see also, Harrison Golden, "How Orange County Can Dig Out of Its Hole," *Wall Street Journal*, December 14, 1995, P. A12.

20. John E. Petersen, "It's Better Not to Belly – Up," *Governing* (February 1995): 56.

21. Knecht, "Merrill Lynch's Role," A9.

22. Ibid. , A9.

23. I. William Zartman and Maureen R. Berman. *The Practical Negotiator* (New Haven: Yale University Press, 1982), 47 – 54.

24. Burke, *Bureaucratic Responsibility*, 25.

25. *Wall Street Journal*, "Public Finance Chiefs Are Often Very Boring: That's The Good News," December 8, 1994, P. Cl.

26. Ibid. , Cl.

27. Carl J. Bellone and George Frederick Goerl, "Reconciling Public Entrepreneurship and Democracy." *Public Administration Review*, 52 (*March/April*1992): 132.

28. Ibid. , 133.

29. Terry, "Why We Should Abandon the Misconceived Quest," 394 – 395.

30. Shafritz, *The Dictionary of American Government*, 10.

31. Stephen K. Baily, "Ethics and the Public Service" in *Public Administration: Concepts and Cases*, ed. Richard J. Stillman (Boston: Houghton Mif-

flin, 1984), 480.

32. Hofmeister, "A Strategy's Creator," C16.

33. Roger Fisher, William Ury, and Bruce Patton. *Getting to Yes: Negotiating Agreement Without Giving In*, 2d ed. (New York: Penguin, 1991).

34. *Bnxke*, , *Bureaucratic Responsibility*, 148.

35. Terry Copper. *The Responsible Administrator* (San Francisco: Jossey – Bass, 1990), 23.

36. *Wall Street Journal*, "Public Finance Chiefs," 1.

37. Ibid. , 1.

38. Charles H. Levine, B. Guy Peters, and Frank J. Thompson. *Public Administration: Challenges, Choices, Consequences* (Glenview: Scott, Foresman/Little Brown, 1990), 190.

第三十四章

彩票与教育：拆东墙补西墙？[*]

查尔斯·斯皮德勒（Charles Spindler）

490 州级博彩是一项预算创新，似乎注定要在各州之间接近普遍接受。具有彩票和赌场的州的数量继续增加：自 1963 年以来有 36 个州采用了彩票，并且还有 10 个州有赌场。州级博彩的势头强劲。自 1964 年新罕布什尔州重新推出彩票以来，只有一个州（1986 年和 1988 年的北达科他州）挫败了彩票全民投票。[1]

尽管各州的彩票和赌场越来越受欢迎，但州级支持的博彩仍然存在争议。本文探讨了州级彩票更具争议的问题之一：彩票对州级教育经费的影响。彩票收入的可替代性是影响政府问责制的一个重要问题。[2] 有 9 个州将净彩票收入专门用于教育。本研究包括 7 个州（实施日期显示在括号内）：纽约州（1967）、新罕布什尔州（1967）、俄亥俄州（1974）、密歇根州（1982）、加利福尼亚州（1987）、蒙大拿州（1987）和佛罗里达州（1988）。[3] 彩票收入是否会增加州政府对这些州教育的资助，或仅仅取代以往用于教育的一般收入？

本文从对彩票研究的简要讨论开始。接下来，通过使用时间序列数据的“比较个案研究”方法分析彩票对教育州级支出的影响。[4] 有两个问题需要研究。彩票收入是否可替代？而且，彩票对教育支出的净影响是什么？专门用

---

* From Public Budgeting and Finance, Vol. 15, No. 3 (Autumn 1995), 54 – 62. Copyright© 1995 by Public Financial Publications, Inc. Reprinted with Permission.

于教育的彩票是否实际上增加了净教育收入，还是彩票允许该州拆东墙补西墙？最后，得出了一些有关彩票收入的可替代性以及政治在预算决策中的持续重要性的结论。

背景

州级彩票和其他形式的博彩背后的公共问题非常复杂。这些问题包括彩票政治，[5] 对彩票产品的需求和需求的预测因素，[6] 州级彩票的中奖率，[7] 州级彩票销售，[8] 作为收入来源的彩票，[9] 专项拨款和可替代性，[10] 以及彩票和犯罪[11]以及经济[12]之间的关系。

彩票经常作为支持有价值的计划的手段向公众推销。几个州已经承诺将 491
所有彩票收入用于教育。彩票仅占总收入的一小部分并不成问题；不管它多小，彩票收入是新的收入。

彩票研究的方法论问题

为了彻底考虑彩票的可替代性，时间序列分析是必要的。虽然之前的彩票研究分析了彩票时间序列数据，但分析倾向于关注趋势或普通最小二乘（OLS）回归分析。对时间序列数据使用 OLS 分析的一般困难是它忽略了与时间序列本身相关的问题，例如自相关和异方差。简单的趋势分析本身并不是一项强大的技术。

早期关于彩票对教育支出影响的研究之一使用了简单的趋势分析。[13] 如果彩票收入是可替代的，那么研究假设教育占直接一般总支出的百分比会增加。研究表明，在研究的各州中仅有一个州的彩票收入是可替代的。然而，只用了简单的趋势分析来描述教育支出与一般收入之比的变化。该研究没有检查任何统计关系。这些结论虽然具有启发性，但可以通过更强大的方法得到更强有力的支持。

博格（Borg）、梅森（Mason）和夏皮罗（Shapiro）的研究也检验了彩票对筹资水平和教育收入的影响。[14] 采用了多变量回归方法分析 1974 ~ 1975 年、1979 ~ 1980 年和 1984 ~ 1985 年的横截面数据。这项研究可能存在的问题包括变量之间的多重共线性和时间序列中的共线性。作者提出“残差检验没有显示出异方差性”。[15]然而，使用单年时间段或三个非连续年份的汇总时间序列预计不会显示异方差性。使用三个单独的时间段消除了分析基础时间序列模型的机会。

OLS 回归中的误差项经常会显示非随机变化。Box - Jenkins （ARIMA）时间序列模型可以确定误差序列的相关模式。然后可以开发 ARIMA 模型来控制误差项的自相关。

测量彩票的影响

彩票对教育经费的影响将通过两种方式来衡量：一是通过检查彩票收入的可替换性，二是通过彩票对教育支出的累积效应。在五年时间内每年的时间序列变化总和将代表彩票的净累积效应。因此，彩票收入可能是可替代的，对教育经费的净累积效应可能是积极的、消极的或中性的。

分析中考虑的变量包括自有资源总收入，自有资源教育支出，自有资源教育支出与自有资源总收入的比例（因变量），以及采用彩票的年份。联邦政府和地方政府间收入和教育支出从州级总收入和教育支出中扣除，以创造每个州的“自有资源”变量。

本文审查了联邦教育援助对州级配套计划的影响，以确定必要的统计控制类型。1993 年具有大额教育费用的联邦机构包括教育部（307 亿美元）、
491 卫生与公众服务部（113 亿美元）、农业部（83 亿美元）、国防部（40 亿美元）、劳工部（39 亿美元）和能源部（28 亿美元）。[16]

联邦计划在 1993 年产生了大约 190 亿美元的非联邦教育支出。非联邦配套基金的最大来源是保证学生贷款计划（180 亿美元）。其他产生非联邦配套基金的计划包括珀金斯贷款（2 490 万美元）、州学生激励补助金（5.996 亿美元）、补充教育机会补助金（1.846 亿美元）和工读助学金（1.950 亿美元）。联邦教育资助对州级教育支出的影响不是很显著；大部分联邦资助都是直接针对学生贷款。因此，在分析中将联邦教育支出作为自变量的统计控制是不必要的。联邦和地方政府间转移对州级教育支出的影响是通过从州级总收入和州级教育支出中扣除这些转移来控制的。

方法

本文采用 ARIMA 时间序列建模控制时间序列中的自相关。ARIMA 建模是利用时间序列数据的基本回归模型的一种变体。[18]每个州的时间序列数据都是从 1961 年到 1992 年。[19]为了衡量彩票的影响，在每个时间序列中引入了彩票实施的年份作为阶梯函数；例如，STEP89 会指出该彩票在 1989 年以及此后每年都在使用，虚拟变量将被编码为 1。[20]

优先的 ARIMA 模型首先由因变量的自相关函数（ACF）和偏自相关函数（PACF）确定。一旦模型被识别出来，就会使用误差（残差）图进行确认。模型与数据的拟合由残差分析和模型系数、t 值以及 t 值的显著性决定。一旦确定了模型，就能分析彩票对教育支出比率的影响。表 34.1 中列出了每个州的模型识别和影响系数。

在每个州都为因变量确定了一阶自回归过程。每个时间序列的 ARIMA 模型是（1，0，0），除了蒙大拿州是（1，1，0）以外。对于蒙大拿州来说，对时间序列进行一阶差分以稳定时间序列。模型识别过程的结果表明，模型与时间序列数据很好地吻合，如表 34.1 中模型系数，t 值和 t 值显著性所示。所有模型在 0.001 水平上显著，除了蒙大拿模型，其显著水平性为 0.003。一旦将时间序列数据按照自相关建模校正，就可以检查彩票对教育支出的影响。

预测变量（彩票）和因变量之间的偏相关性是使用阶梯函数推导出来的。正如所讨论的，在实施彩票之前的几年中，该阶段被编码为 0，并且在彩票之后的数年它被编码为 1。预测变量的系数被解释为彩票对因变量的影响的度量。系数总和表示彩票对教育支出比率的累积影响。在解释表 34.1 中超过一个合理的时间段（可能是五年）的预测变量的系数时应该谨慎行事。

彩票收入的可替换性

彩票对州级教育经费的影响在各州之间和多年来各州之内各不相同。对于研究中的所有州来说，彩票收入似乎是可替换的。在 4 个州中，彩票的累积效应为负值；彩票引入后，教育支出比例趋于下降。 495

表 34.1

纽约		t检验显著性 0.00001413	新罕布什尔		t检验显著性 0.00000048	俄亥俄		t检验显著性 0.000000001
ARIMA（1，0，0）模型			ARIMA（1，0，0）模型			ARIMA（1，0，0）模型		
AR1模型的系数 0.676	t统计量 5.17		AR1模型的系数 0.75	t统计量 6.38		AR1模型的系数 0.818	t统计量 8.509	
B			B			B		
AR1	0.99713876		AR1	0.98742565		AR1	0.99313875	
STEP67	-0.01844334		STEP67	0.01731179		STEP74	0.01752374	
STEP68	0.00717253		STEP68	0.04233989		STEP75	0.01595540	
STEP69	-0.01206178		STEP69	0.02887165		STEP76	0.02289942	
STEP70	-0.01945371		STEP70	0.01075143		STEP77	0.02745825	
STEP71	0.05484473		STEP71	-0.11264935		STEP78	-0.02524547	
STEP72	-0.02438907		STEP72	0.01270709		STEP79	0.02856291	
STEP73	-0.06146730		STEP73	0.03481666		STEP80	0.02934073	
STEP74	0.00241635		STEP74	0.04673339		STEP81	-0.03694838	
STEP75	-0.00591264		STEP75	-0.05697894		STEP82	-0.06084161	
STEP76	0.00190022		STEP76	-0.01886004		STEP83	0.04716109	
STEP77	-0.02638254		STEP77	-0.05043367		STEP84	-0.04898894	
STEP78	0.01824915		STEP78	-0.04550387		STEP85	0.00592769	
STEP79	-0.00997224		STEP79	0.04338933		STEP86	0.01809075	
STEP80	-0.02103504		STEP80	-0.00600818		STEP87	0.01063031	
STEP81	0.01047726		STEP81	0.03759483		STEP88	-0.01489126	
STEP82	0.00760059		STEP82	0.02578388		STEP89	0.00683533	
STEP83	-0.00559650		STEP83	0.00899324		STEP90	0.03307950	
STEP84	-0.02383219		STEP84	-0.01991463		STEP91	-0.00211940	
STEP85	-0.00581063		STEP85	-0.10870528		STEP92	-0.00086168	

表 34.1 续

密歇根			加利福尼亚		
ARIMA（1，0，0）模型		t 检验显著性 0.00000976	ARIMA（1，0，0）模型		t 检验显著性 0.0008114
AR1 模型的系数 0.684	t 统计量 5.307		AR1 模型的系数 0.555	t 统计量 3.723	
	B			B	
AR1	0.99550147		AR1	0.99493029	
STEP82	-0.14050913		STEP87	-0.00726384	
STEP83	0.09061480		STEP88	0.03289812	
STEP84	-0.04771961		STEP89	-0.00739060	
STEP85	0.00856880		STEP90	-0.02613564	
STEP86	0.02616234		STEP91	-0.01379030	
STEP87	0.01352957		STEP92	0.00502766	
STEP88	0.03805697				
STEP89	-0.02483946				
STEP90	0.01221235				
蒙大拿			佛罗里达		
ARIMA（1，0，0）模型		t 检验显著性 0.00320393	ARIMA（1，0，0）模型		t 检验显著性 0.00000185
AR1 模型的系数 -0.514	t 统计量 -3.213		AR1 模型的系数 0.7278	t 统计量 5.89	
	B			B	
AR1	-0.42598480		AR1	0.99771177	
STEP87	0.03007645		STEP88	-0.00886544	
STEP88	-0.06709366		STEP89	-0.00888143	
STEP89	0.07492797		STEP90	0.00555846	
STEP90	-0.06069347		STEP91	0.05028323	
STEP91	0.14021687		STEP92	-0.03914352	
STEP92	-0.06240330				

纽约。彩票收入在纽约可替换，代替用于教育支出的一般收入。在引入彩票的第一年（1967 年），教育支出比率下降了 1.8%。1968 年有小幅

增长，其次是两年下降。减少的年份一般比增加的年份大。这个模式在整个时间序列中重复。然而，在前五年彩票对教育支出比率的净累积影响为正（1.2%）。

新罕布什尔。彩票收入在彩票实施后的最初几年中不可替换。然而，1971年教育支出下降约11%抵消了此前的收益。这种数年增长随后突然减少的模式贯穿整个时间序列。在前五年彩票对教育支出比率的净累积影响为负（-1.3%）。

俄亥俄州。彩票的增加与四年的教育支出增加有关，随后在1978年减少了2.5%。与新罕布什尔州相比，下降的幅度很小。分析结果表明，彩票收入不是可替换的。在前五年彩票对教育支出比率的净累积影响为正（5.8%）。

密歇根州。彩票收入在第一年显得高度可替换；彩票的引入与教育支出比例下降14%有关。第二年有小幅增长，第三年有小幅下降。在五年期间内，收益不能抵消第一年发生的损失。在前五年彩票对教育支出比率的净累积影响为负（-6.28%）。

加利福尼亚。彩票收入的可替换性在加利福尼亚州相对较小。系数的解释是困难的，因为教育支出比例的变化很小，并且引入彩票的时间序列很短。其他未在模型中捕获的因素可能会影响因变量。考虑到这些警告，分析表明，彩票对教育支出有轻微的负面影响。在前五年彩票对教育支出比率的净累积影响为负（-2.16%）。

蒙大拿。彩票收入似乎高度可替换；第一年教育支出增加，第二年减少。这种模式在时间序列中重复。在前五年彩票对教育支出比率的净累积影响为正值（11.7%）。

佛罗里达。两年的下降之后是两年的上涨。彩票收入是可替换的，但彩票对教育支出比率的总体影响呈现中性或稍微负面。在前五年彩票对教育支出比率的净累积影响略为负（-0.1%）。

结论

彩票对州级教育支出的影响在各州之间以及在实行彩票后的多年之间有所不同。在一些州，彩票对教育支出产生了积极的累积效应，而在其他州级，这种效应是负面的。

在所研究的七个州中的每一个州，彩票收入都被指定用途，但尽管指定了用途，彩票收入是可替换的。对于一些州来说，彩票确实是拆东墙补西墙。

预算过程的政治性可能有助于解释收入可替换性。教育政策具有重大的财政和政治制约因素。[21]教育支出占州级支出的很大一部分，吸引了很大的 496
政治关注。最后，教育政策，特别是彩票，是公众高度可见的政策。

尽管指定了净彩票收入的用途，但并不能保证州立法机构不会用彩票收入取代一般教育基金。由于几个原因，将难以弥补这种问责制的缺失。首先，没有哪个州承诺在引入彩票后保持教育支出与总收入的比例不变。其次，其他州级机构将争取获得新的收入，不管其专用性。最后，公众没有得到有关教育支出的完整信息。该彩票有广泛的公众接受度，与彩票相关的政治成本通常较低，尤其是当收入用于受欢迎的计划时。彩票仍然是各州吸引人的收入来源，因为它代表着新的收入来源。

虽然彩票收入被确定为可替换的，但这种可替换性并没有产生一致的结果。分析中出现了两种模式，表明预算过程的政治发挥作用。第一种模式是彩票头几年的教育收入稳步增长，然后突然下降。在新罕布什尔州和俄亥俄州，四个正的年份之后是一个负的年份。预算政治最终可能迫使州级部门实现收入均等化。

第二种模式是每年在教育预算中不断进行渐进调整。在纽约州、密歇根州、加利福尼亚州、蒙大拿州和佛罗里达州，引入彩票后每年的教育支出不断波动。

彩票收入的可替换性和州级教育支出的渐进调整是预算政治的副产品。彩票可以作为增加教育资金的手段出售，而彩票收入取代一般的基金支出。在指定彩票收入用于抵消州级教育支出的州，彩票拆东墙补西墙。

注释

1. John L. MikeseJI, “A Note on the Changing Incidence of State Lottery Finance,” *Social Science Quarterly*, 70 (June 1989): 513.

2. 关于可替代性的讨论参见 See John L. Mikesell and C. Kurt Zorn, “State Lotteries as Fiscal Savior or Fiscal Fraud: A Look at the Evidence.”

Public Administration Review, 46 (July/Aug. 1986): 311 –320.

3. Kentucky (1989) and Georgia (1993) also earmark net revenues for education, but the time-series data appear insufficient for analysis.

4. Susan A. MacManus, "The Missing Element, An Examination of Analytic Time Frames," *Urban Affairs Quarterly*, 24 (September 1988): 39 –45.

5. Charles J. Clotfelter and Philip J. Cook. *Selling Hope: State Lotteries in America* (Cambridge, Mass.: Harvard University Press, 1989): 141 –159.

6. Ibid.; Charles J. Clotfelter and Philip J. Cook, "On the Economics of State Lotteries," *The Journal of Economic Perspectives*, 4 (Fall 1990): 105 –119; John L. Mikesell, "A Note on the Changing Incidence of State Lottery Finance," *Social Science Quarterly*, 70/2 (June 1989): 513 –521.

7. Mary O. Borg and Paul M. Mason. "The Budgeting Incidence of a Lottery to Support Education," *National Tax Journal*, 41 (March 1988): 75 –86; Idem, "Earmarked Lottery Revenues: Positive Windfalls or Concealed Redistribution Mechanisms?" *Journal of Education Finance*, 52 (April 1989): 75 –85; Roger E. Brinner and Charles T. Clotfelter, "An Economic Appraisal of State Lotteries," *National Tax Journal*, 28 (1975): 395 –404; Charles T. Clotfelter, "On the Regressivity of State –Operated 'Numbers' Games," *National Tax Journal*, 28 (Dec. 1979): 543 –548; Charles J. Clotfelter and Philip J. Cook, "Implicit Taxation in Lottery Finance," *National Tax Journal*, 32 (Dec. 1987): 533 – 546; Idem, *Selling Hope: State Lotteries in America.* (Cambridge, Mass: Harvard University Press, 1989); Jerome F. Heavey, "The Incidence of State Lottery Taxes," *Public Finance Quarterly*, 6 (Oct. 1978): 415 –426; Michael H. Spiro, "On the Tax Incidence of the Pennsylvania Lottery," *National Tax Journal*, 27 (March 1974): 57 –62. For summaries of previous studies of the incidence of state lotteries, see Clotfelter and Cook, *Selling –Hope: State Lotteries in America*; and John L. Mikesell, "A Note on the Changing Incidence of State Lottery Finance," 513 –521.

8. Larry DeBoer, "Lottery Taxes May be Too High," *Journal of Policy Analysis and Management*, 5 (Spring 1986): 594 –596; Mikesell, "A Note

on the Changing Incidence of State Lottery Finance," Idem, "The Effect of Maturity and Competition on State Lottery Markets," *Journal of Policy Analysis and Management*, 6 (Winter 1987): 251 – 253; John David Vasche, "Are Taxes on Lotteries Too High?" *Journal of Policy Analysis and Management*, 4 (Winter 1989) 269 – 271.

9. John L. Mikesell and C. Kurt Zorn, "State Lotteries as Fiscal Savior or Fiscal Fraud: A Look at the Evidence" *Public Administration Review*, 46 (July/Aug. 1986): 311 – 320.

10. Borg and Mason, "Earmarked Lottery Revenues: Positive Windfalls or Concealed Redistribution Mechanisms?"; Susan A. MacManus and Charles J. Spindler, "Florida's Lottery: How Long Education's Sacred Cow?" *Florida Policy Review*, 4 (Winter 1989): 1 – 4; Mikesell and Zorn, "State Lotteries as Fiscal Savior or Fiscal Fraud: A Look at the Evidence."

11. John Mikesell and Maureen A. Pirog – Good, "State Lotteries and Crime: The Regressive Revenue Producer is Linked with a Crime Rate Higher by 3 Percent," *American Journal of Economics and Sociology*, 49 (January 1990): 7 – 19.

12. Mary O. Borg, Paul M. Mason, and Stephen L Shapiro. *The Economic Consequences of State Lotteries* (New York: Praeger, 1991); Charles J. Clotfelter and Philip J. Cook, "On the Economics of State Lotteries," *The Journal of Economic Perspectives*, 4 (Fall 1990): 105 – 119; John L. Mikesell, "State Lottery Sales and Economic Activity," *National Tax Journal*, 47 (March 1994): 165 – 171; Mikesell and Pirog – Good, "State Lotteries and Crime: The Regressive Revenue Producer is Linked with a Crime Rate Higher by 3 Percent."

13. Mikesell and Zorn, "State Lotteries as Fiscal Savior or Fiscal Fraud: A Look at the Evidence."

14. Mary O. Borg, Paul M. Mason, and Stephen L. Shapiro. *The Economic Consequences of State Lotteries* (New York: Praeger, 1991).

15. Ibid., P. 46.

16. U. S. Department of Education. *Digest of Education Statistics* 1993. U. S. Department of Education, Office of Educational Research and Improvement, National Center for Education Statistics (Washington D. C.: U. S. Government Printing Office, 1993): 351.

17. Ibid., P. 363.

18. Charles W. Ostrom, Jr. *Time Series Analysis. Regression Techniques*, 2d ed. Sage University Paper series on Quantitative Applications in the Social Sciences, series No. 007 – 009 (Newberry Park, CA: Sage, 1990).

19. U. S. Bureau of the Census. *State Government Finances.* Years vary; Series GF – 61 – 3 through GF – 92 – 3 (Washington D. C.: U. S. Government Printing Office, 1961 through 1992).

20. David McDowall, Richard McCleary, Errol E. Meidinger, and Richard A. Hay, Jr. *Interrupted Time Series Analysis.* Sage University Paper series on Quantitative Applications in the Social Sciences, series No. 007 – 021 (Beverly Hills, CA: Sage, 1980).

21. 关于人力资源政策和教育在内的分配政策领域的讨论参见 Charles J. Spindler and John P. Forrester, "Economic Development Policy: Explaining Policy Preferences Among Competing Models," *Urban Affairs Quarterly*, 29 (September 1993): 28 – 53.

第三十五章
吞噬美国参议院的“怪物”*

比尔·达斯特（Bill Dauster）

让我们从现实世界的三个故事开始： 498

故事一[1]

4岁的莎拉·吉恩和她的阿姨雪莉住在菲尼克斯。由于她的身体和认知问题，莎拉体重29磅，讲话有困难，并没有接受过便溺训练。雪莉阿姨做私人健康助理兼职每月挣800美元，并且根据附加保障收入（Supplemental Security Income，SSI）计划使用联邦援助来替代她的失去的收入，并购买尿布和食品补充剂以使莎拉体重增加。实施了1996年福利法之后，社会保障局（Social Security Administration）终止了莎拉的SSI福利和135000多名低收入残疾儿童的福利，因为只有其问题引起“显著和严重功能限制”的儿童现在才有资格参加SSI。新的社会保障专员（Social Security Commissioner）肯·阿普费尔（Ken Apfel）已经采取措施来审查和撤销大量的此类终止，但福利法继续破坏成千上万家庭的生活。

---

* From Public Budgeting and Finance, Vol. 18, No. 2 (Summer 1998), 87 –93. Copyright© 1998 by Public Financial Publications, Inc. Reprinted with Permission.

故事二[2]

75 岁的亨利·布洛克在堪萨斯城担任税务筹备公司 H&R 布洛克董事会主席。在很大程度上由于 1997 年的税法，H&R 布洛克的股票去年飙升了 50% 以上。由于 1997 年的法律，税法有 290 个新的部分。布洛克计划在即将到来的纳税季度开设 250 个新办事处。亨利说："每次政府改变事情，生意都会增加。"他补充道："每年都有更多的人举手说'我不能再准备我自己的回报了。'"

故事三[3]

罗斯·纳夫在塔拉哈西工作，担任佛罗里达州健康儿童公司的董事，这
499 是一项州级补贴医疗保险计划，适用于收入超过符合医疗补助标准的家庭。由于 1997 年的平衡预算法，罗斯正在考虑佛罗里达州如何花费其 240 亿美元的州级基金来资助所覆盖儿童的健康。佛罗里达州没有医疗保险的儿童人数排名第三，1/4 的儿童有资格获得医疗补助而没有获得。许多较穷的南佛罗里达人英语水平较差以至于无法理解可获取什么或填写表格。罗斯建议人们拨打免费电话来了解如何登记他们的孩子参保。

我把这三个故事讲给人们看看美国国会正在发生的一件事情，这是由影响莎拉、亨利和罗斯的三部法律所说明的。我不是在谈论这三项法律的优点——我们可以辩论它们的好坏。今天我想和你谈谈的事情是形成这三部法律的立法过程。因为，不管喜欢或讨厌它们，福利法、税法和平衡预算法是自从国会控制权变更以来颁布的仅有的三项在任何财政年度其后果都超过 50 亿美元的法律。不管喜欢或讨厌它们，这三个法律都是由预算调解过程产生的。今天我的看法是，预算调解过程对立法过程越来越重要。这是我的观点，预算调解过程是吞噬美国参议院的怪物。

让我们从头开始。正如它在圣经中所说的那样，"在开始时……［参议院］没有形式，而且是无效的"[5]。也许生动版本更好地捕捉其含义："［参议院］最初是一个没有形状的，混乱的一批人。"[6]

也就是说，从1806年当它废除允许参议员提出前一个问题的规则时起，直到1917年当它通过了第二十二条规则，即结束辩论规则，用伍德罗·威尔逊（Woodrow Wilson）关于武装船只议案的话来说，参议院是一个“一小撮任性的人，除了他们自己的意见，没有代表任何意见，［可以］使伟大的美国政府无助和卑鄙”的地方[7] 即使在参议院通过了第二十二条规则之后，直到1975年它仍然需要2/3多数票和60名参议员的绝对多数票才能结束辩论[8]——除了修改参议院的常设规则（Standing Rules of the Senate），其中2/3多数票仍然需要。

国会预算过程改变了这一切。有人可能会说它已经摆脱了混乱。但也有人可能会争论说混乱是否会变得更好。我今天对你表达的论点是，国会预算过程，不管喜欢或讨厌它们，为立法过程带来了自结束辩论规则以来最大的变化。

这个变化分三步进行。第一步，国会颁布了1974年的《国会预算法案》（Congressional Budget Act）。其中国会创建了一个快速通道工具，即预算共同决议，以制定财政政策。预算决议为国会提供了规则；总统不签署决议。决议以粗线条描绘；按照惯例它不涉及少于1亿美元的数额。

但该决议为每个支出委员会提供了年度支出分配，并给国会一个总支出上限和议院一个收入限制。这些水平为程序上的反对意见或“程序性问题”提供了依据，并在本年度晚些时候推进政府的财政政策。

变化是参议院考虑限制辩论和修正的规则下的预算决议。结果，参议员不能对它进行阻挠。简单多数参议员投票将决定参议院将采用哪些修正案，并且简单多数可以通过决议。因此，《国会预算法案》促进了国会制定财政政策并加强了多数党的权力。

人们可以在马里兰大学的阿伦·希克（Allen Schick）[11]和埃默里大学的丹尼斯·伊波利托（Dennis Ippolito）[12]的书中找到有关早期预算决议的讨论。

联邦预算过程的参与者最初低估了预算决议的力量。然而，他们在预见 500
被称为“调解”的第二个快速程序的力量方面完全失败了。《国会预算法案》最初规定了两个预算决议：第一次会提出建议，第二次更接近于本财政年度的开端，具有约束力。该法案规定，第二次预算决议可以指示国会委员会将其管辖范围内通过的法律与第二次预算决议中新的预算优先事项相协调。

调解进程并没有像《国会预算法案》起草者所预期的那样温和。相反，它变成了一个快速协调的赤字削减工具，具有巨大的权力来指导委员会改变支出或税收。在预算决议中包含调解指令的年份中，接到指令的授权委员会必须在其管辖范围内报告法律的变化，以改变支出或税收，至少达到决议指示的总量。授权委员会向预算委员会报告他们的建议，该委员会将这些建议组合在一起而没有实质性改变，并将其作为和解议案提交给议院。与预算决议一样，参议院按照对该机构来说不寻常的快速程序审议调解法案。

因此，调解过程将来自不同委员会的立法工作产品合并为一种载体，这一过程在参议院中也不寻常。然后参议员和众议员可以投票支持整体法案和削减赤字的想法，同时对更大妥协的某些部分表示不同意见。

1981 年，预算委员会主席皮特·多米尼奇（Pete V. Domenici）主持了调解的主要创新。为了加速在管理和预算办公室负责人大卫·斯托克曼（David Stockman）领导下的里根总统第一份预算，预算决议包含了该决议所涵盖的第一个财政年度以后几个年度的指示，将调解工具的范围扩大到法律上更加永久的变化。

由于国会在 1981 年如此强有力地运用了这一进程来实施里根总统的经济计划，因此调解已成为大多数预算决议的常规特征。自 1981 年以来，国会通过调解过程完成了最重大的赤字削减（关于这一调解时期的早期学术回顾可以在米勒（Miller）和兰奇（Range）在哈佛大学法学期刊中的文章[13]和阿伦·希克的另一本书[14]中找到）。

因此，调解的力量吸引了很多与该过程的预算相关目的没有严格关系的事项。为了回应这种“无关紧要”的事项，1985 年参议院采纳了伯德规则（Byrd Rule），以其发起人民主党领袖罗伯特·伯德（Robert C. Byrd）的名字命名。在需要六十票弃权的痛苦中，伯德规则禁止纳入任何属于伯德规则复杂条款的条款，包括不影响赤字的项目、不在报告委员会管辖范围内的项目和预算部分“仅仅是附带”到其非预算部分的项目。伯德规则凸显了调解过程所固有的加速广泛接受的赤字削减的愿望与调解对辩论和修正采取严格限制的危险之间的紧张局势。

调解扩张的第三步是在两年前，因为新的共和党议会试图提出三项调解法案——关于福利、医疗保险和减税。与过去的做法明显背道而驰，共和党的预算中，三份和解法案中的一份——为了削减税收的法案——单纯地加剧了赤字。

1996 年 5 月 21 日，民主党领袖汤姆·达斯切尔（Tom Daschle）正式对这一程序提出质疑。议会议员祝福他。在与主持官员进行的一系列交流中，施勒表示新程序没有什么限制。在达斯切尔对裁定提出上诉后，参议院以直接的会议系统的投票方式维持了程序。从现在开始，参议院只有在大多数人都这样想的时候，才会以标志性的审议速度开展大部分业务。

在去年的先例之后，多数党可以按照自己的意愿创建尽可能多的调解议 501
案，而多数党可以用它来增加支出或减税从而使赤字恶化。从现在开始，多数党可以用简单多数票和少量干扰的方式，利用调解过程将整个立法议程通过参议院。旧的参议院已经死了。

有人可能会说，“可喜的解脱”。毕竟，正如国会民主党议员曾经说过的那样，“在参议院里，你没有六十票就不能去洗手间”。如果简单多数票现在可以在参议院通过重要立法，也许还有很多事情会完成。

但是参议院的特性已经明显改变了。参议员的审议权利是个人权利的重要壁垒。正如参议员肯尼迪（Kennedy）在当年的另一场辩论中所警告的那样：“这是一个投票，表明这个机构是否将受到一系列保护所有成员的权利以及所有美国人的权利的中立规则的支配。如果参议院的规则可以被扭曲、破坏和推翻，以实现一个短暂的立法目标，我们将会削弱该机构本身。”

因此，预算调解过程正在将参议院转变为一个多数派机构。这对法律意味着什么？很多事情。例如，它创造了一个重新审视简单多数投票的长期辩论的机会。

关于多数投票的这场辩论的主题可能会在各种不同的方向上出现。多数人的规则是区分民主的基本原则。例如，人们在约翰·洛克（John Locke）的《政府论（下篇）》（*Second Treatise*）中发现，当人们进入公共或公民社会时，他们会服从立法机关可能通过多数票决定的任何事情。制宪会议的创始人抱怨最多的就是《十三州邦联宪法》（*Articles of Confederation*）的弱点，以及在各州之间的绝对多数投票权。

但同一代人和许多创始人也表达了对大多数人的暴政的古典自由主义的

不信任。例如，麦迪逊（Madison）说，“在共和国中，最大的危险是，大多数人可能不会充分尊重少数人的权利。”[15]而且我可以从麦迪逊（Madison）[16]、托马斯·杰斐逊（Thomas Jefferson），[17]约翰·亚当斯（John Adams）[18]和埃德蒙·詹宁斯·伦道夫（Edmund Jennings Randolph）[19]那里得到类似的引文。在宪法中，否决权、批准条约、修正过程以及许多其他地方都需要绝对多数票。同样，两院制支持古典自由主义对立法的反感。

随着社会需求的增长，越来越多的人呼吁建立一个更有效、更负责任的政府。但是，古典自由主义传统也反映在公共选择理论中。应用博弈论，肯尼斯·阿罗（Kenneth Arrow）证明，在选择不是双极性的情况下，例如，三个单独的最多票数形成三个不同的结果，多数投票制可能会产生各种可能的结果。根据选择的结构，多数票可能从一个结果循环到另一个结果。

在《同意的计算》（*The Calculus of Consent*），布坎南（Buchanan）和图洛克（Tullock）在这个讨论中增加了一个交易分析。[21]如果立法者为一件事交换对另一件事的投票怎么办，如果他们参与公共选择所谓的“战略性”投票，立法者通常称之为“互投赞成票”的是什么？布坎南和图洛克认为，在预算情境下，互投赞成票可以很容易地导致多数人投票支持更多的支出，超过任何投赞成票的立法委员实际要求的支出。因此，他们认为，宪法需要的规则要求绝对多数制，即他们所谓的“强化多数制”，这是对简单多数投票的逻辑上的过分行为的一种突破。显然，新的预算调解过程是朝相反方向迈出的一步。

一些制度评论家从各种角度挑剔公共选择分析。例如，法伯（Farber）和弗里基（Frickey）在他们的书《法律与公共选择》（*Law and Public Choice*）中辩称，政党可以帮助限制周期驱动。[22]政党有助于将立法选择集中到两极选择。虽然党派联盟可能不像过去那样，但它仍然控制着许多情况。

然后莫（Moe）和威尔逊（Wilson）再次争辩说，公共选择理论经常对总统的角色不屑一顾。[23]总统有着聚集的支持者和单一的声音，因此可能在国会中占主导地位。在这样的环境下，人们可能会想方设法增强立法机构的权力，而不是减少它。总统有能力开展很多不民主的行为。正如威廉·富布
502 赖特（J. William Fullbright）曾经说过的那样，“强大的立法机构最大的优点不在于它能做什么，而在于它能够防止什么。”

现在，我必须承认，我经常发现自己在思考马克·吐温（Mark Twain）的名言：“每当你发现自己站在大多数人的角落时，就该进行改革”。

但是人们可能会将政府正在做的事情与相信政府应该能够做的事情区分开来。也许以清晰、可以理解的方式向选民展示他们得到什么是有价值的。正如门肯（H. L. Mencken）所说：“民主是人们知道他们想要什么，并且应该良好而坚实地得到它的理论。”[24]

注释

本文最初于1998年1月13日在华盛顿特区向美国大学华盛顿法学院的全体教员前发布陈述。

1. Barbara Vobejda, “As Children Are Cut From Disability Rolls, New System Is Challenged,” *Washington Post*, Dec. 17, 1997, at A14.

2. Tom Herman, “Growth Industry,” *Wall Street Journal*, Dec. 31, 1997, at Al; Amity Shales, “The Market Value of the Tax Code,” *Wall Street Journal*, Dec. 31, 1997, at Al 1.

3. “Get Children Signed Up,” *Palm Beach Post*, Jan. 5, 1998, at 16A.

4. <http://www.healthykids.org/>.

5. Genesis 1:1 –2 (King James Version) <http://ccel.wheaton.edu/bible/kjv/Genesis/1.html>.

6. Ibid, (Living Bible).

7. Statement of Mar. 4, 1917,
<http://www.elibrary.compuserve.com/qotd/10087/fetch/philk_01.htrn>.

8. See S. Res. 5, 63 *CONG. REc.* 19 –45 (Mar. 8, 1917).

9. See S. Res. 4, 131 *CONG. REC.* 21, 433 –34 (June 25, 1975).

10. 在16个常设参议院委员会中［参见参议院规则第25（1）条的常规规则］有15个具有支出管辖权，只有预算委员会本身没有。除常设委员会外，印第安事务委员会也有支出管辖权。

11. Allen Schick, *Congress and Money* (1980).

12. Dennis S. Ippolito, *Congressional Spending* (1981).

13. James A. Miller & James D. Range, “Reconciling an Irreconcilable

Budget: The New Politics of the Budget Process," 20 *Harvard Journal on Legislation*, 4 (1 983).

14. Allen Schick, *Reconciliation and the Congressional Budget Process* (1981).

15. James Madison, speech to the Virginia constitutional convention, Richmond, Virginia, Dec. 2, 1829.

16. "在我看来，没有任何格言更容易被误用，因此，比现在的版本更需要澄清大多数人的利益是正确和错误的政治标准。"詹姆斯·麦迪逊于1786年10月5日写给詹姆斯·门罗的信。"在对历史进行坦诚的考察时，我们会发现根据多数原则的权力的动荡、侵犯和滥用践踏了少数人的权利，产生了派别和动乱，这在共和国中比任何其他原因更频繁地带来产生了专制主义。"詹姆斯·麦迪逊于1788年6月5日在弗吉尼亚州公约中通过美国宪法的演讲。

17. "尽管大多数人的意志在任何情况下都是占上风的，但这将是合理的，必须是合理的……少数人拥有平等的权利，平等的法律必须保护，并且违反这一方面就是压迫。"托马斯·杰斐逊于1801年3月4日的第一次就职演说。

18. "大多数人的欲望往往是针对少数人的不公正和不人道的行为，这一点在全世界历史的每一页都有所体现。"John Adams. *A Defence of the Constitution of the Government of the United States*, 1787 – 1788.

19. "我们的主要危险源于我们宪法的民主部分。"埃德蒙·詹宁斯·伦道夫（Edmund Jennings Randolph）在1787年5月29日的制宪会议辩论中引述了这一观点。

20. Kenneth Arrow, *Social Choice and Individual Values* (2d ed. 1963).

21. James M. Buchanan & Gordon Tullock, *The Calculus of Consent* (1962).

22. Daniel A. Farber & Philip P. Frickey, *I. Aw and Public Choice* 56 (1991).

23. Terry Moe & Scott Wilson, "Presidents and the Politics of Structure," 57 *I. Aw & Contemp.* Probs. 1 (Spring 1994).

24. H. L. Mencken, "Sententiae" *A Book of Burlesques*, 1920.

关于编者

艾琳·S. 鲁宾于1977年获得芝加哥大学社会学博士学位。她于1979年至1981年在马里兰大学帕克分校任教，1981年至2004年在伊利诺伊州迪卡尔布市北伊利诺伊大学任教并在那里退休。她的职业生涯一直在研究联邦、州和地方政府的财政问题。她的著作包括《在赤字中运行：城市财政压力的政治动态》（*Running in the Red: The Political Dynamics of Urban Fiscal Stress*）、《等级税收和权力：美国的市政预算》（*Class Tax and Power: Municipal Budgeting in the United States*）、《平衡联邦预算：吃掉玉米种子或减少牛群》（*Balancing the Federal Budget: Eating the Seed Corn or Trimming the Herds*）与《公共预算中的政治》（*The Politics of Public Budgeting*）。